J. von Staudingers
Kommentar zum Bürgerlichen Gesetzbuch
mit Einführungsgesetz und Nebengesetzen
EGBGB/IPR
Internationales Sachenrecht

Kommentatoren

Dr. Heinz Hübner
Professor an der Universität Köln

Dr. Rainer Jagmann
Richter am Oberlandesgericht Karlsruhe

Dr. Ulrich von Jeinsen
Rechtsanwalt und Notar in Hannover

Dr. Dagmar Kaiser
Wiss. Assistentin an der Universität Freiburg i. Br.

Dr. Rainer Kanzleiter
Notar in Neu-Ulm, Professor an der Universität Augsburg

Wolfgang Kappe †
Vorsitzender Richter am Oberlandesgericht Celle a. D.

Dr. Benno Keim
Notar in München

Dr. Sibylle Kessal-Wulf
Richterin am Schleswig-Holsteinischen Oberlandesgericht in Schleswig

Dr. Diethelm Klippel
Professor an der Universität Bayreuth

Dr. Helmut Köhler
Professor an der Universität Augsburg, Richter am Oberlandesgericht München

Dr. Jürgen Kohler
Professor an der Universität Greifswald

Dr. Heinrich Kreuzer
Notar in München

Dr. Jan Kropholler
Professor an der Universität Hamburg, Wiss. Referent am Max-Planck-Institut für Ausländisches und Internationales Privatrecht, Hamburg

Dr. Hans-Dieter Kutter
Notar in Schweinfurt

Dr. Gerd-Hinrich Langhein
Notar in Hamburg

Dr. Dr. h. c. Manfred Löwisch
Professor an der Universität Freiburg i. Br., vorm. Richter am Oberlandesgericht Karlsruhe

Dr. Dr. h. c. Werner Lorenz
Professor an der Universität München

Dr. Peter Mader
Univ. Dozent an der Universität Salzburg

Dr. Ulrich Magnus
Professor an der Universität Hamburg, Richter am Hanseatischen Oberlandesgericht zu Hamburg

Dr. Peter Mankowski
Wiss. Assistent an der Universität Osnabrück

Dr. Heinz-Peter Mansel
Akademischer Rat an der Universität Heidelberg

Dr. Peter Marburger
Professor an der Universität Trier

Dr. Wolfgang Marotzke
Professor an der Universität Tübingen

Dr. Dr. Michael Martinek, M.C.J.
Professor an der Universität des Saarlandes, Saarbrücken

Dr. Jörg Mayer
Notar in Pottenstein

Dr. Dr. h. c. mult. Theo Mayer-Maly
Professor an der Universität Salzburg

Dr. Dr. Detlef Merten
Professor an der Hochschule für Verwaltungswissenschaften, Speyer

Dr. Peter O. Mülbert
Professor an der Universität Trier

Dr. Dirk Neumann
Vizepräsident des Bundesarbeitsgerichts a. D., Kassel, Präsident des Landesarbeitsgerichts Chemnitz a. D.

Dr. Ulrich Noack
Professor an der Universität Düsseldorf

Dr. Hans-Heinrich Nöll
Rechtsanwalt in Hamburg

Dr. Jürgen Oechsler
Wiss. Assistent an der Universität des Saarlandes, Saarbrücken

Dr. Hartmut Oetker
Professor an der Universität Jena, Richter am Thüringer Oberlandesgericht

Wolfgang Olshausen
Notar in Rain am Lech

Dr. Dirk Olzen
Professor an der Universität Düsseldorf

Dr. Gerhard Otte
Professor an der Universität Bielefeld

Dr. Hansjörg Otto
Professor an der Universität Göttingen

Dr. Lore Maria Peschel-Gutzeit
Senatorin für Justiz in Berlin, Vorsitzende Richterin am Hanseatischen Oberlandesgericht zu Hamburg i. R.

Dr. Frank Peters
Professor an der Universität Hamburg, Richter am Hanseatischen Oberlandesgericht zu Hamburg

Dr. Axel Pfeifer
Notar in Hamburg

Dr. Alfred Pikalo
Notar in Düren

Dr. Jörg Pirrung
Ministerialrat im Bundesministerium der Justiz, Bonn

Dipl.-Verwaltungswirt
Dr. Rainer Pitschas
Professor an der Hochschule für Verwaltungswissenschaften, Speyer

Dr. Ulrich Preis
Professor an der Fern-Universität Hagen und an der Universität Düsseldorf

Dr. Manfred Rapp
Notar in Landsberg

Dr. Thomas Rauscher
Professor an der Universität Leipzig, Dipl. Math.

Dr. Peter Rawert, LL.M.
Notar in Hamburg

Eckhard Rehme
Vorsitzender Richter am Oberlandesgericht Oldenburg

Dr. Wolfgang Reimann
Notar in Passau, Professor an der Universität Regensburg

Dr. Gert Reinhart
Professor an der Universität Heidelberg

Dr. Dieter Reuter
Professor an der Universität Kiel, Richter am Schleswig-Holsteinischen Oberlandesgericht in Schleswig

Dr. Reinhard Richardi
Professor an der Universität Regensburg

Dr. Volker Rieble
Privatdozent an der Universität Freiburg i. Br.

Dr. Wolfgang Ring
Notar in Landshut

Dr. Herbert Roth
Professor an der Universität Münster

Dr. Rolf Sack
Professor an der Universität Mannheim

Dr. Ludwig Salgo
Professor an der Universität Frankfurt am Main

Dr. Gottfried Schiemann
Professor an der Universität Tübingen

Dr. Eberhard Schilken
Professor an der Universität Bonn

Dr. Peter Schlosser
Professor an der Universität München

Dr. Jürgen Schmidt
Professor an der Universität Münster

J. von Staudingers
Kommentar zum Bürgerlichen Gesetzbuch
mit Einführungsgesetz und Nebengesetzen

Einführungsgesetz zum
Bürgerlichen Gesetzbuche/IPR
Internationales Sachenrecht
(Vorgesehener 6. Abschnitt. Sachenrecht)

Dreizehnte
Bearbeitung 1996
von
Hans Stoll

Redaktor
Jan Kropholler

Sellier – de Gruyter · Berlin

Die Kommentatoren

Dreizehnte Bearbeitung 1996
HANS STOLL

12. Auflage
HANS STOLL (1985)

11. Auflage
HANS STOLL (1976)

Zitierweise

STAUDINGER/STOLL (1996) Int SachenR Rn 1

Zitiert wird nach Paragraph bzw Artikel und Randnummer.

Hinweise

Das **vorläufige Abkürzungsverzeichnis** für das Gesamtwerk STAUDINGER befindet sich in einer Broschüre, die zusammen mit dem Band §§ 985–1011 (1993) geliefert worden ist.

Der **Stand der Bearbeitung** ist jeweils mit Monat und Jahr auf den linken Seiten unten angegeben.

Am Ende des Bandes befindet sich eine Übersicht über den aktuellen **Stand des Gesamtwerks** STAUDINGER zum Zeitpunkt des Erscheinens dieses Bandes.

Die Deutsche Bibliothek – CIP-Einheitsaufnahme

J. von Staudingers Kommentar zum Bürgerlichen Gesetzbuch : mit Einführungsgesetz und Nebengesetzen / [Kommentatoren Karl-Dieter Albrecht . . .]. – Berlin : Sellier de Gruyter. Teilw. hrsg. von Günther Beitzke . . . – Teilw. im Verl. Schweitzer, Berlin. – Teilw. im Verl. Schweitzer de Gruyter, Berlin. – Teilw. u. d.T.: J. v. Staudingers Kommentar zum Bürgerlichen Gesetzbuch ISBN 3-8059-0784-2
NE: Staudinger, Julius von [Begr.]; Beitzke, Günther [Hrsg.]; Staudingers Kommentar zum Bürgerlichen Gesetzbuch; Kommentar zum Bürgerlichen Gesetzbuch; J. v. Staudingers Kommentar zum Bürgerlichen Gesetzbuch

[Erg.-Bd.]. Einführungsgesetz zum Bürgerlichen Gesetzbuche/IPR.
Internationales Sachenrecht / von Hans Stoll. – 13. Bearb. – 1996
ISBN 3-8059-0873-3
NE: Stoll, Hans [Bearb.]

© Copyright 1996 by Dr. Arthur L. Sellier & Co. – Walter de Gruyter & Co., Berlin.

Printed in Germany. – Satz und Druck: Buch- und Offsetdruckerei Wagner GmbH, Nördlingen. – Bindearbeiten: Lüderitz und Bauer, Buchgewerbe GmbH, Berlin. – Umschlaggestaltung: Bib Wies, München.

♾ Gedruckt auf säurefreiem Papier, das die DIN ISO 9706 über Haltbarkeit erfüllt.

Vorwort

Die Ergänzung des Gesetzes zur Neuordnung des internationalen Privatrechts vom 25. 7. 1986 durch Vorschriften zum internationalen Recht der außervertraglichen Haftung und zum internationalen Sachenrecht steht noch immer aus. Es ist noch nicht abzusehen, ob und wann der Referentenentwurf vom 1. 12. 1993 Gesetz werden wird. Ich habe mich deshalb entschlossen, bei der notwendig gewordenen Überarbeitung meiner Kommentierung des internationalen Sachenrechts in J. VON STAUDINGERS Kommentar an der Systematik der 12. Auflage grundsätzlich festzuhalten und nicht etwa versucht, die Gliederung auf die im Referentenentwurf für das internationale Sachenrecht vorgesehenen Art 43–45 EGBGB (6. Abschnitt. Sachenrecht) umzustellen. Im Hinblick auf die vorgezeichnete Gesetzessystematik wird immerhin in den Kolumnenzeilen auf „(Vorgesehener 6. Abschnitt. Sachenrecht)" verwiesen.

Bei der Vorbereitung des Textes haben mich die wissenschaftlichen Mitarbeiter der Abt. III des Freiburger Instituts für ausländisches und internationales Privatrecht tatkräftig unterstützt. Hervorheben möchte ich größere Ausarbeitungen von DOROTHEE AX, ANDREAS BAUMERT, MARTIN GAST, THOMAS KÖSTER, KATHARINA KRAUSS, SABINE LINDE-RUDOLF, DORIS NÜCKEL und HANS-ERIC RASMUSSEN-Bonne. Besonders verdient gemacht haben sich Frau ORTRUD SAUERBORN, die mit großer Ausdauer und Sorgfalt den schwierigen Text geschrieben und verarbeitet hat, und Frau SABINE LINDE-RUDOLF durch die stete Überprüfung des geschriebenen Textes. Allen Mitarbeitern, die zu dem Gelingen der Arbeit beigetragen haben, sei auch an dieser Stelle herzlich gedankt.

Freiburg i. Br., im Oktober 1996   HANS STOLL

Inhaltsübersicht

---

* Zitiert wird nicht nach Seiten, sondern nach
Paragraph bzw Artikel und Randnummer; siehe
dazu auch S VI.

Allgemeines Schrifttum

Das Sonderschrifttum ist zu Beginn der einzelnen Kommentierungen bzw in Fußnoten innerhalb der Kommentierung aufgeführt.

I. Allgemeine Werke zum deutschen internationalen Privatrecht, die abgekürzt zitiert werden

vBar, Internationales Privatrecht I: Allgemeine Lehren (1987) und II: Besonderer Teil (1991)

Erman/Hohloch, Handkommentar zum BGB[9] (1993) Kommentierung der Art 3–38, 220, 236 EGBGB

Ferid, Internationales Privatrecht[3] (1986)

Firsching/vHoffmann, Internationales Privatrecht einschließlich der Grundzüge des internationalen Zivilverfahrensrechts[4] (1995)

Frankenstein, Internationales Privatrecht (Grenzrecht) I–IV (1926–1935)

Gutzwiller, Internationalprivatrecht, in: Stammler (Hrsg), Das gesamte Deutsche Recht, Bd 1 (1931)

Kegel, Internationales Privatrecht[7] (1995)

Kropholler, Internationales Privatrecht[2] (1994)

Lewald, Das deutsche Internationale Privatrecht auf Grundlage der Rechtsprechung (1931)

Lüderitz, Internationales Privatrecht[2] (1992)

Makarov, Quellen des internationalen Privatrechts[2] I: Gesetzestexte (1953) und II: Texte der Staatsverträge (1960)

ders, Quellen des internationalen Privatrechts. Nationale Kodifikationen[3] (bearb von Kropholler/Neuhaus/Waehler) (1978)

MünchKomm/Kreuzer[2] VII (1990) Nach Art 38 Anh I: Internationales Sachenrecht

MünchKomm/Sonnenberger, Ergänzungsband zur 2. Auflage (1992), Kommentierung des Art 236 EGBGB

Neuhaus, Die Grundbegriffe des internationalen Privatrechts[2] (1976)

Nussbaum, Deutsches Internationales Privatrecht. Unter besonderer Berücksichtigung des öst und schweiz Rechts (1932)

Palandt/Heldrich, BGB[54] (1995), Kommentierung der Art 3–38, 220, 236 EGBGB

Raape, Internationales Privatrecht[5] (1961)

Raape/Sturm, Internationales Privatrecht[6] I: Allgemeine Lehren (1977)

Reithmann/Martiny, Internationales Vertragsrecht[4] (1988)

Schlosshauer-Selbach, Internationales Privatrecht. Eine Einführung in die Grundlagen und das System der Fallbearbeitung (1989)

Soergel/Kegel Bürgerliches Gesetzbuch[11] VIII (1983)

Staudinger/Dörner (1996), Kommentierung des Art 236 EGBGB

Staudinger/Hausmann (1996), Kommentierung der Art 3, 4 EGBGB

Wengler, Internationales Privatrecht I und II, in: RGR-Kommentar, Das Bürgerliche Gesetzbuch[12] VI: IPR (1981)

Zitelmann, Internationales Privatrecht I–II (1897/1912).

II. Allgemeine Werke zum internationalen Sachenrecht

Barsotti, Negozi giuridici e diritti reali nel diritto internazionale privato (1972)

Baxter, Conflict of Law and Property, McGillLJ 10 (1964) 1–37

Diena, I diritti reali considerati nel diritto internazionale privato (1895)

Donle, Das Fremdenrecht und die Lehre des internationalen Sachenrechts mit Berücksichtigung der geltenden Codificationen, ArchÖffR 8 (1893) 249 ff, 513 ff

Drobnig, Entwicklungstendenzen des deutschen internationalen Sachenrechts, in: FS Gerhard Kegel (1977) 141 ff

Hay, The Situs Rule in European and American Conflicts Law – Comparative Notes, in: Property Law and Legal Education. Essays in Honor of J. Cribbet (Urbana and Chicago 1988) 109 ff

KEGEL, Wohnsitz und Belegenheit bei Story und Savigny, RabelsZ 1988, 431 ff

KREUZER, Gutachtliche Stellungnahme zum Referentenentwurf eines Gesetzes zur Ergänzung des Internationalen Privatrechts (Außervertragliche Schuldverhältnisse und Sachen) – Sachenrechtliche Bestimmungen, in: Vorschläge und Gutachten zu Reform des deutschen internationalen Sachen- und Immaterialgüterrechts, vorgelegt von HENRICH = Materialien zum ausländischen und internationalen Privatrecht Bd 33 (1991) 37 ff

LALIVE, The Transfer of Chattels in the Conflict of Laws. A Comparative Study (1955)

MEIER-HAYOZ, in: Berner Kommentar zum Schweizerischen Privatrecht[5] IV (1981) Das Sachenrecht. 1. Abt: Das Eigentum. 1. Teilb: Systematischer Teil, 8. Abschnitt (Internationales Privatrecht) 285 ff

RABEL, The Conflict of Laws. A Comparative Study IV: Property; Bills and Notes; Inheritance; Trusts; Application of Foreign Law; Intertemporal Relations (1958)

RIGAUX, Le conflit mobile en droit international privé, Rec des Cours 117 (1966-I) 329 ff, 385 ff

STOLL, Der Schutz der Sachenrechte nach internationalem Privatrecht, RabelsZ 1973, 357 ff

VENTURINI, Diritto internazionale privato. Diritti reali ed obbligazioni (1956)

ders, Property, IntEncCompL III (Private International Law) ch 21 (1976)

WEBER, Parteiautonomie im internationalen Sachenrecht?, RabelsZ 1980, 510 ff

WIESBÖCK, FRANZ, Die lex rei sitae im IPR. Eine rechtsvergleichende Bestandsaufnahme mit rechtspolitischer Wertung (Diss München 1974)

WOLFF, Internationales Sachenrecht, RvglHWB IV (1933) 390 ff

ZAPHIRIOU, The Transfer of Chattels in Private International Law. A Comparative Study = University of London Legal Series IV (1956).

III. Werke zum vergleichenden Sachenrecht (materielles Recht)

1. Rechtsvergleichende Enzyklopädie

In der IntEncCompL sind in Bd VI (Property

and Trust) bisher die folgenden Kapitel erschienen: ch 2: Structural Variations in Property Law (BEEKHUIS, LAWSON et al) (1975); ch 11: Trust (FRATCHER) (1973).

2. Sammelwerke

Conseil de l'Europe (Hrsg), Vente à tempérament et à crédit d'objets mobiliers corporels dans les états membres du conseil de l'Europe. Etudes de droit comparé préparées par l'Unidroit (1970)

DICKSON/ROSENER/STORM (Hrsg), Security on Movable Property and Receivables in Europe. The principal forms of security in the European Community (except Greece) and Switzerland (Oxford 1988)

Kommission der Europäischen Gemeinschaften (Hrsg), Das Sachenrecht in der Europäischen Gemeinschaft (1976) Teil I: Mobiliarsicherheiten in Belgien, Deutschland, Frankreich, Luxemburg, Italien und den Niederlanden (GRAVENHORST); Teil II: Das Sachenrecht im Vereinigten Königreich und Irland (HARTLEY)

Securities and Insolvency, RabelsZ 1980, 615 ff, mit Länderberichten von ALLAN, AYER, CABRILLAC, DROBNIG, GOODE, HISCOCK, SONO und einem rechtsvergleichenden Gesamtbericht von ALLAN/DROBNIG, Secured Credit in Commercial Insolvencies. A Comparative Analysis

SAUVEPLANNE (Hrsg), Security over Corporeal Movables = Studies in Comparative Law under the Auspices of the Netherlands Association of Comparative Law No 1 (Leyden 1974).

3. Rechtsvergleichendes Handwörterbuch: Sachenrechtliche Artikel

Im Rechtsvergleichenden Handwörterbuch für das Zivil- und Handelsrecht des In- und Auslandes (SCHLEGELBERGER, Hrsg) ist insbesondere auf die Artikel zu den folgenden Stichwörtern hinzuweisen:

Besitz (PFEIFER), Bd II (1929) 494 ff
Dienstbarkeiten (STULZ), Bd II (1929) 646 ff
Eigentum (RAISER), Bd II (1929) 772
Eigentumsvorbehalt (STULZ), Bd II (1929) 796 ff
Grundbuch (PREDARI), Bd III (1931) 786 ff
Grundpfand/Grundschuld (ROHLFING), Bd III (1931) 807 ff

Grundstück (GIESEKE), Bd III (1931) 823 ff
Hypothek (ROHLFING), Bd IV (1933) 267 ff
Pfandrecht an beweglichen Sachen und Rechten-
(WAHL/BLOMEYER), Bd V (1936) 583 ff
Sache (FRIEDRICH) Bd VI (1938) 61 ff
Übereignung (FRIEDRICH) Bd VI (1938)
606 ff.

4. Schriftenreihe „Untersuchungen über das Spar-, Giro- und Kreditwesen, Abt B: Rechtswissenschaft" (Hrsg WALTHER HADDING und UWE H SCHNEIDER)

In dieser Schriftenreihe sind u a die folgenden
rechtsvergleichend informierenden Arbeiten erschienen:
Bd 16: REINECKER/PETEREIT, Recht der Kreditsicherheiten in europäischen Ländern II: Frankreich (1978)
Bd 18: STRANART-THILLY/HAINZ, Recht der
Kreditsicherheiten in europäischen Ländern III:
Belgien (1979)
Bd 22: MÜHL, Sicherungsübereignung, Sicherungsabtretung und Eigentumsvorbehalt im italienischen Recht. Eine rechtsvergleichende Untersuchung (1980)
Bd 24: BRINK/HABEL, Recht der Kreditsicherheiten in europäischen Ländern IV: England
(1980)
Bd 38: MÜHL/PETEREIT, Recht der Kreditsicherheiten in europäischen Ländern V: Schweiz
(1983)
Bd 48: HABEL, Recht der Kreditsicherheiten in
europäischen Ländern VI: Österreich (1986)
Bd 50/I: REICHMANN, Recht der Kreditsicherheiten in europäischen Ländern VII/1: Spanien
(1988)
Bd 32: HABEL, Der Eigentumsvorbehalt im englischen Handelsverkehr. Eine rechtsvergleichende Untersuchung (1981)
Bd 37: DIELMANN, Recht der Kreditsicherheiten
in den Vereinigten Staaten von Amerika I: Kreditsicherheiten an beweglichen Sachen nach
Art 9 UCC (1983)
Bd 44: MÜHL, Kreditsicherheiten in den Vereinigten Staaten von Amerika II: Immobiliarsicherheiten und persönliche Sicherheiten (1985)
Bd 45: DIELMANN, Recht der Kreditsicherheiten
in den Vereinigten Staaten von Amerika III: Der

Schutz von Sicherungsnehmern nach dem Bankruptcy Reform Act der Vereinigten Staaten von
Amerika (1985)
Bd 47: Die Forderungsabtretung, insbesondere
zur Kreditsicherung, in der Bundesrepublik
Deutschland und in ausländischen Rechtsordnungen (verschiedene Autoren) (1986)
Bd 54: PAUL, Die Sicherungsabtretung im deutschen und amerikanischen Recht unter besonderer Berücksichtigung des Forderungskonflikts
zwischen Geld- und Warenkreditgeber (1988)
Bd 73: BERNARD, Rechtsfragen des Forfaitie-
rungsgeschäfts (1991)
Bd 74: HOLLWEG-STAPENHORST, Sicherungsabtretung zugunsten des Geldkreditgebers und
Factoring nach deutschem und französischem
Recht. Eine rechtsvergleichende Untersuchung.
(1991)
Bd 77: SUMM, Anerkennung ausländischer Kon-
kurse in der Bundesrepublik Deutschland. Eine
Darstellung am Beispiel englischer, italienischer
und französischer Insolvenzverfahren (1992).

5. Rechtsvergleichende Arbeiten zu einzelnen Bereichen

CORNISH, The Mortgage of Land in English
Law, in: Studien zur Einwirkung der Industriali-
sierung auf das Recht (Hrsg COING) = Compara-
tive Studies in Continental and Anglo-American
Legal History Bd 9 (1991) 161 ff
DROBNIG, Report of the Secretary-General: Study on Security Interests, UNCITRAL Yb VIII
(1977) 171 ff
GOODE, Legal Problems of Credit and Security[2]
(London 1988)
GOTTHEINER, Zum Eigentumsübergang beim
Kauf beweglicher Sachen. Eine rechtsvergleichende und kollisionsrechtliche Betrachtung unter besonderer Berücksichtigung der nordischen
Rechte, RabelsZ 1953, 356 ff
vHOFFMANN, Das Recht des Grundstückskaufs
= Beiträge zum ausländischen und internationalen Privatrecht (hrsg vom Max-Planck-Institut
für ausländisches und internationales Privatrecht) Bd 47 (1982)
LANDFERMANN, Gesetzliche Sicherungen des
vorleistenden Verkäufers = Studien zum ausländischen und internationalen Privatrecht (hrsg

vom Max-Planck-Institut für ausländisches und internationales Privatrecht) Bd 18 (1987)
MARUTSCHKE, Wandlungen der Idee vom Grundstückseigentum im japanischen Recht, in: FS Kitagawa (1992) 553–573
MERRYMAN, Toward a Comparative Study of the Sale of Land, in: FS Rheinstein (1969) 737 ff
vMETZLER, Das anglo-amerikanische Grundbuchwesen. Eine rechtsvergleichende Untersuchung unter besonderer Berücksichtigung Englands, Australiens und der USA = Hamburger Rechtsstudien, Heft 58 (1966)
vMOLTKE/SCHMÖLLING/KLOEPFER/KOHLER, Grenzüberschreitender Umweltschutz in Europa = Rechtsfragen und Rechtstatsachen. Deutsche Sektion der Internationalen Juristenkommission. Vorträge und Diskussionsbeiträge auf der Arbeitstagung vom 14–15 Oktober 1983 in Münster. Mit Beiträgen von HEINRICH vMOLTKE, JÜRGEN SCHMÖLLING, MICHAEL KLOEPFER und CHRISTIAN KOHLER = Rechtsstaat in der Bewährung, Bd 16 (Heidelberg 1984)

RAISER, Das Eigentum als Rechtsbegriff in den Rechten West- und Osteuropas, RabelsZ 1961, 230 ff
RECHSTEINER, Beschränkungen des Grundstückserwerbs durch Ausländer. Eine Studie über den Stand der Rechtsentwicklung in der Schweiz mit vergleichender Berücksichtigung der Rechte der anderen Mitgliedstaaten des Europarates = Züricher Studien zum öffentlichen Recht, Bd 53 (Zürich 1985)
SCHÖNHOFER/BÖHMER, Haus- und Grundbesitz im Ausland (Loseblattsammlung, seit 1983)
SERICK/MEZGER/RIESENFELD, Kollisionen zwischen der dinglichen Sicherung von Lieferantenkredit und Bankkredit = Arbeiten zur Rechtsvergleichung, Bd 23 (1964)
STUMPF/FICHNA/ZIMMERMANN, Eigentumsvorbehalt und Sicherungsübertragung im Ausland[4] (1980)
WAELBROECK, Le transfer de la propriété dans la vente d'objcts mobiliers corporels en droit comparé (Brüssel 1961).

Ergänzendes Abkürzungsverzeichnis

ass plén	Arrêt de l'Assemblée plénière de la Cour de cassation
BCC	British Company Cases
CE	Conseil d'Etat (Frankreich)
EuZW	Europäische Zeitschrift für Wirtschaftsrecht (zitiert nach Jahr und Seite)
FFS	Finlands Författnings Samling
Giur compl Cass civ	Giurisprudenza completa della Suprema Corte di Cassazione, Sezioni civili (Italien)
IPG	Gutachten zum internationalen und ausländischen Privatrecht (1965/66 ff; zitiert nach Jahr und Nummer)
JCompLeg	Journal of Comparative Legislation and International Law (1886 ff; zitiert nach Band, Jahr und Seite)
McGillLJ	McGill Law Journal (zitiert nach Band, Jahr und Seite)
n	numéro, number, nummer
nos	numéros
OntLR	Ontario Law Reports
OT	Obertribunal
Sch	Schedule
SFS	Svensk Författnings Samling
SZIER	Schweizerische Zeitschrift für internationales und europäisches Recht (zitiert nach Jahr und Seite)
TransportR	Transportrecht (zitiert nach Jahr und Seite)
UNCITRALYb	Yearbook of United Nations Commission on International Trade Law
WiRO	Wirtschaft und Recht in Osteuropa (zitiert nach Jahr und Seite)
ZEuP	Zeitschrift für Europäisches Privatrecht (zitiert nach Jahr und Seite)

Systematische Übersicht

Hans Stoll

Hans Stoll

Alphabetische Übersicht

A. Das Rechtsgebiet des internationalen Sachenrechts

I Begriff und Bereich des internationalen Sachenrechts

1 Das internationale Sachenrecht eines Staates umfaßt die internationalprivatrecht-lichen Normen über das **auf sachenrechtliche Fragen anwendbare Recht**. Diese Fragen betreffen die Zuweisung von Sachherrschaft an Berechtigte unter Ausschluß sonsti-ger Personen, mag es sich nun um die Herrschaft über bewegliche oder unbewegliche Sachen handeln. Die grundsätzliche Abgrenzung der sachenrechtlichen Fragen ergibt sich aus den materiellen Vorschriften der nationalen Rechtsordnung, um deren Kollisionsrecht es geht (vgl zu dieser Qualifikationsfrage näher unten Rn 140). Nach deutscher Rechtsauffassung gehören zum Sachenrecht insbesondere die Rechtsnor-men über den Besitz, das Eigentum und beschränkte dingliche Rechte, somit alle der Sache anhaftende Herrschaftsrechte, die grundsätzlich auch gegen Dritte durchge-setzt werden können.

2 Das internationale Sachenrecht regelt überwiegend die kollisionsrechtliche Kompe-tenz für **Rechtsverhältnisse an körperlichen Gegenständen**. Die Ähnlichkeit der Rege-lungsprobleme und die Übereinstimmung der Rechtsstrukturen rechtfertigt es aber auch, Herrschaftsrechte an sonstigen Gegenständen, insbesondere an einem nicht-dinglichen Recht oder an einem Vermögen, in die Darstellung des internationalen Sachenrechts einzubeziehen. Dem entspricht die Behandlung solcher Rechte im materiellen deutschen Recht (vgl §§ 1068−1089 und §§ 1273−1296 BGB). Dagegen bedarf das Internationalprivatrecht der *Immaterialgüterrechte* besonderer Betrach-tung, weil der Schutz solcher Rechte von staatlicher Verleihung abhängt und regelmäßig nur für den Bereich des jeweiligen Schutzlandes gewährt wird. Hierauf kann im Rahmen einer Kommentierung des internationalen Sachenrechts nicht ein-gegangen werden.

3 Eine strenge Beschränkung auf das Privatrecht empfiehlt sich nicht. Gerade im

Sachenrecht greifen Vorschriften des Privatrechts und des öffentlichen Rechts vielfach ineinander und ergänzen sich. Auch gibt es „gemischte" Rechtsinstitute, bei denen sich sachenrechtlich gestaltete Rechtsbeziehungen mit Elementen des Prozeßrechts oder sonstigen öffentlichen Rechts verbinden und die wegen ihrer Eigenart selbständiger Betrachtung bedürfen (Rn 177 ff). Es ist schließlich sachlich geboten und förderlich, Fragen des *internationalen Enteignungsrechts* in die Darstellung einzubeziehen, soweit hierzu aus der Sicht des internationalen Sachenrechts Anlaß besteht. Zwischen dem Territorialitätsprinzip des internationalen Enteignungsrechts und der Situs-Regel des internationalen Sachenrechts besteht ein rechtsgrundsätzlicher Zusammenhang. Eine vollständige Abhandlung des internationalen Enteignungsrechts ist jedoch nicht beabsichtigt und im Rahmen einer internationalprivatrechtlichen Kommentierung auch nicht angebracht.

Nach einem einleitenden Hauptabschnitt A (Rn 1 ff), der den Quellen des internatio- **4** nalen Sachenrechts, der internationalen Rechtsvereinheitlichung und den Bezügen zum Völkerrecht gewidmet ist, werden in dem Hauptabschnitt B (Rn 122 ff) die allgemeinen Lehren des internationalen Sachenrechts erörtert. Obwohl das internationale Sachenrecht wegen seiner einheitlichen Struktur solchen allgemeinen Lehren sowohl bei beweglichen als auch bei unbeweglichen Sachen weiten Raum gibt, erheben sich doch bei den Grundstücken einerseits und bei den beweglichen Sachen andererseits spezifische Kollisionsrechtsprobleme, die gesondert behandelt werden müssen. Dabei werden zunächst die Eigenheiten des internationalen Liegenschaftsrechts besprochen (Hauptabschnitt C, Rn 218 ff), wo die Situs-Regel sich zuerst durchgesetzt und die stärkste Überzeugungskraft hat. In dem Hauptabschnitt über das allgemeine Fahrnisrecht (D, Rn 256 ff) sind spezifische Rechtssätze dieses Rechtsgebiets herauszuarbeiten; sie hängen hauptsächlich damit zusammen, daß bewegliche Sachen naturgemäß in geringerem Maße mit der Rechtsordnung des Staates, in dem sie sich befinden, faktisch verbunden sind und hier auch der Parteiautonomie kollisionsrechtlich Einfluß gegeben werden kann. Aus dem Fahrnisrecht sind wiederum zwei Sonderbereiche in getrennten Hauptabschnitten zu behandeln, nämlich das internationale Recht der Sachen ohne festen Lageort, dh der res in transitu sowie der internationalen Transportmittel (E, Rn 365 ff), sowie das internationale Wertpapierrecht, wobei allein die sachenrechtlichen Aspekte berücksichtigt werden (F, Rn 412 ff).

II.   Quellen des internationalen Sachenrechts

1.   Deutsches Recht

a)   Geltendes Recht
Das deutsche internationale Sachenrecht hat sich weithin ohne gesetzliche Grund- **5** lage entwickelt. Die Art 7-38 EGBGB – die Hauptquelle des deutschen internationalen Privatrechts – befassen sich nicht mit dem internationalen Sachenrecht. Nur in Sondergesetzen außerhalb des BGB finden sich vereinzelt Vorschriften des internationalen Sachenrechts, etwa in § 1 Abs 2 des Gesetzes über Rechte an eingetragenen Schiffen und Schiffsbauwerken v 15. 11. 1940 (dazu unten Rn 375) und in §§ 103–106 des Gesetzes über Rechte an Luftfahrzeugen v 26. 2. 1959 (dazu unten Rn 398, 400). Auch staatsvertragliche Regelungen sind für das geltende deutsche internationale Sachenrecht ohne größere Bedeutung. Von den internationalen Konventionen mit

Bezug zum internationalen Sachenrecht (vgl dazu MünchKomm/KREUZER Rn 8) ist allein das Genfer Abkommen über die internationale Anerkennung von Rechten an Luftfahrzeugen v 19. 6. 1948 für Deutschland in Geltung (Ges v 26. 2. 1959, BGBl II 129); vgl dazu unten Rn 398.

6 Ursprünglich war jedoch an eine allgemeine gesetzliche Regelung gedacht. Bei den **Vorarbeiten zum BGB** legte der großherzoglich-badische Geheimrat und spätere Professor GEBHARD als Berichterstatter der I. Kommission für den Allgemeinen Teil im Jahre 1881 einen Entwurf für gesetzliche Vorschriften über das internationale Privatrecht vor. Der verhältnismäßig umfassende Entwurf enthielt meist allseitige Kollisionsnormen (§§ 5-40 des Allgemeinen Teils), darunter eine Vorschrift, die dem internationalen Sachenrecht gewidmet war (§ 10):

> „Rechtsverhältnisse an Sachen werden nach dem Recht des Ortes beurteilt, an welchem die Sachen sich befinden.
>
> Für den Erwerb oder Verlust von Rechten an beweglichen Sachen ist das Recht des Ortes entscheidend, an welchem sich die Sache zur Zeit der Verwirklichung des Thatbestandes befunden hat, welcher den Erwerb oder Verlust begründet haben soll.
>
> Hat eine Ersitzung begonnen, so bleibt bei beweglichen Sachen das Recht des Ortes, an welchem sich die Sache beim Beginne derselben befand, auch für die Vollendung und Wirkung der Ersitzung maßgebend.
>
> Die Vorschrift des § 9 Satz 2 findet auf Rechtsgeschäfte, welche die Begründung, Übertragung oder Aufhebung von Rechten an Sachen zum Gegenstande haben, keine Anwendung."

7 Die Vorschrift wurde, wie der gesamte GEBHARD'sche Entwurf, von der Kommission nicht beraten. Die Kommission befaßte sich jedoch mit einem zweiten, nahezu unveränderten Entwurf GEBHARDS aus dem Jahre 1887 (§§ 5-39 des Allgemeinen Teils), der durch die Kommission erheblich umgestaltet wurde. Der § 10 des 2. Entwurfs hatte den folgenden Wortlaut:

> „Die Rechte an einer Sache und der Besitz einer Sache werden nach den Gesetzen des Ortes beurtheilt, an welchem die Sache sich befindet.
>
> Der Erwerb oder Verlust eines Rechtes an einer beweglichen Sache bestimmt sich nach den Gesetzen des Ortes, an welchem die Sache sich zur Zeit der Verwirklichung des Thatbestandes befunden hat, auf welchen der Erwerb oder Verlust gestützt wird. Gelangt eine Sache, nachdem die Ersitzung derselben begonnen hat, in ein anderes Rechtsgebiet, so bleiben die Gesetze des Ortes, an welchem die Sache bei dem Beginne der Ersitzung sich befunden hat, für die Vollendung und Wirkung der Ersitzung maßgebend.
>
> Die Vorschrift des § 9 Satz 2 findet keine Anwendung auf Rechtsgeschäfte, durch welche ein Recht an einer Sache begründet, übertragen oder aufgehoben wird."

8 Im Verlauf der Beratungen in der II. Kommission (bezüglich der vorgenannten Vorschrift des § 10 vgl Protokoll 11494, s HARTWIEG/KORKISCH, Die geheimen Materialien zur Kodifikation des deutschen Internationalen Privatrechts 1881–1896 [1973] 87 f) wurde der ursprünglich gefaßte Plan, das Kollisionsrecht als geschlossene Regelung in das BGB einzugliedern, fallen gelassen, da man meinte, die Einordnung des IPR in das BGB hänge nicht unerheblich von politischen Erwägungen ab (vgl dazu HARTWIEG/KORKISCH 177 f). Die von der Kommission verabschiedeten internationalprivatrechtlichen Bestimmungen wurden deshalb in einem besonderen **Entwurf eines Gesetzes über die räumliche Herrschaft der Rechtsnormen** zusammengefaßt, aber noch nicht veröffentlicht (abgedruckt bei HARTWIEG/KORKISCH 178–183). Das internationale Sachenrecht hatte hier in § 4 die folgende Regelung erhalten:

> „Die Rechte an einer Sache sowie der Besitz und die Inhabung einer Sache werden nach den Gesetzen des Ortes beurtheilt, an welchem die Sache sich befindet. Der Erwerb und der Verlust eines Rechtes an einer beweglichen Sache sowie des Besitzes und der Inhabung einer solchen Sache werden nach den Gesetzen des Ortes beurtheilt, an welchem die Sache zur Zeit der Verwirklichung des für den Erwerb oder Verlust in Betracht kommenden Thatbestandes sich befunden hat.

> Die Vorschrift des § 3 Satz 2 findet keine Anwendung auf ein Rechtsgeschäft, durch welches ein Recht an einer Sache begründet, übertragen oder aufgehoben wird."

Die II. Kommission, vom Bundesrat 1890 eingesetzt, redigierte diese Vorschrift **9** lediglich noch in sprachlicher Hinsicht und fügte sie als § 2241 in das letzte Buch des BGB ("Anwendung ausländischer Gesetze") ein (HARTWIEG/KORKISCH 214). Mit geringfügigen sprachlichen Änderungen war die Bestimmung als § 2369 in dem „Entwurf . . . i.d.F. der Bundesratsvorlage" enthalten (HARTWIEG/KORKISCH 253 f).

Während die Sachverständigen-Kommission, die den Entwurf im übrigen weitgehend umgestaltete, die Bestimmung zunächst unverändert hatte passieren lassen, wurde sie schließlich gestrichen. Die Gründe hierfür waren einerseits die Selbstverständlichkeit der Situs-Regel für Grundstücke, andererseits die von der Kommission empfundene Schwierigkeit, auch die sachenrechtlich relevanten Vorgänge bei beweglichen Sachen und Schiffen in einer einheitlichen Vorschrift zu erfassen. Somit verzichtete der vom Bundesrat verabschiedete **"Entwurf eines Einführungsgesetzes zum BGB (EGBGB)"** auf eine Regelung des internationalen Sachenrechts. Hierüber wurde, soweit ersichtlich, auch im Reichstag nicht mehr verhandelt.

Das internationale Sachenrecht ist somit in Deutschland ganz überwiegend *Richter-* **10** *recht*, das auf Rechtsprechung und Lehre beruht. Das erleichtert die Anpassung des Rechts an neue Einsichten und sich wandelnde Bedürfnisse (vgl JAYME, Richterliche Rechtsfortbildung im IPR, in: FS der jur Fakultät zur 600-Jahr-Feier der Ruprecht-Karl-Universität Heidelberg [1986] 567–597), gefährdet aber auch die Rechtssicherheit. Eine gewohnheitsrechtliche Normbildung ist im Zweifel, selbst im Falle einer ständigen Rechtsprechung, nicht anzunehmen: Die Subtilität der internationalprivatrechtlichen Probleme spricht für diese Zurückhaltung. Die überwiegende Lehre und der BGH messen zwar der grundsätzlichen Anknüpfung der sachenrechtlichen Fragen an den Lageort der Sache (sog *Situs-Regel*) gewohnheitsrechtliche Notwendigkeit bei (vgl Rn 123). Das überzeugt allenfalls für den Bereich des Liegenschaftsrechts, obwohl auch hier der Anwendungsbereich der Situs-Regel zweifelhaft sein kann. Im Mobiliarsachenrecht entbehrt jedoch die Situs-Regel der Evidenz und ist ihre Herrschaft vielfach anfechtbar, so daß schon deswegen von einer gewohnheitsrechtlichen Rechtsübung nicht gesprochen werden kann.

b) Rechtsspaltung in Deutschland und Einigungsvertrag

11 Das Kollisionsrecht war in Deutschland bis zum Beitritt der neuen Bundesländer, der aufgrund des Einigungsvertrages vom 31. 8. 1990 (BGBl II 889) zum 3. 10. 1990 wirksam wurde, territorial gespalten: Während in der Bundesrepublik das EGBGB und die ergänzenden Normen des ungeschriebenen Kollisionsrechts galten mit Besonderheiten im innerdeutschen Verhältnis, war in der ehemaligen DDR für die Entscheidung von räumlichen Rechtskonflikten, auch im Verhältnis zur Bundesrepublik, das Gesetz über die Anwendung des Rechts auf internationale zivil-, familien- und arbeitsrechtliche Beziehungen sowie auf internationale Wirtschaftsverträge – *Rechtsanwendungsgesetz* (RAnwG[DDR]) – v 5. 12. 1975 (GBl I 748) maßgebend (zum internationalen Sachenrecht der ehemaligen DDR s STAUDINGER/STOLL[12] Rn 9 f; vollständige Wiedergabe des RAnwG [DDR] bei STAUDINGER/DÖRNER [1996] Art 236 §§ 1–3 EGBGB Rn 35). Außerdem waren dort die kollisionsrechtlichen Regelungen der von der DDR geschlossenen Staatsverträge vorrangig zu beachten (zu diesen Verträgen STAUDINGER/ DÖRNER [1996] Art 236 §§ 1–3 EGBGB Rn 33, 38 ff). Der Einigungsvertrag hat diese Rechtsspaltung aufgehoben. Art 8 des Vertrages setzte nämlich das gesamte Bundesrecht nach näherer Maßgabe des Vertrages in den neuen Bundesländern mit dem Wirksamwerden des Beitritts (3. 10. 1990) in Kraft. Zu den übernommenen Vorschriften gehören auch das EGBGB, ebenso aber auch die ungeschriebenen oder aufgrund Staatsvertrages geltenden Kollisionsnormen der Bundesrepublik (PALANDT/ HELDRICH Art 236 EGBGB Rn 1).

12 Die *Übernahme des Bundesrechts* bedeutet indes nicht, daß das Kollisionsrecht der ehemaligen DDR künftig keinerlei Bedeutung mehr hat und in keinem Fall mehr zur Anwendung gelangen kann. Nach den Überleitungsregeln des Art 236 EGBGB ist nämlich das bisherige IPR der ehemaligen DDR in gewissem Umfang weiterhin zu beachten; es bleibt grundsätzlich auf die vor dem Wirksamwerden des Beitritts abgeschlossenen Vorgänge weiterhin anwendbar (§ 1). Die Tragweite dieser Einschränkung ist allerdings zweifelhaft und außerordentlich umstritten. Nach einer verbreiteten Lehre ist Art 236 EGBGB zwar Bundesrecht, aber nur in den neuen Bundesländern anzuwenden. Danach wäre das deutsche Kollisionsrecht in "Altfällen", dh bei der Beurteilung der vor dem 3. 10. 1990 abgeschlossenen Vorgänge, noch immer territorial gespalten: In den neuen Bundesländern gälte insoweit weiterhin das bisherige IPR und wäre von den dortigen Gerichten anzuwenden, wohingegen für die Gerichte der alten Bundesländer auch in "Altfällen" ausschließlich das dort schon bisher geltende Kollisionsrecht maßgebend wäre, das nunmehr einheitlich in ganz Deutschland gilt (s dazu STAUDINGER/RAUSCHER[12] Art 230 Rn 41–54; STAUDINGER/DÖR-NER [1996] Art 236 §§ 1–3 EGBGB Rn 12–14 mNw). Diese Lehre widerspricht jedoch dem Ziel des Einigungsvertrages, Rechtseinheit zu schaffen in dem Sinne, daß in ganz Deutschland die gleichen Rechtssätze verbindlich sind, wo auch immer über eine kollisionsrechtliche Frage zu urteilen ist. Den Vorzug verdient deshalb die Lehre vom *einheitlichen deutschen Kollisionsrecht* sowohl für „Neu-" als auch für „Altfälle" (s dazu STAUDINGER/RAUSCHER[12] Art 230 Rn 55 ff; STAUDINGER/DÖRNER [1996] Art 236 §§ 1–3 EGBGB Rn 5–11, 16 f mNw; BGHZ 124, 270 = JZ 1994, 468 m Anm THODE; BGHZ 128, 41, 43). Art 236 EGBGB ist hiernach eine allgemeine, überall in Deutschland zu beachtende Vorschrift, derzufolge es nur insoweit ausnahmsweise bei der Anwendung des vom

IPR der ehemaligen DDR berufenen Rechts verbleibt, als das im konkreten Fall der den Parteien gebührende *Vertrauensschutz* rechtfertigt (s dazu auch STOLL, Kollisionsrechtliche Aspekte des Vertrages über die deutsche Einigung, in: FS Lorenz [1991] 577–596). Für den Vertrauensschutz reicht es freilich nicht aus, daß die Gerichte der ehemaligen DDR, wäre die „Wende" nicht eingetreten, jenes Recht angewendet haben würden. Es müssen vielmehr weitere, faktische Momente hinzukommen, die schon vor der Wende die Herrschaft dieses Rechts nahelegten, so daß die Parteien auf dessen Weitergeltung vertrauen dürfen. Vertrauensschutz in diesem Sinne ist von allen deutschen Gerichten zu gewähren, gleichviel, ob nun im Osten oder Westen Deutschlands über einen „Altfall" entschieden wird. Dabei ist es auch nicht gerechtfertigt, zwischen innerdeutschen und internationalen Rechtskollisionen einen prinzipiellen Unterschied zu machen.

Die angeschnittenen rechtsgrundsätzlichen Fragen brauchen hier nicht vertieft zu **13** werden. Die gegensätzlichen Lehren bei der kollisionsrechtlichen Beurteilung der vor dem 3. 10. 1990 abgeschlossenen Vorgänge führen nur dann zu unterschiedlichen Ergebnissen, wenn das IPR der ehemaligen DDR von dem schon bisher in den alten Bundesländern geltenden Kollisionsrecht – einschließlich des von der Rechtsprechung entwickelten innerdeutschen Kollisionsrechts – abweicht. Das ist aber bei sachenrechtlichen Fragen im allgemeinen nicht der Fall. Sowohl das internationale und innerdeutsche Kollisionsrecht der Bundesrepublik als auch das RAnwG der ehemaligen DDR gehen nämlich von dem Grundsatz aus, daß die sachenrechtlichen Verhältnisse im allgemeinen von dem am Lageort der Sache geltenden Recht beherrscht werden (zu den internationalsachenrechtlichen Vorschriften der ehemaligen DDR vgl STAUDINGER/STOLL[12] Rn 9). Insbesondere stimmen die kollisionsrechtlichen Vorschriften der beiden deutschen Staaten in dem praktisch wichtigen Fall überein, daß über die mittelbar auch für die sachenrechtlichen Verhältnisse wichtige Erbfolge hinsichtlich eines in der ehemaligen DDR belegenen *Grundstücks* zu entscheiden ist. Das RAnwG (DDR) unterstellt nämlich die erbrechtlichen Verhältnisse in bezug auf das Eigentum und andere Rechte an Grundstücken und Gebäuden, die sich in der DDR befinden, deren Recht (§ 25 Abs 2 RAnwG). Dieser Geltungsanspruch des am Lageort bis zum 3. 10. 1990 geltenden Rechts wird nach dem innerdeutschen Kollisionsrecht der Bundesrepublik aufgrund des analog anwendbaren Art 3 Abs 3 EGBGB anerkannt bei einem Erbfall vor jenem Stichtag. Bei der damit entstandenen Rechtslage hat es auch nach dem Inkrafttreten des bundesdeutschen Erbrechts in der ehemaligen DDR sein Bewenden, Art 235 § 1 EGBGB (dazu näher STAUDINGER/RAUSCHER[12] Art 235 § 1 Rn 7 ff mNw; BGHZ 131, 22).

Ein innerdeutscher Rechtskonflikt entsteht auch nicht in den Fällen, in denen ein **14** Kaufvertrag über ein in der ehemaligen DDR gelegenes Grundstück vor dem 3. 10. 1990 von einem *westdeutschen Notar beurkundet* worden ist. Nach § 12 Abs 3 RAnwG(DDR) ist auf Verträge über das Eigentum und andere Rechte an Grundstücken und Gebäuden in der DDR ausschließlich deren Recht anzuwenden. Folglich muß der Vertrag nach dem in der ehemaligen DDR geltenden Rechtsanwendungsgebot von einem Staatlichen Notariat der DDR beurkundet werden (§§ 67 Abs 1, 297 ZGB der DDR). Dieser Geltungsanspruch ist aber auch nach dem innerdeutschen Kollisionsrecht der Bundesrepublik aufgrund des entsprechend anwendbaren Art 11 Abs 4 EGBGB grundsätzlich zu respektieren. Vielfach wurde deshalb – mit Recht – angenommen, daß es auch nach der Wende bei der Unwirksamkeit jener

Verträge verbleibt, gleichviel, ob nun west- oder ostdeutsche Gerichte hierüber zu entscheiden haben (vgl STAUDINGER/RAUSCHER[12] Art 231 § 7 Rn 1-3; PALANDT/HELDRICH Art 11 Rn 11). Immerhin war die Rechtslage umstritten. Das *2. Vermögensrechtsänderungsgesetz vom 14. 7. 1990* (BGBl I 1257) hat sie nun durch Anfügung des neuen § 7 in Art 231 EGBGB in dem Sinne geklärt, daß die von einem westdeutschen Notar beurkundeten Kaufverträge über DDR-Grundeigentum formgültig sind, ein etwa anzunehmender Formmangel also geheilt wird (s dazu STAUDINGER/RAUSCHER[12] Art 231 § 7 Rn 1-16 mNw).

15 Soweit bei der Entstehung oder Änderung der dinglichen Rechtsverhältnisse an *Mobilien* vor dem 3. 10. 1990 das IPR der ehemaligen DDR ausnahmsweise anders anknüpft als das Kollisionsrecht der Bundesrepublik, dürfte es für einen Vertrauensschutz iS des Art 236 § 1 EGBGB ausreichen, daß der sachenrechtlich relevante Vorgang sich auf dem Gebiet der ehemaligen DDR abgespielt oder von dort aus seinen Ausgang genommen hat. Die räumliche Nähe der Sache zum Gebiet der ehemaligen DDR schafft den erforderlichen Vertrauensbezug. Die Vorschrift des RAnwG(DDR) über die Entstehung von Schiffsgläubigerrechten etwa (§ 11 Abs 2, dazu STAUDINGER/STOLL[12] Rn 9) ist sicherlich dann maßgebend, wenn ein ausländisches Schiff sich zu dem maßgebenden Zeitpunkt vor dem 3. 10. 1990 im Hoheitsgebiet der DDR befand oder wenn ein Schiff, das die Flagge der DDR führte, zu diesem Zeitpunkt auf dem offenen Meer verkehrte. Weil indes Vertrauensschutz nach Art 236 § 1 EGBGB gegenüber der generellen Übernahme des bundesdeutschen Rechts die Ausnahme bildet, ist in Zweifelsfällen, vorbehaltlich des Nachweises eines notwendigen Vertrauensschutzes nach jener Vorschrift, von der Verbindlichkeit des allgemeinen, in der Bundesrepublik geltenden Kollisionsrechts auszugehen.

16 Die **materiellrechtlichen Überleitungsregeln** der Art 233 §§ 1-7 EGBGB zum Sachenrecht setzen vor dem 3. 10. 1990 abgeschlossene Vorgänge iS des Art 236 § 1 EGBGB voraus, die nach den dargelegten einheitlichen Kollisionsnormen (s Rn 12–15) dem Sachenrecht der ehemaligen DDR zugewiesen sind. Die Übergangsregelung besteht im Grundsatz darin, daß die nach dem kompetenten Recht der DDR geschaffenen Sachenrechtsverhältnisse in ihrem Bestand respektiert werden, jedoch ihre Wirkungen sich vom 3. 10. 1990 an nach dem BGB richten, sofern nicht Art 236 EGBGB Abweichendes bestimmt.

17 Besonders wichtig, aber auch in hohem Maße problematisch ist hierbei die **Überleitung** der an Grundstücken und Gebäuden in **der ehemaligen DDR** bis zum 3. 10. 1990 **begründeten dinglichen Rechtsverhältnisse.** Die Problematik betrifft allerdings nicht die kollisionsrechtliche Vorentscheidung, ob das Recht der ehemaligen DDR berufen ist; denn selbstverständlich unterliegen nach der Grundregel der lex rei sitae, die sowohl in der Bundesrepublik als auch in der ehemaligen DDR jedenfalls bei Grundstücken und Gebäuden unangefochten galt (vgl § 12 RAnwG), jene Rechtsverhältnisse dem Recht der ehemaligen DDR. Umso schwieriger ist die materiellrechtliche Anpassung der in der ehemaligen DDR an Grundstücken und Gebäuden sachenrechtlich oder faktisch geschaffenen Verhältnisse an das mit Wirkung vom 3. 10. 1990 eingeführte Bundesrecht (s auch WINKLER, Wirtschaftliche Perspektiven der Wiedervereinigung, insbesondere Eigentumsstruktur in der DDR und deren marktwirtschaftliche Umgestaltung, in: KIRCHHOF/KLEIN/RAESCHKE-KESSLER, Die Wiedervereinigung und damit zusammenhängende Rechtsprobleme [1991]). Die Überführung von Grund und Boden in Volkseigentum oder in kollektive Bewirtschaftung durch Genossenschaften nach dem Recht der ehemaligen DDR hatte zur Folge, daß dortige Gebäude regelmäßig ohne vorherigen Erwerb des Grundeigentums aufgrund öffentlich-rechtlicher Nutzungszuweisung errichtet wurden. Auf diese Weise entstand weithin *selbständiges Gebäudeeigentum*. Vielfach geschah die Überbauung auch ohne Rechtsakt mit Billigung der Verwaltung. Der Einigungsvertrag gewährt zwar dem nach dem Recht der ehemaligen DDR erworbenen selbständigen Gebäudeeigentum sowie dinglichen Nutzungsrechten grundsätzlich Bestandsschutz (vgl Art 233 § 4 EGBGB). Auch wurde den Personen, die ohne Rechtstitel ein ihnen nicht gehörendes Grundstück überbaut hatten und nutzten, durch das 2. Vermögensrechtsänderungsgesetz vom 14. 7. 1992 (BGBl I 1257) ein Moratorium bis zum Ablauf des 31. 12. 1994 zugestanden, dh sie werden bis dahin gegen den Herausgabeanspruch des Eigentümers geschützt (s nun Art 233 § 2 a EGBGB). Aber eine Bereinigung der sachenrechtlichen Verhältnisse an Grundstücken und Gebäuden in der ehemaligen DDR ist vorbehalten und nach wie vor dringend geboten. Hierbei kommt es hauptsächlich darauf an, einen angemessenen Interessenausgleich zwischen Grund- und Gebäudeeigentum herbeizuführen und, soweit selbständiges Gebäudeeigentum aufrechterhalten werden soll, dem Gebäudeeigentümer den Erwerb eines belastbaren, den Bestimmungen des Bundesrechts entsprechendes Recht an fremdem Grund und Boden (Erbbaurecht) zu ermöglichen. Ein entsprechendes Gesetz ist inzwischen ergangen, s Gesetz zur Änderung sachenrechtlicher Bestimmungen *(Sachenrechtsänderungsgesetz)* vom 21. 9. 1994, BGBl I 2457 (zu den vorbereitenden Arbeiten s LEUTHEUSSER-SCHNARRENBERGER, Die Bereinigung des Sachenrechts in den neuen Bundesländern, DtZ 1993, 34–39; STROBEL, Der Regierungsentwurf zum Sachenrechtsänderungsgesetz für das Beitrittsgebiet, NJW 1993, 2484–2490; STÜRNER, Sachenrechtsbereinigung zwischen Restitution, Bestandsschutz und Rechtssicherheit, JZ 1993, 1074–1081; s ferner GRÜN, Das Sachenrechtsänderungsgesetz, NJW 1994, 2641–2648). Wichtig für die Neuordnung der Rechtsverhältnisse an Grundstücken in den neuen Bundesländern – namentlich auch bei Überbauung eines Grundstücks aufgrund eines Miet- oder Pachtvertrages mit einem anderen als dem Grundstückseigentümer – ist ferner das Gesetz zur Änderung schuldrechtlicher Bestimmungen im Beitrittsgebiet vom 21. 9. 1994, BGBl I 2538.

c)   **Gesetzliche Neuordnung des deutschen internationalen Sachenrechts**

Die gesetzliche Neuordnung des deutschen internationalen Privatrechts setzte **18** zunächst bei denjenigen Rechtsgebieten an, bei denen ein besonderes Bedürfnis nach Klärung und Rechtsfortbildung bestand, nämlich dem internationalen Personen-, Familien- und Erbrecht. Die Neuordnung des internationalen Sachenrechts wurde zurückgestellt, ebenso wie des internationalen Privatrechts der außervertraglichen Schuldverhältnisse. Das *Gesetz zur Neuregelung des Internationalen Privatrechts* vom 25. 7. 1986 (BGBl I 1142) übergeht deshalb das internationale Sachenrecht, wie auch schon der Entwurf es tat, den KÜHNE im Auftrag des Bundesministers der Justiz auf der Grundlage der Vorschläge des Deutschen Rates für IPR erarbeitet hatte (KÜHNE, IPR-Gesetz-Entwurf: Entwurf eines Gesetzes zur Reform des internationalen Privat- und Verfahrensrechts [1980]), und ferner der Gesetzesvorschlag von NEUHAUS und KROPHOLLER (RabelsZ 1980, 326–343). Vorschriften zum internationalen Sachenrecht blieben einem späteren Ergänzungsgesetz vorbehalten.

Es fehlt indes nicht an *Vorarbeiten zur Neuordnung* auch des internationalen Sachen- **19** rechts. Die I. (damals II.) Kommission des Deutschen Rates für IPR legte bereits im

Jahre 1972 Vorschläge und Gutachten zur Reform des deutschen internationalen Personen- und Sachenrechts vor, die einige auf der Grundlage eines Gutachtens von LÜDERITZ erarbeitete Grundregeln des internationalen Sachenrechts enthalten (Vorschläge und Gutachten zur Reform des deutschen internationalen Personen- und Sachenrechts, vorgelegt von LAUTERBACH = Materialien zum ausländischen und internationalen Privatrecht, Bd 16 [1972] 5 und Gutachten LÜDERITZ 185–212). Das BMJ übernahm diese Grundregeln im wesentlichen in den Referentenentwurf eines Gesetzes zur Ergänzung des Internationalen Privatrechts (außervertragliche Schuldverhältnisse und Sachen) vom 15. 5. 1984 (wiedergegeben bei STAUDINGER/STOLL[12] Rn 8; s auch BASEDOW NJW 1986, 2972 Fn 12). Als dann aber die Verabschiedung nicht vorankam, unterzog die I. Kommission des Deutschen Rates für IPR ihre früheren Vorschläge zum internationalen Sachenrecht 1988 einer erneuten Prüfung im Hinblick auf die neuere Rechtsentwicklung. Dabei konnte sie sich auf ein ausführliches Gutachten von KREUZER stützen. Das Ergebnis dieser Beratungen waren die neugefaßten Vorschläge des Deutschen Rates von 1991 (Vorschläge und Gutachten zur Reform des deutschen internationalen Sachen- und Immaterialgüterrechts, vorgelegt von HENRICH = Materialien zum ausländischen und internationalen Privatrecht, Bd 33 [1991] 1 f, und Gutachten KREUZER 37–180). Diese Vorschläge haben wiederum in dem überarbeiteten **Referentenentwurf eines Gesetzes zur Ergänzung des internationalen Privatrechts (außervertragliche Schuldverhältnisse und Sachen) vom 1. 12. 1993** Eingang gefunden (Text in IPRax 1995, 132 f, auch wiedergegeben bei KROPHOLLER 556–558). Die sachenrechtlichen Vorschriften des überarbeiteten Referentenentwurfs haben folgenden Wortlaut:

Artikel 43
Rechte an einer Sache

(1) Rechte an einer Sache unterliegen dem Recht des Staates, in dem sich die Sache befindet.

(2) Gelangt eine Sache, an der Rechte begründet sind, in einen anderen Staat, so können diese Rechte nicht im Widerspruch zu der Rechtsordnung dieses Staates ausgeübt werden.

(3) Ist ein Recht an einer Sache, die in das Inland gelangt, nicht schon vorher erworben worden, so sind für einen solchen Erwerb im Inland Vorgänge in einem anderen Staat wie inländische zu berücksichtigen.

(4) Besteht mit dem Recht eines Staates offensichtlich eine wesentlich engere Verbindung als mit dem Recht, das nach diesen Vorschriften maßgebend wäre, so ist jenes Recht anzuwenden.

Artikel 44
Grundstücksimmissionen

Für Ansprüche aus beeinträchtigenden Einwirkungen, die von einem Grundstück ausgehen, gilt Art 40 Abs 1 entsprechend.

Artikel 45
Transportmittel

(1) Rechte an Luft-, Wasser- und Schienenfahrzeugen unterliegen dem Recht des Herkunfts-staates. Das ist

1. bei Luftfahrzeugen der Staat ihrer Staatsangehörigkeit,

2. bei Wasserfahrzeugen der Staat der Registereintragung, sonst des Heimathafens oder des Heimatorts,

3. bei Schienenfahrzeugen der Staat der Zulassung.

(2) Gesetzliche Sicherungsrechte an diesen Fahrzeugen unterliegen dem Recht, das auf die zu sichernde Forderung anzuwenden ist.

Der weitere Fortgang der Gesetzesreform ist noch nicht abzusehen. Es ist leider **20** dabei geblieben, daß dem internationalen Sachenrecht nur wenig Gewicht beigemessen wird. Die in dem Referentenentwurf eines Gesetzes zur Ergänzung des IPR vorgesehenen knappen Grundregeln führen kaum zu einer Weiterentwicklung des Rechts und tragen nur wenig zur Klärung der schwierigeren Fragen bei. Selbst bei Mobiliargeschäften wurde darauf verzichtet, dem Parteiwillen irgendwelchen Einfluß auf das sachenrechtlich anwendbare Recht einzuräumen. Auf die einzelnen Regeln des Entwurfs soll, soweit hierzu Anlaß besteht, in dem jeweiligen Sachzusammenhang eingegangen werden.

2.   Hinweise zum ausländischen Recht: Vorbemerkung

Die folgende Übersicht über die sachenrechtlichen Kollisionsnormen ausländischer **21** Rechtsordnungen und das wichtigste ausländische Schrifttum soll nur eine *erste Orientierung* ermöglichen und ist deshalb knapp gehalten. Das Hauptgewicht wird dabei auf andere Rechtsordnungen des deutschen Rechtskreises sowie benachbarter Staaten gelegt. Die Hinweise beschränken sich im allgemeinen auf neuere Gesetze sowie allgemeine Literatur zum internationalen Privatrecht mit Berücksichtigung des internationalen Sachenrechts. Es hat sich ferner als zweckmäßig erwiesen, bei den einzelnen ausländischen Rechtsordnungen jeweils auch *einige Informationen über das Schrifttum zum materiellen Sachenrecht* zu geben. Spezielles Schrifttum zu einzelnen Bereichen des internationalen Sachenrechts sowie zu einzelnen Fragen wird erst bei den jeweils einschlägigen Sachabschnitten der Kommentierung angeführt.

Zu den Quellen des ausländischen Rechts s allgemein MAKAROV, Quellen des internationalen Privatrechts. Nationale Kodifikationen[3] (bearb von KROPHOLLER/NEU-HAUS/WAEHLER) (1978).

3.   Dem deutschen Recht nahestehende Rechtsordnungen

a)   Österreich

Die Bemühungen um eine Reform des österreichischen IPR sind mit dem **Bundesge-** **22** **setz über das IPR (IPR-Gesetz) v 15. 6. 1978** (BGBl 1978/304) erfolgreich abgeschlossen worden. Das Gesetz ist am 1. 1. 1979 in Kraft getreten (§ 50). Das internationale Sachenrecht wird in den §§ 31—33 im ganzen entsprechend der herkömmlichen

Lehre geregelt. Alle „körperlichen Sachen", also auch die beweglichen, unterstehen der lex rei sitae (§ 31). Der Erwerb und der Verlust dinglicher Rechte einschließlich des Besitzes sind nach dem Recht des Staates zu beurteilen, in dem sich die Sache bei Vollendung des dem Erwerb oder Verlust zugrundeliegenden Sachverhalts befindet (§ 31 Abs 1). Dagegen bestimmen sich die rechtliche Gattung der Sachen und der Inhalt der dinglichen Rechte nach dem jeweiligen Gebietsrecht (§ 31 Abs 2). Der Grundsatz, daß das sachenrechtliche Einzelstatut dem Vermögensstatut vorgeht, wird in § 32 in einer allseitigen Kollisionsnorm festgeschrieben, jedoch auf dingliche Rechte an unbeweglichen Sachen beschränkt. Für dingliche Rechte an registrierten Wasser- und Luftfahrzeugen ist das Recht des Registerstaates, für Eisenbahnfahrzeuge das Recht des Staates maßgebend, in dem das Eisenbahnunternehmen, in dessen Betrieb die Fahrzeuge eingesetzt sind, den tatsächlichen Sitz seiner Hauptverwaltung hat (§ 33 Abs 1). Für gesetzliche oder zwangsweise begründete Pfandrechte oder gesetzliche Zurückbehaltungsrechte zur Sicherung von Ansprüchen auf Ersatz der durch ein solches Transportmittel verursachten Schäden oder der Aufwendungen für dieses verbleibt es jedoch bei der Herrschaft der lex rei sitae (§ 33 Abs 2). Die Vorschriften des § 33 sind an die Stelle des bis dahin auch in Österreich geltenden § 1 Abs 2 des Gesetzes über Rechte an eingetragenen Schiffen und Schiffsbauwerken v 15. 11. 1940 (oben Rn 5) getreten (§ 50 Abs 1 Nr 7 IPR-Gesetz). Von einer Sonderregel für die „res in transitu" wird abgesehen, weil sich keine der zahlreichen vorgeschlagenen Lösungen bisher habe praktisch bewähren können. Der Meinungsvielfalt im Schrifttum stehe eine nahezu völlige Bedeutungslosigkeit des Problems in der Rechtspraxis gegenüber (so die Erläuterungen in dem Gesetzesentwurf über die Regierungsvorlage, 784 der Beilagen zu den stenogr Protokollen des Nationalrates 14. GP, 49).

23 **Schrifttum zum internationalen Sachenrecht:** BEITZKE, Neues Österreichisches Kollisionsrecht, RabelsZ 1979, 245−276, 267 f; DUCHEK/SCHWIND, Internationales Privatrecht. Gesetzestext mit Erläuterungen und Staatsverträgen (1979); FEIL, Bundesgesetz über das IPR (1978) (Textausgabe mit amtlichen Erläuterungen); HOYER, Das internationale Sachen- und Obligationenrecht Österreichs in der Rechtsprechung seit 1979, ZfRvgl 1988, 98−107; KÖHLER/GÜRTLER, Internationales Privatrecht (1979); MÄNHARDT, Die Kodifikation des österreichischen IPR, Schwerpunktanalyse einer bemerkenswerten Gesetzesinitiative = Schriften zum internationalen Recht, Bd 10 (1978); ders, in: GSCHNITZER/FAISTENBERGER/BARTA, Allgemeiner Teil des Bürgerlichen Rechts[2] (Wien/New York 1992) 102 − 168; MATSCHER, 10 Jahre IPR-Gesetz, ÖJZ 1989, 705−711; REICHERT-FACILIDES, Anknüpfungsregeln des österreichischen IPR, in: Österreichische Landesreferate zum IX. Internationalen Kongreß für Rechtsvergleichung in Teheran (1974) 33−55, 52 f; SCHWIMANN, Grundriß des IPR. Mit besonderer Berücksichtigung der IPR-Staatsverträge (1982) 178−193; ders, Kommentierung des IPRG, in: RUMMEL (Hrsg), Kommentar zum Allgemeinen bürgerlichen Gesetzbuch[2] II (Wien 1992) 1283, 1405−1420; SCHWIMANN (Hrsg), IPRE 1 = Österreichische Entscheidungen zum internationalen Privatrecht bis 1983 (Wien 1984) und IPRE 2 = Österreichiche Entscheidungen zum internationalen Privat- und Verfahrensrecht 1983−1987 (Wien 1991);

SCHWIND, Handbuch des österreichischen IPR (1975); ders, Internationales Privatrecht. Lehr- und Handbuch für Theorie und Praxis (1990); ders, Das österreichische IPR-Gesetz im deutschsprachigen Rechtskreis, RabelsZ 1990, 251−268.

Schrifttum zum materiellen Sachenrecht: GSCHNITZER, Österreichisches Sachenrecht[2] (bearb von FAISTENBERGER/BARTA/CALL/ECCHER) (Wien/New York 1985); HABEL, Recht der Kreditsicherheiten in europäischen Ländern, Teil VI: Österreich = Untersuchungen über das Spar-, Giro- und Kreditwesen, Abt B: Rechtswissenschaft, Bd 48 (1986).

b) Schweiz

Das schweizerische Kollisionsrecht war bundesrechtlich zunächst geregelt im *Bun-* **24** *desgesetz v 25. 6. 1891 betreffend die zivilrechtlichen Verhältnisse der Niedergelassenen und Aufenthalter* (BBl 1891 IV 202). Dieses Gesetz befaßte sich indes hauptsächlich mit den interkantonalen Rechtskonflikten und enthielt keine Vorschriften zum internationalen Obligationen- und Sachenrecht (zur Vorgeschichte und Tragweite des Gesetzes RAAPE/STURM 52). Die bestehenden Gesetzeslücken und das starke Anwachsen der internationalen Rechtsbeziehungen legten die gesetzliche Neuordnung des schweizerischen IPR nahe. Nach mehrjährigen Vorarbeiten und Beratungen wurde auf der Grundlage eines Entwurfs, den eine Expertenkommission unter dem Vorsitz von Prof FRANK VISCHER 1978 vorgelegt hatte, das **Bundesgesetz über das internationale Privatrecht (IPRG)** vom 18. 12. 1987 verabschiedet. Es ist am 1. 1. 1989 in Kraft getreten (Art 200 Abs 2 iVm dem Bundesratsbeschluß vom 2. 11. 1988 [AS 1988, 1831]). Das Gesetz enthält nicht allein internationalprivatrechtliche Verweisungsnormen, sondern ordnet zugleich die internationale Zuständigkeit sowie die Voraussetzungen der Anerkennung und Vollstreckung ausländischer Entscheidungen.

Die dem internationalen Sachenrecht gewidmeten Vorschriften (Art 97–108 IPRG) **25** gehen von der Herrschaft der lex rei sitae aus, modifizieren aber diese Grundregel, was Rechte an beweglichen Sachen anlangt, in verschiedener Weise. Bemerkenswert ist hierbei die Einführung einer *begrenzten Rechtswahlmöglichkeit*. Nach Art 104 können die Parteien den Erwerb und den Verlust dinglicher Rechte an beweglichen Sachen dem Recht des Abgangs- oder des Bestimmungsstaates oder dem Recht unterstellen, dem das zugrundeliegende Rechtsgeschäft untersteht. Die Rechtswahl kann allerdings Dritten nicht entgegengehalten werden. Bei der Verpfändung von Forderungen, Wertpapieren und anderen Rechten gestattet Art 105 Abs 1 den Parteien sogar die Wahl eines beliebigen Rechts, freilich mit dem doppelten Vorbehalt, daß einmal die Rechtswahl nicht gegenüber Dritten wirkt (Art 105 Abs 1 S 2) und außerdem dem Schuldner nur das Recht entgegengehalten werden kann, dem das verpfändete Recht untersteht (Art 105 Abs 3).

Gelangt eine bewegliche Sache in einen anderen Staat, so bleiben die schon vor dem **26** *Statutenwechsel* begründeten Rechte an der Sache grundsätzlich bestehen, wenngleich sich Inhalt und Ausübung dieser Rechte nach dem neuen Belegenheitsrecht richten (Art 102 Abs 1, 100 Abs 2). Dieser Grundsatz wird aber bei beweglichen Sachen, die unter Eigentumsvorbehalt stehen, mit Rücksicht auf die strengen Publizitätsvorschriften der Schweiz (Art 715 Abs 1 ZGB; s dazu unten Rn 326) eingeschränkt: Ein im Ausland wirksam begründeter Eigentumsvorbehalt bleibt, wenn die Sache in die Schweiz gelangt, nur während einer „Schonfrist" von 3 Monaten gültig, sofern er nicht den Anforderungen des schweizerischen Rechts (nämlich Registrierung am jeweiligen Wohnort des Erwerbers!) genügt. Andererseits bestimmt Art 103, daß der Eigentumsvorbehalt an einer zur Ausfuhr bestimmten beweglichen Sache dem Recht des Bestimmungsstaates untersteht. Gleiches schreibt

Art 101 für den rechtsgeschäftlichen Erwerb und Verlust dinglicher Rechte an Sachen im Transit vor. Im Gegensatz zu dieser Regel ist aber Art 103 offenbar als einseitige Kollisionsnorm zu verstehen, dh sie betrifft nur die Ausfuhr beweglicher Sachen aus der Schweiz. Bei Lieferung von Ware unter Eigentumsvorbehalt aus Deutschland in die Schweiz ist somit ausschließlich Art 102 anzuwenden. Die dort vorgesehene „Schonfrist" von 3 Monaten sollte einem deutschen Exporteur auch dann zugutekommen, wenn der Eigentumsvorbehalt vor oder bei der Lieferung vereinbart, im Grunde jedoch erst durch Übergabe der Ware an den Käufer in der Schweiz „begründet" wird. Der entsprechende Ausdruck in Art 102 Abs 2 muß so interpretiert werden, daß nach dem Recht des Ausfuhrstaates alle Voraussetzungen erfüllt sind, um nach Grenzübertritt das Eigentum des Verkäufers fortbestehen zu lassen, auch wenn der Käufer die Ware in Besitz nimmt. Von diesem Zeitpunkt an – regelmäßig also ab Grenzübertritt – läuft somit die erwähnte „Schonfrist".

27 Schrifttum zum internationalen Sachenrecht: ERIC CORNUT, Der Grundstückskauf im IPR unter Einschluß der Zuständigkeitsverweisung und des internationalen Konfliktes = Schriftenreihe des Instituts für Internationales Recht und Internationale Rechtsbeziehungen der jur Fakultät der Universität Basel, Bd 40 (1987); HEINI/ KELLER/SIEHR/VISCHER/VOLKEN (Hrsg), IPRG-Kommentar. Kommentar zum Bundesgesetz über das internationale Privatrecht (IPRG) vom 1. Januar 1989 (Zürich 1993); KELLER/SIEHR, Allgemeine Lehren des internationalen Privatrechts (Zürich 1986); KELLER/SCHULZE/SCHÜTZ, Die Rechtsprechung des Bundesgerichts im IPR und in verwandten Rechtsgebieten, Bd I (Personen-, Familien-, Erb- und Sachenrecht) (Zürich 1976); KNOEPFLER/SCHWEIZER, Précis de droit international privé suisse (Bern 1990); MEIER-HAYOZ, in: Berner Kommentar zum Schweizerischen Privatrecht[5] IV (1981) Das Sachenrecht. 1. Abt: Das Eigentum. 1. Teilbd: Systematischer Teil und Allgemeine Bestimmungen, Art 641−654 ZGB, 8. Abschnitt (Internationales Privatrecht) 285−310; SCHNYDER, Das neue IPR-Gesetz. Eine Einführung in das Bundesgesetz vom 18. Dezember 1987 über das Internationale Privatrecht (IPRG)[2] (Zürich 1990); SCHWANDER, Das IPR des Grundstückskaufs (Grundstückserwerb durch Personen im Ausland), in: KOLLER (Hrsg), Der Grundstückskauf (St Gallen 1989) 365−392; vSTEIGER, Zur Kodifikation des IPR. Erste Betrachtungen zum Entwurf eines Bundesgesetzes über das internationale Privatrecht (IPR-Gesetz), ZBJV 115 (1979) 41−64; VISCHER, Internationales Privatrecht, in: Schweizerisches Privatrecht I, 4 (Hrsg GUTZWILLER) (Basel 1969); VISCHER/vPLANTA, Internationales Privatrecht[2] (1982).

Schrifttum zum materiellen Sachenrecht: DAGON, Der Erwerb von Grundstücken durch Ausländer in der Schweiz, RiW 1985, 930 f; DUBLER, La nouvelle législation suisse sur l'acquisition d'immeubles par des personnes à l'étranger, Rev crit dr i p 1985, 605−627; ders, Neuerungen beim Erwerb von Grundstücken in der Schweiz durch Personen im Ausland, IPRax 1985, 355−357; KRAPP, Der Erwerb Schweizer Grundstücke durch Ausländer, NJW 1985, 2869−2873; Probleme der Kreditsicherung, Berner Tage für die juristische Praxis 7 (1981) (Hrsg Rechts- und Wirtschaftswiss Fakultät der Universität Bern) (Bern 1982); REY, Die Grundlagen des Sachenrechts und das Eigentum = Grundriß des schweizerischen Sachenrechts, Bd I (Bern 1991); RIEMER, Die beschränkten dinglichen Rechte. Grundriß des schweizerischen Sachenrechts, Bd II (Bern 1986); Schweizerisches Privatrecht Bd V/1 (Basel und Stuttgart 1977): LIVER, Das Eigentum; HINDERLING, Der Besitz; PIOTET,

Dienstbarkeiten und Grundlasten; Bd V/3.1 (1988): DESCHENAUX, Das Grundbuch. Erste Abteilung; Bd V/3.2 (1989): DESCHENAUX, Das Grundbuch. Zweite Abteilung; SIMONIN/SUTTER, Schweizerisches Immobiliarsachenrecht (1990); WIEGAND, Fiduziarische Sicherungsgeschäfte, ZBernJV 116 (1980) 537–567.

c) Liechtenstein

Das liechtensteinische Zivilgesetzbuch, Sachenrecht, vom 31. 12. 1922 (LGBl 1923 Nr 4 **28** idF des Gesetzes vom 3. 7. 1991, LGBl 1991 Nr 61) regelt in den Art 9-19 das internationale Sachenrecht mit besonderer Ausführlichkeit. Die Situs-Regel wird hierbei konsequent durchgeführt. Ortsveränderungen, welche in der offenbaren Absicht der Gesetzesumgehung vorgenommen werden, sind jedoch nicht zu berücksichtigen (Art 13 Abs 3). Im Liegenschaftsrecht wird nicht nur für Verfügungen, sondern auch für Verpflichtungen zu solchen Verfügungen die Einhaltung der vom Belegenheitsrecht verlangten Form zwingend vorgeschrieben (Art 12 Abs 1). Das liechtensteinische IPR soll reformiert werden. Die Regierung des Fürstentums legte den *Entwurf für ein liechtensteinisches IPR-Gesetz* vor, der vom Landtag 1994 in erster Linie behandelt und einer Kommission zur Überarbeitung überwiesen wurde (STURM, Zur liechtensteinischen IPR-Reform, in: FS Anton Heini [Zürich 1995] 445 f). Der Entwurf lehnt sich an das österreichische IPR-Gesetz vom 15. 6. 1978 an. Die das internationale Sachenrecht betreffenden Art 10–16 des Zivilgesetzbuchs, Sachenrecht, wurden als Art 30–36 in leicht veränderter Form in den Entwurf übernommen, wohingegen die Art 17–19 jenes Gesetzes entfallen sollen (STURM 447, 452 f).

Schrifttum zum internationalen Privat- und Zivilprozeßrecht: FRICK, Die Anerkennung und Vollstreckung ausländischer Entscheidungen im Fürstentum Liechtenstein unter Berücksichtigung des deutschen, Schweizer und österreichischen Rechts = St Gallener Studien zum internationalen Recht, Bd 11 (St Gallen 1992); REDERER, Kurzer Abriß des internationalen Liechtensteiner Privatrechts, LiechtJZ 1986, 157–165; STURM, Zur liechtensteinischen IPR-Reform, in: FS Anton Heini (Zürich 1995) 445–454; WAHLE, Das liechtensteinsche internationale Privatrecht, RabelsZ 1928, 134, 163–167.

Schrifttum zum materiellen Sachenrecht: BAUER, Trust und Anstalt als Rechtsformen liechtensteinischen Rechts (1995); BIEDERMANN, Die Treuhänderschaft des liechtensteinischen Rechts, dargestellt an ihrem Vorbild, dem Trust des Common Law = Abhandlungen zum schweizerischen Recht, Heft 470 (1981); zum Grundstückserwerb durch Ausländer s RabelsZ 1975, 513: Nach dem *Gesetz v 13. 11. 1974 über den Grundstückserwerb* (Grundverkehrsgesetz, LGBl 1975 Nr 5) bedarf der Eigentumserwerb an liechtensteinischen Grundstücken und einigen gleichgestellten Objekten (zB Wohnrechten) der behördlichen Genehmigung. Die Genehmigung wird verweigert, wenn kein berechtigtes Erwerbsinteresse vorliegt; s auch PAETZOLD, Beschränkung des Grundstückserwerbs im Fürstentum Liechtenstein, in: Handelskammer Deutschland-Schweiz 1981, Mitteilungen.

d) Griechenland

Das griechische Zivilgesetzbuch von 1940/46 (s GOGOS, Das Zivilgesetzbuch von Griechenland **29** [1951]) stellt für das internationale Sachenrecht nur die Grundregel auf, daß sich der Besitz und die dinglichen Rechte an beweglichen und unbeweglichen Sachen nach dem Recht des Staates richten, in dem die Sachen liegen (Art 27). Diese Verweisung ist nach Art 32 so zu verstehen, daß die ausländischen Kollisionsnormen nicht angewendet werden. Art 27 hat somit die Bedeutung einer Sachnormverweisung.

Von besonderer Tragweite sind die griechischen Vorschriften, die sich gegen den *Grunderwerb von Ausländern* richten. Ein Präsidialdekret vom 22./24. 7. 1927 sowie das Ausnahmegesetz Nr 1366 v 2./7. 9. 1938 verbieten Ausländern jeglichen Erwerb von Grundeigentum sowie den Erwerb von dinglichen Rechten an Grundstücken – mit Ausnahme von Hypotheken – , soweit es sich um Grundstücke handelt, die in den als Grenzgebiete bezeichneten Teilen Griechenlands belegen sind. Diese Grenzgebiete machen etwa 55% des griechischen Hoheitsgebietes aus. Auf Klage der Europäischen Kommission hat der EuGH indes mit Urteil vom 30. 5. 1989, Rechtssache 305/87 (EuGHE 1989/5, 1461) entschieden, daß die Griechische Republik durch Aufrechterhaltung dieser Bestimmungen zum Nachteil von Angehörigen anderer Mitgliedstaaten der Europäischen Union gegen ihre Verpflichtungen aus dem EWG-Vertrag verstoßen hat, namentlich gegen das Diskrimierungsverbot des Art 7 sowie gegen die Gewährleistung der Niederlassungsfreiheit in Art 52.

30 **Schrifttum zum internationalen Sachenrecht:** BOURNIAS, La possession dans le droit international privé du code civil hellénique, Rev hell dr int 1 (1948/49) 78–80; EHRENZWEIG/FRAGISTAS/YIANNOPOLOUS, American Greek Private International Law = Bilateral Studies in Private International Law n 6 (1957) 76 f (Seerecht); EVRIGENIS, Regards sur le droit international privé hellénique contemporain, in: FS Kegel (1977) 341–357; FRAGISTAS, Griechische Rechtsprechung auf dem Gebiete des Internationalen Privatrechts 1946–1953, RabelsZ 1955, 144–157; GRAMMATICAKI/ALEXIOU, Private International Law – A Review of Greek Case-Law, Rev hell dr int 37 (1984) 387–394, und 42 (1989/90) 377–390; KOZYRIS, Conflict of Laws, Nationality, International Jurisdiction and Recognition and Enforcement of Judgements and Awards, in: KONSTANTINOS/KERAMEUS/KOZYRIS (Hrsg), Introduction to Greek Law² (Deventer et al 1993) 271–286; MARIDAKIS, Idiotikon diethnes dikaion. Katha ischyei eis ten Ellada² II (1968) 67–83; TZITZILERIS, Chronique de jurisprudence hellénique en matière de droit international privé, Rev hell dr int 18 (1965) 161, 163–170.

Schrifttum zum materiellen Sachenrecht: GEORGAKOPOULOS, Die Gesetzgebung Griechenlands auf dem Gebiet des Privatrechts 1945–1961, RabelsZ 1962/63, 112, 123–125 (See- und Luftrecht); GEORGIADES, Empragmaton Dikaion I (Sachenrecht) (Athen 1991); KONSTANTINOS/KERAMEUS/KOZYRIS (Hrsg), Introduction to Greek Law² (1993); MARKIANOS, Griechische Rechtsprechung zum ZGB 1946–1959 II, RabelsZ 1961, 267, 337–343; PAPACHARALAMBOUS/LINTZ, Grunderwerb in Griechenland durch Ausländer, BayNotZ 1986, 151–160. ff.

e) Türkei

31 Das türkische internationale Privatrecht wurde durch das **Gesetz Nr 2675 v 22. 5. 1982 über das internationale Privat- und Zivilverfahrensrecht** (IP-ZVRG), in Kraft getreten am 22. 11. 1982, umfassend geregelt (vgl KRÜGER ZfRvgl 1982, 169–189; ders IPRax 1982, 252–254, deutsche Übersetzung 254–259; TEKINALP RabelsZ 1983, 74–78, deutsche Übersetzung 131–140). Bis dahin gab es in der Türkei nur vereinzelte gesetzliche Vorschriften zum IPR, namentlich im Vorläufigen Gesetz über die Rechte und Pflichten der im Osmanischen Reich sich aufhaltenden Ausländer v 23. 2. 1330 (= 8. 3. 1915) (s dazu HIRSCH,

2. Kapitel. IPR   **Int SachenR**

(Vorgesehener 6. Abschnitt. Sachenrecht)   **32−34**

in: FS Lewald [1953] 245−257; KRÜGER IPRax 1982, 259; TEKINALP RabelsZ 1982, 26, 27 f). Die Regeln des internationalen Sachenrechts sind nunmehr in Art 23 IP-ZVRG zusammengefaßt. Dingliche Rechte an beweglichen und unbeweglichen Sachen unterliegen generell der lex rei sitae (Art 23 Abs 1). Auf dingliche Rechte an res in transitu ist jedoch das Recht des Bestimmungsortes anzuwenden (Art 23 Abs 2). Ist ein dinglicher Erwerbstatbestand beim Statutenwechsel noch nicht abgeschlossen, entscheidet über den Erwerb des dinglichen Rechts an einer beweglichen Sache das Recht des Ortes, an dem sich die Sache zuletzt befindet (Art 23 Abs 3). Mittelbar folgt daraus, daß der Statutenwechsel die bereits erworbenen dinglichen Rechte grundsätzlich nicht berührt (TEKINALP RabelsZ 1983, 74). Die Form der dinglichen Rechtsgeschäfte, die sich auf Rechte an Grundstücken beziehen, richtet sich ebenfalls nach der lex rei sitae (Art 23 Abs 4).

Schrifttum zum internationalen Sachenrecht: CELIKEL/SANLI, Türk Milletlerarasi Özel **32** Hukuk Mevzuati[5] (Istanbul 1993); KRÜGER, Neues internationales Privatrecht in der Türkei, ZfRvgl 1982, 169−189; ders, das türkische IPR-Gesetz von 1982, IPRax 1982, 252−259; ders, Überblick über türkische IPR-Literatur, RabelsZ 1989, 577−591, 587 f; NOMER, Devletler Hususi Hukuku[7] (Istanbul 1993); TEKINALP, Der türkische „Gesetzentwurf über internationales Privatrecht und Zivilverfahrensrecht", RabelsZ 1982, 26−56, 184−194; ders, Das türkische Gesetz über das internationale Privat- und Zivilverfahrensrecht von 1982, RabelsZ 1983, 74−78, 131−140.

Schrifttum zum materiellen Sachenrecht: YÜKSEL, Immobilien in der Türkei − Recht und Praxis (Hrsg HOFFMANN) (Istanbul 1991).

4. Romanischer Rechtskreis

a) Frankreich

Das französische IPR ist nicht kodifiziert. Drei in der Nachkriegszeit − zuletzt 1967 − **33** unternommene Versuche, eine gesetzliche Regelung herbeizuführen, blieben erfolglos (vgl BATIFFOL/LAGARDE I 455). Das System des französischen IPR ist das *Werk von Rechtsprechung und Lehre*, die von der einseitigen, allein die Anwendung französischen Rechts betreffenden Kollisionsnorm des Art 3 cc ihren Ausgang nahmen. Nach Abs 2 dieser Vorschrift unterliegen die Grundstücke, „même ceux possedés par des étrangers", dem französischen Recht. Diese Bestimmung wurde zu der allseitigen Kollisionsnorm ausgebaut, daß nicht nur Grundstücke, sondern auch Mobilien in sachenrechtlicher Hinsicht der lex rei sitae unterliegen (BATIFFOL/LAGARDE I 463−468). Nach dem Recht des Lageortes richten sich nicht nur der Inhalt der dinglichen Rechte, sondern auch die spezifisch sachenrechtlichen Erfordernisse für den Erwerb, die Übertragung und den Verlust dinglicher Rechte, wohingegen etwa die Geschäftsfähigkeit der Parteien nach deren Personalstatut zu beurteilen ist. Schiffe und Luftfahrzeuge werden dem Recht des Registerortes unterstellt (BATIFFOL/ LAGARDE I 465).

Nach französischem Sachenrecht war ein *Eigentumsvorbehalt* des Warenverkäufers **34** zwar möglich, wirkte aber grundsätzlich nicht gegenüber den Gläubigern des Käufers. Namentlich konnte sich der Vorbehaltsverkäufer im Konkurs des Käufers auf den Eigentumsvorbehalt nur dann berufen, wenn der Verkäufer noch vor Eröffnung

des Konkurses über das Schuldnervermögen durch Klageerhebung oder durch eine
sonstige förmliche und unmißverständliche Handlung seinen Willen bekundet hatte,
von dem Eigentumsvorbehalt Gebrauch zu machen (vgl dazu STAUDINGER/STOLL[12]
Rn 266). *Das französische Gesetz n 80–355 über die Wirkungen von Eigentumsvorbehaltsklauseln bei Kaufverträgen* (JO 13. 5. 1980, 1202 = JCP 1980 III 49868) erkennt indes
dem Eigentumsvorbehalt unter gewissen Voraussetzungen volle konkursrechtliche
Wirkung zu. Hiernach kann der Vorbehaltsverkäufer die Vorbehaltsware im Konkurs des Käufers aussondern, wenn die Klausel über den Eigentumsvorbehalt in
einem Schriftstück vereinbart ist, das spätestens im Moment der Lieferung errichtet
wird (Art 59, 65 der früheren französischen Konkursordnung, Ges n 67–563 v
13. 7. 1967, JO 14. 7. 1967, 7509, idF durch Art 1 des Ges n 80–355 v 12. 5. 1980).
Hieran wurde bei der Reform des französischen Insolvenzrechts im Jahre 1985 fest-
gehalten. An die Stelle der Art 59, 65 des Ges n 67–563 v 13. 7. 1967 sind mit nur
geringfügigen Änderungen Art 115, 121 Abs 2 der neuen Insolvenzordnung (Ges n
85–98 relative au redressement et à la liquidation judiciaires des entreprises v
25. 1. 1985, JO 26. 1. 1985, 1097 = JCP 1985 III 56711) getreten. Das Rückforderungsrecht
des Vorbehaltsverkäufers ist durch das Gesetz n 94–475 vom 10. 6. 1994 (JO
11. 6. 1994, 8440), das in die Insolvenzordnung vom 25. 1. 1985 die neuen Vorschriften
Art 115–1 und Art 121–1 eingefügt und Art 121 Abs 2 sowie Art 122 neu gefaßt
hat, weiter ausgebaut und insolvenzrechtlich begünstigt worden (vgl dazu BÖCKENHOFF
RiW 1994, 1053–1055). Zu den Voraussetzungen für die Anerkennung eines Eigentumsvorbehalts und seine Durchsetzung im Konkurs des Käufers im einzelnen
s unten Rn 328, 329.

35 Schrifttum zum internationalen Sachenrecht: ANCEL/LEQUETTE, Grands arrêts de la
jurisprudence française de droit international privé[2] (Paris 1992); AUDIT, Droit
international privé (Paris 1991); BARTIN, Principes de droit international privé selon
la loi et la jurisprudence françaises III (Paris 1935) ("L'empire de la loi territoriale",
7–353); BATIFFOL/LAGARDE, Droit international privé[8] I (Paris 1993); CABRILLAC,
La reconnaissance en France des sûretés réelles sans dépossession constituées à
l'étranger, Rev crit dr i pr 1979, 487–505; HOLLEAUX/FOYER/La PRADELLE, Droit
international privé (Paris 1987); LEREBOURS-PIGEONNIÈRE/LOUSSOUARN, Précis de
droit international privé[9] (Paris 1970); LOUSSOUARN/BOUREL, Droit international
privé[4] (Paris 1993); MAJOROS, Droit international privé[2] (Paris 1981); MAYER, Droit
international privé[5] (Paris 1994); NIBOYET, Traité de droit international privé français IV: La territorialité (Paris 1947); REVILLARD, Droit international privé et
pratique notariale (Paris 1983); WIEDERKEHR, Biens. Conflit de lois. Applications en
matière civile, in: JClDrInt VII: Droit International Privé (Stand 1993), Fasc 550,
1–32; WITZ, Das französische internationale Privatrecht der Mobiliarsicherheiten,
in: Quartalshefte der Girozentrale Wien IV/86 (21 Jahrg) 113–122.

36 Schrifttum zum materiellen Sachenrecht: BODENSTEIN/EBERTH, Kreditsicherung im
Geschäftsverkehr mit dem Ausland, I: Frankreich (1977); CABRILLAC/MOULY, Droit
des sûretés[2] (Paris 1993); CARBONNIER, Droit civil III: Les biens (Paris 1992);
CORNU, Droit civil. Introduction, les personnes, les biens[4] (Paris 1990); FERID/SON-
NENBERGER, Das französische Zivilrecht II: Schuldrecht: Die einzelnen Schuldver-
hältnisse, Sachenrecht[2] (1986); HAHN, Der Hypothekarkredit im französischen
Recht, RiW 1994, 114–117; LARROUMET, Droit civil III: Les biens, droit réels prin-
cipaux (Paris 1985); MALAURIE/AYNES, Cours de droit civil. Les sûretés (Le droit du

crédit)[3] (Paris 1990); MARTY/RAYNAUD/JESTAZ, Droit civil. Les sûretés, la publicité foncière[2] (Paris 1987); MAZEAUD/MAZEAUD/CHABAS, Leçons de droit civil II 2: Biens, droit de propriété et ses démembrements[7] (Paris 1989); NOLTING, Die wichtigsten Grundsätze des Erwerbs von Rechten an Grundstücken in Spanien, Frankreich und der Bundesrepublik Deutschland, ZfRvgl 1986, 263–271; REINECKER/ PETEREIT, Recht der Kreditsicherheiten in europäischen Ländern II: Frankreich (1978); SEELIGER, Konkursfestigkeit dinglicher Mobiliarsicherheiten im deutschfranzösischen Warenverkehr (1985); TERRE/SIMLER, Droit civil. Les biens[4] (Paris 1992); WIETEK/WIETEK-GILET, Erwerb französischen Wohnungseigentums durch Deutsche, DNotZ 1978, 130–145; WITZ, Entwicklung und Stand des französischen Rechts der Mobiliarsicherheiten, in: FS Schultz (1987) 399–417; ders, Das französische materielle Recht der Mobiliarsicherheiten, in: Quartalshefte der Girozentrale Wien IV/86 (21 Jahrg) 97–111.

b)   Belgien

Auch das belgische internationale Privatrecht ist nicht kodifiziert. Die Grundregeln **37** des internationalen Privatrechts sind entsprechend wie in Frankreich in Anlehnung an Art 3 cc entwickelt worden. Die Bemühungen nach dem Zweiten Weltkrieg, das IPR Belgiens und der anderen **Beneluxstaaten** zu vereinheitlichen, führten zwar zur staatsvertraglichen Verabschiedung von 2 Entwürfen vom 11.5.1951 und vom 3.7.1969, wurden aber im Hinblick auf die angestrebte Vereinheitlichung des IPR im Rahmen der EG aufgegeben; s dazu näher unten Rn 39, 110.

Schrifttum zum internationalen Sachenrecht: ERAUW/WATTE, Les sources du droit international privé belge et communautaire (Antwerpen und Brüssel 1993); GRAULICH, Introduction à l'étude du droit international privé (Liège 1978); VAN HECKE, American-Belgian Private International Law = Bilateral Studies in Private International Law n 17 (New York 1968); VAN HECKE/LENAERTS, Internationaal privaatrecht[2] (Gent 1989); RIGAUX, Le nouveau projet de loi uniforme Benelux relative au droit international privé, CLUNET 1969, 334–360; ders, Droit international privé I: Théorie générale[2] (Brüssel 1987); RIGAUX/FALLON, Droit international privé II: Droit positif belge[2] (Brüssel 1993); RIGAUX/ZORBAS, Les grands arrêts de la jurisprudence belge. Droit international privé (Brüssel 1981); VANDER ELST, Droit international privé[17] (Brüssel 1981–82); VANDER ELST/WESER, Droit international privé belge et droit conventionnel international I (par Vander ELST): Conflits de lois (Brüssel 1983); II (par WESER et JENARD): Conflit de jurisdictions (Brüssel 1985); DE WINTER, La nouvelle version du projet Benelux de loi uniforme de droit international privé, Rev crit dr i pr 1968, 812–815.

Schrifttum zum materiellen Sachenrecht: LEDOUX, Chronique de jurisprudence: Les sûretés réelles (1975–1980), Jtrib 1981, 313–326, 333–341; DE PAGE/DEKKERS, Traité élémentaire de droit civil belge. Principes, Doctrines, Jurisprudence[2] V: Les principaux contrats usuels (2. Teil). Les biens (1. Teil) (Brüssel 1975); VI: Les biens (2. Teil). Les sûretés (1. Teil) (Brüssel 1953); STRANART-THILLY/HAINZ, Recht der Kreditsicherheiten in europäischen Ländern III: Belgien (1979).

c)   Quebec

Das Zivilrecht der kanadischen Provinz Quebec steht in der französischen Rechts- **38** tradition. Es gehört deshalb dem romanischen Rechtskreis an, wohingegen das

Recht der anderen kanadischen Provinzen dem Common Law verpflichtet ist. Im Jahre 1866 erhielt Quebec ein eigenes Zivilgesetzbuch. Dessen Revision wurde nach dem 2. Weltkrieg schrittweise vorangebracht. Zuerst wurde 1980 das Familienrecht neu geordnet, sodann durch Gesetz vom 15. 4. 1987 das Personenrecht, Erbrecht und Sachenrecht. Die Neuordnung des internationalen Privatrechts wurde durch einen „Projet de réforme des articles du Code civil, du Code de procédure civile et de certaines lois du Québec se rapportant au droit international privé" vorbereitet, den das Comité du droit international privé der Provinz Quebec 1975 vorgelegt hatte (dazu näher STAUDINGER/STOLL[12] Rn 22). Schließlich wurde das gesamte neu gestaltete Zivilrecht im Gesetz 125 v 18. 12. 1991 zusammengefaßt, das als **neuer code civil von Quebec** am 1. 1. 1994 in Kraft getreten ist. Er umfaßt auch das internationale Privat- und Zivilprozeßrecht. Diese Materien sind im 10. und letzten Buch des code civil geregelt (Art 3076–3167) (Wiedergabe des Textes in IPRax 1994, 318–322, RabelsZ 1996, 327–352 mit Aufsatz GLENN, Codification of Private International Law in Quebec, 231–268 und Rev crit dr i p 1992, 574–584 mit Aufsatz GROFFIER, La réforme du droit international Québécois, 584–608). Dem materiellen Sachenrecht sind das 4. Buch (Des biens) und das 6. Buch (Des priorités et hypothèques) gewidmet.

Schrifttum zum internationalen Sachenrecht: ABRELL, Der Quebecer Entwurf einer Kodifikation des internationalen Privatrechts. Eine kritische Darstellung mit vergleichenden Hinweisen auf das deutsche IPR und das geltende IPR der Provinz Quebec/Kanada (1978); CABRILLAC, Le nouveau code civil du Québec, DS 1993, chr 267–271; GASTEL, Commentaire sur certaines dispositions du Code civil du Québec se rapportant au droit international privé, Clunet 1992, 625–668; GLENN, Codification of Private International Law in Quebec – an Overview, IPRax 1994, 308–311; GROFFIER, Le projet de codification du droit international privé québecois, Clunet 1977, 827–842; ders, Précis de droit international privé Québécois[4] (Cowansville 1990).

Schrifttum zum materiellen Sachenrecht: BRIERLY, Regards sur le droit des biens dans le nouveau code civil du Quebec, RevIntComp 49 (1995) 33–49.

d) Niederlande

39 Das IPR der Niederlande ist bis jetzt noch nicht kodifiziert. Die vereinzelte Vorschrift des Art 7 AB (= Wet van 15. Mai 1829, StBl n 28, houdende algemene bepalingen der wetgeving van het Koninkrijk) bestimmt, daß für unbewegliche Sachen das Gesetz des Landes oder des Ortes gilt, an welchem die Sache belegen ist. In den Niederlanden ist aber heute unbestritten, daß die *Situs-Regel* grundsätzlich auch auf bewegliche Sachen anzuwenden ist. Die staatsvertragliche *Vereinheitlichung des IPR der Benelux-Staaten* ist, wie schon erwähnt (oben Rn 37), im Hinblick auf die angestrebte Vereinheitlichung des IPR im Rahmen der EG aufgegeben worden (vgl JONGBLOED, Requiem voor de Unificatie van het recht in Beneluxverband, NedJBl 1985, 1227–1232; s ferner unten Rn 110). Ein nationales Gesetz über das IPR wird jedoch vorbereitet. Das niederländische Justizministerium hat im *August 1992* einen entsprechenden *Gesetzesentwurf* vorgelegt (Stafafdeling Wetgeving Privaatrecht Ministerie van Justitie, Schets van een algemene wet betreffende het internationaal privaatrecht, augustus 1992). Die Art 77–88 betreffen das internationale Sachen- und Trustrecht (vgl dazu STEFFENS, Artikelen 77–88 IPR-Schets: Zakenrecht en trustrecht, WPNR 1993, 773–775). Sowohl unbewegliche als auch bewegliche Sachen unterstehen hiernach grundsätzlich dem sachenrechtlichen

Regime des am Lageort geltenden Rechts (Art 78). Einmal begründete Sachenrechte bleiben bei einem Statutenwechsel bestehen (Art 79). Eine besondere Bestimmung wird dem Übergang des Eigentums abhanden gekommener Sachen auf den Versicherer gewidmet (Art 80): Maßgebend ist insoweit, auch wenn die Sache in ein anderes Rechtsgebiet gelangt ist, das von dem IPR des Staates, in dem sich die Sache ursprünglich befand, bezeichnete Recht. Diese auffallende Vorschrift zielt speziell auf die nicht seltenen Fälle, in denen ein in Deutschland gestohlenes Kraftfahrzeug in den Niederlanden auftaucht und zweifelhaft ist, wo es sich in dem Zeitpunkt befunden hatte, als der Versicherer gegen Übertragung des Eigentums die Versicherungssumme an den Bestohlenen leistete (vgl dazu unten Rn 364). Mit Recht bemerkt Steffens (aaO 774), daß es richtiger wäre, in solchen Fällen das materielle Recht des Ursprungslandes anzuwenden. Selbstverständlich geht auch das Recht eines Dritten vor, der nach Ortsrecht wirksam das Eigentum erworben hat.

Ein nach ausländischem Recht begründeter Eigentumsvorbehalt kann, wenn sich die Sache in den Niederlanden befindet, gegenüber Dritten nur nach Maßgabe des niederländischen Rechts geltend gemacht werden (Art 82). Sachen, die aufgrund Vereinbarung zur See oder zu Lande befördert werden, unterstehen sachenrechtlich dem Recht des Bestimmungsortes. Die Parteien können jedoch auch die Geltung des Rechts des Absendelandes oder des Schuldvertrages vereinbaren; eine solche Rechtswahl hat aber keine Wirkung gegenüber Dritten (Art 81). Was den Begriff des Trust und das auf ihn anzuwendenden Rechts anlangt, wird grundsätzlich auf das Haager Übereinkommen über das auf Trusts anzuwendende Recht und über ihre Anerkennung vom 1. 7. 1985 verwiesen (Art 85, 86).

Schrifttum zum internationalen Sachenrecht: Bertrams/Verhagen, Goederenrecht- **40** lijke aspecten van de internationale cessie en verpachting van zakelijke rechten, WPNR 1993, 974−981; van Brakel, Grondslagen en beginselen van Nederlands internationaal privaatrecht[3] (1953); Cohen-Henriquez, IPR-Trends, ontwikkelingen op het gebied van het internationale personen-, familie- en erfrecht, zaken-, contracten- en vennootschapsrecht (1980); Gotzen, Eigentumsübertragung, Eigentumsvorbehalt und Sicherungsübereignung bei beweglichen Sachen in den Niederlanden und in der Bundesrepublik Deutschland. Eine rechtsvergleichende Darstellung unter Einschluß der kollisionsrechtlichen Fragen (1971); ders, Kreditsicherungsprobleme in den Niederlanden. Zugleich eine Besprechung der neueren höchstrichterlichen Rechtsprechung, RiW 1983, 731−736; Lemaire, Nederlands internationaal privaatrecht (Hoofdlijnen) (1968); Polak, Towards codified Dutch international law, NTIR 38 (1991) 312−345; van Rooij/Polak, Private International Law in the Netherlands (1987); Sauveplanne, Elementair internationaal privaatrecht[8] (Deventer 1986); Strikwerda, Inleiding tot het Nederlandse internationaal privaatrecht[3] (1992); Tenbieg, Kodifikation des internationalen Privatrechts in den Niederlanden, FuR 1990, 146−149; Verheul, La reconnaissance en droit international privé des sûretés réelles sans dépossession constituées à l'étranger, Netherlands Reports to the Tenth International Congress of Comparative Law, Budapest (1978) 123−129.

Schrifttum zum materiellen Sachenrecht: Asser, Zekerheitsrechten (Deventer 1986); **41** Bydlinski/Mayer-Maly/Pichler (Hrsg), Renaissance der Idee der Kodifikation. Das neue Niederländische Bürgerliche Gesetzbuch 1992 (Wien et al 1991); Haanap-

PEL/McKAAY, Nieuwe Nederlands Burgerlijk Wetboek. Het vermogensrecht (Deventer 1991) 153–231 (zum 5., das Sachenrecht umfassenden Buch des neuen Bürgerlichen Gesetzbuchs der Niederlande); HARTKAMP, Das neue niederländische Gesetzbuch aus europäischer Sicht, RabelsZ 1993, 664–684; PITLO/BRAHW, Het Nederlands Burgerlijk Wetboek, het Zakenrecht met verwijzing naar het N.B.W.[9] (Arnhem 1987); STEIN, Voorrechten en Zekerheidsrechten in de overgang, WPNR 1991, 355–361; ZWITSER, Betekenis „Anwartschaftsrecht" voor de rangorde von zakelijke rechten, WPNR 1993, 524–530.

e) Luxemburg

42 Das luxemburgische Recht ist ebenfalls ein Tochterrecht des französischen Rechts, so daß die dort entwickelten Lösungen einen gewissen Indizwert für das luxemburgische Recht haben. Zu dem aufgegebenen Versuch, das IPR der Benelux-Staaten staatsvertraglich zu vereinheitlichen, s die Bemerkungen zum belgischen und niederländischen Recht (Rn 37, 39, ferner 110).

Schrifttum zum materiellen und internationalen Sachenrecht: BERNECKER, Internationales Privat- und Prozeßrecht im Großherzogtum Luxemburg. Dargestellt anhand der Rechtsprechung und verglichen mit dem Recht Frankreichs und Belgiens, RabelsZ 1962/63, 263–346; LOESCH, Luxemburg, in: DICKSON/ROSENER/STORM (Hrsg), Security on Movable Property and Receivables in Europe. The Principal Forms of Security in the European Community (except Greece) and Switzerland (Oxford 1988) 108–122; SCHOCKWEILER, Les conflits de lois et les conflits de jurisdictions en droit international privé luxembourgeois (Luxemburg 1988).

f) Italien

43 Der **italienische Codice civile von 1942** stellte in Art 22 der einleitenden „Disposizioni sulla legge in generale" zum internationalen Sachenrecht nur die Grundregel auf, daß der Besitz, das Eigentum und sonstige dingliche Rechte an beweglichen und unbeweglichen Sachen vom Recht des Ortes beherrscht werden, an dem sich die Sachen befinden. Eine umfassende Neuordnung des italienischen IPR wurde schon seit den 60er Jahren angestrebt (Entwurf VITTA 1968), besonders aber nachdem der italienische Verfassungsgerichtshof zwei Artikel der das IPR betreffenden „Disposizioni sulla legge in generale" des Codice civile für verfassungswidrig erklärt hatte (Art 18 und 20) und zudem der Einfluß internationaler Konventionen – namentlich der EG-Konventionen – auf das nationale IPR immer bedeutender wurde (Volken, SZIER 1995, 101 f). Eine 1985 vom Justizministerium berufene Kommission unter dem Vorsitz von Prof MONACO legte 1986 den Entwurf eines Reformgesetzes über das IPR vor (veröffentlicht in Riv dir int priv proc 1989, 932–946, mit Erläuterungen 947–985; s dazu BALLARINO, Sul progetto di riforma del sistema italiano di diritto internazionale privato, Riv dir int priv proc 1990, 525–555; JAYME, Italienischer Gesetzentwurf zur Reform des internationalen Privatrechts, IPRax 1990, 196; WINKLER, Zum Reformentwurf für das italienische Kollisionsrecht, JbItalR 4 [1991] 101–109). Der Entwurf wurde am 29. 4. 1993 vom Justizminister in etwas abgewandelter Form (vgl FUMAGALLI, La riforma del diritto internazionale privato nel disegno di legge governativo, Riv dir int priv proc 1993, 494–503) in das Gesetzgebungsverfahren eingebracht. Inzwischen ist das **Gesetz zur Reform des italienischen internationalen Privatrechts vom 31. 5. 1995** im Gesetzblatt am 3. 6. 1995 verkündet worden (Legge 31 maggio 1995, n 218, Riforma del sistema di diritto internazionale privato, Gazz uff, Suppl ord N 68, 3. 6. 1995). Das internationale Sachenrecht ist in den Art 51–55 geregelt. Das Recht des Lageortes beherrscht den Besitz, das Eigentum und sonstige Rechte an beweglichen und unbeweglichen Sachen (Art 51 Abs 1). Es ist auch maßgebend für den Erwerb und den Verlust solcher Rechte, sofern nicht die Zuweisung eines dinglichen Rechts vom Erbstatut, einer familienrechtlichen Beziehung oder einem Schuldvertrag abhängt (Art 51 Abs 2). Dingliche Rechte an res in transitu unterliegen dem Recht des Bestimmungsortes (Art 52). Die Ersitzung einer beweglichen Sache richtet sich nach dem Recht des Staates, in dem sich die Sache beim Ablauf der vorgeschriebenen Frist befindet (Art 53). Die Publizität der Rechtshandlungen, die zur Begründung, Übertragung und zum Erlöschen dinglicher Rechte führen, richtet sich nach dem Recht des Ortes, in dem sich die Sache zur Zeit der Handlung befindet. Bemerkenswert ist ferner, daß nach Art 13 einem renvoi (rinvio) des anwendbaren Rechts auf das Recht eines anderen Staates grundsätzlich zu folgen ist, sofern dieser die Verweisung annimmt oder es sich um eine Rückverweisung auf das italienische Recht handelt.

Schrifttum zum internationalen Sachenrecht: BALLADORE PALLIERI, Diritto interna- **44** zionale privato italiano (1974); BALLARINO, Diritto internazionale privato [2](1996); BARSOTTI, Diritti reali nel diritto internazionale privato, in: Digesto delle discipline privatistiche. Sezione civile[4] (1989); LUZZATO, Stati giuridici e diritti assoluti nel diritto internazionale privato (1965); MONACO, Manuale di diritto internazionale pubblico e privato (1949); VENTURINI, I diritti reali nel diritto internazionale privato = Studi Parmensi III (1953) 513–536; ders, Diritto internazionale privato. Diritti reali ed obbligazioni (1956); VITTA, Diritto internazionale privato I (1972), II (1973), III (1975); ders, Memoriale e progetto di legge. Problemi di riforma del diritto internazionale privato (1986); ders, Corso di diritto internazionale privato e processuale[4] (1992).

Schrifttum zum materiellen Sachenrecht: BURDESE, Il problema del diritto reale **45** nell'ultima dottrina, Riv dir civ 1980, 210–233; CANTAGALLI, Codice civile commentato (1981) 321–456; DOLCE/LÖSCH, Immobilienerwerb in Italien, JGItalR 6 (1993) 183–200; GASSNER/WOLFF, Die Kreditsicherung durch das bewegliche Vermögen des Schuldners im italienischen Recht, DB Beil Nr 10 zu Heft 10, 1969; KINDLER, Einführung in das italienische Recht (1993) 138–148; MÜHL, Sicherungsübertragung, Sicherungsabtretung und Eigentumsvorbehalt im italienischen Recht. Eine rechtsvergleichende Untersuchung (1980); DORIS REICHEL, Immobilienerwerb in Italien. Publikation der Deutsch-Italienischen Handelskammer[2] (Mailand 1994); TORRENTE/SCHLESINGER, Manuale di diritto privato[11] (1981); TRABUCCHI, Istituzioni di diritto civile. Trentesima quinta edizione aggiornata con le riforme e la giurisprudenza (1994).

g) Spanien

Art 10 Nr 1 des spanischen Código civil von 1889 trennte noch – unter dem Einfluß **46** von Art 7 des italienischen Codice civile von 1865 (s unten Rn 127) – bei der Bestimmung des Sachstatuts bewegliche und unbewegliche Sachen: Während für diese die lex rei sitae galt, unterstanden bewegliche Sachen dem Heimatrecht des Eigentümers. Hiergegen wandte sich freilich das Schrifttum, das auch bei beweglichen Sachen entgegen dem Gesetzeswortlaut die Herrschaft des Belegenheitsrechts zu begründen suchte (CASTÁN TOBEÑAS, Derecho civil español común y foral I 1[10] [Madrid 1962] 496 Fn 1). Der durch Dekret vom 31. 5. 1974 *neu gefaßte Einleitungstitel zum spani-*

schen Código civil, in Kraft getreten am 29. 7. 1974, enthält nunmehr die maßgebenden Bestimmungen des neu geordneten IPR (vHOFFMANN/ORTIZ-ARCE, Das neue spanische internationale Privatrecht, RabelsZ 1975, 647−681; deutsche Übersetzung des Einleitungstitels 724−737). Nach Art 10 Nr 1 des neuen Einleitungstitels unterstehen Besitz, Eigentum und sonstige Rechte an beweglichen Sachen der lex rei sitae. Sachen, die sich im grenzüberschreitenden Verkehr befinden, gelten als am Versendungsort belegen, es sei denn, daß Versender und Empfänger ausdrücklich oder stillschweigend übereingekommen sind, sie als am Bestimmungsort belegen anzusehen. Schiffe, Flugzeuge und Schienenverkehrsmittel sowie sämtliche Rechte, die an ihnen begründet werden, unterliegen hingegen dem Recht ihrer Flagge, Eintragung oder Registrierung (Art 10 Nr 2), wohingegen es bei Kraftfahrzeugen bei der Herrschaft der lex rei sitae verbleibt (Art 10 Nr 2 S 2). Schließlich wird für alle Arten von Wertpapieren bestimmt, daß sie dem Recht des Ortes unterstehen, an dem die Ausgabe erfolgt (Art 10 Nr 3).

47 Schrifttum zum internationalen Sachenrecht: AGUILAR NAVARRO, Derecho internacional privado[3] I (1970), II (1974); BORRAS RODRIGUEZ/DIEZ de VELASCO VALLEJO, Prácticas de derecho internacional privado. Selección de legislación, jurisprudencia y bibliografía[3] (1986); CARRILLO SALCEDO, Derecho internacional privado. Introducción a sus problemas fundamentales[3] (1983); GOLDSCHMIDT, Sistema y filosofía del derecho internacional privado. Con especial consideración del España y de la América Luso-Hispánica[2], I-III (Buenos Aires 1952−1954); vHOFFMANN/ORTIZ-ARCE, Das neue spanische internationale Privatrecht, RabelsZ 1975, 647−681; MAKAROV, Quellen des internationalen Privatrechts[3], Spanien, 258−271; MARÍN LOPEZ ua, Derecho internacional privado español II: Parte especial, Derecho civil internacional[7] (1991); MIAJA de la MUELA, Derecho internacional privado II: Parte especial[10] (1987); VERPLAETSE, Derecho internacional privado (1954).

48 Schrifttum zum materiellen Sachenrecht: BUNGERT, Gemeinschaftsrechtswidrigkeit von Grundstückserwerbsbeschränkungen für EG-Angehörige im spanischen Recht, IPRax 1992, 296−301; CASTÁN TOBEÑAS/GARCÍA CANTERO, Derecho civil español común y foral II 1[13] (1987) und CASTÁN TOBEÑAS/MARÍN LOPEZ, Derecho español, común y foral II 2[11] (1988); FRANKENHEIM, Das deutsche Grundbuch und das spanische Eigentumsregister. Eine rechtsvergleichende Untersuchung (Diss Freiburg i Br 1985); GANTZER, Spanisches Immobilienrecht[6] (1995); JOCHEM, Der rechtsgeschäftliche Erwerb von Grundstücks- und Wohnungseigentum nach spanischem Recht, MDR 1973, 642−644; HUNDERTMARK, Besitzlose Mobiliarsicherheiten und Insolvenzverfahren nach spanischem Recht = Schriften zum Internationalen Recht, Bd 74 (1996); KIENINGER, Der Eigentumsvorbehalt im Wirtschaftsverkehr mit Spanien nach der Novellierung des spanischen Abzahlungsgesetzes, RiW 1994, 287−292; LÖBER/PEUSTER (Hrsg), Aktuelles spanisches Handels- und Wirtschaftsrecht (1991); LÖBER, Grundeigentum in Spanien, Handbuch für Eigentümer, Käufer und Verkäufer[3] (1984); ders, Reform des spanischen Wohnungseigentumsgesetzes, RiW 1988, 446 f; MEYER, Erwerb spanischer Immobilien durch Deutsche oder Schweizer, ZVglRW 83 (1984) 72−83; RECKHORN-HENGEMÜHLE, Grundstückskauf in Spanien, ZVglRW 90 (1981) 155−184; REICHMANN, Recht der Kreditsicherheiten in europäischen Ländern VII/1: Spanien (1988); PRINZ vSACHSEN GESSAPHE, Der Grundstückserwerb im spanischen Recht, RiW 1991, 299−304; ders, Aspekte der

Sicherung der Rechte des Verkäufers und Drittfinanzierers beim Immobilienerwerb nach spanischem Recht, RiW 1991, 474–479.

h) Andorra

Schrifttum zum internationalen Privatrecht: RAU, Internationales Privat- und Prozeß- **49** recht von Andorra, RabelsZ 1989, 207–244.

i) Portugal

Das am 1. 6. 1967 in Kraft getretene **neue Zivilgesetzbuch** enthält eine umfangreiche **50** Normierung des IPR in den Art 14–65 des 1. Buches (s NEUHAUS/RAU, Das internationale Privatrecht im neuen portugiesischen Zivilgesetzbuch, RabelsZ 1968, 500–524). Nach Art 46 Abs 1 gilt für den Besitz, das Eigentum und die übrigen dinglichen Rechte an beweglichen und unbeweglichen Sachen die lex rei sitae. Die Begründung oder Übertragung von dinglichen Rechten an res in transitu bestimmt sich hingegen nach dem Recht des Bestimmungslandes (Art 46 Abs 2). Transportmittel werden indes dem Recht des Registerstaates unterstellt (Art 46 Abs 3). Nach Art 47 ist auch die Fähigkeit zur Begründung dinglicher Rechte an unbeweglichen Sachen oder zur Verfügung über solche nach der lex rei sitae zu beurteilen, sofern diese es anordnet; andernfalls gilt insoweit das Personalstatut.

Schrifttum zum internationalen Sachenrecht: FERRER CORREIRA, Liçoes de direito **51** internacional privado (1973); FERRER CORREIRA/PINTO, Direito internacional privado. Leis e projectos de leis, convençoes internacionales (1988); MACHADO, Liçoes de direito internacional privado⁴ (1990); MAKAROV, Quellen des internationalen Privatrechts³, Portugal, 196–217; TABORDA FERREIRA, Sistema do direito internacional privado segundo a lei et a jurisprudencia (1957).

Schrifttum zum materiellen Sachenrecht: SCHWARZ, Portugiesisches Grundstückrecht, AWD 1973, 448–453; STÜTTGEN, Immobilienerwerb in Portugal² (Lissabon 1987, Veröff der Deutsch-Portugiesischen Industrie- und Handelskammer).

5. Anglo-amerikanischer Rechtskreis

a) Grundzüge der Rechtsentwicklung

Das internationale Sachenrecht der anglo-amerikanischen Rechtsordnungen beruht **52** hauptsächlich auf der *Rechtsprechung*. Bei allen Rechtsfragen, welche die Rechtsverhältnisse an einem Grundstück betreffen, ist die Anknüpfung des anwendbaren Rechts an die Belegenheit der Sache überkommenes Recht. Unter Auswertung der englischen Rechtsquellen stellte der amerikanische Rechtsgelehrte JOSEPH STORY für „real property" schon 1834 den folgenden Grundsatz auf: „The laws of the place where such property is situate, exclusively govern in respect to the rights of the parties, the modes of transfer, and the solemnities which should accompany them" (STORY, Commentaries on the Conflict of Laws, Foreign and Domestic [Boston 1834] § 424, 358; dazu ALDEN, Modernizing the Situs Rule for Real Property Conflicts, TexasLRev 1987, 585–633, 587 ff). Der Anwendungsbereich des Belegenheitsstatuts wird bei Grundstücken sehr weit gespannt und auf Fragen ausgedehnt, die nach kontinentaler Rechtsauffassung dem Personalstatut unterfallen, etwa die Geschäftsfähigkeit der Parteien, eherechtliche Wirkungen sowie die Erbfolge. Die *Situs-Regel* wird im übrigen, was *Grundstücke* anlangt, auch auf das internationale Prozeßrecht übertragen in dem Sinne, daß die Gerichte des Belegenheitsstaates ausschließlich zuständig sind für die Entscheidung aller Streitigkeiten, die den Rechtstitel an einem Grundstück unmittelbar berühren (s Alden 590 ff). Aber auch bei *Mobilien* hat sich mindestens im englischen Recht und den ihm nahestehenden Rechtsordnungen die Auffassung durchgesetzt, daß die Begründung, Übertragung und Aufhebung der Sachenrechte nach der lex situs zu beurteilen ist (Zaphiriou 39–49). In den Vereinigten Staaten ist das IPR der beweglichen Sachen von Staat zu Staat verschieden (vgl May, Die Regeln des internationalen Privatrechts der beweglichen Sachen in den USA [Diss Köln 1969]). In einigen Staaten gelten noch veraltete Gesetze, wonach unter dem Einfluß der von Story anerkannten Maxime *„mobilia sequuntur personam"* (dazu May 8 ff) *bewegliche Sachen der lex domicilii* des Eigentümers unterstellt sind (so § 946 California Civil Code, dazu unten Rn 127; § 55–401 Idaho Civil Code; § 67–1101 Montana Civil Code und § 47–0701 North Dakota Civil Code). In der Praxis gewann jedoch auch in den Vereinigten Staaten die *Anknüpfung an den Lageort der Sache* zunächst die Oberhand (vgl die richtungweisenden Entscheidungen des Supreme Court in Green v Buskirk, 5 Wall 307=72 US 307=18 I Ed 599 [1867] sowie des Court of Appeals von New York in Goetschius v Brightman, 245 NY 186=156 NE 660 [1927]).

53 Die Rechtslage in den Vereinigten Staaten ist allerdings dadurch unsicher und variabel geworden, daß sich in einem Teil der Staaten neuere Strömungen der amerikanischen Kollisionsrechtslehre durchgesetzt haben. Danach kommt es bei Bestimmung des anwendbaren Rechts nicht auf den territorialen Bezug eines Rechtsverhältnisses an. Vielmehr ist grundsätzlich nach dem Zweck der kollidierenden Sachnormen zu entscheiden, welche Rechtsordnung bezüglich einer bestimmten Rechtsfrage das überzeugendste Rechtsanwendungsinteresse hat (zu den Lehren im einzelnen die hervorragende Synopsis von Vischer, General Course on Private International Law, Rec des Cours 232 [1992-I] 13, 44–73). Das amerikanische Restatement of the Law Second, Conflict of Laws 2nd von 1971 (s Vischer, Das neue Restatement „Conflict of Laws", RabelsZ 1974, 128–154) hält zwar bei Grundstücken immer noch an der Situs-Regel fest (s Alden 591 ff), verweist aber bei Verfügungen über bewegliche Sachen nur hinsichtlich der Außenwirkungen auf die lex rei sitae. Dagegen gilt im Verhältnis der Parteien zueinander diejenige Rechtsordnung, zu der das Rechtsgeschäft im Hinblick auf die zu entscheidende Frage die kennzeichnendste Beziehung hat ("the most significant relationship"). Im neueren Schrifttum gibt es freilich auch Stimmen, die selbst im Liegenschaftsrecht die allumfassende Anwendung des Belegenheitsrechts für zu starr und einseitig halten (s Alden aaO). Diese Kritik richtet sich indes hauptsächlich gegen solche Anwendungsfälle, die nach kontinentaler Anschauung von vornherein außerhalb des Bereichs der Situs-Regel liegen (s unten Rn 219, 220).

54 Die *neuen Lehren des amerikanischen Kollisionsrechts* haben erstmals in **Louisiana** in einer Kodifikation des IPR Niederschlag gefunden. In Louisiana ist am 1. 1. 1992 ein **neues IPR-Gesetz** in Kraft getreten, das unter dem Einfluß der kontinentalen Kodifikationsidee das gesamte Kollisionsrecht zusammenzufassen sucht. In Louisiana gilt seit 1825 ein auf die französische Rechtstradition zurückreichender, aber stark vom Common Law geprägter Civil Code, der 1870 in größerem Umfang und mehrfach danach teilweise revidiert wurde. Das neue IPR-Gesetz hat ihm in einem neuen Buch IV die Art 3515–3549 über den Allgemeinen und den Besonderen Teil des Kollisionsrechts angefügt (Jayme, Neue Kodifikation des Internationalen Privatrechts in Louisiana, IPRax 1993, 56–58, mit dem Text des Gesetzes; Symeonides, Private International Law

Codification in a Mixed Jurisdiction: The Louisiana Experience, RabelsZ 1993, 460–507, mit Text des IPR-Gesetzes 508–516; ders, Les grands problèmes de droit international privé et la nouvelle codification de Louisiana, Rev crit dr i p 1992, 223–281). Das Gesetz wurde vom Louisiana State Law Institute ausgearbeitet und ist im wesentlichen das Werk des Berichterstatters Prof SYMEONIDES, Louisiana State University. Entsprechend den neueren Lehren bestimmt Art 3515 allgemein, daß in einem Fall mit Auslandsberührung auf eine Rechtsfrage (issue) im Zweifel das Recht des Staates anzuwenden ist, „whose policies would be most seriously impaired if its law were not applied to that issue". Die Art 3535, 3536, betreffend „Real Rights", gehen zwar sowohl für unbewegliche als auch für bewegliche Sachen immer noch von der Situs-Regel aus. Bemerkenswert ist aber die einseitige Kollisionsnorm des Art 3536 Abs 2: Hiernach wird ein nach dem früheren Sachstatut entstandenes dingliches Recht an einer beweglichen Sache bei deren Verbringung nach Louisiana dessen Recht unterworfen, soweit es mit dem Recht von Louisiana unvereinbar ist oder der Rechtsinhaber wußte oder wissen mußte, daß die Sache nach Louisiana gelangt. Gleiches soll gelten, wenn Gerechtigkeit und Billigkeit den Schutz Dritter gebieten, die in Louisiana ein Rechtsgeschäft bezüglich der dorthin gelangten Sache in gutem Glauben geschlossen haben. Hieraus ist mittelbar zu entnehmen, daß Rechte an gestohlenen Sachen, die nach Louisiana gelangen, trotz des Statutenwechsels grundsätzlich in vollem Umfang erhalten bleiben, soweit nicht eben der Schutz des gutgläubigen Verkehrs in Louisiana nach Treu und Glauben eine Ausnahme erfordert.

b) England
Schrifttum zum internationalen Sachenrecht: COLLIER, Conflict of Laws (1987); **55** DICEY/MORRIS, Conflict of Laws[12] I und II (by LAWRENCE COLLINS and others) (London 1993); GRAVESON, Conflict of Laws: Private International Law[7] (1974); MORRIS/McLEAN, The Conflict of Laws[4] (1993); NORTH/FAWCETT, Cheshire and North's Private International Law[12] (1992); SCOTT, Private International Law[2] (1979); WOLFF, Private International Law[2] (1950); ZAPHIRIOU, The Transfer of Chattels in Private International Law. A Comparative Study = University of London Legal Series IV (1956).

Schrifttum zum materiellen Sachenrecht: BENJAMIN's Sale of Goods[4] (1992); GOODE, The Secured Creditor and Insolvency under English Law, RabelsZ 1980, 674–712; ROTTNAUER, Die Mobiliarkreditsicherheiten unter besonderer Berücksichtigung der besitzlosen Pfandrechte im deutschen und englischen Recht. Eine rechtsvergleichende Untersuchung vor dem Hintergrund der geplanten Insolvenzrechtsreform = Tübinger Schriften zum internationalen und europäischen Recht, Bd 26 (1992); ZIEGEL, Canadian Perspectives on Chattel Security Law Reform in the United Kingdom, CambrLJ 54 (1995) 430–446.

c) Schottland
Schrifttum zum internationalen Sachenrecht: ANTON, Private International Law. A **56** Treatise from the Standpoint of Scots Law[2] (1990); HEYNE, Deutscher Eigentumsvorbehalt vor schottischen Gerichten, IPRax 1988, 318–320; McKINNON, Leading Cases in the International Private Law of Scotland (1934); ROLOFF, Armour v Thyssen Edelstahlwerke AG – Die Wirksamkeit eines deutschen Eigentumsvorbehalts in Schottland, IPRax 1991, 274–276; WATTENBERG, Der Eigentumsvorbehalt und seine Erscheinungsformen im schottischen Recht, RiW 1988, 98–102.

d) Irland

57 **Schrifttum zum internationalen Sachenrecht**: BINCHY, Irish Conflicts of Law (1988); COESTER-WALTJEN, Deutscher Eigentumsvorbehalt vor irischen Gerichten, IPRax 1983, 315–317; HICKEY, Irish Private International Law, RabelsZ 1978, 268–303.

e) Australien

58 Im Bundesstaat Australien haben die 6 Gliedstaaten und die beiden Bundesterritorien grundsätzlich ihre eigenen Privatrechtsordnungen. Inneraustralische und internationale Rechtskonflikte werden nach denselben Kollisionsregeln entschieden. Die australische Law Reform Commission legte 1992 einen Bericht vor, in dem einige neue Kollisionsnormen empfohlen werden. Die Vorschläge sind in dem Entwurf eines „Choice of Law Bill 1992" zusammengefaßt (s RabelsZ 1994, 741–749). Sie betreffen hauptsächlich das Delikts- und Vertragsrecht, befassen sich aber nicht mit dem internationalen Sachenrecht. Es wird lediglich für Trusts auf das Haager Übereinkommen über das auf den Trust anwendbare Recht und die Anerkennung von Trusts vom 1. 7. 1985 verwiesen (s 11).

Schrifttum zum internationalen Sachenrecht: NYGH, Conflict of Laws in Australia[6] (1995); ders, Reform of Private International Law in Australia, RabelsZ 1994, 727–740; SYKES/PRYLES, Australian Private International Law[3] (1991); dies, Conflict of Laws. Commentary and Materials[3] (1991).

Schrifttum zum materiellen Sachenrecht: SYKES, The Law of Securities[5] (1993).

f) Kanada (mit Ausnahme von Quebec, s dazu Rn 38)

59 **Schrifttum zum internationalen Sachenrecht**: CASTEL, Canadian Conflict of Laws[3] (1994); ders, Conflict of Laws, Cases, Notes and Materials[6] (1988); FALCONBRIDGE, Essays on the Conflict of Laws[2] (1954); JOHNSON, Conflict of Laws[2] (1962); McLEOD, The Conflict of Laws (1983); ROMAN/SWEATMAN, The Conflict between Canadian Provincial Personal Property Acts and the Federal Bankruptcy Act: The war is over, CanBRev 71 (1992) 77–106; ZIEGEL, Personal Property Security and Bankruptcy: There is no war!, CanBRev 72 (1993) 44–53.

Schrifttum zum materiellen Sachenrecht: vKENNE, Das kanadische einheitliche Sicherungsrecht. Eine rechtsvergleichende Studie zur Reform des Mobiliarsicherungsrechts = Schriften zum Internationalen Recht, Bd 24 (1981); KETELS, Erschwerung des Erwerbs von Grundeigentum durch Ausländer in Kanada, AWD 1974, 448–453; KREMER, Das Liegenschaftsrecht der kanadischen Provinzen im deutsch-kanadischen Rechtsvergleich = Schriftenreihe Rechtswissenschaftliche Forschung und Entwicklung, Bd 29 (1983); ZIEGEL, The New Provincial Chattel Security Law Regimes, CanBar Rev 70 (1991) 681–723.

g) Vereinigte Staaten

60 **Schrifttum zum internationalen Sachenrecht**: BRILMAYER/MARTIN, Conflict of Laws. Cases and Materials[3] (Boston 1990); CRAMTON/CURRIE/KAY/KRAMER, Conflict of Laws[5] (1993); EHRENZWEIG, Private International Law I (1967), II (1973) und III (1977) (zusammen mit JAYME); HANCOCK, Studies in Modern Choice-of-Law: Torts, Insurance, Land Titles (1984); HAY, The Situs-Rule in European and American Conflicts Law – Comparative Notes; JUENGER, Non-Possessory Security Interests in

American Conflicts Law, in: Law of the United States in the Bicentennial Era (= Suppl to Vol 26 AmJCompL) (1978) 145–169; KRAMER, Choice of Law in the American Courts in 1990: Trends and Developments, AmJCompL 39 (1991) 465–491; LEFLAR/MCDOUGAL/FELIX, American Conflicts Law[4] (1986); LOWENFELD, Conflict of Laws (1986); REESE/ROSENBERG/HAY, Cases and Materials on Conflict of Laws[9] (1990, mit Suppl 1993 und 1994); SCOLES/HAY, Conflict of Laws[2] (1992); WEINTRAUB, Commentary on the Conflict of Laws[3] (1986, mit Suppl 1987).

Schrifttum zum materiellen Sachenrecht: BERNHARDT, Property[2] (1991); BOYER/ **61** HOVENKAMP/KURTZ, The Law of Property: An Introductory Survey[4] (1991); CUNNINGHAM/STOEBUCK/WHITMAN, The Law of Property[2] (1993); DIELMANN, Recht der Kreditsicherheiten in den Vereinigten Staaten von Amerika I: Kreditsicherheiten an beweglichen Sachen nach Art 9 UCC (1983); DIELMANN/ALLERKAMP/CASSEBAUM, Kreditsicherung in den USA (1985); GÖBEL, Die Sicherung eines Kredits aus dem unbeweglichen Vermögen des Schuldners im Recht der USA (1974); HAY, Einführung in das amerikanische Recht[3] (1990); vMETZLER, Das anglo-amerikanische Grundbuchwesen. Eine rechtsvergleichende Untersuchung unter besonderer Berücksichtigung Englands, Australiens und der USA = Hamburger Rechtsstudien, Heft 58 (1966); MILGER, Mobiliarsicherheiten im deutschen und US-amerikanischen Recht. Eine rechtsvergleichende Untersuchung = Göttinger Rechtswissenschaftliche Studien, Bd 117 (1982); MITSCH, Das Hypothekenkreditgeschäft. Eine rechtsvergleichende Arbeit über die Vereinigten Staaten von Amerika und die Bundesrepublik Deutschland (Diss Köln 1988); MÜHL, Kreditsicherheiten in den Vereinigten Staaten von Amerika II: Immobiliarsicherheiten und persönliche Sicherheiten (1985); RIESENFELD, Dingliche Sicherungsrechte an beweglichem Vermögen nach der Neufassung des Einheitlichen Handelsgesetzbuches für die Vereinigten Staaten, in: FS Ballerstedt (1975) 469–480; WEISMAN, Restrictions on the Acquisition of Land by Aliens, AmJCompL 28 (1980) 39–66; WHITE/SUMMERS, The Uniform Commercial Code[3] (1988).

6. Skandinavischer Rechtskreis

Das internationale Sachenrecht der skandinavischen Staaten beruht, da gesetzliche **62** Vorschriften weithin fehlen, hauptsächlich auf der Rechtsprechung. Die *Situs-Regel* ist sowohl für unbewegliche als auch für bewegliche Sachen grundsätzlich anerkannt.

a) Dänemark

Schrifttum zum internationalen Sachenrecht: BORUM/PHILIP, Lovkonflikter. Laerebog **63** i international privatret[8] (1970); GRAUE, Recognition and Enforcement of Foreign Security Interests under Domestic Conflict Rules, JbIntR 26, 125–129; PHILIP, Dansk international privat- og procesret[3] (1976); SIESBY, International privatret.[2] Almindelig del og formueret. (1989).

Schrifttum zum materiellen Sachenrecht: ILLUM, Dansk Tingsret (1976); SCHMAHL, Der Grunderwerb in Dänemark und seine Beschränkungen (1977); SEIDEL, Wohnungseigentum nach dänischem Recht (Diss Kiel 1975); TROLLE, Danmark, in: DICKSON/ROSENER/STORM (Hrsg), Security on Movable Property and Receivables in Europe. The Principal Forms of Security in the European Community (except

Greece) and Switzerland (Oxford 1988) 24–35; VINDING KRUSE/MOLLER/OTHEN, Ejendumskop[5] = Skrifter udgivet af det Retsvidenskabelige Institut ved Kobenhavens Universitet, Bd 19 (Kopenhagen 1990).

b) Finnland

64 Weitgehend dem Römischen EWG-Übereinkommen über das auf vertragliche Schuldverhältnisse anzuwendende Recht vom 19. 6. 1980 folgt das *finnische Gesetz über das auf internationale Verträge anwendbare Recht v 27. 5. 1988* (s dazu BUURE-HÄGGLUND, New Finnish Legislation on Law Applicable to Contracts, IPRax 1989, 407–409). Nach s 9 (2) dieses Gesetzes sind Grundstücksverträge nur dann formgültig, wenn sie den zwingenden Formvorschriften der lex rei sitae entsprechen.

Schrifttum zum internationalen Sachenrecht: BERGMANN, Hauptprobleme des finnischen internationalen Privatrechts (Diss Berlin 1987); BUURE-HÄGGLUND, The Recognition in Finland of Non-Possessory Security Interests created Abroad, Nord-TIR (1978) 30–35.

Schrifttum zum materiellen Sachenrecht: SUNDSTRÖM, Die finnische Gesetzgebung auf dem Gebiet des Privatrechts, RabelsZ 1967, 275–293; TEPORA, Reservation of Title as Security and in the Administration of Property, ScandStudL 29(1985) 213–231; THOMAS, Bankkreditsicherung im finnischen Recht. Eine rechtsvergleichende Untersuchung (Diss Kiel 1975); TIMONEN, Inledning till Finlands rättsordning I: Privatsrätt (Helsinki 1990); ZITTING/RAUTILA, Lärobok i sakrätt. Allmän del (Helsinki 1971); s auch das *finnische Gesetz über die Unternehmenshypothek* v 24. 8. 1984, FFS 1984 Nr 634; s dazu WENCKSTERN, Hypotheken auf Unternehmen. Neue Gesetze in Schweden und Finnland, RabelsZ 1988, 663–728, mit dt Übersetzung des Gesetzes 739–750.

c) Norwegen

65 **Schrifttum zum internationalen Sachenrecht**: GAARDER, Innforing i internasjonal privatrett[2] (1990); GJELSVIK, Das internationale Privatrecht in Norwegen. Allgemeiner Teil (1935) (übersetzt von WOLGAST).

Schrifttum zum materiellen Sachenrecht: EXNER, Norwegische Pfandrechte als Alternative zum deutschen Eigentumsvorbehalt?, RiW 1992, 810–813.

d) Schweden

66 **Schrifttum zum internationalen Sachenrecht**: BOGDAN, Svensk internationell privat- och processrätt[3] (Malmö 1987); ders, Application of Foreign Rules on Non-Possessory Security Interests in Swedish Private International Law, NordTIR (1978) 14–29; ders, Expropriation in Private International Law (Lund 1975); EEK, The Swedish Conflict of Laws (1965); FISCHLER, Grundsatzentscheidung zum Eigentumsvorbehalt bei Warenlieferungen nach Schweden, RiW/AWD 1978, 819 f; GRAUE, Recognition and Enforcement of Foreign Security Interests under Domestic Conflict Rules, JbIntR 26, 125–160; MICHAELI, Internationales Privatrecht. Gemäß schwedischem Recht und schwedischer Rechtsprechung (1948); NIAL, American-Swedish Private International Law = Bilateral Studies no 13 (1965); PÅLSSON, Rättsfalls- och övningsmaterial i international privaträtt (1977).

Zum materiellen Sachenrecht: Die von der Rechtsprechung entwickelten Regeln über   **67** den *Gutglaubenserwerb beweglicher Sachen* sind nunmehr durch ein am 1. 1. 1987 in Kraft getretenes Gesetz erfaßt und präzisiert worden (SFS 1986 Nr 796; s dazu RabelsZ 1987, 489). Das Gesetz trifft auch Bestimmung über den gutgläubigen Erwerb eines Pfandrechts an beweglichen Sachen und das Lösungsrecht des früheren Eigentümers.

Zu erwähnen ist ferner das *schwedische Gesetz über die Unternehmenshypothek* v 14. 6. 1984, SFS 1984 Nr 649, mit Änderungen durch Gesetz v 28. 3. 1985, SFS 1985 Nr 174; s dazu WENCKSTERN, Hypotheken auf Unternehmen. Neue Gesetze in Schweden und Finnland, RabelsZ 1988, 663–728, mit dt Übersetzung des Gesetzes v 14. 6. 1984, 729–738.

Schrifttum zum materiellen Sachenrecht: BOGDAN, Restrictions Limiting the Right of Foreigners to Acquire Real Property in Sweden, RabelsZ 1977, 536–548; FALKAN-GER, Acquisition of Real Property and State Approval (Concession), ScandStudL 31 (1987) 55–79; GÖRANSON, The Law of Securities-Doing Without the Securities. The Impact of Paperless Transactions in a Traditional Field of Law, ScandStudL 35 (1991) 29–55; HÅSTAD, Sakrät. Avsende lös egendom[5] (Stockholm 1994); ders, Property Rights as Regards Personal Property, in: STRÖMHOLM (Hrsg), An Introduction to Swedish Law[2] (Stockholm 1988) 405–425; HILLERT, Landlaw: Landlord and Tenant, ebenda 427–448; NUMHAUSER-HENNING, Land Ownership. A Critical Study of the Swedish Land Acquisition Act and its Functions, ScandStudL 34 (1990) 181–210; RODHE, Handbok i sakrätt (Stockholm 1985); STRÖMHOLM, Bona Fides in the Swedish Law of Property, AmJCompL 12 (1963) 41–40.

7. Rechtsentwicklung in den ehemals sozialistischen Staaten Europas

Von dem *sozialistischen Rechtskreis* sind in Europa nur noch Rudimente übrig-   **68** geblieben, nachdem die meisten der ehemals diesem Rechtskreis zugehörigen Staaten sich 1989/1990 vom Marxismus-Leninismus als herrschender Staatstheorie sowie dem damit verbundenen System der staatlichen Planwirtschaft abgewandt haben. Nur noch Rest-Jugoslawien, dh *Serbien und Montenegro*, wird man in Europa noch jenem Rechtskreis zuzurechnen haben. Es hielt zunächst auch noch an der Staatsbezeichnung einer „Sozialistischen" Föderativen Republik fest, wohingegen etwa Bulgarien, Polen, Ungarn, Rumänien sowie die tschechische und die slowakische Republik schlichte „Republiken" sind (s ROGGEMANN, Wirtschafts- und Eigentumsordnung im Verfassungsrecht Osteuropas im Wandel, ROW 1991, 161, 162 f; s auch ROGGEMANN/KUSS [Hrsg], Wirtschaften und Investieren in Osteuropa. Rechtsgrundlagen und Rechtspraxis [1994]). Nach der neuen Verfassung vom 27. 4. 1992 führt allerdings auch Rest-Jugoslawien nur noch den Namen „Bundesrepublik Jugoslawien". Diese ist mit der früheren Sozialistischen Föderation Republik Jugoslawien identisch (HUMMER SZIER 1993, 425 – 459).

Mit dem Übergang zum Wirtschaftssystem eines mehr oder weniger freien Marktes waren in den meisten der ehemals sozialistischen Staaten auch Veränderungen der staatlichen Strukturen verbunden. Der Bundesstaat der UdSSR wurde aufgelöst. An seine Stelle ist ein Staatenbund getreten, nämlich die *Gemeinschaft unabhängiger Staaten (GUS)*. Die baltischen Staaten (Estland, Lettland und Litauen) stehen als nunmehr völlig unabhängige Staaten außerhalb dieser Gemeinschaft. Die früher der Sozialistischen Föderativen Republik Jugoslawien angehörenden Staaten *Slowenien, Kroatien, Mazedonien* und *Bosnien* sind ausgegliedert und ebenfalls unabhängig geworden. Die tschechoslowakische Republik ist zerfallen, und es ist mit Wirkung vom 1. 1. 1993 die staatsrechtliche Verbindung zwischen der *tschechischen* und der *slowakischen Republik* gelöst worden. Der staats- und rechtspolitische Wandel hat tiefgreifende Auswirkungen auf die rechtlichen Systeme gehabt und auch das Kollisionsrecht nicht unberührt gelassen. Der genaue Inhalt der eingetretenen Änderungen ist aber nur schwer zu ermitteln, und vieles ist auch noch im Fluß. Es können deshalb, was die gegenwärtige Rechtslage anlangt, nur wenige Hinweise auf neue Gesetze und neueres Schrifttum gegeben werden.

Zur Rechtsentwicklung in den osteuropäischen Staaten vgl die vom Institut für Ostrecht, München, in ROW laufend veröffentlichten Chroniken der Rechtsentwicklung, s etwa ROW 1993, 18—27, 83—96, 143—152, 206—215, 265—278, 336—348.

S auch WEISHAUPT, Zur Entwicklung des Kollisions- und internationalen Zivilprozeßrechts der Republik Kasachstan, IPRax 1994, 311 f.

a) Baltische Staaten (Estland, Lettland, Litauen)

69 Hinweise zum privatrechtlichen und sachenrechtlichen Schrifttum: ARNOLD, Das estnische Gesetz über Eigentum als Grundlage der Privatisierung, RiW 1994, 27—33; SCHULZE, Zur Rechtsentwicklung in den baltischen Staaten, in: ROGGEMANN/KUSS (Hrsg), Wirtschaften und Investieren in Osteuropa. Rechtsgrundlagen und Rechtspraxis (1994) 187—213; ders, Eigentum und Sicherungsrechte in den baltischen Staaten, RiW 1994, 731—736; SELGE, Die Entwicklung des Eigentums- und Gesellschaftsrecht in Estland, ROW 1992, 97—100; ders, Zur Privatisierungsgesetzgebung in Estland, ROW 1994, 16—24.

b) Bulgarien

70 Die *Republik Bulgarien* hat 1991 eine neue Verfassung erhalten (s FRENZKE, Die neue bulgarische Verfassung in deutscher Übersetzung, Osteuropa-Recht 38 [1992] 188—216). Art 22 Abs 1 verbietet den Erwerb von Grundstücken durch Ausländer und ausländische juristische Personen in Bulgarien (s SCHRAMEYER, Erwerb von Grundeigentum durch Ausländer in Bulgarien, WiRO 1993, 261—266).

Schrifttum zum IPR der Volksrepublik Bulgarien: POPOV, Bulgarisches internationales Privatrecht, RabelsZ 1977, 726—738.

Schrifttum zur neueren Rechtsentwicklung: ROGGEMANN/KONSTANTINOV (Hrsg), Wege zur Privatisierung in Bulgarien. Rechtsvergleich und Rechtspraxis (1994).

c) Jugoslawien

71 In allen Teilrechtsgebieten der *Sozialistischen Föderativen Republik Jugoslawien* war das *Bundesgesetz vom 15. 7. 1982 über die Regelung von Gesetzeskollisionen mit den Vorschriften anderer Staaten bei bestimmten Verhältnissen* (RabelsZ 1985, 544—567; s ferner FIRSCHING, Das neue jugoslawische IPR-Gesetz, IPRax 1983, 1—13) in Geltung (s dazu STAUDINGER/STOLL[12] Rn 38). Ferner enthielten das Bundesgesetz über die Schuldverhältnisse vom 30. 3. 1978 und das Bundesgesetz über die grundlegenden eigentumsrechtlichen Grundverhältnisse von 1980 (s MESSMANN, Das neue jugoslawische Sachenrecht. Eine Übersicht zum Anlaß des Inkrafttretens des neuen Gesetzes über die eigentumsrechtlichen Grundverhältnisse, ZVglRW 80 [1981] 293–325) Kollisionsnormen für interlokale Rechtskonflikte (s BLAGOJEVIĆ, Das interlokale Recht von Jugoslawien, in: FS Zweigert [1981] 59–72). Diese Gesetzesvorschriften dürften in der Bundesrepublik Jugoslawien unverändert in Kraft sein.

Das IPR-Gesetz vom 15. 7. 1982 dürfte im übrigen auch in der seit 1991 selbständi- **72** gen *Republik Slowenien* weiterhin anwendbar sein. Art 4 des Verfassungsgesetzes zur Durchführung der Grundlegenden Verfassungsurkunde über die Selbständigkeit und Unabhängigkeit der Republik Slowenien vom 25. 6. 1991 enthält nämlich die Bestimmung, daß neben den von der Republik erlassenen Vorschriften auch die ehemaligen Bundesvorschriften der Sozialistischen Föderativen Republik Jugoslawien als Recht der Republik Slowenien sinngemäß Anwendung finden, insofern sie mit der Rechtsordnung der Republik Slowenien nicht im Gegensatz stehen und die Verfassung nichts Gegenteiliges bestimmt (TRSTENJAK, Dingliche Rechte der Ausländer an unbeweglichen Sachen in der Republik Slowenien, insbesondere Eigentum, ZfRvgl 1993, 198–209, 200).

Die *Republik Kroatien* erläßt zur Übernahme der im Zeitpunkt des Selbständigwer- **73** dens (8. 10. 1991) geltenden jugoslawischen Bundesgesetze eigene Gesetze, in denen gleichzeitig die erforderlichen Änderungen angeordnet werden. Solche Übergangsgesetze sind etwa bezüglich des Gesetzes über die Schuldverhältnisse 1978 und des Gesetzes über die grundlegenden eigentumsrechtlichen Grundverhältnisse von 1980 erlassen worden, wobei die erwähnten interlokalrechtlichen Kollisionsnormen indes als gegenstandslos gestrichen worden sind (GLIHA, Überblick der Gesetzgebung Kroatiens im Bereich des Schuld-, Sachen- und Erbrechts, ZfRvgl 1993, 116–122, 119, 120; s auch GAVELLA, Die Beseitigung bzw Verringerung der Eingriffe ins Eigentum und deren Folgen. Mit besonderer Berücksichtigung der Entwicklung in der Republik Kroatien, ZfRvgl 1993, 100–115). Es ist wahrscheinlich, aber nicht sicher festzustellen, daß eine solche Übernahme auch bezüglich des IPR-Gesetzes vom 15. 7. 1982 erfolgt ist.

d)   Polen
Das *Gesetz über das IPR vom 12. 11. 1965*, DzU 1965 Nr 46, Pos 290 (dt Übersetzung **74** WGO 1965, 378–382, und JbOstR 1965, 213–220, franz Übersetzung Rev crit dr i p 1966, 323–327) ist noch in Kraft. Art 24 statuiert für bewegliche und unbewegliche Sachen die grundsätzliche Herrschaft der lex rei sitae.

Schrifttum zum internationalen Sachenrecht: LASOK, The Polish System of Private International Law, AmJCompL 15 (1966/67) 330, 345 f; USCHAKOW, Das neue polnische Gesetz über das internationale Privatrecht, ROW 1966, 198, 205.

Schrifttum zum materiellen Sachenrecht: NOWAK/STUMPF, Eigentumsvorbehalt im polnischen Recht, RiW 1992, 215 f; PUSYLEWITSCH, Der Erwerb von Eigentum und anderen Sachenrechten an Grundstücken in Polen durch Ausländer, WiRO 1992, 36–41; REMIEN, Hypothekenrecht in Polen, RiW 1992, 1028–1030.

Über eine Entscheidung des polnischen OG vom 10. 12. 1991 zum Gutgläubenser-

werb eines gestohlenen Kraftfahrzeugs wird berichtet in ROW 1992, 82; vgl zu dieser
Frage auch IPG 1987−1988 Nr 25.

e)   Rumänien

75 Die gesetzliche Regelung des rumänischen IPR beschränkte sich bis 1992 auf einige
verstreute Bestimmungen im Zivilgesetzbuch (Codul civil) von 1865. Nach dem
Sturz des kommunistischen Regimes gelang jedoch eine umfassende Regelung durch
das **Gesetz Nr 105 über die Regelung der internationalen Privatrechtsverhältnisse vom
22. 9. 1992** (dazu CĂPĂȚINĂ RabelsZ 1994, 465−521, und dt Übersetzung 534−572). Dem
Sachenrecht ist ein eigenes Kapitel gewidmet (Art 49−65), das auch Vorschriften
über Wertpapiere (Art 57−59) und nichtkörperliche Gegenstände (Art 60−63) einschließt. Die Herrschaft der lex rei sitae über bewegliche und unbewegliche Sachen
wird eingeschränkt bei res in transitu (Art 53): Diese unterstehen dem Recht des
Absendestaates, sofern nicht die Parteien eine andere Rechtsordnung gewählt
haben. Falls die versandte Sache jedoch in einem Lagerhaus verwahrt oder unterwegs gepfändet wird, ist das Recht des vorübergehenden Verbleibs anzuwenden,
Art 53 b. Persönliche Sachen eines Reisenden werden von dessen Heimatrecht
beherrscht, Art 53 c. Auffallend ist die Bestimmung, daß Voraussetzungen und Wirkungen des Eigentumsvorbehalts an einer zur Ausfuhr bestimmten Sache dem Recht
des Ausfuhrstaates unterstehen, sofern die Parteien nicht Abweichendes vereinbart
haben, Art 54. Dingliche Rechte an einem Schiff oder Luftfahrzeug sind nach dem
Recht der Flagge zu beurteilen, ebensolche Rechte an einem Transportfahrzeug aus
dem Bestand eines Transportunternehmens nach dem Recht, das für das Organisationsstatut des Unternehmens maßgebend ist, Art 55.

Schrifttum zum internationalen Sachenrecht: CĂPĂȚINĂ, Das neue rumänische internationale Privatrecht, RabelsZ 1994, 465−521; LEONHARDT, Das neue Internationale
Privatrecht Rumäniens, IPRax 1994, 156−159; MINDACH, Rumänisches internationales Privat- und Zivilverfahrensrecht, ROW 1993, 349−351; dies, Rumänien.
Internationales Privat- und Verfahrensrecht (1993). Zum früheren Recht vgl auch
noch FILIPESCU, Drept international privat (Bukarest 1979, neue Aufl 1991);
TONTSCH, Die Rechtsstellung des Ausländers in Rumänien (1975).

f)   Rußland

76 In der ehemaligen Sowjetunion war das IPR in den „Grundlagen für die Zivilgesetz-
gebung der Union der SSR und der Unionsrepubliken" von 1961 sowie durch die
gleichlautenden Bestimmungen in den Zivilgesetzbüchern der 15 Unionsrepubliken
nur sehr lückenhaft geregelt (RUBANOW RabelsZ 1962/63, 698−718). Ein Teil der Lücken,
zB auch bezüglich des Eigentumsrechts, wurde durch den Erlaß des Präsidiums des
Obersten Sowjets der UdSSR vom 16. 5. 1977 geschlossen (vgl Kurzinformation RabelsZ
1977, 739). An die Stelle der Grundlagen von 1961 sollten am 1. 1. 1992 die *„Grundlagen des Zivilrechts" vom 31. 5. 1991* treten. Jedoch hörte die Sowjetunion zu
diesem Zeitpunkt auf zu bestehen, weshalb das Gesetz nicht in Kraft trat. Die weitere Entwicklung in Rußland und den anderen, nunmehr selbständigen Republiken
der GUS ist noch nicht abzusehen. Der 7. und letzte Abschnitt der Grundlagen vom
31. 5. 1991 regelt überwiegend Fragen mit Auslandsberührung und das internationale Privatrecht (s JbOstR 1992, 81; IPRax 1992, 403 − 405).

Schrifttum zum internationalen Sachenrecht bis 1992: BOGUSLAWSKIJ, Ausarbeitung neuer Kollisionsnormen in der Sowjetunion und in den Mitgliedstaaten der GUS, IPRax 1992, 401 – 403; BOGUSLAWSKIJ, Private International Law. The Soviet Approach = Law in Eastern Europe, Bd 35 (Haag 1988); GRZYBOWSKI, Soviet Private International Law (Leyden 1965); LUNZ, Internationales Privatrecht I (1961) und II (1964); PERETERSKI/KRYLOW, Lehrbuch des internationalen Privatrechts (1962).

Schrifttum zum materiellen Sachenrecht: BECKMANN-PETEV, Neues sowjetisches Eigentumsrecht, WGO 1990, 89–108; EVERS, Die Regionalisierung und der Ordnungs- und Eigentumswandel in Rußland, ROW 1994, 81–86, 137–143, 196–206; SOLOTYCH, Gesetz über das Eigentum vom 6. März 1990, JbOstR 1991, 195–226.

g) Tschechische Republik und Slowakische Republik

In der früheren Tschechoslowakei wurde das internationale Sachenrecht im *Gesetz* **77** *über das internationale Privat- und Prozeßrecht vom 4. 12. 1963* geregelt (dt Übersetzung bei KORKISCH WGO 1970, 154–167), das an die Stelle des ausführlichen IPR-Gesetzes vom 11. 3. 1948 trat. Das Gesetz vom 4. 12. 1963 enthält in den §§ 5-8 (vgl auch § 12) eine verhältnismäßig ausführliche Normierung des internationalen Sachenrechts, wobei von der Herrschaft der lex rei sitae sowohl für unbewegliche als auch für bewegliche Sachen ausgegangen wird (dazu näher STAUDINGER/STOLL[10/11] Rn 57). Nach der Aufhebung der staatlichen Verbindung zwischen der tschechischen und der slowakischen Republik zum 1. 1. 1993 (vgl die Notiz ROW 1993, 83) dürfte vorerst von der grundsätzlichen Fortgeltung des IPR-Gesetzes vom 4. 12. 1963 in den beiden, nunmehr selbständigen Republiken auszugehen sein.

Schrifttum zum tschechoslowakischen internationalen Sachenrecht: DONNER, Das neue tschechoslowakische Gesetz über das internationale Privat- und Prozeßrecht, ZfRvgl 1964, 207–215; KALENSKÝ, Das neue tschechoslowakische internationale Privatrecht, WGO 1964, 151–163; KORKISCH, Zum Außenprivatrecht der Tschechoslowakei, WGO 1970, 133–153; STEINER, Das neue tschechoslowakische IPR und Prozeßrecht, StuR 1965, 421–438.

Schrifttum zum materiellen Sachenrecht der Tschechoslowakei: HÁNDL/STUMPF, Eigentumsvorbehalt im tschechischen Recht, RiW 1994, 880 f; KNAPPOVÁ, Zur neueren Entwicklung des tschechoslowakischen Zivilrechts, JbOstR 1985, 51–59 (vgl besonders die Abschnitte zum Sachenrecht 54–58); s auch SCHULTZ, Die Rechtsstellung des Ausländers in der Tschechoslowakei (1979).

h) Ungarn

Das ungarische IPR wurde durch die **GesetzesVO Nr 13/1979** des Präsidialrates der **78** Ungarischen Volksrepublik über das IPR, in Kraft getreten am 1. 7. 1979 (dt Übersetzung JbOstR 1979, 473–494 und StAZ 1980, 78–87), neu geregelt (zu dem bis dahin geltenden IPR Ungarns s STAUDINGER/STOLL[10/11] Rn 61; RÉCZEI, Internationales Privatrecht [1960]). Hiernach werden Besitz, Eigentum und sonstige Sachenrechte von der lex rei sitae beherrscht, und zwar dem Recht desjenigen Staates, in dessen Gebiet sich die Sache im Zeitpunkt des Eintritts der eine Rechtswirkung auslösenden Tatsache befindet (§ 21). Jedoch ist das Personalstatut des Reisenden für die sachenrechtlichen Verhältnisse der Gegenstände maßgebend, die er zum persönlichen Gebrauch mitführt (§ 23 Abs 3). Sachenrechte an eingetragenen Wasser- und Luftfahrzeugen unterstehen dem Recht des Staates, unter dessen Flagge oder sonstigem Hoheitszeichen das Fahrzeug verkehrt (§ 23 Abs 1). Die res in transitu werden sachenrechtlich dem Recht des Bestimmungsortes unterstellt, jedoch mit einem Vorbehalt zugunsten der lex rei sitae, soweit es sich um Rechtswirkungen eines Zwangsverkaufs, der Lagerung oder der Verpfändung der Sachen handelt (§ 23 Abs 2). Die Ersitzung einer beweglichen Sache ist allein nach dem Recht des Staates zu beurteilen, in dessen Gebiet sich die Sache bei Ablauf der Sitzungsfrist befunden hat (§ 22).

79 **Schrifttum zum internationalen Sachenrecht**: BENKÖ/PEUSTER, Grundzüge des ungarischen internationalen Privatrechts, Osteuropa-Recht 1980, 39–69; JESSEL, Zur Kodifikation des ungarischen internationalen Privatrechts, WGO 1979, 179–183; MÁDL/VÉKAS, Über das ungarische IPR-Gesetz in rechtsvergleichender Betrachtung, ZfRvgl 1982, 266–286; ZOLTAN, La nouvelle réglementation hongroise en droit international privé, Rev int dr comp 32 (1980) 87–100.

Schrifttum zum materiellen Sachenrecht: KECSKÉS, Über die Veränderung der Grundprinzipien des ungarischen Zivilrechts, ZfRvgl 1993, 133–140; MÁDL, Sicherung von Forderungen im ungarischen Recht mit rechtsvergleichenden Aspekten, in: Quartalshefte der Girozentrale Wien IV/86 (21 Jahrg) 83–95.

8. Lateinamerika

a) Allgemeine Bemerkungen

80 Einige Gesetze süd- und mittelamerikanischer Staaten knüpfen bei der kollisionsrechtlichen Behandlung beweglicher Sachen noch an das *Domizil des Eigentümers* an (vgl dazu unten Rn 127, 128). Überwiegend wird jedoch die Situs-Regel befolgt. Bemerkenswert sind die teilweise erfolgreichen Bemühungen um eine interamerikanische Vereinheitlichung des Kollisionsrechts (s unten Rn 119).

Allgemein zum internationalen Privatrecht der lateinamerikanischen Staaten: GARRO, Unification and Harmonization of Private Law in Latin America, AmJCompL 40 (1992) 587–616; GOLDSCHMIDT, Sistema y Filosofía del derecho internacional privado. Con especial consideración del España y de la América Luso-Hispánica[2] I-III (Buenos Aires 1952–1954); SAMTLEBEN, Der Territorialitätsgrundsatz im internationalen Privatrecht Lateinamerikas, RabelsZ 1971, 72–106; ders, IPR in Lateinamerika. Der Código Bustamante in Theorie und Praxis, Bd 1: Allgemeiner Teil = Beiträge zum ausländischen und internationalen Privatrecht, Bd 42 (1979).

b) Argentinien

81 Art 10 des **Código civil von 1869**, in Kraft getreten am 1. 1. 1871, statuiert als einseitige Kollisionsnorm den Grundsatz der lex rei sitae für Grundstücke in Argentinien. Art 11 unterscheidet bei Fahrnis wie folgt: Bewegliche Güter, die eine ständige Lage haben und deren Transport nicht beabsichtigt ist, unterliegen dem Belegenheitsrecht; Mobilien aber, die der Eigentümer stets bei sich trägt oder die zu seinem persönlichen Gebrauch dienen, ebenso Sachen, deren Verkauf oder Transport an einen anderen Ort beabsichtigt ist, unterliegen der lex domicilii des Eigentümers.

Schrifttum zum internationalen Sachenrecht: BALESTRA, Manual de derecho internacional privado: Parte general. Apéndice últimas convenciones internacionales aprobadas par la Argentina (1988); Boggiano, Derecho internacional privado[3] I-III (Buenos Aires 1991); Goldschmidt, Derecho internacional privado[5] (Buenos Aires 1985); Goldschmidt/Rodriguez-Novas, American-Argentine Private International Law = Bilateral Studies in Private International Law n 15 (1966).

c) Brasilien

Die allgemeinen kollisionsrechtlichen Regeln sind im **Einführungsgesetz zum Código** **82**
civil Brasileiro von 1942/1950 enthalten. Art 8 mischt den Belegenheits- und den Domizilgrundsatz. Im allgemeinen gilt die lex rei sitae für Grundstücke und Fahrnis. Nach Art 8 § 1 findet jedoch die lex domicilii Anwendung auf bewegliche Sachen, die der Eigentümer bei sich hat oder die an einen anderen Ort gebracht werden sollen. Auch untersteht nach Art 8 § 2 das Faustpfand der lex domicilii des Besitzers.

Schrifttum zum internationalen Sachenrecht: Ahrens, Kreditsicherheiten in Südamerika. Mobiliarsicherheiten nach dem nationalen und internationalen Privatrecht der Länder des Cono Sur und ihre Bedeutung für den Rechtsverkehr mit Deutschland = Schriften der Deutsch-Brasilianischen Juristenvereinigung, Bd 18 (1993); Valladão, Direito internacional privado I[5] (1980), II[2] (1977) und III (1978); ders, Direito internacional privado. Introducción y parte general (1987).

Schrifttum zum materiellen Sachenrecht: Rechsteiner, Beschränkungen des Grundstückserwerbs durch Ausländer in Brasilien, RiW 1985, 31–35; Schimmelpfeng-Pimentel, Erwerb von landwirtschaftlichem Grundbesitz in Brasilien durch Ausländer, ZVglRW 84 (1985) 137–153.

d) Chile

Art 16 Abs 1 des chilenischen Código civil von 1855 legt als einseitige Kollisionsnorm die **83**
Geltung des chilenischen Rechts für alle in Chile belegenen Güter fest. Unberührt bleiben jedoch die Verträge, die im Ausland rechtsgültig geschlossen wurden (Abs 2). Die Wirkungen der im Ausland geschlossenen und in Chile zu erfüllenden Verträge bestimmen sich jedoch stets nach den chilenischen Gesetzen (Abs 3).

Schrifttum zum internationalen Privatrecht: Gesche, Der Código Bustamante im chilenischen internationalen Privatrecht, RabelsZ 1967, 640–649; Guzmán Latorre, Tratado de derecho internacional privado[2] (1984).

e) El Salvador

Schrifttum zum internationalen Privatrecht: Tiedemann, Neue Kollisionsnormen in El **84**
Salvador, RabelsZ 1987, 120–123.

f) Guatemala

Schrifttum zum internationalen Privatrecht: Samtleben, Zur Entwicklung des Inter- **85**
nationalen Privatrechts in Guatemala, RabelsZ 1987, 111–120.

g) Kuba

Seit dem 12. 4. 1988 ist in Kuba ein neues Zivilgesetzbuch in Kraft (Ges Nr 59 vom **86**
16. 7. 1987). In dem Einleitungstitel finden sich auch Vorschriften über das IPR (Art 11–21 cc), s dazu RabelsZ 1988, 753 f.

Schrifttum zum internationalen Privatrecht: HUZEL, Neues internationales Privatrecht in Kuba, IPRax 1990, 416–419.

Schrifttum zum materiellen Zivilrecht: NELLE, Das neue kubanische Zivilgesetzbuch, ROW 1990, 262–269.

h)   Mexiko

87   Mexiko ist ein *Bundesstaat*, der aus 31 Gliedstaaten und dem Bundesdistrikt besteht. Die Gliedstaaten und der Bundesdistrikt haben eigene Zivilgesetzbücher, die auch das IPR regeln. Ein bundeseinheitliches IPR gibt es nicht. Mit Dekret vom 11. 12. 1987 sind eine Reihe neuer internationalprivatrechtlicher Bestimmungen in das Zivilgesetzbuch des Bundesdistrikts eingefügt worden. Für dingliche Rechte an Grundstücken ebenso wie für Miet- und andere Nutzungsverträge über bewegliche und unbewegliche Sachen gilt gemäß Art 13 Nr III des Código civil für den Bundesdistrikt die lex rei sitae, s Kurzinformation RabelsZ 1988, 751–753.

Schrifttum zum internationalen Privatrecht: FRISCH PHILIPP/FLORES GARDUNO, Neuerungen bei Anerkennung und Vollstreckung deutscher Gerichtsurteile in Mexiko, RiW 1994, 836–839; PRINZ VSACHSEN GESSAPHE, Neues IPR in Mexiko, IPRax 1989, 111–119.

Schrifttum zum materiellen Sachenrecht: FRISCH PHILIPP, Ausländische Investitionen und Grunderwerb durch Ausländer in Mexiko, RiW 1982, 167–172; FRISCH PHILIPP/MOSER, Pfand- und sonstige Sicherungsrechte im mexikanischen Insolvenzverfahren, RiW/AWD 1980, 245–251.

i)   Paraguay

88   Paraguay hatte 1876 den *argentinischen Código civil von 1869* unverändert übernommen. An dessen Stelle ist nun in Paraguay **mit Wirkung vom 1. 1. 1987 ein neues Zivilgesetzbuch** getreten, das freilich immer noch in der Tradition des rezipierten argentinischen Zivilrechts steht. Das neue Zivilgesetzbuch regelt auch im wesentlichen das IPR, wobei die Art 16–21 dem internationalen Sachenrecht gewidmet sind (Text RabelsZ 1987, 454–465). Nach Art 16 unterliegen Güter aller Art dem Recht des Lageortes; Konzessionen an die lex domicilii werden nicht mehr gemacht. Ein Lagewechsel der beweglichen Sache berührt die bereits bestehenden dinglichen Rechte grundsätzlich nicht. Indessen müssen die Beteiligten die materiellen und formellen Voraussetzungen erfüllen, die das Recht des Ortes der neuen Lage für den Erwerb oder die Erhaltung solcher Rechte vorschreibt (Art 18 Abs 1). Schiffe und Luftfahrzeuge unterliegen hinsichtlich des Erwerbs, ihrer Veräußerung und der Besatzung dem Recht der Heimatflagge (Art 21 S 1).

Schrifttum zum internationalen Privatrecht: BAUS, Der neue Código Civil von Paraguay und seine Kollisionsnormen, RabelsZ 1987, 440–453.

Schrifttum zum materiellen Sachenrecht: KNEIP/PAZ CASTAING, Immobiliengeschäfte in Paraguay, RiW/AWD 1981, 751–755; NELLE, Der neue Código Civil von Paraguay, ZVglRW 90 (1991) 25–46.

k)   Peru

Das peruanische Zivilrecht, das auf dem Zivilgesetzbuch von 1936 beruhte, ist 1984 **89**
reformiert worden. Das **neue Zivilgesetzbuch vom 24. 7. 1984**, in Kraft getreten am
14. 11. 1984, enthält in seinem Buch X (Text RabelsZ 1985, 522—543) eine umfassende
Neuregelung des internationalen Privat- und Prozeßrechts. Art 2088 unterstellt die
Begründung, den Inhalt und den Verlust der dinglichen Rechte an Sachen jeder Art
dem Recht der Belegenheit im Zeitpunkt der Begründung des dinglichen Rechts.
Res in transitu gelten als an ihrem endgültigen Bestimmungsort belegen (Art 2089
Abs 1). Doch können die Parteien den Erwerb und den Verlust der dinglichen
Rechte an res in transitu dem Recht des Absendeortes oder auch dem Recht unterwerfen, welches für das dem Erwerb oder dem Verlust zugrundeliegende Rechtsgeschäft maßgebend ist (Abs 2). Die Rechtswahl kann Dritten freilich nicht entgegengehalten werden (Abs 3). Die Begründung, die Übertragung und das Erlöschen
dinglicher Rechte an Transportmitteln, für welche eine Pflicht zur Registrierung
oder Zulassung besteht, regeln sich nach dem Recht des Landes, wo diese erfolgt ist
(Art 2092).

Schrifttum zum internationalen Privatrecht: SAMTLEBEN, Neues internationales Privatrecht in Peru, RabelsZ 1985, 486—521.

l)   Venezuela

Art 10 des **Código civil von 1942** enthält die sachenrechtliche Kollisionsnorm, daß die **90**
lex rei sitae sowohl für bewegliche als auch für unbewegliche Sachen sachenrechtlich
maßgebend ist; vgl auch BGH 21. 1. 1991, NJW 1991, 1418—1420 zum Schiffspfandrecht (prenda naval) des venezolanischen Rechts.

Schrifttum zum internationalen Privatrecht: LOMBARD, American-Venezuelan Private
International Law = Bilateral Studies in Private International Law no 14 (1965);
PARRA ARANGUREN, Die venezolanische Zivilprozeßordnung von 1987 – Internatio-
nales Zivilprozeßrecht, IPRax 1989, 326—328.

9.   Afrika und Vorderer Orient

a)   Ägypten

Das **ägyptische Zivilgesetzbuch vom 16. 7. 1948** enthält in Art 10—28 kollisionsrecht- **91**
liche Bestimmungen, die für die arabischen Staaten weithin richtungweisend sind.
Art 18 unterstellt den Besitz, das Eigentum und die anderen Sachenrechte sowohl an
beweglichen als auch an unbeweglichen Sachen dem Belegenheitsrecht. Dieses gilt
nach Art 19 Abs 2 auch für alle Verträge, die sich auf Liegenschaften beziehen.

b)   Algerien

Schrifttum zum internationalen Privatrecht: BEN ABDERRAHMANE, Das neue algeri- **92**
sche internationale Schiedsrecht, IPRax 1994, 313—318; DUTOIT, Le droit international privé algérien dans le nouveau code civil du 26 septembre 1975, in: FS Beitzke
(1979) 459—477.

c)   Jemen

Nach dem Zusammenschluß der Arabischen Republik Jemen (Nordjemen) mit der **93**
Demokratischen Volksrepublik Jemen (Südjemen) im Jahre 1990 wurde das Zivil-

recht durch das **ZGB von 1992** neu geordnet. Die das IPR betreffenden Art 24–36 folgen dem Vorbild des ägyptischen IPR. Art 19 unterstellt Besitz, Eigentum, Nießbrauch und andere dingliche Rechte an einer unbeweglichen Sache dem Recht des Lageortes, Mobilien dem Recht des Ortes, an dem sich die bewegliche Sache zur Zeit der dinglichen Rechtsänderung befunden hat.

Schrifttum zum internationalen Privatrecht: KRÜGER/KÜPPERS, Das internationale Privat- und Zivilverfahrensrecht der Arabischen Republik Jemen, IPRax 1987, 39–44; KRÜGER, Allgemeiner Rechtszustand und internationales Privatrecht der Republik Jemen, RiW 1993, 28–32.

d)   Jordanien

94 Das jordanische Zivilrecht ist nunmehr in dem **am 1. 1. 1977 in Kraft getretenen ZGB** kodifiziert. Es lehnt sich stark an das Vorbild des ägyptischen ZGB von 1948 an. Das IPR ist in den Art 11–29 geregelt, wobei Art 19 für unbewegliche und bewegliche Sachen die sachenrechtliche Herrschaft der lex rei sitae statuiert.

Schrifttum zum internationalen Privatrecht: KRÜGER, Das internationale Privatrecht Jordaniens, IPRax 1987, 126–131.

e)   Marokko

95 **Schrifttum zum internationalen Privatrecht**: DECROUX, Droit privé II: Droit international privé (1963); ders, Le droit international privé marocain. Son évolution de 1956 à 1981, Clunet 1983, 346–359.

Vgl auch zur Übereignung eines marokkanischen Grundstücks aufgrund eines vom deutschen Recht beherrschten Kaufvertrages LG Hamburg IPRspr 1978 Nr 14.

f)   Mauretanien

96 Ende 1989 wurden einige Grundregeln des IPR gesetzlich festgelegt. Eine Bestimmung zum internationalen Sachenrecht fehlt jedoch. Praktisch bedeutsam ist Art 13 Abs 1 der ZPO von 1983, wonach die mauretanischen Gerichte für alle in Mauretanien belegenen Immobilien ausschließlich zuständig sind.

Schrifttum zum internationalen Privatrecht: KRÜGER, Das internationale Privat- und Zivilverfahrensrecht Mauretaniens, RiW 1990, 988–992.

g)   Sudan

97 Für das IPR sind nunmehr die Art 10–16 des **neuen ZGB vom 14. 2. 1984** maßgebend, die vom ägyptischen Recht beeinflußt sind. Art 11 (12) begründet die Herrschaft der lex rei sitae über bewegliche und unbewegliche Sachen.

Schrifttum zum internationalen Privatrecht: ELWAN, Die kollisionsrechtlichen Bestimmungen über den zivilrechtlichen Geschäftsverkehr der Demokratischen Republik Sudan, IPRax 1986, 56 f.

h)   Südafrika

98 Gesetzliche Regeln zum internationalen Sachenrecht fehlen. Rechtsprechung und Lehre unterstellen Grundstücke und Grundstücksrechte der lex rei sitae als Sachstatut, wobei diesem entsprechend dem englischen Recht ein umfassender Anwendungsbereich gegeben wird. Es umfaßt z.B. auch die Geschäftsfähigkeit und die Verfügungsmacht der an einem dinglichen Rechtsgeschäft beteiligten Personen (FORSYTH/BENNETT, Private International Law^2 289–291). Was die beweglichen Sachen und Rechte an diesen anlangt, wird im Schrifttum noch immer, im Anschluß an Autoren der römisch-holländischen Schule des 17. Jahrhunderts, auf die Parömie *„mobilia sequuntur personam"* und die damit verbundene Fiktion verwiesen, daß bewegliche Sachen als am Domizil des Eigentümers belegen gelten. Es werden aber zahlreiche Ausnahmen zugunsten der lex rei sitae anerkannt, so daß FORSYTH (S 296; vgl auch S 288 Fn 4) die Frage für berechtigt hält, ob nicht die generelle Herrschaft der lex domicilii des Eigentümers „consists entirely of exceptions".

Schrifttum zum internationalen Sachenrecht: BOOYSEN, The Recognition of Foreign **99** Maritime Liens in South African Law: A Final Word by the Appellate Division, IntCompLQ 40 (1991) 151–162; FORSYTH/BENNETT, Private International Law^2 (Cape Town 1990); MYBURGH, Recognition of Foreign Maritime Liens, SALJ 106 (1989) 263–269; SCHMIDT, Conflict of Laws = Joubert, The Law of South Africa II (Durban 1977); SPIRO, Conflict of Laws (Cape Town 1973); STEINMEYER, Die Schiffsgläubigerrechte im südafrikanischen nationalen und internationalen Privatrecht. Eine rechtsvergleichende Darstellung unter Einbeziehung des englischen und deutschen internationalen Privatrechts und unter besonderer Berücksichtigung des ordre public (1985).

Schrifttum zum materiellen Privatrecht: OLIVIER/PIENAAR/Vander WALT, Law of Property (Cape Town 1988); ZIMMERMANN, Das römisch-holländische Recht in Südafrika (1983); ders, Das südafrikanische Privatrecht im Schnittpunkt zwischen Common Law und Civil Law, ZfRvgl 1985, 111–126.

10. Ostasien

a) Volksrepublik China

Die **Allgemeinen Grundsätze des Zivilrechts der Volksrepublik China vom 12. 4. 1986** ent- **100** halten im 1. Kap, § 8, und im 8. Kap, §§ 142–150, einige kollisionsrechtliche Grundregeln (Text IPRax 1988, 58 f), ergänzt durch die für alle Gerichte bindenden „Ansichten" des Obersten Volksgerichts zu Problemen bei der Durchsetzung und Anwendung der Allgemeinen Regeln des Zivilrechts der Volksrepublik China (probeweise in Kraft) vom 26. 1. 1988 (Text bei SÜSS, Grundzüge des chinesischen Internationalen Privatrechts, 182–185). Das internationale Sachenrecht ist allein in § 144 der allgemeinen Grundsätze (erläutert durch Nr 186 der „Ansichten") berücksichtigt, wonach auf das Eigentum an unbeweglichem Vermögen das Recht des Belegenheitsortes anzuwenden ist. Die kollisionsrechtliche Behandlung von beweglichen Sachen ist zweifelhaft (dazu SÜSS 105 f).

Schrifttum zum internationalen Privatrecht: HEUSER/HANG ZHAO, Die Rechtsanwen- **101** dungsnormen in den „Allgemeinen Regeln des Zivilrechts der Volksrepublik China", RiW 1986, 766–768; MA LIN, Die gegenwärtige Entwicklung des chinesischen Internationalen Privatrechts – IPR-Gesetzentwurf in der VR China, IPRax 1995, 334–337; MÜNZEL, Das IPR und IZPR der Volksrepublik China, IPRax 1988, 46–53, 58–61, 118–125; vSENGER/XU GUOJIAN, Internationales Privat- und Zivilverfahrensrecht der Volksrepublik China = Veröffentlichungen des Schweizerischen Instituts für Rechtsvergleichung, Bd 21/22 (1994); Süss, Neues chinesisches IPR, RiW 1989, 788–792; ders, Grundzüge des chinesischen Internationalen Privatrechts = Osnabrücker Rechtswissenschaftliche Abhandlungen, Bd 29 (1991).

Schrifttum zum materiellen Privatrecht: LIANG HUIXING, Das chinesische Zivilrecht: Sein gegenwärtiger Zustand und der Erlaß eines Zivilgesetzbuches, AcP 194, 479–494; MANTHE, Bürgerliches Recht und Bürgerliches Gesetzbuch in der Volksrepublik China, JbOstR 1987, 11–30; vSENGER, Einführung in das chinesische Recht (1994).

b) Japan

102 Gesetzliche Grundlage des japanischen IPR ist noch immer das von den Vorarbeiten zu den deutschen Kollisionsregeln des EGBGB beeinflußte **Horei-Gesetz Nr 10 vom 21. 6. 1898** (Wiedergabe des ursprünglichen Textes in NiemZ 1902, 198–202). § 10 des Gesetzes bestimmt, daß dingliche Rechte an beweglichen oder unbeweglichen Sachen und andere eintragungsbedürftige Rechte sich nach dem Recht des Ortes richten, an dem sich die betreffende Sache befindet. Das Horei-Gesetz Nr 10 ist insbesondere nach dem 2. Weltkrieg mehrfach revidiert worden. Bedeutsam ist vor allem die letzte größere *Reform durch Gesetz Nr 27* vom 28. 6. 1989, in Kraft getreten am 1. 1. 1990 (Text RabelsZ 1990, 579–582). Sie betrifft indes nur das internationale Ehe- und Kindschaftsrecht.

103 **Schrifttum zum internationalen Privatrecht:** EHRENZWEIG/IKEHARA/JENSEN, American-Japanese Private International Law = Bilateral Studies in Private International Law, n 12 (1964); ISHIGURO, Modern Conflict of Laws in Japan I (1986); ders, Einige Kernprobleme des japanischen Kollisionsrechts von heute, in: Recht in Japan, Heft 8 (1991) 7–37; KIM, New Japanese Private International Law: The 1990 Horei, AmJCompL 40 (1992) 1–35; MÜNZEL, Internationales Privatrecht, in: EUBEL ua, Das Japanische Rechtssystem = Arbeiten zur Rechtsvergleichung, Bd 96 (1979) 519–590; SCHMIDT, Die Reform des japanischen internationalen Privatrechts = Schriftenreihe Japanisches Recht, Bd 26 (1992); YAMAUCHI, Zur Änderung des internationalen Ehe- und Kindschaftsrechts in Japan, IPRax 1990, 268 f.

Schrifttum zum materiellen Sachenrecht: HISCOCK/SONO, Security Interests and Insolvency in Japan, RabelsZ 1980, 757–783; IGARASHI, Einführung in das japanische Recht (1990) 72–85; MARUTSCHKE, Wandlungen der Idee vom Grundstückseigentum im japanischen Recht, in: FS Kitagawa (1992) 553–573; NAGATA, Sicherungsübereignung im japanischen Recht, RiW 1985, 694–704; OKUDA, Gutglaubensschutz im Immobiliarrecht nach der neueren Rechtsprechung des japanischen Obersten Gerichtshofs, in: Recht in Japan, Heft 3 (1980) 7–22; SUGISHITA, Der Eigentumsvorbehalt im japanischen Recht = Heidelberger Rechtsvergleichende und Wirtschaftliche Studien, Bd 17 (1988).

III. Internationale Rechtsvereinheitlichung und internationales Sachenrecht

1. Weltweite Vereinheitlichungsbestrebungen

a) Internationaler Warenkauf

Die bis in die Vorkriegszeit zurückreichenden Bemühungen, das Recht des interna- **104** tionalen Warenkaufs international zu vereinheitlichen, blieben bisher im wesentlichen beschränkt auf materiellrechtliche Vorschriften über das Schuldverhältnis zwischen den Kaufvertragsparteien und die kollisionsrechtliche Bestimmung des Kaufvertragsstatuts. Das UN-*Übereinkommen über Verträge über den internationalen Warenkauf vom 11. 4. 1980* (BGBl I 588) regelt ebenso wie schon das Haager Einheitliche Kaufrecht (Übereinkommen zur Einführung eines Einheitlichen Gesetzes über den Abschluß von internationalen Kaufverträgen über bewegliche Sachen sowie Übereinkommen zur Einführung eines Einheitlichen Gesetzes über den internationalen Kauf beweglicher Sachen vom 1. 7. 1964; s dazu die Einheitlichen Kaufgesetze vom 17. 7. 1973, BGBl I 868 und 856) nur das Zustandekommen des Kaufvertrages und die dem Kaufvertrag entspringenden Rechte und Pflichten der Parteien. Alle *sachenrechtlichen Fragen*, insbesondere der Eigentumsübergang, *sind vom dem Anwendungsbereich der Übereinkommen ausgenommen* (Art 4 b UN-Übereinkommen, Art 8 S 2 Haager Übereinkommen zur Einführung eines Einheitlichen Gesetzes über den internationalen Kauf beweglicher Sachen). Eine entsprechende Zurückhaltung bei der Vereinheitlichung des Kollisionsrechts zeigt das am 1. 9. 1964 in Kraft getretene, von der Bundesrepublik aber nicht übernommene *Haager Übereinkommen betreffend das auf internationale Kaufverträge über bewegliche Sachen anzuwendende Recht vom 15. 6. 1955*, indem es Rechtskonflikte über den Eigentumsübergang ausklammert (Art 5 Nr 3). Hieran würde auch das neue, verbesserte *Haager Übereinkommen gleicher Bezeichnung vom 22. 12. 1986* nichts ändern, wenn es je in Kraft tritt (was bisher nicht geschehen ist), Art 5 c (s RabelsZ 1987, 196, 198 f).

Es hat indes nicht an Versuchen gefehlt, beim internationalen Warenkauf auch hin- **105** sichtlich des auf die *sachenrechtlichen Fragen* anzuwendenden Rechts zu international einheitlichen Anknüpfungsregeln zu gelangen. Auf der 7. Haager Konferenz von 1951, auf der das erwähnte Übereinkommen über das kollisionsrechtliche Statut des Warenkaufs vom 15. 6. 1955 verabschiedet wurde, beriet man eingehend auch über ein besonderes Abkommen zur Vereinheitlichung der Normen über das auf den Eigentumsübergang beim Warenkauf anzuwendende Recht (PETERSEN, Die 8. Haager Konferenz, RabelsZ 1959, 10 f). Grundlage der Verhandlungen war hierbei ein von der International Law Association auf ihrer Oxforder Tagung von 1932 ausgearbeiteter Entwurf (diese sog „*Oxford Rules*" werden mitgeteilt bei SOVILLA, Eigentumsübergang bei beweglichen körperlichen Gegenständen bei internationalen Käufen [Freiburg iÜ 1954] 86–88). Es kam jedoch keine Einigung über die maßgebenden Grundsätze zustande. Vielmehr wurde eine Spezialkommission eingesetzt, die ein Sonderabkommen über das auf den Eigentumsübergang bei internationalen Warenkäufen anwendbare Recht vorbereiten sollte. Aus den Vorarbeiten der Spezialkommission ging dann die auf der 8. Haager Konferenz von 1956 beschlossene „*Convention sur la loi applicable au transfert de la propriété en cas de vente à caractère international d'objets mobiliers corporels*" hervor (Text RabelsZ 1959, 145–148; s dazu NIAL, The Transfer of Property before the Hague Conference on Private International Law, in: FS Algot Bagge [1956] 155–159; REESE,

Some Observations on the Eight Session of the Hague Conference on Private International Law, AmJ CompL 5 [1956] 611–616). Das Abkommen enthält indes keine umfassende Regelung des auf den Eigentumsübergang anwendbaren Rechts, sondern begnügt sich mit der Entscheidung von kollisionsrechtlichen Einzelfragen. Sie betreffen vorwiegend nur das Verhältnis der Parteien zu Dritten, nicht das Verhältnis der Parteien zueinander. Nach Art 3 Abs 1 ist der Übergang des Eigentums im Verhältnis zu Dritten nach dem Recht des Staates zu beurteilen, in dem die Ware im Zeitpunkt einer Inanspruchnahme belegen ist. Das nach dem Recht eines früheren Lageortes erworbene Eigentum bleibt jedoch dem Käufer erhalten (Art 3 Abs 2). Entsprechend richtet sich nach dem Recht des Lageortes, an dem sich die Ware zur Zeit der ersten Inanspruchnahme befindet, ob der vorleistende Verkäufer den Gläubigern des Käufers ein dingliches Sicherungsrecht an der Sache entgegenhalten kann (Art 4 Abs 1), und andererseits kann der Käufer den Anspruch eines sich auf Eigentum an der Ware oder ein anderes dingliches Recht berufenden Dritten nach Maßgabe der Rechtsordnung des Landes abwehren, in dem die Ware zur Zeit der Inanspruchnahme belegen ist (Art 5 Abs 1). Hierbei ist hauptsächlich an einen Gutglaubenserwerb gedacht. Bei Anwendung dieser Bestimmungen gilt Transitgut als in dem Lande belegen, von dem aus es versandt wurde (Art 6). Dem Übereinkommen war indes kein Erfolg beschieden (s die kritische Würdigung bei vBar, IPR II 544). Es wurde bislang nur von Italien ratifiziert und ist noch nicht in Kraft getreten.

b) Staatsvertragliche Anerkennung im Ausland begründeter Sachenrechte

106 Die erheblichen Unterschiede, die zwischen den nationalen Rechtsordnungen bestehen bei Anerkennung im Ausland begründeter Rechte an beweglichen Sachen, gefährden den internationalen Wirtschaftsverkehr und die Rechtssicherheit. Insbesondere muß der Gläubiger, der sich das Eigentum an der gelieferten Ware vorbehalten hat oder dem ein dingliches Sicherungsrecht an einer beweglichen Sache eingeräumt wurde, mit dem Verlust seiner Sicherheit rechnen, sobald das Sicherungsgut in ein anderes Rechtsgebiet gelangt. Abhilfe ist nur möglich und die „Freizügigkeit" der Mobiliarsicherheiten kann nur gewährleistet werden durch *internationale Übereinkommen*, welche die *wechselseitige Anerkennung von Mobiliarsicherheiten* verbürgen. Eine solche Anerkennung geht über die Vereinheitlichung von Kollisionsregeln hinaus, verlangt vielmehr auch eine Einschränkung des materiellen Geltungsanspruchs der kollisionsrechtlich berufenen nationalen Rechtsordnung. Dies ist aber nur schwer zu erreichen. Deshalb sind die Versuche, eine weltweite Anerkennungskonvention zu erarbeiten, sehr zaghaft geblieben und bisher gescheitert. Drobnig hat 1977 für UNCITRAL ein rechtsvergleichendes Gutachten über die Anerkennung fremdrechtlicher besitzloser Mobiliarsicherheiten erstattet. Es schlossen sich daran zwei Berichte des Generalsekretärs von UNCITRAL an (Kreuzer, Europäisches Mobiliarsicherungsrecht oder: Von den Grenzen des IPR, in: FS vOverbeck [Freiburg iÜ 1990] 613–641, 633 Fn 52). Konkrete Fortschritte auf internationaler Ebene wurden jedoch nicht erzielt, wie im Zusammenhang mit der kollisionsrechtlichen Behandlung von Mobiliarsicherheiten ausgeführt werden wird (s unten Rn 321–322, s auch Rn 113, 116).

107 *Schiffe* und *Luftfahrzeuge* sind in hervorragendem Maße mobil und für den internationalen Verkehr bestimmt. Deshalb ist bei ihnen das praktische Bedürfnis, die Regeln über die Anerkennung dinglicher Rechte zu vereinheitlichen, besonders ausgeprägt. In der Tat wurden schon seit langem beträchtliche Anstrengungen unternommen, wenigstens hier durch internationale Übereinkommen den Erfordernissen des Verkehrs zu entsprechen. Die Erfolge sind gleichwohl bescheiden. Hinzuweisen ist insbesondere auf die *internationalen Übereinkommen über Schiffsgläubigerrechte und Schiffshypotheken*. Bereits am 10. 4. 1926 wurde auf der Brüsseler Seerechtskonferenz ein Übereinkommen über Vorzugsrechte und Schiffshypotheken verabschiedet. Dieses Übereinkommen ist auch am 2. 6. 1931 in Kraft getreten, setzte sich jedoch unter den bedeutenden Schiffahrtsnationen der Welt, wie etwa Großbritannien, USA und Kanada, nicht durch (CZERWENKA, Internationales Übereinkommen von 1993 über Schiffsgläubigerrechte und Schiffshypotheken, TransportR 1994, 213−227, 213). Auch Deutschland blieb dem Übereinkommen fern. Nach dem Kriege wurde ein verbessertes Übereinkommen ausgearbeitet, nämlich das *Brüsseler Übereinkommen zur Vereinheitlichung von Regeln über Schiffsgläubigerrechte und Schiffshypotheken vom 27. 5. 1967* (s SIMON/HENNEBIG, Les privilèges et hypothèques maritimes et l'inscription des droits relatifs aux navires en construction, RevIntComp 1967, 149−174; vgl auch HERBER, Gedanken zur internationalen Vereinheitlichung des Seehandelsrechts, in: FS Stödter [1979] 55−77). Dieses Übereinkommen ist nie in Kraft getreten. Die Bundesrepublik hat es jedoch bei der Neufassung der seerechtlichen Bestimmungen des HGB durch das (1.) Seerechtsänderungsgesetz vom 21. 6. 1972 (BGBl 1972 I 966) inhaltlich berücksichtigt (PRÜSSMANN/RABE, Seehandelsrecht[3] [1992] Vor § 754 HGB III B 1). Die Arbeiten an einem international konsensfähigen Übereinkommen wurden fortgeführt. Das Comité Maritime International verabschiedete 1985 einen revidierten Entwurf (dazu RICHTER, TransportR 1985, 324−327), der Grundlage einer 1993 von den Vereinten Nationen nach Genf einberufenen Diplomatischen Konferenz über Schiffsgläubigerrechte und Schiffshypotheken war. Sie beschloß ein *neues Internationales Übereinkommen über Schiffsgläubigerrechte und Schiffshypotheken*, das am Sitz der Vereinten Nationen in New York zur Zeichnung aufliegt (CZERWENKA aaO). Es ist noch nicht abzusehen, inwieweit dieses neueste Übereinkommen eine bessere Resonanz haben und Zustimmung finden wird. Nach dem Vertragstext sind die Mitgliedstaaten zur Anerkennung der nach dem Registerstaat bestellten und eingetragenen Schiffshypotheken sowie bestimmter Schiffsgläubigerrechte verpflichtet. Die kollisionsrechtliche Regelung ist jedoch lückenhaft; denn es wird nicht festgelegt, welche Rechtsordnung für die Begründung eines Schiffsgläubigerrechtes maßgebend ist.

Befriedigender verlaufen ist die internationale Vereinheitlichung der *Regeln über die Anerkennung dinglicher Rechte an Luftfahrzeugen*. Das sehr erfolgreiche, in der Bundesrepublik und in einer großen Zahl anderer Staaten geltende *Genfer Abkommen v 19. 6. 1948* über die internationale Anerkennung solcher Rechte wird im Zusammenhang des internationalen Luftrechts behandelt werden (unten Rn 398−402).

c) Trusts

Schwierigkeiten im internationalen Verkehr bereitet die Rechtsfigur des *Treuhand-* **108** *verhältnisses (Trust)*, weil sie keinen feststehenden Inhalt hat, manche Rechtsordnungen sie auch gar nicht kennen. Es handelt sich hierbei um die Bildung eines Sondervermögens, das vom sonstigen Vermögen des Treuhänders (Trustee) getrennt ist und nur im Interesse anderer Personen oder zu gewissen objektiven Zwecken verwendet werden darf. Dabei greifen in verschiedenem, von der jeweiligen Rechtsordnung bestimmtem Maße schuldrechtliche Bindung des Treuhänders und sachenrechtliche Normen ineinander, welche die Erhaltung des Treuhandvermögens bezwecken (s unten Rn 171). Die Haager Konferenz hat sich seit 1980 der staatsvertraglichen Vereinheitlichung der sich auf Trusts beziehenden Kollisionsnormen angenommen. Auf der 15. Haager Konferenz 1985 wurde dann das *Haager Übereinkommen über das auf den Trust anwendbare Recht und die Anerkennung von Trusts v 1. 7. 1985* verabschiedet (Text RabelsZ 1986, 698–712, auch IPRax 1987, 55–58). Das Abkommen ist am 1. 1. 1992 für Australien, Italien und das Vereinigte Königreich in Kraft getreten; es gilt ferner seit 1. 1. 1993 für Kanada (NTIR 1994, 236; s auch PATON/GROSSO, The Hague Convention on the Law Applicable to Trusts and on Their Recognition: Implementation in Italy, IntCompLQ 43 [1994] 654–661). Das Übereinkommen ist nur auf rechtsgeschäftlich errichtete und schriftlich bestätigte Trusts anzuwenden. Grundsätzlich untersteht der Trust dem vom Begründer gewählten Recht (Art 6). Die Rechtswahl ist jedoch unwirksam, wenn das gewählte Recht Trusts oder die Art von Trust, um die es geht, nicht vorsieht (Art 6 Abs 2). Auch braucht ein Trust nicht anerkannt zu werden, dessen wesentliche Bestandteile – mit Ausnahme der Wahl des anzuwendenden Rechts, des Orts der Verwaltung und des gewöhnlichen Aufenthalts des Trustee – engere Verbindungen mit Staaten aufweisen, die das Rechtsinstitut des Trust oder die Art von Trust, um die es geht, nicht kennen (Art 13). Das Übereinkommen ist auf berechtigte Kritik gestoßen (vgl COING, Übernahme des Trusts in unser internationales Privatrecht? in: FS Heinsius [1991] 80–88; KEGEL 430; KÖTZ RabelsZ 1986, 562–585, 583 f; MünchKomm/EBENROTH, BGB² VII Nach Art 10 Rn 116 Fn 309; PIRRUNG IPRax 1987, 52–55, 55; STAUDINGER/GROSSFELD [1993] IntGesR Rn 707) und von der Bundesrepublik nicht ratifiziert worden. Schwer zu handhaben sind Anknüpfungen unter der Bedingung, daß eine Rechtsordnung den Trust „oder die Art von Trust, um die es geht", kennt oder nicht kennt. Wie steht es etwa in dieser Hinsicht mit dem deutschen Recht? Auch ist die Anerkennung einer Rechtswahl mit dinglicher Wirkung bedenklich, soweit sich Treuhandvermögen außerhalb des Staates befindet, dessen Recht gewählt wurde.

d) Kulturgüterschutz

109 Das vielschichtige Problem der *Rückführung gestohlener oder unerlaubt ausgeführter Kulturgüter* hat gewiß auch internationalsachenrechtliche Aspekte, die neuerdings viel erörtert werden und weiterer Klärung bedürfen (s dazu unten Rn 295, 302). Es werden hierbei aber ebensosehr Fragen des Völkerrechts, des internationalen öffentlichen Rechts und des Strafrechts aufgeworfen, weshalb eine befriedigende Lösung nicht allein in einheitlichen Regeln des internationalen Sachenrechts gefunden werden kann (vgl die verschiedenen Beiträge in: DOLZER/JAYME/MUSSGNUG [Hrsg], Rechtsfragen des internationalen Kulturgüterschutzes = Heidelberger Forum, Bd 87 [1994]; REICHELT [Hrsg], Internationaler Kulturgüterschutz. Wiener Symposion 18./19. 10. 1990 [Wien 1992]). Es genügt auch nicht, auf der Ebene des Völkerrechts einen Rückführungsanspruch bei Gewährung einer Entschädigung an gutgläubige Erwerber festzulegen, wie es in dem von vielen Staaten übernommenen, aber von der Bundesrepublik nicht ratifizierten *UNESCO-Übereinkommen über Maßnahmen zum Verbot und zur Verhütung der unzulässigen Einfuhr, Ausfuhr und Übereignung von Kulturgut vom 14. 11. 1970* (deutscher Text in BT-Druck VI/3511, 3–13) in Art 7 b ii geschehen ist. Immerhin veranlaßten die erkannten, vor allem im Privatrecht begründeten Schwächen des Übereinkommens (s HANISCH, Internationalprivatrechtliche Fragen im Kunsthandel, in: FS Müller-Freienfels [1986] 193–224, 198 f) die UNESCO, das Institut für die Vereinheitlichung des Privatrechts in Rom (UNIDROIT) mit dem rechtsvergleichenden Studium der materiell-sachenrechtlichen Fragen des Erwerbs von Kulturgütern zu betrauen (s SAUVEPLANNE, La protection de l'acquéreur de bonne foi d'objets mobiliers corporels, l'Unification du droit, Annuaire 1961, 43–152) und Vorschläge zur weltweiten Überwindung der nationalen Rechtsdivergenzen zu machen. Dabei wurde die Vereinheitlichung gewisser materiellrechtlicher Regeln angestrebt. UNIDROIT legte 1990 den Vorentwurf eines Übereinkommens über gestohlene oder rechtswidrig ausgeführte Kulturgüter vor (UNIDROIT 1990, Etude LXX – Doc 19; s dazu PROTT, The Preliminary Draft Unidroit Convention on Stolen or Illegally Exported Objects, IntCompLQ 41 [1992] 160–170). Ein Ausschuß von Regierungssachverständigen, der den Vorentwurf prüfte und überarbeitete, verabschiedete 1993 die Endfassung einer Konvention (Draft Convention on the International Return of Stolen or Illegally Exported Culturel Objects, UNIDROIT 1993, Etude LXX – Doc 48, Annex IV), die Gegenstand einer diplomatischen Konferenz im Juni 1995 war und dort beschlossen wurde. **Das UNIDROIT-Übereinkommen über die internationale Rückgabe von gestohlenen oder illegal exportierten Kulturgütern** (vom 24. 6. 1995) wurde zur Zeichnung aufgelegt (SIEHR, RabelsZ 1995, 460–463). Auf Einzelheiten kann hier nicht eingegangen werden. Kernstück der Regelung ist die einheitliche Gewährung eines Anspruchs des privatrechtlich Berechtigten auf Rückgabe gestohlenen Kulturgutes (Art 3) und eines Anspruchs des Herkunftsstaates auf Rückschaffung von unerlaubt ausgeführtem Kulturgut selbst im Falle eines gutgläubigen Erwerbs (Art 5), wobei allerdings der gutgläubige Erwerber angemessen entschädigt werden soll (Art 4, 6). Es wird nicht leicht sein, eine solche sonderprivatrechtliche Regelung für Auslandssachverhalte widerspruchsfrei in den Kontext der nationalen Rechtsordnungen einzufügen und mit diesen zu harmonisieren. Hierbei stellen sich Abgrenzungs- und Angleichungsprobleme, die noch weiter untersucht werden müssen.

2.   Regionale Vereinheitlichungsbestrebungen

a)   Benelux-Staaten
Nach dem Zweiten Weltkrieg haben Belgien, die Niederlande und Luxemburg die **110** Vereinheitlichung ihres internationalen Privatrechts mit dem *Staatsvertrag über ein einheitliches IPR vom 11. 5. 1951* (MAKAROV, Quellen des internationalen Privatrechts[2] II 125–138) und dem Staatsvertrag über eine *verbesserte Fassung dieser Konvention vom 3. 7. 1969* (FERID StAZ 1969, 241–252) in Angriff genommen. Die vorgesehene Konvention ist weitgehend von MEIJERS inspiriert und vorbereitet worden (s MEIJERS, The Benelux-Convention on Private International Law, AmJCompL 2 [1953] 1–11; s auch den Text des Konventionsentwurfs mit Kommissionsbericht in Rev crit dr i p 1951, 710–722; 1952, 165–178, 377–387; zur verbesserten Fassung NADELMANN, The Benelux Uniform Law on Private International Law, AmJCompL 18 [1970] 406–425; de WINTER, La nouvelle version du projet Benelux de loi uniforme de droit international privé, Rev crit dr i p 1968, 577–606). Internationalsachenrechtliche Bestimmungen sind Art 16 (von 1951) bzw Art 12 (von 1968), wonach die lex rei sitae alle körperlichen Gegenstände beherrscht. Das Belegenheitsrecht bestimmt auch, welche Sachen als bewegliche und welche als unbewegliche anzusehen sind. Güter, die von einem Land in ein anderes transportiert werden, unterstehen indes während des Transportes dem Recht des Bestimmungslandes (Art 16 Abs 2 bzw Art 12 Abs 2). Diese Vorschrift gilt freilich nicht für Transporte zur See, in der Binnenschiffahrt und auf dem Luftwege (Nachweise in CONSEIL Interparlamentaire Consultatif Benelux, Doc 81–1, 22). Beide Staatsverträge sind nie in Kraft getreten. Die Justizminister der 3 Staaten entschieden auf ihrem Treffen am 26. 11. 1973, daß im Hinblick auf die vorangeschrittenen Arbeiten zur Vereinheitlichung des IPR im Rahmen der EG davon abgesehen werden solle, das Ratifikationsverfahren weiter zu betreiben,

und auch weitere Versuche zur Vereinheitlichung einzelner Materien des IPR in den Benelux-Staaten nicht unternommen werden sollen (vgl das Dokument in NethIntLRev 1976, 248–254; s auch Jessurun d'Oliveira, Die Freiheit des niederländischen Richters bei der Entwicklung des internationalen Privatrechts, RabelsZ 1975, 224–252).

b) Europäische Union

111 Die Niederlande regten 1967 im Einvernehmen mit den beiden anderen Benelux-Staaten bei der EWG-Kommission an, das gesamte IPR der Mitgliedstaaten zu vereinheitlichen, ähnlich wie es in den Verträgen über eine Benelux-Konvention vorgesehen war (vBar, IPR I 177 f). Die vorbereitenden Arbeiten für ein einheitliches Kollisionsrecht wurden jedoch schon bald auf den Bereich des internationalen Schuldrechts beschränkt und führten zu dem Vorentwurf eines Übereinkommens über das auf vertragliche und außervertragliche Schuldverhältnisse anzuwendende Recht (Text RabelsZ 1974, 211–219). Verwirklicht wurde indes nur die Vereinheitlichung der für vertragliche Schuldverhältnisse maßgebenden Kollisionsnormen durch das **EWG-Übereinkommen über das auf vertragliche Schuldverhältnisse anzuwendende Recht vom 19. 6. 1980** (BGBl 1986 II 810). Das Übereinkommen ist am 1. 4. 1991 in Kraft getreten. Die Bundesrepublik hat jedoch schon vorher durch das Gesetz zur Neuregelung des IPR vom 25. 7. 1986, BGBl I 1142, (Art 1), die Art 1-21 des EVÜ mit gewissen redaktionellen Änderungen in die Art 27–37 EGBGB eingearbeitet, nachdem sie in Art 1 Abs 2 des Zustimmungsgesetzes vom 25. 7. 1986 zu dem EVÜ (BGBl 1986 II 809) erklärt hatte, daß die Art 1-21 EVÜ innerstaatlich keine unmittelbare Anwendung finden. Man wollte auf diese Weise die Geschlossenheit der innerstaatlichen Regelung bewahren und vermeiden, daß diese Regelung durch Verweisungen auf internationale Übereinkommen substanzlos und unübersichtlich gemacht wird (kritisch vHoffmann IPRax 1984, 10–13).

112 Die EG-Kommission beabsichtigte ursprünglich, auch das *internationale Sachenrecht* in die geplante einheitliche Regelung einzubeziehen. Der deutsche Rechtsexperte Arndt legte im Rahmen der vorbereitenden Arbeiten ein Gutachten vor, in dem einheitliche Regeln über das auf körperliche Gegenstände anwendbare Recht vorgeschlagen wurden (Kommission der Europäischen Gemeinschaften, Generaldirektion Binnenmarkt und Rechtsangleichung, Doc XIV/437/71-D). Die Beratungen hierüber wurden aber nicht fortgeführt und das Projekt schließlich fallengelassen.

113 Gescheitert sind bisher auch die Bemühungen, durch eine *Richtlinie über die Anerkennung besitzloser Mobiliarsicherheiten* insoweit die Bestimmungen der Mitgliedstaaten der Europäischen Union zu vereinheitlichen. Auf der Grundlage eines Entwurfs der Fédération Bancaire de la Communauté Economique Européenne erarbeitete zwar die EG-Kommission den *„Entwurf einer Richtlinie über die Anerkennung der besitzlosen Sicherheiten an beweglichen Sachen und der Eigentumsvorbehaltsklauseln bei den Verkäufen beweglicher Sachen"* (Doc XI/466/73-D, abgedruckt bei Drobnig/Goode, Security for Payment in Export and Import Transactions, in: Goode/Simmonds [Hrsg], Commercial Operations in Europe [1978] 339, 378 ff). Seit Ende der 70er Jahre wurden die Arbeiten auf den einfachen Eigentumsvorbehalt beschränkt. Aus ihnen ging ein entsprechender *„Vorschlag einer Richtlinie des Rates über die rechtlichen Folgen von Vereinbarungen eines einfachen Eigentumsvorbehalts an Ware"* von 1979 hervor. Die Beratungen blieben aber bereits Anfang der 80er Jahre stecken und wurden bis heute nicht wieder aufgenommen (Kreuzer, Europäisches Mobiliarsicherungsrecht oder:

Von den Grenzen des internationalen Privatrechts, in: FS vOverbeck [Freiburg iÜ 1990] 631
Fn 51).

Die Anerkennung dinglicher Rechte, die nach ausländischem Recht begründet sind, **114**
ist insbesondere bei *Insolvenzverfahren mit Auslandsberührung* von großer praktischer Bedeutung. Deshalb liegt es nahe, das Anerkennungsproblem wenigstens im
Rahmen des internationalen Insolvenzrechts zu lösen, und zwar einheitlich innerhalb
der Europäischen Union. Art 220 EWG-Vertrag verpflichtet nämlich die Mitgliedstaaten, untereinander Verhandlungen einzuleiten über „die Vereinfachung der
Förmlichkeiten für die gegenseitige Anerkennung und Vollstreckung richterlicher
Entscheidungen und Schiedssprüche". Vorbereitende Arbeiten für ein *Konkursüber-
einkommen der EG* wurden auch schon bald aufgenommen. Dabei erwies sich
jedoch gerade die Behandlung dinglicher Rechte an Gegenständen des Schuldnervermögens als ein schwer zu überwindendes Hindernis, das die Verhandlungen
verzögerte und beinahe scheitern ließ (vgl auch HANISCH, Die Wirkung dinglicher Mobiliarsicherungsrechte im grenzüberschreitenden Insolzvenzverfahren, in: FS Lalive [Basel 1993] 61–72).
Der von der EG-Kommission schon 1963 eingesetzte Sachverständigenausschuß
Konkursrecht verabschiedete zwar 1980 (überarbeitete Fassung 1984) den *Entwurf
eines EG-Konkursübereinkommens*, welches das Brüsseler EWG-Übereinkommen
über die gerichtliche Zuständigkeit und die Vollstreckung gerichtlicher Entscheidungen in Zivil- und Handelssachen vom 27. 9. 1968 ergänzen sollte (vgl dazu die Beratungen der Sonderkommission des Deutschen Rates für IPR, in: Vorschläge und Gutachten zum
Entwurf eines EG-Konkursübereinkommens [vorgelegt von KEGEL] = Materialien zum ausländischen und internationalen Privatrecht, Bd 32 [1988] 213–414, dort auch Text des Entwurfs von 1980
mit Bericht LEMONTEY 45–211; vgl auch STUMMEL, Konkurs und Integration. Konventionsrechtliche Wege zur Bewältigung grenzüberschreitender Insolvenzverfahren [1991]; VOLKEN, L'harmonisation du droit international privé de la faillite, Rec des Cours 230 [1991-V] 343–432). Beim
Eigentumsvorbehalt war aber eine Einigung nicht möglich: Der Entwurf von 1980
stellt insoweit 3 Regelungsvarianten zur Auswahl, die von verschiedenen Grundauf-
fassungen getragen sind. Im übrigen sieht der Entwurf vor, daß mit Rücksicht auf
Gläubigervorrechte, Sicherheiten und Masseansprüche für jeden Vertragsstaat, in
dem sich Schuldnervermögen befindet, eine rechnerische Untermasse zu bilden ist
(Art 43 ff). Das Regelungswerk verwirklichte zwar die Prinzipien der Einheit und
Universalität des Konkurses, wurde aber viel zu umfangreich und kompliziert, so
daß es auf verbreitete Ablehnung stieß (Literaturhinweise bei THIEME, in: Vorschläge und
Gutachten 467 f; s auch VOLKEN, Zum Stand des europäischen Konkursrechts, in: TERCIER/VOL-
KEN/MICHEL [Hrsg], Aspects du droit européen. Beiträge zum europäischen Recht = Arbeiten aus
dem juristischen Seminar der Universität Freiburg/Schweiz, Bd 127 [Freiburg iÜ 1993] 261–273,
270–273). Einen neuen Anlauf unternahm dann eine vom Rat der Europäischen
Gemeinschaften 1990 eingesetzte ad-hoc-Arbeitsgruppe, die schließlich den Entwurf
eines EG-Konkursübereinkommens vom 2. 8. 1993 vorlegte. Er war die Grundlage
für das vom Rat der Europäischen Union 1995 verabschiedete und am 23. 11. 1995
von der Mehrzahl der Mitgliedstaaten **gezeichnete EU-Übereinkommen über Insolvenzverfahren** (dazu BALZ ZIP 1996, 948–955). Das EU-Übereinkommen lehnt sich an das
rudimentäre Projekt des Europarates an, nämlich das *Istanbul-Übereinkommen über
gewisse internationale Aspekte des Konkurses vom 5. 6. 1990* (s unten Rn 117), wenngleich es bei der angestrebten Rechtsvereinheitlichung nicht ganz so zurückhaltend
ist wie dieses. Auch das EU-Übereinkommen verzichtet nun auf eine Regelung der
Anerkennung dinglicher Rechte und legt lediglich fest, daß das dingliche Recht eines

Gläubigers oder eines Dritten an körperlichen oder unkörperlichen Gegenständen
des Schuldners, die sich zum Zeitpunkt der Eröffnung des Insolvenzverfahrens im
Gebiet eines anderen Vertragsstaates befinden, von der Eröffnung des Verfahrens
nicht berührt wird (Art 5). Entsprechendes gilt auch für einen Eigentumsvorbehalt
bei Eröffnung eines Insolvenzverfahrens gegen den Käufer (Art 7 Abs 1).

115 Ebenso sachenrechtlich bedeutsam ist ferner die Rechtssetzung der Europäischen
Union zur Regelung des *grenzüberschreitenden Kulturgüterverkehrs* (s hierzu
SCHWARZE, Der Schutz nationalen Kulturguts im europäischen Binnenmarkt, JZ 1994, 111–117;
ders, Vereinheitlichung des Mobiliarsachenrechts in Europa, insbesondere im Hinblick auf Kulturgüter, RabelsZ 1995, 454, 464–468; SIEHR, Handel mit Kulturgütern in der EWG, NJW 1993,
2206–2209; UHL, Der Handel mit Kunstwerken im europäischen Binnenmarkt. Freier Warenverkehr versus nationaler Kulturgüterschutz [1993]; vgl auch die Beiträge von RIGAUX, SEIDL-
HOHENVELDERN und SIEHR zur FS Lalive [Basel 1993] 733–775). Den Anstoß für diese
Rechtsetzung gab der Wegfall der Zoll- und Grenzkontrollen innerhalb der Europäischen Union mit der Verwirklichung des freien Binnenmarktes seit dem 1.1.1993.
Nach der **VO 3911/92 des Rates der EG über die Ausfuhr von Kulturgütern vom
9.12.1992** (ABl Nr L 395 v 31.12.1992, 1) bedarf die Ausfuhr von Kulturgütern aus
einem Mitgliedstaat in einen Staat außerhalb der EG der Genehmigung durch den
Herkunftsstaat. Das Fehlen einer solchen Genehmigung ist von allen Staaten der EG
zu beachten. Die VO wird ergänzt durch die **Richtlinie 93/7 des Rates der EG über die
Rückgabe von unrechtmäßig aus dem Hoheitsgebiet eines Mitgliedstaates verbrachten
Kulturgütern v 15.3.1993** (ABl Nr L 74 v 27.3.1993, 74). Die Richtlinie ist nach Art 18
Abs. 1 binnen eines Jahres seit ihrer Annahme am 15.3.1993 umzusetzten, was aber
in der Bundesrepublik und auch in anderen Mitgliedstaaten der EU nicht geschehen
ist. Ist es zu unrechtmäßiger Verbringung nationalen Kulturguts aus einem Mitgliedstaat der EG in einen anderen Mitgliedstaat gekommen, wirken nach der in der
Richtlinie vorgesehenen Regelung die zentralen Stellen der beteiligten Staaten bei
der Rückschaffung zusammen (Art 4). Eine wesentliche Neuerung ist jedoch darüber hinaus die Gewährung eines *gegen den Eigentümer und ersatzweise gegen den
Besitzer gerichteten Herausgabeanspruchs*, den der Herkunftsstaat unmittelbar vor
den Gerichten des anderen Mitgliedstaates verfolgen kann (Art 5). Wird die Rückgabe angeordnet, setzt das zuständige Gericht des ersuchten Mitgliedstaates eine
angemessene Entschädigung fest, die der ersuchte Mitgliedstaat dem Eigentümer bei
der Rückgabe zu zahlen hat; Voraussetzung ist allerdings, daß der Eigentümer beim
Erwerb mit der erforderlichen Sorgfalt vorgegangen ist (Art 9). Der Rückgabean-
spruch muß wohl als ein öffentlich-rechtlicher Anspruch qualifiziert werden, dessen
Ausübung in die privatrechtlichen Verhältnisse eingreift und sie entsprechend den
Vorschriften des Herkunftsstaates verändert. Das ist wohl der Sinn des Art 12,
wonach sich die Frage des Eigentums an unrechtmäßig verbrachtem Kulturgut nach
erfolgter Rückgabe nach dem Recht des ersuchenden Mitgliedstaates richtet (vgl
JAYME/KOHLER, IPRax 1993, 357, 359 f). Offenbar sollen hiernach alle Vorgänge, die sich
im ersuchten Mitgliedstaat ereignet haben, sachenrechtlich nach dem materiellen
Recht des Herkunftsstaates beurteilt werden, in den das Kulturgut zurückgelangt ist.
Die nach ausländischem Recht wohlerworbenen Rechte an der unrechtmäßig verbrachten Sache werden somit vom Herkunftsland nicht geschützt; gleiches muß bei
freiwilliger Rückgabe gelten (SIEHR, RabelsZ 1995, 464–466).

c)   Europarat

Der Europarat in Straßburg, eine supranationale Institution mit regionalem Charak- **116** ter, hat sich vor allem auch durch Initiativen zur internationalen Rechtsvereinheitlichung verdient gemacht. Diese Initiativen erstrecken sich auch auf Bereiche des internationalen Sachenrechts. Insbesondere hat sich der Europarat, parallel zur Europäischen Union, ebenfalls darum bemüht, *internationale Übereinkommen über die Anerkennung dinglicher Sicherheiten und zur Vereinheitlichung des Konkursrechts* zustande zu bringen. Europarat und Europäische Union haben dabei ihre Arbeiten vielfach aufeinander abgestimmt, so daß eine wechselseitige Einflußnahme stattgefunden hat. Ein vom Europarat eingesetzter Expertenausschuß formulierte 1981 den *Vorentwurf eines Übereinkommens über die Anerkennung des Eigentumsvorbehalts* (deutsche Übersetzung in ZIP 1981, 1156 f). Hiernach ist ein einfacher Eigentumsvorbehalt anzuerkennen, wenn er spätestens im Zeitpunkt der Lieferung der Ware an den Käufer schriftlich vereinbart oder, falls er mündlich vereinbart wurde, vom Käufer nicht später als zu jenem Zeitpunkt schriftlich bestätigt worden ist (Art 3 Abs 1). Ist der Eigentumsvorbehalt in den AGB des Verkäufers enthalten, die weder schriftlicher Bestandteil des Vertrages noch diesem angefügt sind, so muß der Käufer die Genehmigung des Eigentumsvorbehalts besonders schriftlich bestätigen (Art 4 Abs 2). Der nicht veröffentlichte endgültige Entwurf wurde 1983 dem Comité Européen de Coopération Juridique zugeleitet. Offenbar wurden dann aber die Arbeiten an diesem Projekt eingestellt oder zurückgestellt, sicherlich aus denselben Gründen und Erwägungen, die sich auch den gleichzeitig geführten Vorarbeiten der Europäischen Union für eine entsprechende Richtlinie entgegenstellten (oben Rn 113).

Hingegen verliefen die Arbeiten des Europarates an einem *internationalen Insolvenzübereinkommen* erfolgreicher als zunächst diejenigen der Europäischen Union und waren auch für diese schließlich, nach Wiederaufnahme der Beratungen über ein EG-Konkursübereinkommen, richtungweisend. Schon 1980 betraute der Europarat einen Expertenausschuß mit der von vornherein begrenzten Aufgabe, im Hinblick auf mögliche internationale Vereinbarungen zu prüfen, ob sich einheitliche Regeln über gewisse Befugnisse des Konkursverwalters bei grenzüberschreitendem Handeln aufstellen lassen (VOLKEN, L'harmonisation du droit international privé de la faillite [oben Rn 114] 421 f; s auch ARNOLD, Straßburger Entwurf eines europäischen Konkursübereinkommens, IPRax 1986, 133–138). Aus den Kommissionsverhandlungen ging dann das am **5. 6. 1990 in Istanbul** von 6 Staaten – darunter der Bundesrepublik – gezeichnete **Übereinkommen über gewisse internationale Aspekte des Konkurses** hervor (Europarat [Hrsg], International Aspects of Bankruptcy/Aspects internationaux de la faillite [Straßburg 1991]). Es begnügt sich mit begrenzter Universalität der Konkursverfahren; denn die Eröffnung eines Konkursverfahrens in einem Vertragsstaat schließt nicht aus, daß trotz grundsätzlicher Anerkennung des Verfahrens in anderen Vertragsstaaten dort ein sekundäres, auf das inländische Vermögen des Schuldners beschränktes Konkursverfahren eröffnet wird (vgl HABSCHEID, Wege zu einem europäischen Konkursrecht, in: FS Matscher [Wien 1993] 162–173, 171 ff; s auch INGRID METZGER, Die Umsetzung des Istanbuler Konkursübereinkommens in das neue deutsche Internationale Insolvenzrecht [Diss Freiburg 1993]). Derartige Sekundärkonkurse werden nach dem nationalen Recht des Staates der Eröffnung durchgeführt (Art 19). Dinglich gesicherte Dritte können hierbei darauf vertrauen, daß ein dingliches Recht nach Maßgabe der lex rei sitae geschützt wird. Sie können ein solches Recht in gleicher Weise auch schon vor Eröffnung eines Sekundärverfahrens binnen 2 Monaten geltend machen (Art 11 Abs 2). Dem Konkursverwalter wird ausdrücklich untersagt, in einem anderen Vertragsstaat Handlungen vorzunehmen, die mit einem dort anzuerkennenden Sicherungsrecht an beweglichen oder unbeweglichen Sachen unvereinbar sind (Art 14, 2 a). Hiernach hat zwar jeder Vertragsstaat es zu respektieren, wenn ein anderer Vertragsstaat dingliche Sicherungsrechte an dort belegenem Vermögen dem Belegenheitsrecht unterstellt und danach behandelt. Im übrigen ist aber jeder Vertragsstaat frei, ob er dem Grundsatz der lex rei sitae für dingliche Rechte folgen will. Die Bundesrepublik hat die Ratifikation des Istanbuler Übereinkommens bis zum Abschluß der Insolvenzrechtsreform zurückgestellt.

118 Auch der Europarat hat sich mit dem Entwurf von Staatsverträgen befaßt, die den grenzüberschreitenden Schutz von Kulturgütern bezwecken. Das *Europäische Übereinkommen zum Schutz archäologischen Kulturgutes vom 6. 5. 1969* (BGBl 1974 II 1285) berührt allerdings nicht den grenzüberschreitenden Handel mit archäologischem Kulturgut (s FECHNER, Rechtlicher Schutz archäologischen Kulturguts. Regelungen im innerstaatlichen Recht, im Europa- und Völkerrecht sowie Möglichkeiten zu ihrer Verbesserung = Tübinger Schriften zum internationalen und europäischen Recht, Bd 25 [1991] 93 f; vSCHORLEMER, Internationaler Kulturgüterschutz = Schriften zum Völkerrecht, Bd 102 [1992] 451–456). Ein weiteres Übereinkommen, nämlich das *Europäische Übereinkommen über Straftaten gegen Kulturgut vom 23. 6. 1985*, ist strafrechtlich konzipiert. Hiernach kann illegal gehandeltes Kulturgut zwar dem Täter, nicht jedoch dem gutgläubigen Erwerber entzogen werden. Die Frage des Gutglaubenserwerbs ist nicht geregelt. Das Übereinkommen wird als unzulänglich kritisiert (FECHNER 95; vSCHORLEMER 456–459), und ist bisher noch von keinem Staat ratifiziert worden.

d)   Lateinamerika
119 Die Vereinheitlichung des internationalen Privatrechts in Lateinamerika wurde schon früh, jedoch zweigleisig in Angriff genommen. Einige Staaten übernahmen die *Verträge von Montevideo vom 12. 2. 1889 und vom 19. 3. 1940* (abgedruckt bei MAKAROV, Quellen des internationalen Privatrechts² II 81 ff, 97 ff), die gewisse Fragen des IPR im Verhältnis der Vertragsstaaten zueinander einheitlich regeln, während andere Staaten das auf der 6. Panamerikanischen Konferenz von Havanna 1928 beschlossene Gesetzbuch des IPR vom 20. 2. 1928 – benannt nach dem kubanischen Rechtslehrer BUSTAMANTE und bekannt als „**Código Bustamante**" – in Kraft gesetzt haben (SAMTLEBEN, IPR in Lateinamerika. Der Código Bustamante in Theorie und Praxis, Bd 1: Allgemeiner Teil = Beiträge zum ausländischen und internationalen Privatrecht, Bd 42 [1979]; ders, Die Anwendung des Código Bustamante in Venezuela, RabelsZ 1975, 478–509). Auch der Código Bustamante ist freilich keine einheitliche „loi uniforme", sondern gilt nur im Verhältnis der Vertragsstaaten zueinander. Namentlich dieses Gesetz enthält eine detaillierte Regelung des internationalen Sachenrechts, wobei von der Herrschaft der lex rei sitae ausgegangen wird (Art 105–140; s andererseits Art 26–31 des Vertrages von Montevideo vom 12. 2. 1889 sowie Art 32–35 des Vertrages von Montevideo vom 19. 3. 1940). Nach dem Zweiten Weltkrieg bemühte sich die 1948 gegründete Organisation der Amerikanischen Staaten (OAS), die Gegensätze zwischen den verschiedenen Regelungswerken und dem 1. Restatement Conflict of Laws von 1934 (auch die USA gehören der OAS an) zu überwinden und gleichzeitig das IPR in Lateinamerika fortzuentwickeln. Dies geschah durch eine Reihe von *Spezialkonventionen, die auf den Konferenzen von Panama 1975 und von Montevideo 1979* geschlossen wurden (SAMTLEBEN, Die Interamerikanischen Spezialkonferenzen für Internatio-

nales Privatrecht, RabelsZ 1980, 257–320; NEUHAUS, Die Konventionen der OAS über Internationales Privatrecht in der Sicht eines Europäers, ZfRvgl 1982, 287–301). Die Reform und
Vereinheitlichung des IPR durch Spezialkonventionen wurde weiter vorangebracht
auf den *Konferenzen von La Paz 1984 und Montevideo 1989* (SAMTLEBEN, Neue interamerikanische Konventionen zum Internationalen Privatrecht RabelsZ 1992, 1–115). Alle diese
Spezialkonventionen beschränken sich indes auf bestimmte, aktuelle Einzelmate-
rien, insbesondere des Handels- und Zivilverfahrensrechts, befassen sich aber nicht
mit Fragen des internationalen Sachenrechts.

IV. Internationales Sachenrecht und Völkerrecht

1. Völkerrechtliches Gewohnheitsrecht

Das allgemeine Völkerrecht ist wenig ergiebig, wenn man danach fragt, ob sich ihm **120**
konkrete Rechtssätze eines völkerrechtlich gebotenen IPR entnehmen lassen, die
nach Art 25 S 1 GG Bestandteil des Bundesrechts wären (vgl hierzu vBAR, IPR I
130–135; KEGEL 11–13; KELLER/SIEHR, Allgemeine Lehren des internationalen Privatrechts
[Zürich 1986] 186–188; KROPHOLLER 49–51; RAAPE/STURM 44–46; MünchKomm/SONNENBER-
GER², Einl Rn 90–94). Es ist zwar behauptet worden, die Herrschaft der lex rei sitae
jedenfalls über Grundstücke und Grundstücksrechte beruhe auf völkerrechtlichem
Gewohnheitsrecht (KAHN, Über Inhalt, Natur und Methode des internationalen Privatrechts,
JhrJb 40, 39 f; GUTZWILLER 1541 Fn 2; zurückhaltend WENGLER, IPR I 25: Am ehesten könne noch
an einen Völkerrechtssatz gedacht werden, wonach bei der Beurteilung dinglicher Rechte an auslän-
dischen Grundstücken das Recht des Lagestaates angewendet werden muß). In der Tat ist die
Anwendung des Belegenheitsrechts auf Grundstücksrechte ein althergebrachter,
weitverbreiteter Grundsatz des internationalen Sachenrechts. Aus der verbreiteten
Akzeptanz dieser Anknüpfungsregel läßt sich aber nicht schließen, daß sie von den
Völkerrechtssubjekten als völkerrechtlich geboten angesehen wird und somit die
staatliche Souveränität beschränkt (KELLER/SIEHR 187; MEESSEN, Kollisionsrecht als
Bestandteil des allgemeinen Völkerrechts: Völkerrechtliches Minimum und kollisionsrechtliches
Optimum, in: FS Mann [1977] 229 f). Im übrigen besteht selbst bei Grundstücken keineswegs ein internationaler Konsens über den Anwendungsbereich des Belegenheitsrechts, etwa darüber, ob dieses Recht auch für die Form einer Veräußerungsvollmacht oder die Geschäftsfähigkeit der über ein Grundstück verfügenden Personen
gilt (RAAPE/STURM 44).

2. Völkerrechtliche Postulate

Immerhin hat insbesondere WENGLER gezeigt, daß das Überdenken der privatrecht- **121**
lichen Kollisionsnormen aus der Sicht des allgemeinen Völkerrechts nicht vergeblich
ist und in manchen Fällen wertvolle Anregungen gibt, mögen auch die Ergebnisse
nicht zweifelsfrei sein (WENGLER, IPR I 13–33; s auch MANN, Völkerrecht und IPR = Bonner
Akademische Reden Nr 55 [1982] 17–25). Treffend bemerkte schon BÜHLER (Der völkerrechtliche Gehalt des IPR, in: FS Wolff [1952] 190), es könnten „Völkerrechtssätze auch als
Richtlinien für die Lösung von Einzelfragen in Betracht kommen, und sie müssen
dann geprüft werden, ob sie wirklich geltendes Recht darstellen. Dabei gesicherte
Ergebnisse zu erhalten, ist oft nicht einfach". So dürfte es einem Gebot des allgemeinen Völkerrechts entsprechen, daß wohlerworbene Privatrechte von Ausländern
innerhalb gewisser Schranken zu schützen sind (vgl WENGLER, IPR I 24; vgl im übrigen

kritisch vBAR I 135–144). Diese Grundregel ist durch die Normen des internationalen Sachenrechts über den Statutenwechsel beweglicher Sachen in angemessener Weise zu konkretisieren. Die im Ausland begründeten dinglichen Rechte sind somit, wenn die bewegliche Sache ins Inland gelangt, im allgemeinen anzuerkennen. Das schließt freilich nicht aus, daß einem solchen Recht aus triftigem Grund, etwa bei empfindlicher Störung der inländischen Gläubiger- und Wirtschaftsordnung, die Anerkennung versagt wird.

Beim grenzüberschreitenden Umweltschutz wird man zu beachten haben, daß die Gerichte eines Staates, auf dessen Gebiet sich eine im Ausland verursachte Störung auswirkt, nicht etwa in Anwendung inländischen materiellen Rechts dem ausländischen Störer zur Unterlassung oder Einstellung der Störungshandlung verurteilen dürfen, sofern diese von den Behörden des Störungsstaates genehmigt worden ist. Das Völkerrecht gebietet zwar nicht schlechthin die „Anerkennung" der von dem ausländischen Staat ausgesprochenen Genehmigung. Wohl aber würde unmittelbarer Rechtszwang, bei welchem die Genehmigung selbst für den Bereich des Störungsstaates faktisch ignoriert würde, einen rechtswidrigen Eingriff in die Territorialhoheit dieses Staates bedeuten (vgl WENGLER, IPR I 423 f, 481). Hingegen wird man die Verurteilung des Störers zum Ersatz für die in einem anderen Staat eingetretenen Störungswirkungen ungeachtet der Genehmigung als völkerrechtlich unbedenklich anzusehen haben, ebenso die Verurteilung zu Schutzmaßnahmen, die zur Behebung der schädlichen Wirkungen im Ausland geeignet sind, ohne daß der störende Betrieb faktisch zur Einstellung genötigt wird (s dazu näher Rn 240).

B. Das Sachstatut im allgemeinen

I. Bestimmung des Sachstatuts

122 Alle Rechtsfragen, welche die dinglichen Rechtsverhältnisse an einer beweglichen oder unbeweglichen Sache betreffen, sind nach deutschem internationalen Privatrecht grundsätzlich derselben nationalen Rechtsordnung unterworfen, die man als „Sachenrechtsstatut" oder schlicht als „Sachstatut" (Realstatut) bezeichnen kann.

1. Anknüpfung an den Lageort

123 Sachstatut ist grundsätzlich das **Recht des Lageortes** (die **lex rei sitae**), dh die Rechtsordnung des Staates, an dem sich die Sache tatsächlich befindet. Das EGBGB enthält zwar bislang keine einschlägige Vorschrift. Gleichwohl ist die Anknüpfung der sachenrechtlichen Verhältnisse an den Lageort der Sache (sog Situs-Regel) eine in der deutschen Rechtsprechung und Lehre seit langem anerkannte Grundregel*.

---

* **Aus der neueren Rechtsprechung**: BGHZ 73, 391, 395 = IPRspr 1979 Nr 7; OLG Düsseldorf NJW 1981, 529 f = IPRspr 1980 Nr 11; BGH IPRspr 1987 Nr 39; BGHZ 100, 321, 324 = IPRspr 1987 Nr 40 = NJW 1987, 3077, 3079; OLG München IPRspr 1988 Nr 15 = NJW-RR 1989, 663; OLG Köln IPRspr 1988 Nr 57 = IPRax 1990, 46; BGH NJW 1989, 1352 = IPRspr 1988 Nr 58; OLG Schleswig IPRspr 1989 Nr 75 = NJW 1989, 3105; BGH NJW 1989, 2542 = BB 1989, 2216 = IPRspr 1989 Nr 135; OLG Schleswig IPRspr 1989 Nr 77; OLG Hamburg IPRspr 1990 Nr 64 = VersR 1991, 604; BGH IPRspr 1991 Nr 70 = NJW

Der BGH legt dieser Grundregel sogar **gewohnheitsrechtlichen Rang** bei (BGHZ 39, 173 = IPRspr 1962−63, Nr 60 = NJW 1963, 1200 = LM Nr 20 zu Art 7 ff EGBGB [Deutsches internationales Privatrecht]; BGHZ 100, 321, 324 = IPRspr 1987 Nr 40 = NJW 1987, 3077, 3079; BGH BB 1989, 2216 = NJW 1989, 2542, 2543; BGH IPRax 1996, 39, 40; s auch OLG Schleswig IPRspr 1989 Nr 75 und Nr 77; OLG Hamburg IPRspr 1990 Nr 64 = VersR 1991, 604). Das darf freilich nicht so verstanden werden, daß Anwendungsbereich und Grenzen der Situs-Regel unverrückbar feststäanden (s auch oben Rn 120). Einschränkungen und Ausnahmen im Zuge der Rechtsentwicklung, etwa durch Anerkennung einer begrenzten Parteiautonomie bei beweglichen Sachen, sind nicht ausgeschlossen.

2. Rechtfertigung der Anknüpfung

a) Liegenschaftsrecht

Die Anwendung der lex rei sitae auf alle sachenrechtlichen Fragen ist bei Grundstük- **124** ken und Grundstücksrechten unmittelbar einleuchtend und seit langem anerkannt, in Deutschland ebenso wie im Ausland (zur geschichtlichen Entwicklung s insbes NEUMEYER, Die gemeinrechtliche Entwickelung des internationalen Privat- und Strafrechts bis Bartolus [1901] 36 ff; GUTZWILLER 1591 ff; zur rechtspolitischen Rechtfertigung der Situs-Regel vCAEMMERER, Zum internationalen Sachenrecht. Eine Miszelle, in: FS Zepos [1973] II 25 f; FERID 7−5 und 7−6; KEGEL 111, 570; LEWALD 169; MünchKomm/KREUZER Rn 14). Wer dinglichen Rechtsschutz begehrt, nimmt eine bestimmte Form der Sachherrschaft in Anspruch, die von jedermann respektiert werden soll. Störungen dieser Sachherrschaft können von beliebigen, im einzelnen noch unbekannten Personen ausgehen. Die möglichen Störungen haben ihren Schwerpunkt am Belegenheitsort und können in der Regel auch nur dort mit Hilfe der Rechtsschutzorgane des Belegenheitsstaates abgewehrt werden (vgl BEITZKE, Betrachtungen zur Methodik im Internationalprivatrecht, in: FS Smend [1952] 1, 17 f). Es ist naheliegend, daß die Rechtsschutzorgane des Belegenheitsstaates dabei ihr eigenes Recht anwenden, ohne Rücksicht auf die Staatsangehörigkeit und den Wohnsitz der jeweils streitenden Parteien.

Regelmäßig nimmt der Belegenheitsstaat auch die **ausschließliche Zuständigkeit für** **125** **Streitigkeiten über Grundstücksrechte** in Anspruch (Deutschland: § 24 ZPO und Art 16 Nr 1 EuGVÜ; s auch RIEZLER, Internationales Zivilprozeßrecht [1949] 85; SCHACK, Internationales Zivilverfahrensrecht [1991] 116−120; Schweiz: Art 97 Bundesgesetz über das IPR; Frankreich: BATIFFOL/LAGARDE, Droit international privé[7] II 674; LOUSSOUARN/BOUREL, Droit international privé 445; England: NORTH/FAWCETT, Private International Law[12] 784; USA: Restatement 2nd § 59; SCOLES/HAY, Conflict of Laws[2] 224−227).

Zwischen dieser Zuständigkeitsregel und dem materiellrechtlichen Grundsatz, daß Grundstückssrechte der lex rei sitae unterliegen, besteht geschichtlich und funktio-

1991, 1415 = IPRax 1993, 176−178; OLG Koblenz IPRax 1994, 302, 304 f = IPRspr 1993 Nr 51.

Aus dem Schrifttum: vBAR I 542; ERMAN/HOHLOCH Anh nach Art 38 Rn 2; KEGEL 570 f; KROPHOLLER 460; LÜDERITZ 245; MünchKomm/KREUZER Rn 12−15; PALANDT/HELDRICH Anh II zu Art 38, Rn 2.

Ebenso weithin auch das ausländische Recht, vgl § 31 öst IPRG und Art 99, 100 schweizBundesgesetz über das IPR; zum französischen Recht BATIFFOL/LAGARDE, Droit international privé[8] I 463−465; zum englischen Recht NORTH/FAWCETT, Private International Law[12] 784−787, 797−800.

nell ein enger Zusammenhang. Die Anwendung der lex rei sitae auf alle sachenrechtlichen Fragen dient zugleich dem *Verkehrsinteresse*. Jedermann kann sich darauf
einrichten, daß auf Sachen nur nach Maßgabe der lex rei sitae eingewirkt werden
darf und über sie nur im Rahmen dieser Rechtsordnung verfügt werden kann. Bei
Grundstücken ist die Beständigkeit und Berechenbarkeit der Rechtsanwendung um
so mehr gesichert, als der Anknüpfungspunkt unveränderlich ist. Ein Statutenwechsel ist bei Grundstücken nur dann denkbar, wenn am Lageort die Staatsgewalt
wechselt und damit eine andere Rechtsordnung zur Herrschaft gelangt (vgl unten
Rn 253). In den Ländern, die ein Grundbuch oder ein ähnliches System der Registrierung von Grundstücksrechten haben, wird die *Führung der Register* durch die
Anwendung heimischen Rechts wesentlich vereinfacht und rationalisiert. Wo ein
Register fehlt, werden doch idR die sich auf die Grundstücke beziehenden Urkun-
den meist an Ort und Stelle verwahrt. Die Anwendung der lex rei sitae erleichtert
hier die Feststellung, welche Rechte an einem Grundstück bestehen und wer Rechtsinhaber ist (über den Zusammenhang zwischen Belegenheitsstatut und „search of title" etwa in
den Vereinigten Staaten s LEFLAR, American Conflicts Law³ 342). Es ist ferner zu bedenken,
daß sich gerichtliche Entscheidungen über dingliche Rechtsverhältnisse an einem
ausländischen Grundstück nicht durchsetzen lassen, wenn sie den am Lageort herrschenden Rechtsanschauungen zuwiderlaufen. Der Belegenheitsstaat läßt sich Entscheidungen über Bestand und Inhalt von Grundstücksrechten nicht aufzwingen.
Die Einsicht in das faktisch Mögliche hat mehr als alle Theorie dazu beigetragen, daß
man sich namentlich bei Grundstücken der Herrschaft der lex rei sitae allenthalben
fügt.

b)   Fahrnisrecht

126 Die dargelegten Gründe für die Anknüpfung des Sachstatuts an den Lageort treffen
bei beweglichen Sachen nur teilweise zu. Bei ihnen steht die Herrschaft der lex rei
sitae auf schwächeren Füßen. Es ist zwar auch hier ein wichtiger Gesichtspunkt, daß
der Lageort der beweglichen Sache meist bekannt und leicht feststellbar ist. Die
Anknüpfung an den Lageort dient hier gleichfalls dem **Verkehrsinteresse**. Doch können
bewegliche Sachen jederzeit in ein anderes Rechtsgebiet verbracht werden mit der
Folge, daß das für sie maßgebliche Sachstatut wechselt. Auch die praktische Erwägung, daß Entscheidungen über dingliche Rechtsverhältnisse durchsetzbar sein
müssen, hat bei beweglichen Sachen geringeres Gewicht. Entscheidungen, die
außerhalb des Belegenheitsstaates ergehen, können durchaus sinnvoll sein; denn die
streitbefangene Sache mag später in den Gerichtsstaat verbracht werden, sei es freiwillig, sei es aufgrund gerichtlichen Zwanges, der im Gerichtsstaat auf den Besitzer
ausgeübt wird. Aus dem gleichen Grund wird auch der Belegenheitsstaat eher geneigt
sein, eine ausländische Entscheidung über Rechte an beweglichen Sachen anzuerkennen. In der Tat ist die Herrschaft der lex rei sitae über bewegliche Sachen niemals allgemein anerkannt und auch niemals in einem so umfassenden Sinne verstanden worden wie bei Grundstücken (RABEL, Conflict of Laws IV 8 ff, 30 ff). Die ältere Lehre zog der
lex rei sitae vielfach das am Wohnsitz des Eigentümers oder des Besitzers der beweglichen Sache geltende Recht (lex domicilii) vor (*„mobilia ossibus inhaerent"* oder *„mobilia sequuntur personam"*). Gegen diese Lehre wandte sich SAVIGNY mit Entschie-
denheit. Er verhalf der Auffassung zum Durchbruch, daß bewegliche Sachen kollisionsrechtlich grundsätzlich nicht anders behandelt werden sollten als unbewegliche
(SAVIGNY, System des heutigen Römischen Rechts VIII [1849] 169–181). Aber SAVIGNY leugnet
nicht gewisse Besonderheiten des Mobiliarsachenrechts. Bei beweglichen Sachen, de-

ren räumliche Lage unbestimmt und wechselnd sei, werde man „irgendeinen Ruhepunkt aufsuchen müssen, an welchem solche Sachen auf längere, vielleicht unbestimmte Zeit zu bleiben bestimmt sind" (178). Bei anderen Sachen, wie etwa dem Reisegepäck bei vorübergehendem Aufenthalt des Eigentümers an einem fremden Ort, hänge es von den Umständen ab, ob man sie den res in transitu gleichstellen müsse oder einen festen Ruhepunkt annehmen dürfe. Dabei komme es nicht allein auf den längeren oder kürzeren Aufenthalt solcher Sachen an, sondern auch auf die Natur der Rechtsregel, deren Anwendung gerade in Frage steht (181).

Obwohl sich die Anknüpfung an den Lageort auch bei beweglichen Sachen heute **127** weithin durchgesetzt hat, finden sich **Relikte der älteren Lehre** noch in manchen Gesetzeswerken. Das kalifornische ZGB erklärt unter dem Einfluß von STORY (vgl MAY, Die Regeln des internationalen Privatrechts der beweglichen Sachen in den USA [Diss Köln 1969] 8 ff) für bewegliche Sachen die *lex domicilii* des Eigentümers für anwendbar mit dem Vorbehalt, daß die lex rei sitae keine gegenteiligen Bestimmungen enthält (§ 946 California Civil Code). Ähnliche Gesetzesvorschriften sind auch in Idaho, Montana und North Dakota erlassen worden (oben Rn 52). Im südafrikanischen Recht wirkt die Lehre der römisch-holländischen Schule des 17. Jahrhunderts, daß „mobilia sequuntur personam", heute noch nach. In der Praxis scheint aber die Konsequenz, daß bewegliche Sachen dem Domizilrecht des Eigentümers unterstehen, kaum noch gezogen werden (oben Rn 98). Unter dem Einfluß des in Italien propagierten Staatsangehörigkeitsprinzips berief der italienische Codice civile von 1865 (Art 7 Abs 1 disp preliminari) und ihm folgend der spanische Código civil von 1889 (Art 10 Nr 1), was bewegliche Sachen anlangt, die *lex patriae des Eigentümers* zur Herrschaft. Italien ging aber 1942 und Spanien 1974 auch bei beweglichen Sachen zur Anknüpfung an den Lageort über (oben Rn 43 und 46). Schließlich finden sich Spuren der älteren Lehre, daß bewegliche Sachen der lex domicilii des Eigentümers unterstehen, auch noch in lateinamerikanischen Rechtsordnungen, etwa im brasilianischen und argentinischen Recht (oben Rn 82 und 81). Dieses beschränkt allerdings die Herrschaft der lex domicilii auf Sachen ohne festen Standort, namentlich solche Sachen, die der Eigentümer stets bei sich trägt oder die zu seinem persönlichen Gebrauch dienen. Paraguay verzichtet indes in seinem neuen Código civil von 1987 auf eine entsprechende Ausnahmeregel (oben Rn 88).

Die erwähnten *Sonderregeln des argentinischen und brasilianischen Rechts* für **128** bewegliche Sachen, die der Eigentümer stets bei sich trägt oder die zu seinem persönlichen Gebrauch bestimmt sind, beruhen offensichtlich auf der überholten Auffassung, daß jedenfalls bei Mobilien ohne festen Standort das Personalstatut des Eigentümers seinen angestammten Platz behält. Ähnliche Vorschriften finden sich aber auch wieder in modernen Kodifikationen des IPR, etwa in der ungarischen GesetzesVO Nr 13/1979 bezüglich der persönlichen Gebrauchsgegenstände eines Reisenden (§ 23 Abs 3, s oben Rn 78) oder im rumänischen IPR-Gesetz von 1992, wonach persönliche Sachen eines Reisenden dem Heimatrecht unterstehen (Art 53 c, s oben Rn 75). Für diesen neueren Ansatz dürfte indes die Erwägung maßgebend sein, daß die Situs-Regeln nicht paßt und „aufzulockern" ist, wenn der zu beurteilende Sachverhalt überwiegend in das soziale Umfeld einer anderen Rechtsordnung als des Lageortes eingebettet ist. Es wird noch zu zeigen sein, daß in dem in Betracht kommenden Bereich, nämlich bei mitgeführten Sachen eines Reisenden, indes auch ohne Rückgriff auf das Personalstatut auszukommen und grundsätzlich an der Situs-Regel festzuhalten ist (unten Rn 259).

129   Die Fähigkeit beweglicher Sachen, jederzeit von Rechtsgebiet zu Rechtsgebiet zu wandern und der damit verbundene Statutenwechsel werfen im IPR gewiß besondere Probleme auf. Es besteht aber kein hinreichender Grund, die Situs-Regel bei beweglichen Sachen insgesamt zu verwerfen und durch eine andere, nicht weniger starre Anknüpfungsregel zu ersetzen. Vielmehr müssen die spezifischen Fallgruppen und Sachlagen herausgearbeitet werden, bei denen die Situs-Regel modifiziert und durch Sonderregeln ersetzt werden muß. Solche Sonderregeln sind insbesondere angezeigt bei internationalen Verkehrsgeschäften, bei denen eine bewegliche Sache zum Zwecke der Verfügung über sie in ein anderes Rechtsgebiet verbracht wird (vgl unten Rn 288), sowie bei Sachen, die bestimmungsgemäß ohne festen Lageort sind (unten Rn 365, 366). Schließlich erheben sich bei Wertpapieren spezifische Rechtskonflikte, vor allem weil hier das verbriefte Recht einer anderen Rechtsordnung unterstehen mag als das Wertpapier als Sache (unten Rn 412). Bei Lösung der wertpapierrechtlichen Rechtskollisionen kommt dem Lageort des Wertpapiers nur eine begrenzte Bedeutung zu.

3.   Moderne Kritik an einer starren Anknüpfung

a)   Individuelle Anknüpfung als geforderte Regel

130   Bisweilen wird empfohlen, anstatt einer starren Anknüpfung des Sachstatuts *individuell* nach den Umständen des Falles diejenige Rechtsordnung zu bestimmen, mit welcher der zu beurteilende Sachverhalt am engsten verbunden ist (vgl auch HEINI, Anm zu schweizBG v 6.7.1967, ZSchweizR I 1968, 632, 644 f). Besonders im englischen Schrifttum wird bei Verfügungen über bewegliche Sachen die Anwendung des nach den Umständen zu bestimmenden „law of the transfer" als Alternative zur Situs-Regel erwogen (vgl etwa NORTH/FAWCETT, Private International Law[12], 797). In diesem Sinne hat sich etwa MORRIS dafür eingesetzt, auch die sachenrechtlichen Wirkungen solcher Verfügungen dem *„proper law of the transfer"* zu entnehmen (MORRIS, The Transfer of Chattels in the Conflict of Laws, BritYBIntL 22 [1945] 222—248). Dabei schwingt die durchaus richtige Einsicht mit, daß in gewissen Fällen das Vertragsstatut nach dem wirklichen und mutmaßlichen Willen der Parteien auch die sachenrechtlichen Fragen beherrschen sollte, etwa wenn englische Kaufleute untereinander in Paris über Ware verfügen, die in Rotterdam lagert. Sobald aber das Vertrauen Dritter auf die Gültigkeit einer Verfügung zu schützen ist, setzt sich die lex rei sitae durch, erst recht bei sachenrechtlichen Veränderungen, die kraft Gesetzes eintreten. Das wird auch in England heute überwiegend anerkannt (DICEY/MORRIS, Conflict of Laws[12] 915—937, 965—989; NORTH/FAWCETT, Private International Law[12] 779—783, 793—808).

b)   Auflehnung gegen mechanische Anknüpfungsregeln und Auflockerungstendenzen

131   *Neuere Lehren*, die sich im *amerikanischen IPR* teilweise durchgesetzt haben (vgl oben Rn 53), mißbilligen *„mechanische"* Anknüpfungsregeln. Die kollisionsrechtliche Entscheidung könne nicht abstrakt und ohne Würdigung der spezifischen Problematik des einzelnen Falles getroffen werden. Stets bedürfe es einer genauen Analyse der in Betracht kommenden Partei- und Gemeininteressen sowie einer Abwägung der Zwecke und Rechtsschutzziele, die den kollidierenden Sachnormen zugrunde

liegen. Dieser Lösungsansatz führt insbesondere im Mobiliarsachenrecht zur Auflösung fester Regeln. Einzelne Autoren wenden sich aber selbst dagegen, daß die überkommene Situs-Regel bei Grundstücken unterschiedslos und unreflektiert angewandt wird (ALDEN, Modernizing the Situs Rule for Real Property Conflicts, TexasLRev 1987, 585–633; HANCOCK, Conceptual Devices for Avoiding the Land Taboo in Conflict of Laws: The Disadvantages of Disingenousness, StanfordLRev 1967, 1–40; WEINTRAUB, Commentary on the Conflict of Laws³ [1986] 413 ff, 460). Die von diesen Autoren genannten Beispiele dafür, daß die mechanische Anwendung der Situs-Regel im Grundstücksrecht zu verfehlten Ergebnissen führt, betreffen freilich meist solche Rechtsfragen, die nach deutschem Recht ohnehin nicht der lex rei sitae unterfallen, wie etwa die Geschäftsfähigkeit der an einem dinglichen Rechtsgeschäft Beteiligten oder die Vererbung dinglicher Rechte. Die Kritik an der pauschalen Anwendung der Situs-Regel im Liegenschaftsrecht mag somit für das amerikanische Recht einige Berechtigung haben, führt aber rechtsvergleichend nicht weiter. Das Restatement Conflict of Laws 2nd von 1971 hält nunmehr auch an dem Grundsatz fest, daß Rechte an Grundstücken im allgemeinen der lex rei sitae unterstehen (vgl §§ 222–243).

Der besonders in den USA geäußerten Kritik an mechanisch angewandten Kollisionsregeln ist zuzugeben, daß die Situs-Regel des internationalen Sachenrechts selbst nur *Ausdruck einer durchschnittlichen Interessenwertung* ist, die sich unter besonderen Umständen als unrichtig erweisen kann. Die Situs-Regel bedarf dann der Anpassung oder Modifikation (vgl oben Rn 129). Es muß der Rechtsentwicklung überlassen bleiben, inwieweit eine solche „Auflockerung" berechtigt und notwendig ist. Somit ist es zu begrüßen, daß der überarbeitete Referentenentwurf eines Gesetzes zur Ergänzung des internationalen Privatrechts (außervertragliche Schuldverhältnisse und Sachen) vom 1. 12. 1993 nunmehr in Art 43 Abs 4 eine *Ausweichklausel* zugunsten einer Rechtsordnung enthält, zu der eine „wesentlich engere Verbindung" besteht (s oben Rn 19). Die Nähe des Sachverhalts zu einer bestimmten Rechtsordnung hängt gewiß auch davon ab, ob die Sachnormen des Staates, dessen Recht in Betracht steht, auf den Sachverhalt angewandt werden wollen und wie stark das Regelungsinteresse dieses Staates ist. In dieser Hinsicht berühren sich die als revolutionär empfundenen Lehren der amerikanischen Neuerer und die Auflockerungstendenzen des klassischen Kollisionsrechts. **132**

Der Anwendungswille und spezifische Zweck der Sachnormen sind im übrigen auch dann noch zu beachten, wenn die kollisionsrechtliche Entscheidung getroffen ist. Sachnormen sind regelmäßig auf *reine Binnensachverhalte* zugeschnitten. Somit bedarf es stets der Prüfung, ob sie auch für den zu beurteilenden Auslandssachverhalt passen und ihm gerecht zu werden vermögen. NORTH/FAWCETT weisen etwa darauf hin, daß Vorschriften des Belegenheitsstaates über die Pflicht zur Registrierung eines hire-purchase agreement sich möglicherweise nur gegen solche Vereinbarungen richten, die im Inland getroffen worden sind (NORTH/FAWCETT, Private International Law¹² 803 f). Aber selbst wenn eine solche Einschränkung nicht erweislich sei, müsse man bei Anerkennung eines im Ausland vereinbarten, aber nicht registrierten hire-purchase möglicherweise danach differenzieren, ob die Sache ohne oder mit Zustimmung des Eigentümers ins Inland verbracht worden ist. Wenn andererseits etwa bei Versteigerung einer Sache im Ausland ausnahmsweise deutsches Sachrecht zur Anwendung kommt – vielleicht kraft Rückverweisung, weil die Sache in Deutschland gestohlen worden ist – wird man bei Anwendung des § 935 **133**

Abs 2 BGB zu prüfen haben, ob nicht die darin vorgesehene Begünstigung des Gutglaubenserwerbs sinngemäß voraussetzt, daß eine deutsche Amtsperson die Versteigerung gemäß § 383 Abs 3 BGB durchführt. Es mag ferner etwa zutreffen, daß die Vorschriften über den Fund nur dann angewandt werden wollen, wenn eine Sache im Inland gefunden worden ist (s dazu unten Rn 269). Meist jedoch geben Sinn und Zweck der materiellen Normen des Sachenrechts nicht mehr her als schon in der Situs-Regel steckt: Die Normen wollen grundsätzlich auf alle Sachen angewandt werden, die sich im Inland befinden.

4. Renvoi

a) Grundregel der Gesamtverweisung

134 Soweit die Normen des internationalen Sachenrechts auf ausländisches Recht verweisen, handelt es sich nach der Grundregel des Art 4 EGBGB um **Gesamtverweisungen**, dh einer Rück- oder Weiterverweisung der als Sachstatut berufenen Rechtsordnung ist im allgemeinen zu folgen. Der Referentenentwurf eines Gesetzes zur Ergänzung des Internationalen Privatrechts (außervertragliche Schuldverhältnisse und Sachen) vom 15. 5. 1984 legte freilich in Art 45 Abs 2 durch Bezugnahme auf Art 35 EGBGB fest, daß der dort in Abs 1 bestimmte Ausschluß des renvoi auch für den Bereich des internationalen Sachenrechts gelten soll (s Vorschläge und Gutachten zur Reform des deutschen internationalen Sachen- und Immaterialgüterrechts, vorgelegt von HENRICH [1991] 171 f). Der überarbeitete RefE vom 1. 2. 1993 (oben Rn 19) verzichtet jedoch – entsprechend den Empfehlungen des Deutschen Rates für IPR (s Vorschläge und Gutachten 10 f) – auf eine derartige Erweiterung jener schuldvertraglichen Ausnahmeregel, so daß die *Grundregel der Gesamtverweisung (Art 4)* im internationalen Sachenrecht anwendbar bleibt (vgl S 32 der Begründung des RefE vom 1. 2. 1993: „Der Entwurf geht davon aus, daß Fragen des renvoi durch Artikel 4 EGBGB angemessen gelöst werden").

135 Dieser Standpunkt entspricht der bisherigen Rechtsprechung, soweit die Frage überhaupt auftaucht, und der fast einhelligen Meinung des **Schrifttums***. Wegen der weiten Verbreitung der Situs-Regel kommt eine Rück- oder Weiterverweisung der als Sachstatut berufenen Rechtsordnung freilich nur selten vor. Denkbar ist eine Diskrepanz

---

* RG 8. 12. 1910 (VII 208/09, zitiert nach LEWALD, IPR [1931] 172); LG Kiel IPRspr 1958–59 Nr 54; LG Frankfurt IPRspr 1958–59 Nr 109 = AWD 1958, 190; BGH 26. 9. 1989, BGHZ 108, 353, 357 = NJW 1990, 242, 243; KG NJW 1988, 341, 342.

vBAR I 532 und II 545 f; WERNER BAUER, Renvoi im internationalen Schuld- und Sachenrecht (Diss Freiburg 1984) 261–265; FERID 7–34; ERMAN/HOHLOCH Anh nach Art 38 Rn 6; KROPHOLLER 159, 462; MünchKomm/KREUZER Rn 20 und 21; PALANDT/HELDRICH Anh II zu Art 38 Rn 1; RAAPE/STURM I 166; SOERGEL/KEGEL Vor Art 7 Rn 583; STAUDINGER/GRAUE[12] Art 27 aF Rn 61; STAUDINGER/HAUSMANN

(1996) Art 4 EGBGB Rn 308, 309; **aA** LEWALD aaO aufgrund seiner Auffassung, daß Art 27 EGBGB aF nur den Widerstreit von Staatsangehörigkeits- und Domizilprinzip zu mildern bestimmt ist.

Zum ausländischen Schrifttum vgl BATIFFOL/LAGARDE, Droit international privé[8] I 507; CHESTERMAN, Choice of Law Aspects of Liens and Similar Claims in International Sale of Goods, IntCompLQ 22 (1973) 213, 220 N 40; DICEY/MORRIS, The Conflict of Laws[12] I 80 f; KAHN-FREUND, General Problems of Private International Law (Leyden 1976) 290; LALIVE 116–120; NORTH/FAWCETT, Private International Law[12] 803 f, unter Hinweis auf Winkworth v

der internationalsachenrechtlichen Anknüpfungsregeln vor allem bei Mobilien, etwa wenn das von der lex fori berufene Recht des Lageortes auf die lex domicilii oder die lex patriae verweist (vgl IPG 1967–68 Nr 16; IPG 1977 Nr 22; STAUDINGER/GRAUE[12] Art 27 aF Rn 61 Nr 2). Oder es mag das Belegenheitsrecht auf das Recht des Vertrages verweisen, das der dinglichen Rechtsänderung zugrunde liegt (so früher § 13 des RAnwG [DDR]; vgl jetzt auch Art 51 Abs 2 des ital IPRG von 1995, s oben Rn 43; es kann auch geschehen bei Vereinbarung eines Eigentumsvorbehalts, s STAUDINGER/GRAUE[12] aaO). Schließlich kann es zu Rück- oder Weiterverweisungen kommen, wenn die Situs-Regel aufgelockert wird, etwa bei Sachen ohne festen Lageort, das hiernach berufene Sachstatut aber an der Situs-Regel festhält oder sie auf andere Weise modifiziert. Für die grundsätzliche Beachtung eines renvoi in allen in Betracht kommenden Fällen spricht einmal die schon mit der Situs-Regel verbundene Erwägung, daß sich gegen den Geltungswillen der lex rei sitae sachenrechtliche Entscheidungen meist nicht durchsetzen lassen. Außerdem hat der Gesichtspunkt der internationalen Entscheidungsharmonie im internationalen Sachenrecht besonderes Gewicht, weil „hinkende" Sachenrechtsverhältnisse wegen der beteiligten Drittinteressen besonders mißlich sind (BAUER 276; SCHWIND, „Hinkendes Eigentum" im österreichisch-deutschen Rechtsverkehr – Ein juristischer Alptraum, in: FS Kegel II [1987] 599–604, der hierbei freilich nicht den renvoi, sondern den bei Statutenwechsel möglichen Fall „hinkenden" Sicherungseigentums im Auge hat).

b)   Ausnahmen

Für einen renvoi des als Sachstatut gewählten Rechts ist nach Art 4 Abs 2 EGBGB **136** freilich kein Raum, soweit die lex fori oder das von ihre berufene Sachstatut eine solche Rechtswahl gestatten (BAUER 265, 278; MünchKomm/KREUZER Rn 21). Jene Vorschrift stützt sich auf den hypothetischen Willen der Parteien, die bei einer Rechtswahl in aller Regel eben nur die Sachnormen der gewünschten Rechtsordnung im Auge haben. Hingegen bleibt es bei der Grundregel des Art 4, wenn das Sachstatut an das Schuldstatut einer Forderung angebunden ist, mag auch das Schuldstatut von den Parteien gewählt und dadurch mittelbar von ihnen auch das Sachstatut bestimmt werden. Ein renvoi des Sachstatuts ist hier zu beachten. Eine solche Fallgestaltung kann vor allem dann eintreten, wenn ein Schiffsgläubigerrecht dem Statut der gesicherten Forderung unterstellt wird, wie das die in Deutschland hL (s unten Rn 389) in Übereinstimmung mit Art 45 Abs 2 des RefE vom 1. 12. 1993 (oben Rn 19) annimmt (vgl auch BAUER 280).

Ein renvoi ist im übrigen nach Art 4 Abs 1 EGBGB unbeachtlich, wenn seine Befol- **137** gung dem *Sinn der kollisionsrechtlichen Verweisung* widerspricht. Insbesondere darf die mit einer alternativen Anknüpfung bezweckte Begünstigung einer Partei nicht dadurch durchkreuzt werden, daß diese durch einen renvoi unter den berufenen Rechtsordnungen auf eine von ihnen festgelegt wird. Nach Art 44 des RefE vom 1. 12. 1993 (oben Rn 19) gilt für sachenrechtliche Ansprüche wegen Grundstücksimmissionen die deliktsrechtliche Regel des Art 40 Abs 1 entsprechend, dh es ist in erster Linie das Recht des „störenden Grundstücks" anzuwenden, auf Verlangen des Betroffenen aber das Recht des „gestörten Grundstücks". Hiernach ist eine Verweisung des Rechts des Staates, von dem die Störung ausgeht, auf das Recht des

---

Christie, Manson and Woods Ltd (1980) Ch 496, wo J. SLADE meint, eine etwaige Rückverweisung der italienischen lex situs auf das engli-sche Recht wäre zu beachten gewesen; ZAPHIRIOU 77.

„gestörten Grundstücks" unbeachtlich, weil sonst das Wahlrecht des Verletzten gegenstandslos wäre. Wählt hingegen der Verletzte das Recht des Erfolgsortes, so ist eine Rück- oder Weiterverweisung schon nach Art 4 Abs 2 nicht zu berücksichtigen. Im übrigen wird man annehmen müssen, daß eine aufgelockerte Anknüpfung nach Maßgabe der Umstände des Falles – etwa im Hinblick auf eine „wesentlich engere Verbindung zu einer anderen Rechtsordnung" als dem Recht des Lageortes, wie es Art 43 Abs 4 RefE vom 1. 12. 1993 vorsieht – ihrem Sinne nach renvoi-feindlich ist. Eine Rechtsordnung, die individuelle Anknüpfungsgerechtigkeit gelten läßt, möchte die einmal getroffene Entscheidung über das anwendbare Recht nicht wieder, in einer 2. Phase der Anknüpfung, aus der Hand geben (ERMAN/HOHLOCH Art 4 Rn 18; PALANDT/HELDRICH Art 4 Rn 8; ebenso auch BATIFFOL/LAGARDE, Droit international privé[8] I 507, der die Einschränkung des renvoi in Art 4 Abs 1 EGBGB nach dem Sinn der Verweisung als „heureusement exprimé" bezeichnet; aA jedoch etwa vBAR I 532 f; KARTZKE, Renvoi und Sinn der Verweisung, IPRax 1988, 8, 9 f; KROPHOLLER 153; MünchKomm/SONNENBERGER[2] Art 4 Rn 22). Indessen kann Anknüpfungsgerechtigkeit im Einzelfall nicht ohne Berücksichtigung des Anwendungswillens der kollidierenden Sachnormen gefunden werden. Der sich im Kollisionsrecht ausdrückende Anwendungswille ausländischen Rechts erlangt somit schon in der „ersten" Phase einer aufgelockerten Anknüpfung mittelbaren Einfluß auf die kollisionsrechtliche Entscheidung.

5. Ordre public

138 Die Anwendung eines ausländischen Sachstatuts steht unter dem allgemeinen Vorbehalt des Art 6 EGBGB (ERMAN/HOHLOCH Anh nach Art 38 Rn 7; MünchKomm/KREUZER Rn 22; SOERGEL/KEGEL Vor Art 7 Rn 584). Bisweilen wird vorschnell der ordre public angerufen, obwohl es nur um die folgerichtige Anwendung des kollisionsrechtlich berufenen Sachstatuts geht. So neigen die Rspr und ein Teil der Lehre dazu, im Falle des Statutenwechsels die Anerkennung oder Ablehnung der unter einem früheren Belegenheitsrecht begründeten Sachenrechte durch das später berufene Belegenheitsrecht als eine Frage des ordre public zu behandeln (vgl etwa BGHZ 39, 173, 176 f; BGHZ 45, 95, 97; schweizBGE 94 II 297, 303–305; LG Innsbruck ZfRvgl 1973, 49, 51 mit Anm MARTINY; LEWALD 185; MünchKomm/KREUZER Rn 63). Die Lösung folgt hier aber schon aus der Herrschaft des neuen Sachstatuts über einen Auslandssachverhalt. Die beim Statutenwechsel bestehenden Sachenrechte können nur nach Maßgabe des neuen Sachstatuts geltend gemacht werden (vgl unten Rn 355). Auch dritte Staaten haben das anzuerkennen, soweit sie der Situs-Regel folgen: Es handelt sich hier nicht etwa um die Anwendung eines ausländischen ordre public (RAAPE 587 f; MARTINY ZfRvgl 1973, 56 f).

II. Allgemeiner Anwendungsbereich des Sachstatuts

1. Internationale und innerdeutsche Rechtskollisionen

139 Die dargestellten Regeln des deutschen internationalen Sachenrechts gelten nicht nur für *internationale Rechtskollisionen*, sondern entsprechend auch für *innerdeutsche Rechtskollisionen* im Verhältnis der Bundesrepublik zur ehemaligen DDR in der Zeit der deutschen Rechtsspaltung bis zur deutschen Einigung am 3. 10. 1990 (s oben Rn 11; BGH NJW 1989, 1352 = IPRspr 1988 Nr 58; KG NJW 1988, 241; ERMAN/HOHLOCH Rn 9; KEGEL 495; MünchKomm/KREUZER Rn 19; PALANDT/HELDRICH Anh II zu Art 38 Rn 4).

Auch nach dem 3. 10. 1990 kann in „Altfällen" (vgl Art 236 § 1 EGBGB) die kollisionsrechtliche Entscheidung zu treffen sein, ob das Recht der alten Bundesländer oder der ehemaligen DDR anzuwenden ist. Hierbei sind – vorbehaltlich des Vertrauensgrundsatzes – die in den alten Bundesländern entwickelten Regeln des innerdeutschen Kollisionsrechts maßgebend, die grundsätzlich dem internationalen Privatrecht der Bundesrepublik entsprechen (s oben Rn 12–15). Soweit hiernach auf das Sachenrecht der ehemaligen DDR verwiesen wird, sind die Überleitungsregeln der Art 233 §§ 1-7 EGBGB zu beachten (oben Rn 16 und 17). Das deutsche internationale Privatrecht gilt im übrigen sinngemäß auch für interlokale Rechtskollisionen in Deutschland, wie sie im Bereich der landesrechtlichen Vorbehalte (vgl Art 64–69, 73–74 EGBGB) denkbar sind.

2.   Anknüpfungsgegenstand

a)   Rechtswirkungen sachenrechtlicher Tatbestände

Das von der lex fori berufene Sachstatut entscheidet über die Rechtswirkungen **140** sachenrechtlicher Tatbestände. Hiernach ist es zunächst Sache der verweisenden lex fori, darüber zu befinden, was ein sachenrechtlicher Tatbestand ist. Sachenrechtliche Wirkungen können aber nur eintreten, wenn das Sachstatut – regelmäßig also die lex rei sitae – sie vorsieht. Nur in diesem Sinne ist es richtig, daß nach einer verbreiteten Lehre das Sachstatut dafür maßgebend sei, was als „*sachenrechtlich*" zu gelten hat und was nicht (LG München IPRspr 1956–57 Nr 97 = WM 1957, 1378; Frankenstein II 32; Gutzwiller 1593; Rabel, Conflict of Laws IV 49 N 35; IPG 1973 Nr 17). Die *Qualifikation* ist, wie auch sonst, *Sache der lex fori*; den *Qualifikationsgegenstand* liefert indes das *berufene Sachstatut* (Raape 589; MünchKomm/Kreuzer Rn 16). Sofern dieses mit gewissen Tatbeständen Rechtswirkungen „gegen jedermann" verbindet, sind sie nach deutschem IPR als „sachenrechtlich" zu qualifizieren, gleichviel, wie das Sachstatut die in Betracht kommenden Rechtssätze systematisch einordnet und etikettiert. Deshalb ist nach deutschem Recht etwa ein „lien" des englischen Rechts (vgl LG München aaO) als sachenrechtlich zu bewerten, ebenso ein Zurückbehaltungsrecht mit Drittwirkung (dazu unten Rn 279), ferner etwa ein sog „Lösungsrecht" des gutgläubigen Erwerbers einer beweglichen Sache (dazu unten Rn 307). Die Situs-Regel ist nicht an die systematischen Vorgaben des deutschen materiellen Rechts gebunden: Sie erfaßt vielmehr alle Tatbestände, die nach den Vorschriften des Sachstatuts typische „Drittwirkungen" haben und in diesem Sinne sachenrechtlich sind. Man mag im Hinblick hierauf von „autonomer funktionaler Qualifikation" durch das IPR sprechen (MünchKomm aaO).

Es liegt im Wesen der sachenrechtlichen Tatbestände, daß sie eine Sache *speziell, dh* **141** *in ihrer Vereinzelung* ergreifen. Allein hierum geht es bei der Bestimmung des Sachstatuts (Lewald 173; vBar, IPR I 466). Nicht in Betracht kommen Rechtswirkungen, die eine Sache kraft ihrer Zugehörigkeit zu einem Vermögen erfassen. Solche Rechtswirkungen bemessen sich nach dem Vermögensstatut, dh derjenigen Rechtsordnung, welche berufenermaßen gewisse vermögenswerte Gegenstände zu einem Vermögen zusammenfaßt und dieses gewissen einheitlichen Regeln unterwirft. Diese Regeln sehen vielfach eine dingliche Rechtsgestaltung vor, beschränken etwa den Vermögensinhaber mit dinglicher Wirkung in seinem Recht zur Verfügung über die einzelnen, zu dem Vermögen gehörenden Gegenstände. Die Rechtskonflikte, die sich aus einer solchen Überlagerung des Sachstatuts durch ein Vermögens- oder Gesamtstatut ergeben, bedürfen gesonderter Betrachtung (s unten Rn 181–195).

142 Die sachenrechtlichen Tatbestände, deren Wirkungen dem Sachstatut zu entnehmen sind, betreffen in erster Linie die zulässigen Typen dinglicher Rechte, deren Inhalt, Ausübung und Schutz, die unmittelbar kraft Gesetzes eintretenden Änderungen der dinglichen Rechtslage, etwa infolge Verarbeitung, Vermischung und Verbindung, sowie schließlich die rechtsgeschäftliche Änderung der dinglichen Rechtsverhältnisse an Sachen, insbesondere die Voraussetzungen und Wirkungen einer dinglichen Verfügung. Diese typischen Tatbestände sind zunächst zusammenfassend zu charakterisieren, ohne daß dabei zwischen beweglichen und unbeweglichen Sachen unterschieden wird. Die für Liegenschaften und Fahrnis jeweils geltenden Besonderheiten sind später in gesonderten Hauptabschnitten zu behandeln. Bevor indes auf jene Tatbestände eingegangen wird, muß der Sachbegriff in seiner Abgrenzung geklärt werden; denn sachenrechtliche Tatbestände sind nur solche, die eine Sache im Rechtssinne betreffen.

b) Abgrenzung des Sachbegriffs; Sachbestandteile und Zubehör

143 Das internationale Sachenrecht hat es nach deutscher Auffassung nur mit **Rechten an körperlichen Gegenständen** und der darüber herrschenden Rechtsordnung zu tun. Doch ist dem insoweit berufenen Sachstatut zu entnehmen, welche körperlichen Gegenstände sachenrechtsfähig sind und wie das Objekt solcher Rechte abzugrenzen ist. Namentlich bestimmt das Sachstatut, was *Sachbestandteil* ist und ob Sachbestandteile Gegenstand besonderer Rechte sein können (LG München IPRspr 1956–57 Nr 97 = WM 1957, 1378; vgl auch die kanadische Entscheidung Dominion Bridge Co v British-American Nickel Corporation Ltd [1925] 2 DLR 138 [Ontario Supreme Ct 1924]; ERMAN/HOHLOCH Anh nach Art 38 Rn 13; FRANKENSTEIN II 10 f; MünchKomm/KREUZER Rn 24; SOERGEL/KEGEL Vor Art 7 Rn 561; ZITELMANN II 130 ff). Zur Maßgeblichkeit des Sachstatuts für die Verkehrsfähigkeit beweglicher Sachen s unten Rn 295.

144 Soweit das eine bewegliche oder unbewegliche Sache beherrschende Sachstatut für **Zubehör** der Sache gewisse sachenrechtliche Wirkungen vorschreibt, entscheidet es selbst, was hierbei unter Zubehör zu verstehen ist (ERMAN/HOHLOCH Rn 13; FRANKENSTEIN II 11; MünchKomm/KREUZER Rn 24; WOLFF 172). Grundsätzlich treten die vorgeschriebenen Wirkungen ohne Rücksicht darauf ein, wo die Zubehörstücke belegen sind. Indessen hat ein ausländischer Staat, auf dessen Gebiet sich ein Zubehörstück befindet, in bezug auf dieses ein „Veto-Recht", dh die Rechtsordnung dieses Staates kann einer ihr fremden Rechtswirkung, insbesondere der Begründung oder dem Fortbestand eines dinglichen Rechts an dem Zubehörstück, widersprechen und damit die Rechtswirkung verhindern. Im Zweifel erfolgt auch ein solcher Widerspruch, wenn nach der Rechtsordnung jenes Staates die fragliche Sache nicht Zubehör oder mit Entfernung aus dem Bereich der Hauptsache haftungsfrei geworden ist (s unten Rn 244, 361)*. Der Fortbestand der an dem Zubehörstück bestehenden

---

* Vgl auch den berühmten Fall der von einer alten, profanierten Kirche in den Pyrenäen abgelösten und in die Schweiz veräußerten Fresken von Casenoves: Der französische Kassationshof (ass plén 15. 4. 1988, DS 1988, 325, note MAURY) erkannte an, daß die Fresken keine „immeubles par destination" iS des Art 524 cc, sondern vielmehr mit ihrer Ablösung bewegliche Sachen geworden seien. Die Entscheidung beruht freilich auf einer Auslegung des

dinglichen Rechtsverhältnisse (etwa der Belastung mit einem Grundpfandrecht) sollte indes nicht in Frage gestellt werden, wenn das Zubehörstück nur vorübergehend ein anderes Rechtsgebiet passiert (s unten Rn 258, 361; für die ausschließliche Anwendung der Rechtsordnung, in deren Geltungsbereich sich das Zubehörstück befindet, allerdings FRANKENSTEIN II 11; NIBOYET, Les conflits de lois rélatifs aux immeubles situés aux frontières des états [frontières internationales et interprovinciales], Rev dr int lég comp 1933, 468, 478; WOLFF 180; ZITELMANN II 303). Soweit freilich in eine bewegliche Sache vollstreckt wird, die nach dem Recht der im Ausland belegenen Hauptsache Zubehörstück ist und deshalb nicht getrennt verwertet werden darf (vgl § 865 Abs 2 ZPO), so ist das unbeachtlich, sofern das Recht des Vollstreckungsortes einen anderen Standpunkt einnimmt und die isolierte Mobiliarvollstreckung zuläßt. Die lex fori, die hier zugleich Lagerecht des Zubehörstückes ist, setzt sich in jedem Falle durch (BayObLG SeuffA 38 Nr 161; OLG Karlsruhe PucheltsZ 25, 46; RABEL, Conflict of Laws IV 76 f).

c) Qualifikation der Sachen als beweglich und unbeweglich

Die Unterscheidung zwischen beweglichen und unbeweglichen Sachen ist grundsätz- **145** lich nach den Normen zu beurteilen, die diese Unterscheidung machen (SOERGEL/ KEGEL[11], Vor Art 7 Rn 562). Soweit also das berufene Sachstatut materiellrechtlich in dieser Weise differenziert, ist es auch zur näheren Abgrenzung berufen (IPG 1970 Nr 5 [Hamburg]). Entsprechendes gilt, wenn etwa das Schuldstatut, das Ehegüterrechts- oder das Erbstatut besondere materielle Vorschriften für bewegliche oder für unbewegliche Sachen aufstellen. Wenn freilich eine Sache außerhalb des räumlichen Geltungsbereichs des berufenen Wirkungsstatuts liegt, ist nach dem Sinn der fraglichen Sachnormen zu prüfen, ob sie auch für ausländische, vom Belegenheitsrecht gegenteilig qualifizierte Objekte Geltung beanspruchen. Das mag vielfach zu verneinen sein, so daß sich insoweit der *Standpunkt des Belegenheitsrechts* durchsetzt*. Indessen handelt es sich dabei um ein materiellrechtliches Auslegungsproblem in bezug auf einen *„Auslandssachverhalt"*, nicht um eine kollisionsrechtliche Frage. Für die Zwecke der Zwangsvollstreckung ist stets nach der lex fori zu beurteilen, ob die Sache, in die vollstreckt wird, beweglich oder unbeweglich ist (RG JW 1899, 325: Ewer gilt in Holstein, dem Pfändungsort, als bewegliche Sache, obwohl er nach dem in Hannover – dem Domizil des Eigentümers – geltenden Recht als unbewegliche Sache anzusehen ist; vgl auch OLG Karlsruhe PucheltsZ 25 [1894] 46).

Das internationale Privatrecht ist für die Abgrenzung von Mobilien und Immobilien **146** zuständig, soweit die Unterscheidung kollisionsrechtlich relevant ist (FRANKENSTEIN, IPR II 10–13, 38; LEWALD, IPR 175 f; MünchKomm/KREUZER Rn 16; SOERGEL/KEGEL Vor Art 7, Rn 562; WOLFF 170 f). Das deutsche IPR unterstellt indes bewegliche und unbewegliche Sachen meist denselben Regeln. Nur vereinzelt wird bei „Grundstücken" gesondert

---

französischen Rechts. Sie hätte aber mit Rücksicht auf das schweizerische Recht nicht anders ausfallen dürfen, wenn etwa das französische Recht auch nach Abtrennung der Fresken auf deren Immobilisation beharrt hätte; s dazu auch REICHELT, Kulturgüterschutz und internationales Verfahrensrecht, IPRax 1989, 254 f.

* Es geht aber zu weit, den allgemeinen Satz aufzustellen, für die Qualifizierung einer Sache als beweglich oder unbeweglich sei schlechthin die lex rei sitae maßgebend; so aber etwa Art 112 des Código Bustamante; Art 10 des liechtensteinischen ZGB, Sachenrecht vom 31. 12. 1922; LALIVE, The Transfer of Chattels, 14–24; RABEL, Conflict of Laws IV 14–29; WOLFF, Internationales Privatrecht VI: Internationales Sachenrecht, RvglHWB IV (1933) 390 f; ZAPHIRIOU, The Transfer of Chattels 3.

angeknüpft, so in Art 11 Abs 4 und Art 12 S 2 EGBGB. Hierbei wird auf den *Geltungsanspruch des Belegenheitsrechts* Rücksicht genommen, so daß es angemessen ist, auch ihm die Qualifikation zu überlassen (ERMAN/HOHLOCH Art 11 Rn 32 und Art 12 Rn 16; MünchKomm/SPELLENBERG[2] Art 11 Rn 88, und Art 12 Rn 66). Nicht identisch mit der gelegentlichen Sonderbehandlung von Mobilien oder Immobilien im IPR ist die kollisionsrechtliche Trennung von *beweglichem* und *unbeweglichem Vermögen*, die im deutschen materiellen Recht kein Gegenstück hat. Auch das deutsche IPR verwendet nunmehr in Art 15 Abs 2 Nr 2 und Art 25 Abs 2 EGBGB den Begriff des unbeweglichen Vermögens. Insoweit wird ein Sondervermögen anerkannt und seinem eigenen Statut unterworfen. Dem Zweck der Vermögensspaltung dürfte es entsprechen, das Sondervermögen in enger, formaler Auslegung der Verweisungsnormen auf Grundstücke und Grundstücksrechte zu beschränken. Hierauf ist aber hier nicht näher einzugehen (s hierzu vBAR, IPR II 149 f und 264 f; ERMAN/HOHLOCH Art 15 Rn 28 und Art 25 Rn 18; MünchKomm/KREUZER Rn 16, MünchKomm/SIEHR[2] Art 15 Rn 27–29, und MünchKomm/BIRK[2] Art 25 Rn 60–65 mit Nachweisen). Im übrigen kommt es häufig vor, daß das ausländische IPR für bewegliches und unbewegliches Vermögen unterschiedliche Anknüpfungen vorsieht. Das kann für die Annahme einer Rück- oder Weiterverweisung des berufenen ausländischen Rechts von Bedeutung sein, so vor allem dann, wenn das ausländische Kindschafts-, Ehegüterrechts- oder Erbstatut bezüglich des unbeweglichen Vermögens auf das Belegenheitsrecht verweist. Der *Begriff des unbeweglichen Vermögens* ist hier nach den Rechtsvorstellungen der verweisenden Rechtsordnung näher zu bestimmen, sofern diese nicht – wie es häufig geschieht – die Qualifikation dem Belegenheitsrecht überläßt (vgl BGHZ 24, 352=IPRspr 1956–57 Nr 416; vBAR, IPR II 143 f, 261 f; KEGEL 293–295, 759; KROPHOLLER 105 f; Rn 16; SOERGEL/KEGEL Vor Art 7 Rn 75, 562; STAUDINGER/GRAUE[12] Art 27 aF, Rn 140, 143; zum südafrikanischen Recht FORSYTH/BENNETT, Private International Law [Capetown et al 1981] 288 f).

d) Zulässige Typen dinglicher Rechte

147 Das Sachstatut bestimmt, ob und welche dinglichen Rechte an einer Sache kraft Gesetzes entstehen oder durch Rechtsgeschäft bestellt werden können (vBAR, IPR II 561 f; ERMAN/HOHLOCH Rn 13, 14; KEGEL 571 f; MünchKomm/KREUZER Rn 26, 27; PALANDT/HELDRICH Art 38 Anh II Rn 5; RABEL, Conflict of Laws IV 49; SOERGEL/KEGEL Vor Art 7 Rn 557). Beispielsweise kann der englische Gläubiger der auf einem deutschen Grundstück lastenden Hypothek keinen *„receiver"* nach Maßgabe des englischen Rechts bestellen, denn der receiver hat in gewissen Grenzen dingliche Verfügungsmacht; im deutschen Recht fehlt diese Rechtsfigur (OLG Hamburg IPRspr 1933 Nr 29 = HansRGZ 1933 B 23 Nr 10). Dem Sachstatut ist auch zu entnehmen, welche Personen zum Rechtserwerb zugelassen sind. So kann etwa das Sachstatut vorschreiben, daß Grundstücke oder gewisse Rechte an Grundstücken nur von natürlichen Personen erworben werden können (vgl unten Rn 221).

148 Den dinglichen Rechten steht der **Besitz** gleich. Nach dem Sachstatut richtet sich also, welche Formen des Besitzes möglich sind, das Selbsthilferecht des Besitzers sowie die Art und Weise, in der Besitz erworben und übertragen wird (LG München IPRspr 1962–63 Nr 88 = WM 1963, 1355; FRANKENSTEIN II 81 f; KEGEL 572; MünchKomm/KREUZER Rn 33; SOERGEL/KEGEL Vor Art 7 Rn 556; WOLFF 177; ders PrIntLaw 531 f). Die Art und Weise, in welcher der Besitz gerichtlich verfolgt werden kann, insbesondere die Besitzschutzansprüche, richten sich dagegen nach der lex fori; das ist freilich nur bedeutsam bei Rechtsverfolgung außerhalb des Belegenheitsstaates (vgl dazu unten Rn 155). Nach dem Sachstatut ist zu entscheiden, ob eine juristische Person als solche besitzen kann und ob ein gestufter Besitz (unmittelbarer und mittelbarer Besitz) möglich ist. Der den mittelbaren Besitz vermittelnde Herausgabeanspruch folgt hingegen seinem eigenen Statut. Entsprechendes gilt auch für das Verhältnis, das Voraussetzung der Besitzdienerschaft ist (FRANKENSTEIN II 81; MünchKomm/KREUZER Rn 33; SOERGEL/KEGEL Vor Art 7 Rn 558; WOLFF aaO). Auch die Frage, ob der Besitz beim Tode des Besitzers ohne weiteren Übertragungsakt auf den Erben übergeht (vgl § 857 BGB), betrifft richtiger Ansicht nach die Ausgestaltung des Besitzschutzes und ist deshalb nach dem Sachstatut zu beantworten, nicht nach dem Erbstatut; dieses bestimmt freilich, wer Erbe ist (s dazu näher unten Rn 192).

e) Inhalt und Ausübung der dinglichen Rechte

Das *Sachstatut* gibt Maß für den Inhalt der dinglichen Rechte. Nach dem Sachstatut **149** richtet sich, ob und in welcher Weise ein dingliches Recht übertragen werden kann und ob etwa ein dingliches Recht akzessorisch ist, dh bei der Entstehung, dem Übergang und dem Untergang von einem anderen Recht – etwa einer Forderung, die ihrem eigenen Recht untersteht – notwendig abhängt[*]. Aus dem Inhalt eines dinglichen Rechts folgt sein Schutzbereich. Deshalb bestimmt das Sachstatut, welche Einwirkungen auf die Sache der Inhaber des dinglichen Rechts zu dulden hat und welche Einwirkungen abgewehrt werden können (RG 18. 6. 1887, in: BOLZE [Hrsg], Die Praxis des Reichsgerichts in Zivilsachen V Nr 23 und 24; vgl auch SOERGEL/KEGEL, Vor Art 7 Rn 553–555, der von „dinglichen Pflichten" spricht). Auch der Zuweisungsgehalt eines dinglichen Rechts, etwa des Eigentums, ist nur ein Aspekt des Rechtsinhaltes, gleichviel, ob die Zuweisung dinglich oder schuldrechtlich erfolgt. Deshalb entscheidet das Sachstatut auch darüber, ob und in welchem Umfang dem Inhaber eines dinglichen Rechts kraft seines Rechts die Nutzungen der Sache dinglich zufallen oder von ihm beansprucht werden können und was hierbei als „Nutzungen" anzusehen ist (BATIFFOL/LAGARDE, Droit international privé[7] II 175).

Das Sachstatut ist ferner maßgebend dafür, ob dem Rechtsinhaber ein *„Eingriffser-* **150** *werb"* (vgl Art 925 Abs 4 und Art 1043 Abs 2 des liechtensteinischen PGR von 1926) zugewiesen ist, den ein anderer durch widerrechtlichen Eingriff in ein dingliches Recht erzielt, sei es durch dessen unbefugte Nutzung, sei es durch unbefugte Verfügung über das Recht. Dabei bleibt gleich, ob die Zuweisung durch dingliche Surrogation erfolgt oder im Rahmen eines gesetzlichen Schuldverhältnisses, wie etwa im deutschen Recht aufgrund der Lehre von der *Eingriffskondiktion* (vgl § 812 Abs 1 S 1: Bereicherung „in sonstiger Weise", §§ 816, 951 BGB). Rechtsähnlich ist auch der Fall, daß in Deutschland der Besitzer einer im Ausland gestohlenen Sache nach § 283 BGB auf Schadensersatz in Anspruch genommen wird, weil er zur Herausgabe außerstande ist (LG Hamburg IPRspr 1977 Nr 48).

---

[*] RGZ 18, 39, 45; RG IPRspr 1930 Nr 88 = HRR 1930 Nr 2066 = SeuffA 85 Nr 18; BGHZ 1, 109, 113 = IPRspr 1950–51 Nr 59 = NJW 1951, 400, 401; LG München IPRspr 1956–57 Nr 97 = WM 1957, 1378; OLG Hamburg IPRspr 1964–65 Nr 73 = RabelsZ 1968, 535; LG Hamburg IPRspr 1977 Nr 48; schweizBG BGE 74 II 224, 228; 75 II 122, 129; vBAR, IPR II 561 f; BATIFFOL/LAGARDE, Droit international privé[7] II 174–184; ERMAN/HOHLOCH Rn 14, 15; KEGEL 571 f; MünchKomm/KREUZER Rn 30; SOERGEL/KEGEL Vor Art 7 Rn 557.

Die bereicherungsrechtliche Verpflichtung zur Herausgabe des durch Eingriff in ein dingliches Recht Erlangten untersteht somit nach deutschem IPR dem *Sachstatut*, regelmäßig also der lex rei sitae. Wer zB das Eigentum an einer in Deutschland belegenen Sache durch Verarbeitung, Vermischung oder Verbindung oder durch Verfügung eines Nichtberechtigten nach Maßgabe des deutschen Sachenrechts verliert, kann von demjenigen, der einen dinglichen Rechtserwerb erzielt hat, nach deutschem Recht einen Bereicherungsausgleich fordern. Hierüber besteht im Ergebnis auch weithin Einigkeit*. Der Ausgangspunkt ist allerdings verschieden und kontrovers. Die wohl hL wendet auf Ansprüche wegen Bereicherung durch Eingriff in einen fremden Gegenstand generell das Recht des Staates an, in dem der Eingriff geschehen ist (so Art 38 Abs 2 des Referentenentwurfs vom 1. 12. 1993 [oben Rn 19] im Anschluß an die Vorschläge des Deutschen Rates für IPR, Art 1 Abs 2, und das Gutachten SCHLECHTRIEM, in: Vorschläge und Gutachten zur Reform des deutschen internationalen Privatrechts der außervertraglichen Schuldverhältnisse, vorgelegt von vCAEMMERER [1983] 1, 43 ff; s ferner etwa vBAR, IPR II 536 f; ERMAN/HOHLOCH Vor Art 38 Rn 3; MARTINEK, in: REUTER/MARTINEK, Ungerechtfertigte Bereicherung. Handbuch des Schuldrechts IV [1983] 784 f; MünchKomm/KREUZER Vor Art 38 Rn 24–26). Für diese Auffassung spricht, daß sie die wünschenswerte Parallelität von Delikts- und Bereicherungsstatut regelmäßig gewährleistet. Andererseits trägt sie alle Unsicherheiten, die mit der Bestimmung des Deliktsstatuts verbunden sind – vor allem aufgrund der Ubiquitätslehre –, in das Bereicherungsstatut hinein, was gerade bei sachenrechtlichen Vorgängen unnötig und unangebracht ist. Andere halten die Rechtsordnung, welche den zur Vermögensverschiebung führenden Vorgang beherrscht, auch bereicherungsrechtlich für berufen (EINSELE JZ 1993, 1028 f; FERID 6–203, 1; SOERGEL/KEGEL Vor Art 7 Rn 546; ZWEIGERT SJZ 1947, 247, 252; so auch OLG Hamburg IPRspr 1982 Nr 24). Diese Anknüpfung führt zwar bei verfügenden Eingriffen in dingliche Rechte stets auch zur Herrschaft des Sachstatuts, versagt aber bei tatsächlichen Eingriffen. Es sollte deshalb bei Eingriffen in einen rechtlich geschützten Bereich, in welchem dem Berechtigten durch Rechtsausübung erzielbare Vorteile zugewiesen sind, ohne Rücksicht auf die Rechtsnatur des Eingriffs ein Bereicherungsausgleich nach Maßgabe der Rechtsordnung erfolgen, welche die Zuweisung gewährt, mithin nach Maßgabe des den Gegenstand des Eingriffs beherrschenden Rechts; bei dinglichen Rechten ist dieses das *Sachstatut* (Stellungnahme des MPI Hamburg zum Referentenentwurf vom 15. 5. 1984 [oben Rn 19] S 5–8 [unveröffentlicht]; DEGNER RiW 1983, 825, 829; REITHMANN/MARTINY 263–265).

151 Der *Zuweisungsgehalt eines dinglichen Rechts* ist auch dann ausschlaggebend, wenn die dingliche Rechtsordnung *durch ausländischen Hoheitsakt* in einer für das Sachstatut verbindlichen Weise geändert und dadurch eine Wertverschiebung herbeige-

---

* BGH IPRspr 1960–61 Nr 231 = NJW 1960, 774 = LM Nr 11 zu Art 7 ff EGBGB (Deutsches IPR); BGH IPRspr 1970 Nr 43 = AWD 1971, 40; LG Hamburg IPRspr 1977 Nr 23 = RiW/AWD 1980, 517; IPG 1967–68 Nr 22; EINSELE, Das Kollisionsrecht der ungerechtfertigten Bereicherung, JZ 1993, 1025–1033; HAY, Ungerechtfertigte Bereicherung im IPR = Arbeiten zur Rechtsvergleichung Bd 88 (1978) 44–46; LORENZ, Der Bereicherungsaus- gleich im deutschen internationalen Privatrecht und in rechtsvergleichender Sicht, in: FS Zweigert (1981) 199, 227–230; SCHLECHTRIEM, Bereicherungsansprüche im IPR, in: Vorschläge und Gutachten zur Reform des deutschen internationalen Privatrechts der außervertraglichen Schuldverhältnisse, vorgelegt von vCAEMMERER (1983), 29–79; ZWEIGERT/MÜLLER-GINDULLIS, Quasi-Contracts, IntEncCompL III Ch 30 (1971) 17 f.

führt wird, die nach dem Sachstatut materiell ungerechtfertigt ist. Die Anerkennung des ausländischen Hoheitsaktes bedeutet keineswegs, daß auch die durch ihn herbeigeführte Wertverschiebung hingenommen würde. Vielmehr kann das verdrängte Sachstatut anordnen, daß diese Wertverschiebung schuldrechtlich auszugleichen ist. Wird etwa ein Schiff mit Heimathafen im Staate A im Staate B zwangsversteigert und dann der Erlös an Personen verteilt, die nach dem Recht des Staates A nicht dinglich berechtigt sind oder deren dingliches Recht einen schlechteren Rang hat als ihm nach der Rechtsordnung des Staates A zukommt, so kann diese Rechtsordnung einen Bereicherungsausgleich vorschreiben, soweit einzelne Beteiligte entgegen der sachenrechtlich maßgebenden Rechtsordnung einen Vorteil auf Kosten anderer Beteiligter erlangt haben (BGHZ 35, 165 = IPRspr 1960–61 Nr 53 = NJW 1961, 1672; s auch RG IPRspr 1930 Nr 50 = HRR 1930 Nr 1448; Lorenz, Der Bereicherungsausgleich im deutschen IPR und in rechtsvergleichender Sicht, in: FS Zweigert [1981] 227 f; MünchKomm/Kreuzer Vor Art 38 Rn 28; Reithmann/Martiny 265; Soergel/Kegel Vor Art 7 Rn 546 N 8).

Auch die Art und Weise, in der ein dingliches Recht ausgeübt werden darf, und die **152** Grenzen der Rechtsausübung richten sich nach dem *Sachstatut* (s die Nachw oben Rn 149). *Rechtsvermutungen*, wonach unter gewissen Voraussetzungen von der Existenz oder dem bestimmten Inhalt eines dinglichen Rechts auszugehen ist, erleichtern die *Rechtsausübung*; sie sind als materiellrechtlich zu qualifizieren und folgen deshalb dem Sachstatut, nicht etwa der lex fori*. Die Eigentumsvermutung des § 1006 BGB streitet somit für den Eigenbesitzer einer in Deutschland belegenen beweglichen Sache, und zwar auch dann, wenn der in Betracht kommende Erwerbsvorgang im Ausland stattgefunden hat (BGH NJW 1994, 939, 940; Armbrüster aaO). Die Bestimmung ist auch auf Inhaberaktien an einer ausländischen AG anzuwenden, die sich im Inland befinden. Die Eigentumsvermutung hinsichtlich der Wertpapierurkunde bedeutet hier zugleich Rechtsvermutung hinsichtlich des Aktienrechts; die Akzessorietät zum Wertpapiersachstatut entspricht bei Inhaberpapieren dem Willen des Wertpapierrechtsstatuts, soweit es um den Rechtserwerb geht (s unten Rn 415; BGH aaO; Lorenz NJW 1995, 176–178). Nicht dem Sachstatut, sondern dem Ehewirkungsstatut oder dem Ehegüterrechtsstatut sind hingegen Eigentumsvermutungen zuzuordnen, die im ehelichen Verhältnis als solchem oder in der güterrechtlichen Beziehung der Ehegatten wurzeln (s dazu unten Rn 189).

f) Schutz der Sachenrechte im besonderen

Gewöhnlich werden die *Gerichte des Belegenheitsstaates* angerufen, wenn kraft eines **153** dinglichen Rechts oder Sachbesitzes Rechtsschutz begehrt wird, etwa Herausgabe der Sache verlangt oder auf Beseitigung von Störungen geklagt wird. Maßgebend für den Rechtsschutz ist dann ausschließlich die lex rei sitae; ihr ist insbesondere zu entnehmen, ob und unter welchen Voraussetzungen dem Berechtigten besondere dingliche oder possessorische Ansprüche zur Verwirklichung seines Rechts zur Ver-

---

* BGH IPRspr 1960–61 Nr 231 = LM Nr 11 zu Art 7 ff EGBGB (Deutsches IPR) = NJW 1960, 774; BGH NJW 1994, 939 = LM Nr 62 zu Art 7 ff EGBGB (Deutsches IPR); OLG Hamburg IPRspr 1960–61 Nr 72; OLG Hamburg IPRspr 1964–65 Nr 73 = RabelsZ 1969, 535; OLG Saarbrücken IPRspr 1966–67 Nr 53;

OLG Köln IPRspr 1988 Nr 57 = IPRax 1990, 46, und dazu Armbrüster IPRax 1990, 25–26; OLG Schleswig IPRspr 1989 Nr 77; vBar, IPR II 552; Ferid 7-17; MünchKomm/Kreuzer Rn 31 N 120; Niboyet, Traité IV (s oben Rn 35), 377 f.

fügung stehen. Die lex rei sitae ist grundsätzlich auch dann maßgebend, wenn die störende Einwirkung auf die Sache von einem anderen Staat als dem Belegenheitsstaat ausgeht. Gewisse Besonderheiten gelten allerdings in dem wohl wichtigsten Fall, daß ein Grundstück gegen Immissionen geschützt werden soll, die von einem ausländischen Grundstück ausgehen (s dazu unten Rn 235). Hier ist nämlich zu bedenken, daß auch der Störer sich regelmäßig auf die Ausübung eines dinglichen Rechts oder des Sachbesitzes berufen kann und in diesem Sinne dingliches Recht gegen dingliches Recht steht (ZITELMANN II 314–329; STOLL RabelsZ 1973, 357–377). Erforderlich ist somit die Abgrenzung der konkurrierenden Rechtssphären.

Bei beweglichen Sachen kann es vorkommen, daß die *Störungshandlung*, deren Folgen beseitigt werden sollen, *vor einem Statutenwechsel* in einem anderen Staat vorgenommen worden ist. Es wird etwa dem Vorbehaltskäufer die gekaufte Sache in Belgien widerrechtlich vom Verkäufer weggenommen und dann die Sache nach Deutschland geschafft (vgl den Fall OLG Braunschweig IPRspr 1968–69 Nr 61). Hier hängt es von den nunmehr sachenrechtlich berufenen Normen ab, ob sie auf einen solchen Auslandssachverhalt angewandt werden wollen. Im Zweifel ist es anzunehmen. Nach deutschem Recht etwa ist das fehlerhafte Besitzen (vgl § 858 Abs 2, 861 BGB) – wie jeder einem dinglichen Recht widersprechende Zustand – ein widerrechtlicher Dauerzustand, der solange währt, als der fehlerhafte Besitz fortbesteht. Wo der fehlerhafte Besitz erlangt wurde, bleibt gleich. Die Lehre von den „abgeschlossenen Tatbeständen" (dazu unten Rn 354 ff) paßt nicht für die possessorischen und dinglichen Ansprüche, eben weil diese nicht die Sanktion einer in der Vergangenheit abgeschlossenen Handlung, sondern die Beseitigung von Störungszuständen bezwecken. Deshalb war in dem geschilderten Fall dem Herausgabeverlangen des belgischen Vorbehaltskäufers nach deutschem Besitzrecht stattzugeben (für Anwendung des belgischen Rechts dagegen das OLG Braunschweig aaO unter Berufung darauf, daß die Besitzentziehung in Belgien ein „abgeschlossener Tatbestand" sei).

154 Der dinglich Berechtigte und der Sachbesitzer haben indes ein Interesse daran, auch *außerhalb des Belegenheitsstaates* Rechtsschutz zu suchen, soweit dies zur Durchsetzung des Rechts und zur Abwehr von Störungen notwendig ist (vgl WENGLER, IPR I 481 N 20). Dabei ist einmal an die schon erwähnten Fälle zu denken, daß Grundstücksimmissionen von einem ausländischen Grundstück ausgehen (s dazu unten Rn 231 ff). Aber auch auf eine bewegliche Sache kann vom Ausland her störend eingewirkt werden, so etwa schon dann, wenn der unrechtmäßige Besitzer einer im Inland belegenen Sache im Ausland ansässig ist und von dort her seine Sachherrschaft ausübt. Hier sollte dem dinglich oder besitzrechtlich Berechtigten gestattet werden, auch in dem Staat, in dem der Besitzer ansässig ist, auf Herausgabe zu klagen (so schon SAVIGNY, System III [s oben Rn 127], 187 f, der insoweit die Anwendung der lex fori befürwortet; vgl auch STOLL RabelsZ 1973, 357, 358 f). Ein in diesem Staat ergehendes Herausgabeurteil kann schon deshalb praktisch bedeutsam sein, weil der Besitzer ja jederzeit in der Lage ist, die von ihm beherrschte Sache in den Staat seines Domizils zu verbringen.

155 Bei Verfolgung dinglicher Rechte außerhalb des Belegenheitsstaates setzen sich die *Rechtsschutzformen der lex fori* durch, unbeschadet der Herrschaft des Belegenheitsrechts über Bestand und Inhalt der Rechte. Kein Staat wird es hinnehmen, daß aufgrund eines dinglichen Rechts an einer im Ausland befindlichen Sache im Inland weitergehende Ansprüche erhoben oder weitergehende Befugnisse ausgeübt werden, als wenn sich die Sache im Inland befände. Andererseits gebietet die Anerkennung der nach dem ausländischen Belegenheitsrecht begründeten Sachenrechte, daß der Inhaber eines solchen Rechts bei deren Verfolgung im Inland auch nicht schlechter gestellt wird als der Inhaber eines gleichartigen Rechts an einer im Inland belegenen Sache (WENGLER, IPR I 481 f N 21, 22, spricht insoweit von „zusätzlichem" Schutz der in einem anderen Staat begründeten Monopolrechte). Die Anwendung der lex fori bei Rechtsverfolgung außerhalb des Belegenheitsstaates vermeidet auch die Schwierigkeiten, die sich ergeben, wenn dingliche Rechte im Belegenheits- und im Gerichtsstaat rechtstechnisch jeweils auf verschiedene Weise durchgesetzt und geschützt werden. Der eine Staat mag dingliche oder possessorische Abwehransprüche gewähren, der andere Staat ausschließlich deliktsrechtlichen Schutz oder gar die Rechtsdurchsetzung allein mittels prozessualer Rechtsbehelfe gestatten (s dazu STOLL RabelsZ 1973, 357 ff). Es würden sich, wollte man auch die Rechtsausübung außerhalb des Belegenheitsstaates der lex rei sitae unterstellen, oftmals schwer zu lösende Qualifikations- und Angleichungsprobleme ergeben (zustimmend FERID 7-19; vgl auch BGH JZ 1995, 784 mit Anm STOLL; aA KONDRING, Internationalprivatrechtliche Behandlung der rei vindicatio bei Sachen auf dem Transport, IPRax 1993, 371−376; MünchKomm/KREUZER, Rn 31, möchte die hier vertretene Auffassung nur gelten lassen, wenn „sich die einheitliche Beurteilung von Rechtsinhalt und Rechtsschutz gemäß dem Sachstatut auch nach eventueller Anpassung als unmöglich erweisen sollte").

Die Gewährung von Rechtsschutz *in den Formen der lex fori* ist auch dann angemessen, wenn die im Gerichtsstaat vorgenommene Störungshandlung bezüglich der in einen anderen Staat gelangten Sache *in der Vergangenheit abgeschlossen ist.* Vgl LG München IPRspr 1962−63 Nr 88 = WM 1963, 1355 = CLUNET 1967, 437: Eine Schweizer Bürgerin klagte in München gegen ihren schweizerischen Ehemann auf Herausgabe von Einrichtungsgegenständen, die der Ehemann eigenmächtig aus der ehelichen Wohnung in München entfernt hatte. Das Gericht gab der Klage nach deutschem Besitzrecht statt, obwohl keineswegs evident war und im Urteil auch nicht festgestellt wurde, daß sich die streitbefangenen Sachen im Zeitpunkt der Klageerhebung noch in Deutschland befanden und nicht etwa in die Schweiz verbracht worden waren. Nach der hL wäre aber eine solche Feststellung unumgängliche Voraussetzung für die Anwendung deutschen Besitzrechts gewesen. Richtiger Ansicht nach stand jedoch seiner Anwendung auch dann nichts im Wege, wenn die Sachen sofort in die Schweiz geschafft worden waren (vgl STOLL RabelsZ 1973, 360−363). **156**

Die dargelegte Interessenwertung ist im Grunde keine Besonderheit des Sachenrechts, sondern gilt entsprechend *für alle absoluten Rechte*, deren Bestand und Inhalt besonders angeknüpft werden und in diesem Sinne kollisionsrechtlich selbständig sind. Wird ein selbständig begründetes Recht dieser Art außerhalb des Staates verfolgt, nach dessen Rechtsordnung sich Bestand und Inhalt des Rechtes richten, so empfiehlt es sich gleichermaßen, die Rechtsausübung und Rechtsverfolgung dem Ortsrecht – das bei gerichtlicher Verfolgung mit der lex fori zusammenfällt – zu unterstellen. Das ist insbesondere beim *Namensrecht* auch weithin anerkannt (KEGEL 440; MünchKomm/KREUZER Art 38 Rn 205−207; RAAPE 644−648; SOERGEL/KEGEL Anh nach Art 7 Rn 13; dagegen meint vBAR, IPR II 495 f und 501 f, auch hier komme man mit dem allgemeinen Deliktsstatut aus). In diesem Sinne wird dem für Bestand und Inhalt des Namensrechtes maßgebenden Heimatrecht des Namensträgers mit Recht die Rechtsordnung **157**

des Staates gegenübergestellt, wo Namensschutz begehrt oder der Name geführt
wird (Baur, Zum Namensschutz im deutschen internationalen Privatrecht unter besonderer
Berücksichtigung des Schutzes der Handelsnamen, AcP 167, 535–560; Wengler, Der Name der
natürlichen Person im IPR, StAZ 1973, 205–212). Die geschilderte Rechtskollision kann
hingegen nicht auftreten, soweit gewisse Schutzbereiche – mögen sie nun materiellrechtlich als „Recht" anerkannt sein oder nicht – aus den haftungsrechtlichen
Normen abgeleitet werden und mithin kollisionsrechtlich keine selbständige Existenz besitzen, wie insbesondere das „allgemeine Persönlichkeitsrecht" im Sinne des
deutschen Rechts. Alle haftungsrelevanten Fragen richten sich bei solchen abhängi-
gen Rechten ausschließlich nach dem jeweiligen Deliktsstatut, wobei auch ein
quasi-negatorischer Rechtsschutz als deliktsrechtlich zu qualifizieren ist (vBar, IPR II
501 f; Wagner, Das deutsche internationale Privatrecht bei Persönlichkeitsverletzungen [1986];
ders, Zur Anknüpfung der Frage nach dem Bestehen von Persönlichkeitsrechten im außervertraglichen Schuldrecht, JZ 1993, 1034–1041; s auch Stäheli, Persönlichkeitsverletzungen im IPR [Basel
1989]; aA Ferid 7-114 ff).

g)　Änderung der dinglichen Rechtslage durch Gesetz oder Hoheitsakt

158 Zu den sachenrechtlichen Tatbeständen, die vom Sachstatut beherrscht werden,
gehören insbesondere auch solche, die *kraft Gesetzes* eine *dingliche Rechtsänderung*
eintreten lassen. Die wichtigsten der hierbei in Betracht kommenden Tatbestände,
etwa die Verarbeitung oder Vermischung, sind in dem Hauptabschnitt über Mobilien
näher zu besprechen. Jeder Staat ist ferner dazu berufen, durch *Hoheitsakt im Rahmen der allgemeinen Rechtspflege*, insbesondere bei der Zwangsvollstreckung im
zivilgerichtlichen Verfahren, die dingliche Rechtslage an den auf seinem Gebiet
befindlichen Sachen zu ändern, etwa durch Zuschlag einer Sache im Wege der
Zwangsversteigerung (dazu näher Wengler, IPR I 647–649). Entsprechendes gilt auch
für die Zwangsvollstreckung zur Durchsetzung der in allen Staaten anzutreffenden
öffentlich-rechtlichen Forderungen (Steuern, Strafen usw) (Wengler, IPR I 649–651;
BGH IPRspr 1988 Nr 58 = NJW 1989, 1352 = IPRax 1990, 398, und dazu Kreuzer IPRax 1990,
365–372 [Pfändung und Versteigerung einer Standuhr wegen Steuerforderungen in der DDR]; die
dagegen eingelegte Verfassungsbeschwerde wurde als unzulässig nicht zur Entscheidung angenommen, BVerfG IPRspr 1991 Nr 70 = NJW 1992, 1816).

h)　Rechtsgeschäftliche Änderung der dinglichen Rechtslage

159 Dem Sachstatut ist zu entnehmen, ob für die Herbeiführung einer dinglichen Rechtsänderung ein Rechtsgeschäft nötig ist und welcher rechtsgeschäftliche Tatbestand
erfüllt sein muß, damit diese Änderung eintritt. Das Sachstatut kann den wirksamen
Abschluß eines auf die Rechtsänderung gerichteten Schuldvertrages genügen lassen
(vgl OLG Celle IPRax 1991, 115, und dazu Witz/Zierau IPRax 1991, 95–98: Zum Gattungskauf
nach französischem Recht) oder die dingliche Rechtswirkung von weiteren Tatbestandselementen abhängig machen, etwa der Übergabe der Sache oder der Eintragung der
Rechtsänderung in ein Register. Schließlich kann das Sachstatut den Abschluß eines
besonderen dinglichen Rechtsgeschäfts verlangen wie insbesondere das deutsche
Sachenrecht. In diesem Falle ist das Sachstatut auch dafür maßgebend, ob das *dingliche Rechtsgeschäft abstrakt gültig* ist oder einen wirksamen Verpflichtungsgrund
voraussetzt (zu den verschiedenen Systemen rechtsvergleichend Friedrich, s v „Übereignung",
Rvgl HWB VI [1938] 606–632; vHoffmann, Das Recht des Grundstückskaufs = Beiträge zum
ausländischen und internationalen Privatrecht, Bd 47 [1982]; Küppers, Grunderwerb im Ausland,
DNotZ 1973, 645–678; Lutz, System der Eigentumsübertragung an Grundstücken [Diss Zürich

1968]). Leitet das Sachstatut die dingliche Rechtsänderung aus dem Kausalgeschäft ab oder ist ein wirksames Kausalgeschäft Voraussetzung für den Eintritt einer dinglichen Rechtsänderung, so ist der wirksame Abschluß des Kausalgeschäftes oder das Vorhandensein eines anderen Rechtsgrundes keine „Teilfrage", die stets nach den materiellrechtlichen Normen des Sachstatuts zu beurteilen wäre (hiergegen mit Recht PRIVAT, Der Einfluß der Rechtswahl auf die rechtsgeschäftliche Mobiliarübereignung im IPR = Bonner rechtswissenschaftliche Abhandlungen, Bd 63 [1964] 89–99; s auch LEWALD 180). Abzulehnen sind auch die mehr oder weniger willkürlichen Versuche, einzelne Vertragselemente, wie etwa das Vorhandensein einer Einigung, als unselbständige Teilfragen in diesem Sinne zu behandeln (so aber ZAPHIRIOU 70; kritisch PRIVAT 91 f). Vielmehr hängt nach dem Sinn der fraglichen Normen des Sachstatuts der sachenrechtliche Erfolg von einem Rechtsgrund oder „Titel" ab, den jeder Schuldvertrag schafft, der nach dem für ihn maßgebenden Recht gültig ist. Somit ist das Zustandekommen und die *Wirksamkeit des Kausalgeschäftes* oder des Bestehens einer sonstigen Kausalbeziehung als *sachenrechtliche Vorfrage* zu behandeln (ERMAN/HOHLOCH Anh nach Art 38 Rn 14; MünchKomm/KREUZER Rn 28). Sie ist im Mobiliarsachenrecht entsprechend den allgemeinen Grundsätzen, dh selbständig nach dem Kollisionsrecht der lex fori anzuknüpfen (vgl dazu unten Rn 296). Im Liegenschaftsrecht ist dagegen eine unselbständige Anknüpfung gemäß den Kollisionsnormen des Sachstatuts vorzuziehen, um auszuschließen, daß im Gerichtsstaat – dessen Kollisionsrecht das Grundgeschäft vielleicht anders anknüpft als der Belegenheitsstaat – die sachenrechtlichen Verhältnisse an einem Grundstück möglicherweise anders beurteilt werden als am Lageort (s unten Rn 223).

3. Einschränkungen des Anwendungsbereichs

Nicht alle für den wirksamen Abschluß eines dinglichen Rechtsgeschäftes erheblichen Fragen sind nach dem Sachstatut zu beurteilen. *Gewisse Sonderfragen* werden vielmehr nach anderen Regeln angeknüpft (vBAR, IPR II 563 f; MünchKomm/KREUZER Rn 29). Insbesondere bemessen sich die *Rechts- und die Geschäftsfähigkeit* der das dingliche Rechtsgeschäft abschließenden Personen nach deren *Personalstatut*, im deutschen IPR somit grundsätzlich nach dem Heimatrecht (Art 7 Abs 1 EGBGB), vorbehaltlich einer Rück- oder Verweisung auf die lex rei sitae oder eine andere Rechtsordnung (Art 4 EGBGB). Besondere Kollisionsnormen gelten ferner für die *gesetzliche Vertretung* einer an dem Geschäft beteiligten, nach ihrem Personalstatut nicht oder nicht voll geschäftsfähigen Person (s BGH BB 1989, 2216). Beispielsweise ist der gesetzliche Vertreter eines ehelichen Kindes und der Umfang seiner Vertretungsmacht nach der in Art 19 Abs 2 EGBGB bezeichneten Rechtsordnung zu bestimmen. Auch die *Vollmacht* zur Vornahme eines dinglichen Rechtsgeschäfts untersteht ihrem eigenen Statut, das jedenfalls bei Mobilien nicht notwendig mit dem Sachstatut zusammenfällt (vgl dazu näher unten Rn 299; zur Veräußerungsvollmacht im Liegenschaftsrecht unten Rn 230). Bei Rechtsgeschäften über Sachen folgt nur die dingliche Rechtswirkung dem Sachstatut, während die schuldrechtlichen Beziehungen zwischen den Parteien dem selbständig zu bestimmenden Schuldstatut unterliegen. Diese Trennung ist nach Maßgabe der lex fori auch dann vorzunehmen, wenn nach dem Schuldstatut das schuldrechtliche Geschäft als solches schon die dingliche Rechtsänderung herbeiführt, das Schuldstatut also kein selbständiges dingliches Rechtsgeschäft kennt (GUTZWILLER 1595 f).

4. Anknüpfungszeitpunkt

161 Die genaue Bestimmung des Anknüpfungszeitpunktes ist wichtig, wenn sich das Sachstatut infolge des Ortswechsels einer beweglichen Sache geändert hat. Jedes der zur Herrschaft gelangenden Sachstatute beherrscht dann die Vorgänge, die sich ereignet haben, solange sich die Sache in dem räumlichen Geltungsbereich des jeweiligen Statuts befand. Weil aber jedes Sachstatut selbst bestimmt, welche Vorgänge oder Ereignisse sachenrechtlich wirksam sind, ist der Anknüpfungszeitpunkt die Vollendung des nach dem jeweiligen Sachstatut sachenrechtlich erheblichen Tatbestandes*. SOVILLA, Eigentumsübergang an beweglichen körperlichen Gegenständen bei internationalen Käufen (Freiburg iÜ 1954) 8 ff, hat gegen diese Formel eingewandt, sie enthalte eine petitio principii: Das maßgebende Sachstatut soll ja mit Hilfe jener Formel, die selbst auf das Sachstatut Bezug nimmt, erst gefunden werden. DROBNIG, American German Private International Law² (1972) 198, und ZITELMANN II 302, 337, möchten den logischen Zirkel dadurch vermeiden, daß sie auf den Zeitpunkt abstellen, an dem die behauptete sachenrechtliche Wirkung eingetreten sein soll. VISCHER, Internationales Vertragsrecht (Bern 1962) 181, meint sogar, ein allgemeines Prinzip für die Bestimmung des für den Situs maßgeblichen Zeitpunktes lasse sich gar nicht aufstellen. Vielmehr sei bei der einzelnen Rechtsfrage der maßgebliche Situs zu bestimmen. Diesen Einwendungen ist gegenzuhalten, daß nach der Situs-Regel immer nur einzelne Rechtsordnungen als Sachstatut in Betracht kommen. Auf sie wird insgesamt verwiesen, in dem Sinne, daß in der zeitlichen Folge, in der diese Rechtsordnungen zur Herrschaft gelangt sind, für jede von ihnen gesondert zu prüfen ist, ob in der Zeit ihrer Herrschaft sich ein Tatbestand vollendet hat, den eben diese Rechtsordnung als sachenrechtlich erheblich bewertet. Schwierigkeiten entstehen durch den Statutenwechsel nur insofern, als die von einem früheren Statut angeordnete Rechtsfolge möglicherweise der Sachenrechtsordnung eines späteren Statuts zuwiderläuft (dazu unten Rn 355 ff).

III. Gemischte Rechtsinstitute

162 Schwierigkeiten bereitet die kollisionsrechtliche Behandlung gemischter Rechtsinstitute, bei denen sachenrechtliche Strukturen untrennbar verbunden sind mit Rechtsverhältnissen oder Funktionselementen aus anderen Rechtsbereichen. Ein Rechtsinstitut mag etwa durch die Verknüpfung einer schuldrechtlichen Beziehung mit dinglichen Rechtspositionen sein besonderes Gepräge erhalten, oder es mag eine prozessuale Berechtigung oder hoheitliche Befugnis sich auf eine bestimmte Sache beziehen und in diesem Sinne dinglich sein. Allgemein gültige Regeln für die Lösung der bei solchen Rechtsinstituten auftretenden Rechtskonflikte lassen sich angesichts der Verschiedenartigkeit der in Betracht kommenden Institute nicht aufstellen. Kollisionsrechtlich sollte aber, soweit als möglich, die Einheit der Rechtsinstitute

---

* So vielfach ausdrücklich ausländische Gesetze, etwa § 31 Abs 1 des öst IPRG von 1978; § 21 Abs 2 der ungarischen GesetzesVO Nr 13/1979; Art 23 Abs 3 des türkischen IPRG von 1982; Art 100 Abs 1 des schweizerischen IPRG von 1987; Art 52 des rumänischen IPRG von 1992. Aus der Rspr BGHZ 39, 173 = IPRspr 1962–63 Nr 60 = NJW 1963, 1200; BGH IPRspr 1966–67 Nr 55 b; s ferner vBAR, IPR II 549 f; MünchKomm/KREUZER Rn 54; SOERGEL/KEGEL Vor Art 7 Rn 565.

gewahrt und stets geprüft werden, ob sie in ihrer Gesamtheit ein- und derselben Rechtsordnung unterstellt werden können.

1. Schuldrechtlich-dingliche Gebrauchsverhältnisse

a) Legalschuldverhältnisse bei dinglichen Nutzungsrechten

Ein *dingliches Nutzungsrecht* kann nach dem Recht des Lageortes mit einem *Legal-* **163** *schuldverhältnis* verbunden sein. Beispiele hierfür geben etwa die Vorschriften des BGB über das Faustpfandrecht (§§ 1214–1221 BGB) und den Nießbrauch (§§ 1041–1055 BGB). Ein solches Legalschuldverhältnis hat nur ergänzende Funktion; es soll die dingliche Rechtsbeziehung konkretisieren. Demgemäß sollte für den Bestand und den Inhalt des Legalschuldverhältnisses das *Recht des Lageortes* maßgebend sein (RG IPRspr 1939 Nr 88 = SeuffArch 85 [1931] Nr 18 = HRR 1930 Nr 2066 [Nießbrauch an deutschem Grundstück]; GUTZWILLER 1599; SOERGEL/KEGEL Vor Art 7 Rn 553 N 1; WOLFF 178; aA ZITELMANN II 361). Jedoch kann das Recht des Lageortes den Parteien hinsichtlich der schuldrechtlichen Beziehung Parteiautonomie gewähren und wird das meist tun. Insoweit können dann die Parteien auch eine andere Rechtsordnung als Schuldstatut wählen.

b) Vertragliche Gebrauchsüberlassung mit Drittwirkungen

Die nationalen Rechtsordnungen kennen variable Formen der vertraglichen Einräu- **164** mung des Sachgebrauchs, bei welchen sich schuldrechtliche Beziehungen der Parteien mit gewissen Drittwirkungen verbinden. Eine solche Drittwirkung mag etwa darin bestehen, daß der vertraglich eingeräumte Besitz an einer beweglichen oder unbeweglichen Sache gegen Herausgabeansprüche Dritter geschützt wird, die ein Recht an der Sache geltend machen, zB aufgrund nachträglichen Erwerbs des Eigentums (vgl CANARIS, Die Verdinglichung obligatorischer Rechte, in: FS Flume [1978] II 371–427; DULCKEIT, Die Verdinglichung obligatorischer Rechte [1951]; TRENK-HINTERBERGER, Grundprobleme des internationalen Mietrechts, ZMR 1973, 1–6; ders, Internationales Wohnungsmietrecht = Marburger Rechts- und Staatswissenschaftliche Abhandlungen, Reihe A Bd 24 [1977]). Als sachenrechtlich iS des deutschen Kollisionsrechts sind derart gemischte Rechtsverhältnisse dann zu qualifizieren (vgl oben Rn 140), wenn sie nach dem Recht des Ortes, an welchem der Sachbesitz eingeräumt wurde, der Sache anhaften und vorwiegend dinglich geprägt sind. Überwiegt der dingliche Charakter, wie etwa bei der Grundstücksmiete oder -pacht des englischen Rechts (sog „lease", zu ihrer Qualifikation BFH IPRspr 1960–61 Nr 70), dann sollten nicht nur die Drittwirkungen, sondern auch die schuldrechtlichen Beziehungen der Vertragsparteien dem Recht des Lageortes unterstellt werden. Das Sachstatut kann freilich gestatten und wird im Zweifel gestatten, daß die Parteien für ihre schuldrechtlichen Beziehungen eine andere Rechtsordnung wählen (FRANKENSTEIN II 331–333; RABEL IV 37f; REITHMANN/MARTINY 501). Stehen dagegen die schuldrechtlichen Beziehungen der Parteien im Vordergrund, wie insbesondere bei der Miete, Pacht, Leihe in den kontinentalen Rechtsordnungen, dann untersteht das Rechtsverhältnis grundsätzlich zur Gänze dem nach Art 27, 28 EGBGB zu bestimmenden Schuldvertragsstatut. Etwaige Drittwirkungen, die dieses Statut vorsieht, können freilich einem dinglich Berechtigten nicht entgegengehalten werden, sofern die lex rei sitae eine solche Einschränkung des dinglichen Rechts nicht anerkennt.

c) Grundstücksmiete und -pacht im besonderen

165 Die Parteien eines Vertrages über die Miete oder Pacht eines Grundstücks oder von Wohn- oder Geschäftsräumen können das anwendbare Recht grundsätzlich frei bestimmen, da ein solcher Vertrag nach seinem hauptsächlichen Inhalt, ungeachtet möglicher Drittwirkungen, als Schuldvertrag iS des Art 27 EGBGB zu qualifizieren ist. Mangels einer ausdrücklichen oder stillschweigenden Rechtswahl wird der Vertrag nach Art 28 Abs 3 EGBGB vom *Recht der belegenen Sache* beherrscht (LG Hamburg, IPRspr 1991 Nr 40; MünchKomm/Martiny[2], Art 28, Rn 121; Reithmann/Martiny 501; Trenk-Hinterberger, ZMR 1973, 1 ff; doch kann sich aus der Gesamtheit der Umstände ergeben, daß der Vertrag engere Verbindung zu einem Staat hat, dessen Recht dann nach Art 28 Abs 5 maßgebend ist, BGHZ 109, 29, 36 f = IPRax 1990, 318, 319, und dazu Lorenz IPRax 1980, 292−295). Drittwirkungen, die sich insbesondere aus dem Grundsatz „Eigentumserwerb bricht nicht Mietbesitz" ergeben können, sind jedoch als sachenrechtlich zu behandeln und somit an den Lageort des Grundstücks anzuknüpfen (LG Hamburg, Reithmann/Martiny aaO; MünchKomm/Martiny[2] Art 28 Rn 123). Daraus folgt etwa, daß bei Vermietung eines deutschen Grundstücks die Parteien zwar die Geltung ausländischen Rechts vereinbaren können. Dabei bleiben jedoch die von diesem Recht etwa vorgesehenen dinglichen oder quasi-dinglichen Wirkungen außer Betracht, soweit sie dem deutschen Recht unbekannt sind (Reithmann/Martiny 502). Im übrigen sind Vorschriften des deutschen Mieterschutzrechts, insbesondere auch des Mietpreisrechts, als international zwingend iS des Art 34 EGBGB vom deutschen Richter stets anzuwenden, wenn das Mietobjekt in Deutschland belegen ist (vBar, IPR II 334 f; vHoffmann IPRax 1989, 261, 266; MünchKomm/Martiny[2] Art 28 Rn 122; Reithmann/Martiny 502). Die ausländische Staatsangehörigkeit der Parteien und auch die Wahl ausländischen Rechts vermögen hieran nichts zu ändern.

d) Leasing

166 Keiner besonderen Betrachtung bedarf das sog operating leasing. Hierbei handelt es sich nur um einen Fall gewerblicher Vermietung wirtschaftlich genutzter Mobilien. Folglich finden die allgemeinen Regeln über die schuldvertraglichen Gebrauchsverhältnisse Anwendung. Dagegen hat das sog Finanzierungsleasing eine spezifisch sachenrechtliche Komponente. Der Leasinggeber schafft zwar das Leasinggut für den Leasingnehmer nach dessen Wünschen an und stellt es ihm zum Gebrauch zur Verfügung, behält jedoch das Eigentum während der Dauer des Leasingverhältnisses in der Hand. Das Leasinggut dient somit, wirtschaftlich gesehen, dem Leasinggeber als Sicherheit für seine Forderung gegen den Leasingnehmer auf Zahlung der Leasinggebühren, mit denen der für den Ankauf aufgewendete Betrag samt Zinsen und Gewinnspanne des Leasinggebers amortisiert wird. Ähnlich wie bei anderen Sicherungsgeschäften nutzt der Leasingnehmer die dem Gläubiger als Sicherheit dienende Sache wie ein Eigentümer, obwohl er das Eigentum allenfalls bei Beendigung des Leasingverhältnisses erwirbt. In manchen Rechtsordnungen wird deshalb das Eigentum des Leasinggebers gegenüber Dritten nur geschützt, wenn bestimmte Publizitätserfordernisse erfüllt sind (Rechtsvergleichend Giovanoli, Le crédit-bail [leasing] en Europe [1980]).

167 Das Finanzierungsleasing ist in seiner typischen Form ein Dreiecksgeschäft zwischen Verkäufer, Leasinggeber und Leasingnehmer, das einer einheitlichen Anknüpfung in Fällen der Auslandsberührung nicht zugänglich ist. Der Leasingvertrag zwischen Leasinggeber und -nehmer untersteht dem gewählten Recht (Art 27 EGBGB) und

mangels einer Rechtswahl gemäß Art 28 Abs 2 EGBGB im Zweifel dem am Niederlassungsort des Leasinggebers geltenden Recht, sofern es sich um eine bewegliche
Sache handelt (ERMAN/HOHLOCH Art 28 Rn 36; EBENROTH, Leasing im grenzüberschreitenden
Verkehr – Internationalprivatrechtliche Aspekte des Leasing, Rechtsvergleich, Rechtsvereinheitlichung, in: Neue Vertragsformen der Wirtschaft: Leasing, Factoring, Franchising [Hrsg KRAMER]
[Bern 1985] 97, 105; HÖVEL, Internationale Leasingtransaktionen unter besonderer Berücksichtigung der Vertragsgestaltung, Betrieb 1991, 1029, 1032; MünchKomm/MARTINY² Art 28 Rn 131;
BezG Zürich, SchwJZ 1987, 184, 185). Beim Immobilienleasing wird nach Art 28 Abs 3
vermutet, daß das Vertragsverhältnis zwischen Leasinggeber und -nehmer die engsten Verbindungen zu dem Staat hat, in dem das Grundstück belegen ist. Andererseits unterliegen der Kaufvertrag, den der Leasinggeber mit dem Lieferanten
schließt, sowie die Übereignung des Leasinggutes an den Leasinggeber ihren eigenen Statuten, die nach den allgemeinen Regeln zu bestimmen sind.

Der sachenrechtliche Schutz des Eigentums am Leasinggut gegenüber Dritten ist **167 a**
hingegen die Domäne der lex rei sitae (vgl HÖVEL aaO; LANDO, Contracts, IntEncCompL III
Ch 24 [1976] 140; MünchKomm/MARTINY² Art 28 Rn 131; SONNENBERGER, Generalbericht, in:
Leasingverträge im Handelsverkehr [Hrsg vMARSCHALL] [1980] 9, 56). Ähnlich wie bei besitzlosen Mobiliarsicherheiten kann der Belegenheitsstaat Publizitätserfordernisse zur
Dauervoraussetzung für einen solchen Schutz erheben, die auch bei „schlichtem
Statutenwechsel" des Leasinggutes in den Belegenheitsstaat zu beachten sind (vgl
unten Rn 357). Die Auslegung der Publizitätsvorschriften kann aber auch einen
beschränkten Anwendungswillen ergeben, etwa nur für den Fall, daß das Leasinggut
in dem fraglichen Staat an den Leasingnehmer geliefert worden ist und sich auch dort
noch in seinem Besitz befindet. Die Frage ist im französischen Recht Gegenstand
einer gerichtlichen Entscheidung gewesen. Das französische Décret n 72–665 du 4
juillet 1972, rélatif à la publicité des opérations de crédit-bail en matière mobilière et
immobilière (s dazu KOBLITZ, Mobilien-Finanzierungsleasing und Crédit-bail. Ein Vergleich des
französischen und deutschen Zivilrechts unter besonderer Berücksichtigung der Rechtsstellung des
Leasingnehmers [1990] 26 f, 264–266), schreibt die Registrierung des Leasingverhältnisses
vor; andernfalls kann der Leasinggeber seine Rechte am Leasinggut nicht den Gläubigern des Leasingnehmers und dessen Rechtsnachfolgern kraft entgeltlichen
Erwerbs entgegenhalten, sofern diese nicht Kenntnis von jenen Rechten hatten
(Art 8). In einem von der Chambre commerciale des französischen Kassationshofes
entschiedenen Fall (Rev crit dr i p 1983, 450, note KHAIRALLAH = DS 1983, j 271) hatte eine
deutsche Leasinggesellschaft einem deutschen Leasingnehmer eine Kartoffelsortier-
maschine im Wege des Leasing zur Verfügung gestellt. Der deutsche Leasingnehmer
vermietete mit Zustimmung des Leasinggebers die Maschine an ein französisches
Unternehmen, das später in Konkus fiel. Der Konkursverwalter verweigerte die
Herausgabe der Maschine an den Leasinggeber, weil das Leasingverhältnis in Frankreich nicht registriert worden sei. Der französische Kassationshof wies jedoch diesen
Einwand mit der lakonischen Bemerkung zurück, daß zwischen Leasinggeber und
dem französischen Mieter kein Leasingverhältnis bestehe. Hierbei ist zu bedenken,
daß die von dem Décret n 72–665 vom 4. 7. 1972 vorgeschriebene Registrierung von
Leasingverhältnissen bei dem Gericht erfolgen muß, in dessen Bezirk der Leasingnehmer im Handelsregister eingetragen ist (Art 3). Dieser Vorschrift kann nicht
entsprochen werden, wenn der Leasingnehmer seinen Sitz im Ausland hat. Offensichtlich passen die fraglichen Vorschriften schlecht für grenzüberschreitende Sachverhalte.

168 Im *grenzüberschreitenden Wirtschaftsverkehr* bereitet die rechtliche Behandlung von Leasinggeschäften besondere Schwierigkeiten, weil die tatsächliche und rechtliche Ausgestaltung dieser Geschäfte international stark variiert und zudem die kollisionsrechtliche Aufspaltung nach einzelnen Rechtsverhältnissen nicht zu vermeiden ist. Das internationale Institut für die Privatrechtsvereinheitlichung in Rom (UNIDROIT) hat sich deshalb um die Schaffung international einheitlicher Normen für das grenzüberschreitende Leasinggeschäft bemüht. Auf der Grundlage eines von dem Institut ausgearbeiteten Entwurfs wurde auf einer Diplomatischen Konferenz in Ottawa 1988 eine *Konvention über das internationale Finanzierungsleasing* verabschiedet (BASEDOW, Der UNIDROIT-Entwurf aus der Sicht des deutschen Rechts, RiW 1988, 1–10; POCZOBUT, Internationales Finanzierungsleasing. Das UNIDROIT-Projekt – vom Entwurf [Rom 1987] zum Übereinkommen [Ottawa 1988], RabelsZ 1987, 681–721, 725–752). Die Konvention ist noch nicht in Kraft getreten. Sie enthält überwiegend Sachnormen, jedoch auch einige bemerkenswerte Kollisionsregeln. Art 4 Abs 2 bestätigt die Anwendung der lex rei sitae, wenn zu entscheiden ist, ob das Leasinggut Bestandteil oder Zubehör eines Grundstücks geworden ist und welche Auswirkungen dies auf die Rechte des Leasinggebers und einer Person hat, die ein dingliches Recht an dem Grundstück besitzt. In Art 7 ist die wichtige Frage geregelt, unter welchen Voraussetzungen die Rechte des Leasinggebers am Leasinggut geschützt werden, wenn der Leasingnehmer in Konkurs fällt oder Gläubiger des Leasingnehmers in das Leasinggut vollstrecken. Hiernach ist es für den Schutz erforderlich, aber auch ausreichend, daß die nach dem anwendbaren Recht vorgeschriebene Publizität gewahrt ist. Anwendbar ist insoweit bei Schiffen und Luftfahrzeugen das Recht des Registerortes, bei Ausrüstungen, die gewöhnlich grenzüberschreitend eingesetzt werden, das Recht des Staates, in dem der Leasingnehmer seine Hauptniederlassung hat, im übrigen das Recht des Lageortes. Unklar bleibt, weshalb diese sachenrechtlichen Anknüpfungen nicht auch für sonstige Beeinträchtigungen der dinglichen Rechte des Leasinggebers gelten, etwa bei unberechtigter Veräußerung des Leasinggutes an einen Gutgläubigen. Offenbar wollte man der Frage ausweichen, inwieweit die Einhaltung der vorgeschriebenen Publizität auch für den Schutz gegen solche Beeinträchtigungen der Leasinggeberrechte bedeutsam ist. Es sind somit, soweit Art 7 nicht eingreift, sachenrechtliche Einwirkungen auf das Leasinggut nach den allgemeinen Kollisionsnormen der lex fori zu beurteilen.

e) Timesharing

169 Die vertragliche Einräumung langfristiger, aber auf einen bestimmten Zeitraum des Jahres beschränkter Nutzungsrechte an Immobilien (sog Timesharing) hat für den internationalen Tourismus wachsende Bedeutung erlangt. Einige Staaten, wie etwa Frankreich, Großbritannien sowie zahlreiche Staaten der USA, haben das Timesharing durch besondere Gesetze innerstaatlich geregelt, während in den anderen Staaten sich spezifische Vertragsformen im Rahmen der bestehenden Gestaltungsmöglichkeiten des Schuldrechts, Sachenrechts und Gesellschaftsrechts herausgebildet haben (BÖHMER, Das deutsche internationale Privatrecht des timesharing = Studien zum ausländischen und internationalen Privatrecht, Bd 36 [1993]; EDMONDS, International Timesharing[3] [London 1991]; FRÄNZER, Time-Sharing von Ferienhäusern [1990]; GRALKA, Time-Sharing bei Ferienhäusern und Ferienwohnungen [1986]; s auch LOBSIGER, „Timesharing" von Ferienimmobilien aus schweizerischer internationalprivatrechtlicher und zivilprozessualer Sicht, Aktuelle Juristische Praxis 1994, 556–564). Das Vertragsziel des Timesharing kann rechtlich auf verschiedene Weise erreicht werden, wobei hauptsächlich drei Gestaltungsformen in

Betracht kommen: Die Einräumung von Miteigentum oder eines sonstigen dinglichen Rechts an der Immobilie, die nur schuldrechtliche und ferner die gesellschaftsrechtliche Gewährleistung des Nutzungsrechts. Die *Variabilität der Gestaltungsformen* verbietet die kollisionsrechtlich einheitliche Behandlung aller Timesharing-Verträge und der durch sie begründeten Rechtsbeziehungen, etwa durch Anknüpfung an den Lageort der Immobilie. Dabei ist auch zu bedenken, daß dem Timesharer häufig Teilzeitnutzungsrechte an mehreren, in verschiedenen Staaten belegenen Immobilien eingeräumt werden (vgl GRALKA 128 f; MünchKomm/MARTINY[2] Art 28 Rn 128). Grundsätzlich zu trennen sind der auf die Bestellung des Teilnutzungsrechts gerichtete Schuldvertrag, ein außerdem möglicherweise notwendiger Rechtsakt der Einräumung des Nutzungsrechts und das hierdurch begründete Rechtsverhältnis, wobei auch an die Rechtsbeziehungen zwischen den an demselben Objekt beteiligten Personen zu denken ist. Ein Schuldvertrag, der auf Verschaffung eines Teilzeitnutzungsrechts an einem bestimmten Objekt gerichtet ist, unterliegt mangels Rechtswahl der Parteien regelmäßig dem Belegenheitsrecht, gleichviel, ob nun das Nutzungsrecht dinglich oder nur schuldrechtlich gewährt werden soll (Art 28 Abs 3 EGBGB). Soll der Erwerber Teilnutzungsrechte an Immobilien in verschiedenen Staaten erhalten, dürfte der darauf gerichtete Schuldvertrag die engsten Beziehungen zu dem Staate haben, in dem sich die Niederlassung des Anbieters befindet; denn er erbringt die für den Vertrag charakteristische Leistung (Art 28 Abs 2 EGBGB). Die Bestellung eines dinglichen Nutzungsrechts sowie dessen Ausgestaltung erfolgen stets nach Maßgabe der lex rei sitae. Diese beherrscht auch das mit der Bestellung entstehende Rechtsverhältnis der an demselben Objekt Berechtigten zueinander, wobei es jedoch dem Anbieter freistehen mag, mit allen Berechtigten die Anwendung einer anderen Rechtsordnung zu vereinbaren (vgl BÖHMER 67−79). Bei gesellschaftsrechtlicher Ausgestaltung des Nutzungsrechts richtet sich der Erwerb von Mitgliedschaftsrechten an der Gesellschaft und die damit erworbene Rechtsstellung nach dem Gesellschaftsstatut, dh regelmäßig nach dem am tatsächlichen Sitz der gesellschaftlichen Hauptverwaltung geltenden Recht (BÖHMER 209 ff; MünchKomm/MARTINY[2] Art 28 Rn 125).

Das wichtigste Problem für die Praxis ist die Gewährleistung eines angemessenen **170** **Verbraucherschutzes** bei grenzüberschreitenden **Timesharing-Verträgen**. Derartige Verträge werden häufig von geschäftlich unerfahrenen Personen für persönliche Zwecke geschlossen, oft am ausländischen Urlaubsort. Es besteht dabei die Gefahr unbedachter Geschäftsabschlüsse und der Überrumpelung des Erwerbers. Manche Staaten haben deshalb durch Sondergesetz zwingende Bestimmungen zum Schutz der Timeshare-Kunden eingeführt, insbesondere Vorschriften über Informationspflichten des Anbieters und ein befristetes Widerrufs- oder Rücktrittsrecht des Kunden. Als Beispiel sei der am 12. 10. 1992 in Großbritannien in Kraft getretene *Timeshare Act 1992 (c 35)* genannt. Auch die Europäische Union hat sich des rechtspolitischen Anliegens angenommen und die Mitgliedstaaten durch die *Richtlinie 94/47/EG des Europäischen Parlaments und des Rates vom 26. 10. 1994* zum Schutz der Erwerber im Hinblick auf bestimmte Aspekte von Verträgen über den Erwerb von Teilzeitnutzungsrechten an Immobilien (ABlEG Nr L 280/83 vom 29. 10. 1994, s auch NJW 1995, 375−377; dazu MÄSCH, Die Time-Sharing-Richtlinie, EuZW 1995, 8−14; MARTINEK, Das Teilzeiteigentum an Immobilien in der Europäischen Union, ZEuP 1994, 470−492; SCHOMERUS, Time-Sharing-Verträge in Spanien im Lichte der EG-Richtlinie über den Erwerb von Teilnutzungsrechten an Immobilien, NJW 1995, 359−365) verpflichtet, binnen zweieinhalb Jahren

durch Umsetzung der Richtlinie einen gewissen Mindestschutz einzuführen, namentlich durch zwingende Vorschriften über ein befristetes Rücktrittsrecht des Kunden
(Art 5). Nach Art 9 haben die Mitgliedstaaten diesen Schutz unabhängig von dem
anwendbaren Recht immer dann zu gewährleisten, wenn die Immobilie in dem
Hoheitsgebiet eines Mitgliedstaates belegen ist. Bis zur Umsetzung der Richtlinie ist
unklar, welche verbraucherschützenden Normen zur Anwendung kommen, wenn
sich etwa ein deutscher Urlauber am ausländischen Urlaubsort in einem Timesharing-Vertrag ausländischem Recht unterwirft, sei es dem örtlichen Recht oder zB
dem Recht der Isle of Man*. Dem geltenden deutschen IPR läßt sich nicht entnehmen, daß ein Verbraucher, der im Ausland einen Timesharing-Vertrag schließt,
ungeachtet des gewählten Rechts stets den Schutz der zwingenden Normen des Belegenheitsrechts genießt (hierfür aber BÖHMER 89–102, 260 f) oder wenigstens des Rechts
seines gewöhnlichen Aufenthaltes. Vielmehr widerspricht Art 29 EGBGB einem so
weitgehenden Vertrauensschutz (JÄCKEL-HUTMACHER/TONNER 15 f mN; SCHOMERUS 361).
Es kommt jedoch in Betracht, im Hinblick auf die EG-Richtlinie und die durch sie
auferlegte Umsetzungsverpflichtung das Verbraucherschutzrecht der lex fori als
zwingendes Recht im Sinne des Art 34 EGBGB anzuwenden, wenn die Timesharing-
Immobilie sich in einem Staat der EU befindet und der Erwerber in einem EU-Staat
seinen gewöhnlichen Aufenthalt hat.

2. Trust

171 Das im anglo-amerikanischen Rechtskreis entwickelte Rechtsinstitut des trust wird
hauptsächlich dadurch gekennzeichnet, daß die Rechte an dem zugunsten Dritter zu
verwaltenden Treuhandvermögen zwischen Treuhänder (trustee) und Dritten (bene-
ficiaries) schuldrechtlich-dinglich aufgeteilt sind. Der Treuhänder ist zwar Vollrechtsinhaber, hat jedoch seine Rechtsmacht im Interesse der Dritten auszuüben
und ist diesen gegenüber schuldrechtlich gebunden, wobei den Drittinteressen
zugleich ein gewisser dinglicher Schutz zuteil wird. Die begünstigten Dritten werden
nämlich in einzelnen Beziehungen so behandelt, als ob sie Eigentümer und Inhaber
des Treuhandvermögens wären (vgl die Umschreibung bei LIPSTEIN, Trusts, IntEncCompL III
Ch 23 [1994] 3). Im Falle einer treuwidrigen Verfügung des Treuhänders über das
Treugut steht den Begünstigten unter gewissen Voraussetzungen das Recht zu, ihre
Rechte am Treugut auch gegenüber einem Dritterwerber zu verfolgen (KÖTZ, Trust
und Treuhand [1963] 33–77). Die Begünstigten sind ferner zur Aussonderung des Treu-
guts berechtigt, wenn der Treuhänder in Konkurs fällt, und sie können den Vollstrek-
kungszugriff der Gläubiger des Treuhänders auf das Treugut abwehren. Schließlich
wird das Treugut als Sondervermögen durch Regeln über eine dingliche Surrogation
zusammengehalten. Auch außerhalb des anglo-amerikanischen Rechtskreises
begegnen bisweilen ähnliche Rechtsinstitute, die mehr oder weniger deutlich nach

---

* Vgl LG Düsseldorf VuR 1994, 262; LG Gie-
ßen NJW 1995, 406. Anbieter waren in diesen
Fällen offenbar Gesellschaften, die nach dem
Recht der Isle of Man konstituiert waren und
deshalb dort ihren Sitz hatten. Durch die Vereinbarung des Rechts der Isle of Man wird der
britische Timeshare-Act 1992 umgangen; denn
er gilt nur, wenn das Recht des Vereinigten Kö-
nigreiches den Vertrag beherrscht oder wenigstens eine der Parteien sich bei Vertragsschluß
dort aufhält, s 1 (7). Nach dem Interpretation
Act 1978, s 5 Sch 1, gehört aber die Isle of Man
nicht zum Vereinigten Königreich. Vgl auch
JÄCKEL-HUTMACHER/TONNER, Mehr Urlaubs-
beweglichkeit durch Time-Sharing?, VuR 1994,
9, 15.

dem Vorbild des anglo-amerikanischen trusts ausgestaltet sind (vgl insbesondere die Regelung der Treuhänderschaft in Art 897–932 des liechtensteinischen PGR von 1926; s dazu BIE-DERMANN, Die Treuhänderschaft des liechtensteinischen Rechts, dargestellt an ihrem Vorbild, dem Trust des Common Law = Abhandlungen zum schweizerischen Recht, Heft 470 [1981]; s im übrigen LIPSTEIN 5–9)*. Das ändert nichts daran, daß der trust eine eigenständige Rechtsfigur der anglo-amerikanischen Rechtsordnungen ist und in den meisten anderen Rechten keine Entsprechung findet, insbesondere nicht mit den im Civil Law gebräuchlichen Formen der Treuhand gleichgesetzt werden darf (vgl COING, Die Treuhand kraft privaten Rechtsgeschäfts [1973]).

Die *komplexe Rechtsnatur des trust* und die verschiedenen Funktionen, denen diese **172** Rechtsfigur zu dienen vermag, erschweren die kollisionsrechtliche Erfassung. Wegen der funktionellen Variabilität des trust ist es nicht möglich, für alle seine Erschei-nungsformen einheitliche Kollisionsregeln über Entstehung und Wirkung aufzustel-len. Insbesondere erfüllt der kraft Gesetzes entstehende trust (resulting trust und constructive trust) wesentlich andere Zwecke als der rechtsgeschäftlich errichtete trust und ist deshalb kollisionsrechtlich grundsätzlich anders zu behandeln als dieser (CZERMAK, Der express trust im IPR [1986] 22–25). Als Beispiel für einen „resulting trust" in einem Fall mit Auslandsberührung sei die englische Entscheidung Webb v Webb (1991) 1 WLR 1410 angeführt. Der beklagte Sohn des Klägers hatte im eigenen Namen, aber mit Mitteln des Klägers, eine Ferienwohnung in Südfrankreich erwor-ben, die dann vom Kläger und seiner Frau genutzt wurde. Der Kläger trug im wesentlichen auch die Unterhaltskosten für die Wohnung. Der Kläger machte mit seiner in England erhobenen Klage einen „resulting trust" an der Wohnung nach Maßgabe des englischen Rechts geltend und verlangte Ausstellung der Schriftstücke, deren es bedarf, um die „legal ownership" in seiner Person zu begründen. Aus der Sicht des deutschen IPR wäre die Klage wohl als ein – dem englischen Recht unter-worfener – Herausgabeanspruch kraft Auftrages zu beurteilen. Die dingliche Wir-

---

* Rechtsvergleichend zum trust ASSFALG, Die Behandlung von Treugut im Konkurs des Treu-händers. Rechtsvergleichende Studie zur Grenzbereinigung zwischen Schuld- und Treu-handverhältnis = Beiträge zum ausländischen und internationalen Privatrecht, Bd 21 (1960); BATIFFOL, The Trust Problem as seen by a French Lawyer, JCompLeg 33 (1950) III-IV, 18–25; BATIZA, Trusts in Mexico, in: Civil Law in the Modern World (ed by ATHANASIOS N YI-ANNOPOULOS) (1965) 128–133; BÉRAUDO, Les trusts anglo-saxons et le droit français (Paris 1992); BOLGÁR, Why no Trusts in the Civil Law?, AmJCompL 2 (1953) 204–219; COING, Die Treuhand kraft privaten Rechtsgeschäfts (1973); DAINOW, The Introduction of the Trust in Louisiana, CanBRev 39 (1961) 396–407; DREYER, Le trust en droit suisse = Etudes suisses de droit international, Vol 21 (1981); DYER/van LOON, Report on Trusts and Analo-gous Institutions. Bericht des Ständigen Büros der Haager Konferenz für IPR (Den Haag 1982); FRATCHER, Trust, IntEncCompL VI Ch 11 (1973); GUTZWILLER, Der Trust in der schweizerischen Rechtspraxis, SchwJbIntR 41 (1985) 53–56; HEYMANN, Trustee and Trustee-Company im deutschen Rechtsverkehr, in: FS Heinrich Brunner (1910) 453–473; KEETON/ SHERIDAN, The Comparative Law of Trusts in the Commonwealth and the Irish Republic (1976, Suppl 1981); KÖTZ, Trust und Treuhand (1963); LARROUMET, La fiducie inspirée du trust, DS 1990 chr 119–121; STONE, Trust in Louisiana, IntCompLQ 1 (1952) 368–378; DE WULF, The Trust and Corresponding Institu-tions in the Civil Law (Brüssel 1965); ZWEI-GERT/KÖTZ, Einführung in die Rechtsverglei-chung auf dem Gebiet des Privatrechts I: Grundlagen (1971) 328–338.

kung des vom Kläger behaupteten trust war indes nur im Rahmen der internationalen Zuständigkeit des angerufenen Gerichts von Belang. Waren etwa nach Art 16 Nr Nr 1 a EuGVÜ die französischen Gerichte ausschließlich zuständig, weil mit der Klage ein dingliches Recht an einem in Frankreich belegenen Grundstück geltend gemacht wurde? Der hierzu vom englischen Court of Appeal um eine Vorabentscheidung ersuchte EuGH lehnte die Anwendung dieser Bestimmung mit der überzeugenden Begründung ab, die Klage werde nicht auf ein dingliches Recht gestützt, sondern sei der Substanz nach eine persönliche Klage (EuGH RiW 1994, 590 = IPRax 1995, 314; vgl dazu auch KAYE, IPRax 1995, 286–289). In der Tat hätten die dinglichen Wirkungen des trust vom französischen Belegenheitsrecht akzeptiert werden müssen, was aber sicherlich ausgeschlossen war.

173 Es ist auch zweifelhaft, ob wenigstens *der rechtsgeschäftlich bestellte trust* nach deutschem IPR einheitlich angeknüpft werden kann (vgl hierzu insbesondere CZERMAK aaO; MünchKomm/SONNENBERGER Einl Rn 371; WITTUHN, Das internationale Privatrecht des trust [1987]). Das von der Bundesrepublik nicht übernommene **Haager Übereinkommen über das auf den trust anwendbare Recht und die Anerkennung von trusts vom 1. 7. 1985** (dazu oben Rn 108; s nunmehr auch LIPSTEIN, IntEnCompL III Ch 23, 27–31) bemüht sich zwar um einheitliche Anknüpfungsregeln sowohl für den durch Rechtsgeschäft unter Lebenden (trust inter vivos) als auch für den durch Verfügung von Todes wegen errichteten trust (testamentary trust), macht dabei jedoch erhebliche Konzessionen an abweichende Kollisionsnormen der nationalen Rechte bei einzelnen Aspekten des trust, etwa auf dem Gebiet des Erbrechts, des Ehegüterrechts und des rechtsgeschäftlichen Verkehrsschutzes (vgl Art 15 und 16). Nach allgemeiner Ansicht im deutschen IPR bedarf der durch Verfügung von Todes wegen angeordnete trust (testamentary trust) einer selbständigen Behandlung. Er ist erbrechtlich zu qualifizieren, weshalb seine Errichtung und Wirkung nach dem Erbstatut (Art 25 EGBGB) zu beurteilen sind (CZERMAK 120–139; RABEL IV 454–458; SOERGEL/KEGEL Vor Art 4 Rn 28 STAUDINGER/DÖRNER [1995] Art 25 Rn 410–423); dasselbe gilt auch für die von einem Erblasser verfügte gemeinschaftliche Berechtigung an einem Vermögensgegenstand in Form einer Joint-Tenancy (dazu CZERMAK, Die Joint Tenancy im IPR, ZVerglRW 87 [1988] 58–91; MünchKomm/BIRK[2] Art 25 Rn 169). Allein auf die zweifelhafte Anknüpfung des unter Lebenden *rechtsgeschäftlich bestellten trusts* ist im folgenden näher einzugehen*.

---

* Aus dem umfangreichen Schrifttum zum Kollisionsrecht des trust: AUBERT, in: DALLOZ, Rép dr int II (1969) sv „trust" nos 12–36; vBAR, IPR II 337, 369 f; BERNARDI, Il trust nel diritto internazionale privato, in: Studi nelle scienze giuridiche e sociali pubblicati dall'Istituto di Esercitazione presso la Facoltà di Giurisprudenza, Università di Pavia, Bd 35 (Pavia 1957) 67–159; COING, Die rechtsgeschäftliche Treuhand im deutschen IPR, ZfRvgl 1974, 81–92; CZERMAK, Der express trust im IPR (1986); FOUCHARD, in: DALLOZ, Rép dr int I (1968) sv „biens" n 28; GOLDSTEIN, Trust of Movables in the Conflict of Laws (Diss Köln 1966);

GRAUE, Der Trust im internationalen Privat- und Steuerrecht, in: FS Ferid (1978) 151–182; KEETON, Trusts in the Conflict of Laws, CambrLJ 4 (1951) 107–136; LIPSTEIN, Trusts, IntEnCompL III Ch 23 (1994); OPPETIT, Le „trusts" dans le droit du commerce international, Rev crit dr i p 1973, 1–20; RABEL, Conflict of Laws IV 445–470; REITHMANN/MARTINY 138–140; SCHNITZER, Die Treuhand (Der Trust) und das IPR, in: GS Ludwig Marxer (1963) 53–113; ders, Le trust et la fondation dans les conflits de lois, Rev crit dr i p 1965, 479–498; SERICK, Zur Behandlung des anglo-amerikanischen Trust im kontinentaleuropäischen Recht, in: FS Nipper-

Das Römische Schuldvertragsübereinkommen vom 19. 6. 1980 (EVÜ) findet nach **174** Art 1 Abs 2 g keine Anwendung auf die Gründung von „Trusts" sowie die dadurch geschaffenen Rechtsbeziehungen zwischen den Verfügenden, den Treuhändern und den Begünstigten. Gleichwohl möchte die im deutschen Schrifttum wohl überwiegende Meinung den rechtsgeschäftlichen trust den in das EGBGB aufgenommenen Vorschriften des EVÜ über das auf Schuldverträge anzuwendende Recht unterstellen, weil der rechtsgeschäftliche trust immerhin *schuldvertragsähnlich* sei (vBAR, IPR II 370; CZERMAK 149 ff; KÖTZ IPRax 1985, 205, 206; REITHMANN/MARTINY 132 f; WITTUHN 120 ff). Daraus wird insbesondere gefolgert, daß bei der Errichtung des trust das für ihn maßgebliche Recht frei gewählt werden kann (vgl die angeführten Autoren, ferner etwa COING, Die Treuhand kraft privaten Rechtsgeschäfts [1973] 209–211. Für die Parteiautonomie auch Art 6 Abs 1 des Haager Trust-Übereinkommens, ebenso schon früher vielfach das französische Schrifttum und die französische Rechtsprechung, s LEPAULLE, Traité théorique et pratique des trusts en droit interne, en droit fiscal et en droit international privé [1932] 388 Fn 1, 428–432; OPPETIT 10–13; Paris Clunet 1910, 1144. Vgl auch die einseitige Kollisionsnorm Art 930 des liechtensteinischen PGR, wonach auf das Treuhandverhältnis die Vorschriften des inländischen Rechts ua dann Anwendung finden, „wenn die Treuhandurkunde es bestimmt"). Mangels einer Rechtswahl seien Art 28 Abs 2 und Abs 5 EGBGB entsprechend anzuwenden, wonach etwa REITHMANN/MARTINY (139) und WITTUHN (139) in erster Linie das Recht des gewöhnlichen Aufenthalts bzw der Niederlassung des Treuhänders als berufen ansehen, wohingegen vBAR (370) und KÖTZ (206) objektiv an den Ort der trust-Verwaltung sowie an die Belegenheit des trust-Vermögens anknüpfen wollen.

Gegen die analoge Anwendung der Art 27, 28 EGBGB spricht schon, daß der trust des anglo-amerikanischen Rechts nicht vertraglich vereinbart, sondern durch einseitiges Rechtsgeschäft errichtet wird. Zwischen dem Besteller des trust (settlor), dem die hL die einseitige Rechtskür gestatten will, und dem Treuhänder kommt kein Schuldverhältnis zustande, kraft dessen der settlor von dem Treuhänder ein bestimmtes Verhalten verlangen könnte. Ein solches Recht hat vielmehr allein der Drittbegünstigte. Der Analogie zu den Kollisionsnormen über Schuldverträge steht auch entgegen, daß die Errichtung eines trust notwendig eine Disposition über die zum Treugut gehörenden Vermögensrechte einschließt: Diese werden auf den Treuhänder unter dinglicher Mitbeteiligung des Drittbegünstigten übertragen. Bei Verfügungen gibt es aber, im Gegensatz zu den Schuldverträgen, keine freie Rechtswahl.

---

dey (1965) II 653–666; SOERGEL/KEGEL Vor Art 7 Rn 257, 557 Fn 4; WITTUHN, Das internationale Privatrecht des trust (1987).

Die *Rechtsprechung* ist zerstreut:

Deutschland: BGH RabelsZ 25 (1960) 313 m Anm KNAUER = NJW 1959, 1317 = LM Nr 7 EGBGB Art 7 ff (Deutsches internationales Privatrecht); BGH IPRspr 1968–69 Nr 160 = BB 1969, 197 = DNotZ 1969, 300; BGH IPRspr 1973 Nr 114 = WarnR 1973 Nr 283; KG IPRspr 1976 Nr 115 A; BGH IPRspr 1984 Nr 121 = IPRax 1985, 221, dazu KÖTZ IPRax 1985, 205–207 = RiW 1985, 154.

Schweiz: BGE 96 II 79 = SchwJbIntR 27 (1971) 223 m Anm VISCHER und dazu die Anm LALIVE, Clunet 1976, 695–700.

Frankreich: Paris Clunet 1910, 1144; Trib civ des Alpes-Maritimes Clunet 1929, 433; Paris Rev crit dr i p 1971, 518 note DROZ = D 1972, 122 note MALAURIE = Clunet 1973, 207 note LOUSSOUARN; Trib gr inst Bayonne Rev crit dr i p 1976, 330 note NECKER.

Italien: Trib Oristano Foro It 1956 I 1020 = Riv dir int 1959, 687, dazu JAYME RabelsZ 1967, 485 f.

Hans Stoll

Im übrigen ist die freie Rechtswahl bei einem Rechtsinstitut, das nur einer Minder-heit von Rechtsordnungen bekannt ist, auch kaum von Nutzen (vgl Art 6 Abs 2 des Haager Trust-Übereinkommens, wonach die Rechtswahl unwirksam ist, wenn das gewählte Recht trusts oder die Art von trusts, um die es geht, nicht vorsieht). Es muß genügen, daß der Besteller des trust tatsächlich die Möglichkeit hat, sich bei dessen Errichtung auf den Boden einer Rechtsordnung zu stellen, die den trust kennt. Dabei bietet sich die Analogie zu den kollisionsrechtlichen Vorschriften über die Gründung einer Gesellschaft oder die Errichtung eines rechtlich organisierten Son-dervermögens an. *Statut des rechtsgeschäftlichen trust* ist demnach das *Recht des Staates, in dem die Verwaltung des Treuhandvermögens ihren tatsächlichen Schwer-punkt hat*, was nach den gesamten Umständen zu bestimmen ist (ebenso KEGEL 376; MünchKomm/EBENROTH[2] Nach Art 10 Rn 122 Fn 332; SOERGEL/KEGEL Vor Art 7 Rn 257; STAU-DINGER/GROSSFELD [1993], IntGesR Rn 716). Für diese Lösung ist nun auch VISCHER mit eingehender Begründung zum schweizerischen Recht eingetreten (VISCHER, in: HEINI/KELLER/SIEHR/VISCHER/VOLKEN [Hrsg], IPRG-Kommentar [1993] Art 150 Rn 13–18). Er hebt aber auch mit Recht einschränkend hervor, daß die Analogie zum Gesellschaftsrecht und zur Behandlung „organisierter Vermögenseinheiten" (vgl Art 150 Abs 1 schweiz IPRG) nur dann überzeugt, wenn der trust über eine ausreichende Organisation verfügt (ebenso bereits SOERGEL/KEGEL aaO). Der trust darf sich also nicht auf die *treu-händerische Übertragung einzelner Vermögensstücke* beschränken, die unter bestimmten Voraussetzungen an Dritte weitergeleitet werden sollen. Vielmehr ist die Analogie zur Gründung einer Gesellschaft nur begründet, wenn der Treuhänder eine ihm anvertraute Vermögensmasse in ihrem wechselnden Bestand zu verwalten hat, was die Befugnis zu Verfügungen im Rahmen des Treuhandzwecks voraussetzt. Fehlt es an diesen Voraussetzungen, so ist der trust analog den Vorschriften über sonstige Verfügungen zu behandeln, dh über die wirksame Errichtung des trust und seine Wirkungen entscheidet die *lex causae des dem Treuhänder anvertrauten Rechts*, bei Forderungen also das Schuldstatut, bei Sachenrechten die lex rei sitae.

175 *Das Statut des trust* ist maßgebend für die Voraussetzungen der wirksamen Errich-tung, die Form der zur Errichtung nötigen Willenserklärung des Bestellers sowie die Rechtswirkungen des trust. Nach dem Statut des trust bestimmen sich insbesondere auch die Pflichten des Treuhänders gegenüber den Drittbegünstigten sowie die Ver-waltungs- und Verfügungsbefugnis des Treuhänders, andererseits aber auch die Rechte der Drittbegünstigten. Die im amerikanischen Recht übliche *Trennung von Konstituierung und Verwaltung eines trust* (vgl RABEL, Conflict of Laws IV 454–464) ist abzulehnen (vgl jedoch Art 9 des Haager Trust-Übereinkommens, wonach ein abtrennbarer Teilbereich des trust, insbesondere seine Verwaltung, einem anderen Recht unterstellt werden kann).

176 Es kommt vor, daß die vom Besteller gewollte Errichtung eines trust ins Leere greift, weil die Rechtsordnung des Staates, in dem das organisierte Sondervermögen ver-waltet wird, oder die lex causae des an den Treuhänder übertragenen Rechts das Rechtsinstitut des trust in der Form des anglo-amerikanischen Rechts nicht kennen. Es muß dann versucht werden, den rechtsgeschäftlichen Akt in einer Weise umzu-deuten, die dem Parteiwillen der Beteiligten möglichst Rechnung trägt. Dabei kann etwa ein zwischen dem settlor und dem Treuhänder geschlossener Geschäftsbesor-gungsvertrag zugunsten Dritter in Betracht kommen. Erkennt die Rechtsordnung des Staates, in dem eine zum trust-Vermögen gehörende Sache belegen ist, den in einem anderen Staat errichteten trust nicht an, so ist doch immerhin dem Drittbegünstigten nach Maßgabe der lex rei sitae eine Rechtsstellung einzuräumen, die der „equitable ownership" des anglo-amerikanischen Rechts möglichst nahekommt (vgl Re Duke of Wellington [1947] Ch 506 = RabelsZ 1949/50, 149 m Anm NEUHAUS). Die Bestellung eines *trust an einer Forderung*, die dem deutschen Recht unterliegt, wird als eine *Vollrechtsübertragung* der Forderung zu verstehen sein (BGH IPRspr 1984 Nr 121 = IPRax 1985, 221). Ähnlich liegt der Fall, daß eine Sache, an der ein trust wirksam bestellt worden ist, unter die räumliche Herrschaft einer Rechtsordnung gerät, die dieses Rechtsinstitut nicht vorsieht. Hierbei stellt sich das allgemeine Problem, ob die dinglichen Rechtswirkungen des trust von dem nunmehr zur Herrschaft gelangten Belegenheitsrecht toleriert werden oder der trust in ein Rechtsinstitut dieses Rechts transponiert werden muß. Was das deutsche Recht anlangt, ist Toleranz angebracht, soweit nicht wesentliche Grundsätze des deutschen Rechts beeinträchtigt werden (vgl hierzu vCAEMMERER, Zum internationalen Sachenrecht, in: FS Zepos [1973] II 25, 34 Fn 45; COING, Die Treuhand kraft privaten Rechtsgeschäfts 213; FRANKENSTEIN IV 492; HEYMANN, in: FS Heinrich Brunner 473–572; RABEL, Conflict of Laws IV 468–470; WOLFF 178; IPG 1979 Nr 33). Insbesondere sollte der Treuhänder über das nach Deutschland gelangte Treugut dort in derselben Weise verfügen können, wie wenn es sich um eine Verwaltungstreuhand iS des deutschen Rechts handeln würde. Das bedeutet freilich auch, daß der Treuhänder als Vollrechtsinhaber selbst bei Verletzung seiner Treuepflichten grundsätzlich wirksam verfügen kann, mochte auch der Erwerber die Pflichtverletzung kennen (vgl Paris D 195. 2. 356, und dazu GRAUE 174 Fn 72). Das bei solchen Verfügungen in Betracht kommende Verfolgungsrecht der Begünstigten scheitert am Widerspruch des deutschen Sachstatuts, dem ein solches Verfolgungsrecht fremd ist. Es ist im Sinne des deutschen IPR als „dinglich" zu qualifizieren (KÖTZ 37). Auch eine *dingliche Surrogation* bezüglich des in Deutschland belegenen Treuhandvermögens kann nicht eintreten, weil das deutsche Sachenrecht bei Treugut eine solche Surrogation nicht zuläßt (kritisch hierzu KÖTZ 136–138). Andererseits dürften keine Bedenken bestehen, dem Begünstigten im Konkurs des Treuhänders oder bei Einzelzwangsvollstreckungen von Gläubigern des Treuhänders in das Treugut in derselben Weise ein *Aussonderungs- oder Widerspruchsrecht* zu geben, wie wenn Treugut iS des deutschen Rechts in Anspruch genommen würde (COING, Die rechtsgeschäftliche Treuhand im IPR, ZfRvgl 1974, 89, 91 f; HEYMANN 527–533).

3. Prozessual-dingliche Rechte

Pfandrechte und andere Sicherungsrechte an einer Sache sollen auch *prozessuale* **177** *Rechtsmacht* gewähren: Der Gläubiger soll zur bevorzugten Befriedigung aus der Sache berechtigt sein, wenn andere Gläubiger in die Sache vollstrecken. Das in einem Staat begründete Sicherungsrecht kann aber in einem anderen Staat vollstreckungsrechtlich nur wirken, wenn dieser aufgrund des Sicherungsrechts ein Recht zur bevorzugten Befriedigung prozessual anerkennt. Dabei sind *Konflikte* zwischen dem *Sachstatut*, nach welchem das dingliche Recht entstanden ist, und der *lex fori* denkbar. Diese hat dabei das letzte Wort. Sie entscheidet darüber, ob und in welcher Form der dinglich gesicherte Gläubiger vollstreckungsrechtlich berücksichtigt wird und in welcher Reihenfolge die Gläubiger aus der Sache befriedigt werden (vgl Art 16 des Benelux-Entwurfs für ein Einheitliches IPR von 1968: „Das Recht des Landes, in welchem die Verteilung des Ertrages einer Zwangsversteigerung zu erfolgen hat, bestimmt, welche Forderungen ein Vorrecht haben und die Reihenfolge der

Vorrechte"). Der Gerichtsstaat mag ein nach ausländischem Recht begründetes Pfandrecht ignorieren oder ihm einen anderen Rang zuweisen, als ihm nach dem kollisionsrechtlich maßgebenden Sachstatut zukommt (die Frage wird besonders bei *Schiffsgläubigerrechten* praktisch, s dazu unten Rn 392, zu den bereicherungsrechtlichen Fragen auch oben Rn 151). Andererseits kann der Gerichtsstaat im Rahmen der lex fori bei Verteilung des durch Zwangsverwertung einer Sache erzielten Erlöses selbst solchen Gläubigern, die dinglich nicht gesichert sind, ein *prozessuales Vorzugsrecht* einräumen, etwa in Gestalt eines *„privilège"* iS der romanischen Rechte (vgl aber auch zB § 49 Nr 1, 3 und 4 KO). Solche Vorzugsrechte sind trotz ihrer prozessualen Einkleidung möglicherweise *materiellrechtlich* zu qualifizieren, weil sie in Ansehung der Sache wirken sollen, auch wenn diese in ein anderes Rechtsgebiet gelangt. In diesem Falle ist die Sache beim Statutenwechsel auch schon aufgrund des ihr anhaftenden Vorzugsrechts sachenrechtlich geprägt. Ob allerdings dieses Vorzugsrecht in einem späteren Gerichtsstaat anerkannt wird, ist dessen Sache, wobei freilich auch das internationale Sachenrecht dieses Staates zu Rate gezogen werden sollte. Einzelheiten sind in Zusammenhang mit den Sicherungsrechten an beweglichen Sachen zu besprechen (s unten Rn 275).

4. Hoheitlich-dingliche Rechte

178 Das besondere Interesse eines Staates an der Erhaltung, Verwaltung oder dem Erwerb gewisser Gegenstände aus immateriellen oder auch materiellen Beweggründen kann darin Ausdruck finden, daß der Staat kraft seiner Hoheitsgewalt eine bestimmte Form der Sachherrschaft in Anspruch nimmt, etwa generell oder unter bestimmten Voraussetzungen gewisse Sachen zum *öffentlich-rechtlichen Eigentum* des Staates oder eines sonstigen Hoheitsträgers erklärt, sich ein *Recht zur Beschlagnahme* oder zum sonstigen Erwerb der Sache vorbehält, gewisse Sachen dem rechtsgeschäftlichen Verkehr entzieht oder doch die Verfügung über sie, insbesondere zu Zwecken der Ausfuhr, von einer Genehmigung abhängig macht. Kennzeichnend für derartige Rechtsinstitute ist die Verfolgung staatlicher Zwecke durch Gestaltung der dinglichen Rechtsverhältnisse mit hoheitlichen Mitteln. Beispiele für derartige Gestaltungen bieten insbesondere die *Gesetze* vieler Staaten *zum Schutz ihres Kulturguts*. So sind nach französischem und italienischem Recht die Sammlungen der öffentlichen Museen, Gemäldegalerien, Archive und Bibliotheken öffentlich-rechtliches Eigentum des Staates (*domaine public, demanio pubblico*) und als solches unveräußerlich sowie auch der Ersitzung entzogen (vgl Art 822 Abs 2, 823 Abs 1 ital cc; SIEHR, Nationaler und internationaler Kulturgüterschutz, in: FS Lorenz [1991] 525, 527). Die sog *„umbrella statutes"* zahlreicher lateinamerikanischer, aber auch afrikanischer, asiatischer und einiger europäischer Staaten erklären gewisse Kulturgüter, insbesondere solche von archäologischem oder kulturhistorischem Wert, zum *unveräußerlichen und nicht ersitzbaren Eigentum des Staates*, selbst wenn diese Gegenstände noch gar nicht entdeckt oder ausgegraben sind (MOORE, Enforcing Foreign Ownership Claims in the Antiquities Market, YaleLJ 97 [1988] 466–487). Nach dem Recht von Ekuador ist zwar an Gegenständen, die dem nationalen Kulturerbe zugerechnet werden, Privateigentum grundsätzlich möglich. Die Gegenstände sind jedoch mit einem *„dominio eminente"* des Staates behaftet, also einer Art *Obereigentum*, das eine nicht genehmigte Veräußerung ausschließt und dem Staat einen Herausgabeanspruch gibt (vgl Trib Torino 25. 3. 1982 [Repubblica dell' Ecuador contro Danusso], Riv dir int priv proc 1982, 625; dazu SIEHR 528; STOLL, Sachenrechtliche Fragen des Kulturgüterschutzes in

Fällen mit Auslandsberührung, in: DOLZER/JAYME/MUSSGNUG [Hrsg], Rechtsfragen des internationalen Kulturgüterschutzes [1994] 53, 61 f). In dem berühmt gewordenen, in England entschiedenen Fall Attorney General of New Zealand v Ortiz [1984] 1 AC 1 (HL) war umstritten, ob s 12 des neuseeländischen Historic Articles Act von 1962, wonach bei verbotswidriger Ausfuhr des Kulturguts dieses „shall be forfeited to Her Majesty", das Eigentum an dem ausgeführten Kulturgut unmittelbar kraft Gesetzes auf den Staat übergehen läßt oder ob es hierzu des tatsächlichen Zugriffs durch Beschlagnahme der Gegenstände in Neuseeland bedarf. Eine wertvolle Maori-Schnitzerei war entgegen dem Verbot des neuseeländischen Rechts in das Ausland verbracht worden und sollte in London versteigert werden. Entgegen dem Richter 1. Instanz (STAUGHTON, J) legten der Court of Appeal und das House of Lords jene Bestimmung eng aus, so daß – weil eine Beschlagnahme nicht erfolgt war – ein Recht des Antragstellers, die Versteigerung zu verhindern, verneint wurde (KNOTT, Der Anspruch auf Herausgabe gestohlenen und illegal exportierten Kulturgutes = Arbeiten zur Rechtsvergleichung, Bd 147 [1990] 114–117; SIEHR 536; STOLL 62). Auch Schutzgesetze, die sich auf ein *Ausfuhrverbot* beschränken, greifen in die dinglichen Rechte ein, wenngleich sie nur die Rechtsübertragung behindern, nicht aber den Inhalt der dinglichen Rechte berühren. Eben deshalb ist die Durchsetzung solcher Gesetze nach einem sachenrechtlichen Statutenwechsel nur schwer zu erreichen. Beispielsweise scheiterte der Versuch des italienischen Staates, vor englischen Gerichten die Rückgabe verbotswidrig ausgeführten Kulturgutes, nämlich der historisch äußerst wertvollen Medici-Archive, durchzusetzen. Der Verstoß gegen Art 9 der italienischen Legge sulle antichità e belle arti von 1909 war nach Ansicht des englischen Richters (PETERSON, J) keine ausreichende Grundlage für das Rückgabeverlangen, nachdem sich die Archive nicht mehr in Italien befanden (The King of Italy v De Medici [1918] 34 TLR 623).

Die internationale Anerkennung und Durchsetzung *kulturgutschützender Gesetze* **179** wird durch eine überwiegend sachenrechtliche Bewertung gefördert, bei welcher der hoheitliche Ansatz mit Rücksicht auf die auch privatrechtlich billigenswerte Zielsetzung der Gesetze in den Hintergrund tritt. Das bedeutet einmal, daß der Anwendung nationaler Gesetze zum Schutz von Kulturgut ungeachtet der hoheitlichen Einkleidung nichts im Wege steht, solange sich das zu schützende Gut auf dem Gebiet des rechtsetzenden Staates befindet. Insoweit genügt die „abstrakte" Inanspruchnahme des Kulturgutes, etwa als unveräußerliches Eigentum des Staates, mag auch das Kulturgut noch gar nicht entdeckt und noch nicht in Besitz genommen, geschweige denn registriert worden sein. Im internationalen Enteignungsrecht wird zwar vielfach die Ansicht vertreten, daß nur die *tatsächlich vollzogenen ausländischen Enteignungen* international anerkennungsfähig sind, mindestens aber eine Klage abzuweisen ist, die der Realisierung eines in dem ausländischen Enteignungsstaat nicht vollzogenen Eingriffsaktes dient (s unten Rn 198, 206). Diese abwehrende Tendenz ist jedoch *nicht gerechtfertigt*, soweit die hoheitliche Privatrechtsgestaltung zu Zwecken des *Kulturgüterschutzes* erfolgt. Gelangt das Kulturgut in ein anderes Rechtsgebiet, so ist die sachenrechtliche Prägung, die das Kulturgut während der Präsenz in dem schützenden Staat durch dessen Gesetze erfahren hat, grundsätzlich auch außerhalb dieses Staates anzuerkennen. Allerdings kann das nur insoweit gelten, als die hiernach begründeten Sachenrechtsverhältnisse mit der Rechtsordnung des jeweiligen Belegenheitsstaates vereinbar sind (JAYME, The Status of Culturel Property in German Private International Law, in: German National Reports in Civil Matters for the XIVth

Congress of Comparative Law in Athens 1994 [1994] 87, 92 f; Siehr 535 f; Stoll 60–66). Im übrigen hat der *Verkehrsschutz* nach Maßgabe des jeweiligen Belegenheitsrechtes *den Vorrang*, wenn nach einem Statutenwechsel der Sache unter der Herrschaft dieser Rechtsordnung über das Kulturgut zugunsten eines Gutgläubigen verfügt wird. Dabei ist es indes zulässig und angebracht, die Vorschriften der lex rei sitae den Erfordernissen des Kulturgüterschutzes anzupassen, etwa durch erhöhte Anforderungen an die Gutgläubigkeit, wenn es sich ersichtlich um wertvolles Kulturgut ausländischer Provenienz handelt. Ein weitergehender internationaler Kulturgüterschutz kann nur durch staatsvertragliche Vereinbarungen erreicht werden (dazu oben Rn 109, 115, 118).

180 Das in manchen Rechtsordnungen vorgesehene *Heimfall- oder Aneignungsrecht* des Staates hinsichtlich herren- oder erbloser Nachlässe *(bona vacantia)* sollte ohne Rücksicht auf die jeweilige Rechtskonstruktion und selbst bei hoheitlicher Ausgestaltung als sachenrechtliches Aneignungsrecht mit erbrechtlicher Funktion qualifiziert und wegen dieser Funktion dem Erbstatut unterstellt werden (Soergel/Kegel Vor Art 24 Rn 13). Damit sind freilich nicht alle Schwierigkeiten gelöst. Das Heimfall- oder Aneignungsrecht des erbrechtlich berufenen Staates beschränkt sich nämlich, eben wegen der sachenrechtlichen Einkleidung, von vornherein auf die Nachlaßgegenstände, die beim Erbfall auf dem Gebiete jenes Staates belegen sind. Hinsichtlich der übrigen, im Ausland belegenen Nachlaßteile fehlt eine Regelung. Eine derartige „Abweisung" ist wohl so zu verstehen, daß anderen Staaten ein ihrer Rechtsordnung entsprechendes Aneignungsrecht hinsichtlich der auf ihrem Territorium belegenen Gegenstände zuerkannt wird (vgl Kegel 177; Soergel/Kegel Vor Art 24 Rn 15). Auf die damit angeschnittenen, im einzelnen verwickelten Fragen kann hier nicht weiter eingegangen werden (vgl insbesondere Staudinger/Dörner [1995] Art 25 Rn 192–204; Graupner/Dreyling, Erblose Nachlässe im deutsch-britischen internationalen Privatrecht, ZVglRW 82 [1983] 193–215).

IV. Vermögensstatut und Sachstatut

1. Vermögensstatute mit sachenrechtlicher Relevanz

a) Begriff des Vermögensstatuts

181 Das Sachstatut beherrscht die Sache als *Einzelgegenstand*, dh als isoliertes Objekt des Rechtsverkehrs (vBar, IPR I 499; vgl oben Rn 141). Die rechtlichen Auswirkungen hingegen, die sich aus der Zugehörigkeit der Sache zu einer rechtlich geordneten Gesamtheit oder einem Inbegriff von Gegenständen ergeben – etwa zum Vermögen eines Kindes, eines Ehegatten oder zum Nachlaß einer Person – sind derjenigen Rechtsordnung zu entnehmen, die nach dem Kollisionsrecht des Gerichtsstaates maßgibt für Bestand und Regelungsinhalt jener übergeordneten Gesamtheit oder jenes Inbegriffs (sog **Gesamtstatut oder Vermögensstatut**). Die Kompetenz des Vermögensstatuts umfaßt auch *dingliche Rechtsgestaltungen*, soweit diese dazu dienen, die mit der rechtlichen Ordnung des Vermögens verfolgten Rechtszwecke zu erreichen. Vorschriften mit dinglicher Tragweite sind ein unentbehrliches Mittel, um einen Inbegriff von Gegenständen zu bestimmten Zwecken zu integrieren (vgl insbes Zitelmann, Sondergut nach deutschem Internationalprivatrecht, in: FS vGierke [1911] 255–284; s dazu auch Reichelt, Gesamtstatut und Einzelstatut im IPR [Wien 1985] 53–62). So mag etwa ein Vermögen, das mehreren Personen zusteht, durch Anordnung einer gesamthänderischen Bindung oder durch sonstige Beschränkung der einem einzelnen Teilhaber zustehenden Verfügungsmacht zusammengehalten werden. Oder es ordnet das Vermögensstatut eine gesetzliche Universalsukzession an, um zu gewährleisten, daß das Vermögen geschlossen auf den Sukzedenten übergeht. Die Zulassung *rechtsgeschäftlicher Gesamtakte*, welche alle zu dem Vermögen gehörenden Einzelgegenstände mit dinglicher Wirkung ergreifen, kann es erleichtern, das Vermögen einer einheitlichen Zweckbestimmung zuzuführen. Die Existenz eines Vermögensstatuts hängt zunächst von dem IPR des Gerichtsstaates oder sonstigen Staates ab, der die rechtliche Zusammenfassung eines Vermögens zu bestimmten Zwecken anerkennt. Es muß freilich noch hinzukommen, daß die hiernach berufene Rechtsordnung zu jenen Zwecken geeignete Sachnormen bereithält, welche das Sondervermögen konstituieren. Das geschieht vielfach auch mit Mitteln des Sachenrechts. Das deutsche IPR knüpft die sich aus dem Kindschaftsverhältnis, dem Ehegüterrecht und der Erbfolge ergebenden Rechtswirkungen für das Vermögen des Kindes, der Ehegatten oder des Erblassers *einheitlich* an (Art 15, 19 Abs 2, 20 Abs 2, 25 EGBGB), was die Anerkennung entsprechender Vermögensstatute und der mit ihnen verbundene Rechtsgestaltungen bedeutet (MELCHIOR, Die Selbstbeschränkung des deutschen internationalen Privatrechts, RabelsZ 1929, 733–751).

b)   Territoriale Spaltung des Vermögensstatuts

Die Vermögensstatute sind gewöhnlich personal ausgerichtet, dh das Vermögen **182** einer Person wird einheitlich, wo auch immer es sich befindet, bestimmten Regeln unterworfen. Die kollisionsrechtliche Behandlung kann allerdings auch zur territorialen Spaltung des Vermögensstatuts führen. Hierzu kommt es notwendig dann, wenn bei Bestimmung des Vermögensstatuts auf den Lageort der zu dem Vermögen gehörenden Gegenstände abgestellt wird. Im deutschen IPR geschieht das nur ausnahmsweise. Einmal ist der Fall zu nennen, daß das primär berufene ausländische Vermögensstatut auf das Recht des Ortes, an dem sich die zu dem Vermögen gehörenden Gegenstände befinden, zurück- oder weiterverweist. Einem solchen renvoi ist nach deutschem IPR zu folgen (Art 4 Abs 1 EGBGB) mit der Konsequenz, daß alle Gegenstände, die sich außerhalb des Bereiches der primär berufenen Rechtsordnung befinden, einem *vermögensrechtlichen Sonderstatut* – eben dem Recht des Lageortes – unterstellt werden. Im übrigen führt das Prinzip des Art 3 Abs 3 EGBGB, der dem früheren Art 28 EGBGB aF folgt, zur *territorialen Spaltung* der im internationalen Familien- und Erbrecht anerkannten Vermögensstatute. Nach dieser Vorschrift weicht die als Vermögensstatut im Rahmen des internationalen Kindschafts-, Ehegüterrechts oder Erbrechts primär berufene Rechtsordnung vor dem als „näherstehend" angesehenen Belegenheitsrecht zurück, sofern dieses besondere Vorschriften des Kindschafts-, Ehegüterrechts oder Erbrechts vorsieht und für diese einen territorialen Geltungsanspruch erhebt. Häufig setzt man die Regel des Art 3 Abs 3 EGBGB mit der Formel gleich, das *Einzelstatut gehe dem Gesamtstatut vor* (BGH IPRax 1994, 375 und dazu DÖRNER IPRax 1994, 362 f; ERMAN/HOHLOCH Art 3 Rn 13; FERID 3–133 ff; FIRSCHING/vHOFFMANN 161; KROPHOLLER 164 f; PALANDT/HELDRICH Art 3 Rn 11; RAAPE/STURM 185–193; TIEDEMANN, Internationales Erbrecht in Deutschland und Lateinamerika [1993] 39–42; WOCHNER, Gesamtstatut und Einzelstatut, in: FS Wahl [1973] 161–184). Diese Formel ist *mißverständlich* (vBAR, IPR I 467). Art 3 Abs 3 EGBGB hat nämlich mit dem Einzelstatut – dh derjenigen Rechtsordnung, der ein zum Vermögen gehörender Gegenstand als rechtliches Einzelobjekt untersteht – nichts zu tun. Vielmehr befaßt sich Art 3 Abs 3 EGBGB allein mit den Vermögensstatuten des internationalen Familien- und Erbrechts, indem es diese Statute unter gewissen Voraussetzungen jeweils in ein allgemeines Statut und in Sonderstatute aufspaltet (WOLFF 81 f). Das in seiner Herrschaft territorial begrenzte Vermögenssonderstatut fällt allerdings, soweit es um die zu dem Vermögen gehörenden Sachen geht, mit dem sachenrechtlichen Einzelstatut – eben der lex rei sitae – tatsächlich zusammen. Man kann dieses Ergebnis auch so ausdrücken, daß Art 3 Abs 3 EGBGB nur besondere Vorschriften des im Belegenheitsstaat geltenden Kindschafts-, Ehegüterrechts oder Erbrechts zur Anwendung beruft, nicht aber Vorschriften des Sachenrechts (vBAR, IPR I 467 f; KROPHOLLER 166 f; MünchKomm/SONNENBERGER[2] Art 3 Rn 23; STAUDINGER/GRAUE[12] Art 28 aF Rn 2-4; STAUDINGER/HAUSMANN [1996] Art 3 EGBGB Rn 70, 95–97).

c) Vermögensstatute nach deutschem IPR

183 Die einschränkende Vorschrift des Art 3 Abs 3 EGBGB betrifft alle Verweisungen, die das Vermögen einer Person in familienrechtlichen oder erbrechtlichen Beziehungen derselben Rechtsordnung unterstellen und in diesem Sinne ein *vermögensrechtliches Gesamtstatut* schaffen. Dabei ist nicht nur an die schon in dem früheren Art 28 EGBGB aF ausdrücklich genannten Fälle des *Ehegüterrechtsstatuts*, des *Statuts der ehelichen Kindschaft* und des *Erbstatuts* zu denken. Auch zB das *Ehewirkungsstatut* (Art 14 EGBGB) oder das *Statut der nichtehelichen Kindschaft* (Art 20 Abs 2 EGBGB) haben die Funktion eines vermögensrechtlichen Gesamtstatuts, soweit die berufene Rechtsordnung in dem Regelungsbereich, den ihnen das Kollisionsrecht zuweist, das Vermögen einer Person einer besonderen Ordnung unterstellen. Nicht vollkommen geklärt ist hingegen, inwieweit das deutsche IPR auch außerhalb des Familien- und Erbrechts einer Rechtsordnung zugesteht, gewisse Gegenstände zu einem Sondervermögen zusammenzufassen und einheitlichen Regeln zu unterwerfen. Hier interessieren freilich nur solche Sondervermögen, bei denen der Gesetzgeber jedenfalls auch Mittel der dinglichen Rechtsgestaltung einsetzt, um die mit der Bildung des Sondervermögens verfolgten Zwecke zu fördern. Sicherlich ist etwa das *Gesellschaftsstatut* iS des internationalen Gesellschaftsrechts auch zugleich vermögensrechtliches Gesamtstatut mit der Kompetenz, das Gesellschaftsvermögen, wo auch immer es sich befindet, in einer auch das Sachenrecht berührenden Weise besonders zu ordnen. Nicht weniger großzügig sollte man auch *organisierte Sondervermögen* sonstiger Art kollisionsrechtlich anerkennen und sie den gesellschaftlich organisierten Personenzusammenschlüssen gleichstellen, wie das nunmehr im schweizerischen IPRG vom 18. 12. 1987 auch geschehen ist (Art 150 Abs 1, 154). Somit unterstehen *organisierte Sondervermögen*, analog den Gesellschaften, dem Recht des Ortes, wo die Hauptverwaltung ihren Sitz hat (KEGEL 428; WOLFF 183). Eine gewisse Bedeutung hat diese Analogie für *nicht-rechtsfähige Handelsunternehmen* oder *landwirtschaftliche Güter*, die in manchen Rechtsordnungen einheitlichen Regeln unterstellt werden (vgl RABEL, Conflict of Laws IV 69). Insbesondere aber empfiehlt sich auch für den *rechtsgeschäftlichen trust* die Anknüpfung an den Sitz der Hauptverwaltung, sofern dem Treuhänder ein trust-Vermögen anvertraut ist, das er in seinem wechselnden Bestand zu verwalten hat (oben Rn 174). Auch das *Treuhandstatut* ist insoweit ein Vermögensstatut. Als solches kommt ferner das sog *Insolvenzstatut* in Betracht, dh die Rechtsordnung, die ein Insolvenzverfahren und seine Wirkungen im allgemeinen beherrscht. Das Kollisionsrecht gibt der als Insolvenzstatut berufenen Rechtsordnung die Befugnis, das Vermögen, das dem Gemeinschuldner bei Eröffnung des Insolvenzverfahrens zusteht, gewissen einheitlichen Regeln zu unterwerfen, um die gleichmäßige Befriedigung der Gläubiger aus diesem Vermögen sicherzustellen. Dabei wirkt das Insolvenzrecht vielfach auf die dingliche Rechtslage ein. Diese Wirkungen richten sich grundsätzlich nach derselben Rechtsordnung, nämlich dem Insolvenzstatut. Es ist im deutschen Recht bislang gesetzlich nicht geregelt. Der noch nicht in Kraft getretene Art 102 des EG zur neuen Insolvenzordnung vom 5. 10. 1994 (BGBl I 2911) bestimmt lediglich, daß ein ausländisches Insolvenzverfahren auch das im Inland belegene Vermögen des Schuldners erfaßt, sofern die Gerichte des Staates der Verfahrenseröffnung international zuständig sind und die Anerkennung des ausländischen Verfahrens nicht dem deutschen ordre public zuwiderläuft (zu den Bemühungen um eine gesetzliche Regelung s Stellungnahmen und Gutachten zur Reform des deutschen Internationalen Insolvenzrechts. Im Auftrag der Sonderkommission „Internationales Insolvenzrecht" des Deutschen Rates für IPR vorgelegt von STOLL, bearbeitet von KARATZENIS und JANKE = Materialien zum ausländischen und internationalen Privatrecht, Bd 35 [1992]). Immerhin bestätigt diese Vorschrift, daß das Recht des Staates der Verfahrenseröffnung als ein Gesamtstatut aufzufassen ist, das die vermögensrechtlichen Wirkungen des Insolvenzverfahrens grundsätzlich einheitlich regelt (zum Kollisionsrecht der grenzüberschreitenden Konkursverfahren s OLG Düsseldorf ZIP 1982, 1341; BGHZ 95, 256; 118, 151; 122, 373; 125, 196. Aus dem neueren Schrifttum s DANIELA FAVOCCIA, Vertragliche Mobiliarsicherheiten im internationalen Insolvenzrecht [Diss Freiburg 1991]; INGRID METZGER, Die Umsetzung des Istanbuler Konkursübereinkommens in das neue deutsche Internationale Insolvenzrecht [Diss Freiburg 1994]; STUMMEL, Konkurs und Integration. Konventionsrechtliche Wege zur Bewältigung grenzüberschreitender Insolvenzverfahren = Studien zum vergleichenden und internationalen Recht, Bd 13 [1991]).

2. Konkurrenz von Vermögens- und Sachstatut

a) Qualifikationsprobleme bei der Abgrenzung von Vermögens- und Sachstatut

Im Schrifttum wird im Anschluß an ZITELMANN (Sondergut nach deutschem International- **184** privatrecht, in: FS vGierke [1911] 261) vielfach behauptet, das Gesamtstatut lebe nur durch die Anerkennung der Einzelstatute, die in erster Linie bestimmend seien (FERID 7−30; FRANKENSTEIN I 509 f; LEWALD 178; TIEDEMANN, Internationales Erbrecht in Deutschland und Lateinamerika [1993] 41; kritisch vBAR, IPR I 466 f; SOERGEL/KEGEL Vor Art 7 Rn 564). Das Gesamt- oder Vermögensstatut lebt indes von der Anerkennung durch das IPR des Gerichtsstaates. Die Anerkennung bedeutet, daß grundsätzlich das Vermögensstatut innerhalb des ihm zugewiesenen Anwendungsbereichs gelten soll unter Ausschluß anderer Statute, grundsätzlich auch der Einzelstatute. In diesem Sinne mag man von einem Vorrang des Gesamtstatuts sprechen (vgl MELCHIOR, Die Selbstbeschränkung des deutschen internationalen Privatrechts, RabelsZ 1929, 749; vBAR, IPR I 467). Bisweilen ist allerdings zweifelhaft, welcher Anwendungsbereich vom Vermögensstatut in Anspruch genommen wird und wie es gegen die Einzelstatute abzugrenzen ist. Hierin liegt ein *Qualifikationsproblem* (richtig MELCHIOR 749; SOERGEL/KEGEL aaO). Zur Klärung ist danach zu fragen, inwieweit die lex fori, deren Kollisionsrecht das Vermögensstatut vorsieht, ein Bedürfnis für materielle Sondernormen zur Erreichung des das Vermögen betreffenden Regelungszwecks anerkennt. Beispielsweise besteht bei der Kompetenzzuteilung zugunsten des erbrechtlichen Gesamtstatuts im Verhältnis zum sachenrechtlichen Einzelstatut aus der Sicht des deutschen Rechts kein begründeter Anlaß, einem Vermächtnisnehmer nach Maßgabe des ausländischen Erbstatuts unmittelbar mit dem Erbfall die Vindikation der vermachten Sache zu gestatten, selbst wenn die lex rei sitae kein Vindikationslegat zuläßt. Der unmittelbare Übergang des Vermächtnisgegenstandes auf den Vermächtnisnehmer ist für die sachliche Nachlaßverteilung im Rahmen des Erbstatuts nicht wesentlich, beeinträchtigt aber die Universalsukzession der Erben und gefährdet damit auch den Rechtsverkehr im Belegenheitsstaat (vgl dazu näher unten Rn 191). Dagegen ist im internationalen Ehegüterrecht auch nach deutschem Recht anzuerkennen, daß ein Ehevertrag nach Maßgabe der berufenen Rechtsordnung (Art 15 EGBGB) bewirken kann, daß die dingliche Rechtslage bezüglich der den Ehegatten gehörenden Gegenstände unmittelbar mit dem Vertragsschluß verändert wird, etwa die Gegenstände gemeinschaftliches Gesamtgut werden, ohne daß es einer Einzelübertragung bedarf (MünchKomm/SIEHR² Art 15 Rn 95; STAUDINGER/vBAR¹² Art 15 Rn 118). Es kann ja auch nach deutschem materiellen Recht der Ehevertrag eine solche Wirkung entfalten (vgl § 1416 BGB).

b) Angleichung bei Normwidersprüchen

185 Die von dem *Vermögensstatut* bei richtiger Qualifikation umfaßten, von ihm angeordneten Rechtsfolgen können indes in *Widerspruch zu den Normen* des Einzelstatuts treten (SOERGEL/KEGEL aaO). Es bedarf dann der *Angleichung*. Sachenrechtlich ist hierbei dem Einzelstatut in dem Sinne Rechnung zu tragen, daß gewisse Regelungen des Vermögensstatuts nicht gelten, sofern sie unverzichtbare Grundsätze des Einzelstatuts verletzen und deshalb die Ordnung des Einzelstatuts sprengen. Eine Auflehnung des Sachstatuts gegen das fremde Vermögensstatut ist nicht schon „überall da anzunehmen, wo es sich um unbedeutende, erträgliche Abweichungen der fremden Sachenrechtsvorschriften von den eigenen handelt" (RAAPE 591; s auch vBAR, IPR I 467, der mit Recht, soweit deutsches Sachenrecht Einzelstatut ist, Großzügigkeit empfiehlt). Man hat vorgeschlagen, generell zwischen dem Typ eines dinglichen Rechts einerseits und den Formen der Entstehung sowie der Übertragung andererseits zu unterscheiden. Das Veto des Sachstatuts beschränke sich im allgemeinen darauf, daß eine von dem Vermögensstatut vorgesehene dingliche Rechtsgestaltung ihrer Art nach dem Sachstatut unbekannt ist (GOTTHEINER, Zur Anwendung englischen Erbrechts auf Nachlässe in Deutschland, RabelsZ 1956, 36, 43 f; s auch SOERGEL/KEGEL aaO und Art 15 Rn 7). Diese Formel ist jedoch zu schematisch (zustimmend vBAR, IPR I 467). Das Sachstatut mag eine ihrer Art nach unbekannte Rechtsform tolerieren, selbst wenn es im innerstaatlichen Bereich die Zahl der dinglichen Rechtstypen gesetzlich beschränkt. Es ist nicht selbstverständlich, daß dieser Grundsatz auch gegenüber berufenem Auslandsrecht durchgesetzt werden soll, also international zwingend ist (zur selben Frage beim Statutenwechsel beweglicher Sachen unten Rn 358). Andererseits wird die Ordnung des Sachstatuts durch eine ihm unbekannte Form der Entstehung oder Übertragung dinglicher Rechte uU sehr viel empfindlicher gestört als durch unbekannte Typen eines dinglichen Rechts. Namentlich kann die gesetzliche Entstehung eines Generalpfandrechts an einem Vermögen oder die Begründung eines solchen Pfandrechts durch Gesamtakt nach Maßgabe des Vermögensstatuts für das Einzelstatut unerträglich sein (vBAR, IPR I 467 Fn 93). Ausschlaggebender Gesichtspunkt ist hierbei nicht die Störung der Sachenrechtsordnung durch einen fremdartigen Rechtstyp, sondern die Ausschaltung gewisser Normen des Sachenrechts, die bei der Verpfändung durch Einzelakt die Publizität des Pfandrechts sicherstellen. Man wird einen solchen Normwiderspruch in der Weise auszugleichen haben, daß man den Inhaber des Vermögens kraft des Vermögensstatuts für verpflichtet hält, die zu dem Vermögen gehörenden Gegenstände mit einem Pfandrecht zu belasten (vBAR, IPR I 467; FRANKENSTEIN II 19 f; LEWALD 179).

3. Abgrenzung des deutschen Sachstatuts gegenüber einem ausländischen Vermögensstatut

a) Allgemeine Fragen

Die Abgrenzung eines Einzelstatuts gegen ein übergeordnetes Vermögensstatut ist **186** verschieden, je nachdem, welche Rechtsordnung als Einzelstatut berufen ist. Von besonderem Interesse ist die *Toleranzweite des deutschen Sachenrechts*. Entsprechend der zu empfehlenden Großzügigkeit (oben Rn 185) ist davon auszugehen, daß das deutsche Sachenrecht *abweichende Formen gemeinschaftlicher Berechtigung* an einer Sache oder einem Sachenrecht grundsätzlich duldet, soweit ein ausländisches Vermögensstatut, etwa ein familienrechtliches Statut oder das Erbstatut, solche Formen der Mitberechtigung vorsieht (Soergel/Kegel Art 15 Rn 7 Fn 9 und Vor Art 24 Rn 19; MünchKomm/Birk[2] Art 25 Rn 245 Fn 312; Staudinger/vBar[12] Art 15 Rn 118, 119). Auch intertemporal blieben bei Inkrafttreten des BGB besondere, von ihm abweichende *Gemeinschaftsformen des älteren Güterrechts oder Erbrechts* bestehen (Art 200 Abs 1, 213 EGBGB; vgl dazu Arndt JW 1932, 3830 f; Staudinger/Winkler[12] Art 213 Rn 19; zur Erbengemeinschaft nach rheinisch-französischem Recht BGHZ 55, 66 = NJW 1971, 321). Die nach deutschem Recht anzuerkennenden, von ihm jedoch verschiedenen Formen der Gemeinschaftsberechtigung kraft ausländischen Rechts können und müssen – unter Hinweis auf das ausländische Recht – ins Grundbuch eingetragen werden, sofern deutsche Grundstücke oder Rechte an einem solchen Grundstück zu dem vom ausländischen Vermögensstatut beherrschten Sondervermögen gehören (KG DNotZ 1927, 59; LG I Berlin IPRspr 1932 Nr 101 = JW 1932, 3829 m Anm Arndt; Gutachten der Rheinischen Notarkammer, DNotZ 1962, 655; IPG 1967–68 Nr 22; LG Bamberg IPRspr 1975 Nr 215; LG Köln IPRspr 1978 Nr 56; OLG Oldenburg IPRspr 1991 Nr 81; Staudinger/vBar[12] Art 15 Rn 118). Die verfahrensrechtlichen Voraussetzungen der Grundbucheintragung richten sich hingegen stets nach deutschem Recht (OLG Hamm IPRspr 1964–65 Nr 298 = DNotZ 1966, 236; OLG Köln IPRspr 1971 Nr 52 = OLGZ 1972 Nr 48 = DNotZ 1972, 182; KG NJW 1973, 428 = OLGZ 1973, 163 = DNotZ 1973, 620). Dem deutschen Sachenrecht unterliegen stets einzelne Verfügungen über die im Grundbuch eingetragenen Rechte, insbesondere der Gutglaubenserwerb vom Nichtberechtigten, wobei auch die Art 12 und 16 EGBGB zu beachten sind (LG Aurich IPRax 1991, 341, und dazu Roth IPRax 1991, 320–322; Liessem, Guter Glaube beim Grundstückserwerb von einem durch seinen Güterstand verfügungsbeschränkten Ehegatten?, NJW 1989, 497–502; MünchKomm/Siehr[2] Art 15 Rn 96, 97). Wenn teilweise behauptet wird, im Grundbuch eintragungsfähig seien nur *Rechtsverhältnisse des deutschen materiellen Rechts* (Drewes, Der erbrechtliche Nießbrauch des polnischen Ehegatten im Erbschein und Grundbuch, DNotZ 1930, 399, 400 f; LG III Berlin IPRspr 1929 Nr 97), so ist dem zu widersprechen. Das Grundbuch hat die materielle Rechtslage kundzutun, auch wenn sich diese aus dem ausländischen Recht ergibt, auf das das deutsche IPR verweist.

Gesetzliche Vorschriften über eine *dingliche Surrogation* sind auch im deutschen **187** materiellen Recht ein gebräuchliches Mittel, um ein Sondervermögen in seinem Bestand zu erhalten (vgl §§ 718 Abs 2, 1418 Abs 2 Nr 3, 1473 Abs 1, 2019 Abs 1, 2041 S 1 und 2111 Abs 1 S 1 BGB). Deshalb darf angenommen werden, daß das deutsche IPR auch einem ausländischen Vermögensstatut gestattet, eine dingliche Surrogation kraft Gesetzes zur Sicherung des Vermögensbestandes anzuordnen. Die Grundbuchberichtigung und die Möglichkeit eines Gutglaubenserwerbs bei Einzelverfügungen im Falle unterbliebener Berichtigung des Grundbuchs richten sich wiederum nach deutschem Recht.

b) Familienrechtliches Vermögensstatut und deutsches Sachstatut

188 Das *Ehewirkungsstatut* (Art 14 EGBGB) oder das *Ehegüterrechtsstatut* (Art 15 EGBGB) können die Verfügungsmacht eines Ehegatten hinsichtlich seines Vermögens oder bestimmter Teile seines Vermögens mit dinglicher Wirkung beschränken. Solche Verfügungsbeschränkungen kraft Vermögensstatuts sind auch bezüglich der in Deutschland belegenen Vermögensgegenstände grundsätzlich anzuerkennen. Auch dem deutschen Recht sind vergleichbare Verfügungsbeschränkungen durchaus geläufig (KG IPRspr 1930 Nr 70; OLG Hamm IPRspr 1964–65 Nr 298; OLG Köln IPRspr 1971 Nr 52 = OLGZ 1972 Nr 48; KG IPRspr 1972 Nr 55 = NJW 1973, 428 = FamRZ 1973, 307; LG Köln IPRspr 1980 Nr 76; IPG 1967–68 Nr 22; IPG 1969 Nr 15; FERID 8–124; MünchKomm/SIEHR[2] Art 14 Rn 113 und Art 15 Rn 64; SOERGEL/KEGEL Art 14 Rn 58 und Art 15 Rn 7; STAUDINGER/vBAR[12] Art 15 Rn 116–119). Die *Toleranzgrenze* des deutschen Sachenrechts wird jedoch *überschritten*, wenn das ausländische Vermögensstatut die zum Vermögen gehörenden Gegenstände schlechthin der Verfügung entzieht, Verfügungen also auch nicht mit Zustimmung der durch das Verfügungsverbot geschützten Personen möglich sind. Der gänzliche Ausschluß der Verfügungsmacht schafft gebundenes Vermögen nach Art eines Fideikommmisses. Das erkennen wir nicht an (so im Ergebnis auch KG IPRspr 1972 Nr 55 = NJW 1973, 428 = FamRZ 1973, 307, bezüglich der Unveräußerlichkeit des Familiengutes nach Art 169, 170 des italienischen cc; vBAR, IPR I 467 und STAUDINGER/vBAR[12] Art 15 Rn 119). Das Vermögensstatut entscheidet grundsätzlich auch darüber, ob das *Verfügungsverbot* absolut ist und deshalb den Gutglaubensschutz ausschließt (IPG 1967–68 Nr 22). Richtiger Ansicht nach läßt sich in einem solchen Falle ein Schutz gutgläubiger Personen auch nicht aus Art 12 EGBGB herleiten (ERMAN/HOHLOCH Art 12 Rn 11; MünchKomm/SPELLENBERG[2] Art 12 Rn 28; REITHMANN/MARTINY 1092; **aA** LG Aurich IPRax 1991, 341; LIESSEM NJW 1989, 497, 500 f; PALANDT/HELDRICH Art 12 Rn 5; vgl auch FISCHER, Verkehrsschutz im internationalen Vertragsrecht [1989] 173 f). Die allseitige Kollisionsnorm des Art 12 EGBGB soll zwar auch über einen Mangel der „Handlungsfähigkeit" hinweghelfen, wenn der Partner des Rechtsgeschäfts auf das Ortsrecht vertrauen darf, das diesen Mangel nicht kennt. Die Vorschrift paßt aber nur für Beschränkungen, die im Personalstatut einer Person wurzeln, nicht aber auf Verpflichtungs- und Verfügungsbeschränkungen aufgrund eines besonderen Rechtsverhältnisses zu einem Dritten (REITHMANN/MARTINY aaO). Wohl aber ergibt sich bei familienrechtlichen Beschränkungen der Verfügungsmacht, mögen sie nun aus dem Ehewirkungsstatut (Art 14 EGBGB) oder dem Ehegüterrechtsstatut (Art 15 EGBGB) hervorgehen, ein kollisionsrechtlich einseitiger, auf Inlandsgeschäfte beschränkter *Verkehrsschutz* aus dem analog anzuwendenden Art 16 Abs 2 EGBGB, der gegenüber Art 12 als lex specialis anzusehen ist (ROTH, Grundbuchverfahren und ausländisches Güterrecht, IPRax 1991, 320–322; s im übrigen ERMAN/HOHLOCH, MünchKomm/SPELLENBERG, REITHMANN/MARTINY aaO).

189 Das *Ehewirkungsstatut*, eventuell auch das *Ehegüterrechtsstatut*, können vorsehen, daß im Verhältnis der Ehegatten zueinander oder in ihrem Verhältnis zu Gläubigern gewisse **Eigentumsvermutungen** gelten (vgl § 1362 BGB). Diese sind als Sonderregelungen zu qualifizieren, die in den Kontext der ehelichen Beziehung einzuordnen und deshalb dem familienrechtlichen Gesamtstatut zu entnehmen sind. Das deutsche Sachstatut wird durch solche, einem ausländischen Gesamtstatut folgende Vermutungen, mögen sie auch vom deutschen Recht deutlich abweichen, nicht unzu-

mutbar gestört (so die hL, s ERMAN/HOHLOCH Art 14 Rn 32; KROPHOLLER 309 Fn 4; Münch-
Komm/SIEHR² Art 14 Rn 114; STAUDINGER/vBAR¹² Art 14 Rn 141; zweifelnd jedoch SOERGEL/
KEGEL Art 14 Rn 59). Sofern allerdings ein Ehegatte oder beide Ehegatten gemeinsam
bewegliche Sachen besitzen, die sich im Inland befinden, gilt zugunsten Dritter nach
Art 16 Abs 2 EGBGB die Eigentumsvermutung des § 1362 BGB, soweit diese Vor-
schrift für Dritte günstiger ist als das ausländische Vermögensstatut. Nach der
Neufassung des Art 16 EGBGB durch das Gesetz zur Neuregelung des IPR setzt
diese Vergünstigung indes Gutgläubigkeit des Dritten voraus. Das ist wohl so zu
verstehen, daß der Dritte in dem Zeitpunkt, in dem über eine bewegliche Sache
verfügt wird, mit der Anwendung ausländischen Rechts nicht gerechnet hat und die
Vernachlässigung dieser Möglichkeit auch nicht auf grober Fahrlässigkeit beruht
(MünchKomm/SIEHR² Art 16 Rn 29).

Gesetzliche Generalpfandrechte an einem Vermögen, etwa der Frau am Mannesver-   **190**
mögen oder des Mündels am Vermögen des Vormunds kraft ausländischen Vermögensstatuts, können nicht an Sachen unmittelbar entstehen, die sich im Inland
befinden. Das deutsche Sachenrecht widersetzt sich der gesetzlichen Entstehung
ohne Bestellungsakt, weil hierdurch der Kreditverkehr gefährdet wird (OT Berlin
SeuffA 31 Nr 194; vBAR, IPR I 467 und II 128, 563; ERMAN/HOHLOCH Art 15 Rn 36; FERID 7−10
und 8−94; KROPHOLLER 310; LEWALD 167; MünchKomm/SIEHR² Art 14 Rn 109; STAUDINGER/
vBAR¹² Art 14 Rn 133; aA SOERGEL/KEGEL Art 14 Rn 51. Zum Standpunkt des französischen Rechts
Paris Rev crit dr i p 1976, 495; BATIFFOL, L'hypothèque légale de la femme mariée en France et le
droit international privé, in: FS Rabel [1954] 591−609; BATIFFOL/LAGARDE, Droit international
privé⁷ II nos 439, 518−1; s auch Cour Supérieure de Justice Luxembourg Clunet 1956, 938). Man
wird aber ein Veto des deutschen Sachenrechts auch in dem Fall annehmen müssen,
daß nach der gesetzlichen Entstehung des Generalpfandrechts eine hiermit belastete
Sache aus dem Geltungsbereich des Vermögensstatuts nach Deutschland gelangt
(Fall des Statutenwechsels, vgl OAG Jena SeuffA 16 Nr 1; Oberhofgericht Mannheim BadAnn
1879 Nr 11). Notwendig ist zur Verpfändung, soweit deutsches Sachstatut gilt, stets die
Belastung der zu dem Vermögen gehörenden Sachen durch Einzelakt (MünchKomm/
SIEHR² Art 15 Rn 96). Doch kann das ausländische Vermögensstatut den Vermögensinhaber dazu verpflichten, in dieser Weise nach Maßgabe des deutschen Sachenrechts ein Pfandrecht an den in Deutschland belegenen, zu dem Sondervermögen
gehörenden Sachen zu bestellen (vgl oben Rn 185; vBAR, IPR I 467; FRANKENSTEIN II 19 f;
JAYME, Spannungen bei der Anwendung italienischen Familienrechts durch deutsche Gerichte
[1961] 66 f; LEWALD 179; MünchKomm/SIEHR² Art 14 Rn 109). Entsprechendes gilt für einen
kraft Gesetzes entstehenden **Generalnießbrauch**, den ein ausländisches Vermögensstatut einem Ehegatten am Vermögen des anderen Ehegatten oder den Eltern am
Vermögen des Kindes zuspricht (RAAPE 592; STAUDINGER/HENRICH¹³ Art 19 Rn 384; WOLFF
184; aA SOERGEL/KEGEL Art 19 Rn 22: die deutsche lex rei sitae lasse die gesetzliche Entstehung
eines solchen Nießbrauchs zu). Zur Einräumung eines Nießbrauchs an deutschem
Grundvermögen nach italienischem Ehegüterrecht (Art 194 Abs 2 cc) s OLG Frankfurt IPRax 1986, 236, und dazu JAYME IPRax 1986, 227−229; AG Frankfurt IPRspr
1991 Nr 80. Das italienische Gesetz zur Reform des Familienrechts vom 19. 5. 1975,
das jene Vorschrift eingeführt hat, sieht freilich keinen gesetzlichen Nießbrauch vor,
ja nicht einmal einen Anspruch auf Nießbrauchsbestellung; vielmehr liegt es im
Ermessen des Richters, die Bestellung anzuordnen (DOPFFEL, Das neue italienische Fami-
lienvermögensrecht, FamRZ 1978, 478, 483).

c) Erbstatut und deutsches Sachenrecht

191 Das *Erbstatut* bestimmt, auf welche Personen das Vermögen des Erblassers übergeht und welcher Art das unter mehreren Erben bestehende Gemeinschaftsverhältnis ist (Erman/Hohloch Art 25 Rn 27; MünchKomm/Birk² Art 25 Rn 245; Staudinger/Dörner [1995] Art 25 Rn 214; Thomas Bentler, Die Erbengemeinschaft im IPR [1993] 43–45). Abweichungen von den im deutschen Recht vorgesehenen Typen gemeinschaftlicher Berechtigung sind hinzunehmen (s Rn 186). Es ist zwar denkbar, daß das ausländische Erbstatut bezüglich der Ausgestaltung der Erbengemeinschaft auf das Belegenheitsrecht zurückverweist (Lorenz IPRax 1990, 82 f). Im Zweifel respektiert jedoch das Erbstatut nur den Geltungsanspruch des Belegenheitsrechts, soweit dieses gewisse sachenrechtliche Gestaltungen für unverzichtbar hält; darin liegt keine Rückverweisung. Andererseits richtet sich nach dem jeweiligen Einzelstatut, ob ein zum Nachlaß gehörender Gegenstand vererblich ist und ob er in eine schon vor dem Erbfall begründete, etwa gesellschaftsrechtliche Gesamthand eingebunden ist (MünchKomm/Birk² Art 25 Rn 245; Staudinger/Dörner [1995] Art 25 Rn 214). Das Einzelstatut ist auch maßgebend für die Einzelnachfolge in einen zum Nachlaß gehörenden Gegenstand und kann zum Schutz des Verkehrs darauf beharren, daß Gegenstände, die nach dem Erbstatut nicht den Erben zufallen sollen, durch Einzelakt auf den Begünstigten übertragen werden müssen. Folglich kann ein Vermächtnisnehmer das Eigentum an der vermachten Sache, die sich zur Zeit des Erbfalls in Deutschland befindet, nur durch dinglichen Vertrag gemäß §§ 873, 925, 929–931 BGB erwerben, selbst wenn ihm das Erbstatut das Eigentum unmittelbar mit dem Erbfall kraft Gesetzes zuspricht. Ein sog **Vindikationslegat** nach Maßgabe des ausländischen Erbstatuts hat somit bezüglich vermachter Sachen in Deutschland nur die Wirkung eines *Damnationslegats* (hL vgl RG IPRspr 1930 Nr 88 = HRR 1930 Nr 2066 = SeuffA 85 Nr 18; BayObLG IPRspr 1960–61 Nr 143 = BayObLGZ 1961, 4; BayObLGZ 1974, 460, 466 = IPRspr 1974 Nr 133; ÖstOGH ZfRvgl 1988, 134 = IPRax 1988, 246 und dazu Hoyer IPRax 1988, 255–257; BGH IPRax 1996, 39 und dazu Dörner IPRax 1996, 26–28 = NJW 1995, 58; vBar, IPR I 271 f, 284; Ferid 7–33; MünchKomm/Birk² Art 25 Rn 168; Staudinger/Dörner [1995] Art 25 Rn 271, 272, 720, 847; **aA** jedoch LG Münster IPRspr 1989 Nr 162 A; Looschelders, Die Anpassung im IPR = Mannheimer Rechtswissenschaftliche Abhandlungen, Bd 19 [1995] 407–413; Raape 592; van Venrooy ZVglRW 85 [1986] 205–236).

192 Der **Besitz an Nachlaßsachen**, die sich in Deutschland befinden, geht beim Tode des Besitzers kraft Gesetzes auf den oder die Erben über (§ 857 BGB). Das ist selbst dann so, wenn das Erbstatut die Vererbung des Besitzes nicht kennt, etwa nach den besitzrechtlichen Normen des Erbstatuts die Sachen mit dem Tod des Besitzers besitzlos wären, solange nicht eine andere Person tatsächliche Gewalt über sie erlangt hat (vgl oben Rn 148; Frankenstein II 81; MünchKomm/Kreuzer Rn 33; Staudinger/Dörner [1995] Art 25 Rn 48, 210; Wolff 177; ders, Private International Law² [1950] 532). Ausschlaggebend ist, daß die Vorschriften über die Vererbung des Besitzes die bestehenden Besitzverhältnisse sichern sollen und damit dem Rechtsfrieden dienen, zugleich im Interesse der abwesenden Erben.

193 Spricht das Erbstatut dem überlebenden Ehegatten einen **gesetzlichen Nießbrauch** an einem Erbteil zu (sog Legalnießbrauch. Vgl dazu Manfred Peter, Der Ehegattennießbrauch im Erbrecht der europäischen Länder des romanischen Rechtskreises [Diss Köln 1972]), so kommt es zu einem Konflikt mit dem Sachstatut nur dann, wenn der Ehegatte nicht nur einen Anspruch auf Einräumung des Nießbrauchs hat, sondern dieser unmittelbar kraft Gesetzes entsteht (vgl zum französischen Recht FERID/SONNENBERGER, Das französische Zivilrecht, Bd 3: Familienrecht, Erbrecht[2] [1987] 499–505; s ferner GREIF, Der Nießbrauch des überlebenden Ehegatten nach schweizerischem, italienischem und französischen Recht im Erbschein nach § 2369 BGB, MDR 1965, 447 f). Soweit zu dem Nachlaß Gegenstände mit deutschem Einzelstatut gehören, widersetzt sich dieses der gesetzlichen Entstehung eines Nießbrauchs: Es kommt nur die Umdeutung in einen Anspruch auf Bestellung eines Nießbrauchs an einzelnen Nachlaßgegenständen in Betracht (vBAR, IPR II 271 f; FERID 7–32 und 9–45; MünchKomm/BIRK[2] Art 25 Rn 167; RAAPE 592; STAUDINGER/DÖRNER [1995] Art 25 Rn 44, 144, 720, 849 mN). Man kann allerdings erwägen, den Nießbrauch ausländischen Rechts als zeitlich begrenzte Erbberechtigung an einer Nachlaßquote zu qualifizieren, ähnlich der Stellung eines Vorerben nach deutschem Recht (vgl PETER 131 f). Hiergegen aber, was das französische Recht anlangt, mit überzeugenden Gründen FERID/SONNENBERGER 504 Fn 47.

Ein an die Stelle des Erblassers tretender Zwischenberechtigter nach Maßgabe des **194** englischen oder eines amerikanischen Erbstatuts *(personal representative)* – er wird entweder testamentarisch berufen *(executor)* oder von Amts wegen eingesetzt *(administrator)* – wird mit dem Erbfall treuhänderischer Inhaber des Nachlasses zum Zwecke der Abwicklung oder auch zur Erfüllung weiterer, ihm übertragener Aufgaben (vgl STAUDINGER/DÖRNER [1995] Art 25 Rn 107, 853, 859). Was das inländische Mobiliarvermögen des Erblassers anlangt, toleriert indes das deutsche Recht eine dingliche Berechtigung sowie eine die Rechte der Erben beschränkende Verfügungsbefugnis des personal representative nur insoweit, als die Rechtsstellung des personal representative mit derjenigen eines Testamentsvollstreckers nach deutschem Recht verglichen und deshalb im Erbschein (§ 2368 BGB) angegeben werden kann und muß, daß Testamentsvollstreckung angeordnet ist (entsprechend zur Willensvollstreckung nach Art 517, 518 des schweizerischen ZGB s BayObLG IPRax 1991, 343, und dazu ROTH IPRax 1991, 322–324). Diese Voraussetzungen dürften nur dann erfüllt sein, wenn es sich um einen testamentarischen executor handelt, der nicht nur deshalb berufen wurde, weil eine amtliche administration vermieden werden sollte, und folglich Aufgaben hat, die über die bloße Nachlaßverteilung hinausführen (vgl dazu näher OLG Frankfurt DNotZ 1972, 543; vBAR, IPR II 269 Fn 105; BERENBROK, Internationale Nachlaßabwicklung = Hamburger Rechtsstudien, Heft 77 [1989]; GOTTHEINER, RabelsZ 1956, 36–72; MünchKomm/BIRK[2] Art 25 Rn 323–325; STAUDINGER/FIRSCHING[12] § 2368 BGB Rn 37–49; STAUDINGER/DÖRNER [1995] aaO). Die Vererbung des im Inland belegenen Immobiliarnachlasses richtet sich hingegen in den erwähnten Fällen kraft Rückverweisung des englischen oder amerikanischen Erbstatuts stets nach deutschem Recht (Art 4 Abs 1 EGBGB); insoweit kann es von vornherein nur darum gehen, ob und unter welchen Voraussetzungen die unter der Vorstellung eines ausländischen Rechts vorgenommene Ernennung eines executor nach deutschem Recht als Berufung eines Testamentsvollstreckers ausgelegt werden kann (BayObLG IPRspr 1980 Nr 124 = IPRax 1982, 111, und dazu FIRSCHING IPRax 1982, 98–100). Diese Frage betrifft die rechtliche Beurteilung des Erblasserwillens nach den Kategorien des deutschen Erbrechts, nicht aber die Anpassung des ausländischen Vermögensstatuts an das inländische Sachstatut (vgl STAUDINGER/FIRSCHING[12] § 2368 BGB Rn 42, 50).

d) Unternehmensstatut und deutsches Sachstatut
Nach deutschem materiellem Recht ist ein *kaufmännisches oder gewerbliches Unter-* **195** *nehmen* kein selbständiges Rechtsobjekt, über das als solches verfügt werden könnte. Auch im Europäischen Binnenmarkt können für die Verpfändung eines Unterneh-

mens als solchen keine vom nationalen Recht abweichende Sonderregeln anerkannt
werden, solange es an einer entsprechenden Gesetzgebung fehlt (aA WOLF, Privates
Bankvertragsrecht im EG-Binnenmarkt. Auswirkungen der II. EG-Bankrechts-Richtlinie auf privatrechtliche Bankgeschäfte, WM 1990, 1941, 1950 f). Die II. EG-Bankenrechts-Richtlinie
(zweite Richtlinie des Rates vom 15. 12. 1989 zur Koordinierung der Rechts- und Verwaltungsvorschriften über die Aufnahme und Ausübung der Tätigkeit der Kreditinstitute und zur Änderung der Richtlinie 77/780/EWG, ABl vom 30. 12. 1989 Nr L 386,1; umgesetzt durch Ges zur Änderung des Ges über das Kreditwesen und anderer Vorschriften über Kreditinstitute vom 21. 12. 1992, BGBl 1992 I S 2211) gestattet zwar den in einem Mitgliedstaat zugelassenen Kreditinstituten die freie Niederlassung und den frei-
en Dienstleistungsverkehr auf dem gesamten Binnenmarkt. Daraus allein kann aber
nicht gefolgert werden, daß für solche Kreditinstitute die allgemeine kollisionsrechtliche Kompetenzverteilung durchbrochen und etwa einem französischen Kreditinstitut gestattet wird, ein deutsches Unternehmen mit einem „nantissement du fonds de
commerce" nach französischem Recht zu belasten (aA WOLF aaO; vgl auch SCHNEIDER NJW
1991, 1985, 1993). Andererseits ist aber auch nicht auszuschließen, daß das deutsche IPR
ausländischem Recht, das eine Verfügung über ein Unternehmen als solches zuläßt –
etwa die Übertragung des Unternehmens uno actu oder seine Belastung mit einem
dinglichen Generalrecht (*Generalpfandrecht* oder *Generalnießbrauch*, vgl rechtsvergleichend DROBNIG, Typen besitzloser Sicherungsrechte an Mobilien, ZfRvgl 1972, 130, 135–140;
WENCKSTERN, Hypotheken auf Unternehmen. Neue Gesetze in Schweden und Finnland, RabelsZ
1988, 663–728) – Raum gewährt. Es ist nämlich dem Recht des Staates, in dem das Unternehmen den Sitz seiner Hauptverwaltung hat (vgl oben Rn 183), als *„Unternehmensstatut"* die generelle Kompetenz zuzusprechen, die Unternehmensverhältnisse umfassend zu regeln und auch zu bestimmen, ob und in welcher Weise über das Unternehmen als solches verfügt werden kann (COLLINS, Floating Charges, Receivers and Managers and
the Conflict of Laws, IntCompLQ 27 [1978] 691–710; aA MünchKomm/KREUZER Rn 99 und ihm folgend WENCKSTERN, Die Floating Charge im deutschen IPR, RabelsZ 1992, 624, 652 f: Eine Globalsi-
cherheit wie die floating charge sei kollisionsrechtlich in ihre Einzelaspekte „aufzudröseln"). Eine
andere Frage ist, inwieweit das deutsche Sachstatut, soweit es unternehmenszugehöri-
ge Gegenstände beherrscht, die von einem ausländischen Unternehmensstatut vorgesehenen Rechtswirkungen anerkennt. Bei einem Konflikt zwischen deutschem Sachstatut und ausländischem Unternehmensstatut setzt sich das deutsche Sachstatut
durch, soweit dingliche Rechtswirkungen, die das ausländische Unternehmensstatut
anordnet, mit der deutschen Sachenrechtsordnung unvereinbar sind. Insbesondere
vermag ein Gesamtakt, der im Rahmen des ausländischen Unternehmensstatuts erfolgt, nicht das in Deutschland belegene Vermögen des Unternehmens dinglich zu erfassen (teilweise abweichend HÜBNER, Internationalprivatrechtliche Probleme der Anerkennung
und Substitution bei globalen Sicherungsrechten an Unternehmen, in: FS Pleyer [1986] 41–57).
Vielmehr bedarf es insoweit zur Herbeiführung der erstrebten Rechtswirkungen
dinglicher Einzelakte nach Maßgabe des deutschen Rechts (DROBNIG, Sicherungsrechte
im deutschen Konkursverfahren, RabelsZ 1980, 784, 787; WENCKSTERN RabelsZ 1992, 663; WOLFF
183). Pfandrechte, die ein Unternehmen oder Unternehmensteil im wechselnden
Bestand belasten – wie etwa die *floating charge des englischen Gesellschaftsrechts* (vgl
dazu LANGE, Kreditsicherheiten in der Unternehmenssanierung nach englischem Recht, WM 1990,
701–710; TER MEULEN, Die Floating Charge – ein Sicherungsrecht am Vermögen einer englischen
company = Arbeiten zur Rechtsvergleichung Bd 43 [1969]; RABEL, Conflict of Laws IV 50) –
beeinträchtigen indes nicht die deutsche Sachenrechtsordnung, solange der Unter-
nehmensinhaber verfügungsberechtigt bleibt (für gänzliche Unvereinbarkeit mit dem deut-

schen Recht dagegen vBar, IPR II 554). Mit dem deutschen Sachstatut konfligiert ein solches Pfandrecht erst dann, wenn es sich zu einer definitiven Belastung der einzelnen Vermögensgegenstände verfestigt, etwa bei „crystallisation" einer floating charge durch Bestellung eines „receiver" seitens des Pfandgläubigers (Lange 702 ff; Wenckstern RabelsZ 1992, 640 ff). Der Sache nach handelt es sich hierbei freilich um die Einleitung eines besonders geregelten Insolvenzverfahrens über ein Unternehmen (Wenckstern RabelsZ 1992, 674 ff). In Analogie zu der neueren Rechtsprechung über die Anerkennung ausländischer Konkursverfahren (s oben Rn 183) sollte deshalb die Rechtsstellung eines nach ausländischem Recht zur Abwicklung eines insolventen Unternehmens bestellten receiver auch hinsichtlich des in Deutschland belegenen Vermögens des Unternehmens anerkannt werden, sofern der receiver nach dem am Sitz des Unternehmens geltenden Recht bestellt wurde, seine Kompetenz nach diesem Recht auch das ausländische Vermögen des Unternehmens umfaßt und im Inland kein Partikularkonkurs (vgl § 238 Abs 2 KO) eröffnet worden ist (Wenckstern RabelsZ 1992, 681 ff).

V. Enteignende Eingriffe in dingliche Rechtsverhältnisse*

1. Privatrechtsgestaltung durch Hoheitsakt und IPR

Staatliche Hoheitsakte, die nicht der funktionsgerechten Fortentwicklung des Privatrechts dienen, sondern wesensverschiedene („artfremde") Ziele der Staatspolitik **196**

---

* **Schrifttum:** Adriaanse, Confiscation in Private International Law (Den Haag 1956); Ambrosch/Keppler, Die Anerkennung fremdstaatlicher Enteignungen. Eine rechtsvergleichende Untersuchung (1991); vBar, IPR I 237–249; Behrens, Rechtsfragen im chilenischen Kupferstreit, RabelsZ 1973, 394–434; ders, Multinationale Unternehmen im internationalen Enteignungsrecht der Bundesrepublik Deutschland (1980); ders, Der ausländische Enteignungsstaat als Bürgschaftsgläubiger des Enteigneten, IPRax 1989, 217–223; Beitzke, Probleme der Enteignung im Internationalprivatrecht, in: FS Raape (1948) 93–111; Bleckmann, Die Völkerrechtsfreundlichkeit der deutschen Rechtsprechung, DÖV 1979, 309–318; Böckstiegel/Koppensteiner, Enteignungs- oder Nationalisierungsmaßnahmen gegen ausländische Kapitalgesellschaften, BerGesVR 13 (1974) 7–99; Bogdan, Expropriation in Private International Law (Lund 1975); Boulanger, Les nationalisations en droit international privé comparé (Paris 1975); Breitenstein, Nationalisierungen in Frankreich, RiW 1982, 149–155; Burdeau, Die französischen Verstaatlichungen = Abhandlungen aus dem gesamten Bürgerlichen Recht, Handelsrecht und Wirtschaftsrecht, Heft 56 (1984); Cohn, Die Auslandsenteignung im englischen internationalen Privatrecht, in: FS Janssen (1958) 57–66; Coing, Zur Nationalisierung in Frankreich, WM 1982, 378–385; Dölle/Reichert-Facilides/Zweigert, International-rechtliche Betrachtungen zur Dekolonisierung = Recht und Staat, Heft 280/281 (1964); Dohm, Les nationalisations françaises et leurs effets sur les filiales suisses des sociétés nationalisées, ZSchweizR 1981 I 425–444; Dolzer, Eigentum, Enteignung und Entschädigung im geltenden Völkerrecht (1985); Drobnig, Extraterritoriale Reflexwirkungen ostzonaler Enteignungen, RabelsZ 1953, 659–689; ders, Spaltgesellschaften im wiedervereinigten Deutschland, in: FS Serick (1992) 37–55; Ficker, Enteignungsrecht und Internationales Privatrecht, AWD 1974, 69–75; Einsele, Rest- bzw Spaltgesellschaft auch bei Entschädigung? Ein Problem des internationalen Enteignungsrechts im Spiegel des Art 14 Abs 3 GG, RabelsZ 1987, 603–631; Flume, Juristische Person und Enteignung im IPR, in: FS F A Mann (1977) 143–168; Grossfeld, Praxis des Internationa-

durchsetzen sollen, unterliegen nicht den allgemeinen Regeln des IPR (vgl BGHZ 95, 256 = NJW 1985, 2897; zum Begriff des *artfremden Eingriffs* NEUMEYER, Internationales Verwaltungsrecht IV: Allgemeiner Teil [1936] 243–257). Vielmehr werden solche Hoheitsakte nach *internationalem öffentlichem Recht* behandelt und somit von anderen Staaten grundsätzlich nicht anerkannt und vollzogen, sofern nicht etwa eine staatsvertragliche Ver-

len Privat- und Wirtschaftsrechts. Rechtsprobleme multinationaler Unternehmen (1975) 192–209; ders, Internationales Unternehmensrecht (1986); HAHN, Konfiskation von Mitgliedschaftsrechten – Meinungsbild und Meinungswandel, in: FS Beitzke (1979) 491–506; HARTMANN, Nationalisierung und Enteignung im Völkerrecht (1977); HEIZ, Das fremde öffentliche Recht im internationalen Kollisionsrecht. Der Einfluß der Public Policy auf ausländisches Straf-, Steuer-, Devisen-, Konfiskations- und Enteignungsrecht = Züricher Studien zum Internationalen Recht Nr 29 (1959); HERDEGEN, Die extraterritoriale Wirkung der Enteignung von Mitgliedschaftsrechten an Gesellschaften in der Bundesrepublik Deutschland aus völker- und verfassungsrechtlicher Sicht, ZGR 1991, 547–571; HJERNER, The General Approach to Foreign Confiscations, ScandStudL 2 (1958) 180–218; HUWYLER, Ausländische Juristische Personen im internationalen Enteignungsrecht der Schweiz. Unter besonderer Berücksichtigung der Kapitalgesellschaften = Schriftenreihe des Instituts für internationales Recht und internationale Beziehungen der Jur Fakultät der Universität Basel, Bd 42 (1989); JUNKER, Spaltgesellschaften im deutschen internationalen Enteignungsrecht. Entwicklungen und Perspektiven, in: JAYME/FURTAK (Hrsg), Der Weg zur deutschen Rechtseinheit. Internationale und interne Auswirkungen im Privatrecht (1991) 191–202; KEGEL, Probleme des internationalen Enteignungs- und Währungsrechts (1956); ders, IPR 852–865; KEGEL/SEIDL-HOHENVELDERN, Zum Territorialitätsprinzip im internationalen öffentlichen Recht, in: FS Ferid (1978) 233–277; KNOEPFLER, Les nationalisations françaises face à l'ordre juridique suisse, SchwJbIntR 39 (1983) 149–173; KORINEK/PANGER/RUMMEL, Handbuch des Enteignungsrechts (1994); LEDERER, Die internationale Enteignung von Mitgliedschaftsrechten unter besonderer Berücksichtigung der

französischen Enteignungen 1982 = Studien zum vergleichenden und internationalen Recht, Bd 5 (1989); ders, Erfaßt die Enteignung von Aktionären durch den Sitzstaat der Aktiengesellschaft die Aktien einer 100%igen ausländischen Tochter?, IPRax 1994, 145–147; F A MANN, Die Konfiskation von Gesellschaften, Gesellschaftsrechten und Gesellschaftsvermögen im IPR, RabelsZ 1962/63, 1–53; ders, Völkerrechtswidrige Enteignungen vor nationalen Gerichten, NJW 1961, 705–710; ders, Nochmals zu völkerrechtswidrigen Enteignungen vor deutschen Gerichten, in: FS Duden (1977) 287–305; ders, Der konfiszierende Staat als Gesamtrechtsnachfolger, in: FS Zweigert (1981) 275–286; MATTHIAS, Die internationalen Auswirkungen von Verstaatlichungsmaßnahmen, RiW 1982, 640–644; MEESSEN, Die Verstaatlichung des Kupferbergbaus in Chile vor deutschen Gerichten, AWD 1973, 177–181; MÜNCH, Les effets d'une nationalisation à l'étranger, Rec des Cours 98 (1959-III) 415–504; MünchKomm/KREUZER², Enteignungsrecht, Nach Art 38 Anh III; PAULICK, Territorialitätsprinzip und Spaltungstheorie, in: FS Raschhofer (1977) 181–200; POLTER, Auslandsenteignungen und Investitionsschutz = Schriften zum Völkerrecht, Bd 41 (1975); SCHAUMANN, Ausländische Konfiskationen, Devisenkontrolle und public policy, SchwJbIntR 10 (1953) 181–187; ders, Entschädigungslose Konfiskationen vor dem schweizerischen Bundesgericht, SchwJZ 62 (1966) 33–42; SCHULZE, Das öffentliche Recht im IPR = Arbeiten zur Rechtsvergleichung, Bd 57 (1972); SCHWEIZER, Hans, Internationale Rechtsprobleme bei der Enteignung von Mitgliedschaftsrechten an juristischen Personen (Diss Zürich 1979); SEIDL-HOHENVELDERN, Internationales Konfiskations- und Enteignungsrecht (1952); ders, Investitionen in Entwicklungsländern und das Völkerrecht mit einer Bibliographie über Staatseingriffe in ausländi-

pflichtung hierzu besteht oder durch Gesetz Gegenteiliges bestimmt ist (dazu unten Rn 215). *Enteignungen* sind artfremde Eingriffe in vermögenswerte Rechtsverhältnisse. Dementsprechend werden nach jener Regel des internationalen öffentlichen Rechts fremdstaatliche Enteignungen grundsätzlich nicht anerkannt, dh nicht in das Recht anderer Staaten übernommen und deren eigenen Akten gleichgesetzt. Das schließt freilich nicht aus, daß die von einem ausländischen Staat innerhalb seiner Machtgrenzen tatsächlich vollzogene Enteignung internationalprivatrechtlich im Rahmen des sog *Territorialitätsprinzips* (unten Rn 199 ff) unter gewissen Voraussetzungen und in gewissen Grenzen als Rechtstatsache bewertet und in diesem Sinne von anderen Staaten hingenommen wird (STOLL, Neuere Entwicklungen im internationalen Enteignungsrecht 79 ff).

„Artfremde Eingriffe" sind dadurch gekennzeichnet, daß sie die Verwirklichung **197** staats- oder wirtschaftspolitischer Ziele den Interessen der an dem betroffenen Rechtsverhältnis beteiligten Einzelpersonen überordnen (dazu im einzelnen unten Rn 201–204). Die Bedenken gegen die kollisionsrechtliche Eignung dieses von NEU-MEYER geprägten Begriffs (vgl etwa F A MANN, Eingriffsgesetze und IPR, in: FS Wahl [1973] = Beiträge zum IPR [1976] 178, 197–199; KOPPENSTEINER BerGesVR 13 [1974] 74–77) überzeugen nicht. Gewiß werden auch in privatrechtlichen Normen, die an den Belangen der einzelnen Beteiligten ausgerichtet sind, Gemeininteressen und oft auch wirtschaftspolitische Zielsetzungen in unterschiedlichem Maße wirksam, und es mag zuweilen

sches Privateigentum (1963); ders, Völkerrechtswidrige Akte fremder Staaten vor innerstaatlichen Gerichten, in: FS 150 Jahre Carl Heymanns Verlag KG (1965) 591; ders, Chilean Copper Nationalization Cases before German Courts, AmJCompL 23 (1975) 110–119; ders, Spaltungstheorie und Bundesverfassungsgericht, JZ 1975, 80–83; ders, Internationales Enteignungsrecht, in: FS Kegel (1977) 265–284; ders, Vermögensrechtliche Auswirkungen der politischen Umwälzung im Iran auf die Bundesrepublik Deutschland, RiW/AWD 1979, 149–156; SOERGEL/KEGEL Vor Art 7 Rn 794–891 Vor Art 7; STAUDINGER/GROSS-FELD (1993) Internationales Gesellschaftsrecht Rn 749–894; STOLL, Neuere Entwicklungen im internationalen Enteignungsrecht, in: Rechtsfragen des vereinten Deutschlands = Osnabrücker Rechtswissenschaftliche Abhandlungen, Bd 34 (1992) 77–95; TEICH, Internationales Enteignungsrecht: Kann die deutsche Souveränität eine Frage der Belegenheit von Vermögenswerten oder des Prozentsatzes von Gesellschaftsanteilen sein?, RiW/AWD 1978, 11–14; ders, Internationales Enteignungsrecht: Die Spaltungstheorie ist hM in der deutschen Rechtsprechung und Literatur, WM 1976, 1322–1329; VANNOD, Fragen des Enteignungs- und Konfiskationsrechts = Züricher Studien zum Internationalen Recht, Nr 28 (1959); VEITH/BÖCKSTIEGEL, Der Schutz von ausländischem Vermögen im Völkerrecht = Studien zum europäischen Wirtschaftsrecht, Heft 4 (1962); VENTURINI, Property, IntEncCompL III Ch 21 (1976) Rn 16; VERZIJL, The Relevance of Public and Private International Law Respectively for the Solution of Problems Arising from Nationalization of Enterprises, in: FS Makarov, ZaöRV 19 (1958) 531–550; VOGEL, Der räumliche Anwendungsbereich der Verwaltungsrechtsnorm = Abhandlungen der Forschungsstelle für Völkerrecht und ausländisches öffentliches Recht der Universität Hamburg, Bd 12 (1965); WEHSER, Völkerrechtswidrige Verstaatlichung der Kupferminen in Chile?, JZ 1974, 117–123; WIEDEMANN, Entwicklung und Ergebnisse der Rechtsprechung zu den Spaltgesellschaften, in: FS Beitzke (1979) 811–828; WOHLGEMUTH, Internationales Privatrecht und Völkerrecht: Das Schahvermögen in Deutschland, JuS 1981, 519–525; WUPPERMANN, Internationale Enteignung im Brennpunkt nationaler richterlicher Nachprüfung, AWD 1973, 505–509.

der Gesamtcharakter der Norm zweifelhaft sein. Aber gerade für die Enteignung ist der „artfremde" Eingriff in privates Recht schlechthin konstitutiv und die Qualifikation der einschlägigen Normen meist unzweifelhaft. Zuzugeben ist freilich, daß nach neuerer Einsicht gewisse Zwangseingriffe in vermögenswerte Rechte, sofern sie in fairer Weise geschehen und wirtschaftspolitisch vertretbar sind, vom Begriff der Enteignung iS des internationalen Enteignungsrechts (zum internrechtlichen Begriff der Enteignung BGH GSZ BGHZ 6, 270, 279) auszunehmen und kollisionsrechtlich dem Statut zu unterstellen sind, welches das betroffene Rechtsverhältnis nach den allgemeinen Regeln beherrscht (dazu unten Rn 213–214).

2. Internationalprivatrechtliche Behandlung ausländischer Enteignungen: Territorialitätsprinzip

198 Die durch eine ausländische Enteignung geschaffene Rechtslage wird von anderen Staaten grundsätzlich hingenommen, soweit die Enteignung das im Zeitpunkt des Zugriffs auf dem Gebiet des enteignenden Staates belegene Vermögen erfaßt; außerhalb dieses Gebietes belegenes Vermögen bleibt hingegen von der Enteignung unberührt (vgl aus der neueren Rspr BGH GSZ BGHZ 62, 340, 363 f = NJW 1974, 1944; BGH Vorlagebeschluß IPRspr 1975 Nr 121; BGH IPRspr 1976 Nr 4 = RiW/AWD 1977, 779; BGH IPRspr 1977 Nr 4; BGH IPRax 1985, 324; BGH NJW 1989, 1352 = IPRspr 1988 Nr 58 = RiW 1989, 61 = IPRax 1990, 398 und dazu Kreuzer IPRax 1990, 365–372; LG Braunschweig DtZ 1990, 214; BVerfGE 84, 90 = NJW 1991, 1597 = JZ 1992, 200; BVerfG DtZ 1993, 275. S ferner vBar, IPR I 240 ff; Beitzke 102 ff; Ferid 7–126 und 7–154; Grossfeld, Internationales Unternehmensrecht [1986] 252–273; Kegel 854–864; Kegel/Seidl-Hohenveldern 233–277; MünchKomm/Kreuzer Rn 14; Seidl-Hohenveldern, Internationales Konfiskations- und Enteignungsrecht 59 ff; ders, Internationales Enteignungsrecht, in: FS Kegel 265–284; Soergel/Kegel Vor Art 7 Rn 794 ff; Staudinger/Grossfeld [1993] Rn 754–760; Wolff 152 f, 176 f; ders, Private International Law² [1950] 525–529). Dabei ist die weitere Einschränkung zu machen, daß eine *ausländische Enteignung* in anderen Staaten auch nur dann beachtet wird, wenn sie auf dem Gebiet des enteignenden Staates bereits *vollzogen* worden ist, bei der Enteignung von Sachen etwa durch Besitzergreifung, und dadurch ein Faktum geschaffen wurde, auf dessen Konstanz der Rechtsverkehr sollte vertrauen können (hL, vgl BGHZ 42, 1, 2; BAG IPRspr 1959–60 Nr 29; BGH IPRspr 1976 Nr 4 = WM 1976, 1266 = RiW/AWD 1977, 779; MünchKomm/Kreuzer Rn 25 und 26 mN; Schulze 75 Fn 2 und 3; Seidl-Hohenveldern, Internationales Konfiskations- und Enteignungsrecht 38–42, 178 f; aA Kegel 855, anders auch noch Staudinger/Stoll[12] Rn 145). Diese Einschränkung ist auch deshalb gerechtfertigt, weil besonders durch Ignorierung der innerhalb des Staatsgebiets vollzogenen Eingriffe in vermögenswerte Rechte auf den handelnden Staat mittelbar Druck ausgeübt würde, bei der Ausübung von Hoheitsrechten auf seinem eigenen Territorium den Vorstellungen anderer Staaten zu entsprechen; das ist völkerrechtlich bedenklich, mindestens aber international störend.

199 Die dem **Territorialitätsprinzip** zugrundeliegende Regel über die Hinnahme ausländischer Enteignungen ist eine *Sondernorm des IPR*. Sie betrifft nicht das internationale Verfahrensrecht derart etwa, daß dem ausländischen Staat eine internationale Zuständigkeit zur Enteignung zuerkannt würde und folglich eine im Rahmen dieser Zuständigkeit vorgenommene Enteignung mindestens unter bestimmten Voraussetzungen von anderen Staaten anzuerkennen wäre (aA Behrens, Multinationale Unternehmen im internationalen Enteignungsrecht der Bundesrepublik Deutschland 62 ff, 92 f; ähnlich auch

BÖCKSTIEGEL/KOPPENSTEINER und MünchKomm/KREUZER Rn 16). Das Territorialitätsprinzip darf auch nicht mit der Situs-Regel des internationalen Sachenrechts zusammengeworfen werden, obwohl sie auf ähnlichen Wertungen beruht, was etwa in der grundsätzlichen Anerkennung im Ausland begründeter Sachenrechte beim Statutenwechsel der Sache deutlich wird. Kern des Territorialitätsprinzips ist die *Hinnahme einer Rechtstatsache* um der beteiligten Individualinteressen willen, *nicht* aber die *Anwendung des ausländischen Enteignungsrechts*. Deshalb übernimmt der Staat, dessen Gerichte die Enteignung als geschehen respektieren, auch nicht die völkerrechtliche und verfassungsrechtliche Verantwortung für die Enteignung (BVerfGE 84, 90 = NJW 1991, 1597 = JZ 1992, 200). Selbst wenn die Enteignung gegen das allgemeine Völkerrecht verstößt, ist die Hinnahme ihrer Wirkungen im Rahmen des Territorialitätsprinzips nicht von vornherein ausgeschlossen (s unten Rn 208–209). Im übrigen kommt es bei der Anwendung des Territorialitätsprinzips nicht darauf an, ob das Recht des enteignenden Staates nach dem IPR für eine privatrechtliche Rechtsänderung maßgebend wäre. Das liegt auf der Hand bei der *Enteignung nicht-körperlicher Gegenstände*, wie etwa von Forderungen, deren Belegenheit iS des Enteignungsrechts nach ganz anderen Gesichtspunkten bestimmt wird als das Schuldstatut (s unten Rn 203). Aber auch bei der *Enteignung von Sachen* ist das Recht des enteignenden Staates nicht notwendig auch internationalsachenrechtlich berufen. So mag für ein Schiff, das im Hoheitsbereich eines Staates von diesem enteignet wird, sachenrechtlich das Recht eines ausländischen Registerortes maßgebend sein. Andererseits kann der Staat des Heimathafens, in dem das Schiff registriert ist, das Schiff nur so lange enteignen, als es im Heimathafen liegt oder sich in den Gewässern dieses Staates aufhält. Die Beschlagnahme greift ins Leere, wenn sich das Schiff bereits auf hoher See befindet oder gar die Gewässer eines anderen Staates erreicht hat (vgl The Jupiter No 3 [1927] P 137, affirmed [1927] P 250 = RabelsZ 1929, 142; Government of the Republic of Spain v The National Bank of Scotland [1937] SC 413; dazu SCHINDLER, Besitzen konfiskatorische Gesetze außerterritoriale Wirkung?, SchwJbIntR 3 [1946] 65, 73 f; RAAPE 659; SEIDL-HOHENVELDERN, Internationales Konfiskations- und Enteignungsrecht 102–104; SOERGEL/KEGEL Vor Art 7 Rn 819).

Bisweilen wird behauptet, das *Territorialitätsprinzip* sei im *Völkerrecht* verankert (so **200** insbes OGHZ 1, 386, 390; BGHZ 5, 27, 34 f; 12, 79, 83 f; 25, 134, 143; GUTZWILLER 1554 Anm 2; RAAPE 656; dahingestellt bei KEGEL/SEIDL-HOHENVELDERN 244). Daran ist nur soviel richtig, daß das Völkerrecht jedem Staat untersagt, auf dem Territorium eines anderen Staates hoheitliche Handlungen vorzunehmen, etwa eine Beschlagnahme auszuführen oder sonst hoheitlichen Zwang auszuüben (BÖCKSTIEGEL/KOPPENSTEINER 32 f; RUDOLF, Territoriale Grenzen der staatlichen Rechtsetzung, BerGesVR 11 [1973] 7 ff; VOGEL 123, der insoweit von „formeller Territorialität" spricht. Vgl auch F A MANN, Öffentlich-rechtliche Ansprüche im internationalen Rechtsverkehr, RabelsZ 1956, 1–20). Es gibt aber keinen völkerrechtlichen Satz, wonach ein Staat schon dadurch das Völkerrecht verletzt, daß er einen privatrechtsgestaltenden Hoheitsakt erläßt, der seinem Inhalte nach in die dinglichen Rechtsverhältnisse an einer im Ausland belegenen Sache eingreift (BEHRENS, Multinationale Unternehmen im internationalen Enteignungsrecht der Bundesrepublik Deutschland 63; DAHM/DELBRÜCK/WOLFRUM, Völkerrecht[2] Bd I 1 [1989] 483; SCHLOCHAUER, Die extraterritoriale Wirkung von Hoheitsakten nach dem öffentlichen Recht der Bundesrepublik Deutschland und nach internationalem Recht [1962] 40 f; VOGEL 122; aA BÖCKSTIEGEL/KOPPENSTEINER 7, 32 f). Vollends gebietet das Völkerrecht nicht, Enteignungen, die sich im Rahmen des Territorialitätsprinzips halten, anzuerkennen oder extraterritorialen Enteignungen, welche die durch dieses Prinzip gezogenen Grenzen überschreiten, die Anerkennung zu versagen (vBar, IPR I 240; Behrens 31, 64; Böckstiegel/Koppensteiner aaO; Kegel/Seidl-Hohenveldern 241 f, 244 f; MünchKomm/Kreuzer Rn 7; Seidl-Hohenveldern, in: FS Kegel 265, 266; Staudinger/Grossfeld [1993] Rn 760). Wenn andere Staaten solchen Übergriffen die extraterritoriale Wirkung absprechen, so beruht das allein auf der internationalprivatrechtlichen Regel, die dem Territorialitätsprinzip zugrundeliegt. Diese Regel hat sich allerdings in den meisten Staaten durchgesetzt (BGH GSZ BGHZ 62, 340, 343: „weltweit anerkannt"; vgl den Überblick bei Beitzke 102 ff; Kegel/Seidl-Hohenveldern 233, 246−276; ferner etwa Batiffol/Lagarde, Droit international privé[7] II 186−193; Dicey/Morris, The Conflict of Laws[12] II 990−1001; North/Fawcett, Cheshire and North's Private International Law 122−128; Meier-Hayoz, Schutz des Eigentums im Völkerrecht und IPR, in: Berner Kommentar zum Schweizerischen Privatrecht IV, 1. Abt, 1. Teilbd Rn 261−280; Vischer/vPlanta, Internationales Privatrecht 162−164).

3.   Anwendungsbereich des Territorialitätsprinzips

201 Das Territorialitätsprinzip gilt für Enteignungen jeder Art, mögen sie auch *entschädigungslos* erfolgen (vBar, IPR I 239; Ferid 7−122; Kegel 855 f; MünchKomm/Kreuzer Rn 20; Raape 665 Fn 17; Soergel/Kegel Vor Art 7 Rn 800). Manche bezeichnen die entschädigungslose Enteignung als *Konfiskation* und beschränken den Begriff der Enteignung auf den gegen gerechte Entschädigung erfolgenden Entzug von Vermögensgegenständen (so insbes Seidl-Hohenveldern, Internationales Konfiskations- und Enteignungsrecht 5; Wolff 176 f). Diese Terminologie täuscht darüber hinweg, daß das Territorialitätsprinzip zwischen diesen Formen des hoheitlichen Eingriffs in private Recht gerade nicht differenziert. Der auf staatlichem Zwang beruhende Erwerb eines Gegenstandes gegen angemessenes Entgelt kann allerdings, wenn die Zwangsmaßnahme maßvoll im Rahmen einer nach den gesamten Umständen verständlichen Wirtschaftspolitik erfolgt, als *„Zwangskauf"* zu *qualifizieren* sein, der allein dem kollisionsrechtlich berufenen Statut untersteht (dazu unten Rn 213−214). Andererseits kann die Versagung einer Entschädigung zwar nicht für sich allein, wohl aber zusammen mit anderen Umständen, welche die Enteignung als Willkürakt erscheinen lassen, die Anwendung der Vorbehaltsklausel (Art 6 EGBGB) rechtfertigen, auch soweit sich der enteignende Staat in den territorialen Grenzen seiner Macht gehalten hat (s unten Rn 210−212).

202 Der *Begriff der Enteignung* iS des internationalen Enteignungsrechts ist nicht beschränkt auf die hoheitliche Entziehung des Eigentums oder eines beschränkten dinglichen Rechts an einer Sache. Es kommen auch sonstige Formen der Entziehung oder Beschränkung vermögenswerter Rechtsmacht in Betracht, sei es durch Einzelakt, sei es durch ein Gesetz, das einen ganzen Wirtschaftszweig erfaßt (vBar, IPR I 239 f; Kegel 855 f; MünchKomm/Kreuzer Rn 20−24; Staudinger/Grossfeld [1993] Rn 750−753). Die Enteignung kann zB auch geschehen durch Belastung einer Sache, Entziehung des Besitzes oder der Verfügungsmacht, insbes durch Beschlagnahme, Sequestrierung oder Einsetzung eines Treuhänders oder Liquidators (vgl BGH JR 1965, 258; schweizBG BGE 53 III 54: Einsetzung eines staatlichen Liquidators in England für eine AG; OG Zürich SchwJZ 1942, 367: Anordnung einer kommissarischen Verwaltung in Danzig für eine dort niedergelassene englische Firma; s ferner zum Enteignungsbegriff OGHZ 4, 51, 54; BGHZ 17, 209, 212; BGH NJW 1957, 1279; SchlHOLG IPRspr 1958−59 Nr 107; Beitzke 93, 105 Fn 53; MünchKomm/Kreuzer Rn 21; Soergel/Kegel Vor Art 7 Rn 799). Auf die äußere, juristischformale Einkleidung der Maßnahme kommt es nicht an, sofern sie nur der Sache nach einen artfremden Eingriff in privates Recht bedeutet (s oben Rn 197). Deshalb können auch *gerichtliche Urteile* und *andere Justizakte* als Enteignung zu betrachten sein, wenn sie nicht der Gerechtigkeit zwischen den Einzelnen dienen, sondern sich hinter dem Akt ein artfremder Eingriff in privates Recht verbirgt (KEGEL 856 f; Münch-Komm/KREUZER Rn 23; SOERGEL/KEGEL Vor Art 7 Rn 802; STAUDINGER/GROSSFELD [1993] Rn 753). Die hoheitliche Durchsetzung eines privatrechtlichen oder öffentlichrechtlichen Rechtstitels gegen den Schuldner ist zwar regelmäßig keine Enteignung iS des internationalen Enteignungsrechts. Wohl aber kann eine exzessive Besteuerung, insbes eine sog *„Erdrosselungssteuer"* (vgl BVerfGE 19, 119, 129, im Anschluß an BVerfGE 14, 221, 241; BVerfGE 30, 250, 272), unter Berücksichtigung der sie tragenden Beweggründe der Staatspolitik als Enteignung zu bewerten sein (vgl BGH NJW 1989, 1352 = IPRspr 1988 Nr 58 = IPRax 1990, 398 und dazu KREUZER, IPRax 1990, 365–372 sowie ARMBRÜSTER/JOPEN ROW 1989, 332–338; in der Entscheidung wurde allerdings eine solche Bewertung verneint). Im übrigen untersagt das allgemeine Völkerrecht die Beitreibung eines Titels, etwa eines Steuerbescheids, auf dem Territorium eines anderen Staates (vgl oben Rn 200). Eine solche Beitreibung kann sich auch im Gewande des bürgerlichen Rechts vollziehen, etwa dadurch, daß der ausländische Enteignungsstaat mit einer Forderung gegen den Enteigneten aus Bürgschaft aufrechnet, sofern die Bürgenhaftung aus der Enteignung hergeleitet wird (BGHZ 104, 240 = NJW 1988, 2173 = IPRax 1989, 235, und dazu BEHRENS, IPRax 1989, 217–223; STOLL, Neuere Entwicklungen im Enteignungsrecht 82 f).

Das Territorialitätsprinzip ist auf die *Enteignung von Sachen* zugeschnitten, ist aber **203** auch Leitgedanke bei der Behandlung enteignender Zugriffe eines Staates auf *nicht-körperliche Gegenstände*, etwa Forderungen, Mitgliedschaftsrechte oder gewerbliche Schutzrechte. Hierauf ist hier nicht näher einzugehen. Fragwürdig ist das Bemühen, für nicht-körperliche Gegenstände stets einen Lageort iS des internationalen Enteignungsrechts zu konstruieren. So wird vielfach angenommen, daß *Forderungen* am Wohnsitz oder am gewöhnlichen Aufenthalt des Schuldners belegen sind (MünchKomm/KREUZER Rn 56–58; SEIDL-HOHENVELDERN, Internationales Konfiskations- und Enteignungsrecht 88 ff; SOERGEL/KEGEL Vor Art 7 Rn 798, 820–828 jeweils mN). Dem ist entgegenzuhalten, daß nicht-körperliche Gegenstände überhaupt keinen festen Situs haben, vielmehr überall dort existent und „belegen" sind, wo der Berechtigte in der Ausübung seines Rechts geschützt wird (WENGLER, Die Belegenheit von Rechten, in: FS der Jur Fakultät der Freien Universität Berlin zum 41. DJT [1955] 285–352). Es geht auch nicht darum, daß ein bestimmter Staat für die Enteignung der Forderung oder des sonstigen Gegenstandes international zuständig wäre (so aber MünchKomm/KREUZER Rn 58). Vielmehr wird der enteignende Zugriff eines Staates auf die Forderung von anderen Staaten nur insoweit hingenommen, als der Zugriff durchgesetzt werden kann. Daraus folgt, daß nur im Enteignungsstaat der neue Gläubiger die ihm zugewiesene Forderung geltend machen kann, während in allen anderen Staaten, in denen der Berechtigte Rechtsschutz genießt, es bei der bisherigen Rechtslage verbleibt (KEGEL 859 f; SOERGEL/KEGEL Vor Art 7 Rn 824–828. Zu den Sonderfragen bei der Enteignung von Grundpfandrechten s unten Rn 248–252, zur Enteignung von Wertpapierrechten unten Rn 425).

Wird das Vermögen einer *juristischen Person* enteignet, so kann es keinen Unter- **204** schied machen, ob in Zusammenhang damit deren Rechtspersönlichkeit im Sitzstaat durch Hoheitsakt vernichtet wird oder das nicht geschieht. Auf eine Vernichtung läuft es auch hinaus, wenn zwar die Rechtspersönlichkeit formell nicht beseitigt,

jedoch das gesamte Vermögen der juristischen Person ihr entzogen wird. Die Nichtanerkennung eines grenzüberschreitenden Zugriffs des enteignenden Staates (dazu
unten Rn 205) bedeutet in solchen Fällen, daß die juristische Person, soweit sie außerhalb des enteignenden Staates Vermögen besitzt, insoweit mit den bisherigen Mit-
gliedern und Organen fortbesteht, so als ob der Eingriff nicht geschehen wäre. Es
entsteht auf diese Weise eine *„Restgesellschaft"*. Enteignet hingegen der Sitzstaat alle
oder fast alle Mitgliedschaftsrechte an der juristischen Person, ohne deren Rechtspersönlichkeit anzutasten, so entsteht neben der im Enteignungsstaat mit verän-
dertem Mitgliederbestand fortbestehenden juristischen Person im Ausland eine *„Spaltgesellschaft"*, der das ausländische Vermögen gehört. Ausländische Staaten
brauchen es nicht hinzunehmen, daß sich der enteignende Staat durch Zugriff auf die
Mitgliedschaftsrechte etwas verschafft, was er sich durch Enteignung der juristischen
Person nicht verschaffen könnte, nämlich das ausländische Vermögen der juristischen Person. Auf die zahlreichen, mit solchen Rest- oder Spaltgesellschaften
verbundenen Einzelfragen, namentlich solche des Gesellschaftsrechts, kann hier
nicht eingegangen werden (aus dem Schrifttum hierzu s vBAR, IPR I 248 f; BEHRENS, Multinationale Unternehmen im internationalen Enteignungsrecht der Bundesrepublik Deutschland
[1980]; FLUME 143−168; GROSSFELD/LOHMANN, Verfahrensrechtliche Probleme der Rest- und
Spaltgesellschaft, IPRax 1985, 324−327; HAHN 491−506; KEGEL 860−862; F A MANN, Der konfiszierende Staat als Gesamtrechtsnachfolger, in: FS Zweigert [1981] 275−286; MünchKomm/EBEN-
ROTH Nach Art 10 Rn 653 ff; PAULICK 181−200; SOERGEL/KEGEL Vor Art 7 Rn 837−856; STAUDIN-
GER/GROSSFELD [1993] Rn 767 ff; WIEDEMANN 811−828).

**4.　Nichtbeachtung grenzüberschreitender Enteignungen (negative Seite des
Territorialitätsprinzips)**

205　Die Hauptbedeutung des Territorialitätsprinzips liegt in der Abwehr von Enteignungsmaßnahmen, bei welchen der enteignende Staat die Grenzen seiner Macht
überschreitet. *Extraterritoriales Vermögen* wird vor dem Zugriff des enteignenden
Staates geschützt. Dieser Schutz wird selbst den Angehörigen des enteignenden
Staates zuteil, soweit sie extraterritoriales Vermögen besitzen. Es spielt also keine
Rolle, wem das Vermögen gehört. Kein Staat kann unter Berufung auf seine Personalhoheit das jenseits der Staatsgrenzen belegene Vermögen seiner Staatsbürger
konfiszieren: Die *Personalhoheit* des enteignenden Staates *tritt* gegenüber der Territorialhoheit des Belegenheitsstaates *zurück* (BEITZKE 106; SEIDL-HOHENVELDERN, Internationales Konfiskations- und Enteignungsrecht 70 f; SOERGEL/KEGEL Vor Art 7 Rn 801; **teilweise**
abw MünchKomm/KREUZER Rn 31). Allerdings kann der Belegenheitsstaat kraft seiner
Territorialhoheit einen anderen Staat, der das in jenem Staat belegene Vermögen
seiner Staatsbürger enteignet, gewähren lassen, womit der Belegenheitsstaat freilich
auch die völkerrechtliche und verfassungsrechtliche Mitverantwortung für den
Zugriff übernimmt. Beispielsweise haben England und die Vereinigten Staaten während des letzten Weltkriegs Enteignungsmaßnahmen der norwegischen und der
niederländischen Exilregierungen, die gegen Vermögenswerte eigener Staatsbürger
in jenen Staaten gerichtet waren, stillschweigend toleriert. Die Enteignungen verfolgten den Zweck, das Vermögen vor dem Zugriff einer den enteignenden Staat
besetzenden Feindmacht zu bewahren (vgl die englische Entscheidung Lorentzen v Lydden
& Co [1942] 2 K B 202 und die New Yorker Entscheidung Anderson v Transandine Handelsmaat-
schappij 43 NE 2nd 502 [NY 1942] = AmJCompL 4 [1942] 701; s ferner SCHINDLER, Besitzen
konfiskatorische Gesetze außerterritoriale Wirkung?, SchwJbIntR 3 [1946] 74−76; SEIDL-HOHEN-

VELDERN, Internationales Konfiskations- und Enteignungsrecht 179–184; SOERGEL/KEGEL Vor Art 7 Rn 801; WOLFF, Private International Law² [1950] 527–529). Dabei dürfte es sich jedoch um einen besonders gelagerten Ausnahmefall handeln.

5. Beachtung der innerhalb der Staatsgrenzen vollzogenen Enteignungen (positive Seite des Territorialitätsprinzips)

a) Voraussetzungen und Tragweite der Hinnahme in anderen Staaten

Die Enteignung der auf dem Gebiet des enteignenden Staates belegenen Gegen- **206** stände wird von anderen Staaten in ihrer Wirkung regelmäßig hingenommen. Es ist das gewissermaßen die positive Seite des Territorialitätsprinzips. Nicht erforderlich ist, daß der Staat, in dem jene Wirkung geltend gemacht wird, den enteignenden Staat oder dessen Regierung völkerrechtlich anerkannt hat (hL, vgl BEITZKE 105 f; FERID 7–130; KEGEL, Probleme des internationalen Enteignungs- und Währungsrechts 10–13; ders 857; MünchKomm/KREUZER Rn 20; SOERGEL/KEGEL Vor Art 7 Rn 806; STOLL, Völkerrechtliche Vorfragen bei der Anwendung ausländischen Rechts, BerGesVR 4 [1961] 133–138; grundsätzlich abweichend WENGLER, Fragen der Faktizität und Legitimität bei der Anwendung fremden Rechts, in: FS Lewald [1953] 615–632). Wohl aber ist die *Hinnahme* zu beschränken auf die im *Enteignungsstaat vollzogenen* (realisierten) Enteignungen (s oben Rn 198). Von einer Realisierung in dem hier gemeinten Sinne kann auch nur gesprochen werden, wenn die Enteignung nach dem internen Recht des enteignenden Staates wirksam ist. Im Gegensatz zu der im anglo-amerikanischen Rechtskreis verbreiteten *Act-of-State-Doctrine* (dazu Restatement 3rd, The Foreign Relations Law of the United States I [1987] §§ 443, 444; HALBERSTAM, Sabbatino Resurrected: The Act of State Doctrine in the Revised Restatement of US Foreign Relations Law, AmJIntL 68 [1985] 68–91; FOLZ, Die Geltungskraft fremder Hoheits-äußerungen. Eine Untersuchung über die anglo-amerikanische Act-of-State-Doctrine [1975]; GROSSFELD, Internationales Unternehmensrecht 264–267; TAHYAR, The Act of State Doctrine: Resolving Debt Situs Confusion, ColumLRev 86 [1986] 594–617) sind die deutschen Gerichte zu der Prüfung befugt, ob der Hoheitsakt eines ausländischen Staates durch dessen Recht gedeckt ist. Jedoch wird die Verfassungswidrigkeit des Hoheitsaktes vor deutschen Gerichten nur insoweit geltend gemacht werden können, als sie auch vor Gerichten des enteignenden Staates in Frage gestellt werden darf (FERID 7–124 und 7–132; MünchKomm/KREUZER Rn 33; NEUMAYER, Fremdes Recht und Normenkontrolle, RabelsZ 1958, 573, 598 f; SEIDL-HOHENVELDERN, Internationales Konfiskations- und Enteignungsrecht 44–47; SOERGEL/KEGEL Vor Art 7 Rn 813).

Die Hinnahme einer im Enteignungsstaat *vollzogenen Enteignung* bedeutet insbe- **207** sondere, daß sie grundsätzlich auch dann als wirksam zu behandeln ist, wenn die Sache nach der Enteignung in ein anderes Rechtsgebiet verbracht wird. Der frühere Eigentümer kann also vor den Gerichten des Staates, in den die Sache später gelangt, nicht mit Aussicht auf Erfolg auf Herausgabe der enteigneten Sache klagen, weder gegen den enteignenden Staat selbst, falls dieser sich noch im Besitz der Sache befindet, noch gegen einen Nachfolger im Besitz. Die Frage wurde schon nach dem 1. Weltkrieg aktuell, als die Sowjetregierung konfiszierte Kunstschätze ins Ausland verbrachte und dort veräußerte. In den meisten europäischen Staaten (mit Ausnahme Frankreichs) gaben die Gerichte dem Herausgabeverlangen der früheren Eigentümer nicht statt (vgl die Hinweise bei BEITZKE 95 Fn 6 und 7; RAAPE 660 Fn 9; SEIDL-HOHENVELDERN, Internationales Konfiskations- und Enteignungsrecht 13–15, 50 f; AG Berlin-Schöneberg IPRspr 1928 Nr 16 = RabelsZ 1928, 791). In dem gleichen Sinne wurde später bei Enteignungen entschieden, die in Zusammenhang mit dem 2. Weltkrieg erfolgten (vgl LG Mannheim IzRspr 1945–53 Nr 7; HansOLG Hamburg IzRspr 1945–53 Nr 7 a = JZ 1951, 444 = MDR 1951, 560 m Anm Blomeyer; OLG Nürnberg IzRspr 1945–53 Nr 9; abw OLG Nürnberg IzRspr 1945–53 Nr 5 = NJW 1950, 228 m Anm Möhring = SJZ 1950, 278 m krit Anm Raiser). Dem enteignenden Staat ist es andererseits aber auch verwehrt, vor den Gerichten eines anderen Staates, in den die enteignete Sache verbracht wurde, sein Recht zu suchen, indem er dort auf Herausgabe der Sache klagt (vgl Beitzke JZ 1956, 674 Fn 15; F A Mann, Öffentlichrechtliche Ansprüche im internationalen Rechtsverkehr, RabelsZ 1956, 1–20, 15; Seidl-Hohenveldern, Internationales Konfiskations- und Enteignungsrecht 39; Soergel/Kegel Vor Art 7 Rn 859 Fn 8). *Kein Staat macht sich „zum Büttel der Hoheitsgewalt des anderen"* (Beitzke aaO). In Fällen dieser Art wird es meist auch schon daran fehlen, daß die Enteignung im Enteignungsstaat vollzogen wurde. Man wird aber selbst dann nicht anders entscheiden dürfen, wenn der frühere Eigentümer nach vollzogener Enteignung es verstanden hat, sich der Sache wieder zu bemächtigen und damit den Vollzug praktisch wieder aufzuheben: Hier fehlt es an einer hinreichenden Verfestigung des Faktum der Enteignung (Soergel/Kegel aaO; aA F A Mann aaO).

b) Völkerrechtswidrige Enteignungen

208 Die Hinnahme einer im enteignenden Staat *vollzogenen Enteignung* in anderen Staaten geschieht um privater Belange willen, nicht aber aus Respekt vor dem hoheitlich gesetzten Recht jenes Staates. Deshalb ist die Hinnahme einer ausländischen Enteignung selbst dann nicht notwendig ausgeschlossen, wenn der ausländische Staat mit der Enteignung gegen das *allgemeine Völkerrecht* verstoßen hat. Es gibt keine allgemeine Regel des internationalen Privatrechts, wonach völkerrechtswidrige ausländische Enteignungen als nichtig zu behandeln sind (hL, vgl vBar, IPR I 246 f; Erman/Hohloch Anh Nach Art 38 Rn 35; Kegel 857; MünchKomm/Kreuzer Nach Art 38 Anh III Rn 7; aA F A Mann, Völkerrechtswidrige Enteignungen vor nationalen Gerichten, NJW 1961, 705–710; ders, Nochmals zu völkerrechtswidrigen Enteignungen vor deutschen Gerichten, in: FS Duden [1977] 287–305; Wolff 12). Das Völkergewohnheitsrecht mag die willkürlich diskriminierende ebenso wie die entschädigungslose Enteignung von Ausländern generell verbieten (die völkerrechtlichen Schranken der Enteignungsmacht des Staates sind unsicher, vgl vBar, IPR I 246 Fn 288; Dölle/Reichert-Facilides/Zweigert, Internationalrechtliche Betrachtungen zur Dekolonisierung = Recht und Staat, Heft 280/281 [1964] 50–53; Soergel/Kegel Vor Art 7 Rn 810). Damit korrespondiert aber kein völkerrechtliches Gebot, jede von einem ausländischen Staat völkerrechtswidrig vorgenommene Enteignung zu negieren oder als nichtig zu behandeln (OLG Bremen IPRspr 1958–59 Nr 7 A = AWD 1959, 207 m Anm Seidl-Hohenveldern AWD 1959, 272 = ArchVR 9 [1961–62] 318; LG Hamburg RabelsZ 1973, 579 = AWD 1973, 163; Behrens, Rechtsfragen im chilenischen Kupferstreit, RabelsZ 1973, 417 f, 429; Beitzke 93, 96 f; Dölle/Reichert-Facilides/Zweigert 51 Fn 89; MünchKomm/Kreuzer Nach Art 38 Anh III Rn 7; Raape 663; Seidl-Hohenveldern, Internationales Konfiskations- und Enteignungsrecht 35 f, 43 f; Soergel/Kegel Vor Art 7 Rn 812). Schon deshalb läßt sich aus Art 25 GG, wonach die allgemeinen Regeln des Völkerrechts Bestandteil des Bundesrechts sind und Rechte und Pflichten unmittelbar für die Bewohner des Bundesgebiets erzeugen, nichts Gegenteiliges herleiten. Das allgemeine Völkerrecht gibt im übrigen, sofern eine Enteignung völkerrechtswidrig ist, lediglich dem Staat, dem der von der Enteignung Betroffene angehört, einen *Entschädigungsanspruch*, wohingegen der individuell Betroffene kraft Völkerrechts keinen vor den Zivilgerichten durchsetzbaren Anspruch auf Entschädigung oder

Restitution hat. Das Fehlen einer völkerrechtlich gesicherten Regel über die Nichtigkeit völkerrechtswidriger Enteignungen oder einen Entschädigungsanspruch des von einer solchen Enteignung Betroffenen schließt freilich nicht aus, daß die Völkerrechtswidrigkeit des ausländischen Enteignungsaktes als ein für die Anwendung der allgemeinen Vorbehaltsklausel (Art 6 EGBGB) sprechender Umstand gewertet wird (s unten Rn 210). Das muß ganz besonders in solchen Staaten gelten, die – wie die Bundesrepublik Deutschland (Art 25 GG) – den allgemeinen Normen des Völkerrechts eine besondere Dignität zuerkennen und sie zum Bestandteil der innerstaatlichen Rechtsordnung erheben (BEITZKE RabelsZ 1949/50, 146 f; MünchKomm/KREUZER Nach Art 38 Anh III Rn 40; NIEDERER, Der völkerrechtliche Schutz des Privateigentums, in: FS Lewald [1953] 547, 553 f; SEIDL-HOHENVELDERN, Völkerrechtswidrige Akte fremder Staaten vor innerstaatlichen Gerichten 611; STOLL, Völkerrechtliche Vorfragen bei der Anwendung ausländischen Rechts, BerGesVR 4 [1961] 131, 143–145; VEITH/BÖCKSTIEGEL, Der Schutz von ausländischem Vermögen im Völkerrecht = Studien zum Europäischen Wirtschaftsrecht, Heft 4 [1962] 224).

Eine weiterreichende, kompetenzbegründende Bedeutung kommt dem Völkerrecht **209** allerdings dann zu, wenn eine *Besatzungsmacht* auf dem Gebiet des besetzten Staates durch Hoheitsakt in Privateigentum eingreift. Die Staatsgewalt des besetzten Staates wird nämlich durch die Besetzung nur insoweit verdrängt und überlagert, als sich die Besatzungsmacht auf einen völkerrechtlichen Rechtstitel berufen kann. Deshalb sind nur völkerrechtskonforme, der Haager Landkriegsordnung (Art 46–55) entsprechende Hoheitsakte der Besatzungsmacht durch das Territorialitätsprinzip gedeckt. Enteignungen hingegen, die eine Besatzungsmacht unter Überschreitung ihrer völkerrechtlichen Befugnisse auf besetztem Gebiet vornimmt, stehen extraterritorialen Enteignungen gleich, weshalb die Besatzungsmacht mit der Hinnahme solcher Enteignungen in Drittstaaten nicht rechnen kann (BEITZKE 99 f; F A MANN, International Delinquencies before Municipal Courts, LQRev 70 [1954] 181, 187 f; SEIDL-HOHENVELDERN, Internationales Konfiskations- und Enteignungsrecht 31–34; STOLL [vorige Rn] 140 f; **aA** RAAPE 567; SOERGEL/KEGEL Vor Art 7 Rn 808, 812).

c) Vorbehalt des ordre public
Eine ausländische Enteignung verstößt gegen den *inländischen ordre public*, wenn **210** die Hinnahme der Enteignung nach den gesamten Umständen zu einem unerträglichen, fundamentalen Grundsätzen des deutschen Rechts offensichtlich widersprechenden Ergebnis führen würde; die Enteignung ist dann als nicht geschehen zu behandeln, Art 6 EGBGB. Hierbei ist die *Völkerrechtswidrigkeit* der Enteignung von wesentlicher Bedeutung, aber nicht allein ausschlaggebend (vgl oben Rn 208; BVerfGE 84, 90 = NJW 1991, 1597 = JZ 1992, 200; vBAR, IPR I 246 f; KEGEL 857; MünchKomm/ KREUZER Nach Art 38 Anh III Rn 40–43; STAUDINGER/GROSSFELD [1993] Rn 755). Die Anwendung der allgemeinen Vorbehaltsklausel liegt besonders dann nahe, wenn die Enteignung Angehörige des Gerichtsstaats diskriminiert oder deren Eigentum entschädigungslos konfisziert. Es kann aber nicht angenommen werden, daß jede entschädigungslose Enteignung – mag sie sich auch gegen einen Angehörigen des Gerichtsstaates richten – schlechthin dem ordre public zuwiderläuft (BVerfG, vBAR, STAUDINGER/GROSSFELD [1993] aaO). Nach der ausdrücklichen Bestimmung in Art 6 S 2 EGBGB ist allerdings ausländisches Recht insbesondere dann nicht anzuwenden, wenn die Anwendung mit den *Grundrechten* unvereinbar ist, und es ist auch nicht zu bestreiten, daß der Schutz des Privateigentums und die Gewährung einer Entschä-

digung bei Enteignung (Art 14, 15 GG) zu den grundrechtlichen Gewährleistungen iS dieser Bestimmung zählen. In der Rechtsprechung finden sich auch Äußerungen, die darauf zielen, unter Berufung auf jene Bestimmungen des Grundgesetzes entschädigungslose Enteignungen selbst dann, wenn sie sich in den Grenzen des Territorialitätsprinzips halten, jede Inlandswirkung abzusprechen (vgl BGHZ 39, 220, 231: „Die Gerichte der Bundesrepublik sind nicht berechtigt, ihre Hand dazu zu reichen, daß auf ihrem Gebiete den ohne Entschädigung durchgeführten Enteignungsmaßnahmen zu einem weiteren sehr wesentlichen Erfolg verholfen wird; das widerspräche einem ihrer wichtigsten, in ihrer Verfassung verankerten Rechtsgrundsätzen [Art 14 Abs 3 S 2, Art 15 GG]"; BGHZ 104, 240, 244: Art 14 GG schütze auch Ausländer und verbiete entschädigungslose Enteignungen. „Diese sind deshalb im Geltungsbereich des Grundgesetzes nicht anzuerkennen"). Dieser Tendenz ist nicht zu folgen. Die Hinnahme einer ausländischen Enteignung als Rechtstatsache um privater Belange willen ist keine „Anwendung" fremden Enteignungsrechts mit der Konsequenz, daß der Gerichtsstaat die völkerrechtliche und verfassungsrechtliche Verantwortung für die Enteignung übernimmt (s Rn 199; insoweit zutreffend MünchKomm/ KREUZER Nach Art 38 Anh III Rn 16; aA KEGEL 854 f: „Macht wird von uns in Recht verwandelt. Eine fremde Enteignung anerkennen heißt das fremde Enteignungsrecht anwenden" – was aber KEGEL selbst als „oft hart" bezeichnet). Mit Recht mahnt vBAR (IPR I 246 f) zur Vorsicht mit der Nichtanerkennung intraterritorialer Konfiskationen unter Berufung auf den ordre-public-Vorbehalt oder mit „einem dem Auslandssachverhalt nicht hinlänglich Rechnung tragenden Einsatz von Art 14 GG". Nicht anerkennen dürfe man erst, wenn man die Folgen für die übrigen Enteignungsbeteiligten und für die internationalen Beziehungen übersehe. In der Tat kann die Ignorierung einer im Ausland vollzogenen Enteignung nur dann in Betracht kommen, wenn unter Berücksichtigung der involvierten Interessen aller Beteiligten das im konkreten Fall resultierende Ergebnis nach den gesamten Umständen untragbar erscheint. Zu berücksichtigen sind hierbei auch die persönlichen Auswirkungen der Enteignung für den Betroffenen sowie die Art und Weise, in der der enteignende Staat vorgegangen ist. In der Nachkriegszeit haben die deutschen Gerichte mit Recht der Konfiskation von Privatvermögen Vertriebener durch die polnischen und tschechoslowakischen Behörden besonders dann die Wirkung versagt und die späteren Besitzer zur Herausgabe verurteilt, wenn es sich um persönliche Gebrauchsgegenstände handelte (vgl die Nachw in der 10./11. Aufl Rn 219 und bei SOERGEL/KEGEL Vor Art 7 Rn 859; vBAR, IPR I 247 Fn 294). Vgl im übrigen dazu, daß schon nach internationalem öffentlichem Recht kein Staat bereit ist, Hoheitsakte eines anderen Staates durchzusetzen, und schon aus diesem Grund die Herausgabeklage des durch eine ausländische Enteignung Begünstigten abzuweisen ist, wenn der betroffene Eigentümer den Besitz behalten oder wiedererlangt hat, oben Rn 207.

211 Die bei Anwendung des Art 6 EGBGB nötige Bewertung der konkreten Umstände bedeutet auch, daß der zu beurteilende Sachverhalt eine *hinreichende Inlandsbeziehung* haben muß, um eine Korrektur des rechtlichen Ergebnisses mittels der Vorbehaltsklausel zu rechtfertigen (BVerfGE 84, 90 = NJW 1991, 1597, 1600; STAUDINGER/ GROSSFELD [1993] Rn 755). Eine solche Inlandsbeziehung ist bei der anstößigen Enteignung einer Sache im Ausland indes schon dann gegeben, wenn die Sache später ins Inland gelangt ist; denn schon die Vorenthaltung des Besitzes an einer im Inland befindlichen Sache oder die sonstige Beeinträchtigung des Eigentums an ihr ist eine untragbare Störung der Rechtsordnung iS des Art 6 EGBGB, wenn die ausländische Enteignung grundlegenden Anschauungen des inländischen Rechts zuwiderläuft (so mit Recht insbes F A Mann, Völkerrechtswidrige Enteignungen vor nationalen Gerichten 707; ders in: FS Duden 291 f; Meier-Hayoz, Berner Kommentar zum Schweizerischen Privatrecht IV, 1. Abt, 1. Teilbd Rn 734; weitere Nachw bei MünchKomm/Kreuzer Nach Art 38 Anh III Rn 42 Fn 149; aA viele, wobei unklar bleibt, von welchen Kriterien sonst die Inlandsbeziehung oder „intensive Inlandsbeziehung" abhängen soll, s OLG Hamburg IPRspr 1945–53 Nr 7 A = JZ 1951, 444 = MDR 1951, 560 mit Anm Blomeyer; LG Hamburg RabelsZ 1973, 579 = AWD 1973, 163; Raape 663; Wuppermann AWD 1973, 508 f; weitere Nachw bei MünchKomm/Kreuzer Fn 150).

Verstößt die ausländische Enteignung einer beweglichen Sache gegen den deutschen **212** ordre public und ist sie somit als unwirksam zu behandeln, dann ist die Sache, soweit inländisches Sachenrecht anwendbar ist, folgerichtig als *abhandengekommen* iS des § 935 BGB anzusehen; denn der Besitzverlust, der durch Gewalt oder Drohung mit Gewalt ohne Rechtstitel erzwungen wird, ist nicht durch den Willen des Berechtigten gedeckt (vgl OLG Nürnberg IzRspr 1945–1953 Nr 9: Unfreiwilligkeit des Besitzverlustes wird für den Fall bejaht, daß die Enteignung der strittigen Maschinen in der Sowjetzone „als absolut nichtig anzusehen wäre" [S 35]). Die Qualifikation des Besitzverlusts als „abhandengekommen" ist zu beachten, wenn im Inland über die Sache ohne Zustimmung des von der Enteignung betroffenen Berechtigten verfügt wird.

6. Auflockerung des Territorialitätsprinzips

Im neueren Schrifttum wird mit verschiedener Begründung versucht, das Territoria- **213** litätsprinzip in dem Sinne aufzulockern, daß ausländischen Enteignungen unter gewissen Voraussetzungen, namentlich bei Gewährung einer angemessenen Entschädigung an die enteigneten Personen, extraterritoriale Wirkung zuerkannt wird. Diese Bemühungen betreffen hauptsächlich das *internationale Gesellschaftsrecht* und wurden angeregt durch die Nationalisierung französischer Industrieunternehmen und Banken durch das Gesetz vom 11. 2. 1982 (loi de nationalisation no 82–155, JO 13. 2. 1982 p 566; s dazu Breitenstein RiW 1982, 140–155; Burdeau, Die französischen Verstaatlichungen = Abhandlungen aus dem gesamten bürgerlichen Recht, Handelsrecht und Wirtschaftsrecht, Heft 56 [1984]; Coing WM 1982, 378–385; Dohm ZSchweizR 1981, 425–444; Einsele RabelsZ 1987, 603, 625 f; Knoepfler SchwJbIntR 39 [1983] 149–173; Matthias RiW 1982, 640–644; Rigaux/Verhoeven J trib 1982, 489–498). Das Gesetz übertrug das Eigentum an den Mitgliedschaftsrechten der betroffenen Aktiengesellschaften auf den französischen Staat, ohne daß die Rechtspersönlichkeit der Gesellschaften hiervon berührt wurde. Die enteigneten Aktionäre wurden auf der Basis eines nach dem Börsenkurs errechneten Durchschnittswerts der Aktien durch Ausgabe von Obligationen entschädigt (nähere Angaben hierüber in der Entscheidung des Appellationsgerichts Basel vom 27. 3. 1992, BaslerJurMitt 1993, 17). Nach der in Deutschland herrschenden Auslegung des Territorialitätsprinzips müßte eigentlich angenommen werden, daß die Enteignung der Mitgliedschaftsrechte nicht das außerhalb Frankreichs befindliche Vermögen der betroffenen Gesellschaften erfaßt, dieses vielmehr einer dort entstehenden „*Spaltgesellschaft*" verbleibt. Das Schrifttum (s oben) scheut jedoch vor dieser Konsequenz zurück; auch haben Gerichte in der Schweiz und Belgien gegenteilig entschieden (vgl Appellationsgericht Basel aaO und dazu Lederer IPRax 1994, 145–147; in der Basler Entscheidung wird auf S 18 das Urteil des Handelsgerichts Namur vom 12. 8. 1982 angeführt; s auch Firsching/vHoffmann 258). Die divergierenden Begründungen zeigen beträchtliche Unsicherheit (vgl insbesondere vBar, IPR I 248 f; Coing aaO; Kegel 856; MünchKomm/ Kreuzer Nach Art 38 Anh III Rn 31; Soergel/Kegel Vor Art 7 Rn 802; Stoll, Neuere Entwicklungen im internationalen Enteignungsrecht 91 f). KEGEL legt den Akzent auf die Interessengleichheit zwischen dem enteignenden Staat und demjenigen Staat, in dem sich die Enteignung extraterritorial auswirkt. Unter diesen Voraussetzungen könne ein Abgehen von strenger Territorialität geboten sein. Nach KREUZER begründet nicht nur die Gebietshoheit, sondern auch die Personalhoheit eines Staates die Enteignungskompetenz. Verwandt ist die Auffassung, die „lex societatis" entscheide über die Rechtmäßigkeit der internationalen Enteignung von Mitgliedschaftsrechten, soweit nicht der ordre public eingreift (LEDERER IPRax 1994, 147 unter Berufung auf die Entscheidung des Appellationsgerichts Basel). VBAR meint, es bestehe verfassungsrechtlich keine Notwendigkeit, die Spaltungstheorie auf angemessen entschädigte Enteignungen zu verlängern. Diese Theorie lokalisiere die Anteilsrechte an juristischen Personen nur ausnahmsweise und künstlich am Ort des Auslandsvermögens der juristischen Person, um den Anteilseignern ein Mindestmaß an Entschädigung zu belassen. Werde aber den Anteilseignern eine angemessene Entschädigung gewährt, müsse man enteignungsrechtlich zur normalen Lokalisierung der Anteilsrechte zurückkehren, nämlich am Sitz der juristischen Person.

214 Hinter den Bemühungen, die negative Bedeutung des Territorialitätsprinzips abzuschwächen und es in diesem Sinne „aufzulockern", steht ein *Qualifikationsproblem*: Sind schlechthin alle Formen einer Enteignung als privatrechtsstörende Eingriffe anzusehen, die eine internationalprivatrechtliche Sonderbehandlung iS des Territorialitätsprinzips rechtfertigen? Gibt es nicht auch maßvolle, wirtschaftspolitisch vertretbare Enteignungen gegen Entschädigung, die zwingenden Normen des Privatrechts näher stehen als störendem Eingriffsrecht, so daß die rechtliche Beurteilung solcher Enteignungen dem internationalprivatrechtlich berufenen Statut überlassen werden kann? Man wird diese Fragen bejahen müssen. Das Bedürfnis für eine internationalprivatrechtliche Sondernorm entfällt, sofern eine Enteignung gegen angemessene Entschädigung nach den gesamten Umständen bei wertender Betrachtung als eine fair durchgeführte, wirtschaftspolitisch vertretbare Maßnahme angesehen werden kann und deshalb einem „Zwangskauf" gleichsteht. In solchen Fällen wirkt ein enteignender Eingriff in die gesellschaftsrechtlichen Verhältnisse, den der Staat des Sitzes der Gesellschaft vornimmt, überall privatrechtlich, wo auch immer sich Vermögen der Gesellschaft befindet; es folgt das aus der internationalprivatrechtlichen Regel, daß die gesellschaftsrechtlichen Verhältnisse dem am Verwaltungssitz der Gesellschaft geltenden Recht unterstehen.

7. Gesetzliche Anerkennung ausländischer Enteignungen

215 Jedem Staat steht es frei, eine ausländische Enteignung rechtlich *anzuerkennen*, so daß sie hinsichtlich der Vermögenswerte im anerkennenden Staat *dieselbe Wirkung* hat *wie eine Enteignung durch diesen Staat*. Hierzu bedarf es jedoch einer staatsvertraglichen Regelung oder eines Gesetzes des anerkennenden Staates (BEITZKE 111; EINSELE RabelsZ 1987, 624; MünchKomm/EBENROTH² Nach Art 10 Rn 652 Fn 2163; SEIDL-HOHENVELDERN, Internationales Konfiskations- und Enteignungsrecht 140−147). Die Anerkennung ausländischer Enteignungen kann nicht schon daraus hergeleitet werden, daß ein Staat den enteignenden Staat oder dessen Regierung völkerrechtlich anerkennt (DROBNIG ROW 1971, 53, 60−62). Mit der rechtlichen Anerkennung einer ausländischen Enteignung übernimmt der anerkennende Staat, soweit Vermögenswerte auf seinem Staatsgebiet betroffen sind, die völkerrechtliche und verfassungsrechtliche Verantwortung für die Enteignung. Deshalb unterliegt ein Gesetz der Bundesrepublik, welches die Anerkennung fremder Enteignungen ausspricht oder durch das dem eine Anerkennung enthaltenden Staatsvertrag zugestimmt wird, den verfassungsrechtlichen Geboten der Art 14, 15 GG. Indessen hat das Bundesverfassungsgericht entschieden, daß gesetzliche Regelungen zur Bewältigung der außergewöhnlichen Umstände, die ihren Ursprung im letzten Weltkrieg und den damit verbundenen historischen Vorgängen aus der Zeit vor der Entstehung der Bundesrepublik haben, nicht an Art 14 GG gemessen werden können (BVerfGE 41, 126). Demgemäß wurden die Zustimmungsgesetze zu den deutsch-niederländischen Verträgen, durch welche Meinungsverschiedenheiten über die Wirkungen der Enteignung deutschen Vermögens durch den niederländischen Staat beigelegt werden sollten (Deutsch-niederländischer Ausgleichsvertrag v 8. 4. 1960 [BGBl 1963 II 458], der zugehörige Finanzvertrag gleichen Datums [BGBl 1963 II 629] sowie das Zusatzabkommen zum Finanzvertrag v 14. 5. 1962 [BGBl 1963 II 663, 664]) für verfassungsmäßig erklärt, obwohl die betroffenen deutschen Eigentümer keine Entschädigung erhalten (BVerfG 45, 83 = IPRspr 1977 Nr 108 = NJW 1977, 2029). S im übrigen zu der hier nicht weiter zu behandelnden Frage der Anerkennung ausländischer Eingriffe in deutsches Auslandsvermögen und bestimmter Eingriffe der westlichen Besatzungsmächte in deutsches Inlandsvermögen das Gesetz der Alliierten Hohen Kommission Nr 63 v 31. 8. 1951 (AHK Bl 1107) und die noch geltenden Art 3 Abs 1 und 3 des im übrigen aufgehobenen Überleitungsvertrages (Vertrag zur Regelung aus Krieg und Besatzung entstandener Fragen v 23. 10. 1954 [BGBl 1955 II 405], dazu KEGEL 864 f; SOERGEL/KEGEL Vor Art 7 Rn 867–891; STAUDINGER/GROSSFELD [1993] Rn 761).

8. Enteignungen im innerdeutschen Verhältnis

Die kollisionsrechtliche Grundregel, daß enteignende Eingriffe in privatrechtliche **216** Verhältnisse nur territorial begrenzt wirken, gilt nicht nur international, sondern auch *interlokal* im Verhältnis deutscher Gebietskörperschaften zueinander (RGZ 102, 251; FICKER, Grundfragen des deutschen interlokalen Rechts [1952] 76 ff; KEGEL 856; Münch-Komm/KREUZER Nach Art 38 Anh III Rn 9, 10; SOERGEL/KEGEL Vor Art 7 Rn 805). Auch im innerdeutschen Verhältnis der Bundesrepublik zur ehemaligen DDR war die **Geltung des Territorialitätsprinzips** von jeher unbestritten (OGHZ 1, 386, 390 = NJW 1949, 502; BGHZ 2, 218, 222; 5, 27, 34 f; 12, 79, 83 f; 13, 106, 108; 17, 209, 212; 20, 4, 14; 23, 333, 336; 31, 367, 371; LG Braunschweig DtZ 1990, 214; DROBNIG RabelsZ 1953, 659–689; FICKER, KEGEL, Münch-Komm/KREUZER aaO; PALANDT/HELDRICH Anh zu Art 38 II Rn 14; SOERGEL/KEGEL aaO; WOLFF, Probleme des interlokalen Privatrechts in Deutschland, in: FS Raape [1948] 181, 194–199). Der zwischen der Bundesrepublik Deutschland und der ehemaligen DDR geschlossene *Grundvertrag* v 20. 12. 1972 (BGBl 1973 II 421) schließt keine Anerkennung der von der Regierung der DDR vorgenommenen Enteignungen ein. Vielmehr haben sich die Vertragspartner in Art 6 auf den Grundsatz geeinigt, daß „die Hoheitsgewalt jedes der beiden Staaten sich auf sein Staatsgebiet beschränkt" (zur Auslegung DROB-NIG, Der Grundvertrag und die innerdeutschen Zivilrechtsbeziehungen, RabelsZ 1973, 485, 492 f).

Es hat sich dann allerdings die Bundesrepublik durch den **Einigungsvertrag** (Vertrag **217** vom 31. 8. 1990 zwischen der Bundesrepublik Deutschland und der DDR über die Herstellung der Einheit Deutschlands, BGBl 1990 II 889) verpflichtet, die entschädigungslosen Enteignungen hinzunehmen, die in der ehemaligen DDR 1945–1949 auf besatzungsrechtlicher oder besatzungshoheitlicher Grundlage erfolgt sind (Art 41 Abs 1 des Einigungsvertrages iV mit der Gemeinsamen Erklärung zur Regelung offener Vermögensfragen v 15. 6. 1990, Anl III des Einigungsvertrages). Nach dem Sinn des auf Bestandsschutz gerichteten Einigungsvertrages wird man jedoch darin nur eine rechtliche Teilanerkennung zu sehen haben, nämlich eine Anerkennung allein der intraterritorialen Wirkungen in den Grenzen des Territorialitätsprinzips. Die in den alten Bundesländern vor der Einigung entstandenen *Rest- und Spaltgesellschaften bestehen also fort* (JUNKER, Spaltgesellschaften im deutschen internationalen Enteignungsrecht, in: JAYME/FURTAK [Hrsg], Der Weg zur deutschen Rechtseinheit [1991] 191, 199–201). Es hat die Bundesrepublik durch den Einigungsvertrag nicht nachträglich die verfassungsrechtliche Verantwortung für die Enteignungen übernommen. Eine solche Verantwortung kann auch schwerlich damit begründet werden, daß der Einigungsvertrag das Grundgesetz auch in den neuen Bundesländern – wo die Enteignungen intraterritorial wirken sollen – in Kraft gesetzt hat. Der durch den Einigungsvertrag in das Grundgesetz eingefügte Art 143 Abs 3 stellt das klar; die hiergegen erhobenen Verfassungsbeschwerden hat das Bundesverfassungsgericht zurückgewiesen (BVerfGE 84, 90 = NJW 1991, 1597 = JZ 1992, 200; vgl auch BVerwG JZ 1994, 179; ARNOLDT, Die Enteignungen in der sowjetischen Besatzungszone [1945–1949] und die Schutzgarantien der Europäischen Menschenrechtskonvention, BB 1991, Beil 14 zu Heft 18; LEISNER NJW 1991, 1569–1575; PAPIER NJW 1991, 193–197; SCHILDT DtZ 1992, 97–102; SCHWEISFURTH BB 1991, 281–291; STEINBERG NJ [DDR] 1991, 1–6).

Den nach 1949 in der DDR erfolgten Enteignungen wird hingegen durch den *Einigungsvertrag* (Art 18, 41) nur ein beschränkter Bestandsschutz zuteil, nämlich nur im Rahmen des zusammen mit dem Einigungsvertrag als DDR-Gesetz am 29. 9. 1990 in Kraft getretenen Gesetzes zur Regelung offener Vermögensfragen **(Vermögensgesetz)** vom 23. 9. 1990 (BGBl I 889, 1159; jetzt geltende Fassung vom 14. 7. 1992, BGBl I 1257). Nach diesem Gesetz geht die Rückübertragung entzogener Vermögenswerte der Entschädigung vor (§ 3). Es enthält somit eine *spezialgesetzliche Regelung* der Frage, ob und mit welchen Folgen eine in der ehemaligen DDR erfolgte Enteignung wegen Verstoßes gegen elementare Rechtsgrundsätze zu mißbilligen ist. Diese Regelung kann nicht dadurch unterlaufen werden, daß einer DDR-Enteignung, die nach dem Recht der ehemaligen DDR wirksam vollzogen war (vgl BVerwG Dtz 1994, 319), aus der Sicht des Rechts der alten Bundesländer unter Berufung auf die Vorbehaltsklausel (Art 6 EGBGB) selbst die intraterritoriale Wirkung abgesprochen wird. Die Anerkennung extraterritorialer Wirkungen liegt ohnehin nicht im Sinn und Zweck des Einigungsvertrages, ebensowenig wie bei den Enteignungen auf besatzungsrechtlicher oder besatzungshoheitlicher Grundlage.

C.   Liegenschaftsrecht*

I.   Das Recht des Lageortes als Sachstatut

1.   Anwendungsbereich des Sachstatuts im allgemeinen

Die dinglichen Rechtsverhältnisse an einem *Grundstück* regeln sich nach anerkann- **218**
ter, überkommener Rechtsanschauung (s Rn 124; vgl auch KEGEL, Wohnsitz und Belegenheitsrecht bei STORY und SAVIGNY, RabelsZ 1988, 431, 443 f, 448–452) nach dem Recht des
Lageortes (Belegenheitsrecht, lex rei sitae) (s hierzu aus der neueren Rechtsprechung und
dem Schrifttum LG Bamberg IPRspr 1975 Nr 215; KG IPRspr 1976 Nr 115 A; BGHZ 52, 239 =
IPRspr 1968–69 Nr 24 = NJW 1969, 1760; BGHZ 73, 391, 395; OLG München IPRspr 1988 Nr 15 =
NJW-RR 1989, 663 = IPRax 1990, 320, und dazu SPELLENBERG IPRax 1990, 295–298; BGH IPRspr
1992 Nr 44 = NJW 1993, 522; IPG 1978 Nr 20; 1979 Nr 15; vBAR, IPR II 545; ERMAN/HOHLOCH
Rn 10; FERID 7–35; MünchKomm/KREUZER Rn 12; PALANDT/HELDRICH Art 38 Anh II Rn 2;
REITHMANN 487 f; vgl auch § 31, 32 des öst IPR-Gesetz vom 15. 6. 1978 und Art 99 Abs 1 des schweiz
IPRG vom 18. 12. 1987). Das Sachstatut ist, soweit es um Grundstücke und Grundstücksrechte geht, stets der Parteidisposition entzogen; eine Rechtswahl ist ausgeschlossen (vBAR, IPR II 546 f; MünchKomm/KREUZER Rn 35; REITHMANN 487). Das Recht
des Lageortes bestimmt den Kreis der im Liegenschaftsrecht zugelassenen *Sachen-
rechtstypen* einschließlich der *Besitzformen*; nach dem Recht des Lageortes richten
sich auch Inhalt und Ausübung der Grundstücksrechte (vgl oben Rn 147–152; zu Besonderheiten im internationalen Umweltrecht s unten Rn 234–236). Das Recht des Lageortes ist
ebenso maßgebend für die *gesetzliche* und *rechtsgeschäftliche Änderung der sachenrechtlichen Verhältnisse* an Grundstücken (vgl oben Rn 158–159). Im Gegensatz zu den
sachenrechtlichen Verfügungen unterstehen jedoch die schuldrechtlichen Verpflichtungen, solche Verfügungen vorzunehmen, auch im Liegenschaftsrecht ihrem eigenen Statut, das den allgemeinen Regeln des internationalen Schuldrechts folgt (dazu
näher unten Rn 222–224).

Die Herrschaft der lex rei sitae wird indes auch im Liegenschaftsrecht dadurch ein- **219**
geschränkt, daß gewisse, die Wirksamkeit von Verfügungen betreffende Fragen nach
deutschem IPR *gesondert anzuknüpfen* sind (vgl oben Rn 160). Insbesondere bemessen
sich die *Rechts- und Geschäftsfähigkeit* der an einem Verfügungsgeschäft beteiligten

---

* **Schrifttum**: ERIC CORNUT, Der Grundstückskauf im IPR. Unter Einschluß der Zuständigkeitsverweisung und des internationalen Konfliktes = Schriftenreihe des Instituts für internationales Recht und internationale Rechtsbeziehungen der JurFak der Universität Basel, Bd 40
(1987); FALCONBRIDGE, Immovables in the
Conflict of Laws, CanBRev 20 (1942) 1–27,
109–140; HANCOCK, Conceptual Devices for
Avoiding the Land Taboo in Conflict of Laws:
The Disadvantages of Disingenuousness, StanfordLRev 20 (1967) 1–40; FRANK, Probleme
des internationalen Grundstücksrechtes,
BWNotZ 1978, 95–99; KÜPPERS, Grunderwerb

im Ausland, DNotZ 1973, 645–678; SCHÄFER,
Grenzüberschreitende Kreditsicherung an
Grundstücken unter besonderer Berücksichti-
gung des deutschen und italienischen Rechts =
Studien zum vergleichenden und internationa-
len Recht Bd 20 (1993); SCHWANDER, Das IPR
des Grundstückskaufs/Grundstückserwerb
durch Personen im Ausland, in: KOLLER
(Hrsg), Der Grundstückskauf (St Gallen 1989)
365–392.
Zum materiellen Sachenrecht vergleichend vHOFF-
MANN, Das Recht des Grundstückskaufs = Bei-
träge zum ausländischen und internationalen
Privatrecht Bd 47 (1982).

Personen nach deren Personalstatut (Art 7 EGBGB, s auch Art 12 EGBGB); auch
die *gesetzliche Vertretung* eines Beteiligten unterliegt ihrem eigenen Statut, etwa,
soweit es um die gesetzliche Vertretung eines minderjährigen Kindes geht, der in
Art 19 Abs 2 oder Art 20 Abs 2 EGBGB bestimmten Rechtsordnung (vgl ERMAN/
HOHLOCH Rn 19; KEGEL 573; MünchKomm/KREUZER Rn 29; PALANDT/HELDRICH Art 38 Anh II
Rn 5; SOERGEL/KEGEL Vor Art 7 Rn 563; bezüglich der Vertretung einer schweizerischen KG, die
hinsichtlich einer Grundschuld an einem deutschen Grundstück einen Rangrücktritt bewilligt: IPG
1969 Nr 50. Zur *Veräußerungsvollmacht* im Liegenschaftsrecht unten Rn 229–230). Ebenso
schränkt etwa das französische Recht die Herrschaft des Sachstatuts selbst bei
Grundstücksgeschäften in entsprechender Weise zugunsten des Personalstatuts ein
(BATIFFOL/LAGARDE, Droit international privé[8] I 466 f; Cass civ Rev crit dr i p 1957, 680; D 1958,
496 = Rev crit dr i p 1958, 700; Rev crit dr i p 1961, 540 = Clunet 1961, 440). Hingegen erstreckt
sich nach englischem und amerikanischem Kollisionsrecht der Anwendungsbereich
der lex rei sitae auch auf die „capacity" der an einem Grundstücksgeschäft Beteiligten (s Bank of Africa, Ltd v Cohen [1909] 2 Ch 129; NORTH/FAWCETT, Private International Law[12]
787 f; DICEY/MORRIS, The Conflict of Laws[12] II [1993] 960–962; SCOLES/HAY, Conflict of Laws[2]
747–751; einschränkend Restatement 2nd, § 223 comment c). Hinzuweisen ist ferner auf die
vielfältigen Formen, in welchen das Sachstatut möglicherweise durch ein Vermögensstatut überlagert wird (s oben Rn 181–195).

220 Die nach deutschem IPR von der Herrschaft des Sachstatuts ausgenommenen Sonderfragen der *„capacity"* (vorige Rn) hat der deutsche Richter auch dann nach der
berufenen, vom Belegenheitsrecht möglicherweise verschiedenen Rechtsordnung zu
beurteilen, wenn über ein ausländisches Grundstück oder ein Recht an einem solchen verfügt wird und das ausländische Belegenheitsrecht auf jene Sonderfragen
angewandt sein will (wie etwa das englische und das amerikanische Recht, s vorige
Rn). Dieser herrschenden Auffassung ist von namhaften Autoren widersprochen
worden. So meint NUSSBAUM, die deutsche Kollisionsnorm könne keine irgendwie
gearteten Veränderungen der Rechtsverhältnisse an ausländischen Grundstücken
gegen den Willen der „näherberechtigten" lex rei sitae erzwingen (NUSSBAUM, IPR
301 f; s auch FRANKENSTEIN I 402). Der Versuch, einem englischen Grundstück gegen den
Willen des englischen Gesetzgebers deutsches Recht aufzuzwingen, sei absurd. Hier
liege eine natürliche Grenze der Kollisionsnormen (NUSSBAUM 59 N 2). In ähnlichem
Sinne spricht MELCHIOR von einer „Selbstbeschränkung des deutschen internationalen Privatrechts": Die örtlichen Konfliktsregeln sollten nur gelten, wenn sie mindestens bis zu einem gewissen Grad durchsetzbar sind (MELCHIOR, Die Selbstbeschränkung
des deutschen internationalen Privatrechts, RabelsZ 1929, 733, 747; ders, Grundlagen 398–418;
entsprechend nunmehr auch WENGLER, IPR I, 643 Fn 13 und II, 1032 f; vgl auch Art 47 des portugiesischen cc: „Gleichfalls wird durch das Gesetz der Belegenheit der Sache die Fähigkeit zur
Begründung dinglicher Rechte an unbeweglichen Sachen oder zur Verfügung über solche bestimmt,
sofern dieses Recht es anordnet; andernfalls ist das Personalstatut anwendbar"). Indessen läßt
sich den Vorschriften des EGBGB über die Rechts- und Geschäftsfähigkeit einer
Person sowie über die gesetzliche Vertretung (s Rn 219) keine Einschränkung zugunsten abweichender Anknüpfungsregeln des Belegenheitsrechts entnehmen, wenn
über ein ausländisches Grundstück oder ein Recht an einem solchen Grundstück
verfügt wird. Das deutsche IPR kennt keinen allgemeinen Rechtssatz, der es verbietet, die Rechtsverhältnisse an einem ausländischen Grundstück anders zu beurteilen,
als es im Staat des Lageortes geschieht. Beispielsweise weichen auch die deutschen
Kollisionsnormen über die güterrechtlichen Wirkungen der Ehe und die Rechtsnach-

folge von Todes wegen (Art 15, 25 EGBGB) nicht vor dem Geltungsanspruch konträrer Normen des Belegenheitsrechtes zurück, sofern nicht eben Art 3 Abs 3 EGBGB eingreift (dazu oben Rn 182 f). Auch diese Divergenz kann dazu führen, daß die Rechtsverhältnisse an einem ausländischen Grundstück im Zusammenhang des nach deutschem IPR anwendbaren Rechts anders zu beurteilen sind als nach dem Recht das Lageortes. Zuzugeben ist nur, daß dort, wo eine eindeutige kollisionsrechtliche Anweisung fehlt, tunlichst solche Kollisionsregeln entwickelt werden sollten, die einen Widerspruch zur lex rei sitae bei Beurteilung der Rechtsverhältnisse an einem ausländischen Grundstück vermeiden. So ist es zB angezeigt, *Vorfragen*, von denen das Recht des Lageortes die Gestaltung dinglicher Rechtsverhältnisse an einem Grundstück abhängig macht, anders als im Mobiliarsachenrecht *unselbständig anzuknüpfen* und somit derjenigen Rechtsordnung zu unterwerfen, die nach dem Kollisionsrecht des Belegenheitsstaates berufen ist (s unten Rn 223). Ebenso sollten Bestand und Inhalt einer Vollmacht zur Verfügung über Grundstücke und Grundstücksrechte ausschließlich nach dem Recht des Lageortes bestimmt werden (unten Rn 229).

Das Recht des Lageortes ist ferner maßgebend für *wirtschaftspolitische oder frem-* **221** *denrechtliche Beschränkungen* des Erwerbs oder der Veräußerung von Grundeigentum (MünchKomm/Kreuzer Rn 38). Praktisch besonders bedeutsam sind öffentlichrechtliche Vorschriften, welche den Grunderwerb durch juristische Personen oder durch Ausländer reglementieren, etwa gänzlich untersagen oder von einer Genehmigung abhängig machen (vgl die Literaturhinweise bei MünchKomm/Kreuzer Rn 38 Fn 158, und Hegmanns, Probleme mit Kaufverträgen über im Ausland gelegene Grundstücke, MittRhNotK 1987,1, 13–15; s ferner Bogdan, Restrictions Limiting the Right of Foreigners to Acquire Real Property in Sweden, RabelsZ 1977, 536–548; Dubler, Neuerungen beim Erwerb von Grundstücken in der Schweiz durch Personen im Ausland, IPRax 1985, 355–357; Löber, Grundeigentum in Spanien⁴ [1993]; Mühlebach/ lex f geissmann, Kommentar zum Bundesgesetz über den Erwerb von Grundstücken durch Personen im Ausland [Brugg/Baden-Schweiz 1986]; Nolting, Die wichtigsten Grundsätze des Erwerbs von Rechten an Grundstücken in Spanien, Frankreich und der Bundesrepublik Deutschland, ZfRvgl 1986, 263–271; Schmidjell, Einschränkung der Freiheit des Grundverkehrs in der Europäischen Gemeinschaft. Das dänische Grundverkehrsrecht und seine Anwendbarkeit für Österreich [1992]; Schwander 382–392; zum liechtensteinischen Recht s die Kurzinformation in RabelsZ 1975, 513). Die Beachtung derartiger Vorschriften des Belegenheitsrechts ergibt sich auch schon aus dem sinngemäß anzuwendenden Territorialitätsprinzip (s oben Rn 198–200). Hinsichtlich des deutschen Rechts vgl die in Art 86 und 88 EGBGB vorbehaltenen landesrechtlichen Vorschriften; sie sind nach dem Gesetz v 2. 4. 1964 (BGBl I S 248) nicht anzuwenden auf den Erwerb von Grundstücken durch Staatsangehörige der EG-Staaten sowie auf den Erwerb von Rechten durch Gesellschaften, die nach dem Recht eines dieser Staaten gegründet wurden und ihren satzungsmäßigen Sitz, ihre Hauptverwaltung oder ihre Hauptniederlassung innerhalb der Gemeinschaft haben (vgl Art 58 EWG-Vertrag).

2. Verfügungen über Grundstücksrechte

a) Verfügungen und Verpflichtungsgeschäfte

Verfügungen über Grundstücke oder Rechte an Grundstücken unterstehen aus- **222** schließlich dem *Recht des Lageortes*. Der Begriff der Verfügung ist hierbei nach deutschem Recht zu bestimmen. Es bleibt gleich, ob das anwendbare Recht diesen

Begriff kennt und ob es, wie das deutsche, zwischen Verfügungs- und Verpflichtungsgeschäften unterscheidet. Das Recht des Lageortes hat darüber zu befinden, ob das Verfügungsgeschäft rechtsgrundabhängig ist, vielleicht auch das Verpflichtungsgeschäft als solches Verfügungswirkung hat (vBar, IPR II 380 f; Erman/Hohloch Rn 14; Kegel 572; MünchKomm/Kreuzer Rn 28; Palandt/Heldrich Art 38 Anh II Rn 5). Grundsätzlich unterliegt das *Verpflichtungsgeschäft* seinem eigenen Statut, das nach den Art 27−37 EGBGB zu bestimmen ist (s näher dazu oben Rn 159; ebenso für das österreichische Recht OGH ZfRvgl 1986, 226 = IPRax 1986, 175, und dazu Schwind IPRax 1986, 191−193). Deshalb kann auch bei Grundstücksgeschäften das für die Verpflichtung zu einer Verfügung maßgebende Statut von den Parteien gewählt werden (Art 27 EGBGB). Insbesondere können die Parteien bei Veräußerung eines deutschen Grundstücks den *Grundstückskaufvertrag* einem ausländischen Recht unterstellen, bei Veräußerung eines ausländischen Grundstücks kann für den Kaufvertrag die Geltung deutschen Rechts vereinbart werden (vgl aus der Rspr BGHZ 52, 239 = IPRspr 1968−69 Nr 24; 53, 189 = IPRspr 1970 Nr 10; 57, 337 = IPRspr 1971 Nr 11; 73, 391 = IPRspr 1979 Nr 7 = NJW 1979, 1773; OLG Frankfurt IPRax 1992, 314, und dazu Bungert IPRax 1992, 296−301). Das EGBGB schreibt für die Rechtswahl keine Form vor. Nach Art 27 Abs 4 EGBGB iV mit Art 31 Abs 1 und 11 EGBGB kann indes die Rechtsordnung, die bei gültiger Rechtswahl auf den Hauptvertrag anzuwenden wäre, auch den Verweisungsvertrag als Bestandteil des Hauptvertrages der für diesen vorgesehenen Form unterstellen und bestimmen, daß der Vertrag scheitert, wenn diese Form auch nur für jenen Bestandteil nicht eingehalten ist. Dem deutschen materiellen Recht läßt sich dergleichen aber nicht entnehmen: Es erstreckt den Formzwang des § 313 BGB nicht auf den Verweisungsvertrag, in dem die Parteien für einen Grundstückskaufvertrag die Geltung deutschen Rechts vereinbaren (BGHZ 53, 189, 191; 73, 391, 394; OLG Frankfurt IPRax 1992, 314: Nachträgliche Wahl deutschen Rechts für den Kaufvertrag über ein spanisches Grundstück). Fehlt eine Rechtswahl, so wird nach Art 28 Abs 3 EGBGB vermutet, daß ein Grundstückskaufvertrag oder ein sonstiger Schuldvertrag über ein dingliches Recht an einem Grundstück die engsten Verbindungen zum Belegenheitsstaat hat und deshalb dem dort geltenden Recht untersteht (vBar, IPR II 378−381; Erman/Hohloch Rn 24, 30; Kegel 492; MünchKomm/Martiny Art 28 Rn 56 und MünchKomm/Kreuzer Rn 28; Schröder IPRax 1985, 145, 147). Die Vermutung des Art 28 Abs 3 gilt nicht für *Bauverträge*, weil sie nicht Grundstücks- oder Grundstücksnutzungsrechte betreffen, sondern die auszuführende Bauleistung Gegenstand des Vertrages ist (Gesetzesentwurf der Bundesregierung zur Neuregelung des IPR vom 20. 10. 1983, BT-Drucks 10/504, 78; vBar, IPR II 379; Erman/Hohloch Art 28 Rn 39; MünchKomm/Martiny Art 28 Rn 141; Wiegand, Das anwendbare materielle Recht bei internationalen Bauverträgen − Zur internationalprivatrechtlichen Anknüpfung bei Bauexportverträgen, in: Böckstiegel [Hrsg], Vertragsgestaltung und Streiterledigung in der Bauindustrie und im Anlagenbau = Schriftenreihe des Deutschen Instituts für Schiedsgerichtswesen Bd 4 [1984] 59−88; vgl auch ÖstOGH ZfRvgl 1995, 36 − IPRax 1995, 326, und dazu W Lorenz 329−332: Es gilt nicht das Recht des Baustellenlandes). Die gesamten Umstände, bei welchen die gemeinsame Staatsangehörigkeit der Parteien und der Ort der wesentlichen Vertragsverhandlungen eine Rolle spielen, können jedoch ergeben, daß der Grundstückskaufvertrag oder sonstige Schuldvertrag über ein Grundstücksrecht iS des Art 28 Abs 5 EGBGB engere Beziehungen zu einer anderen Rechtsordnung hat (dazu näher mit Nachw vBar, IPR II 381 f; Erman/Hohloch Art 28 Rn 30; Ferid 6−49; MünchKomm/Martiny[2] Art 28 Rn 90−107; Reithmann/Martiny 109, 112 f).

223 Die Regel, daß das Statut des der Verfügung zugrundeliegenden *Verpflichtungsge-*

schäfts selbständig zu bestimmten ist, bedarf indes einer gewissen Einschränkung, soweit die lex rei sitae die sachenrechtliche Wirkung eines Geschäfts von einer gültigen causa abhängig macht. Es sollte dann im Liegenschaftsrecht – anders als bei Mobilien, wo keine Veranlassung für eine solche Ausnahme besteht (vgl oben Rn 159) – die *Vorfrage* nach dem Vorhandensein einer solchen causa und der Gültigkeit des Verpflichtungsgeschäfts *unselbständig*, dh nach den Kollisionsnormen der lex rei sitae angeknüpft werden (zustimmend vBAR, IPR II 380; aA aber die wohl überwiegende Meinung, s MünchKomm/KREUZER Rn 28 Fn 96 mit Nachw; s auch ERMAN/HOHLOCH Rn 14). Auf diese Weise läßt sich die vom Belegenheitsrecht erstrebte Übereinstimmung von schuldrechtlicher Verpflichtung und dinglicher Rechtsfolge erreichen und ist gewährleistet, daß der mit der Sache befaßte Richter die dingliche Rechtsänderung ebenso beurteilt wie ein Richter im Belegenheitsstaat (vgl oben Rn 159). Das kann freilich auch dazu führen, daß der deutsche Richter einen Grundstückskaufvertrag als schuldrechtlich gültig, im Rahmen eines ausländischen Sachstatuts aber als wirkungslos zu behandeln hat (vBAR, IPR II 380). Es mögen etwa die Parteien den Kaufvertrag über ein ausländisches Grundstück dem deutschen Recht unterstellen, obwohl der Belegenheitsstaat die Anwendung seines Rechts auf den Grundstückskaufvertrag zwingend vorschreibt. Angenommen, daß der Kaufvertrag nach diesem Recht unwirksam wäre, nach dem gewählten deutschen Recht aber gültig ist: Dann hätte auch der deutsche Richter davon auszugehen, daß der in Deutschland beurkundete Grundstückskaufvertrag nicht nach Maßgabe der lex rei sitae zum Eigentumsübergang geführt hat. Dem ausländischen Belegenheitsrecht eine ihm fremde Beurteilung der Eigentumsverhältnisse aufzunötigen, ist noch mißlicher als die Konsequenz, daß der deutsche Richter den Kaufvertrag entgegen dem Belegenheitsrecht als schuldrechtlich gültig, sachenrechtlich aber in Übereinstimmung mit diesem Recht als wirkungslos zu behandeln hat. Das schweizerische IPRG läßt bei Grundstückskaufverträgen, auch wenn es sich um ein *schweizerisches Grundstück* handelt, zwar die Rechtswahl zu (Art 119 Abs 2), verlangt jedoch für den Kaufvertrag über ein Grundstück in der Schweiz die Einhaltung der nach schweizerischem Recht erforderlichen Form der öffentlichen Beurkundung (Art 119 Abs 3 S 2 iV mit Art 216 OR, 657 Abs 1 ZGB). Das wird überwiegend so verstanden, daß der Kaufvertrag von einem schweizerischen, nach kantonalem Recht zuständigen Urkundsbeamten beurkundet sein muß (KÜPPERS DNotZ 1973, 674 f; MEIER-HAYOZ, Berner Kommentar zum Schweizerischen Privatrecht IV, 1. Abt, 2 Teilbd Art 657 Rn 158; SCHNITZER, Handbuch des IPR[4] II (Basel 1958) 589 f; SCHWANDER, in: KOLLER [Hrsg], Der Grundstückskauf [1989] 380). Eine im Ausland errichtete notarielle Urkunde ist keine ausreichende Grundlage für die Eintragung des Erwerbers im schweizerischen Grundbuch. Immerhin kann wenigstens aufgrund einer solchen Urkunde, sofern sie einer schweizerischen Urkunde gleichwertig ist, in der Schweiz nach überwiegender Meinung auf Abgabe der für den Eigentumsübergang erforderlichen Willenserklärung geklagt werden (CORNUT 113–115; MEIER-HAYOZ, SCHNITZER, SCHWANDER aaO).

Legt die lex rei sitae dem Verpflichtungsgeschäft dingliche Rechtswirkungen bei, so **224** hat sie auch darüber zu befinden, ob diese Wirkungen selbst dann eintreten, wenn das *Verpflichtungsgeschäft einer ausländischen Rechtsordnung* unterliegt. Es geht hierbei um die Anwendung inländischer Sachenrechtsnormen auf einen Auslandssachverhalt. Das Problem tritt etwa dann auf, wenn ein in Frankreich belegenes Grundstück durch einen in Deutschland geschlossenen, dem deutschen Recht unterstellten notariellen Kaufvertrag (§ 313 BGB) veräußert wird. Nach französischem

Sachenrecht verschafft der rechtswirksame Kaufvertrag als solcher dem Käufer das Eigentum (FERID/SONNENBERGER, Das französische Zivilrecht[2] II [1986] 55; KÜPPERS DNotZ 1973, 646–650). Man wird annehmen dürfen, daß das französische Sachenrecht einen dem ausländischen Recht unterstellten und nach diesem gültigen Kaufvertrag über ein in Frankreich belegenes Grundstück – auch das französische IPR erkennt insoweit eine Rechtswahl an, BATIFFOL/LAGARDE, Droit international privé[7] II 298–300 – einem vom französischen Recht beherrschten Kaufvertrag gleichstellt (RAAPE 613; aA SCHNITZER [vorige Rn] 573).

b) Formfragen

225 Ein Grundstückskaufvertrag oder ein anderes *Verpflichtungsgeschäft*, das ein Grundstück oder ein Grundstücksrecht betrifft, ist grundsätzlich dann formgültig, wenn entweder die Formerfordernisse des Schuldstatuts oder des Ortsrechts (der lex loci actus) eingehalten sind (Art 11 Abs 1 EGBGB). Befinden sich die Parteien beim Vertragsschluß in verschiedenen Staaten, so genügt sogar die Beachtung der Formvorschriften eines dieser Staaten (Art 11 Abs 2 EGBGB). Hiernach kann ein deutsches Grundstück im Rahmen des deutschen Schuldstatuts mündlich oder privatschriftlich rechtwirksam verkauft werden, sofern das Recht des Staates, in dem der Vertrag bei Anwesenheit beider Teile geschlossen wird (Art 11 Abs 1), oder in dem jedenfalls eine der Parteien sich bei Vertragsschluß befindet (Art 11 Abs 2), diese Form genügen lassen (vBAR, IPR II 436; KEGEL 461; REITHMANN 487). Allerdings sind nach Art 11 Abs 4 EGBGB die zwingenden Formerfordernisse des Belegenheitsstaates stets zu beachten, sofern sie ohne Rücksicht auf den Ort des Vertragsschlusses gelten sollen. Das deutsche Recht erhebt jedoch für die Formvorschrift des § 313 BGB keinen solchen Geltungsanspruch; vielmehr ist diese Vorschrift nur dann anzuwenden, wenn sich die Form des Geschäfts gemäß Art 11 Abs 1-3 EGBGB nach deutschem Recht bemißt (Gesetzentwurf zur Neuregelung des IPR vom 20.10.1983, BT-Drucks 10/504, 49; vBAR, IPR II 439; ERMAN/HOHLOCH Art 11 Rn 32; KROPHOLLER 284; MünchKomm/SPELLENBERG[2] Art 11 Rn 90, 91). Der die lex loci actus ausschließende Art 11 Abs 4 EGBGB erlangt vor allem bei Schuldverträgen über Schweizer Grundstücke praktische Bedeutung (dazu näher oben Rn 223).

226 Die Form des § 313 BGB ist andererseits auch beim *Kauf eines ausländischen Grundstücks* maßgebend, soweit deutsches Recht Formstatut ist, etwa als gewähltes Geschäftsstatut (so heute die Rspr, vgl etwa BGHZ 52, 239, 241; 53, 189, 194; 73, 391, 394; OLG München IPRspr 1988 Nr 15 = NJW-RR 1989, 663 = IPRax 1990, 320, und dazu SPELLENBERG IPRax 1990, 295–298 in Übereinstimmung mit der hL, vgl vBAR, IPR II 436; MünchKomm/KANZLEITER[2] § 313 BGB Rn 8, 9; REITHMANN 492; früher entschied freilich das RG entgegengesetzt, RGZ 63, 18, und die *Kritik an der hL* ist bis heute nicht verstummt, vgl WENGLER NJW 1969, 2237 f; MünchKomm/KANZLEITER Rn 9). Ist die vom deutschen Formstatut verlangte Form des § 313 BGB nicht beachtet worden, so kann doch der Formmangel nach § 313 S 2 BGB geheilt werden, wenn das Eigentum an dem verkauften Grundstück nach dem Recht des Lageortes gültig auf den Käufer übertragen wird. Bei richtiger Anwendung des § 313 S 2 BGB auf einen solchen Auslandssachverhalt ist nicht erforderlich, daß sich der Eigentumsübergang nach Maßgabe des deutschen Rechts oder in ähnlicher Form vollzieht (so aber LG Hamburg IPRspr 1978 Nr 14). Entscheidend ist allein, daß der Verkäufer seine Verpflichtung zur Eigentumsübertragung vollständig erfüllt hat. Das kann auch ohne Eintragung im Grundbuch, möglicherweise sogar nudo consensu geschehen, sofern nur nach dem Recht des Lageortes das Eigentum über-

gegangen ist (BGHZ 73, 391 = IPRspr 1979 Nr 7 = NJW 1979, 1773; OLG München IPRspr 1988
Nr 15 = NJW-RR 1989, 663 = IPRax 1990, 320, und dazu SPELLENBERG IPRax 1990, 295–298;
KROPHOLLER 284; REITHMANN 492). Erforderlich ist freilich ein Eigentumsübergang erga
omnes; ein Eigentumsübergang inter partes genügt nicht (OLG Köln OLGZ 1977, 201).
Indessen dürfte es beim Erwerb von Wohnungseigentum in Spanien ausreichen, daß
der Käufer nach der spanischen lex rei sitae immerhin ideelles Miteigentum an dem
Grundstück erlangt hat; denn dieses Miteigentum läßt sich in Sondereigentum verwandeln (aA LÖBER, Kaufverträge über Spanien-Immobilien zwischen Ausländern, NJW 1980,
496 f; OLG Düsseldorf IPRspr 1980 Nr 11 = NJW 1981, 529).

Die *Form des dinglichen Rechtsgeschäfts* wird hingegen bei Verfügungen über ein **227**
Grundstück oder ein Grundstücksrecht nach Art 11 Abs 5 EGBGB allein von der
Rechtsordnung beherrscht, die auf das den Gegenstand des Rechtsgeschäfts bil-
dende Rechtsverhältnis anzuwenden ist, und das ist bei Grundstücken und Grundstücksrechten stets die lex rei sitae. Jene Vorschrift verweist, ebenso wie die anderen
Kollisionsregeln des Art 11 EGBGB, auf die Sachnormen der berufenen Rechtsordnung. Das wird im Gesetz durch Bezugnahme auf die „Formerfordernisse" der
bezeichneten Rechtsordnung ausgedrückt (vgl Gesetzentwurf zur Neuregelung des IPR vom
20. 10. 1983, BT-Drucks 10/504, 38). Hiernach ist die Berücksichtigung einer Rück- oder
Weiterverweisung der lex rei sitae hinsichtlich der Formfrage ausgeschlossen. Wenn
aber etwa die lex rei sitae für das Verfügungsgeschäft die Form des Vornahmeortes
genügen läßt, dann entspricht eben auch ein in dieser Form geschlossener Vertrag
den „Formerfordernissen" der lex rei sitae im Sinne des Art 11 Abs 5, und es tritt die
von dieser Rechtsordnung vorgesehene dingliche Wirkung ein. Die Herrschaft der
lex rei sitae über die für die dingliche Wirkung notwendige Form des Geschäfts ist
auch dann unangefochten, wenn das Belegenheitsrecht kein besonderes dingliches
Rechtsgeschäft kennt und den Eintritt der dinglichen Wirkungen auch nicht von
einer besonderen Form abhängig macht, sondern vielmehr jene Wirkungen mit dem
Verpflichtungsgeschäft als solchem verbindet (ERMAN/HOHLOCH Art 11 Rn 33). Freilich
hängt nur die dingliche Wirkung des Geschäfts stets davon ab, daß gerade die Form,
welche die lex rei sitae verlangt, eingehalten ist; für die verpflichtende Wirkung
genügt die Einhaltung einer für den Schuldvertrag nach Art 11 Abs 1-4 EGBGB
anwendbaren Form (ERMAN/HOHLOCH aaO; MünchKomm/SPELLENBERG² Art 11 Rn 84).

Das Recht des Lageortes bestimmt auch, wo der *Tatbestand des dinglichen Rechtsge-* **228**
schäfts verwirklicht werden muß. Aus der Herrschaft des Sachstatuts folgt nicht
notwendig, daß das dingliche Rechtsgeschäft im Bereich dieses Statuts geschlossen
werden muß (BVerwG IPRspr 1968–69 Nr 60 = WM 1968, 1228; MünchKomm/SPELLENBERG²
Art 11 Rn 84; WOLFF 130). Bei Mobilien fehlt stets ein vernünftiges Interesse daran,
das vorzuschreiben (LEWALD 180 f; WOLFF 130, 177 f). Hingegen wird im Liegenschaftsrecht im Hinblick auf besondere Einrichtungen des inländischen Rechts bisweilen
bestimmt, daß ein Rechtsgeschäft über ein inländisches Grundstück oder ein Recht
an einem solchen im Inland geschlossen werden muß, etwa unter Heranziehung
eines *inländischen Notars*; vgl etwa Art 2128 des frz cc, wonach grundsätzlich – vorbehaltlich gegenteiliger Bestimmungen „dans les lois politiques ou dans les traités" –
nur eine in Frankreich aufgenommene Notariatsurkunde eine Hypothek an einem
französischen Grundstück begründen kann (BATIFFOL/LAGARDE, Droit international privé⁷
II 178 f; FERID/SONNENBERGER, Das französische Zivilrecht² II [1986] 746); zur Beurkundung
von Kaufverträgen über schweizerische Grundstücke s oben Rn 223. Bei Veräuße-

rung eines deutschen Grundstücks verlangt die hL, daß die in § 925 BGB vorgeschriebene *Auflassung* vor einem *deutschen Notar* erklärt wird. Ein ausländischer
Notar wird selbst bei vergleichbarer Ausbildung und Berufsstellung nicht als ermäch-
tigt angesehen, die Auflassung eines deutschen Grundstücks wirksam entgegenzu-
nehmen (BGH IPRspr 1968−69 Nr 160 = WM 1968, 1170 = DNotZ 1969, 300; OLG Köln IPRspr
1971 Nr 171 = OLGZ 1972, 321 = DNotZ 1972, 489; KG IPRspr 1986 Nr 26 = NJW-RR 1986, 1462
= OLGZ 1986, 319 = DNotZ 1987, 44; vBAR, IPR II 560; FERID 7−39; REITHMANN/MARTINY 334,
448; diese Rechtsprechung wird jedoch im Schrifttum vielfach als sachlich nicht gerechtfertigt kritisiert, vgl ERMAN/HOHLOCH Art 11 Rn 34; F A MANN NJW 1955, 1177−1179 und ZHR 1974,
448−456; MünchKomm/SPELLENBERG[2] Art 11 Rn 45 Fn 112; SOERGEL/KEGEL Art 11 Rn 31 Fn 13;
WOLFF 130). Nach § 12 Nr 1 des KonsG v 11. 9. 1974 (BGBl I 2317) sind außer den
Notaren auch die deutschen Konsularbeamten zur Entgegennahme von Auflassun-
gen befugt. Berufskonsularbeamte, die die Befähigung zum Richteramt haben,
besitzen diese Befugnis kraft Gesetzes stets, andere Berufskonsularbeamte nur im
Falle einer besonderen Ermächtigung durch das Auswärtige Amt (§ 19 Abs 1 und
Abs 2 KonsG). Diese Regelung gilt entsprechend auch für Honorarkonsularbeamte
(§ 24 KonsG).

c) Vollmacht zu Grundstücksverfügungen

229 Die Vollmacht zur Vornahme eines Rechtsgeschäfts wird von der Rechtsprechung
und hL gesondert angeknüpft, dh unabhängig vom Vertretergeschäft und vom
Innenverhältnis des Bevollmächtigten zum Vollmachtgeber, und zwar an den Ort, an
dem von der Vollmacht Gebrauch gemacht werden soll (**Vollmachtsstatut**, s dazu näher
vBAR, IPR II 427−433; KEGEL 454 f; KROPHOLLER 273−278; MünchKomm/SPELLENBERG[2] Vor
Art 11 Rn 233−274; REITHMANN/HAUSMANN 870−900; SANDROCK/MÜLLER, Handbuch der internationalen Vertragsgestaltung II [1980] 641−665; STEDING ZVglRW 86 [1987] 25−48). Die
Vollmacht zur Verfügung über Grundstücke oder Grundstücksrechte ist jedoch stets
nach dem Recht des Ortes zu beurteilen, an dem sich das Grundstück befindet.
Vollmachts- und Geschäftsstatut decken sich also bei dinglichen Rechtsgeschäften
des Liegenschaftsrechts (RGZ 149, 93 = JW 1936, 313; RG DR 1943, 1066 = DNotZ 1944, 151;
BGH IPRspr 1962−63 Nr 145 = NJW 1963, 46; OLG Stuttgart IPRspr 1980 Nr 12 = OLGZ 1981,
164; OLG München IPRax 1990, 320, und dazu SPELLENBERG IPRax 1990, 295−298; vBAR, IPR II
431 Fn 866; vCAEMMERER RabelsZ 1959, 201, 208 f; FERID 5−155; KEGEL 454; KLINKE RiW/AWD
1978, 642, 647; KROPHOLLER 276 f; MÜLLER RiW/AWD 1979, 377, 378 f; MünchKomm/SPELLEN-
BERG[2] Vor Art 11 Rn 251; REITHMANN/HAUSMANN 881 f; SANDROCK/MÜLLER 651 f; WOLFF 124 f;
aA etwa BERGER, Das Statut der Vollmacht im schweizerischen IPR [1974] 122). Eine Ausnahme
ist auch dann nicht gerechtfertigt, wenn von der Vollmacht außerhalb des Belegenheitsstaates Gebrauch gemacht wird, etwa zum Zwecke der Verfügung über ein
Grundpfandrecht (RGZ 149, 93 = JW 1936, 313; FERID 5−516; REITHMANN/HAUSMANN 882;
zweifelnd jedoch vCAEMMERER 209). Ausschlaggebend ist letztlich der Gesichtspunkt, daß
bei Beurteilung der sachenrechtlichen Verhältnisse an einem Grundstück ein Widerspruch zur lex rei sitae tunlichst vermieden werden sollte. Dem *Recht des Lageortes*
ist zu entnehmen, ob die Vollmacht zu grundstücksrechtlichen Verfügungen wirksam
erteilt ist, wie weit sie reicht und welchen Inhalt sie hat (sie zB widerruflich ist). Bei
Anwendung deutschen Rechts ist zu beachten, daß eine *unwiderrufliche Generalvoll-
macht* möglicherweise nichtig ist (s dazu LG Berlin IPRspr 1932 Nr 63; KG IPRspr 1933 Nr 9;
vCAEMMERER 212 f; DEUTSCH, Urteilsanmerkung SchlHA 1962, 244 f).

230 Eine *Vollmacht zu Verfügungen über ein Grundstück oder Grundstücksrecht* ist nach hL **formgültig**, wenn sie entweder den Formerfordernissen des Geschäftsrechts oder des Ortsrechts entspricht (Art 11 Abs 1 EGBGB). Als Geschäftsrecht wird dabei das Vollmachtsstatut angesehen, nicht etwa die Rechtsordnung, die das Vertretergeschäft beherrscht (vCAEMMERER RabelsZ 1959, 212–214; FERID 5–160; MünchKomm/SPELLEN-BERG[2] Vor Art 11 Rn 275–277; REITHMANN/HAUSMANN 887–891; SANDROCK/MÜLLER, Handbuch der internationalen Vertragsgestaltung II [1980] 659–661; STEDING ZVglRW 86 [1987] 48). Es genügt hiernach die Erteilung der Vollmacht in der vom *Ort der Bevollmächtigung vorgeschriebenen Form*, selbst wenn die lex rei sitae eine strengere Form erfordert. Der Ort der Bevollmächtigung wird hierbei durch die *Abgabe der Vollmachtserklärung* bestimmt, nicht durch deren Zugang an den Bevollmächtigten. Bedarf etwa eine Vollmacht zur Auflassung eines deutschen Grundstücks nach deutschem Recht – entgegen § 167 Abs 2 BGB – der notariellen Beurkundung, so kann nach hL gleichwohl die Vollmacht im Ausland mündlich oder privatschriftlich erteilt werden, sofern das Recht des Erteilungsortes diese Form genügen läßt (LG I Berlin IPRspr 1930 Nr 24; KG IPRspr 1931 Nr 21 = HRR 1931 Nr 1051 = DNotZ 1931, 402; LG I Berlin IPRspr 1932 Nr 63; SchlHOLG IPRspr 1960–61 Nr 22 = SchlHA 1962, 1376 m Anm DEUTSCH 244 f; OLG Stuttgart IPRspr 1980 Nr 12 = OLGZ 1981 164; OLG Stuttgart IPRspr 1981 Nr 12 = OLGZ 1982, 257; OLG München IPRax 1990, 320, und dazu SPELLENBERG IPRax 1990, 295–298; vCAEMMERER RabelsZ 1959, 213 f; MünchKomm/SPELLENBERG[2] Vor Art 11 Rn 277; REITHMANN/HAUSMANN 889 f; SANDROCK/MÜLLER 660).

Um zu vermeiden, daß die sachenrechtlichen Verhältnisse an einem Grundstück anders beurteilt werden als im Belegenheitsstaat, sollte es jedoch respektiert werden, wenn der Belegenheitsstaat ohne Rücksicht auf den Ort der Bevollmächtigung eine bestimmte Form – etwa diejenige des Vertretergeschäftes – für die Vollmacht zwingend vorschreibt. Deshalb ist entgegen der hL auf die *Form der zu Grundstücksverfügungen erteilten Vollmacht Art 11 Abs 5 EGBGB sinngemäß* anzuwenden (LUDWIG NJW 1983, 495–497; MünchKomm/SPELLENBERG[2] Vor Art 11 Rn 277; ähnlich FRANK BWNotZ 1987, 95, 98 f). Bei Verfügungen *über deutsche Grundstücke* führt diese Auffassung aber zu keinen von der stRspr und hL abweichenden Ergebnissen. Das deutsche Sachenrecht als Vollmachtsstatut verlangt nämlich in keinem Fall für die Bevollmächtigung zu Grundstücksverfügungen eine bestimmte Form (§ 167 Abs 2 BGB). Soweit die Rechtsprechung entgegen dieser Vorschrift die notarielle Beurkundung einer Auflassungsvollmacht für notwendig hält, geht es um die Übertragung der für den Schuldvertrag vorgeschriebenen Form (§ 313 BGB) auf gewisse Vollmachten zum Abschluß und zur Erfüllung des Schuldvertrages, also um den schuldrechtlichen Formzwang. Für die *schuldrechtlichen Formerfordernisse* ist jedoch neben dem Geschäftsrecht stets auch alternativ das Ortsrecht maßgebend (Art 11 Abs 1-4 EGBGB), so daß nicht nur der Grundstückskaufvertrag über ein deutsches Grundstück im Ausland formlos geschlossen werden, sondern dort auch eine an sich *formbedürftige Auflassungsvollmacht* formlos erteilt werden kann, wenn es das *Ortsrecht* zuläßt. Im übrigen ist stets zu beachten, daß diese Regeln nur die materielle Formgültigkeit der Vollmacht betreffen. Für die verfahrensrechtliche Beweiskraft einer Urkunde gelten ausschließlich die Regeln der lex fori. Im deutschen Grundbuchverfahren ist deshalb die Erteilung einer Auflassungsvollmacht im Ausland gemäß § 29 GBO regelmäßig durch eine Urkunde zu beweisen, die durch eine zuständige deutsche Stelle, etwa ein deutsches Konsulat, beglaubigt worden ist. Die Beglaubigung durch eine ausländische Stelle muß legalisiert sein, soweit nicht staatsvertragliche Vereinbarungen eingreifen, die diesen Formzwang mildern oder entfal-

len lassen (vgl MünchKomm/SPELLENBERG² Vor Art 11 Rn 277 iV mit Art 11 Rn 29; REITHMANN/
HAUSMANN 890 f; SANDROCK/MÜLLER 660 f; BayObLG IPRspr 1992 Nr 260 = IPRax 1994, 122,
und dazu H ROTH IPRax 1994, 86–88 = DNotZ 1993, 397 [Erfordernis einer Apostille bei Unter-
schriftsbeglaubigung durch einen amerikanischen Notary Public]).

II. Sachstatut und internationales Umweltrecht*

1. Schutz privater Rechte im internationalen Umweltrecht

231 *Das internationale Umweltrecht* hat sich in neuerer Zeit zu einem eigenständigen

* **Schrifttum:** vBAR (Hrsg), Internationales Umwelthaftungsrecht I: Auf dem Wege zu einer
Konvention über Fragen des internationalen
Umwelthaftungsrechts, und Internationales
Umwelthaftungsrecht II: SCHMIDT-SALZER, Individueller und kollektiver Schadensausgleich
(Tagung des Instituts für IPR und Rechtsvergleichung des Fachbereichs Rechtswissenschaf-
ten der Univ Osnabrück am 8. und 9. April
1994 in Osnabrück) = Osnabrücker Rechtswiss
Abhandlungen, Bde 48 und 49 (1995); BIRK,
Schadensersatz und sonstige Restitutionsfor-
men im IPR (1969) 209–220; BIRNIE/BOYLE,
International Environmental Law (Oxford
1992); BOISSEREE, Fragen des interlokalen und
internationalen Privatrechts bei der Haftung für
Schäden bei Atomanlagen, NJW 1958,
849–853; BORNHEIM, Haftung für grenzüberschreitende Umweltbeeinträchtigungen im Völkerrecht und im internationalen Privatrecht
(1995); BOTHE/PRIEUR/RESS (Hrsg) Rechtsfragen grenzüberschreitender Umweltbelastungen.
Fachtagung Saarbrücken 13.-15. 5. 1982, veran-
staltet von der Gesellschaft für Umweltrecht
(1984); BRUNNER/SCHMIDT, Tschernobyl und
die internationale Haftung, VersR 1986,
833–843; FRÖHLER/ZEHETNER, Rechtsschutz-
probleme bei grenzüberschreitenden Umweltbeeinträchtigungen, Bde I-III (1979–80); GOL-
LINISCH, Entwicklungstendenzen im internationalen Umweltrecht (1995); HAGER, Zur Berücksichtigung öffentlich-rechtlicher Genehmigungen bei Streitigkeiten wegen grenzüberschreitender Immissionen, RabelsZ 1989,
293–319; JAYME, Haftung bei grenzüberschreitenden Umweltbelastungen, in: NICKLISCH
(Hrsg), Prävention im Umweltrecht = Schriftenreihe Technologie und Recht, Bd 10 (1988)

205–219; HILLGENBERG, Das IPR der Gefähr-
dungshaftung für Atomschäden (1963); KER-
SCHNER, Zur Haftung nach § 26 Wasserrechts-
gesetz und zum Deliktsstatut im IPR, JBl 1983,
337–351; KLOEPFER, Umweltrecht (1989);
KLOEPFER/MAST, Das Umweltrecht des Aus-
lands = Schriften zum Umweltrecht, Bd 55
(1995); KREUZER, Umweltstörungen und Um-
weltschäden im Kollisionsrecht, BerGesVR 32
(1992) 245–313; MARKUS KRIECH, Grenzüberschreitender Umweltschutz im schweizerischen
Recht (Zürich 1986); LUMMERT, Zur Frage des
anwendbaren Rechts bei zivilrechtlichen Scha-
densersatz- und Unterlassungsklagen wegen
grenzüberschreitender Umweltbeeinträchtigungen, NuR 1982, 241–245; McCAFFREY, Pollution Suits between Citizens of the Republic of
Mexico and the United States: A Study in Private International Law = Berkeley-Kölner
Rechtsstudien, Bd 14 (1976); ders, Private Re-
medies for Transfrontier Pollution Injuries, in:
Environmental Law, International and Compa-
rative Aspects (ed Br Institute of Int and Comp
Law) (1976) 12–25; vMOLTKE/SCHMÖLLING/
KLOEPFER/KOHLER, Grenzüberschreitender
Umweltschutz in Europa. Rechtsfragen und
Rechtstatsachen (Vorträge und Diskussions-
beiträge auf der Arbeitstagung vom 14.-
15. 10. 1983 in Münster) = Rechtsstaat in der
Bewährung, Bd 16 (1984); MARKUS MÜLLER,
Die internationale Zuständigkeit bei grenzüber-
schreitenden Umweltbeeinträchtigungen =
Schriftenreihe des Instituts für Internationales
Recht und Internationale Beziehungen der Jur
Fak der Univ Basel, Bd 63 (1994); Münch-
Komm/KREUZER Art 38 Rn 254–274; NASSR-
ESFAHANI/WENCKSTERN, Der Rheinversal-
zungsprozeß. Grenzüberschreitender Umwelt-

Rechtsgebiet entwickelt. Es umfaßt die Regeln über die rechtliche Verantwortung für grenzüberschreitende Störungen, mögen diese auf fremdem Staatsgebiet individuelle Rechtsgüter beeinträchtigen oder sog ökologische Schäden hervorrufen (zu diesem Begriff s etwa Rehbinder NuR 1988, 105–115; Schulte JZ 1988, 278–286; Stoll, Haftungsfolgen im bürgerlichen Recht [1993] 141–144). Im internationalen Umweltrecht überschneiden sich allgemeines Völkerrecht, Völkervertragsrecht, internationales öffentliches Recht und internationales Privatrecht und wirken aufeinander ein, was die kollisionsrechtliche Behandlung von Störungsfällen erschwert und eine Sonderbetrachtung erfordert. Hierbei kann die spezifisch völkerrechtliche, zunächst im Vordergrund stehende Problematik hier vernachlässigt werden. Grenzüberschreitende Störungen begründen zwar möglicherweise die völkerrechtliche Verantwortlichkeit des Staates, von dessen Gebiet die Störungen ausgehen (Störerstaat), gegenüber dem Staat, in dem die Störung eintritt (Störungsstaat). Nach allgemeinem Völkerrecht hat jeder Staat dafür zu sorgen, daß nicht durch Tätigkeiten oder Anlagen auf seinem Staatsgebiet Störungen verursacht werden, die auf das Hoheitsgebiet eines anderen Staates über ein unerhebliches Maß hinaus einwirken (vgl hierzu Bothe/ Prieur/Ress [Hrsg]; Hager 312–316; Kimminich, Völkerrechtliche Haftung für das Handeln Privater im Bereich des internationalen Umweltschutzes, ArchVölkR 22 [1984] 241–282; Kloepfer 316–321; Rauschning, Allgemeine Völkerrechtsregeln zum Schutz gegen grenzüberschreitende Umweltbeeinträchtigungen, in: FS Schlochauer [1981] 557–576; Siehr 388 N 51; Ulrike Wolf 107–126 m Nachw). Jedoch berechtigt und verpflichtet das allgemeine Völkerrecht grundsätzlich nur Völkerrechtssubjekte, gibt aber den betroffenen Privatpersonen keine eigenen Rechte (Hager 312; Kloepfer 326; MünchKomm/Kreuzer Art 38 Rn 257 Fn 829; Staudinger/vHoffmann[12] Art 38 nF Rn 600 m Nachw). Einige Staatsverträge zur Bekämpfung von Umweltstörungen gewähren allerdings auch privatrechtliche

schutz zwischen Zivilrecht, öffentlichem Recht und Völkerrecht, RabelsZ 1985, 763–786; Niboyet, Les Conflits de lois relatifs aux immeubles situés aux frontières des états (frontières internationales et interprovinciales), Rev dr int lég comp 60 (1933) 468–487; Peter, Umweltschutz am Hochrhein. Rechtsfragen grenzüberschreitender Umweltbelastungen zwischen Deutschland und der Schweiz = Schweizer Studien zum internationalen Recht, Bd 50 (Zürich 1987); Rest, Die Wahl des günstigeren Rechts im grenzüberschreitenden Umweltschutz – Stärkung des Individualschutzes? (1980); ders, Völkerrechtlicher und zivilrechtlicher Schadensersatz im internationalen Umweltrecht, UPR 1982, 358–371; ders, Tschernobyl und die internationale Haftung, VersR 1986, 933–941; ders, Die Chemie-Unfälle und die Rheinverseuchung, VersR 1987, 6–19; ders, Neue Tendenzen im internationalen Umwelthaftungsrecht. Völkerrechtliche und internationalprivatrechtliche Aspekte, NJW 1989, 2153–2160; Armin Rossbach, Die internationalprivatrechtliche

Anknüpfung des privaten Rechtsschutzes bei grenzüberschreitender Gewässerverunreinigung (Diss Bonn 1979); ders, Die international-privatrechtlichen Probleme der grenzüberschreitenden Rheinverschmutzung, NJW 1988, 590–593; Schack, Das internationale Prozeßrecht in umweltrechtlichen Streitigkeiten, BerGesVR 32 (1992) 315–357; Siehr, Grenzüberschreitender Umweltschutz – Europäische Erfahrungen mit einem weltweiten Problem, RabelsZ 1981, 377–398; Staudinger/vHoffmann[12] Art 38 nF Rn 600–634; Stoll, Der Schutz der Sachenrechte nach internationalem Privatrecht, RabelsZ 1973, 357–379; Sturm, Immissionen und Grenzdelikte, in: vCaemmerer (Hrsg), Vorschläge und Gutachten zur Reform des deutschen internationalen Privatrechts der außervertraglichen Schuldverhältnisse (1983) 338–360; Wenckstern, Der Ausgang des niederländischen Rheinversalzungsprozesses, RabelsZ 1989, 699–704; Ulrike Wolf, Deliktsstatut und internationales Umweltrecht = Schriften zum Umweltrecht Bd 58 (1995).

Hans Stoll

Ansprüche und greifen vereinzelt in das Kollisionsrecht ein. Sie betreffen indes nur einzelne Gefahrenquellen, meist solche mit Tendenz zu Massenkatastrophen (vgl insbesondere das Pariser Übk über die Haftung gegenüber Dritten auf dem Gebiet der Kernenergie v 29. 7. 1960 idF des Pariser Zusatzprotokolls v 28. 1. 1964, BGBl 1975 II 957; 1976 II 308, und Internationales Übk über die zivilrechtliche Haftung für Ölverschmutzungsschäden v 29. 11. 1969, BGBl 1975 II 301; s dazu KREUZER 254–263; MünchKomm/KREUZER Art 38 Rn 175, 262, 266, 272; STAUDINGER/vHOFFMANN[12] Art 38 nF Rn 624–630). So wichtig staatsvertragliche Vereinbarungen zur Verhütung und Behebung grenzüberschreitender Umweltbeeinträchtigungen gerade auch für den Schutz individueller Rechtsgüter sind, so unentbehrlich sind doch auch, wie sich gezeigt hat, privatrechtliche Abwehransprüche im internationalen Umweltrecht, ungeachtet aller Schwierigkeiten, ein im Störungsstaat ergangenes Zivilurteil im Störerstaat durchzusetzen. Solche Abwehransprüche kommen hauptsächlich auf deliktsrechtlicher Grundlage in Betracht, besonders in dem sicherlich häufigsten Fall, daß der betroffene Grundeigentümer den Immittenten auf Schadensersatz in Anspruch nimmt. Manche Rechtsordnungen gestatten aber auch dem betroffenen Besitzer oder dinglich Berechtigten, kraft des Besitzes oder seines dinglichen Rechts auf Beseitigung der Störung, Vornahme von Schutzvorkehrungen oder Unterlassung weiterer Störungen zu klagen (rechtsvergleichend STOLL IntEncCompL XI 2 [1986] Ch 8 sec 63). Insofern hat das internationale Umweltrecht auch einen sachenrechtlichen Aspekt. Er tritt besonders im **internationalen Nachbarrecht** hervor. Hierunter ist die Gesamtheit der Normen über die Verhinderung und den Ausgleich von Störungen zu verstehen, die von einem grenznahen Grundstück ausgehen und auf ein jenseits der Grenze liegendes Grundstück einwirken (vgl dazu etwa LG Passau IPRspr 1952–53 Nr 33: der Sturm wirft einen Baum von einem öst Grundstück auf deutsches Gebiet, wo ein Haus beschädigt wird). Es handelt sich hierbei im typischen Fall um Störungszustände, die das grenznachbarliche Verhältnis dauerhaft beeinträchtigen. Solche Störungszustände lassen sich indes nicht genau von grenzüberschreitenden Distanzdelikten trennen, bei welchen es zu einer einmaligen Schädigung von Personen kommt, die zu dem Schädiger in keinem grundnachbarlichen Verhältnis stehen. Das *internationale Nachbarrecht* läßt sich nicht klar vom *internationalen Umweltrecht* abgrenzen und ist nur ein engerer Teilbereich dieses umfassenderen Rechtsgebiets.

2. Einheitliche Anknüpfung des privatrechtlichen Umweltschutzes

232 Der privatrechtliche Schutz gegen grenzüberschreitende Umweltstörungen sollte als ein einheitlicher Regelungsbereich verstanden werden, der im internationalen Privat- und Prozeßrecht auch einer einheitlichen Behandlung bedarf. Das ist schon deswegen angezeigt, weil in diesem Bereich privatrechtliche Normen verschiedener Qualifikation ineinandergreifen und aufeinander abgestimmt sind (HAGER 295–298; MünchKomm/KREUZER Art 38 Rn 260, 261; STAUDINGER/vHOFFMANN[12] Art 38 nF Rn 604–606; ULRIKE WOLF 174 f). Inhalt und Rechtsgrund der in Betracht kommenden Ansprüche sind von Rechtsordnung zu Rechtsordnung verschieden (vgl dazu näher STOLL 367–377). Während zB im französischen Recht über nachbarliche Störungen (*„troubles de voisinage"*) durchweg im Rahmen des Deliktsrechts entschieden und dabei meistens Schadensersatz in Geld zugesprochen wird, stehen in der deutschen Praxis besitzrechtliche und dingliche Beseitigungs- und Unterlassungsansprüche (§§ 862, 1004 BGB) durchaus im Vordergrund. Im deutschen Recht ist die dingliche Eigentumsfreiheitsklage (§ 1004 BGB) über den ursprünglichen Bereich der Abwehr einer

fremden Rechtsanmaßung hinaus ausgedehnt worden auf *faktische Störungen* fast beliebiger Art, bei welchen in anderen Rechtsordnungen nur ein deliktsrechtlicher Schutz in Betracht kommt. Neben oder an die Stelle von sachenrechtlichen und deliktsrechtlichen Rechtsbehelfen treten in manchen Rechtsordnungen auch noch besonders ausgestaltete Aufopferungsansprüche zum Ausgleich von duldungspflichtigen und deshalb rechtmäßigen Störungen (vgl § 14 BImSchG, ferner „damages in lieu of injunction" nach englischem und amerikanischem Recht, s HENNER KAHLERT, Die Aufopferungsansprüche des deutschen Nachbarrechts, verglichen mit „damages in lieu of injunction" im englischen und amerikanischen Recht [Diss Freiburg 1977]). Die kollisionsrechtliche Behandlung darf nicht bei dem Rechtsgrund der in den einzelnen Rechtsordnungen anerkannten variablen Ansprüche ansetzen, sondern hat auf das typische Regelungsziel des internationalen Umweltrechts und die Interessenkollision abzustellen, die Gegenstand der Regelung ist. Das Umweltrecht hat im wesentlichen die Aufgabe, den Freiheits- und Handlungsraum des Störers gegen den Freiheits- und Handlungsraum des Betroffenen abzugrenzen, wobei sich beide Parteien regelmäßig auf Besitz oder Eigentum an einem Grundstück oder auf ein Recht an einem Grundstück berufen können. In diesem Sinne steht dingliches Recht gegen dingliches Recht (ZITELMANN II 314–329), und man kann sogar sagen, daß Kern des internationalen Umweltrechts ein typisch sachenrechtlicher Konflikt ist. Nur die *kollisionsrechtlich einheitliche Behandlung aller privatrechtlichen Behelfe* gegen grenzüberschreitende Umweltstörungen wahrt den inneren Zusammenhang des von einer Rechtsordnung gewährten Schutzes, auch im Hinblick auf die Schwierigkeit, daß hier privates Recht vielfach durch öffentliches Recht überlagert und modifiziert wird. Es ist ein besonderes Problem des internationalen Umweltrechts, daß etwa die *öffentlich-rechtliche Genehmigung* einer Anlage oder die Bestimmung von *Richtwerten für die Umweltverträglichkeit* vielfach die privatrechtlichen Abwehransprüche präjudizieren oder einschränken.

3. Internationale Zuständigkeit für privatrechtliche Abwehrklagen

Soweit eine Klage auf Schadensersatz wegen einer Umweltstörung, auf Beseitigung **233** oder Unterlassung solcher Störungen deliktsrechtlich begründet wird, sind nach überwiegender Ansicht in Rechtsprechung und Lehre *sowohl die Gerichte des Handlungsortes als auch die Gerichte des Erfolgsortes* – dh des Ortes der haftungsbegründenden Rechtsgutverletzung – international zuständig (vgl § 32 ZPO und BGH NJW 1980, 1224, 1225; HAGER 296–298; JÜRGEN HEINRICHS, Die Bestimmung der gerichtlichen Zuständigkeit nach dem Begehungsort im nationalen und internationalen Zivilprozeßrecht [Diss Freiburg 1984] 10 f m Nachw; SCHACK 331). Der durch das Umwelthaftungsgesetz neu in die ZPO eingefügte § **32 a ZPO** – wonach für Schadensersatzklagen gegen den Inhaber einer störenden Anlage iS jenes Gesetzes das Gericht am Handlungsort örtlich ausschließlich zuständig ist – gilt nicht, wenn die Anlage im Ausland belegen ist (§ 32 a S 2 ZPO, dazu SCHACK 334), berührt also nicht die internationale Zuständigkeit. Auch Art 5 Nr 3 EuGVÜ über die besondere Zuständigkeit des Gerichts des Ortes, „an dem das schädigende Ereignis eingetreten ist", für Klagen wegen unerlaubter Handlung wird in jenem umfassenden Sinn verstanden (HEINRICHS 66 ff; KROPHOLLER, Europäisches Zivilprozeßrecht[5] [1996] Art 5 EuGVÜ Rn 55–58; SCHACK 330 f). In dem bekannten Fall der Rheinverschmutzung durch die elsässischen Kalibergwerke mit schädigenden Folgen für niederländische Großgärtnereien hat der EuGH entschieden, daß der durch eine grenzüberschreitende Störung Betroffene nach seiner

Wahl sowohl vor dem Gericht des *Ortes, an dem der Schaden eingetreten ist*, als auch vor dem *Gericht des Ortes des dem Schaden zugrundeliegenden ursächlichen Geschehens* Klage auf Schadensersatz erheben kann (EuGHE 76, 1753 = NJW 1977, 493 = RiW/AWD 1977, 356 m Anm LINKE; näher zu diesem Prozeß HAGER 294 Fn 2; KREUZER 248 Fn 10; WENCKSTERN RabelsZ 1989, 699–704).

Die Vorschriften des § 32 ZPO und des Art 5 Nr 3 EuGVÜ sind in derselben Weise auch dann anzuwenden, wenn die auf Beseitigung einer Störung oder Unterlassung gerichtete Abwehrklage sachenrechtlich begründet wird. Der ausschließliche dingliche Gerichtsstand am Lageort „des" Grundstücks, wie er im nationalen und internationalen Zivilprozeßrecht vorgesehen ist (§ 24 ZPO und Art 16 Nr 1 EuGVÜ), paßt für derartige Klagen nicht; denn sie bezwecken nicht die Klärung der dinglichen Rechtsverhältnisse an einem bestimmten Grundstück, sondern die Abgrenzung konkurrierender Handlungsbereiche von Personen, die sich auf die ungehinderte Ausübung gleichgestellter Rechte berufen. Die Herleitung des Klageanspruchs aus Besitz oder dinglichem Recht kann nicht dazu führen, daß dem Kläger der Gerichtsstand im Störerstaat und damit eine sonst bei widerrechtlicher Beeinträchtigung gegebene Wahlmöglichkeit genommen wird. Diese Auffassung hat sich weithin durchgesetzt (HAGER 296–298; KOHLER, in: BOTHE/PRIEUR/RESS 161–163; KROPHOLLER Art 5 EuGVÜ Rn 36 und Art 16 Rn 19; MARKUS MÜLLER 64; MünchKomm/KREUZER Nach Art 38 Anh I Rn 42 Fn 180; SCHACK 329 f; STAUDINGER/vHOFFMANN[12] Art 38 nF Rn 602, 603; **anders** noch etwa BGH IPRspr 1978 Nr 40 = DVBl 1979, 226 m Anm KÜPPERS = ZLR 1979, 273 m Anm WIESENWASSER; LG Waldshut-Tiengen, UPR 1983, 14; ebenso einschränkend zu § 81 der öst Jurisdiktionsnorm [JN], der dem § 24 ZPO entspricht, ÖstOGH JBl 1988, 459 m krit Anm BÖHM). Auch der EuGH betont in anderem Zusammenhang, daß Art 16 Nr 1 EuGVÜ eng auszulegen ist, damit eine sonst gegebene Wahl des Gerichtsstands nicht vereitelt wird, EuGH RiW/AWD 1978, 336. Richtiger Ansicht nach ist für dingliche Ansprüche nach §§ 985, 1004 BGB nur dann der dingliche Gerichtsstand (§ 24 ZPO, Art 16 Nr 1 EuGVÜ) verbindlich, wenn mit der *Klage die dinglichen Rechtsverhältnisse* geklärt werden sollen, der Beklagte also ein widerstreitendes Recht an dem Grundstück geltend macht (so auch für das öst Recht – zu § 81 JN – BÖHM JBl 1988, 481 Fn 4).

4. Anwendbares Recht

234 Die früher hL bestimmte bei Umweltstörungen das auf die privatrechtlichen Abwehransprüche anwendbare Recht nach dem Rechtsgrund des erhobenen Anspruchs. Somit richteten sich *deliktsrechtliche Ansprüche* nach dem Recht des Tatortes, dingliche Ansprüche dagegen nach dem Recht des Lageortes (vgl HAGER 295–298; KREUZER 277 f; STURM 338–360; ULRIKE WOLF, 161 ff). Dieser Ansatz führte bei *deliktsrechtlichen Ansprüchen* zur alternativen Anwendung des Rechts des Störerstaates oder des Rechts des Störungsstaates, weil nach der herrschenden Ubiquitätslehre (dazu W LORENZ, in: vCAEMMERER [Hrsg] Vorschläge und Gutachten zur Reform des deutschen internationalen Privatrechts der außervertraglichen Schuldverhältnisse [1983] 103–107, 113 ff; STAUDINGER/vHOFFMANN[12] Art 38 nF Rn 119–122) bei Distanzdelikten sowohl der Handlungs- als auch der Erfolgsort als „Tatort" im Anknüpfungssinne gelten. Dagegen wurden *dingliche Abwehransprüche* allein dem Recht des Störungsstaates unterstellt mit der Begründung, das maßgebende Sachstatut werde durch den Lageort des Grundstücks bestimmt, für das Rechtsschutz in Anspruch genommen wird (vgl BGH IPRspr 1978 Nr 40 = DVBl 1979, 226 m Anm KÜPPERS = ZLR 1979, 273 m Anm WIESENWASSER;

HAGER 296 f; MünchKomm/KREUZER Nach Art 38 Anh I Rn 41 Fn 178; STOLL 368 f; ULRIKE WOLF, 170). Allerdings wurden speziell für sachenrechtliche Ansprüche im nachbarlichen Verhältnis bisweilen auch gewisse Sonderregeln vorgeschlagen, insbesondere die Kumulation von Recht des Störerstaates und Recht des Störungsstaates befürwortet (vgl etwa ZITELMANN II 327; zustimmend WOLFF, Internationales Privatrecht VI: Internationales Sachenrecht, RvglHWB IV [1933] 396; s ferner die Entscheidung des Supreme Court of Louisiana im Falle Caldwell v Gore, 143 So 387 [La 1932], dazu RABEL, Conflict of Laws² II 320−322 und IV 59; STOLL 370 f). Neuerdings hat KREUZER im Hinblick auf die Verflechtung und Durchsetzung des materiellen Umwelthaftungsrechts mit umweltverwaltungsrechtlichen Elementen de lege ferenda empfohlen, bei grenzüberschreitenden Umweltbeeinträchtigungen auf schuld- und sachenrechtliche Abwehransprüche jeder Art allein *das am Emissionsort geltende Umwelthaftungsrecht* anzuwenden (KREUZER 296−313). Dieser Vorschlag berührt sich mit einer alten Rechtsprechung, welche die Haftung für grenzüberschreitende Bergschäden stets nach den Gesetzen des Ortes beurteilt hat, an dem das schädigende Bergwerk betrieben wird (RG SeuffA 44 [1889] Nr 161 = NiemZ 1893, 403; RG ZfB 1944, 361 = JW 1938, 1043; OLG Köln ZVölkR 1914, 437 = LZ 1914, 1140). Hierbei spielte die Vorstellung eine Rolle, daß die Berggesetze nur den in ihrem örtlichen Geltungsbereich betriebenen Bergbau regeln, also nur einen territorialen Geltungsanspruch erheben. In ähnlichem Sinne hielt auch schon NEUMEYER (Internationales Verwaltungsrecht II [1922] 44−51) bei wasserrechtlichen Konflikten das Recht des Störerstaates für kollisionsrechtlich berufen, weil dieser Staat die Störung am ehesten unterbinden könne.

Es entspricht indes *heute gefestigter Lehre*, daß die privatrechtlichen Abwehransprü- **235** che gegen grenzüberschreitende Umweltstörungen ohne Rücksicht auf den Rechtsgrund und Inhalt des jeweiligen Anspruchs *einheitlich* anzuknüpfen sind (vgl oben Rn 232). Hierbei ist der materielle Schwerpunkt solcher Ansprüche zu berücksichtigen, der gewiß im Deliktsrecht liegt. Es sind somit **alle privatrechtlichen Abwehransprüche** des Umweltrechts für Zwecke des Kollisionsrechts **deliktsrechtlich zu qualifizieren** und nach der sog Ubiquitätslehre entweder dem Recht des Störerstaates oder dem Recht des Störungsstaates zu unterstellen, je nachdem, welche dieser beiden Rechtsordnungen dem Anspruch günstiger ist (vBAR, IPR II 522; HAGER 295−298; KROPHOLLER 461; KÜPPERS 262; LUMMERT, in: BOTHE/PRIEUR/RESS [Hrsg] 186 f; MünchKomm/ KREUZER Art 38 Rn 261 und Nach Art 38 Anh I Rn 42; STOLL 357 ff; STURM 355−360; ULRIKE WOLF 170 f, 173−177). Auch der Referentenentwurf eines Gesetzes zur Ergänzung des internationalen Privatrechts (außervertragliche Schuldverhältnisse und Sachen) vom 1. 12. 1993 legt entsprechend den Vorschlägen des Deutschen Rates für IPR ausdrücklich fest (Art 44), daß auch für dingliche Ansprüche aus beeinträchtigenden Einwirkungen, die von einem Grundstück ausgehen, das deliktsrechtliche Ubiquitätsprinzip nach Maßgabe des Art 40 Abs 1 entsprechend gilt. Ebenso gestattet nun das schweizerische IPRG von 1987 (Art 99 Abs 2) für dingliche Ansprüche aus Immissionen, die von einem Grundstück ausgehen, gleichwie für deliktsrechtliche Ansprüche (Art 138), dem Geschädigten *die Wahl* zwischen dem Recht des Staates, in dem das emittierende Grundstück liegt, oder dem Recht des Staates, in dem der Erfolg einer Einwirkung eintritt. Für diesen Standpunkt spricht das Gebot der rechtlichen Gleichbehandlung von innerstaatlichen und grenzüberschreitenden Störungsfällen, sowohl aus der Sicht des Störers als auch des Betroffenen. Rechte an Sachen, die sich im Störungsstaat befinden, sollten gegen internationale Störungen nicht weniger geschützt werden, als wenn die Störung ausschließlich im Inland erzeugt würde. Das rechtfertigt die Anwendung des Rechts des Störungsstaates. Andererseits sollte der Betroffene im Störerstaat die gleichen Rechte in Anspruch nehmen dürfen, wie wenn sich die Sache, die es zu schützen gilt, in jenem Staat befände. Das rechtfertigt die alternative Anwendung des Rechts des Störerstaates. Das Günstigkeitsprinzip ist gerade bei grenzüberschreitenden Umweltstörungen von einer solchen Evidenz, daß es sich – wie das schweizerische IPRG zeigt – hier selbst dann durchsetzt, wenn sonst im internationalen Deliktsrecht jenes Prinzip preisgegeben wird (so Art 133 schweiz IPRG). Die Anknüpfung der Haftung für Umweltstörungen an den *Emissionsort* könnte nur dann den berechtigten Interessen des Betroffenen gerecht werden, wenn die Störungsquelle im Störerstaat regelmäßig einer besonders strengen Haftung unterliegt (wie wohl beim Bergbau) oder doch wenigstens die haftungsrechtlichen Bestimmungen in den beteiligten Staaten weitgehend einander angenähert sind, so daß von einem äquivalenten Schutz gegen Umweltstörungen gesprochen werden kann. Davon ist jedoch die internationale Gemeinschaft bei Umweltstörungen noch weit entfernt.

236 KREUZER möchte im übrigen entgegen der hL die Günstigkeitsregel nicht gelten lassen, soweit es im **Anliegerrecht** im wesentlichen um die *Bestimmung des Grundeigentumsinhalts* geht (MünchKomm/KREUZER Nach Art 38 Anh I Rn 43). Inhaltsbeschränkungen wie zB die Pflicht, einen *Notweg* oder *Überbau* zu dulden, seien ausschließlich dem Recht des „duldungspflichtigen" Grundstücks zu entnehmen, ebenso wie etwa Vorschriften über Grenzabstände von Bäumen und Sträuchern. Aber auch in derartigen Fällen sollte das Günstigkeitsprinzip gelten, freilich in dem Sinne, daß diejenige Rechtsordnung ausschlaggebend ist, welche die geringeren Einschränkungen des Eigentumsrechtes vorsieht, für den Eigentumsschutz also am günstigsten ist. Beispielsweise braucht kein Grundeigentümer gegenüber einem jenseits der Grenze liegenden Grundstück einen Notweg zu dulden, wenn das Recht des Staates, in dem dieses Grundstück liegt, eine solche Duldungspflicht nicht kennt.

5.   Genehmigung des störenden Betriebes in einem fremden Staat

237 Nach dem Recht der meisten Staaten bedarf der Betrieb einer Anlage, von der Umweltstörungen auszugehen drohen, einer **öffentlichrechtlichen Genehmigung.** Sie wird in einem Verwaltungsverfahren erteilt, in dem die Umweltverträglichkeit der Anlage geprüft wird. Die Genehmigung beschränkt regelmäßig den privatrechtlichen Abwehrschutz gegen Störungen, wobei jedoch die Auswirkungen auf das Privatrecht in den einzelnen Rechtsordnungen verschieden sind. So wird etwa in Belgien und Frankreich die Genehmigung vorbehaltlich der Rechte Dritter erteilt. Schadensersatzansprüche betroffener Nachbarn bleiben deshalb unberührt; doch sind die Zivilgerichte daran gehindert, den Betreiber der Anlage zu einem Verhalten zu verurteilen, das mit der Genehmigung unvereinbar ist (KREUZER 228 Fn 111). Im deutschen Recht schließt eine nach dem BImSchG erteilte Genehmigung zwar den Anspruch auf Einstellung des Betriebes der Anlage aus, beläßt aber dem von einer Störung Betroffenen den Anspruch auf Schutzvorkehrungen; soweit diese technisch nicht durchführbar oder wirtschaftlich nicht vertretbar sind, kann der Betroffene Schadensersatz verlangen (§ 14 BImSchG; ebenso §§ 7 Abs 6 AtomG und 11 LuftVG). Hingegen läßt nach § 364 a des öst ABGB die behördliche Genehmigung einer Anlage nur noch Raum für Schadensersatzansprüche gestörter Grundbesitzer, auch wenn der Schaden durch Umstände verursacht wird, auf die bei der behördlichen Verhandlung keine Rücksicht genommen wurde (vgl dazu OGH JBl 1993, 653; HAGER 305).

Ist die Anlage von den Behörden des Störerstaates genehmigt worden und dessen Recht nach der Günstigkeitsregel (oben Rn 234–236) auch internationalprivatrechtlich berufen, sind sicherlich auch die *privatrechtlichen Wirkungen der Genehmigung* nach Maßgabe dieser Rechtsordnung zu bestimmen. Der innere Zusammenhang zwischen öffentlichrechtlicher Regelung und privatrechtlicher Folgewirkung kann auf diese Weise gewahrt werden (vBAR, IPR II 522 f; HAGER 300; KREUZER 290; MünchKomm/KREUZER Art 38 Rn 270; STAUDINGER/vHOFFMANN[12] Art 38 nF Rn 620). Allerdings ist immer noch zu prüfen, ob die ausländische Genehmigung auch über die Grenze hinweg inländischen Anliegern gegenüber wirken soll. Das könnte zu verneinen sein, wenn ihnen keine Gelegenheit gegeben wurde, sich am verwaltungsrechtlichen Genehmigungsverfahren zu beteiligen (zu dem umgekehrten Fall – Beteiligung niederländischer Staatsbürger an einem Verwaltungsverfahren zur Genehmigung einer Atomanlage in Deutschland – BVerwGE 75, 285 = NJW 1987, 1154, und dazu WEITBRECHT 2132–2134 = JZ 1987, 351; zum öst Recht s SCHREUER, Zur verwaltungs- und völkerrechtlichen Problematik des Salzburger Flughafenfalles, ÖJZ 1971, 542–545). Das anwendbare Recht des Störerstaates ist lückenhaft, wenn es selbst der Genehmigung keine grenzüberschreitende Wirkung beilegt. Die Lücke, die sich dann für einen Auslandssachverhalt ergibt, ist nach den allgemeinen haftungsrechtlichen Grundsätzen jener anwendbaren Rechtsordnung zu schließen. Auch in diesem Falle ist freilich eine mit der Genehmigung unvereinbare Verurteilung des Störer zur Einstellung oder Einschränkung des Betriebes der genehmigten Anlage ausgeschlossen.

Von den privatrechtlichen Sachnormen der berufenen Rechtsordnung ist auch dann **238** auszugehen, wenn die störenden Auswirkungen einer im **Ausland genehmigten Anlage** dem *inländischen Recht* unterliegen, weil es für den Betroffenen günstiger ist als das Recht des Störerstaates. Im Rahmen der inländischen Sachnormen hat die ausländische Genehmigung grundsätzlich nicht die Rechtswirkung einer von der inländischen Behörde erteilten Genehmigung. Das ergibt sich schon daraus, daß jene Normen nach ihrem Sinn und Zweck eine inländische Verträglichkeitsprüfung und Genehmigung voraussetzen. Die rechtliche Gleichsetzung einer ausländischen Genehmigung mit dem privatrechtsrelevanten Akt einer inländischen Behörde bedürfte besonderer gesetzlicher Anordnung oder staatsvertraglicher Vereinbarung, wie sie etwa im Vertrag zwischen der Bundesrepublik Deutschland und der Republik Österreich über Auswirkungen der Anlage und des Betriebes des Flughafens Salzburg auf das Hoheitsgebiet der Bundesrepublik Deutschland vom 19. 12. 1967 (BGBl 1974 II 15, und hierzu das ZustimmungsG 13) enthalten ist. Nachbarrechtliche Ansprüche können nach Art 4 Abs 3 S 1 des Vertrages sowohl auf deutsches als auch auf österreichisches Recht gestützt werden. Bei Anwendung der deutschen Normen gilt nach Art 2 ZustimmungsG die Fiktion, daß der Flughafen Salzburg auf deutschem Hoheitsgebiet liegt (dazu BGH IPRspr 1978 Nr 40 = DVBl 1979, 226 mit Anm KÜPPERS = ZLR 1979, 273; BVerfG NJW 1986, 2188; KREUZER 262; KÜPPERS 260–265; SCHREUER ÖJZ 1971, 542–545; SEIDL-HOHENVELDERN, in: FS Alex Meyer [1975] 205–216; STAUDINGER/vHOFFMANN[12] Art 38 nF Rn 614).

Die fehlende Rechtswirkung einer ausländischen Genehmigung bei Anwendung **239** inländischen Rechts wird vielfach als unbefriedigend empfunden. Einige Autoren

treten deshalb bei Bewertung solcher Genehmigungen für eine international-öffent-
lichrechtliche Betrachtungsweise ein. Ohne Rücksicht auf das internationalprivatrechtlich anwendbare Recht sei danach zu fragen, ob und unter welchen Voraussetzungen die ausländische Genehmigung als Hoheitsakt mit den intendierten
Gestaltungswirkungen „anzuerkennen" sei (vgl etwa Lummert NuR 1982, 244 f; Rossbach
[Diss 1979] 235–240; ders NJW 1988, 592 f; Ulrike Wolf 217 ff; weitere Nachw bei Hager 304
Fn 42). Hiernach soll es darauf ankommen, ob die ausländische Behörde für die
Genehmigung international zuständig ist und ob die Genehmigung, ähnlich wie sonstige Eingriffe eines ausländischen Staates in privates Recht, gewissen rechtsstaat-
lichen Anforderungen genügt. Diese Auffassung wird schon dadurch widerlegt, daß
ausländische Behörden mangels Rechtsgrundlage keinesfalls zuständig sind, durch
gestaltenden Hoheitsakt in die Rechtsverhältnisse inländischer Grenznachbarn einzugreifen. Die Anerkennung einer ausländischen Genehmigung mit privatrechtlicher Wirkung abweichend vom anwendbaren Inlandsrecht würde inländischen
Anrainern ein Sonderopfer auferlegen, was einer extraterritorialen Enteignung
gleichkäme. Sie ist nach allgemeinen Regeln unwirksam (s oben Rn 205). Indessen
übernimmt für sie der Störungsstaat die Verantwortung, wenn er einer umweltge-
fährdenden Veranstaltung des Störerstaates zustimmt. Mit Recht hat deshalb der
BGH entschieden, daß die Bundesrepublik Deutschland nach Enteignungsrecht ent-
schädigungspflichtig wird, wenn sie den in Belgien in Grenznähe stattfindenden
Schießübungen belgischer Soldaten zustimmt und dann deutsche Grenznachbarn
durch das Schießen geschädigt werden (BGH MDR 1983, 914).

Hager lehnt zwar die „Anerkennungstheorie" ebenfalls ab (304), kommt aber der
Sache nach auf dasselbe hinaus, wenn er eine Sonderanknüpfung ausländischer
Genehmigungen empfiehlt. Deren intendierte Wirkung sei nämlich ohne Rücksicht
auf das sonst anwendbare Privatrecht in das Inlandsrecht zu übernehmen, wenn der
Erlaßstaat international zuständig ist (was regelmäßig zu bejahen sei), Ausländern
im Genehmigungsverfahren die gleiche Rechtsstellung einräumt wie den eigenen
Bürgern und schließlich bei der Planung und Errichtung der Anlage die völkerrechtlichen Prinzipien des Nachbarrechts eingehalten worden sind (Hager 308–317). Mit der
Verweisung auf die wenig geklärten Prinzipien des Völkerrechts und der Implantation
der fremdrechtlichen Wirkung einer ausländischen Genehmigung in das sonst anwendbare Inlandsrecht werden indes mehr Probleme geschaffen als gelöst.

240 Trotz fehlender Rechtswirkung einer ausländischen Genehmigung kann der
Umstand, daß die störende Anlage im Ausland genehmigt worden ist, im Rahmen
des anwendbaren Inlandsrechts doch immerhin als **„Datum" eine sog Tatbestandswir-
kung** haben. Dabei geht es um die Regelbildung für einen Auslandssachverhalt, der
von den anzuwendenden Sachnormen nicht hinreichend erfaßt wird (vgl vBar, IPR II
523; Hager 304; Jayme, Haftung bei grenzüberschreitenden Umweltbelastungen 216 f; Kreuzer
291: Es handele sich um eine „Substitutionsfrage"; Staudinger/vHoffmann[12] Art 38 nF Rn 617).
Hiernach kann einer ausländischen Genehmigung grundsätzlich die gleiche Privat-
rechtswirkung beigelegt werden wie der Genehmigung durch eine inländische
Behörde, sofern die ausländische Genehmigung *funktional gleichwertig* ist, insbesondere die inländischen Anrainer Gelegenheit zur Teilnahme am ausländischen
Genehmigungsverfahren hatten und die rechtlichen Voraussetzungen einer Genehmigung nach inländischem Recht gegeben waren (vgl OLG Linz JBl 1987, 577, aus anderen
Gründen Klageabweisung durch OGH JBl 1989, 239 m Anm Wilhelm). Darauf, wie eine

inländische Behörde ihr Ermessen im Rahmen der rechtlichen Möglichkeit ausgeübt hätte, sie etwa aus sozial- oder wirtschaftspolitischen Erwägungen die Genehmigung verweigert hätte, kann es nicht ankommen (entgegen HAGER 305, der die Äquivalenz in solchen Fällen verneint). Zu den Umständen, die bei der Regelbildung zur Abwehr im Ausland erzeugter Immissionen zu berücksichtigen sind, gehört freilich auch die faktische Durchsetzbarkeit der gerichtlichen Entscheidung gegenüber dem ausländischen Staat. Es ist sinnlos, den ausländischen Betreiber der störenden Anlage zur Einstellung des Betriebes zu verurteilen, wenn die Anlage im Ausland genehmigt worden ist und deshalb das Urteil im Störungsstaat nicht vollstreckt werden könnte (vgl öst OGH JBl 1988, 323: Die Schöpfung von Urteilen, die nicht mehr sind als ein wertloses Stück Papier, gehört nicht zum Aufgabenbereich der inländischen Gerichtsbarkeit). Auch geht es nicht an, auf einen ausländischen Staat *mittelbar Zwang* auszuüben, bestimmte Handlungen auf seinem Staatsgebiet allein deshalb nicht zu dulden, weil sie nach den Maßstäben eines anderen Staates umweltgefährdend sind (vgl OLG Linz JBl 1990, 260: Klage eines öst Grundeigentümers auf Unterlassung der Errichtung eines tschech Atomkraftwerkes). Aus diesem Grund ist der privatrechtliche Abwehranspruch inländischer Anrainer gegenüber Emissionen im Ausland genehmigter Anlagen darauf beschränkt, daß durch geeignete Vorkehrungen grenzüberschreitende Störungen verhindert werden, die nach inländischem Recht nicht geduldet zu werden brauchen. Sind solche Vorkehrungen nicht möglich, ohne den Betrieb der Anlage zu unterlassen oder erheblich einzuschränken, kommt nur Geldersatz in Betracht in Analogie zu der deutschen Rechtsprechung, wonach auch schon bei faktischem Ausschluß negatorischer Abwehransprüche gegenüber widerrechtlichen Störungen des nachbarlichen Verhältnisses ein Geldausgleich verlangt werden kann (vgl BGHZ 72, 289, 294; 85, 375, 384 f; BGH MDR 1984, 745).

III. Beschränkte dingliche Rechte

1. Allgemeine Fragen

Beschränkte dingliche Rechte an Grundstücken und Grundstücksrechten werden **241** von dem *Recht des Grundstück-Lageortes* beherrscht (oben Rn 218; ERMAN/HOHLOCH Rn 16; FRANKENSTEIN II 98; MünchKomm/KREUZER Rn 44; VENTURINI, IntEncCompL III Ch 21 sec 35). Die Rechtsordnung, in deren Bereich ein Grundstück liegt, ist auch maßgebend dafür, ob das Grundstück zugunsten des jeweiligen Eigentümers eines anderen Grundstücks belastet werden kann – mag dieses auch jenseits der Grenze liegen. Zulässigkeit und Inhalt eines *subjektiv-dinglichen Rechts* sowie die Art und Weise der Bestellung eines solchen Rechts, auch dessen Ersitzung, richten sich somit allein nach dem Recht des dienenden Grundstücks; auf das Recht des herrschenden Grundstücks kommt es hierbei nicht an (BayObLGZ 1962, 70; ERMAN/HOHLOCH aaO; GUTZWILLER, IPR 1599 Fn 2; MünchKomm/KREUZER aaO; RABEL, Conflict of Laws IV 59; SOERGEL/KEGEL Rn 554 Vor Art 7; WOLFF 179 f). Bei gesetzlichen Dienstbarkeiten zugunsten eines benachbarten Grundstücks ist indes zu berücksichtigen, daß solche Dienstbarkeiten oftmals nachbarrechtliche Duldungspflichten statuieren, die in anderen Rechtsordnungen schuldrechtlich ausgestaltet sind oder in einer allgemeinen Beschränkung des Eigentumsinhalts Ausdruck finden. Für die kollisionsrechtliche Behandlung kann es nicht auf die jeweilige Konstruktion ankommen. Deshalb entscheidet bei solchen Dienstbarkeiten das *nachbarrechtliche Günstigkeitsprinzip* (s oben Rn 236): Der Eigentümer, von dem nachbarrechtliche Duldung gefordert wird, kann ohne Rücksicht auf das Sachenrecht der lex rei sitae gegenüber Grenznachbarn geltend machen, daß nach dem Recht des benachbarten Staates keine Duldungspflicht oder nur eine geringere Duldungspflicht besteht (aA Erman/Hohloch Rn 17; MünchKomm/Kreuzer Rn 17; vgl auch Trib Diekirch [Luxemburg] Clunet 1929, 480, betr Notwegrecht zu Lasten eines in Luxemburg gelegenen Grundstücks: Luxemburger Recht angewandt).

Ist mit dem beschränkten dinglichen Recht ein *Schuldverhältnis* verknüpft, etwa mit der Grunddienstbarkeit eine Unterhaltungspflicht bezüglich einer Anlage (vgl § 1029 BGB) oder mit einer Reallast eine persönliche Leistungspflicht, so untersteht auch dieses Schuldverhältnis dem für das dingliche Recht maßgebenden Realstatut (Rabel, Conflict of Laws IV 59; Wolff 178, 180; aA Frankenstein II 98). Über die Anwendung des Rechts des Lageortes auf ein Legalschuldverhältnis, das mit dem Nießbrauch an einem Grundstück verbunden ist, und eine dabei mögliche Rechtswahl s oben Rn 163. Das *Recht des Lageortes* hat auch darüber zu entscheiden, welche schuldrechtlichen Beziehungen mit der Ausübung eines Vorkaufsrechts an einem Grundstück entstehen.

242 Das *Recht des Lageortes* bestimmt ferner, ob ein beschränktes dingliches Recht derart mit einem Forderungsrecht verbunden ist, daß es mit der Forderung *kraft Gesetzes übergeht* und mit ihr erlischt (oben Rn 149; Rabel, Conflict of Laws IV 60). Ob das Forderungsstatut diese Abhängigkeit anerkennt, bleibt gleich. Entsprechendes gilt auch für die Sicherung einer Forderung durch eine *Vormerkung*. Es kann somit für eine Forderung auf Änderung der dinglichen Rechtsverhältnisse an einem deutschen Grundstück eine Vormerkung im Grundbuch eingetragen werden, ohne daß es hierbei irgendwie auf das Forderungsstatut ankäme. Entstehung, Wirkung und Übertragung einer solchen Vormerkung unterliegen ausschließlich dem deutschen Recht (IPG 1967–68 Nr 22: Der gutgläubige Erwerb einer Auflassungsvormerkung an einem in Deutschland belegenen Grundstück wird nach deutschem Recht beurteilt; s auch Zitelmann II 305).

2. Grundpfandrechte im besonderen

a) Anwendungsbereich des Sachstatuts

243 Bei Grundpfandrechten (Hypotheken, Grundschulden, entsprechend auch bei Reallasten) wird das dingliche Recht von dem *Recht des belasteten Grundstücks* beherrscht (Ulrich Wagner, Die Hypothek im IPR unter Berücksichtigung der inländischen Gerichtsbarkeit für hypothekarische Klagen bezüglich ausländischer Grundstücke [Diss Erlangen 1953]; s auch Schäfer, Grenzüberschreitende Kreditsicherung an Grundstücken unter besonderer Berücksichtigung des deutschen und italienischen Rechts = Studien zum vergleichenden und internationalen Recht Bd 20 [1993]). Das Recht des Lageortes ist insbesondere maßgebend für die Bestellung und den Inhalt des dinglichen Rechts (OLG Hamburg IPRspr 1933 Nr 29; KG JW 1936, 2466; BGHZ 1, 109 = IPRspr 1950–51 Nr 59 = NJW 1951, 400 = JZ 1951, 302; IPG 1969 Nr 50; Ferid 7–44; Frankenstein II 99–107; MünchKomm/Kreuzer Rn 45; Nussbaum 300; Reithmann/Martiny 516; Wolff 180 f; Wolff/Raiser, Sachenrecht[10] [1957] 665). An mehreren, in verschiedenen Rechtsgebieten belegenen Grundstücken kann ein *Gesamtgrundpfandrecht* (vgl §§ 1132, 1172, 1182 BGB) nur dann bestehen, wenn alle beteiligten Rechtsordnungen diese Belastungsform anerkennen. Das Gesamtgrundpfandrecht hat dann in jedem Rechtsgebiet diejenigen Rechtswirkungen, die das jeweilige Belegenheitsrecht einer solchen Belastung beilegt (OLG Colmar Recht 1903 Nr 960; Bärmann AcP 159, 1, 33; Reithmann/Martiny 516; MünchKomm/Kreuzer Rn 48;

Wolff/Raiser aaO). Die Bestellung eines Gesamtgrundpfandrechts an Grundstücken, die in verschiedenen Rechtsgebieten liegen, wird freilich kaum je in Betracht kommen (ausgeschlossen ist eine solche Belastung nach Ferid 7–44 und Nussbaum 300 Fn 4; anders MünchKomm/Kreuzer Rn 48, wenn die entsprechenden Voraussetzungen nach allen betroffenen Lageortsrechten vorliegen). Doch kann ein rechtlich gespaltenes Gesamtgrundpfandrecht als Folge des Statutenwechsels eines der belasteten Grundstücke (dazu unten Rn 253–255) entstehen (vgl den Fall Obertrib Kaunas JW 1928, 1475; s ferner OLG Hamm IzRspr 1945–53 Nr 591 = JZ 1951, 176).

Das Recht des Lageortes bestimmt, ob sich das Grundpfandrecht auf *Grundstücks-* **244** *bestandteile, Zubehör* oder etwa eine *Versicherungsforderung* (vgl §§ 1127–1130 BGB) erstreckt. In diesem letzteren Fall sollte es auch nicht darauf ankommen, ob das Versicherungsvertragsstatut, falls es von der lex rei sitae verschieden ist (was bei einer Immobilienversicherung kaum je vorkommen dürfte, Nussbaum 300 Fn 3), die Mithaftung der Forderung anerkennt (Wulf-Henning Roth, Internationales Versicherungsvertragsrecht [1985] 648 Fn 63 [mit der Einschränkung, die Mithaftung der Forderung müsse aber mit deren Statut vereinbar sein; aA Frankenstein II 103). Nach dem Recht des Lageortes richtet sich ferner, unter welchen Voraussetzungen ein Bestandteil oder Zubehörstück aus dem Haftungsverband ausscheidet. Gelangt ein Bestandteil oder Zubehörstück in ein anderes Rechtsgebiet, so kann der Fortbestand der Hypothekenhaftung daran scheitern, daß das neue Sachstatut die Belastung nicht gelten läßt (dazu näher oben Rn 144 und Rn 258 m Nachw). Dem Recht des Lageortes unterstehen ferner *Art und Weise der Haftungsdurchsetzung*; es entscheidet insbesondere über die Gültigkeit einer *Verfallklausel* (OLG Wien ZfRvgl 1971, 285, bestätigt durch öst OGH ZfRvgl 1971, 288; MünchKomm/Kreuzer Rn 45). Zu den Konflikten zwischen dem Sachstatut und einem Vermögensstatut, sofern dieses die Entstehung eines *Legalpfandrechts* an einem Grundstück oder eines *Generalpfandrechts* an einem Vermögen anordnet, s oben Rn 185, 190, 195.

b)   **Forderungsstatut und Sachstatut**
Die durch das Grundpfandrecht *gesicherte Forderung* untersteht ihrem eigenen **245** Recht, das von dem für das Grundpfandrecht maßgebenden Sachstatut durchaus verschieden sein kann. Für nicht-akzessorische Grundpfandrechte wie Grundschulden und Rentenschulden versteht sich das von selbst (KG JW 1936, 2466; Ferid 7–50; MünchKomm/Kreuzer Rn 46). Aber auch bei Hypotheken ist die rechtliche Möglichkeit, daß Forderungs- und Sachstatut auseinanderfallen, grundsätzlich anzuerkennen (MünchKomm/Kreuzer Rn 46; Palandt/Heldrich Art 38, 90 Anh II Rn 5; Reithmann/Martiny 516; Staudinger/Scherübl[12] Einl zu §§ 1113 ff BGB). Die Parteien können indes ausdrücklich oder stillschweigend vereinbaren, daß das für das Grundpfandrecht maßgebende Belegenheitsrecht auch für die Forderung gelten soll (Art 27 EGBGB). Ein Darlehensvertrag hat im Zweifel die engste Verbindung zu dem Recht des Staates, in dem das belastete Grundstück liegt, sofern es sich um einen *typischen Realkredit* handelt, der „auf ein Grundstück" gegeben wird und für dessen Gewährung das Grundstück und sein Wert ausschlaggebend sind (Art 28 Abs 1 und 5 EGBGB; vgl zum interlokalen Recht BGHZ 17, 89 = IzRspr 1954–57 Nr 146 = JZ 1955, 584 m Anm Beitzke = NJW 1955, 827; s ferner Frankenstein II 105; MünchKomm/Martiny Art 28 Rn 134; Nussbaum 300; Reithmann/Martiny 515. Zur Unterscheidung von *Personalkredit* und *typischem Realkredit* Seeger JR 1951, 359–362 und NJW 1952, 210 f). Aber selbst bei einem typischen Realkredit können die Umstände eine abweichende Anknüpfung der das

Schuldverhältnis betreffenden Fragen rechtfertigen (LG Karlsruhe IPRspr 1956–57 Nr 28 a).

246 Das **Forderungsstatut** bestimmt die Voraussetzungen, unter welchen bei Veräußerung des mit einer Hypothek belasteten Grundstücks die persönliche Schuld des Veräußerers auf den Erwerber übergeht (vgl § 416 BGB; RG Bolze 4 Nr 22; ÖstOGH JW 1931, 635; MünchKomm/Kreuzer Nach Art 38 Anh I Rn 46; Nussbaum 300 Fn 5; Reithmann/Martiny 489). Nach dem Forderungsstatut richtet sich auch, ob der Schuldner seiner persönlichen Inanspruchnahme widersprechen kann, solange der Gläubiger nicht die Zwangsvollstreckung in das verpfändete Grundstück versucht hat (ÖstOGH SZ 43 [1908] Nr 3586; MünchKomm/Kreuzer Rn 46; Nussbaum 300 Fn 5; Restatement 2nd § 229 Comment e).

247 Die *Übertragung und Belastung der durch ein Grundpfandrecht gesicherten Forderung* richtet sich grundsätzlich nach dem *Forderungsstatut*, die Verfügung über das Grundpfandrecht hingegen nach dem *Belegenheitsrecht*. Das gilt auch für Grundpfandrechte, die nach dem Belegenheitsrecht akzessorisch sind wie insbesondere die Hypothek des deutschen Rechts (zur Verpfändung einer Briefhypothek an einem deutschen Grundstück Berner AppellationsH ZBernJV 73 [1937] 620). Bei akzessorischen Grundpfandrechten kann es zu *Normwidersprüchen* kommen, wenn das Verfügungsgeschäft zwar den Anforderungen des Forderungsstatuts, nicht aber den sachenrechtlichen Vorschriften des Belegenheitsrechts entspricht oder umgekehrt zwar von dem Belegenheitsrecht, nicht aber vom Forderungsstatut als wirksam anerkannt wird. Solche Normwidersprüche sind durch *Angleichung* zu beseitigen, wobei der Zweck der betroffenen Sachnormen im Rahmen der jeweiligen Gesamtrechtsordnung zu berücksichtigen ist. Aus der Sicht des deutschen Rechts kommen die folgenden Fallgestaltungen in Betracht:

(1) Die einem ausländischen Recht unterstehende Forderung ist durch eine *Hypothek* an einem *deutschen Grundstück* gesichert. Wird die Forderung nach Maßgabe des Forderungsstatuts wirksam, jedoch unter Verletzung des § 1154 BGB abgetreten, so soll nach einer verbreiteten Meinung die Übertragung des dinglichen Rechts scheitern und dieses sich in eine Eigentümergrundschuld verwandeln (Ferid 7–49; Reithmann/Martiny 236; Wolff 181; für Entstehung einer Gläubigergrundschuld in der Hand des Zedenten Raape 631). Diese Lösung läßt außeracht, daß nach deutschem Sachenrecht die Zweckverbindung von Forderung und Hypothek schwerer wiegt als die Einhaltung der für die Abtretung vorgeschriebenen Form. Schließlich geht die Hypothek bei jeder cessio legis automatisch auf den Erwerber über, auch wenn keinerlei Form eingehalten ist (§§ 401 Abs 1, 412 BGB). Das Mitlaufgebot ist nicht weniger verbindlich, wenn wegen des Eingreifens ausländischen Rechts die Hypothekenforderung ausnahmsweise ohne Beachtung der Form des § 1154 BGB wirksam auf einen anderen übertragen werden kann. Die Vorschriften der §§ 401 Abs 1, 412 BGB sind hier sinngemäß anzuwenden. Der Zedent erwirbt mitsamt der Forderung auch die Hypothek, das Grundbuch wird unrichtig (vBar, IPR II 418; MünchKomm/Kreuzer Nach Art 38 Anh I Rn 47). Andererseits genießt der Erwerber, der sich eine auf einem deutschen Grundstück lastende, im Grundbuch eingetragene Hypothek in der Form des § 1154 BGB abtreten läßt, den Schutz des deutschen Sachenrechts, auch wenn das ausländische Forderungsstatut die Abtretung der Forderung scheitern läßt, etwa mangels Anzeige der Abtretung an den Schuldner. Hier ist § 1138 BGB sinngemäß anzuwen-

den (MünchKomm/Kreuzer Rn 47 Fn 206; Nussbaum 300 Fn 5; aA – der Erwerber erlange überhaupt nichts – vBar, IPR II 418; Ferid 7–48; Reithmann/Martiny 236; Wolff 181). Der Erwerber würde ja unter den Voraussetzungen der §§ 1154, 1138 BGB eine im deutschen Grundbuch eingetragene Hypothek selbst dann erlangen, wenn die gesicherte Forderung überhaupt nicht besteht oder einem Dritten zusteht. Er kann nicht schlechter stehen, wenn die Forderung dem Zedenten wirklich zusteht, deren Übertragung auf den Zessionar aber am ausländischen Schuldstatut scheitert.

(2) Die dem deutschen Recht unterstehende Forderung ist durch eine *Hypothek an einem ausländischen Grundstück* gesichert. In diesem Falle kann für die Abtretung der Forderung die Form des § 1154 BGB nicht verlangt werden, weil diese Form im Grunde sachenrechtlicher Natur ist und mit dem deutschen Grundbuchsystem zusammenhängt (vgl insbes § 1154 Abs 2 und Abs 3; wie hier MünchKomm/Kreuzer Rn 47; Reithmann/Martiny 236). Ob indes eine formlose Abtretung der Hypothekenforderung nach Maßgabe des § 398 BGB die Hypothek an dem ausländischen Grundstück mitüberträgt, hat allein das ausländische Sachstatut zu entscheiden.

c) Hoheitliche Eingriffe in Forderung oder dingliches Recht

In die durch ein Grundpfandrecht gesicherte Forderung oder in das Grundpfand- **248** recht wird bisweilen in der Weise hoheitlich eingegriffen, daß aus übergeordneten Gemeininteressen, insbesondere zur Durchsetzung wirtschaftspolitischer Ziele, die **Währung abgewertet**, auf eine **andere Währung umgestellt** oder etwa **Wertsicherungsklauseln außer Kraft gesetzt werden**. Die Wirkung derartiger Eingriffe in die für das Rechtsverhältnis maßgebende Währung hängt nicht von der Anerkennung durch das internationalprivatrechtlich maßgebende Recht ab. Sofern der deutsche Gesetzgeber die fraglichen Vorschriften erlassen hat, sind sie vom inländischen Richter grundsätzlich – entsprechend ihrem Anwendungswillen – zu beachten (Art 34 EGBGB). Im übrigen ist die Wirkung solcher Vorschriften auf den Machtbereich des eingreifenden fremden Staates zu beschränken, so daß möglicherweise nur die gesicherte Forderung oder nur das dingliche Recht dem Eingriff unterliegt. Für das *dingliche Recht* sind allein die vom *Belegenheitsstaat* vorgenommenen Eingriffe maßgebend (RGZ 152, 53 = JW 1936, 3122 betr Hypothek an Grundstück in Südwestafrika, Aufwertung der persönlichen Forderung nach deutschem Recht; OLG Marienwerder JW 1937, 1972 betr Danziger Hypothek, Abwertung des Danziger Gulden; BGHZ 1, 109 = IPRspr 1950–51 Nr 59 = NJW 1951, 400; BGHZ 17, 89 = IzRspr 1954–57 Nr 146 = JZ 1955, 584 mit Anm Beitzke = NJW 1955, 827 = WM 1955, 656; Soergel/Kegel Vor Art 7 Rn 897). Währungseingriffe des Staates, in dem das verpfändete Grundstück liegt, erfassen indes nach hL nur dann zugleich die Hypothekenforderung, wenn der Schuldner zur Zeit des Eingriffs in jenem Staat seinen Wohnsitz hat (Reithmann/Martiny 521; Soergel/Kegel Vor Art 7 Rn 898, der jedoch – ebenso wie bei Enteignungen – dem Eingriff auch in diesem Fall immer nur Wirkung für den Rechtsverkehr im eingreifenden Staat, insbesondere für das dort belegene Vermögen des Schuldners beilegt, gleichviel, wo der Schuldner seinen Wohnsitz oder gewöhnlichen Aufenthalt hat). Im Schrifttum und in der Rspr wurde weitergehend bisweilen angenommen, die Hypothekenforderung unterstehe schlechthin dem für das dingliche Recht maßgebenden Währungsrecht; denn eine Hypothekenforderung sei stets am Lageort des Grundstücks belegen, wo auch immer der Schuldner seinen Wohnsitz oder gewöhnlichen Aufenthalt hat (vgl Blau SJZ 1949, 154, 162 f; Krech NJW 1949, 296 f [für Verkehrshypotheken]; Wengler, IPR II 841 Fn 130; KG IzRspr 1945–53 Nr 229 = NJW 1950, 648; IzRspr 1945–53 Nr 231). Der BGH ist dieser Rspr mit Recht nicht gefolgt (BGHZ 1, 109 = IPRspr

1950−51 Nr 59 = NJW 1951, 400 = JZ 1951, 302; vgl ferner KG IzRspr 1945−53 Nr 233 = NJW 1953, 29). Dem eingreifenden Staat darf nicht pauschal eine Wirkungsmöglichkeit zugestanden werden, die seinen realen Machtbereich überschreitet. Immerhin neigt die höchstrichterliche Rechtsprechung dazu, wenigstens beim typischen Realkredit (zum Begriff oben Rn 245) das Währungsrecht des Belegenheitsstaates auch auf die persönliche Forderung anzuwenden (BGHZ 17, 89 = IzRspr 1954−57 Nr 146 = JZ 1955, 584 m Anm BEITZKE = NJW 1955, 827 = WM 1955, 656; BGH IzRspr 1954−57 Nr 92 = MDR 1958, 86 m krit Anm BEITZKE = WM 1957, 1367; BGH WM 1962, 625 = ROW 1962, 253).

249 In dem umgekehrten Fall, daß zwar der Schuldner seinen Wohnsitz in dem Eingriffsstaat hat, das mit der Hypothek belastete Grundstück aber außerhalb dieses Staates liegt, ist dem Währungseingriff für die Hypothek die Wirkung zu versagen. Diese Lösung ist nicht nur bei einem typischen Realkredit angemessen, sondern auch dann gerechtfertigt, wenn der Hypothekenforderung ein Kredit zugrundeliegt, für den die persönlichen Verhältnisse des Schuldners ausschlaggebend waren; denn andernfalls würde dem Eingriff extraterritoriale Wirkung beigelegt.

250 Ähnliche Probleme entstehen bei Grundpfandrechten, wenn in Forderung oder dingliches Recht **enteignend eingegriffen** wird*. Gesicherte Forderung und Grundpfandrecht können grundsätzlich nur insoweit wirksam enteignet werden, als die Rechte sich im Machtbereich des enteignenden Staates befinden und deshalb seiner Territorialhoheit unterliegen (zum *Territorialitätsprinzip* im internationalen Enteignungsrecht oben Rn 198−214). Diese Voraussetzung ist bei dem dinglichen Recht unstreitig dann gegeben, wenn das mit dem Grundpfandrecht belastete Grundstück innerhalb des enteignenden Staates liegt (vgl etwa BGH IzRspr 1945−53 Nr 384 b = NJW 1952, 420; IzRspr 1954−57 Nr 234 = MDR 1954, 286; IzRspr 1954−57 Nr 238 = WM 1955, 768; DROBNIG RabelsZ 1953, 663; FERID 7−144; KEGEL 862; MünchKomm/KREUZER Nach Art 38 Anh III Rn 50; SOERGEL/KEGEL Vor Art 7 Rn 829−831). Die gesicherte Forderung unterliegt hingegen − auch bei Sicherung durch eine Hypothek − nach hL grundsätzlich nur dann dem Zugriff des enteignenden Staates, wenn der Schuldner in diesem Staat seinen Wohnsitz hat (vgl etwa OGHZ 1, 386, 391 f = IzRspr 1945−53 Nr 365 = NJW 1949, 502; BGHZ 5, 35 = IzRspr 1945−53 Nr 402 b = NJW 1952, 540; IzRspr 1958−59 Nr 137 = MDR 1959, 100; SOERGEL/KEGEL[11] Vor Art 7 Rn 820 Fn 10 mwN). Im Gegensatz hierzu möchte KREUZER dem Staat des

---

* **Schrifttum:** BEITZKE, Internationale Wirkungen der Forderungsenteignung, JR 1951, 705−708; DROBNIG, Extraterritoriale Reflexwirkungen ostzonaler Enteignungen, RabelsZ 1953, 659−689; FICKER, Grundfragen des deutschen interlokalen Rechts (1952) 115−123; KEGEL, Probleme des internationalen Enteignungs- und Währungsrechts (1956); ders, IPR 862 f; KÜCHENHOFF, Grenzen staatlicher Einwirkungen auf schuldrechtliche Ansprüche und Pfandrechte im internationalen Privatrecht, in: FS Wilhelm Sauer (1949) 181−206; FRIEDRICH-WILHELM PAMMEL, Der Begriff der Belegenheit im deutschen internationalen Enteignungsrecht bei der Enteignung von ungesicherten und hypothekarisch gesicherten Forderungsrechten (Diss Göttingen 1966); REITHMANN/MARTINY 520−525; SEEGER, Ultrazonale Auswirkungen von Enteignungsmaßnahmen im Ostwährungsgebiet auf das Rechtsverhältnis zwischen Hypothekengläubiger und Schuldner-Eigentümer, JR 1951, 359−362; ders, Zur Doppelinanspruchnahme von Hypothekenschuldnern, NJW 1952, 210 f; SEIDL-HOHENVELDERN, Internationales Konfiskations- und Enteignungsrecht (1952) 88−98; SOERGEL/KEGEL Vor Art 7 Rn 829−831; STAUDINGER/Jürgen SCHMIDT[12] (1983) § 242 BGB Rn 1195, 1196; HORST STRICH, Forderung und Hypothek im internationalen Recht (Diss Münster 1954).

ständigen Aufenthalts des Gläubigers die „internationale Zuständigkeit" für die Ent-
eignung einer Forderung zusprechen und begründet das mit der Personalhoheit des
Aufenthaltsstaates über den Gläubiger (MünchKomm/Kreuzer Nach Art 38 Anh III
Rn 58). Bei den privatrechtlichen Wirkungen einer im Ausland vollzogenen Enteignung geht es indes regelmäßig nicht um die „Anerkennung" eines fremdstaatlichen
Hoheitsaktes, sondern vielmehr um die Hinnahme einer Rechtstatsache, die ein
fremder Staat in seinem Machtbereich geschaffen hat (s oben Rn 199). Eine solche
Tatsache kann aber regelmäßig nur durch Einwirkung auf den Schuldner herbeige-
führt werden, nicht durch Zwangsmaßnahmen gegen den Gläubiger: Der Staat des
Schuldnerdomizils wird sich einem erzwungenen Verhalten des Gläubigers fast
immer widersetzen.

Die durch das Territorialitätsprinzip begrenzte Wirkung eines enteignenden Eingriffs in Hypothekenforderung oder dingliches Recht kann dazu führen, daß entweder nur das schuldrechtliche oder nur das dingliche Recht von der Enteignung erfaßt
wird, Forderung und Hypothek also rechtlich voneinander getrennt werden.
Dadurch entstehen materiellrechtliche Angleichungsprobleme. Im folgenden sollen
die *wichtigsten Divergenzfälle* kurz dargestellt werden.

Bei *Enteignung einer Hypothek* an einem Grundstück, das im *Bereich des enteignen-* **251**
den Staates liegt, ist mit Kegel (IPR 862 f; Soergel/Kegel Vor Art 7 Rn 825−831) davon
auszugehen, daß der durch die Enteignung begünstigte neue Gläubiger mit Wirkung
für den Rechtsverkehr im Enteignungsstaat auch die persönliche Forderung erlangt,
mag auch der Schuldner in einem anderen Staat seinen Wohnsitz oder gewöhnlichen
Aufenthalt haben. Der Staat, in dem das belastete Grundstück liegt, kann stets auf
das dingliche Recht zugreifen, gleichviel, ob für die Hypothek ein Brief ausgestellt
ist und wo sich der Brief befindet. Die Hypothek kann ohne Wegnahme des Briefs
enteignet werden, und andererseits erfaßt nicht schon die Enteignung des Briefs
durch dessen Wegnahme zugleich auch das verbriefte Recht (KG IzRspr 1945−53 Nr 382
= JR 1950, 684; Beitzke JZ 1951, 368; Soergel/Kegel Vor Art 7 Rn 829; Wolff 153). Die
Enteignung des dinglichen Rechts schließt nicht aus, daß der Eigentümer des belasteten Grundstücks, falls er zugleich der Schuldner ist, außerhalb des Enteignungsstaates auch noch von dem Altgläubiger in Anspruch genommen wird. Hierbei ist
dann nach dem Schuldstatut zu beantworten, inwieweit der Schuldner das mit der
Spaltung der Hypothekenforderung infolge Enteignung verbundene Risiko der doppelten Inanspruchnahme auf den Altgläubiger abwälzen kann. Man wird dem
Schuldner gegenüber dem Altgläubiger in angemessenen Grenzen ein Leistungsverweigerungsrecht, etwa nach § 242 BGB, zu gewähren haben, soweit seine doppelte
Inanspruchnahme nach den gesamten Umständen Treu und Glauben widerspricht
(kritisch hierzu Kegel 863; vgl ferner Reithmann/Martiny 524 f). Entsprechend ist der Fall
zu behandeln, daß der außerhalb des Enteignungsstaates vom Altgläubiger in
Anspruch genommene Schuldner zwar nicht auch Eigentümer des verpfändeten
Grundstücks ist, jedoch aufgrund seines Rechtsverhältnisses zum Eigentümer zum
Regreß berechtigt ist, dieser aber infolge der Enteignung vereitelt zu werden droht.
Auch hier sollte der Schuldner gegenüber dem Altgläubiger in angemessenen Grenzen ein Leistungsverweigerungsrecht haben. Bei **Enteignung des mit der Hypothek
belasteten Grundstücks** ist indes der Schuldner nicht in der gleichen Weise schutzbe-
dürftig wie bei Enteignung der Hypothek. Die Enteignung des belasteten Grund-

stücks führt nicht zur Spaltung der Hypothekenforderung und liegt grundsätzlich im Risikobereich des Schuldners.

252 Liegt dagegen das mit der Hypothek belastete Grundstück *außerhalb des Enteignungsstaates*, so berührt die Enteignung der Forderung grundsätzlich nicht das Recht des Altgläubigers, vor den Gerichten des Staates, in dem das Grundstück liegt, sowohl die persönliche Schuldforderung einzuklagen als auch die dingliche Klage aus der Hypothek zu erheben. Man wird jedoch auch hier den Eigentümer, falls er zugleich Schuldner ist, gegen die Gefahr der doppelten Inanspruchnahme durch Gewährung eines angemessenen Leistungsverweigerungsrechts zu schützen haben, sofern die doppelte Inanspruchnahme nach den gesamten Umständen der Billigkeit widerspricht. Die Rechtsprechung hatte sich insbesondere mit der Frage zu befassen, ob der Schuldner-Eigentümer sich gegenüber dem Altgläubiger darauf berufen kann, daß er freiwillig und in gutem Glauben an den durch die Enteignung begünstigten Neugläubiger geleistet habe (vgl etwa OLG München IzRspr 1945–53 Nr 396 = MDR 1950, 682 m Anm DUDEN MDR 1951, 92; BGHZ 12, 79 = IzRspr 1945–53 Nr 400 a = NJW 1954, 796 = MDR 1954, 344). Entsprechend ist der Fall zu lösen, daß der Eigentümer nicht zugleich persönlicher Schuldner ist, jedoch gegen diesen eine Regreßforderung hat, die sich wegen der Enteignung der Forderung nicht durchsetzen läßt.

IV. Statutenwechsel

1. Möglichkeiten eines Statutenwechsels im Liegenschaftsrecht

253 Das für die dinglichen Rechtsverhältnisse an einem Grundstück maßgebende Sachstatut wechselt, wenn das Grundstück unter die Herrschaft eines anderen Staates gelangt und dessen Recht auch in dem neu erworbenen Gebiet in Geltung gesetzt wird. Ein solcher Statutenwechsel (vgl hierzu MAKAROV, Les changements territoriaux et leurs effets sur les droits des particuliers, AnnInstDrint 1950, 208–255; MELCHIOR, Grundlagen 72–76; RIGAUX, Le conflit mobile en droit international privé, Rec des Cours 117 [1966 I] 329, 350–354, 411–414) kann infolge von Gebietsabtretung oder Annexion, Veränderung der Staatsidentität (Auflösung und Zergliederung eines Staates oder Aufgehen eines Staates in einem anderen; MELCHIOR, Grundlagen 72) oder auch schon dadurch zustande kommen, daß im Zuge der Berichtigung oder Klärung eines zweifelhaften Grenzverlaufes ein Grundstück, das tatsächlich in den Hoheitsbereich des einen Staates einbezogen war, nunmehr den Behörden eines anderen unterstellt wird (vgl die Beispiele schweizBGE 56 II 178; OLG Köln IPRspr 1964–65 Nr 72).

2. Folgen des Statutenwechsels

254 In allen Fällen eines solchen Statutenwechsels unterstehen sachenrechtliche Vorgänge, die sich unter der Herrschaft des alten Statutes vollendet haben, ausschließlich diesem, dagegen die späteren Vorgänge ausschließlich dem neuen Sachstatut (vgl OLG Köln [oben Rn 253]: Zutreffend nimmt das Gericht an, daß Grundstücke, die in den Jahren 1945–1958 vorläufig belgischer Verwaltung unterstanden, in diesem Zeitraum nach belgischem Recht übereignet werden konnten. Ob daneben deutsches Sachenrecht anwendbar blieb – was verneint werden muß –, läßt das Gericht dahinstehen). Die unter der Herrschaft des alten Statuts begründeten Sachenrechtsverhältnisse bestehen nach dem Statutenwechsel im Zweifel fort. Der Staat, unter dessen Herrschaft das Grundstück mit dem Statutenwechsel gelangt, besitzt indes die Kompetenz, in die bestehenden Rechtsverhältnisse an dem Grundstück einzugreifen (WENGLER, IPR I 460 f: Der Nachfolgestaat sei legitimiert, ein Monopolrecht an Sachen „für sein eigenes Staatsgebiet unter seinem eigenen Privatrecht fortzuführen"; zur völkerrechtlichen Problematik s namentlich MAKAROV [oben Rn 253]). Das kann insbesondere durch die intertemporalen Normen des nunmehr zuständigen Staates geschehen.

3.   Besonderheiten bei Grundpfandrechten

Der Wechsel des für ein Grundpfandrecht maßgebenden Sachstatuts berührt grund- **255** sätzlich nicht das Statut der durch das Grundpfandrecht gesicherten Forderung. Auf diese Weise kann es zum nachträglichen Auseinanderfallen von Forderungs- und Sachstatut kommen (vgl dazu oben Rn 245). Schon in der Zeit nach dem Ersten Weltkrieg, als zahlreiche, hypothekarisch belastete Grundstücke durch die deutschen Gebietsabtretungen unter fremde Herrschaft gelangten, hatten sich die deutschen Gerichte häufig mit den damit verbundenen Rechtskollisionen zu befassen (vgl die umfassenden Nachw bei MELCHIOR, Grundlagen 73 Fn 2; ferner RAAPE 632 f; STAUDINGER/SCHERÜBL[12] Einl 91 zu §§ 1113 ff BGB; WOLFF 163 f). Es ist natürlich nicht ausgeschlossen, daß infolge des Souveränitätswechsels sich auch das Forderungsstatut ändert. Ob es so ist, richtet sich allein nach den für die Bestimmung des Forderungsstatuts maßgebenden Kollisionsregeln, ist also eine Frage des internationalen Schuldrechts (STAUDINGER/SCHERÜBL[12] aaO). Das RG hat bei den deutschen Gebietsabtretungen nach dem Ersten Weltkrieg wohl allzu schematisch nur dann die durch das Grundpfandrecht gesicherte Forderung der Herrschaft der neuen Rechtsordnung unterstellt, in deren Bereich das verpfändete Grundstück gelangte, wenn beide Parteien örtlich unter der Herrschaft des neuen Rechtes standen oder sich ihm unterworfen hatten (vgl aus der Rspr etwa RGZ 121, 337, 344; 123, 130, 134; 131, 41, 46−49; 139, 76 = IPRspr 1933 Nr 79; 152, 53 = JW 1936, 3122; s ferner MELCHIOR, Grundlagen 73; RAAPE 663; krit RIGAUX [oben Rn 253] 411−414).

D.   Allgemeines Fahrnisrecht*

I.   Bedeutung und Tragweite der Situs-Regel bei beweglichen Sachen

1.   Grundsätzliche Anknüpfung an den Lageort der Sache

Auch bei beweglichen Sachen ist davon auszugehen, daß Begründung, Inhalt und **256**

---

* **Schrifttum:** MICHAEL BIERLE, Pfandrechte an beweglichen Sachen im IPR unter besonderer Berücksichtigung der Rechte der USA, Englands, Frankreichs und der Bundesrepublik Deutschland (Diss Mainz 1993); DESBOIS, Des conflits de lois en matière de transfert de propriété, Clunet 1931, 281−321; DROBNIG, Entwicklungstendenzen des deutschen internationalen Sachenrechts, in: FS Kegel (1977) 141−151; DUDEN, Der Rechtserwerb vom Nichtberechtigten an beweglichen Sachen und Inhaberpapieren im deutschen IPR = Beiträge zum ausländischen und internationalen Privatrecht, Heft 8 (1934); FALCONBRIDGE, Contrat et transfert de propriété dans le conflit de lois, in: FS Lambert II (1938) 180−197; PIUS FISCH, Eigentumserwerb, Eigentumsvorbehalt und Sicherungsübereignung im internationalen Sachenrecht der Schweiz, der BRD und Frankreichs (Diss Freiburg 1985); FRANKENSTEIN,

Veränderungen der dinglichen Rechtsverhältnisse sich nach der **lex rei sitae** richten (s oben Rn 123, 126–129). Grundsätzlich maßgebend sind sonach die Gesetze des Ortes, an dem sich die Sache im Zeitpunkt der Vollendung des für den Erwerb oder den Verlust eines dinglichen Rechtes oder die sonstige Änderung der dinglichen Rechtsverhältnisse erforderlichen Tatbestandes befindet (dazu näher oben Rn 161; RG 14. 12. 1922, zitiert nach LEWALD, IPR 177 f; BGHZ 39, 173 f; 45, 95, 97; 100, 321, 324; BGH 1989, 2542, 2543; NJW 1991, 1415 f; LG Hamburg IPRspr 1977 Nr 48; OLG Koblenz IPRax 1994, 302, 304; KEGEL 574; LÜDERITZ² Rn 324; MünchKomm/KREUZER Rn 54; PALANDT/HELDRICH Art 38 Anh II Rn 2). Es ist der typische Zweck der Sachenrechtsnormen, alle im räumlichen Geltungsbereich der Rechtsordnung befindlichen Sachen – gleichviel, ob sie beweglich oder unbeweglich sind – zu erfassen. Die Anwendung der am Lageort geltenden Rechtsordnung ist daher im allgemeinen sachgerecht, und man kann in diesem Sinne sagen, daß auch bei beweglichen Sachen die dinglichen Rechtsverhältnisse am Lageort der Sache ihren natürlichen Schwerpunkt haben.

Das IPR der beweglichen Sachen, in: MittGesVölkR IX (1929) 3–21; GOTTHEINER, Zum Eigentumsübergang beim Kauf beweglicher Sachen, RabelsZ 1953, 356–375; HABICHT, Zur Lehre vom IPR beweglicher Sachen, in: FS Heinitz (1926) 463–480; HENRICH, Zum Herausgabeanspruch des Bestohlenen und den Gegenrechten des gutgläubigen Besitzers in Fällen mit Auslandsberührung, in: FS Anton Heini (Zürich 1995) 199–211; PIERRE KARRER, Der Fahrniserwerb kraft Guten Glaubens im IPR = Zürcher Studien zum internationalen Recht, Bd 43 (1968); ALEM-B KASSAYE, Neuere Entwicklungen im internationalen Mobiliarsachenrecht (Diss Hamburg 1983); KONDRING, Die internationalprivatrechtliche Behandlung der rei vindicato bei Sachen auf dem Transport, IPRax 1993, 371–376; KREUZER, Gutachtliche Stellungnahme zum Referentenentwurf eines Gesetzes zur Ergänzung des Internationalen Privatrechts (Außervertragliche Schuldverhältnisse und Sachen). Sachenrechtliche Bestimmungen, in: Vorschläge und Gutachten zur Reform des deutschen internationalen Sachen- und Immaterialgüterrechts, vorgelegt von HENRICH (1991) 37–180; LALIVE, The Transfer of Chattels in the Conflict of Laws. A Comparative Study (Oxford 1955); LÜDERITZ, Die Beurteilung beweglicher Sachen im IPR, in: Vorschläge und Gutachten zur Reform des deutschen internationalen Personen- und Sachenrechts, vorgelegt von LAUTERBACH (1972) 185–212; MORRIS, The Transfer of Chattels in the Conflict of Laws, BritYBIntL 22 (1945) 232–248; KLAUS

MÜLLER, Kollisionsrechtliche Behandlung von Reisegepäck und individuellem Verkehrsmittel auf der Auslandsreise, RiW/AWD 1982, 461–470; MünchKomm/KREUZER, Rn 52–178; NIBOYET, Des conflits de lois relatifs à l'acquisition de la propriété et des droits sur les meubles corporels à titre particulier. Etude de droit international privé (Paris 1912); PRIVAT, Der Einfluß der Rechtswahl auf die rechtsgeschäftliche Mobiliarübereignung im IPR (1964); RABEL/RAISER, Eine Entscheidung des Deutsch-Englischen Gemischten Schiedsgerichts über den Versendungskauf, RabelsZ 1929, 62–81; REITHMANN/MARTINY 429–447; SAILER, Gefahrübergang, Eigentumsübergang, Verfolgungs- und Zurückbehaltungsrecht beim Kauf beweglicher Sachen im IPR (1966); SCHULTSZ, Eigendomsverkrijging bij koop van roerende goederen in het West-Europees internationaal privaatrecht (Den Haag 1955); SOVILLA, Eigentumsübergang an beweglichen körperlichen Gegenständen bei internationalen Käufen (Freiburg iÜ 1954); STOLL, Rechtskollisionen beim Gebietswechsel beweglicher Sachen, RabelsZ 1974, 450–467; VENTURINI, Property, IntEncCompL III Ch 21 (1976); VITTA, La legge regolatrice del bene mobile trasferito, Riv dir int proc 1974, 217–225; WERNER WEISFLOG, Der Schutz des Erwerbes beweglicher Sachen vom Nichteigentümer im IPR (Diss Zürich 1930); ZAPHIRIOU, The Transfer of Chattels in Private International Law. A Comparative Study = University of London Legal Series IV (London 1956).

Als Lageort der Sache im Sinne der kollisionsrechtlichen Anknüpfung ist der Ort **257** ihrer **physischen Präsenz** zu verstehen. Der Vorschlag von NIBOYET, nicht nach dem physischen Aufenthalt, sondern nach der juristischen Einbettung der Sache in einen bestimmten Rechtsbereich („situation matérielle juridique") zu fragen (NIBOYET 68 ff; gegen ihn RAAPE 588 f; PRIVAT 48), führt nur zu Unklarheiten und gefährdet deshalb das Verkehrsinteresse, das grundsätzlich einen leicht feststellbaren, eindeutigen Anknüpfungspunkt verlangt. Auch hat die lex rei sitae meist ein beachtliches Interesse daran, die juristische Einbettung der Sache in einen fremden Rechtsbereich gerade nicht anzuerkennen. Ebenso abzulehnen ist die von HABICHT (463−480; s auch JOSEF AcP 127, 344−345, 352) vertretene Auffassung, maßgebend für das Sachstatut sei die individuell verschiedene Verknüpfung der beweglichen Sache mit einer höheren Einheit, für die sich ein überzeugender Anknüpfungspunkt feststellen lasse. So sei das Pferd, das ein Rennstallbesitzer aus Deutschland zur Teilnahme an einem Rennen nach Frankreich schicke, in Deutschland wie in Frankreich ein Glied einer unbeweglichen Sache, nämlich des Gestüts, von dem es entsandt ist. Die Uhr, die man bei sich trägt, die Kleidung und sonstige persönliche Gebrauchsgegenstände ständen in engerem Zusammenhang mit der Person des sie Benützenden als mit dem Grund und Boden, auf dem sie sich befinden. Es mag dahinstehen, ob die Zuordnung einer beweglichen Sache zu einer höheren Einheit nicht sehr viel häufiger scheitert, als dies HABICHT einräumt. Sofern aber eine übergeordnete Einheit tatsächlich vorhanden ist, hat sie häufig nicht das geringste mit dem sachenrechtlichen Akt zu tun, um den es geht. Wenn etwa in dem von HABICHT gebildeten Beispiel das Rennpferd in Frankreich verpfändet wird, so kann die Anwendung des französischen Sachenrechts nicht deswegen in Frage gestellt werden, weil das Rennpferd einem deutschen Gestüt entstammt (vgl dazu HABICHT 478; zu den Schwierigkeiten, bei mehrfacher Verpfändung von Rennpferden das Sachstatut entsprechend den modernen Lehren des amerikanischen Kollisionsrechts individuell zu bestimmen vgl die New Yorker Entscheidung *Susi v Belle Acton Stables*, 360 F 2d 704 [2d Cir 1966]).

Auch solche beweglichen Sachen, die nach dem Recht eines anderen Staates einem **258** **Grundstück** als **Bestandteil** oder **Zubehör** zugerechnet werden, sind kollisionsrechtlich ausschließlich am Ort ihrer tatsächlichen Anwesenheit belegen (ass plén 15. 4. 1988, DS 1988, 325 note MAURY = Rev crit dr i p 1985, 559 note BATIFFOL; s dazu auch REICHELT IPRax 1989, 254 f; s ferner WENGLER, IPR II § 10 Fn 127). Das Belegenheitsrecht mag freilich die sachenrechtliche Zuordnung und Prägung der beweglichen Sache durch die das Grundstück beherrschende Rechtsordnung tolerieren und wird dies regelmäßig tun, wenn die bewegliche Sache ihren gewöhnlichen Standort im Staate des Grundstücks hat und nur vorübergehend in den Staat der jetzigen Belegenheit gelangt ist (s oben Rn 144).

Es gibt schließlich keinen überzeugenden Grund dafür, das *Reisegepäck* einer Person **259** sachenrechtlich nicht dem Ort der physischen Präsenz, sondern etwa dem Personalstatut der Person (so aber § 23 Abs 3 der ungar GesetzesVO Nr 13/1979, s oben Rn 78) oder dem Recht des Heimatstaates – iSd Ausgangsortes der Reise – zu unterstellen (so aber MÜLLER RiW/AWD 1982, 461−469, für Reisegepäck und individuelle Verkehrsmittel, soweit nicht am Reiseort sachenrechtliche Tatbestände verwirklicht werden, die nur einen Binnenbezug zum Reiseort haben; ihm zustimmend PALANDT/HELDRICH Art 38 Anh II Rn 10; gegen eine Sonderregel dagegen mit Recht FIRSCHING/vHOFFMANN 442; MünchKomm/KREUZER Rn 177). Sachenrechte an Reisegepäck unterstehen somit grundsätzlich dem Recht des Reiselandes, solange sich das Gepäck dort befindet. Dem Bedürfnis, sachenrechtliche Geschäfte aufgrund der Umstände – etwa weil die Parteien Touristen sind, die im gleichen Staate ihren gewöhnlichen Aufenthalt haben – von der Herrschaft des Belegenheitsrechtes auszunehmen, kann durch Anerkennung einer *begrenzten Parteiautonomie* im internationalen Mobiliarsachenrecht (s unten Rn 262) hinreichend entsprochen werden. Mit Recht betont WENGLER (IPR I 490), daß für einen geschlossenen Personenkreis aus Staatsangehörigen oder Bewohnern desselben Staates, die sich zeitweilig im Ausland befinden, ein übereinstimmender Wille anzunehmen sei, solche Geschäfte bezüglich der mitgeführten und am Aufenthaltsort benutzten beweglichen Sachen im Verhältnis zwischen diesen Personen gemäß dem Recht des gemeinsamen Heimatstaates zu beurteilen. Das gelte auch für die Rechtsbeziehungen zwischen den Angehörigen einer diplomatischen Vertretung in bezug auf bewegliche Sachen, die sich in extraterritorialen Gebäuden befinden (WENGLER, IPR II § 17 Fn 39 a).

2. Widerrechtliche oder rechtsmißbräuchliche Verbringung der Sache in den Belegenheitsstaat

260 Für die Anknüpfung des Sachstatuts an den Lageort der beweglichen Sache ist es ohne Belang, auf welche Weise die Sache dorthin gelangt ist. Der Herrschaft der lex rei sitae tut es keinen Abbruch, wenn die Sache *gegen den Willen* des Eigentümers oder sonst *widerrechtlich* in ihren Herrschaftsbereich geschafft worden ist (vgl Art 269 Abs 2 des Projet FRANKENSTEIN: „La loi de la situation est déterminée par la situation effective, lors même que celle-ci est temporaire ou résulte d'un fait volontaire ou illicite"; s ferner vBAR, IPR II 548; ERMAN/HOHLOCH Rn 12; MünchKomm/KREUZER Rn 53 Fn 222a; in der Sache ebenso BGHZ 100, 321, und die englische Entscheidung Winkworth v Christie's Ltd [1980] 2 WLR 937 [Veräußerung einer in England gestohlenen Sache an einen Gutgläubigen in Italien]).

261 Es ist auch kollisionsrechtlich unerheblich, ob die Sache allein deshalb in den Belegenheitsstaat verbracht worden ist, um die dort geltende Sachenrechtsordnung ins Spiel zu bringen. Angesprochen ist hierbei das Grundproblem der *Gesetzesumgehung* im IPR (vgl dazu vBAR, IPR I 493–499; KEGEL 347–359; RAAPE/STURM 325–343). In erster Linie ist es Sache der erschlichenen Rechtsordnung, im Rahmen des materiellen Rechts dem Rechtsmißbrauch zu wehren. Mit Recht sagt FRANKENSTEIN (II 43 Fn 23, 68), daß der erschlichene Statutenwechsel nicht die Kollisionsregeln außer Kraft setzt, wohl aber kraft materiellen Rechts den Einwand der Arglist begründen kann (in diesem Sinne auch vBAR, IPR II 548 Fn 41; MünchKomm/KREUZER Rn 53 Fn 224). Bisweilen wird freilich auch versucht, Gesetzesumgehungen mit Mitteln des Kollisionsrechts zu begegnen. So bestimmt Art 13 Abs 3 des liecht ZGB, Sachenrecht, v 31. 12. 1922: „Ortsveränderungen, welche in der offenbaren Absicht der Gesetzesumgehung vorgenommen werden, sind nicht zu berücksichtigen" (entsprechend auch Art 9 Abs 2 des Entwurfs ROGUIN, wiedergegeben bei MEILI, Das internationale Civil- und Handelsrecht aufgrund der Theorie, Gesetzgebung und Praxis I [1902] 402–405). Indessen hat die lex rei sitae regelmäßig ein berechtigtes und vorrangiges Interesse an der Anwendung ihrer Sachenrechtsnormen. Werden etwa Zubehörstücke, die nach schweizerischem Recht (nicht aber nach deutschem Recht) der Hypothekenhaftung unterliegen, aufgrund eines arglistigen Manövers eines Gläubigers aus Basel nach Baden gebracht (vgl den Fall OLG Karlsruhe PucheltsZ 25 [1894] 46), so sind nicht nur die Pfändung, sondern grundsätzlich alle dinglichen Rechtsverhältnisse an der Sache nach dem neuen Belegenheitsrecht zu beurteilen. Die Hypothekenhaftung blieb freilich unabhängig davon, weshalb die Sachen nach Baden gelangt waren, im konkreten Fall unberührt, weil die nur vorübergehende Anwesenheit der Sachen in einem anderen Rechtsgebiet jene Haftung nicht aufzuheben vermochte (vgl oben Rn 144). Im übrigen fehlt es in der Praxis des internationalen Sachenrechts an Beispielen für eine erschlichene Anknüpfung. Mit RAAPE/STURM (332) ist deshalb die Notwendigkeit einer kollisionsrechtlichen Ausnahmeregel zu bezweifeln.

3. Abweichungen von der Situs-Regel bei beweglichen Sachen

a) Begrenzte Parteiautonomie bei Verfügungen

Die hL *schließt* nicht nur bei Grundstücken, sondern auch bei beweglichen Sachen **262** jede Form der *parteiautonomen Bestimmung des Sachstatuts aus* (vBAR, IPR II 546–548; FERID 7–7; KEGEL 571; MünchKomm/KREUZER Rn 66–67, 72–74; PALANDT/HELDRICH Art 38 Anh II Rn 2; OLG Köln ZIP 1994, 1459, 1460). Auch der Referentenentwurf eines Gesetzes zur Änderung des internationalen Privatrechts (außervertragliche Schuldverhältnisse und Sachen) vom 1.12.1993 (oben Rn 19) macht bei der Bestimmung des Sachstatuts keine Konzessionen an den Parteiwillen. Indessen ist bei grenzüberschreitenden Verfügungen über bewegliche Sachen die starre Anknüpfung des Sachstatuts an den oft zufälligen Lageort ohne Rücksicht auf den Parteiwillen wenig überzeugend, da die Parteien es ohnehin in der Hand haben, jederzeit den Lageort nach ihrem Willen zu bestimmen. In neuerer Zeit dringt eine *Gegenauffassung* vor, wonach bei Verfügungen über bewegliche Sachen dem Parteiwillen in gewissen Grenzen bei Bestimmung des Sachstatuts Raum zu geben ist (vgl EINSELE, RabelsZ 1996, 417, 435–447; ERMAN/HOHLOCH Rn 8; DROBNIG RabelsZ 1968, 450, 460–462; ders, Entwicklungstendenzen des deutschen internationalen Sachenrechts, in: FS Kegel [1977] 141, 150 f; KASSAYE, Neuere Entwicklungen im internationalen Sachenrecht 136–160; KROPHOLLER 463; MEYER-LADEWIG AWD 1963, 261–263; FLESSNER RabelsZ 1970, 569–572; SOVILLA 32 ff, 72 f; STURM NJW 1974, 1037; VAN VENROOY JuS 1980, 363–367; WEBER RabelsZ 1980, 510–530). Das ermöglicht insbesondere die Harmonisierung von Schuldstatut und Sachstatut bei Verfügungen über bewegliche Sachen, die als einheitliche Geschäfte im natürlichen Sinne tunlichst derselben Rechtsordnung unterstehen sollten. Diese Gegenauffassung kann sich auch auf eine Reihe von – allerdings wohl unreflektierten – Gerichtsentscheidungen stützen (vgl ausführlich STAUDINGER/STOLL[10/11] Rn 312; ferner unten Rn 284–287). Ihr ist zu folgen, was in den Betracht kommenden Zusammenhängen näher darzulegen ist (s insbesondere Rn 286, 287, 292–294).

b) Sachen ohne festen Lageort

Die Situs-Regel setzt grundsätzlich zwar nicht voraus, daß die Sache am Ort ihrer **263** physischen Präsenz eine feste Lage von einer gewissen Dauer hat (so aber WOLFF, Internationales Sachenrecht, RvglHWB IV [1933] 390, 392; ders, IPR 173; dawider mit Recht FRANKENSTEIN II 8 f; MünchKomm/KREUZER Rn 53). Der Umstand, daß eine bewegliche Sache nur *vorübergehend* den räumlichen Bereich einer Rechtsordnung passiert, kann jedoch sehr wohl zu einer *Auflockerung der Situs-Regel* führen (vgl etwa Rn 144, 261), auch im Rahmen einer begrenzten Parteiautonomie (s vorige Rn). Überdies haben Rechtsprechung und Lehre für bestimmte Sachen, die typischerweise ohne festen Lageort sind, gewisse *Sonderregeln* des internationalen Sachenrechts entwickelt. Solche Typen von Sachen ohne festen Lageort sind die *res in transitu*, dh die beweglichen Sachen, die zu dem Zeitpunkt, in dem über sie verfügt wird, sich auf einem internationalen Transport durch zwei oder mehrere Rechtsgebiete befinden (rollende, schwimmende oder fliegende Ware), ferner aber auch die *Transportmittel des internationalen Verkehrs* (Schiffe, Luftfahrzeuge, Eisenbahn). Die Sonderstellung der res in transitu sowie der internationalen Transportmittel ist im Anschluß an das allgemeine Fahrnisrecht zu behandeln (unten Rn 365).

c)   Wertpapiere

264 Wertpapiere unterliegen in sachenrechtlicher Hinsicht im allgemeinen denselben Kollisionsregeln wie andere bewegliche Sachen. Indessen verlangt die spezifische Zweckbestimmung der Wertpapiere – nämlich die Verbriefung von Forderungen oder sonstigen Rechten – auch im IPR gebührende Berücksichtigung. Die sich hieraus ergebenden Folgerungen für das internationale Sachenrecht werden am Ende der Kommentierung zusammenfassend dargestellt (unten Rn 412 ff).

d)   Sachen auf staatsfreiem Gebiet

265 Die *Situs-Regel* versagt, wenn sich eine Sache auf staatsfreiem Gebiet befindet. Es bedarf dann einer *Ersatzanknüpfung*. ZITELMANN schlägt vor, in solchen Fällen das Heimatrecht des Eigentümers an die Stelle der lex rei sitae zu setzen (ZITELMANN I 106; ebenso FERID 7–56), wohingegen FRANKENSTEIN dem Heimatrecht des Besitzers den Vorzug gibt (FRANKENSTEIN I 106; vgl dazu KEGEL 14). Wo der intergrierende Hintergrund des Belegenheitsrechtes fehlt, besteht indes kein Anlaß für eine schematische Anknüpfung. Vielmehr ist zu differenzieren nach der Art des Vorgangs, der sachenrechtlich möglicherweise erheblich ist. Bei vertraglichen Verfügungen über eine Sache sollte auch in sachenrechtlicher Hinsicht der ausdrückliche oder stillschweigende Parteiwille respektiert werden. Das führt regelmäßig dazu, daß das von den Parteien gewählte Recht schuldrechtlich wie auch sachenrechtlich Maß gibt (MünchKomm/KREUZER Rn 178). Fehlt eine Rechtswahl oder scheidet sie nach den Umständen aus wie bei einseitigen Rechtshandlungen, so ist das maßgebende Sachstatut unter Berücksichtigung der Eigenart des in Frage stehenden Vorgangs von Fall zu Fall zu bestimmen. „Proper law of the transfer" in diesem Sinne ist bei vertraglichen Verfügungen über eine bewegliche Sache im Zweifel das Schuldstatut. Bei einseitigen Rechtshandlungen wie etwa der Aneignung einer herrenlosen Sache wird man auf das Personalstatut des Handelnden abzustellen haben (MünchKomm/KREUZER Rn 178; WENGLER, IPR I 492 [unter Berufung auf das Völkerrecht]; BRÜGGE Clunet 1986, 657, und dazu FRANKENSTEIN II 76 Fn 124: Belgische Fischer finden deutsche Postsäcke in der See; belgisches Recht angewandt). Für eine weiterführende Analyse denkbarer Fälle fehlt das praktische Bedürfnis.

e)   Sachen an Bord eines Schiffes oder Luftfahrzeuges

266 Nicht auf staatsfreiem Gebiet befinden sich Sachen, die Schiffs- oder Flugzeugpassagiere mit sich führen oder die in einem Schiff oder Luftfahrzeug befördert werden, mag auch das Schiff auf hoher See fahren oder das Luftfahrzeug staatsfreies Gebiet überfliegen. An Bord des Schiffes oder Luftfahrzeugs sind solche Sachen in gewissem Umfang in den Machtbereich des Staates einbezogen, dessen Flagge das Schiff oder Luftfahrzeug führt. Vielfach wird deshalb gelehrt, daß die an Bord eines Schiffes oder Luftfahrzeuges befindlichen Sachen sachenrechtlich dem Recht der Flagge unterstehen (vBAR, IPR II 548; ERMAN/HOHLOCH Rn 12; MünchKomm/KREUZER Rn 160, 175; MARKIANOS RabelsZ 1958, 21, 29 f; WENGLER, IPR I 491). Dem ist jedoch nur für den Fall zuzustimmen, daß ein sachenrechtlicher Vorgang *Beziehung zu der räumlichen Ord-*

nung hat, die auf dem Schiff oder in dem Luftfahrzeug herrscht, wie etwa der Fund auf einem Schiff oder in einem Luftfahrzeug oder die Ausübung des Besitzes an Sachen, die sich an Bord befinden. Selbst diese Sonderregel bedarf weiterer Einschränkung: Das Recht der Flagge ist nur solange maßgebend, als nicht das Schiff einen Hafen erreicht oder das Flugzeug gelandet ist. Ist das geschehen, so überwiegt die territoriale Beziehung zu dem Staat, in dessen Hoheitsbereich das Schiff oder Flugzeug eingetreten ist (KEGEL 14 f; MünchKomm/KREUZER Rn 160, 175; OLG Hamburg OLGE 10, 114 = NiemZ 1905, 313 = SeuffA 60 [1905] Nr 75: Der Fund auf einem deutschen Schiff im New Yorker Hafen wird zutreffend nach New Yorker Recht beurteilt. Wäre der Fund auf hoher See gemacht worden, so könnte allein das deutsche Sachenrecht in Betracht kommen). Eine hinreichende Beziehung zu einem Staat wird nicht schon dadurch geschaffen, daß dessen Territorialgewässer erreicht oder dessen Gebiet überflogen wird (teilweise abweichend Art 5 des italienischen Codice della navigazione vom 30. 3. 1942 [RabelsZ 1949–50, 132, 134]; s ferner Art 4 Abs 2 S 2 des schweizerischen Bundesgesetzes über die Seeschiffahrt unter der Schweizerflagge vom 23. 9. 1953, AS 1956, 1305: „In Territorialgewässern gilt an Bord schweizerischer Seeschiffe schweizerisches Bundesrecht, soweit nicht der Uferstaat sein Recht zwingend anwendbar erklärt"). Hat der zu beurteilende sachenrechtliche Vorgang an Bord eines Schiffes oder Luftfahrzeuges keine hinreichende Beziehung zu der dort geltenden räumlichen Ordnung und fehlt auch eine solche Beziehung zu der räumlichen Ordnung eines Ufer- oder Landestaates, so sind die Regeln über die sachenrechtliche Behandlung von *res in transitu* heranzuziehen (s unten Rn 366; ebenso SOERGEL/KEGEL Vor Art 7 Rn 581). vBAR (IPR I 548 Fn 44) erwähnt den in Holland entschiedenen Fall, daß Ware, die sich im Bunker eines griechischen Schiffes auf hoher See befindet, während des Transportes übereignet wird (HR, NedJ 1990 Nr 427). Die Übereignung sollte hier dem von den Parteien gewählten Recht unterstehen, mangels einer Rechtswahl dem Schuldstatut (vgl unten Rn 369; das holländische Gericht wendete das griechische Recht der Flagge an).

II. Gesetzlicher Erwerb und Verlust dinglicher Rechte

1. Erwerb und Verlust des Eigentums

a) Aneignung und Dereliktion; Verarbeitung, Verbindung und Vermischung

267 Der Erwerb und der Verlust des Eigentums an einer beweglichen Sache durch einseitige Rechtshandlung *(Aneignung und Dereliktion)*, durch Verarbeitung einer fremden Sache, Verbindung oder Vermischung eigener Sachen mit fremden Sachen richten sich nach dem Recht des Ortes, an dem die von der Handlung betroffene Sache belegen ist (vBAR, IPR II 561; ERMAN/HOHLOCH Rn 14; FRANKENSTEIN II 75 f; MünchKomm/KREUZER Rn 27; WOLFF 176; ZITELMANN II 311 f). Das Recht des Lageortes entscheidet auch darüber, ob der sachenrechtliche Erfolg die Geschäftsfähigkeit des Handelnden voraussetzt. Wird Geschäftsfähigkeit verlangt, so hat der deutsche Richter diese nach dem Personalstatut des Handelnden (Art 7, 5 EGBGB) zu beurteilen, gleichviel, ob auch das Recht des Lageortes so entscheidet oder selbst angewandt sein will (vgl oben Rn 160; kritisch hierzu WENGLER, IPR II § 17 Fn 32). Zur kollisionsrechtlichen Behandlung einer sog Verarbeitungsklausel bei Lieferungen unter Eigentumsvorbehalt s unten Rn 341.

268 Die von dem Sachstatut bewirkte Änderung der dinglichen Rechtslage geht häufig auf Kosten anderer Personen. Diejenige Rechtsordnung, die den *Rechtsverlust* eintreten läßt, hat auch darüber zu bestimmen, ob und in welcher Form die vom Rechtsverlust betroffenen Personen kraft Gesetzes einen Ausgleich erhalten (vgl § 951 BGB und oben Rn 150). Diese Regel gilt entsprechend, wenn das Recht eines Staates, in den eine Sache verbracht wird, mit einem im Ausland herbeigeführten Zustand der Sache zwingend eine dingliche Rechtsänderung verbindet, die nach dem Recht des Handlungsortes nicht eingetreten ist. Es gelangt etwa nach Deutschland ein Kraftfahrzeug, in das im Ausland Ersatzteile eingebaut wurden, die nach deutschem Recht – nicht aber nach dem Recht des ausländischen Staates, in dem die Reparatur erfolgte – wesentliche Bestandteile des Kraftfahrzeugs sind. In Deutschland erstreckt sich das Eigentum an dem Kraftfahrzeug dann notwendig auf die eingebauten Ersatzteile, weil es das deutsche Sachenrecht so vorschreibt (§ 947 Abs 2 BGB; vgl ZITELMANN II 341 f; WOLFF/RAISER Sachenrecht[10] [1957] 367). Deshalb entscheidet auch das deutsche Recht über den *schuldrechtlichen Ausgleichsanspruch* des Eigentümers jener Bestandteile, der einen dinglichen Rechtsverlust erleidet (§§ 951, 812 BGB; s auch oben Rn 150. Vgl ferner auch den Fall LG München IPRspr 1956–57 Nr 97 = WM 1957, 1378, wo allerdings die Voraussetzungen des § 93 BGB nicht erfüllt waren).

b)   Fund

269 Die Vorschriften über den Fund haben in den meisten Rechtsordnungen einen *territorialen Bezug*, weil sie die öffentliche Ordnung im Staatsgebiet berühren. Demjenigen, der eine besitzlose, einem anderen gehörige bewegliche Sache an sich nimmt, werden im Interesse der an der Sache Berechtigten wie auch aus Gründen der öffentlichen Ordnung bestimmte Verhaltenspflichten auferlegt, insbesondere Anzeige- und Ablieferungspflichten, die sich häufig auf inländische Einrichtungen beziehen oder diese voraussetzen. Die Erfüllung dieser Pflichten wird mit der Gewährung von Rechtsvorteilen belohnt, etwa durch einen Anspruch auf Finderlohn oder durch eine Anwartschaft auf Erwerb des Eigentums an der gefundenen Sache, der nach Ablauf gewisser Fristen kraft Gesetzes eintritt (vgl GIESEKE, Fund und Schatzfund, RvglHWB III [1931] 548–560). Die fundrechtlichen Pflichten und Rechte sollten wegen ihres territorialen Bezuges einem Statut unterstellt werden, das diesem Bezug Rechnung trägt. Fundstatut ist somit richtiger Ansicht nach das *Recht des Fundortes*, wo die typisch fundrechtlichen Pflichten zu erfüllen sind (ERMAN/HOHLOCH Rn 14; KEGEL 572; MünchKomm/KREUZER Rn 76; RAAPE 606 f; ZITELMANN II 311 Fn 16 und 531). Nach dem Recht des Fundortes bemessen sich der Anspruch auf Finderlohn und die Anwartschaft des Finders auf den Eigentumserwerb. Dagegen ist der Anspruch des Finders auf Aufwendungsersatz nicht spezifisch fundrechtlich, weil ihm der Bezug zur öffentlichen Ordnung des Fundortstaates fehlt. Dieser Anspruch sollte deshalb den allgemeinen Regeln über das auf die Geschäftsführung ohne Auftrag anwendbare Recht unterstellt werden. Hiernach ist gewöhnlich das Recht des Staates berufen, in dem das Geschäft vorgenommen worden ist (vgl Art 39 Abs 1 des Referentenentwurfs vom 1. 12. 1993, s oben Rn 19, Text auch bei KROPHOLLER 556; vgl auch vBAR, IPR II 527 f; DEGNER RiW 1983, 825–831; vHOFFMANN, Das auf die Geschäftsführung ohne Auftrag anzuwendende Recht, in: vCAEMMERER [Hrsg] Vorschläge und Gutachten zur Reform des deutschen internationalen Privatrechts der außervertraglichen Schuldverhältnisse [1983] 80–96; MünchKomm/KREUZER Vor Art 38 Rn 2; WANDT, Die Geschäftsführung ohne Auftrag im IPR [1989] 119–164). Beim Fund verweist diese Anknüpfungsregel wiederum auf das Recht des Fundortes. Indessen können die Umstände ergeben, daß der Sachverhalt eine wesentlich engere Verbindung zu einer anderen Rechtsordnung hat, etwa weil Geschäftsführer und Geschäftsherr in einem anderen Staat gemeinsam ihren gewöhnlichen Aufenthalt haben (vgl Art 41 Abs 2 des Referentenentwurfs vom 1. 12. 1993, s oben Rn 19; OLG Düsseldorf IPRspr 1982 Nr 25 = RiW 1984, 481 = MDR 1983, 132 [zum Sachverhalt KEGEL 572]: der deutsche Kl hatte die dem deutschen Bekl gestohlene Yacht in einem spanischen Hafen entdeckt. WANDT 149−152 möchte indes in diesem Fall den Aufwendungsersatz dem am gewöhnlichen Lageort der gestohlenen Sache geltenden Recht unterstellen; s ferner vBAR, IPR II 529 f; ERMAN/HOHLOCH Rn 14; FIRSCHING/vHOFFMANN 397; KROPHOLLER 439; MünchKomm/KREUZER Rn 76 Fn 325 a; gegen jede Abweichung vom Belegenheitsrecht KEGEL 572).

Schwierigkeiten entstehen, wenn der Finder vor Ablauf der *für den Eigentumserwerb* **270** *erforderlichen Frist* die Sache in ein anderes Rechtsgebiet verbringt, das eine andere Frist vorsieht, vielleicht auch sonst die Voraussetzungen des Erwerbs abweichend regelt. Nach der Situs-Regel ist nun wegen Statutenwechsels an sich das neue Statut zur Herrschaft berufen. Doch stehen die Vorschriften über den Eigentumserwerb des Finders in innerem Zusammenhang mit den Verhaltenspflichten, die das Recht des Fundortes dem Finder auferlegt und dabei ein Finden in diesem Staat voraussetzt (so mit Recht schon ZITELMANN II 311 Fn 16 und 351, s ferner RAAPE 607 und FRANKENSTEIN II 76). Dieser Sinnzusammenhang wird gewahrt, wenn man das Recht des Fundortes über den Eigentumserwerb grundsätzlich selbst dann entscheiden läßt, wenn die Sache vor Ablauf der für den Erwerb vorgesehenen Frist in ein anderes Rechtsgebiet gelangt (RAAPE aaO; teilw abw WOLFF 182). Freilich hat das neue Belegenheitsrecht die Macht, den Eigentumserwerb im Interesse des Rechtsfriedens zu erleichtern oder aus rechtspolitischen Gründen zu erschweren, ja sogar ganz zu untersagen, gleichviel, wo die Sache gefunden worden ist (zustimmend MünchKomm/KREUZER Rn 76). Eine solche Verdrängung des alten Statuts ist aber nicht zu vermuten und nicht schon dann anzunehmen, wenn das neue Statut den Eigentumserwerb abweichend regelt oder ihn überhaupt nicht kennt.

Zum Fund auf staatsfreiem Gebiet oben Rn 265, zum Fund an Bord eines Schiffes oder Luftfahrzeuges oben Rn 266.

c) Ersitzung und Verjährung des dinglichen Herausgabeanspruchs

Der Erwerb des Eigentums oder eines anderen dinglichen Rechts durch Ersitzung **271** oder unvordenkliche Verjährung soll die wahre Rechtslage in Übereinstimmung bringen mit den äußeren Verhältnissen, wie sie längere Zeit bestanden haben. Es spricht auch der Gedanke der Verschweigung mit: Wer sich längere Zeit nicht um sein Recht gekümmert hat, muß gewärtig sein, es zu verlieren (PFEIFER, Ersitzung, RvglHWB III [1931] 188). Diese rechtspolitischen Ziele können auch dadurch erreicht werden, daß zwar nicht von Gesetzes wegen in die dinglichen Rechtsverhältnisse eingegriffen, jedoch der dingliche Berechtigte daran gehindert wird, sein Recht gegen andere durchzusetzen. Deshalb sollte die *Verjährung des dinglichen Herausgabeanspruchs* kollisionsrechtlich ebenso behandelt werden wie die Ersitzung oder erwerbende Verjährung (so schon vBAR, Theorie und Praxis des IPR² I [1889] 637; Código Bustamante, Art 227, 228, 230, 231), zumal manche Rechtsordnungen materiellrechtlich nicht genau unterscheiden (vgl Art 2219 ff des französischen cc; zur Ersitzung nach französischem Recht s FERID/SONNENBERGER, Das französische Zivilrecht² II [1986] 646−652).

Maßgebend für die Ersitzung und die gleichzustellenden Institute ist das Recht des **272** Ortes, an dem sich die Sache bei Vollendung der Ersitzung oder Verjährung befindet (darin liegt kein Zirkelschluß, s oben Rn 161). Diese Rechtsordnung ist auch dann allein kollisionsrechtlich kompetent, wenn der für die Ersitzung oder Verjährung notwendige Tatbestand teilweise in einem anderen Rechtsgebiet verwirklicht wurde; ihr ist insbesondere zu entnehmen, ob eine bewegliche Sache der Ersitzung zugänglich ist und wie lange die Ersitzungfrist währt (s IPG 1977 Nr 12; OLG Hamm IPRspr 1985 Nr 143; Ferid 1–56; Firsching/vHoffmann 193, 433; Kropholler 467; MünchKomm/Sonnenberger Einl Rn 492 und MünchKomm/Kreuzer Rn 60; Rabel, Conflict IV 97–99; Wolff 181; so nunmehr auch § 22 Abs 1 der ungarischen GesetzesVO Nr 13/1979 [oben Rn 78]). War jedoch die Ersitzung oder Verjährung unter der Herrschaft eines früheren Statuts bereits vollendet, so verliert der Besitzer den damit erworbenen Rechtsschutz nicht dadurch, daß die Sache später in ein Rechtsgebiet gelangt, dessen Recht den Besitzer aufgrund des vollendeten Tatbestandes überhaupt nicht oder weniger wirksam schützt (Niederlande: HR, NedJ 1956 Nr 29 = Clunet 1959, 502; Kropholler 464).

273 Das Sachstatut, in dem sich die Sache bei Vollendung der Ersitzung oder Verjährung befindet, ist auch maßgebend dafür, ob eine unter dem früheren Statut verstrichene Besitzzeit anzurechnen und mit welchem „Rechtswert" sie einzusetzen ist, etwa in dem Falle, daß die Ersitzung oder Verjährung unter dem alten Statut gehemmt war (Ferid, Firsching/vHoffmann, MünchKomm/Sonnenberger und MünchKomm/Kreuzer aaO; Raape 604; Wolff aaO; schweizBG BGE 94 II 297 = AWD 1970, 81). Es handelt sich hierbei nicht etwa um eine kollisionsrechtliche Frage, sondern um die Bewertung eines Auslandssachverhaltes nach den Sachnormen des kollisionsrechtlich allein berufenen Statuts. Meist fehlt eine gesetzliche Regelung (vgl aber Art 14 Abs 2 des liechtensteinischen ZGB, Sachenrecht, ferner § 22 Abs 2 der ungarischen GesetzesVO Nr 13/1979 [oben Rn 78]: „Die Ersitzung wird durch den Wechsel des Ortes der belegenen Sache nicht unterbrochen"). Mangels einschlägiger Vorschriften ist davon auszugehen, daß das neue Statut die Ersitzung oder Verjährung begünstigen will und deshalb die im Ausland verstrichene Ersitzungs- oder Verjährungsfrist voll anrechnet (LG München IPRspr 1993 Nr 52 = IPRax 1995, 42 [Verjährung des dinglichen Herausgabeanspruchs]). Ferner entscheidet das Recht des Ortes, an dem sich die Sache bei Vollendung der Ersitzungs- oder Verjährungsfrist befindet, auch darüber, ob ein Sachverhalt, der sich unter der Herrschaft eines früher maßgebenden Sachstatuts ereignet hat, die Ersitzung oder Verjährung *hemmt* oder zu einer *Unterbrechung der Ersitzungs- oder Verjährungsfrist* führt. Im Zweifel nimmt jedoch das neue Statut die Bewertung des früher maßgebenden Sachstatuts hin, weil sie die Beteiligten während der Herrschaft dieses Statuts auf es einzurichten hatten. Verbringt etwa der Eigenbesitzer einer fremden Sache diese von Deutschland in die Schweiz, so kann die in Deutschland verstrichene Besitzzeit auf die 5-Jahres-Frist des Art 728 Abs 1 ZGB nicht angerechnet werden, falls die Ersitzung nach deutschem Recht gehemmt war (schweizBG aaO).

2. Gesetzliche Sicherungsrechte an beweglichen Sachen*

a) Rechtsformen der dinglichen Sicherung

274 In den nationalen Rechtsordnungen gewährt das materielle Recht auf verschiedene

---

* **Schrifttum:** Chesterman, Choice of Law Aspects of Liens and Similar Claims in International Sale of Goods, IntCompLQ 22 (1973) 213–253; Drobnig, Typen besitzloser Sicherungsrechte an Mobilien, ZfRvgl 1972, 130–140; Hübner, Internationalprivatrechtliche Anerkennungs- und Substitutionsprobleme bei besitzlosen Mobiliarsicherheiten, ZIP

Weise dem Gläubiger einer Forderung eine dingliche Sicherung an einer beweglichen Sache, auf die sich das schuldbegründende Geschäft bezieht. Die Sicherung mag in einem gesetzlichen Pfandrecht bestehen, das bisweilen den Besitz des Gläubigers an der verhafteten Sache voraussetzt (vgl die gesetzlichen Besitzpfandrechte des deutschen Rechts nach §§ 590, 647 BGB; 397, 410, 421, 440 HGB), oft aber „besitzlos" ist (vgl §§ 559, 581 Abs 2, 704 BGB). Eine gewisse Sicherung wird aber auch schon dadurch erreicht, daß der Gläubiger eine Sache zurückbehalten darf (vgl § 273 Abs 2 BGB; 471 öABGB; Art 1612, 1613 des franz cc; Art 1642 des niederländischen BW). Der Sicherungseffekt wird verstärkt, wenn das Zurückbehaltungsrecht auch Dritten gegenüber wirkt (vgl § 369 Abs 2 HGB; Art 895 Abs 3 des schweiz ZGB) oder gar mit einem Befriedigungsrecht des Gläubigers verbunden ist (vgl §§ 1003 BGB, 371 HGB; Art 898 des schweiz ZGB). In der Schweiz etwa übernehmen dinglich wirkende Zurückbehaltungsrechte des Kommissionärs, Frachtführers, Lagerhalters sowie der Gast- und Stallwirte (Art 434, 451, 485 Abs 3, 491 OR) die Funktion eines gesetzlichen Pfandrechtes (vgl Art 895−898 ZGB). Derartige Sicherungsrechte sind dann als Institute des Sachenrechts zu qualifizieren, sofern der Gläubiger kraft des Sicherungsrechtes auch Ansprüche gegen Dritte erheben kann, die die Sache erworben haben (vgl KLEVEMANN 30−32).

Der gesetzlichen Sicherung von Forderungen dienen auch *prozessuale Institute* wie **275** das **Recht auf vorzugsweise Befriedigung** aus einer Sache bei Konkurs oder Einzelzwangsvollstreckung in die Sache (vgl etwa §§ 49 Nr 1 und 3 KO, 805 ZPO; s auch HÜBNER; MünchKomm/KREUZER Rn 107−109). Einige Rechtsordnungen gewähren entsprechende *Vorzugsrechte* im Rahmen des materiellen Rechts. Hingewiesen sei auf die „privilèges" des französischen Rechts (Art 2095−2113 cc; vgl auch FERID/SONNENBERGER, Das französische Zivilrecht² II [1986] 703−725; FRANKENSTEIN II 90−92; ZAPHIRIOU 142−144) sowie anderer Rechtsordnungen des romanischen Rechtskreises (vgl DROBNIG ZfRvgl 1972, 130, 133 f). Die privilèges gewähren zwar kein Verwertungsrecht, wohl aber kraft Gesetzes ein aus der Eigenart der Forderung abgeleitetes Recht auf vorzugsweise Befriedigung vor anderen Gläubigern, falls die Zwangsvollstreckung in die verhaftete Sache betrieben wird. Dabei ist zu unterscheiden zwischen *privilèges généraux*, welche alle beweglichen Sachen des Schuldners erfassen (Art 2101 cc; vgl entsprechend Art 2751−2754 des italienischen cc), und den *privilèges particuliers sur certains meubles* (Art 2102 cc; vgl entsprechend Art 2755−2769 des italienischen cc). Über die Rechtsnatur der privilèges wird in Frankreich selbst gestritten (FERID/SONNENBERGER² II 707 f). Bei der kollisionsrechtlichen Einordnung sollte entscheidend sein, ob der Gläubiger kraft seines Vorzugsrechts auch Ansprüche gegen einen Dritterwerber erheben kann (sog *Folgerecht, „droit de suite"*; wie hier MünchKomm/KREUZER Rn 107). Im französischen Recht ist umstritten und nicht voll geklärt, inwieweit bei allgemeinen oder speziellen Privilegien an beweglichen Sachen ein solches Folgerecht besteht (vgl FERID/SONNENBERGER² II 707 f; zum − wohl eher abzulehnenden − droit de suite

1980, 825−832; KARTZKE, Unternehmerpfandrecht des Bauunternehmers nach § 647 BGB an beweglichen Sachen des Bestellers, ZfBR 1993, 205−207; DIRK KLEVEMANN, Gesetzliche Sicherungsrechte im internationalen Privat- und Konkursrecht (Diss Freiburg 1990); HERBERT PALMBERGER, Gesetzliche Pfandrechte im IPR

(Diss Bonn 1975); RIEZLER, Der Werkvertrag in rechtsvergleichender Darstellung, RabelsZ 1952, 522−577; HARTMUT ROESKE, Die gesetzlichen Sicherungsrechte an bestimmten beweglichen Sachen in Deutschland, Frankreich und der Schweiz (Diss Freiburg 1970).

kraft des Vorzugsrechts des nichtbezahlten Verkäufers [Art 2102 no 4 cc] FERID/SONNENBERGER[2] II 150). *Vorzugsrechte mit Folgerecht* sind ohne Rücksicht auf ihre systematische Einordnung und Qualifikation nach nationalem Recht kollisionsrechtlich als *Sachenrechte* zu behandeln. Das bedeutet insbesondere, daß die Vorzugsrechte bei einem Statutenwechsel der belasteten Sache grundsätzlich erhalten bleiben, sofern nicht die Rechtsordnung des Staates, in welchen die Sache gelangt, ein „Veto" erhebt (vgl zur Ausübung eines nach belgischem Recht begründeten Verpächterprivilegs – Art 2102 no 1 cc – an einer nach Luxemburg verbrachten Schafherde Cour Sup de Justice de Luxembourg Pas lux 1983 II 234, und dazu KLEVEMANN 73 f). Ein solches Veto sollte aber nicht schon daraus hergeleitet werden, daß das Recht dieses Staates ein vergleichbares Rechtsinstitut nicht kennt (gegen die Berücksichtigung ausländischer Vorzugsrechte bei der Einzelzwangsvollstreckung im Inland jedoch MünchKomm/KREUZER Rn 107 Fn 464).

b)   Sicherungsrechte für Forderungen aus Inlandsgeschäften

276 Gesetzliche Sicherungsrechte an beweglichen Sachen richten sich ausschließlich nach dem *Belegenheitsrecht*, wenn die gesicherte Forderung einem Geschäft entstammt, das keinen grenzüberschreitenden Güterverkehr bezweckt, vielmehr nach dem Inhalt des Geschäfts die belastete Sache am bisherigen Standort verbleiben soll (KLEVEMANN 23–27). Bei solchen Inlandsgeschäften kommt es sachenrechtlich auch nicht auf das Statut der gesicherten Forderung an (ERMAN/HOHLOCH Rn 16; KLEVEMANN 27–29; MünchKomm/KREUZER Rn 105 Fn 454; PALANDT/HELDRICH Art 38 Anh II Rn 3). Versagt das Forderungsstatut dem Gläubiger ein gesetzliches Sicherungs- oder Vorzugsrecht an der Sache, so kann das verschiedene Gründe haben, insbesondere mit der Gläubigerordnung im Rahmen eines Konkurs- oder Vollstreckungsverfahrens zusammenhängen. Es steht dann keineswegs fest, daß das Forderungsstatut den besonderen Schutz des Gläubigers für unangebracht hält. Vielmehr wird häufig der Grund sein, „daß es in einer zu großen Zahl gesetzlicher Pfandrechte eine Gefährdung der Sicherheit des Kredit- und Eigentumsverkehrs erblickt. Schlägt das Sachstatut diese Gefahr nicht so hoch an, so wird das Heimatrecht des Schuldners [gemeint ist das Forderungsstatut] das sozusagen nur mit Dank annehmen können" (ZITELMANN II 357 f; s auch RAAPE 611; RABEL, Conflict of Laws IV 65; aA – für die Kumulation von Schuld- und Sachstatut – FRANKENSTEIN II 85 f; PALMBERGER 210). Es muß somit genügen, wenn allein das Sachstatut das gesetzliche Sicherungsrecht gewährt, etwa in dem Fall, daß eine ausländische Firma durch einen dem ausländischen Recht unterstellten Werkvertrag es übernimmt, in Deutschland durch ihre dortige Niederlassung die bewegliche Sache eines inländischen Kunden zu reparieren. Hier ist § 647 BGB anzuwenden, gleichviel ob das Schuldstatut dem Gläubiger eine gesetzliche Sicherung seiner Forderung zubilligt. In dem umgekehrten Fall, daß zwar das ausländische Schuldstatut die Sicherung vorsieht, nicht aber die inländische lex rei sitae, scheitert die Sicherung an deren Widerspruch (etwa wenn der Werkunternehmer den Besitz an der reparierten Sache aufgibt und deshalb das Pfandrecht nach der lex rei sitae erlischt, mag auch das vom Schuldstatut gewährte Pfandrecht besitzunabhängig sein).

c)   Sicherungsrechte für Forderungen aus internationalen Verkehrsgeschäften

277 Besondere Betrachtung erfordern **internationale Verkehrsgeschäfte**, die auf einen grenzüberschreitenden Verkehr mit der als Sicherheit in Anspruch genommenen Sache gerichtet sind (zum Begriff des internationalen Verkehrsgeschäfts s unten Rn 288). Es ist etwa die im Inland herzustellende oder reparierende Sache vertragsgemäß an den ausländischen Besteller in den Staat seiner Niederlassung zu liefern, oder es wird ein

Frachtführer mit einem internationalen Transport beauftragt. Die hL stellt bei solchen Geschäften die Sachenrechtsordnungen, in deren Bereich die Sache gelangt, grundsätzlich einander gleich und wendet sie sukzessive an. Es kommt also nur darauf an, ob in einem der berührten Rechtsgebiete ein das Sicherungsrecht begründender Vorgang verwirklicht worden ist, gleichviel ob das Schuldstatut ein ebensolches Sicherungsrecht vorsieht oder eine gesetzliche Sicherung des Gläubigers überhaupt ablehnt (LG Aschaffenburg IPRspr 1952–53 Nr 38; LG München IPRspr 1956–57 Nr 97 = WM 1957, 1378; OLG Hamburg IPRspr 1990 Nr 64 = VersR 1991, 604; ERMAN/HOHLOCH Rn 16; Münch-Komm/KREUZER Rn 105; PALANDT/HELDRICH Art 38 Anh II Rn 5; etwas anders LÜDERITZ 146 [für Anwendung des Rechts des Ortes, wo das Sicherungsrecht ausgeübt wird und deshalb die Sache zur Ruhe kommt]). Dabei wird übersehen, daß die konkurrierende Heranziehung aller Rechtsordnungen, in deren Geltungsgebiet die Sache bei Abwicklung des Geschäfts passiert, zu Zufallsergebnissen führen kann und dem Parteiwillen widerspricht. Dieser ist auf das *Schuldstatut* gerichtet, nicht aber auf die Anwendung von Sachenrechtsordnungen, deren räumliche Herrschaft nur vorübergehend ist und dem Sicherungszweck zuwiderlaufen mag. Deshalb sollte bei internationalen Verkehrsgeschäften allein das *Schuldstatut* über Bestand und Inhalt gesetzlicher Sicherheiten entscheiden, wohin auch immer die Sache schließlich gelangt (vgl LG Frankfurt AWD 1969, 233: Speditionsvertrag, schweizerisches Recht als vereinbartes Vertragsstatut entscheidet auch über gesetzliches Pfandrecht des Spediteurs; OLG Düsseldorf IPRspr 1976 Nr 22 = VersR 1977, 1047: Bei einem Frachtvertrag, welcher der CMR unterliegt, steht dem Frachtführer ein Pfandrecht an den versandten Gütern zu, wenn der stillschweigende oder der hypothetische Wille der Parteien auf die Anwendung deutschen Rechts gerichtet ist; CHESTERMAN 239 f; KASSAYE 152 f; KLEVEMANN 81–86). Doch kann die jeweilige lex rei sitae einem ihr wesensfremden Sicherungsrecht widersprechen, solange sich die Sache in ihrem Herrschaftsbereich befindet (CHESTERMAN 240; s auch LG München IPRspr 1956–57 Nr 97 = WM 1957, 1378: Reparatur eines Flugzeugs in England; das lien des englischen Werkunternehmers an den eingebauten Bestandteilen wird in Deutschland nicht anerkannt). Der Widerspruch des jeweiligen Belegenheitsrechtes verliert indes seine Wirkung, sobald die Sache den Geltungsbereich dieses Rechts verlassen hat.

d) Schlichter Statutenwechsel der belasteten Sache

Gelangt die belastete Sache ohne Zusammenhang mit einem internationalen Verkehrsgeschäft nach Entstehung des Sicherungsrechts in ein anderes Rechtsgebiet („schlichter" Statutenwechsel), gelten die allgemeinen Regeln des internationalen Sachenrechts für einen solchen Statutenwechsel (vgl dazu unten Rn 352 ff). Das bereits entstandene Sicherungsrecht bleibt auch unter der Herrschaft des nunmehr maßgebenden Sachstatus bestehen, kann jedoch nicht im Widerspruch zu dieser Rechtsordnung ausgeübt werden (vgl Art 43 Abs 2 des Referentenentwurfs vom 1. 12. 1993, oben Rn 19). **278**

e) Zurückbehaltungsrechte

Kollisionsrechtlich ist zwischen *schuldrechtlichen* und *dinglichen Zurückbehaltungsrechten* zu unterscheiden (FERID 6–111; KLEVEMANN 30–40; MünchKomm/KREUZER Rn 110; SAILER 149–152). Schuldrechtliche Zurückbehaltungsrechte sind Rechtsbehelfe, welche die Abwicklung von Schuldverhältnissen regulieren. Der Schuldner soll sich gegen eine ihm zugemutete Vorleistung wehren können, wenn er eine fällige Gegenforderung gegen den Gläubiger hat. Dagegen überwiegt bei den dinglichen Zurückbehaltungsrechten der Zweck der dinglichen Sicherstellung des Berechtigten wegen **279**

Hans Stoll

einer ihm zustehenden Forderung. Deshalb wirkt das *dingliche Zurückbehaltungs-recht* nicht nur relativ im Rahmen eines Schuldverhältnisses, sondern gewährt dem Berechtigten Rechtsschutz gegen jede Person, die die Sache für sich in Anspruch nimmt, mag dies auch unter Berufung auf ein Recht an der Sache geschehen (vgl SAILER 150–152). Es bleibt dann gleich, ob das Zurückbehaltungsrecht auch noch „pfandrechtliche Züge" hat, etwa dem Berechtigten ein Verwertungsrecht gewährt. Die von MAGNUS (RabelsZ 1974, 440, 447–449) vorgeschlagene Unterscheidung zwischen Zurückbehaltungsrechten mit beschränkten und unbeschränkten Drittwirkungen führt kollisionsrechtlich nicht weiter (zust MünchKomm/KREUZER Rn 110 Fn 469).

280 *Schuldrechtliche Zurückbehaltungsrechte* richten sich nach der Rechtsordnung, welche die schuldrechtlichen Beziehungen der Parteien beherrscht (RG LZ 1911, 302 = WarnR 1911 Nr 111 = NiemZ 1914, 322; KEGEL 562; KLEVEMANN 33 f; MAGNUS [vorige Rn] 443 Fn 21 m Nachw; MünchKomm/MARTINY[2] Art 32 Rn 31; NUSSBAUM 234 Fn 3; SAILER 151). Zweifel bestehen, wenn Forderung und Gegenforderung verschiedenen Statuten unterstehen. Es sollte dann berücksichtigt werden, daß die Zurückbehaltung einer Leistung wegen einer Gegenforderung im Ergebnis wie eine vorläufige, zeitlich befristete Aufrechnung wirkt. Ähnlich wie bei der Aufrechnung (dazu BGHZ 38, 254 = IPRspr 1962–63 Nr 35 = NJW 1963, 243 = JZ 1963, 681 m Anm HENCKEL; MünchKomm/MARTINY Art 32 Rn 37–39; SOERGEL/KEGEL Vor Art 7 Rn 439) ist deshalb auch für die Zulässigkeit einer schuldrechtlich begründeten Zurückbehaltung ausschließlich das *Statut der Hauptforderung* maßgebend, deren Erfüllung verweigert wird (RG LZ 1908, 451; IPG 1969 Nr 3; KEGEL 562; KLEVEMANN 35–37; MünchKomm/MARTINY[2] Art 32 Rn 31; REITHMANN/MARTINY 189; SOERGEL/KEGEL Vor Art 7 Rn 438; **aA** – für Anwendung der die Gegenforderung beherrschenden Rechtsordnung – dagegen MAGNUS [vorige Rn] 443–447; EUJEN, Die Aufrechnung im internationalen Verkehr zwischen Deutschland, Frankreich und England [1975] 130 will das Recht am Niederlassungsort des Zurückbehaltenden anwenden). Hat nämlich der Schuldner der Hauptforderung nach deren Statut vorzuleisten, so kann sich der Schuldner diesem Leistungsgebot nicht durch Berufung auf eine andere Rechtsordnung entziehen. Andererseits hat es der Gläubiger der Hauptforderung hinzunehmen, wenn der Schuldner eine ihm vom Statut dieser Forderung nicht zugemutete Vorleistung unter Berufung auf eine Gegenforderung verweigert, wiewohl diese nicht der gleichen Rechtsordnung untersteht: Das Hauptstatut bewertet im Zweifel die einer anderen Rechtsordnung unterstehende Gegenforderung materiellrechtlich nicht anders als eine Gegenforderung gleichen Rechts.

281 Auf *dingliche Zurückbehaltungsrechte* sind die für gesetzliche Sicherungsrechte entwickelten Regeln des internationalen Sachenrechts sinngemäß anzuwenden. Bei einem *Inlandsgeschäft* (oben Rn 276) ist deshalb, was Voraussetzungen und Wirkungen eines dinglichen Zurückbehaltungsrechts anbetrifft, ausschließlich das *Recht des Lageortes* maßgebend (ERMAN/HOHLOCH Rn 16; FERID 6–111; KLEVEMANN 38–40; Münch-Komm/KREUZER Rn 110; NUSSBAUM 304; SAILER 150; SOERGEL/KEGEL Vor Art 7 Rn 557; DOUAI Clunet 1892, 928; ÖstOGH GLUNF 1908 Nr 3404; ÖstOGH 24. 11. 1987, berichtet von HOYER ZfRvgl 1988, 98 f; schweizBGE 38 II 163, 166; 38 II 194). Bei *internationalen Verkehrsgeschäften* (oben Rn 277) kommt ein dingliches Zurückbehaltungsrecht vor allem an Sachen in Betracht, die ein Frachtführer oder Spediteur vertragsgemäß von einem Rechtsgebiet in ein anderes oder gar durch mehrere Rechtsgebiete zu befördern oder zu versenden hat (vgl den Fall BGE 38 II 194). Ebenso wie bei gesetzlichen Pfandrechten sollte wiederum die Rechtsordnung, welche den Fracht- oder Speditionsvertrag beherrscht, bestimmenden Einfluß haben und auch für ein dingliches Zurückbehaltungsrecht maßgebend sein. Doch hat das jeweilige Belegenheitsrecht die Macht, gegen ein ihm wesensfremdes Zurückbehaltungsrecht ein „Veto" einzulegen, solange sich die zurückbehaltene Sache im Bereich dieser Rechtsordnung befindet. Ein schlichter Statutenwechsel berührt indes ein schon entstandenes dingliches Zurückbehaltungsrecht im Grundsatz ebensowenig wie andere beschränkte dingliche Rechte, die bei Statutenwechsel bereits auf der Sache lasten (s Rn 278).

III. Übereignung beweglicher Sachen

1. Parteiautonomie im internationalen Sachenrecht

Nach hL ist im Gesamtbereich des internationalen Sachenrechts, also auch bei Ver- **282** fügungen über Mobilien, die *parteiautonome Bestimmung des Sachstatuts ausgeschlossen* (s die Nachw oben Rn 262). Somit können dingliche Rechtsverhältnisse an beweglichen Sachen immer nur nach Maßgabe des am jeweiligen Lageort geltenden Rechts durch Rechtsgeschäft geändert werden. Indessen ist das starre Festhalten an der Situs-Regel unter Ausschluß jeglicher Individualisierung, wie sie der Rückgriff auf den Parteiwillen ermöglicht, im Mobiliarsachenrecht nicht gerechtfertigt. Die Situs-Regel hat hier geringeres Gewicht als im Liegenschaftsrecht (s Rn 126–129). Zwar entspricht es auch bei Mobilien regelmäßig den Verkehrsinteressen, daß alle sachenrechtlich relevanten Vorgänge nach dem Rechts des jeweiligen Lageorts der Sache beurteilt werden. Relevante Verkehrsinteressen, die sich dem von den Parteien gewählten Recht entgegenstellen, können indes bei Verfügungen über bewegliche Sachen gänzlich fehlen oder in den Hintergrund treten. Das ist etwa dann so, wenn über rollende, schwimmende oder luftbeförderte Ware verfügt wird und das Verfügungsgeschäft keine Beziehung zum Recht des jeweiligen Lageortes hat. Die hL sieht sich deshalb auch genötigt, bei Verfügungen über res in transitu die Situs-Regel aufzulockern (dazu unten Rn 368). Bisweilen wird auch versucht, den res in transitu solche Sachen gleichzustellen, die nur nach der irrigen Vorstellung der Parteien sich auf Reise befinden, in Wirklichkeit aber noch nicht oder nicht mehr reisen (KEGEL 578; SOERGEL/KEGEL Art 7 Rn 573). Diese Bevorzugung der Parteiinteressen mangels plausibler Gegeninteressen ist gewiß zu billigen, widerspricht aber dem Grundsatz der hL, wonach einem abstrakt bewerteten „Verkehrsinteresse" jedenfalls dann der Vorrang gebührt, wenn die Sache, über die verfügt wird, einen festen Standort hat (vgl WEBER RabelsZ 1980, 519 Fn 50, 525). Auch in anderen Fällen einer Verfügung über eine ortsfeste bewegliche Sache kann es unangemessen sein, den Parteien gegen ihren Willen das Ortsrecht aufzuzwingen, obwohl es an dem Vorgang nicht interessiert ist und das Geschäft seinen *Schwerpunkt* in einem anderen Rechtsgebiet hat (vgl dazu unten Rn 286, 287).

Besonders mißlich ist die starre Anknüpfung an den jeweiligen Lageort einer beweg- **283** lichen Sache bei grenzüberschreitenden Verfügungen, in deren Vollzug die Sache in ein anderes Rechtsgebiet verbracht wird (sog **internationale Verkehrsgeschäfte**, vgl dazu unten Rn 288). Die hL muß hier infolge mechanischer Anwendung der Situs-Regel bei jedem Grenzübertritt der Sache einen Statutenwechsel annehmen und einen Rechtsakt, der von einem einheitlichen Willen beherrscht wird, sachenrechtlich aufspalten (zur sukzessiven Anwendung der räumlich beteiligten Rechtsordnungen s unten Rn 289 m Nachw). Daraus ergeben sich notwendig Zufälligkeiten: Liefert etwa eine deutsche Firma

Ware nach Frankreich und haben die Parteien die Geltung französischen Rechts vereinbart, so unterliegt die Übereignung der Ware gleichwohl dem deutschen Recht, wenn die Ware vom Käufer in Deutschland abgeholt wird (§ 929 BGB). Dagegen vollzieht sich der Eigentumsübergang gemäß hL selbst bei Vereinbarung deutschen Rechts stets nach französischem Recht – das keine Übergabe der Sache verlangt –, sobald die Ware auf dem Weg nach Frankreich die französische Grenze passiert (vgl RGZ 1, 415; OLG Zweibrücken NiemZ 1900, 220 = PucheltsZ 30, 660; KG NJW 1988, 341, 342; vBar, IPR II 551 Fn 59; Kegel 576; Kropholler 467; MünchKomm/Kreuzer Rn 72 Fn 298; Nussbaum 209; Raape 613; Reithmann/Martiny Rn 423). Die *sukzessive Anwendung mehrerer Rechtsordnungen* bei internationalen Verkehrsgeschäften führt im übrigen zu *Auslegungs- und Anpassungsproblemen*, weil die nacheinander berufenen Sachstatute auf Sachverhalte anzuwenden sind, die sich teilweise im Ausland ereignet haben. In dem gegebenen Beispiel einer Lieferung von Ware nach Frankreich bei Vereinbarung deutschen Rechts etwa ist dem französischen Sachstatut nicht ohne weiteres zu entnehmen, ob einem ausländischem Recht unterstehenden Kaufvertrag eine dingliche „Transfer-Wirkung" zuerkannt wird, obwohl das anzuwendende ausländische Schuldstatut – wie insbesondere das deutsche – eine solche Wirkung nicht kennt. Es kann auch zweifelhaft sein, ob der nach französischem Sachenrecht erforderliche Übereignungswille der Parteien in dem Zeitpunkt, in dem dieses Recht zur Herrschaft gelangt – also bei Grenzübertritt der Ware –, noch fortbesteht. Man behilft sich hierbei mit dem Argument, es gebe keine Anhaltspunkte für den Wegfall des Übereignungswillens (OLG Zweibrücken aaO; Kegel 576; Lewald 187 f). Die unvollkommene Erfassung der internationalen Verkehrsgeschäfte bei sukzessiver Anwendung der räumlich beteiligten Sachenrechtsordnungen nötigt ferner zu *materiellrechtlichen Ergänzungsnormen*, die naturgemäß nur einseitig anwendbar sind im Rahmen des inländischen Rechts. So bestimmt Art 43 Abs 3 des Referentenentwurfs zur Ergänzung des internationalen Privatrechts vom 1. 12. 1993 (Rn 19): „Ist ein Recht an einer Sache, die in das Inland gelangt, nicht schon vorher erworben worden, so sind für einen solchen Erwerb im Inland Vorgänge in einem anderen Staat wie inländische zu berücksichtigen" (entspr auch Art 102 Abs 1 schweizIPRG). Unklarheiten verbleiben bei Grenzüberschreitung der Sache ins Ausland oder von einem ausländischen Staat in einen anderen. Schließlich läßt es die hL nicht zu, daß bei einem internationalen Verkehrsgeschäft schuldrechliche Verpflichtung und sachenrechtliche Verfügung entsprechend dem Parteiwillen ein- und derselben Rechtsordnung unterstellt werden.

284 Das starre Festhalten an der Situs-Regel im internationalen Mobiliarsachenrecht kann auch nicht pauschal mit der *typischen Drittwirkung* sachenrechtlicher Vorgänge begründet werden. Der Belegenheitsstaat mag berechtigte Drittinteressen mittels „konfliktsfester" Sachenrechtsnormen schützen, die sich nicht durch Wahl eines ausländischen Rechts auf die Seite schieben lassen. Das ist etwa anzunehmen, wenn eine Rechtsordnung die Wirkung eines Eigentumsvorbehalts gegenüber Dritten von der Einhaltung einer bestimmten Form oder von der Registrierung am Wohnort des Käufers abhängig macht. Solche Vorschriften wollen regelmäßig auch dann angewandt sein, wenn aus dem Ausland geliefert wird und die Geltung ausländischen Rechts vereinbart ist, das keine solchen Erfordernisse kennt. Es geht aber zu weit, schlechthin alle Regeln des Sachenrechts als „konfliktsfest" zu betrachten und sie stets bei inländischem Lageort einer beweglichen Sache zur Anwendung zu bringen, selbst wenn der Sachverhalt enge Beziehungen zu einer ausländischen Rechtsordnung hat und deren Anwendung dem Parteiwillen entspricht. In solchen Fällen ist danach zu fragen, ob es konkrete, von der lex rei sitae geschützte Interessen gibt, die der Anwendung des von den Parteien gewollten Sachenrechts entgegenstehen. Wenn etwa eine deutsche Firma Silberfüchse, die sich in einer elsässischen Tierfarm befinden, durch einen dem deutschen Recht unterstellten Vertrag an einen deutschen Züchter verkauft, so sind keine Drittinteressen zu erkennen, die einer Übereignung der Tiere an den Käufer gemäß § 931 BGB entgegenstehen (so im Ergebnis auch Bay ObLG BayZ 1934, 126 = IPRspr 1935 Nr 24). Der Rechtsverkehr in Frankreich wird allerdings dann berührt, wenn das französische Sachenrecht für die Übereignung einer auf französischem Staatsgebiet befindlichen Sache mit Rücksicht auf Drittinteressen zwingend einen äußerlich erkennbaren Akt erfordern würde. Das ist aber nicht der Fall; denn nach französischem Sachenrecht kann eine bewegliche Sache nudo consensu übereignet werden. Auch kann sich niemand darauf verlassen, daß sachenrechtlich relevante Vorgänge bezüglich einer in Frankreich befindlichen Mobilie immer nur nach französischem Recht zu beurteilen sind. Wurden etwa die Silberfüchse bereits in Deutschland übereignet und erst dann auf die elsässische Farm verbracht, so müßte der französische Richter die Übereignung, falls sie streitig wird, nach deutschem Recht beurteilen. Die Situs-Regel begründet kein Anwendungsmonopol des inländischen Sachenrechts immer dann, wenn sich die Sache im Inland befindet.

Aufgrund solcher Überlegungen ist der **Parteiautonomie im Mobiliarsachenrecht** bei **285** Bestimmung des auf Verfügungen anwendbaren Rechts ein angemessener Platz einzuräumen. Diese Auffassung beginnt sich durchzusetzen, vgl die Nachw oben Rn 262. Das schweizBG über das IPR vom 18. 12. 1987 trägt dieser Tendenz bereits Rechnung. Nach Art 104 Abs 1 können die Parteien den Erwerb und den Verlust dinglicher Rechte an beweglichen Sachen dem Recht des Abgangs- oder des Bestimmungsstaates oder dem Recht unterstellen, dem das zugrundeliegende Rechtsgeschäft untersteht. Allerdings macht Art 104 Abs 2 die inkonsequente und unnötig pauschale Einschränkung, daß die Rechtswahl Dritten nicht entgegengehalten werden kann. Soweit im deutschen internationalen Sachenrecht eine begrenzte Rechtswahl der Parteien anerkannt wird, sind indes deren Voraussetzungen und Grenzen noch nicht hinreichend geklärt. Im folgenden ist hierauf näher einzugehen.

2.   Übereignung ohne Ortswechsel der Sache

Eine Übereignung ohne internationalen Ortswechsel folgt *grundsätzlich* den Regeln **286** der *lex rei sitae* (vgl BGH NJW 1987, 2367, 2368). Meist handelt es sich um ein reines Inlandsgeschäft, dh um ein Geschäft mit ausschließlichem Binnenbezug zum Rechtsgebiet des Lageortes. Hier fehlt ein Bedürfnis für eine vertragliche Ausschaltung der lex rei sitae (DROBNIG RabelsZ 1968, 450, 461). Diese ist ungeachtet einer abweichenden Rechtswahl selbst dann für den sachenrechtlichen Erfolg eines reinen Inlandsgeschäftes maßgebend, wenn der Schuldvertrag einer anderen Rechtsordung untersteht. Unter besonderen Umständen ist es aber denkbar, daß die Übereignung einer ortsfesten Sache in den Rahmen eines Schuldvertrages fällt, der seinen Schwerpunkt außerhalb des Staates hat, in dem sich die Sache befindet. Es sollte dann den Parteien gestattet werden, die Übereignung derjenigen Rechtsordung zu unterstellen, welche den Schuldvertrag beherrscht. Das kann auch stillschweigend geschehen, insbesondere wenn die Übereignung nach dem Recht des Schuldvertrages möglich ist, nach der lex rei sitae jedoch scheitern würde. Als Beispiel sei der Fall genannt, daß ein deutscher Versicherungsnehmer ein gestohlenes Kraftfahrzeug, das sich inzwischen in den Niederlanden befindet, an den deutschen Versicherer übereignet. Das ist nach § 931 BGB problemlos, während das niederländische Recht die Vindikationszession nicht kennt (dazu unten Rn 364; freilich können die Dinge auch umgekehrt liegen, vgl OLG Schleswig IPRspr 1989 Nr 77: Eine in Curaçao [niederländische Antillen] registrierte Gesellschaft übereignet einen in Deutschland gehaltenen Delphin an eine niederländische Gesellschaft; hier ist die Übereignung nach der deutschen lex rei sitae im Zweifel gewollt, weil problemlos [§ 931 BGB]). Auch in dem bereits erwähnten Silberfuchs-Fall (s oben Rn 284) konnte sich das Gericht mit der Folgerung begnügen, daß jedenfalls nach deutschem Recht (§ 931 BGB) das Eigentum auf den Käufer übergegangen war. Zutreffend hat ferner das RG in dem Fall, daß ein Deutscher von einer deutschen Bank einige in deren Londoner Depot befindliche amerikanische shares kauft, den Eigentumserwerb nach deutschem Sachenrecht beurteilt (RGZ 112, 27 = IPRspr 1926−27 Nr 59 = NiemZ 1926, 420). Ein ähnlicher Sachverhalt liegt der Entscheidung OLG Köln ZIP 1994, 1459 = EWiR § 37 KO 1/94 m Anm HANISCH, zugrunde (eine deutsche GmbH veräußert die in einem Luxemburger Depot befindlichen Inhaberaktien einer luxemburgischen AG), wobei jedoch der Erwerber, der selbst Mitglied des Verwaltungsrates der AG war, seinen gewöhnlichen Aufenthalt offensichtlich in Luxemburg hatte. Die Parteien hatten im Vertragstext auf § 931 BGB verwiesen, und man sollte diese Rechtswahl unter den gegebenen Umständen anerkennen, weil alle Aktien der Luxemburger AG sich im Besitz der deutschen GmbH befanden und folglich das Geschäft auch hier seinen Schwerpunkt in Deutschland hatte (das Gericht ließ dahingestellt, ob die Aktien nach Luxemburger Recht wirksam übereignet worden waren). Bei Übereignung von in Deutschland lagerndem Holz unter Schweizer Kaufleuten ist entgegen OLG Karlsruhe (BadRPrax 1928 Nr 7 = IPRspr 1928 Nr 45) die Anwendung schweizerischen Rechts im Zweifel gewollt: Drittinteressen werden jedenfalls nicht berührt. Entsprechendes gilt, wenn Angehörige einer Reisegruppe, die aus dem Staate A aufbricht, in dem Reiseland B unter sich über das Reisegepäck oder andere mitgeführte Sachen Verfügungen treffen. Im Zweifel ist hier als übereinstimmender Wille der Parteien anzunehmen, daß solche Verfügungen nach dem Recht des Staates A geschehen: Entgegenstehende Drittinteressen kommen auch hier regelmäßig nicht in Betracht. Es bedarf keiner besonderen Regel für das Sachstatut von Reisegepäck und mitgeführten Sachen, wenn bei Verfügungen über solche Gegenstände eine von der lex rei sitae abweichende Bestimmung des Sachstatuts nach Maßgabe des Parteiwillens zugelassen wird (s oben Rn 259).

287 Ein *Widerspruch der lex rei sitae* gegen die Anwendung ausländischen Sachenrechts in den besprochenen Fällen (Rn 286) ist nicht schon dann anzunehmen, wenn das Belegenheitsrecht die Übereignung anders regelt als das in Betracht kommende Auslandsrecht, das die Übereignung zusätzlichen Erfordernissen unterwerfen mag. Die Vorschriften über die Übereignung sind nicht per se international „konfliktsfest". Eine solche Qualifikation bedürfte des Nachweises, daß jene Erfordernisse dem unverzichtbaren Schutz von Drittinteressen dienen. Das Übergabe-Prinzip des deutschen Mobiliarsachenrechts (vgl §§ 929, 1032, 1205 BGB) kann nicht als international unverzichtbar angesehen werden, wenn immer die bewegliche Sache sich im Inland befindet; denn das deutsche Sachenrecht läßt die Übereignung einer beweglichen Sache auch ohne Übergabe in recht großzügiger Weise zu (§§ 930, 931 BGB). Deshalb steht im übrigen auch bei Lieferung von Ware nach Frankreich der Anwendung des von den Parteien gewählten französischen Rechts auf die Übereignung nichts im Wege, selbst wenn die Ware die französische Grenze noch nicht erreicht hat. Entsprechendes gilt nach dem stillschweigenden Parteiwillen, wenn etwa ein französischer Verkäufer in Deutschland lagernde Ware an einen französischen Käufer veräußert (auch im Falle RG BayZ 1912, 45 = Recht 1911 Nr 3475, 3476 wird man annehmen dürfen, daß die Übereignung der von einem deutschen Kaufmann in Brasilien erworbenen Edelsteine an einen anderen in Deutschland ansässigen Kaufmann gemäß § 931 BGB nicht am Widerspruch des brasilianischen Rechts scheiterte, selbst wenn die Sachen zur Zeit der Übereignung sich noch in Brasilien befanden und das brasilianische Recht für die Übereignung einer Mobilie deren Übergabe verlangte).

3. Internationale Verkehrsgeschäfte

Wichtigstes Beispiel für ein internationales Verkehrsgeschäft ist der *Versendungs-* **288** *kauf*, sofern der Verkäufer die Ware in ein anderes Rechtsgebiet zu liefern hat. Eine hinreichende Beziehung des Veräußerungsgeschäfts zu mehreren Rechtsgebieten und damit ein internationales Verkehrsgeschäft ist aber auch schon dann anzunehmen, wenn der Käufer – für den Verkäufer erkennbar – die Sache in ein anderes Rechtsgebiet veräußert oder weiterzuveräußern beabsichtigt. Schließlich dienen alle Verfügungen über Ware, die sich auf einem internationalen Transport befinden (rollende, schwimmende oder fliegende Ware) dem internationalen Verkehr in dem hier gemeinten Sinne: Solche Verfügungen sollten nicht von vorneherein bei einer bestimmten nationalen Rechtsordnung „festgemacht" und in diesem Sinne lokalisiert werden (zu den res in transitu s näher unten Rn 368 f).

a) Sukzessive Anwendung der räumlich beteiligten Rechtsordnungen: hL

Nach hL ist bei einem *internationalen Versendungskauf* die grenzüberschreitende **289** Verfügung nacheinander dem Recht des Absendelandes und dann dem Recht des Bestimmungslandes unterworfen; der Rechtsordnung des Durchgangslandes wird hingegen im allgemeinen keine Beachtung geschenkt (RG 8. 2. 1910 VII 208/09, berichtet von LEWALD 172; RGZ 103, 30, 31; OLG Hamburg IPRspr 1952–53 Nr 21; BGHZ 45, 95 = IPRspr 1966–67 Nr 54; BGH IPRspr 1966–67 Nr 55 b = WM 1967, 1198; LG Bayreuth NJW 1970, 574; OLG Hamm NJW 1970, 1754; BGH IPRspr 1980 Nr 140 = WM 1980, 410; OLG Hamm IPRspr 1985 Nr 143; OLG Koblenz IPRspr 1988 Nr 35 = RiW 1989, 384; LG Köln IPRspr 1992 Nr 73; vBAR, IPR II 350 f; ERMAN/HOHLOCH Rn 25; KEGEL 574–576; KROPHOLLER 466–468; MünchKomm/KREUZER Rn 72; RAAPE 612–615; RABEL/RAISER RabelsZ 1929, 62–81; REITHMANN/MARTINY 440–442; SOERGEL/KEGEL Vor Art 7 Rn 565). Die hL leugnet somit die Notwendigkeit einer Sonderregel: für den Versendungskauf gelte hinsichtlich des anwendbaren Sachenrechts dasselbe wie für jeden anderen Fall eines Statutenwechsels. Zwischen qualifiziertem und einfachem Statutenwechsel wird nicht unterschieden. Deshalb soll es zunächst darauf ankommen, ob noch im Absendeland ein Tatbestand vollendet (abgeschlossen) wurde, der nach der Rechtsordnung des Absendelandes für den Eigentumsübergang oder für den Eintritt sonstiger dinglicher Rechtswirkungen ausreicht. Sei das der Fall, so habe es bei diesem Rechtserfolg trotz des Statutenwechsels grundsätzlich sein Bewenden. Die Rechtsordnung des Bestimmungslandes habe die dinglichen Rechtsverhältnisse mit der Prägung hinzunehmen, die sie vor dem Statutenwechsel durch die Rechtsordung des Absendelandes erhalten hätten. Sei aber der nach dieser Rechtsordnung erforderliche Tatbestand nicht abgeschlossen, bevor die Ware die Grenze passiert, so hänge der dingliche Erfolg des

Geschäfts ausschließlich von der Rechtsordung des Bestimmungslandes ab. Diese
könne auch den Tatsachen, die sich unter der Herrschaft des früheren Statuts ereignet haben, Geltung beilegen und in diesem Sinne Rückwirkung beanspruchen; im
Zweifel sei das aber nicht anzunehmen (vgl Lüderitz, Die Beurteilung beweglicher Sachen
im IPR 193 mNachw). Die Schwächen dieser Lösung wurden bereits herausgestellt
(s oben Rn 283).

b) Bevorzugung einer der räumlich beteiligten Rechtsordnungen

290 Bisweilen wird empfohlen, bei internationalen Verkehrsgeschäften die sachenrechtliche Verfügung ausschließlich nach einer der räumlich beteiligten Rechtsordnungen
zu beurteilen. Nach den von der International Law Association aufgestellten sog
Oxforder Regeln über das auf den Eigentumsübergang bei Warenkauf anwendbare
Recht (The International Law Association, Report of the 37th Conference [London 1933] 212 ff,
auch abgedruckt bei Sovilla 86 ff) soll beim Stückkauf im allgemeinen das *Recht des
Ortes, an dem sich die Sache bei Kaufabschluß befindet*, über den Eigentumsübergang entscheiden, beim Gattungskauf sowie beim Verkauf „rollender" Ware das
Recht des Ablieferungsortes (Art 2, 4). Hiermit ist der Ort gemeint, an dem die Ware
dem Käufer oder – falls der Verkäufer zur Versendung verpflichtet ist – der Trans-
portperson nach dem Inhalt des Kaufvertrages auszuhändigen ist (Art 4 Abs 2).
Wenn jedoch nach diesen Regeln das Eigentum bis zur Beendigung des Transports
noch nicht auf den Käufer übergegangen ist, richtet sich der Eigentumsübergang
nach dem Recht des Landes, in dem der Transport endet (Art 5).

Ein anderer Vorschlag geht dahin, beim Versendungskauf den sachenrechtlichen
Erwerb nach dem Recht des Ortes zu beurteilen, das den Erwerb am ehesten ein-
treten läßt *(„lex validationis"*, Lüderitz [vorige Rn] 197–200, 211; kritisch hierzu Vischer
ZSchweizR 1971 II 52 Fn 83).

Im englischen Schrifttum möchte Morris die Veräußerung beweglicher Sachen nach
dem jeweils nächstliegenden Recht, dem *„proper law of the transfer"* beurteilt wissen. Es spreche freilich eine Vermutung dafür, daß proper law in diesem Sinne die
am Lageort der Sache geltende Rechtsordnung sei. Diese Vermutung könne aber
widerlegt werden, wenn die Umstände des Falles die Anknüpfung an den Lageort als
zufällig und willkürlich erscheinen lassen (Morris, The Transfer of Chattels in the Conflict
of Laws 232–248).

Diesen Vorschlägen ist gemeinsam, daß sie nach den Interessen und hypothetischen
Vorstellungen der an dem Veräußerungsgeschäft beteiligten Parteien fragen ohne
Rücksichtnahme auf Drittinteressen. Wenn aber schon die Parteiinteressen in den
Vordergrund gerückt werden, wäre es konsequent, eine Rechtswahl der Parteien
anzuerkennen.

c) Kollisionsrechtliche Trennung von Innen- und Außenwirkungen
der Verfügung

291 Insbesondere die (nicht in Kraft getretene) Haager Konvention über das auf den
Eigentumsübergang bei internationalen Warenkäufen anwendbare Recht vom
3. 10. 1956 (dazu näher oben Rn 105; vgl den Text in RabelsZ 1959, 145–159) folgt dem
Grundgedanken, daß bei der Veräußerung beweglicher Sachen grundsätzlich zwischen dem Eigentumsübergang inter partes sowie dem Eigentumsübergang im

Verhältnis zu Dritten zu unterscheiden ist (ähnlich auch GOTTHEINER RabelsZ 1953, 356–375; vgl ferner §§ 244, 251, 254, 256 des amerikanischen Restatement of the Law of Conflict of Laws 2nd [1971]). Im Verhältnis der Parteien zueinander werden alle Fragen, für welche der Eigentumsübergang präjudiziell sein könnte – wie etwa die Gefahrtragung, die Frage, ob der von einem Dritten bei Beschädigung oder Zerstörung der Sache geleistete Schadensersatz dem Verkäufer oder dem Käufer gebührt, sowie die Gültigkeit eines Eigentumsvorbehalts – der lex contractus einschließlich ihrer sachenrechtlichen Vorschriften unterstellt (Art 2). Ob aber der Käufer sich gegenüber Dritten auf den Erwerb des Eigentums an der verkauften Sache berufen kann, bestimmt sich nach der Rechtsordnung des Landes, in dem die Sache sich zu der Zeit befindet, in der ein Dritter Ansprüche auf die Sache erhebt (Art 3 Abs 1). Die nach einem früheren Belegenheitsstatut erworbenen Rechte bleiben jedoch erhalten (Art 3 Abs 2).

Die *kollisionsrechtliche Trennung von Innen- und Außenwirkungen* des Eigentumsübergangs beruht auf einer unklaren Vermengung von materiellrechtlichen und kollisionsrechtlichen Erwägungen. Soweit das Schuldstatut mit dem Eigentumsübergang gewisse schuldrechtliche Wirkungen verknüpft, kann es durchaus dem Sinn solcher Normen entsprechen, daß ein Eigentumsübergang „inter partes" – dh nach dem Sachenrecht des Schuldstatuts ohne Rücksicht auf das für die Drittwirkungen zuständige Sachstatut – ausreicht. Diese materiellrechtliche Auslegungsfrage berührt indes nicht die kollisionsrechtliche Bestimmung des für den dinglichen Erfolg maßgebenden Sachstatuts.

d) Eigener Standpunkt: Dominanz des Parteiwillens

Die besseren Gründe sprechen, wie bereits dargelegt (oben Rn 282–285), bei interna- **292** tionalen Verkehrsgeschäften für die *parteiautonome Bestimmung des Sachstatuts*. Den Parteien sollte freilich nur die Auswahl unter den objektiv beteiligten, miteinander konkurrierenden Rechtsordnungen überlassen werden. Deshalb kann nicht jede beliebige Rechtsordnung, wohl aber das *Statut des zugrundeliegenden Verpflichtungsgeschäfts*, das *Recht des Abgangslandes* oder das *Recht des Bestimmungslandes* als für die sachenrechtliche Verfügung maßgebend gewählt werden (so nunmehr Art 104 Abs 1 schweizIPRG, freilich mit der Einschränkung, daß die Rechtswahl Dritten nicht entgegengehalten werden kann). Die von DROBNIG geforderte Einschränkung, die Rechtswahl müsse ausdrücklich erfolgen (DROBNIG RabelsZ 1968, 450, 460–462; ders, Entwicklungstendenzen des deutschen internationalen Sachenrechts, in: FS Kegel [1977] 141, 150 f) überzeugt nicht. Ausschlaggebend für die Anerkennung einer Rechtswahl der Parteien im Mobiliarsachenrecht ist schließlich die Bevorzugung der Parteiinteressen gegenüber angeblich entgegenstehenden Verkehrs- und Drittinteressen. Den Parteiinteressen dient aber die Berücksichtigung des stillschweigenden Parteiwillens nicht weniger als die Anerkennung einer ausdrücklichen Rechtswahl. Wegen der prävalierenden Parteiinteressen sollte man auch mit der Annahme einer stillschweigenden Rechtswahl großzügig sein. Im Zweifel entspricht es den Parteiinteressen, wenn das Statut des schuldrechtlichen Kausalgeschäfts auch die Übereignung der verkauften Sache beherrscht. Wenn jedoch die Ware bereits bezahlt worden oder die Zahlung zB durch Akkreditiv sichergestellt ist, so wird der Verkäufer den Kaufvertrag möglichst bald erfüllen, also die Ware loswerden, der Käufer sie möglichst bald erwerben wollen (RABEL/RAISER RabelsZ 1929, 62, 68). Das spricht für die stillschweigende Wahl derjenigen der in Betracht kommenden Rechtsordnungen,

die den Eigentumsübergang am ehesten eintreten läßt (insoweit besteht eine gedank-
liche Verbindung zur Lehre von der „lex validationis", s oben Rn 290; s ferner OLG
Hamburg NiemZ 1895, 286 = HansGZ 1894, Hauptbl 209: Der deutsche Käufer schließt mit dem in
Hamburg ansässigen Vertreter des englischen Verkäufers in Hamburg in deutscher Sprache einen
Kaufvertrag über Ware, die für Manila bestimmt ist; Erfüllungsort ist jedoch Liverpool. Der Eigen-
tumsübergang wird nach englischem Recht beurteilt, das keine Übergabe verlangt).

293 Die Übereignung von Ware, die auf einem *Markt*, einer *Messe*, einer *Börse* oder bei
einer *Versteigerung* erworben wird, unterliegt nach dem stillschweigenden Parteiwillen regelmäßig dem Recht des Markt-, Börsen- oder Versteigerungsortes, ohne
Rücksicht darauf, wo die Übergabe erfolgt (vgl dazu ital Kassationshof 12. 7. 1952 n 2169 =
Giur compl cass civ 1952 III 177 m Anm DURANTE 178–182, und dazu JAYME RabelsZ 1967, 446,
448, sowie die folgende Entscheidung des Appellationshof Firenze Giur ital 1954 I 2, 317: Italiener
kauft Kühe auf dem Markt in San Marino und bringt sie nach Italien; die Kühe waren dem Kläger
gestohlen worden: Der Eigentumserwerb mißlingt nach dem zutreffend angewandten Recht von San
Marino. Die Vorinstanz – Bologna Giur ital 1951 I 2, 369 – hatte hingegen angenommen, der spätere
Standort der Kühe in Italien sei „situazione attuale", und demgemäß Eigentumserwerb nach italienischem Recht bejaht). Ähnlich liegt der Fall, daß der Käufer an dem Ort, an dem Ware
angeboten wird, diese selbst auswählt und sich dann die Ware zusenden läßt, vgl
dazu BGH IPRspr 1966/67 Nr 55b = WM 1967, 1198 = AWD 1968, 62, und dazu die
Vorinstanz OLG Saarbrücken JBl Saar 1967, 175, m Anm SCHETTING (ein deutscher
Juwelier stand seit Jahren mit einem Pariser Schmuckwarenfabrikanten in enger Geschäftsverbindung. Bei einem Besuch in Paris wählte der Juwelier mehrere wertvolle Schmuckstücke aus, ließ sich
eines an Ort und Stelle gegen Lieferschein aushändigen und die übrigen nach einiger Zeit nach
Deutschland schicken: Das grenzüberschreitende Geschäft unterstand nach dem stillschweigenden
Parteiwillen insgesamt dem französischen Recht, ohne daß zwischen mitgenommener und zugesand-
ter Ware unterschieden werden darf. Auf den zufälligen Ort der Übergabe sollte es nicht ankommen).

294 Das *Recht des Lageortes* der beweglichen Sache kann gegen eine sachenrechtliche
Gestaltung des nach dem Parteiwillen berufenen Rechts *Widerspruch* erheben,
soweit Verkehrs- oder Drittinteressen auf dem Spiel stehen, welche die lex rei sitae
auch bei einem Auslandssachverhalt für unabdingbar hält. Indessen kann allein daraus, daß die lex rei sitae für die Übereignung einer beweglichen Sache deren
Übergabe erfordert, nicht schon ein Widerspruch gegen eine konsensuale Übereignung gefolgert werden, sofern die Sache im Begriffe ist, im Rahmen eines internationalen Verkehrsgeschäftes den Staat des Lageortes zu verlassen (vgl oben Rn 287).
Umgekehrt mag jedoch ein Staat, in dem für die Übereignung beweglicher Sachen
das Konsensualprinzip gilt, zwingend den Eigentumsübergang auf den Käufer schon
mit Abschluß des Kaufvertrages (oder etwa mit Absendung der Ware) zum Schutz
von Drittinteressen vorschreiben. Das italienische Recht dürfte so zu interpretieren
sein; denn es bestimmt, daß ein Eigentumsvorbehalt nur bei Erfüllung gewisser
Formvorschriften den Gläubigern des Käufers entgegengesetzt werden kann
(Art 1524 Abs 1, 2703, 2704 cc, dazu eingehend SIEHR AWD 1971, 10–22). Somit geht bei
Lieferung verkaufter Ware von Deutschland nach Italien selbst bei Vereinbarung
deutschen Rechts das Eigentum an der Ware schon vor deren Übergabe nach italie-
nischem Recht auf den italienischen Käufer über, sobald die Ware italienisches
Gebiet erreicht (Milano, Foro It 1957 I 1856, dazu JAYME RabelsZ 1967, 446, 485; ausführlich
SIEHR AWD 1971, 14). Entsprechendes gilt für die Lieferung von Ware in andere Län-

der, sofern der Kaufpreis noch nicht bezahlt ist und das Recht des Bestimmungslandes einem Eigentumsvorbehalt nur unter bestimmten, im gegebenen Fall nicht erfüllten Voraussetzungen Drittwirkungen zuerkennt.

4. Anwendungsbereich des Übereignungsstatuts

a) Tatbestandliche Erfordernisse und dingliche Wirkung der Verfügung; Verhältnis zum Verpflichtungsgeschäft

Das auf die Übereignung anwendbare Recht entscheidet über die *tatbestandlichen* **295** *Erfordernisse* und den *dinglichen Erfolg* des Eigentumsübergangs, auch darüber, ob der Übereignung ein rechtsgeschäftliches oder ein gesetzliches Veräußerungsverbot entgegensteht (KG NJW 1973, 428; zur Bedeutung von Verfügungsbeschränkungen kraft Vermögensstatuts s oben Rn 188). Nach dem sachenrechtlich allgemein zuständigen Statut richtet sich auch, ob die bewegliche Sache, über die verfügt wird, **verkehrsfähig** ist und sie somit Gegenstand dinglicher Rechte sein kann. Nach überkommener Lehre bleibt gleich, ob die Sache an einem früheren Lageort nach dem dort geltenden Recht *„extra commercium"* gestellt war, aus welchem Rechtsgrund dies geschah und auf welche Weise sie in den Besitz des Veräußerers gelangt ist: Der vom Übereignungsstatut gewährte Verkehrsschutz prävaliert (ERMAN/HOHLOCH Rn 13; LALIVE 24; LEWALD 176; MünchKomm/KREUZER Rn 25; NIBOYET, Traité de droit international privé français IV [1947] 390; NUSSBAUM 304 Fn 4; SIEHR SchwJZ 1981, 189, 195; SOVILLA 74 f; VENTURINI, Property, sec 7 Fn 69; WOLFF 172; Tr de la Seine Clunet 1886, 593: Der Herzog von Frias klagt als Kirchenpatron der Kathedrale von Burgos vergeblich auf Herausgabe eines zum Kirchenschatz gehörenden Meßkelchs, der – wiewohl nach spanischem Recht als res sacra dem Rechtsverkehr entzogen – in Frankreich an einen gutgläubigen Kunstliebhaber veräußert worden war). Neuerdings zeichnet sich indes die Tendenz ab, für den Schutz von *Kulturgütern, die dem kulturellen Erbe einer Nation zuzurechnen sind*, und somit auch für die *mangelnde Verkehrsfähigkeit solcher Güter* ausschließlich das **Recht des Herkunftsstaates (die lex originis)** als maßgeblich anzusehen, wo auch immer die Sache veräußert wird (vgl insbesondere JAYME, Neue Anknüpfungsmaximen für den Kulturgüterschutz im IPR, in: DOLZER/ JAYME/MUSSGNUG [Hrsg], Rechtsfragen des internationalen Kulturgüterschutzes [1994] 35–52; ders, Anknüpfungsmaximen für den Kulturgüterschutz im IPR, in: FS Pierre Lalive [Basel/Frankfurt 1993] 717–731; s dazu SIEHR, Kulturgüter als res extra commercium im internationalen Rechtsverkehr, in: FS Reinhold Trinkner zum 65. Geburtstag [1995] 703, 715–717 m Nachw). Dieser Tendenz kommt insbesondere auch eine Resolution des Institut de droit international entgegen, die das Institut auf seiner Basler Session 1991 gefaßt hat (La vente internationale d'objets d'art sous l'angle de la protection du patrimoine culturel, Annuaire de l'Institut de Droit International 64 II [1992] 402–406, veröffentlicht in IPRax 1991, 432). Hiernach sollen auf den Eigentumsübergang an Kunstwerken, die zum Kulturerbe eines Landes gehören (Art 2), sowie die Regelung des Exports solcher Werke (Art 3) das Recht des Staates angewandt werden, mit dessen Kultur das Kunstwerk am engsten verbunden ist („country of origin", vgl Art 1 Abs 1 b). Der Herkunftsstaat kann, wenn nach seinem Recht kein Eigentumsübergang stattgefunden hat, innerhalb angemessener Frist die Rückstellung der gestohlenen oder illegal exportierten Kunstwerke verlangen, wenn deren Abwesenheit das kulturelle Erbe des Staates wesentlich beeinträchtigen würde (Art 4 Abs 1). Dem Besitzer steht hierbei nicht die Vermutung des guten Glaubens zur Seite, unbeschadet der *Entschädigungspflicht des Herkunftsstaates*, falls der Besitzer seinen guten Glauben zu beweisen vermag (Art 4 Abs 2). Diese Ausnahmeregeln sind schon deswegen bedenklich, weil sie die Bestimmung des anwendbaren Rechts von unklaren, auslegungsbedürftigen Begriffen abhängig machen, so von dem Begriff des zum nationalen Kulturerbe gehörenden Kunstwerkes (Art 1 Abs 1 a) und der engsten kulturellen Verbindung des Kunstwerkes zu einem Land (Art 1 Abs 1 b). Insbesondere aber muß dem Staat, in dessen Bereich der Veräußerungsvorgang stattfindet, generell mindestens für seinen Bereich die Entscheidung darüber zugestanden werden, ob dem Verkehrsinteresse oder den Interessen eines Staates der Vorrang gebührt, der das Kunstwerk als Kulturerbe in Anspruch nimmt. Ob andere Staaten, insbesondere der Herkunftsstaat, diese Entscheidung anerkennen, ist letztlich eine nach den Umständen zu beurteilende *Frage des ordre public*. Er wird gewiß in zunehmendem Maße von der vordringenden Idee eines allen Staaten zustehenden Rechts auf Schutz ihres kulturellen Erbes durchdrungen und international aufgewertet (dazu unten Rn 302, 303).

296 Das Sachstatut ist für die Begründung und Änderung der dinglichen Rechtsverhältnisse maßgebend. Ihm ist auch zu entnehmen, ob das einer Verfügung zugrundeliegende Verpflichtungsgeschäft als solches dingliche Wirkungen hat, diese von zusätzlichen Akten – wie der Übergabe der Sache – abhängen oder ein besonderes dingliches Rechtsgeschäft geschlossen werden muß (vBar, IPR II 562 f; Erman/Hohloch Rn 14; MünchKomm/Kreuzer Rn 27, 54; Reithmann/Martiny 438 f). Hingegen unterliegt das *Verpflichtungsgeschäft* seinem eigenen Statut, das selbständig anzuknüpfen ist, und zwar auch dann, wenn nach dem Sachstatut die Verfügung von dem Verpflichtungsgeschäft abhängt, dessen Gültigkeit also sachenrechtliche Vorfrage ist. Anders als bei Verfügungen über Grundstücke und Grundstücksrechte (hierzu Rn 223) sollte diese Vorfrage im Mobiliarsachenrecht nicht unselbständig – dh nach dem Kollisionsrecht des Sachstatuts – angeknüpft, sondern vielmehr nach demjenigen Recht bestimmt werden, das von den Kollisionsnormen der lex fori berufen wird (*selbständige Anknüpfung*, s Rn 159; ebenso Erman/Hohloch Rn 14; MünchKomm/Kreuzer Rn 28 Fn 96; Privat 89, 99; Seiler 80 f; Soergel/Kegel Vor Art 7 Rn 558; für unselbständige Anknüpfung auch bei Verfügungen über Mobilien hingegen Lalive 133–138; Sovilla 39). Die im Grundstücksrecht maßgebende Erwägung, daß die getroffene Entscheidung im Bereich des Sachstatuts durchsetzbar sein muß, tritt bei Mobilien an Bedeutung zurück: Die Sache kann ja jederzeit in ein anderes Rechtsgebiet gelangen und befindet sich im Zeitpunkt der Entscheidung häufig gar nicht mehr im Bereich des ursprünglichen Lageortes. Es überwiegt deshalb das Interesse des Gerichtsstaates am „internen Entscheidungseinklang": Widersprechende Entscheidungen über die Gültigkeit des Kausalgeschäfts – je nachdem, ob sich diese Frage als Hauptfrage oder als sachenrechtliche Vorfrage stellt – sind tunlichst zu vermeiden. Entsprechendes gilt, wenn zum Tatbestand des dinglichen Rechtsgeschäfts die Vereinbarung eines besonderen Schuldverhältnisses gehört, etwa eines *Besitzmittlungsverhältnisses* bei Übereignung nach § 930 BGB. Das auf dieses Verhältnis anwendbare Recht ist wiederum *selbständig zu bestimmen* nach den Kollisionsnormen des Gerichtsstaates (Kegel 572; RG BayZ 1912, 45 = Recht 1911 Nr 3475, 3476, 3497).

b)   Form der Übereignung

297 Die Übereignung einer beweglichen Sache unterliegt ausschließlich den Formerfordernissen der für das dingliche Rechtsgeschäft maßgebenden Rechtsordnung, mithin der Form des Sachstatuts. Das dingliche Rechtsgeschäft nimmt nicht an den Formerleichterungen teil, die möglicherweise das Recht des Staates gewährt, in dem das Rechtsgeschäft vorgenommen wird, Art 11 Abs 5 EGBGB (vBar, IPR II 558 f; Erman/

HOHLOCH Art 11 Rn 33; MünchKomm/SPELLENBERG[2] Art 11 Rn 84). Die *ausschließliche Herrschaft der lex causae* über die Form des dinglichen Rechtsgeschäfts entbehrt bei beweglichen Sachen des überzeugenden Grundes (KEGEL 462; KROPHOLLER 285), ist aber unzweifelhaft geltendes Recht (vgl die Begründung des RegEntwurfs zum IPRG, wiedergegeben bei PIRRUNG, Internationales Privat- und Verfahrensrecht nach dem Inkrafttreten der Neuregelung des IPR [1987] 133: Die im Entwurf KÜHNE vorgeschlagene Beschränkung dieses Grundsatzes auf unbewegliche Sachen bedürfe noch näherer Prüfung im Zusammenhang mit der erst zu einem späteren Zeitpunkt anstehenden Neuregelung des internationalen Sachenrechts). Erleichternd wirkt, daß Formvorschriften bei Verfügungen über Mobilien selten sind. Sie spielen aber etwa bei Vereinbarung eines Eigentumsvorbehalts oder anderer Mobiliarsicherheiten bisweilen eine Rolle (vgl die qualifizierte Schriftform nach Art 1524 Abs 1, 2704 ital cc, von deren Einhaltung abhängt, ob ein Eigentumsvorbehalt den Gläubigern des Käufers engegengehalten werden kann).

c) Sonderanknüpfungen

Die *Rechts- und Geschäftsfähigkeit* der an dem Verfügungsgeschäft beteiligten Personen wie auch die *Folgen fehlender Rechts- oder Geschäftsfähigkeit* der Parteien richten sich nicht nach dem Sachstatut, sondern nach dem *Personalstatut der Parteien*, regelmäßig also nach dem Recht des Staates, dem eine Person angehört (Art 7 Abs 1 EGBGB; vgl dazu vBAR, IPR II 563; MünchKomm/KREUZER Rn 29; PRIVAT 44; RAAPE 585; SOERGEL/KEGEL Vor Art 7 Rn 563). Unerheblich ist, ob auch das Sachstatut gesondert anknüpft oder die Rechts- und Geschäftsfähigkeit der Parteien den materiellen Normen des Sachstatuts unterstellt wie etwa das anglo-amerkanische Recht (DICEY/MORRIS[12] II 966 f; SCOLES/HAY[2] 766; ZAPHIRIOU 71–88). Wird das Verfügungsgeschäft zwischen Personen geschlossen, die sich in dem selben Staat befinden, so genießt im übrigen der Partner einer Partei, die nach dem Recht dieses Staates rechts- und geschäftsfähig wäre, nach Maßgabe des Art 12 EGBGB Verkehrsschutz, falls das nach Art 7 Abs 1 EGBGB berufene Recht die Rechts- oder Geschäftsfähigkeit jener Partei einschränkt oder leugnet. Ein solcher Verkehrsschutz besteht selbst dann, wenn sich die Sache nicht im Staate des Geschäftsabschlusses befindet und Sachstatut auch nicht das dort geltende Recht ist, sondern vielmehr die lex rei sitae (GERFRIED FISCHER, Verkehrsschutz im internationalen Vertragsrecht [1990] 490 f; vgl auch schon zu Art 7 Abs 3 EGBGB aF RAAPE 590).

298

Auch die *Vertretungsmacht eines Stellvertreters*, der für eine Partei das Verfügungsgeschäft schließt, unterliegt nicht den Normen des Sachstatuts. Vielmehr ist die für die Vertretungsmacht maßgebende Rechtsordnung nach den allgemeinen Regeln gesondert zu bestimmen, gleichviel, ob es sich um Vertretung beim Abschluß eines besonderen dinglichen Rechtsgeschäfts oder beim Abschluß des Schuldvertrages handelt, von dessen Gültigkeit der dingliche Rechtserfolg abhängt (BGH NJW 1989, 2542, 2543 zur gesetzlichen Vertretungsmacht bei Übereignung beweglicher Sachen). Die *Vollmacht*, über eine bewegliche Sache zu verfügen, ist nach dem Recht des Ortes zu beurteilen, wo von der Vollmacht Gebrauch gemacht wird (*Vollmachtsstatut*, s oben Rn 230), mag sich auch die Sache in einem anderen Rechtsgebiet befinden (vBAR, IPR II 563 Fn 161; vCAEMMERER RabelsZ 1959, 201, 221; REITHMANN/HAUSMANN 882). Die Vollmacht ist formgültig, wenn sie entweder entsprechend den Formvorschriften des Vollmachtsstatuts oder in der Form erteilt wird, die vom Recht des Bevollmächtigungsortes vorgeschrieben ist (Art 11 Abs 1 EGBGB); hierbei ist als Bevollmächtigungsort der Ort anzusehen, an dem die Bevollmächtigungserklärung abgegeben

299

wird, mag sie auch dem Bevollmächtigten an einem anderen Ort zugehen. Im Mobiliarsachenrecht fehlen zureichende Gründe, Art 11 Abs 5 EGBGB auf die Bevollmächtigung zu Verfügungen zu beziehen (anders bei der Bevollmächtigung zu
Verfügungen im Liegenschaftsrecht, s oben Rn 230) und demgemäß die Ortsform auszuschließen. Das Verkehrsinteresse überwiegt hier den Gesichtspunkt, daß Wider-
sprüche zum Geschäftsstatut – worunter hier das Vollmachtsstatut zu verstehen ist –
vermieden werden sollten (vCAEMMERER 212–214; REITHMANN/HAUSMANN 887–889; SAND-
ROCK/MÜLLER, Handbuch der internationalen Vertragsgestaltung, Bd 2 [1980] 659 f; SOERGEL/
KEGEL Vor Art 7 Rn 310).

5. Erwerb vom Nichtberechtigten*

a) Generelle Herrschaft und Anwendungsbereich des Sachstatuts

300 *Dem Sachstatut* ist zu entnehmen, ob der Veräußerer einer beweglichen Sache ver-
fügungsbefugt ist und ob bei Veräußerung durch einen Nichtberechtigten ein Gutglaubenserwerb stattfindet (BGH IPRspr 1960–61 Nr 231 = NJW 1960, 775 = LM Nr 11 zu
Art 7 ff [Deutsches IPR]; BGHZ 50, 45, 47; BGH WarnR 1973 Nr 3; LG Hamburg IPRspr 1977
Nr 48; OLG Celle IPRspr 1978 Nr 41 = JZ 1979, 608 mAnm AHRENS 594–596; BGHZ 100, 321 =
IPRspr 1987 Nr 40 = IPRax 1987, 374 mAnm STOLL 357–360 = NJW 1987, 3077; BGH JZ 1995, 784
mAnm STOLL 786–788; vBAR, IPR II 562; DUDEN 9 ff; ERMAN/HOHLOCH Rn 15; FIRSCHING/
vHOFFMANN 428–430; KARRER 52 ff; KROPHOLLER 462; MünchKomm/KREUZER Rn 70; SOERGEL/
KEGEL Vor Art 7 Rn 557 Fn 5). Das Sachstatut ist auch maßgebend für den lastenfreien
Erwerb einer beweglichen Sache kraft guten Glaubens (BGH IPRspr 1991 Nr 70 = IPRax
1993, 176, und dazu KREUZER IPRax 1993, 157–162 = NJW 1991, 1415 = LM § 936 BGB Nr 1 =
WuB Art 38 EGBGB 2.91 mAnm THODE; OLG Koblenz IPRax 1994, 302, und dazu FRANK IPRax
1994, 279–281 = RiW 1993, 502). Nach dem Sachstatut sind die Voraussetzungen des
Gutglaubenserwerbs sowie der Inhalt des notwendigen guten Glaubens näher zu
bestimmen, ebenso die Beweislastverteilung hinsichtlich des guten oder schlechten
Glaubens des Erwerbers (DUDEN 38 f; MünchKomm/KREUZER Rn 70 Fn 291).

301 Möglicherweise bedürfen die materiellen Normen des Sachstatuts der **Anpassung** an

---

* **Schrifttum**: DUDEN, Der Rechtserwerb vom
Nichtberechtigten an beweglichen Sachen und
Inhaberpapieren im deutschen IPR = Beiträge
zum ausländischen und internationalen Privatrecht Bd 8 (1934); HANISCH, Internationalprivatrechtliche Fragen beim Kunsthandel, in: FS
Müller-Freienfels (1986) 193–224; HENRICH,
Zum Herausgabeanspruch des Bestohlenen und
den Gegenrechten des gutgläubigen Besitzers in
Fällen mit Auslandsberührung, in: FS Anton
Heini zum 65. Geburtstag (Zürich 1995)
199–211; PIERRE KARRER, Der Fahrniserwerb
kraft guten Glaubens im IPR = Züricher Studien zum Internationalen Recht Nr 43 (Diss Zürich 1968); MANSEL, DeWeerth v Baldinger –
Kollisionsrechtliches zum Erwerb gestohlener
Kunstwerke, IPRax 1988, 268–271; HERMANN

RÖMER, Der gutgläubige Mobiliarerwerb im
französischen Recht. Rechtsvergleichende Betrachtungen zu Art 2279 cc (Diss Münster
1984); SIEHR, Kunstraub und das Internationale
Recht, SchwJZ 1981, 189–197, 207–212; ders,
Der gutgläubige Erwerb beweglicher Sachen –
Neue Entwicklungen zu einem alten Problem,
ZVglRW 80 (1981) 273–292; ders, Das Lö-
sungsrecht des gutgläubigen Käufers im IPR,
ZVglRW 83 (1984) 100–118; STILLSCHWEIG,
Der Schutz des redlichen Erwerbs bei der Über-
eignung beweglicher Sachen nach deutschem,
französischem, österreichischem und schweize-
rischem Recht (1929); WERNER WEISFLOG, Der
Schutz des Erwerbes beweglicher Sachen vom
Nichteigentümer im IPR (Diss Zürich 1930).

die Besonderheiten eines auslandsbezogenen Sachverhalts. Die deutsche Rechtsprechung hatte sich insbesondere mit der Frage zu befassen, welche Sorgfalts- und Erkundigungspflichten den Käufer eines im Ausland zugelassenen Kraftfahrzeugs treffen, wenn beim Erwerb vom Nichtberechtigten der Vorwurf grober Fahrlässigkeit nach §§ 932, 936 BGB vermieden werden soll. Möglicherweise stellen die Behörden des Zulassungsstaates keinen Kraftfahrzeugbrief aus, oder es sind die vorhandenen Papiere in einer fremden Sprache abgefaßt, deren der Käufer nicht mächtig ist. Sicherlich hat der Käufer nicht deshalb Anspruch auf bevorzugte Behandlung, weil die Berechtigung des Veräußerers bei Zulassung des Fahrzeugs im Ausland und die nach ausländischem Recht begründeten Rechtsverhältnisse schwerer festzustellen sind als beim Erwerb eines im Inland zugelassenen Fahrzeugs. Solche Erschwerungen gehen zu Lasten des Käufers; denn anderenfalls würde der unrechtmäßige Handel mit ausländischen Fahrzeugen im Inland begünstigt. Somit muß der Käufer sich nach den vorhandenen Papieren erkundigen und sie prüfen, sich notfalls den vom Veräußerer mit dem Vorbesitzer geschlossenen Kaufvertrag vorlegen lassen und die Übersetzung fremdsprachlicher Papiere veranlassen (vgl BGH VersR 1961, 113; OLG Celle JZ 1979, 608; BGH IPRspr 1991, Nr 70 = IPRax 1993, 176, 177 f: Kauf eines in Italien zugelassenen, dort mit einer Autohypothek belasteten Pkw; der Käufer müsse sich die Originaldokumente vorlegen lassen und sich unter Einschaltung eines sprachkundigen Fachmanns vergewissern, daß er unbelastetes Eigentum erwirbt). Kommt es nach dem berufenen Sachstatut darauf an, ob die veräußerte Sache dem Berechtigten abhandengekommen oder gestohlen worden ist, so sind diese Rechtsbegriffe iS jener Rechtsordnung auszulegen, selbst wenn sich die relevanten Vorgänge in einem anderen Staat ereignet haben und dort andere Rechtsvorstellungen herrschen (Paris Clunet 1910, 1193: In der Schweiz unterschlagene Wertpapiere werden in Frankreich veräußert; dazu DUDEN 16 f; FRANKENSTEIN IPR II 72 Fn 109; Rb Amsterdam NedJ 1935, 657: Nach holländischem Recht ist zu beurteilen, ob eine von einem Benutzer der Stadtbibliothek in Frankfurt unterschlagene und dann in Holland veräußerte Inkunabel als gestohlen iS von Art 2014 BW anzusehen ist). Setzt das Sachstatut der Vindikation gestohlener Sachen eine Ausschlußfrist, so ist der Beginn der Frist, falls der Diebstahl im Ausland begangen wurde, im Zweifel ebenso zu bestimmen, wie wenn der Diebstahl im Inland geschehen wäre (Rb Amsterdam aaO: Die Drei-Jahres-Frist des Art 2014 Abs 2 BW beginnt schon mit dem Diebstahl im Ausland, nicht erst mit der Verbringung der Sache in die Niederlande; entsprechend auch Rb Amsterdam NTIR 28 [1981] 195, 196 [berichtet von SUMAMPOUW]: Eine in New York gestohlene Briefmarkensammlung wird fünf Jahre später in den Niederlanden veräußert; Herausgabeklage des Bestohlenen abgewiesen).

Die wirksame Veräußerung oder Belastung der Sache durch einen *Nichtberechtigten* **302** nach dem Recht des Belegenheitsstaates bedeutet für den Berechtigten eine Härte, wenn die Sache gegen seinen Willen dorthin verbracht worden ist und nach dem Recht des Herkunftslandes, wo die Sache dem Berechtigten entzogen wurde, ein Gutglaubenserwerb überhaupt oder unter den gegebenen Umständen ausgeschlossen wäre. Muß nicht der Berechtigte darauf vertrauen dürfen, daß ihm der Schutz von Besitz und Eigentum, welchen das Recht des rechtmäßigen Lageortes der Sache gewährt, auch nach rechtswidriger Entziehung der Sache erhalten bleibt? Bisweilen wird empfohlen, die sachenrechtliche Vorfrage, ob die veräußerte *Sache gestohlen oder sonst abhandengekommen* ist, dem Recht des Ortes dieser Ereignisse zu unterstellen, also nicht nach dem Veräußerungsstatut zu beurteilen, falls dieses verschieden ist (so schon WEISFLOG 33−35, und neuerdings HANISCH, in: FS Müller-Freienfels 215). Es sollte indes der Staat, dessen Recht der sachenrechtliche Verkehr unterliegt, selbst bestimmen dürfen, welche Sachen er als abhandengekommen oder gestohlen vom Gutglaubenserwerb ausschließt und damit dem Verkehr entzieht (STOLL in: DOLZER/ JAYME/MUSSGNUG [Hrsg], Rechtsfragen des internationalen Kulturgüterschutzes [1994] 58). Das schließt nicht aus, daß den Rechtsvorschriften des Herkunftsstaates bei Anwendung des Sachstatuts als „Datum" Rechnung getragen wird. So mögen etwa archäologische Funde, die der ausländische Herkunftsstaat für unveräußerliches Staatseigentum erklärt, als abhandengekommen iS des § 935 BGB gelten, auch wenn der Herkunftsstaat niemals Besitzer der Gegenstände war (ASTRID MÜLLER-KATZENBURG, Internationale Standards im Kulturgüterverkehr und ihre Bedeutung für das nationale Sach- und Kollisionsrecht = Schriften zum Internationalen Recht Bd 72 [1995] 305). Im übrigen müßte die Perpetuierung des vom Herkunftsstaat gewährten Sachenrechtsschutzes bei rechtswidrigem Statutenwechsel aufgrund des Vertrauensgedankens folgerichtig dazu führen, daß nicht nur die Vorfrage des Abhandenkommens oder Diebstahls der Sache, sondern die gesamten Rechtsfragen des Gutglaubenserwerbs und seiner Wirkungen – wohl auch der Ersitzung beim Scheitern des Erwerbs – gesondert angeknüpft und dem Recht des Herkunftsstaates unterstellt werden. Auch dieser Vorschlag wird im neueren Schrifttum gemacht (BYRNE-SUTTON, Le trafic international des biens culrels sous l'angle de leur revendication par l'état d'origine = Schweizer Studien zum Internationalen Recht Bd 52 [1988] 146 ff; MANSEL IPRax 1988, 268, 270 f; vgl dazu auch MünchKomm/KREUZER Rn 70 Fn 293a), und es kann unterstützend die Resolution des Institut de droit international von 1991 angeführt werden, wonach auf den Eigentumsübergang an Kunstwerken, die zum Kulturerbe eines Landes gehören, generell das Recht des „country of origin" angewandt werden soll (oben Rn 295). Die Durchbrechung des vom Sachstatut gewährten Rechtsschutzes durch Sonderanknüpfung des Gutglaubenserwerbs ist aber schon deshalb nicht gerechtfertigt, weil die an dem Veräußerungsvorgang Beteiligten mit der Anwendung der sich auf eine frühere Herkunft der Sache beziehenden Rechtsordnung regelmäßig nicht rechnen können (ablehnend auch FIRSCHING/vHOFF-MANN 429; HENRICH, in: FS Anton Heini 202 Fn 6; KROPHOLLER 462; STOLL, in: DOLZER/ JAYME/MUSSGNUG 58–60). Auch ist das Vertrauen des Berechtigten auf die Anwendung der „lex originis" zu seinen Gunsten keineswegs immer berechtigt, insbesondere dann nicht, wenn er die Sache nachlässig verwahrt hat und mit ihrer Verbringung ins Ausland rechnen mußte. Das Bedürfnis nach erhöhtem Schutz von Kunstgegenständen zur Erhaltung des Kulturerbes einer Nation wird besser durch eine flexible Anwendung der Vorbehaltsklausel entsprochen, die durch den Gedanken der internationalen Solidarität aufzuwerten ist (s oben Rn 295). Soweit inländisches Recht anzuwenden ist, kann durch strenge Anforderungen an den guten Glauben (§ 932 BGB) sowie extensive Auslegung des § 935 BGB den Umständen des Falles hinreichend Rechnung getragen werden.

303 Ein nach dem Sachstatut während dessen Herrschaft *vollendeter Gutglaubenserwerb* ist auch in anderen Staaten anzuerkennen, selbst wenn deren Recht keinen Gutglaubenserwerb kennt (vgl die schottische Entscheidung *Todd* v *Armour* [1882] 9 S C 901). Grundsätzlich ist der andernorts vollzogene Gutglaubenserwerb sogar in dem Herkunftsstaat hinzunehmen, in dem die Sache dem Berechtigten entwendet wurde (*Winkworth* v *Christie Manson & Woods Ltd* [1980] 1 AllER 1121 = [1980] 2 WLR 937: In England gestohlene Kunstwerke werden in Italien wirksam nach italienischem Recht an einen Gutgläubigen veräußert; dieser läßt die Kunstwerke bei Christie's in London versteigern; Eigentumserwerb nach italienischem Recht anerkannt; vgl dazu HANISCH, in: FS Müller-Freienfels 217 f; JEFFERSON LQRev 96

[1980] 508−511; MAGNUS RiW 1981, 203; REICHELT IPRax 1986, 73 f). Allerdings ist gerade beim Erwerb gestohlener Kunstgegenstände stets zu prüfen, ob sie dem Kulturerbe einer Nation zuzurechnen sind und dem Eigentumswechsel deshalb aus Gründen der internationalen Solidarität wegen Verstoßes gegen den ordre public die Anerkennung zu versagen ist (dazu oben Rn 295, 302). Im übrigen wird eine nach dem Sachstatut gescheiterte Übereignung nicht dadurch wirksam, daß die Sache durch schlichten Statutenwechsel (dazu unten Rn 352 ff) in ein anderes Rechtsgebiet gelangt, dessen Rechtsordnung unter entsprechenden Umständen den gutgläubigen Erwerber geschützt hätte (ZITELMANN, IPR II 340 f: Der alte Tatbestand hat seine Kraft bereits verbraucht, ein neuer Tatbestand, der das Eigentum verleihen könnte, sich nicht ereignet; vgl auch vBAR, IPR II 549; HENRICH 201 f; MünchKomm/KREUZER Rn 71).

b) Bestimmung des Sachstatuts durch den Parteiwillen

Das Sachstatut ist grundsätzlich auch dann für den Gutglaubenserwerb vom Nicht- **304** berechtigten maßgebend, wenn es nach der hier vertretenen Auffassung (s oben Rn 282−285, 292−294) durch den ausdrücklichen oder stillschweigenden *Parteiwillen* bestimmt wird. Allein daraus, daß die Sache in einem anderen Rechtsgebiet belegen ist, kann nicht gefolgert werden, daß die lex rei sitae mit Rücksicht auf unverzichtbare Drittinteressen, insbesondere die Interessen des Berechtigten, der Anwendung des von den Parteien ausdrücklich oder stillschweigend gewählten Rechts widerspricht. Vielmehr muß sich aus den Umständen des konkreten Falles ergeben, daß der Gutglaubenserwerb Drittinteressen zuwiderläuft, die von der lex rei sitae ohne Rücksicht auf das sonst anwendbare Recht geschützt werden. Aufschlußreich ist in dieser Hinsicht etwa der vom BGH IPRspr 1960−61 Nr 73 = WM 1962, 185 = Clunet 1963, 1100, entschiedene Fall: Die Klägerin, eine deutsche Firma, kaufte von D – der offenbar ebenfalls ein deutscher Kaufmann war – eine Quantität Papierholz, das auf einem Kahlschlag in Luxemburg lagerte. Der Inhaber der Klägerin besichtigte zusammen mit D das Holz im Walde. Bevor es jedoch abgefahren wurde, verkaufte D einen Teil des Holzes an die Beklagte, eine andere deutsche Firma, die dann auch das Holz in Besitz nahm. Sowohl die Klägerin als auch die Beklagte hatten offensichtlich das Holz zur Verwendung in Deutschland gekauft, weshalb die stillschweigende Vereinbarung deutschen Rechts nahelag. Vollends waren in dem späteren Streit der Käufer nur die Interessen deutscher Parteien betroffen. Bei Anwendung deutschen Sachenrechts scheiterte indes ein Gutglaubenserwerb der Beklagten, weil dann der Sachverhalt so zu bewerten war, daß die Klägerin alsbald nach §§ 929, 854 Abs 2 BGB unmittelbar Besitz und Eigentum an dem strittigen Holz erlangt hatte und es ihr somit abhanden kam (§ 935 BGB), als es die Beklagte abfahren ließ. Dem Luxemburger Recht ist kein vernünftiges Interesse daran zuzugestehen, in diesem Streit deutscher Eigentumsprätendenten einzugreifen und auf seiner Anwendung zu beharren. Der BGH nahm jedoch mit den Vorinstanzen Gutglaubenserwerb der Beklagten nach Luxemburger Recht an, suchte indes dieses unbefriedigende Ergebnis durch Konstruktion eines deliktsrechtlichen Schadensersatzanspruches der Klägerin zu korrigieren. Selbst wenn der Vertreter der Beklagten aus den ihm bekannten Umständen nicht den Schluß gezogen haben sollte, daß die Klägerin das Eigentum an dem Holz nach Luxemburger Recht erworben hatte, so sei doch immer noch zu prüfen, ob sich die Beklagte vorsätzlich iS der §§ 826, 823 Abs 2 BGB iV mit § 246 StGB über die Rechte der Beklagten hinweggesetzt habe.

Bei *internationalen Verkehrsgeschäften* ist die ausschließliche Anwendung des von **305**

Hans Stoll

den Parteien gewählten Rechts (s oben Rn 292–294) auch auf den Gutglaubenserwerb
ein geeignetes Mittel, rein zufällige Ergebnisse zu vermeiden. Das ausdrücklich oder
stillschweigend gewählte Recht ist allein maßgebend ohne Rücksicht darauf, ob
bereits im Abgangsland oder erst im Bestimmungsland ein Tatbestand vollendet
wird, der nach jener oder dieser Rechtsordnung zum Gutglaubenserwerb führt.
Wird etwa Ware auf einem Markt, einer Messe, einer Börse oder auf einer Versteigerung veräußert, so ist das Recht des Markt- oder Versteigerungsortes als stillschweigend gewähltes Sachstatut (oben Rn 293) auch für einen Gutglaubenserwerb
ohne Rücksicht darauf anzuwenden, ob die Ware schon an diesem Ort übergeben
wird oder etwa dem Käufer in den Staat seiner Niederlassung zuzuschicken ist.
Angenommen etwa, in Dänemark wird ein Kunstwerk von einem Deutschen erstei-
gert. Das dänische Recht läßt einen Gutglaubenserwerb im allgemeinen nur bei
Geld- und Wertpapieren zu (ZWEIGERT RabelsZ 1958, 1, 4). Deshalb kann der deutsche
Ersteigerer, falls der Veräußerer nichtberechtigt ist, nach dem stillschweigend
gewählten dänischen Recht keinesfalls Eigentum erlangen, auch dann nicht, wenn
das Kunstwerk erst in Deutschland in seinen Besitz gelangt. Die hL (oben Rn 289)
muß hingegen danach unterscheiden, ob das Gemälde an Ort und Stelle übergeben
(dann kein Gutglaubenserwerb) oder nach Deutschland versandt wird (dann „Statutenwechsel" und Gutglaubenserwerb allein nach deutschem Recht möglich). Haben
hingegen die Parteien etwa deutsches Recht gewählt, wird man anzunehmen haben,
daß das dänische Recht dem Gutglaubenserwerb widerspricht, solange sich das
Kunstwerk in Dänemark befindet. Der Widerspruch wird jedoch wirkungslos,
sobald die Sache das dänische Rechtsgebiet verlassen hat. Anschaulich ist auch der
schon berichtete, vom italienischen Kassationshof entschiedene Fall, daß ein italienischer Käufer auf dem Markt von San Marino Kühe erwirbt, die dem Eigentümer
gestohlen wurden, und sie nach Italien verbringt (s oben Rn 293). Zu Recht beurteilte
der italienische Kassationshof den Gutglaubenserwerb allein nach dem Recht von
San Marino (danach kein Eigentumserwerb), nicht aber, wie die Vorinstanzen, nach
italienischem Recht (danach wäre ein Gutglaubenserwerb möglich gewesen).

306 Häufig wird es bei *internationalen Verkehrsgeschäften* dem stillschweigenden Parteiwillen entsprechen, daß die Rechtsordnung, die den *Schuldvertrag* beherrscht, auch
für den Eigentumsübergang und damit auch für den Gutglaubenserwerb maßgebend
ist. Werden etwa Maschinen von Deutschland nach Tel Aviv (Israel) verkauft, so
hängt entgegen der Ansicht des BGH (IPRspr 1960–61 Nr 231 = NJW 1960, 774 = LM Nr 11
zu Art 7 EGBGB [Deutsches Internationales Privatrecht] = AWD 1960, 101) der Gutglaubenserwerb nicht davon ab, wo sich die Sache bei Vollendung des Eigentumserwerbs
befunden hat; vielmehr ist im Zweifel das Vertragsstatut anzuwenden (vgl auch die
kanadische Entscheidung *Union Acceptance Corp Ltd v Guay* [1960] Quebec QB 825 [CA] = Clunet
1964, 900 f: Ein in Ontario registrierter und nach dem Recht von Ontario mit einem besitzlosen
Pfandrecht [chattel mortgage] belasteter Kraftwagen wurde an einen Autohändler in Quebec verkauft, wo auch die Übergabe erfolgte und der Kaufpreis gezahlt wurde; lastenfreier Erwerb kraft
guten Glaubens nach dem Recht von Ontario als dem „proper law of the contract" beurteilt).

c) **Lösungsrecht des gutgläubigen Erwerbers**
307 Manche Rechtsordnungen sprechen dem gutgläubigen Erwerber einer beweglichen
Sache in gewissen Fällen – etwa bei Erwerb gestohlener Sachen in öffentlicher Versteigerung oder von einem Kaufmann, der mit Waren gleicher Art handelt – zwar
nicht das Eigentum zu, schützen ihn aber mittelbar durch ein *sog Lösungsrecht.*

Hiernach muß der Erwerber die Sache nur gegen Erstattung des von ihm verauslagten Kaufpreises herausgeben (vgl Art 934 Abs 2 schweizZGB; Art 2280 franzcc; Art 464 Abs 2 spancc; s früher auch Pr ALR I 15 §§ 25, 26; dazu auch HENRICH, in: FS Anton Heini 200 f, 205–211; SIEHR, Das Lösungsrecht des gutgläubigen Käufers im IPR, 100–118). In der älteren Rechtsprechung wurde kollisionsrechtlich als ausschlaggebend angesehen, daß das Lösungsrecht die Verfolgung des Eigentums beschränkt. Folglich habe die *lex fori* über Bestand und Inhalt des Lösungsrechts zu entscheiden: Wie über die Formen der Rechtsverfolgung sei sie auch für deren Beschränkung maßgeblich (vgl OLG Rostock NiemZ 1892, 467; auch die französische Rspr neigt dazu, Art 2280 cc ohne Rücksicht auf den Ort des Erwerbs immer dann anzuwenden, wenn vor französischen Gerichten prozessiert wird, s BATIFFOL/LAGARDE[7] II no 512 bis; DALLOZ, Répertoire de Droit Civil IV [1954] s v „revendication" no 195; CHAMBÉRY Sirey 1910 II 225; Paris Clunet 1928, 1240; entsprechend verwirft die kanadische Rechtsprechung das Lösungsrecht, wenn es zwar bei Übereignung der Sache in Quebec nach dortigem Recht entstanden ist, jedoch in einer anderen Provinz auf Herausgabe der Sache geklagt wird: J A SMITH, in *McKenna v Prieur and Hope* [1925] 56 OntLR 389, 398 f, und J A GRANT, in Phoenix Assurance Co v Laniel [1926] 59 OntLR 55, 60). Diesem Lösungsweg folgt insbesondere auch die Entscheidung RGZ 41, 152 = NiemZ 1899, 117: Das Lösungsrecht entstehe erst dadurch, daß der Eigentümer die Sache abfordert. Schon hieraus folge, daß dasselbe örtliche Recht, das für die Beurteilung der Vindikation maßgebend sei, auch darüber entscheiden müsse, ob und in welchem Umfang ein Lösungsrecht besteht. Das Berliner Bankhaus, das als Vorerwerber die streitbefangenen Papiere aus Frankreich angeschafft hatte, könnte deshalb das Lösungsrecht des französischen Rechts (Art 2280 cc) vor einem deutschen Gericht nicht geltend machen; noch weniger stehe es Nacherwerbern wie der beklagten Hamburger Bank zu (vgl dazu auch DUDEN 40 f; JOSEF AcP 127 [1927] 349–354, und RAAPE 602). Indessen hat das Lösungsrecht eine *materielle Funktion*. Es handelt sich um eine inhaltlich beschränkte Form des Gutglaubenserwerbs. Das für die Übereignung der Sache maßgebende Sachstatut gewährt das Lösungsrecht als „schwächeres Surrogat" für den – gescheiterten – Erwerb des Eigentums. Als materiellrechtliche Position ist das Lösungsrecht somit *international „transportfähig"*, dh es geht nicht schon dadurch unter, daß die von dem Gutgläubigen erworbene Sache durch schlichten Statutenwechsel in ein anderes Rechtsgebiet gelangt (hL, vgl nun insbesondere BGHZ 100, 321 = IPRspr 1987 Nr 40 = IPRax 1987, 374, und dazu STOLL IPRax 1987, 357–360 = NJW 1987, 3077; s ferner OLG Hamburg SeuffA 49 [1894] Nr 229 = HansGZ 1894 Beibl 303; DUDEN 39–65; HENRICH, in: FS Anton Heini 206; KARRER 84; LEWALD 182 f; MünchKomm/KREUZER Rn 79; RAAPE 601–603; RABEL, Conflict of Laws IV 73–75; SIEHR aaO; WOLFF/RAISER, Sachenrecht[10] [1957] 367; aA FERID 7–67; NUSSBAUM 311). Wird die Sache, mit der ein Lösungsrecht verbunden ist, nach Deutschland verbracht, so stößt das Lösungsrecht auch nicht auf den Widerspruch der deutschen Sachenrechtsordnung; das nach dem Übereignungsstatut erworbene Lösungsrecht kann somit auch in Deutschland ausgeübt werden (BGHZ 100, 325 f). Es ähnelt einem dinglichen Zurückbehaltungsrecht, wie es das deutsche Recht etwa im Rahmen des § 1000 BGB anerkennt, ist also nicht „wesensfremd". Das Übereignungsstatut ist auch dann für das Lösungsrecht maßgebend, wenn seine Herrschaft auf dem ausdrücklichen oder stillschweigenden Parteiwillen beruht (vgl oben Rn 304–306).

Bei *Weiterveräußerung der Sache*, auf die sich das Lösungsrecht bezieht, hängt des- **308** sen Schicksal von der Rechtsordnung ab, welche die Weiterveräußerung beherrscht. Diese Rechtsordnung kann bestimmen, daß das Lösungsrecht bei Weiterveräußerung untergeht, weitergegeben oder in ein neues Lösungsrecht nach Maßgabe des nunmehr berufenen Sachstatuts umgeformt wird. Das deutsche Sachenrecht vermag kein Lösungsrecht zu begründen, lehnt vielmehr jede Form des Gutglaubensschutzes ab, wenn die Sache abhanden gekommen ist (Ausnahme § 935 Abs 2 BGB). Deshalb geht ein im Ausland erworbenes Lösungsrecht bei Weiterveräußerung der abhanden gekommenen Sache in Deutschland stets unter, gerade auch wenn die Eigentumsübertragung nach § 935 Abs 1 BGB trotz Gutgläubigkeit des Erwerbers scheitert (BGHZ 100, 327 f; KEGEL 575 erwägt den Fortbestand des Lösungsrechts des Erstkäufers nach schweizerischem Recht durch dessen Angleichung, weil das deutsche Recht ein Lösungsrecht versage. Das widerspricht aber der Herrschaft des deutschen Rechts über eine Veräußerung in Deutschland). Es lebt auch nicht etwa in der Person des Veräußerers wieder auf, wenn der Eigentümer die Veräußerung genehmigt und gemäß § 816 Abs 1 S 1 BGB die Herausgabe des vom Veräußerer erzielten Erlöses fordert. Das Lösungsrecht bezweckt nämlich bedingten Schutz gegen Sachentwehrung, soll aber nicht den ehemaligen Besitzer der Sache vor Bereicherungs- oder Ersatzansprüchen schützen (**aA** HENRICH, in: FS Anton Heini 208 f).

Entgegen der hier vertretenen Auffassung nimmt SIEHR den Fortbestand des Lösungsrechts bei *Weiterveräußerung der Sache* nach schlichtem Statutenwechsel an, sofern das früher maßgebende Statut jedem gutgläubigen Nacherwerber ein Lösungsrecht zugesteht wie insbesondere das schweizerische Recht (Art 934 Abs 2 ZGB). Bei Weiterveräußerung der Sache in Deutschland müsse ein solches Lösungsrecht als wohlerworbenes Recht bestehenbleiben, weil es „reallastartig" auf der Sache liege (SIEHR 113). Der Vergleich mit einer Reallast trifft aber mindestens dann nicht zu, wenn das Lösungsrecht nach der ausländischen Rechtsordnung, die es gewährt, nur einem gutgläubigen Nacherwerber zusteht. Das bedeutet nämlich, daß der Besitzer keine übertragbare Rechtsposition hat, sobald der Diebstahl der Sache offenkundig ist oder den Erwerbsinteressenten bekannt gemacht wird. Während zB bei Verjährung des dinglichen Herausgabeanspruchs der Besitzer nach deutschem Recht eine Rechtsposition erlangt, die er beliebig auf jeden Besitznachfolger übertragen kann (§§ 985, 195, 221 BGB), hat der nach schweizerischem Recht Lösungsberechtigte keine vergleichbare Rechtsposition. Im übrigen kann selbst ein gutgläubiger Nacherwerber nach schweizerischem Recht nicht einfach das Lösungsrecht des Ersterwerbers geltend machen. Vielmehr erlangt ein Nacherwerber unabhängig von einem Lösungsrecht des Erwerbers ein eigenes Lösungsrecht. Er kann deshalb die Herausgabe nur von der Erstattung des von ihm selbst gezahlten Preises abhängig machen (BGHZ 100, 327 f; HENRICH in FS Anton Heini 208; SIEHR 105; HINDERLING, Der Besitz, in: Schweizerisches Privatrecht V, 1 Halbbd: Sachenrecht [Hrsg MEIER-HAYOZ] [Basel 1977] 493). Ein solches neues Lösungsrecht läßt sich indes ohne rechtserzeugende Mitwirkung der Rechtsordnung, welche die Weiterveräußerung beherrscht, nicht begründen (BGHZ 100, 327 f; MünchKomm/KREUZER Rn 79).

6.   Das Verfolgungsrecht des Verkäufers (right of stoppage in transitu)*

a)   Erscheinungsformen und Rechtsnatur des Verfolgungsrechts
309 Weit verbreitet ist die Sicherung des vorleistenden Warenverkäufers durch ein

---

* **Schrifttum**: BEHR, Wertverfolgung. Rechtsvergleichende Überlegungen zur Abgrenzung   kollidierender Gläubigerinteressen = Arbeiten zur Rechtsvergleichung Bd 133 (1986) 55–67;

gesetzliches Verfolgungsrecht (*Anhalterecht, right of stoppage in transitu*). Danach ist
der Warenverkäufer – evtl auch der Einkaufskommissionär, vgl § 44 KO – berechtigt, die an den Käufer (bzw den Kommittenten) versendete, noch nicht vollständig
bezahlte Ware während des Transports unter gewissen Voraussetzungen anzuhalten
und zurückzufordern, uU sogar von dem Käufer (bzw dem Kommittenten) herauszuverlangen, falls dieser schon Besitz an der Ware ergriffen hat. In den skandinavischen Kaufgesetzen von 1905/1907 (§ 15) basiert das Recht des Barverkäufers, die
Auslieferung der versendeten Ware an den Käufer zu verhindern, auf dem Gedanken eines fortbestehenden Leistungsverweigerungsrechts im Falle des Zahlungsverzugs (LANDFERMANN, Gesetzliche Sicherungen des vorleistenden Verkäufers 11). Beim Kredit-
kauf hat dagegen der Verkäufer die gleiche Befugnis nur dann, wenn der Käufer
nach Vertragsschluß in Vermögensverfall gerät (§ 39 Kaufgesetz). Nach dem UN-
Kaufrecht (Art 71 Abs 2 CISG) kann sich der Verkäufer, der die Ware abgesandt
hat, der Übergabe an den Käufer dann widersetzen, wenn zu befürchten ist, daß der
Käufer einen wesentlichen Teil seiner Pflichten nicht erfüllen wird (entsprechend
schon Art 73 Abs 2 Haager Kaufrecht). Der französische cc gewährt hingegen dem
Barverkäufer bezüglich gelieferter, noch im Besitz des Käufers befindlicher Ware
unabhängig von einer Gefährdung der Vertragserfüllung generell das Recht zum
Rückruf binnen 8 Tagen (Art 2102 Abs 4 II). Dieses allgemeine Rückrufrecht wird
ergänzt durch ein konkursrechtliches Rückforderungsrecht (droit de revendication),
wenn die nicht bezahlte Ware an den Gemeinschuldner abgesandt, aber noch nicht in
seine Verfügungsgewalt gelangt ist (Art 118 des franz Gesetzes no 85−98 vom
25. 1. 1985, s dazu LANDFERMANN, Gesetzliche Sicherungen des vorleistenden Verkäufers 14 f).
Ähnlich bestimmt die deutsche Konkursordnung (§ 44), daß der Verkäufer die von
einem anderen Ort an den Gemeinschuldner abgesandten, noch nicht vollständig
bezahlten Waren zurückfordern kann, sofern sie nicht schon vor Eröffnung des Konkurses an dem Ablieferungsort angekommen und in den Gewahrsam des Gemein-
schuldners gelangt sind. In einigen ausländischen Rechtsordnungen umfaßt das
konkursrechtliche Rückforderungsrecht – mit gewissen Einschränkungen – sogar
Ware, die der Käufer schon vor Konkurseröffnung in Besitz genommen hat (DÖLLE
RvglHWB V [1936] s v Konkurs 135−137; SAILER 132−136; SOVILLA 61−67). Das englische
Recht (Sale of Goods Act 1979 [c 54] sec 44−46) sowie das Recht der USA (§ 2-702
subsec 1 und § 705 UCC) geben dem Verkäufer ein Anhalterecht (right of stoppage
in transitu) nicht nur bei Konkurs des Käufers, sondern auch bei Zahlungsunfähigkeit des Käufers, lassen es aber in jedem Fall mit der Beendigung des Transportes,
dh der Empfangnahme der Ware durch den Käufer, enden (DÖLLE aaO; HUBER
253−255; LANDFERMANN, Gesetzliche Sicherungsrechte des vorleistenden Verkäufers 5−10, 80−90;
RABEL, Das Recht des Warenkaufs II [1958] 40; SAILER 132−136). Der amerikanische UCC

CHESTERMAN, Choice of Law Aspects of Liens
and Similar Claims in International Sale of
Goods, IntCompLQ 22 (1973) 213−253; HU-
BER, Right of Stoppage in Transitu und deutsches Konkursrecht, in: FS Friedrich Weber
(1975) 253−273; JAHR, Deutsches internationales Konkursrecht, Sonderausgabe der Kommentierung der §§ 237, 238 innerhalb des Groß-
kommentars von JAEGER, Konkursordnung
(8. Aufl 1973) Rn 327 ff; LANDFERMANN, Gesetzliche Sicherungen des vorleistenden Verkäufers = Studien zum ausländischen und internationalen Privatrecht Bd 18 (1987); ders, Auf
den Spuren des Verfolgungsrechts, RabelsZ
1970, 523−546; MEILI, Lehrbuch des internationalen Konkursrechts (1909) 170−173;
MünchKomm/KREUZER Rn 111−115; SAILER
132−149; SILBERSTEIN, Das Verfolgungsrecht
des Verkäufers im Insolvenzfall des Käufers,
ZHR 1981, 70−129, 289−364; SOVILLA 61−70.

kennt zudem ein besonderes, befristetes Rückforderungsrecht des Verkäufers, wenn bei Auslieferung der kreditierten Ware der Käufer schon zahlungsunfähig war (§ 2-702 subsec 2; s auch zum älteren Recht Zaphiriou 94–96).

310 Die *Rechtsnatur des Verfolgungsrechts* ist im in- und ausländischen Recht umstritten (vgl hierzu Dölle [vorige Rn] 137; Rabel, Conflict of Laws IV 40; zum deutschen und französischen Recht insbesondere Landfermann RabelsZ 1970, 523–546). In Deutschland überwog früher die Auffassung, das Verfolgungsrecht sei ein dingliches Recht, dessen Entstehung oder Ausübung die Übereignung an den Käufer hinfällig macht (Jaeger/Lent, Konkursordnung[8] I [1958] Rn 5 zu § 44). Heute wird meist angenommen, daß das Verfolgungsrecht nur schuldrechtlich im Verhältnis der Kaufvertragsparteien zueinander wirkt (Jaeger/Lent Rn 5-8; Landfermann RabelsZ 1970, 542–545). Diese Auffassung läßt aber wiederum eine doppelte Deutung zu. Man kann das Verfolgungsrecht als eine Forderung auf Rückabwicklung des Kaufvertrages bewerten, so daß das Verfolgungsrecht wie ein gesetzliches Rücktrittsrecht wirkt (hL, vgl Jaeger/Lent Rn 5-7 zu § 44). Es wird aber auch die Auffassung vertreten, daß das Recht lediglich dazu dient, den Verkäufer in die Lage zurückzuversetzen, in der er sich vor Absendung der Ware befand. Nach dieser Lehre bleibt das Kaufverhältnis grundsätzlich unberührt; es wird nur eine Lage wiederhergestellt, die dem Verkäufer die Möglichkeit gibt, die Ware bis zur vollständigen Zahlung des Kaufpreises zurückzuhalten (Dölle 137; Landfermann aaO).

b) Kollisionsrechtliche Behandlung: Grundsätzliches

311 Die *kollisionsrechtliche Behandlung* eines so komplexen und in seiner Rechtsnatur umstrittenen Rechtsinstituts ist naturgemäß zweifelhaft. Das Verfolgungsrecht hat zwar sicherlich eine schuldrechtliche Wurzel; es modifiziert die Rechte und Pflichten der Kaufvertragsparteien. In den meisten Rechtsordnungen wirkt es aber nicht nur inter partes, sondern hat mindestens insoweit auch Drittwirkungen, als es die Sache dem Zugriff der Gläubiger des Käufers entzieht. Außerdem ist zu bedenken, daß das Verfolgungsrecht sich namentlich im Konkurs des Käufers zu bewähren hat. Diese verschiedenen Gesichtspunkte klingen mit unterschiedlicher Betonung bei den Lösungsvorschlägen des Schrifttums an. Eine einheitliche oder überwiegende Meinung hat sich bis heute nicht gebildet. Eine Gruppe von Autoren stellt in erster Linie auf das *Schuldstatut* des Kaufvertrages ab, macht jedoch mehr oder weniger weitreichende Konzessionen an die lex rei sitae oder das Recht des Konkursortes (so etwa Chesterman 224–227, 242–249; Jahr Rn 327–330, 348–349; Meili 170–173; Venturini, Property sec 30, meint, der Inhalt des Verfolgungsrechts sei nach dem „proper law of the contract" zu beurteilen, während sich die Wirkungen gegenüber Dritten nach der lex rei sitae bestimmen). Kohler möchte bei inländischem Konkurs allein das inländische Konkursrecht entscheiden lassen, sobald die Ware, die angehalten oder zurückgerufen wird, sich im Inland befindet. Es komme nicht darauf an, ob das vom inländischen Konkursrecht gewährte Verfolgungsrecht auch nach dem Schuldstatut bestehe. Befinde sich aber die Sache noch im Ausland, so könne sich der Verkäufer, was das Verfolgungsrecht anlangt, sowohl auf die Rechtsordnung des Obligationsortes als auch auf die lex rei sitae berufen (Kohler, Lehrbuch des Konkursrechts [1891] 652 f). Eine andere Auffassung bevorzugt das *Recht des Herkunftslandes*, solange die Ware noch nicht in den Bereich des Konkursstatuts gelangt ist; danach habe aber das Recht des Herkunftslandes „einem unbedingten Gebot der lex rei sitae zu weichen" (vBar, Theorie und Praxis des IPR[2] II [1889] 580). Dieser Ansicht folgt auch Schnitzer, sofern der Konkurs nur territoriale Wirkung habe. Habe der Konkurs dagegen universale Wirkung und werde diese Wirkung in dem Lande, in dem sich die Ware befindet, anerkannt, so gelte auch schon in diesem Stadium das Konkursstatut (SCHNITZER, Handbuch des IPR⁴ II [1958] 896). Eine weitere Meinung unterstellt das Verfolgungsrecht generell der *lex rei sitae*. So empfiehlt RABEL, daß angesichts aller Schwierigkeiten „the entire solution must be left to the law indicated by the territorial situation of the goods" (RABEL, Conflict of Laws IV 40; vgl auch SAILER 140, 149, der auf das Sachstatut wenigstens in dem Regelfall abstellen will, daß das Eigentum an den abgesendeten, noch nicht bezahlten Waren bereits auf den Käufer übergegangen ist). KREUZER hält jedenfalls für den Erwerb eines Verfolgungsrechts das Recht des Staates maßgebend, in dessen Gebiet sich die anzuhaltende Ware bei Vollendung des jenes Recht begründenden Vorgangs – also etwa bei Zahlungseinstellung oder Konkurseröffnung – befinde. Bei Sachen, die sich in dem maßgebenden Zeitpunkt auf staatsfreiem Gebiet befinden, sei wie bei Verfügungen über res in transitu das Recht des Bestimmungslandes als Sachstatut heranzuziehen (MünchKomm/KREUZER Rn 113). Auch das englische Schrifttum neigt dazu, dem Verfolgungsrecht einen *proprietary character* beizulegen (DICEY/MORRIS II 1336; ZAPHIRIOU 129–142, der freilich einräumt, daß nach dem Eintreffen der Ware im Bereich des Konkursstatuts „the forum of bankruptcy will have the last word" [141]). Schließlich wird die Auffassung vertreten, daß für das Verfolgungsrecht ausschließlich das *Konkursstatut* maßgibt. Am konsequentesten folgt NUSSBAUM dieser Auffassung. Die auf dem Verfolgungsrecht beruhende Aussonderungsbefugnis habe nämlich eine Beeinträchtigung der Konkursmasse zur Folge. Der Umfang dieser Masse bestimme sich aber allein nach dem Konkursstatut. Soweit aber das Verfolgungsrecht schon bei Zahlungsunfähigkeit entstehe, müsse das Statut der gewerblichen Niederlassung (bzw des Wohnsitzes) des Empfängers entscheiden (NUSSBAUM 456 f; vgl auch HUBER, in: FS Friedrich Weber 269 f).

Auszugehen ist davon, daß es der Käufer stets hinzunehmen hat, wenn der Verkäu- **312** fer ein Verfolgungsrecht nach Maßgabe des den Kaufvertrag beherrschenden *Vertragsstatuts* ausübt. Die erfolgreiche Ausübung setzt freilich voraus, daß der Verkäufer nach dem Statut des mit dem Beförderer geschlossenen Fracht- oder Beförderungsvertrages zum Rückruf berechtigt ist und der Beförderer demgemäß den Rückruf befolgt. Sobald aber die Ware im Käuferstaat eingetroffen ist, wird der insolvenzrechtliche Aspekt des Verfolgungsrechts ausschlaggebend: Nunmehr richten sich Voraussetzungen und Wirkungen des Rückrufrechts allein nach dem Recht des Staates, in dem der Käufer niedergelassen ist, als dem aktuellen oder hypothetischen *Konkursstatut*. Im übrigen können sich der Käufer und seine Gläubiger über einen erfolgten Rückruf der Ware durch den Verkäufer auch dann nicht beschweren, wenn der Rückruf schon vor dem Eintreffen der Ware im Käuferstaat nach dem dort geltenden Recht geschieht (vgl RGZ 41, 333, 335: Es wäre „unvernünftig und stände mit den praktischen Zwecken jedes Rechtssystems in Widerspruch", wenn man eine Weiterbeförderung der Ware in den Käuferstaat zur Voraussetzung für eine Rückforderung nach dem Recht dieses Staates machen würde. Die Klägerin, eine deutsche Firma, hatte an den Kaufmann F in Warschau eine Quantität Kaffee verkauft und abgesendet. Als sich die Ware in Danzig bei dem Spediteur V befand, hielt die Klägerin den Kaffee an, weil F seine Zahlungen eingestellt hatte. Nach dem in Warschau geltenden kongreßpolnischen Recht war das Anhalten schon bei bloßer Zahlungseinstellung gerechtfertigt). Andererseits kann der Verkäufer auch von den Gläubigern des Käufers nicht verantwortlich gemacht werden, wenn er bis zum Eintreffen der Ware im Käuferstaat die Ware nach Maßgabe des Vertragsstatuts anhält, mit ihr also in einer

Hans Stoll

Weise verfährt, die ihm das Vertragsstatut gestattet (vgl die englische Entscheidung *Inglis* v *Usherwood* [1801] 1 East 515 = 102 ER 198: Russischer Einkaufskommissionär hält in Rußland die an den englischen Kommittenten versandte Ware an, als dieser in Konkurs fällt. Nach englischem Recht war das right of stoppage schon erloschen, nach russischem Recht bestand es noch; russisches Recht angewandt). Diese Überlegungen rechtfertigen die *Regel*, daß bis zum Eintreffen der Ware im Käuferstaat ein Verfolgungs- oder Anhalterecht *alternativ nach dem Recht des Vertragsstatuts* oder *dem Recht des Käuferstaates* (des Bestimmungslandes) ausgeübt werden kann. Wird indes vor diesem Zeitpunkt über die Ware vom Verkäufer oder Käufer oder einem Gläubiger dieser Personen über die Ware zugunsten eines Dritten verfügt, so entscheidet das nach den allgemeinen Regeln für die Verfügung maßgebende *Sachstatut*, ob ein Rückruf auch gegenüber dem Dritten wirkt, zu dessen Gunsten verfügt wird (um eine Disposition des Käufers mit Drittwirkung ging es auch im Falle OLG Hamburg HansGZ 1916 Hauptbl 265 = JW 1917, 820: Der englische Verkäufer lieferte auf Anweisung des brasilianischen Käufers die bestellte Ware an eine Hamburger Firma, die ihrerseits eine Forderung gegen den Käufer hatte und deswegen die Ware zurückbehielt. Der Käufer fällt in Konkurs. Auf das Verfolgungsrecht des Verkäufers hätte deutsches Recht angewandt werden sollen [Analogie zu § 44 KO]; so mit Recht MünchKomm/KREUZER Rn 113 Fn 486). Besondere Fragen stellen sich, wenn die Verfügung über die versandte Ware mittels eines Traditionspapiers erfolgt (dazu unten Rn 371).

c) Verfolgungsrecht bei Warenlieferungen nach Deutschland

313 Bei Warenlieferungen nach Deutschland wird es zu einem Streit über ein Verfolgungsrecht des Verkäufers meist erst dann kommen, wenn der inländische Käufer in Konkurs gefallen ist und der deutsche Konkursverwalter die Ware zur Konkursmasse zieht. Der ausländische Verkäufer kann dann *ausschließlich nach Maßgabe der §§ 44, 17 KO* die gelieferte Ware zurückfordern, ohne Rücksicht darauf, welche Rechtsordnung den Kaufvertrag beherrscht und nach welchem Recht das Eigentum auf den Käufer übergegangen ist (vgl JAEGER/LENT Rn 33 zu § 44; KOHLER, Lehrbuch des Konkursrechts [oben Rn 311] 652 f; SCHNITZER [oben Rn 311] 896). Andererseits gestattet das deutsche Recht den Rückruf der Ware grundsätzlich nur (vgl aber den weitergehenden Art 71 Abs 2 UN-Kaufrecht) bei *Konkurs des Käufers*. Deshalb kann der ausländische Verkäufer gegenüber einem Käufer-Gläubiger, der die ins Inland gelieferte Ware dort gepfändet hat, kein von der Konkurseröffnung unabhängiges Verfolgungsrecht nach Maßgabe des Vertragsstatuts geltend machen, etwa wegen Zahlungsunfähigkeit des Käufers oder Verschlechterung seiner wirtschaftlichen Verhältnisse. Vielmehr kann in diesem Falle der Verkäufer nur dann intervenieren (§ 771 ZPO), wenn das Eigentum auf den deutschen Käufer noch nicht übergegangen ist. Dagegen müßte sich der deutsche *Käufer* ohne Rücksicht auf die Eigentumsverhältnisse an der Ware ein vom ausländischen Vertragsstatut gewährtes Rückrufsrecht gefallen lassen. Den Rückruf von Ware, die das deutsche Staatsgebiet noch nicht erreicht hat, haben sowohl der inländische Käufer als auch seine Gläubiger hinzunehmen, wenn der Rückruf *entweder vom Vertragsstatut* oder *vom deutschen Recht* gedeckt wird.

d) Verfolgungsrecht bei Lieferungen aus Deutschland

314 Der inländische Verkäufer muß sich an die Rechtsordnung des Bestimmungslandes halten, wenn er die dort bereits angelangte Ware zurückruft, obwohl sie von Gläubigern des Käufers oder vom Konkursverwalter in Anspruch genommen wird. Bis zum Eintreffen der Ware im Bestimmungsland kommt jedoch *alternativ* neben der

Rechtsordnung des Staates, in dem der ausländische Käufer seine *Niederlassung* oder seinen *Wohnsitz* hat (s dazu RGZ 41, 333 = NiemZ 1899, 118), auch das *Vertragsstatut* zur Anwendung, somit § 44 KO, sofern Vertragsstatut das deutsche Recht ist. Die nicht näher begründete Ansicht von NUSSBAUM (457 Fn 1) und JAEGER/LENT (Rn 34 zu § 44), die Anwendung des § 44 KO beschränke sich auf den Fall des deutschen Konkurses, ist nicht zu billigen (zutreffend MünchKomm/KREUZER Rn 115 Fn 490; SAILER 144 befürwortet die analoge Anwendung der Vorschrift). Auch NUSSBAUM aaO räumt ein, daß die ältere Praxis deutschen Absendern ins Ausland versandter Ware ein Verfolgungsrecht nach deutschem Recht zugestanden hat (vgl OLG Hamburg HansGZ 1889 Hauptbl 34). Der Schutz des § 44 KO sollte dem inländischen Verkäufer, der auf die Anwendung deutschen Rechts vertraut, auch bei einem ausländischen Konkursverfahren zugute kommen, solange sich die Vorschrift praktisch durchsetzen läßt.

IV. Sicherungsgeschäfte mit beweglichen Sachen und Rechten

1. Verpfändung

Die Verpfändung einer beweglichen Sache ist als dingliches Verfügungsgeschäft nach **315** dem *Belegenheitsrecht* zu beurteilen, auch wenn die Parteien in einem anderen Rechtsgebiet ansässig sind oder die gesicherte Forderung einer anderen Rechtsordnung untersteht (RGZ 28, 109, 111; BayObLG IPRspr 1929 Nr 75; OLG Koblenz RiW 1993, 502 = IPRax 1994, 302, und dazu FRANK IPRax 1994, 279–281; FRANKENSTEIN II 85 f; MünchKomm/ KREUZER Rn 100; NUSSBAUM 306 Fn 3; RAAPE 607–612; RABEL, Conflict of Laws IV 60–64). Belegenheitsrecht in dem hier gemeinten Sinne ist das Recht des Staates, in dem sich die Sache zur Zeit der Bestellung des Pfandrechts befindet, sofern nach den Umständen davon ausgegangen werden darf, daß das Pfand auch dort gehalten und notfalls durchgesetzt werden soll. Schon mit Rücksicht auf die Publizitätserfordernisse des Belegenheitsrechts ist hier kein Raum für eine Rechtswahl der Parteien (vgl die englische Entscheidung Inglis v Robertson and Baxter [1898] AC 616 [HL]: Ein Londoner Kaufmann verpfändet Whisky, der in Glasgow, Schottland, eingelagert ist, an einen anderen Engländer. Die nach schottischem Recht erforderliche Benachrichtigung des Lagerhalters unterbleibt. Der Lagerhalter pfändet wegen seiner ausstehenden Forderung gegen den Verpfänder die Ware: Die Verpfändung kann dem Lagerhalter nicht entgegengesetzt werden). Nur unter außergewöhnlichen Umständen ist die Verpfändung ein *internationales Verkehrsgeschäft* (zum Begriff s oben Rn 288), bei dem eine begrenzte Rechtswahl in Betracht kommt, falls nämlich die Sache aufgrund der Verpfändung aus dem Staat des ursprünglichen Lageortes in einen anderen Staat verbracht und dort als Pfand gehalten werden soll. Es wird dann die Wahl derjenigen Rechtsordnung, in deren Bereich das Pfandstück schließlich verbleiben und verwahrt werden soll, dem stillschweigenden Parteiwillen entsprechen (krit hierzu MünchKomm/KREUZER Rn 100). Vergleiche hierzu den Sachverhalt der Entscheidung des OLG Karlsruhe BadRpr 26 (1924/25) 108 Nr 47: Ein Freiburger verpfändet einem Baseler zur Sicherung eines Darlehens von 12.000 Mark einen Ring durch Übergabe in Basel. Der Verpfändungsvertrag wird zutreffend nach schweizerischem Recht beurteilt, wohingegen der Darlehensvertrag vom deutschen Recht beherrscht werde. Es hätte aber im Zweifel auch dann nichts anderes gelten können, wenn etwa der Ring in Freiburg dem gerade dort weilenden Gläubiger übergeben worden wäre, sofern nur nach den Umständen klar war, daß der Gläubiger den Ring in die Schweiz nehmen und dort verwahren werde.

316 Das für die Verpfändung maßgebende *Sachstatut* beherrscht die sachenrechtlichen Fragen, ihm sind insbesondere die tatbestandlichen Erfordernisse der Verpfändung, aber auch die Form des dinglichen Rechtsgeschäfts (Art 11 Abs 5 EGBGB) zu entnehmen. Hingegen unterstehen das der Verpfändung zugrundeliegende *Kausalgeschäft* wie auch die *gesicherte Forderung* jeweils ihrem eigenen Statut (OLG Karlsruhe [vorige Rn]; MünchKomm/KREUZER Rn 101; RAAPE 610 f; RABEL, Conflict of Laws IV 60). Nach dem Sachstatut richtet sich, ob das Pfandrecht akzessorisch ist, ob der Verpfänder oder andere Personen ein Recht zur Auslösung des Pfandes haben und wann das Pfandrecht erlischt (RABEL, Conflict of Laws IV 60–62). Führt nach dem Recht des Lageortes die Rückgabe des Pfandstücks zum Erlöschen des Pfandrechts, so muß es genügen, wenn der Pfandgläubiger vom Lageort aus die Rückgabe veranlaßt, mag auch die Sache erst in einem anderen Staat in den Besitz des Verpfänders gelangen; auf das dort geltende Recht kommt es dann nicht an (vgl dazu OLG Koblenz [vorige Rn]). Nach dem Sachstatut bemessen sich ferner die Voraussetzungen und die Art der Pfandverwertung; es entscheidet insbesondere auch, ob eine sog *Verfallklausel* (vgl § 1229 BGB; § 1371 ABGB; Art 894 schweizZGB; Art 2078 Abs 2 franzcc) gültig vereinbart werden kann (OAG Rostock SeuffA 19 [1866] Nr 107; OLG Wien ZfRvgl 1971, 285 mAnm HOYER, bestätigt durch OGH ZfRvgl 1971, 288; Cass civ 1re Rev crit dr i p 1971, 75 mAnm FOUCHARD = Clunet 1970, 916 mAnm DERRUPÉ = AWD 1969, 454; FRANKENSTEIN II 88 f; MünchKomm/KREUZER Rn 101 Fn 442; RAAPE 608; RABEL, Conflict of Laws IV 63 f). Verbindet das Sachstatut mit der dinglichen Rechtsposition ein *Legalschuldverhältnis*, etwa zwischen Pfandgläubiger und Verpfänder, so unterliegt auch dieses – nicht anders als bei dinglichen Nutzungsrechten (dazu oben Rn 163) – dem Sachstatut, sofern nicht die Parteien kraft einer vom Sachstatut gewährten Dispositionsfreiheit – die zu vermuten ist – Gegenteiliges vereinbaren.

317 *Übertragbare Rechte* – mag es sich nun um beschränkte dingliche Rechte, Forderungen, Mitgliedschaftsrechte oder sonstige Rechte handeln – können regelmäßig auch *verpfändet*, also mit einem Pfandrecht gleichsam als „Oberrecht" belastet werden; denn eine solche Belastung ist der Sache nach eine Teilrechtsübertragung. Sie ist kollisionsrechtlich nicht anders zu behandeln als eine Vollrechtsübertragung. Es entscheidet somit über die Zulässigkeit, Art der Vornahme und Wirkungen einer Rechtsverpfändung diejenige Rechtsordnung, der das belastete Recht unterworfen ist, bei Verpfändung einer Forderung also das *Forderungsstatut*, bei Verpfändung des Geschäftsanteils einer GmbH das *Personalstatut der Gesellschaft* (vgl schweizBGE 39 II 426: Anteile an einer deutschen GmbH werden in der Schweiz verpfändet; die Frage, ob es zu einer gültigen Verpfändung der Genehmigung seitens der Gesellschaft bedarf, wird nach deutschem Recht beurteilt; BÄRMANN AcP 159 [1960] 1, 33; FERID 7–98; RAAPE 513; SCHNITZER, Handbuch des IPR^4 II [1958] 580 Fn 45; WOLFF 182 f). Bei Belastung eines Erbteils als solchem müssen die Vorschriften des Erbstatuts befolgt werden (IPG 1970 Nr 31).

2.   Sicherungsgeschäfte mit besitzlosen Mobiliarsicherheiten. Allgemeine Fragen*

a)   Besitzlose Mobiliarsicherheiten im internationalen Verkehr

318 Im inländischen und im grenzüberschreitenden Wirtschaftsverkehr wird die klassi-

---

* **Schrifttum**: Vgl insbesondere die für den X. Internationalen Kongreß in Budapest 1978 erstatteten Referate zu dem Kongreßthema II B

1: „Die Anerkennung ausländischer Mobiliarsicherungsrechte im IPR". Den Generalbericht erstattete DROBNIG, The Recognition of Non-

sche Form der Bestellung einer Mobiliarsicherheit, nämlich die Verpfändung durch Übergabe des Pfandstücks an den Gläubiger, weithin verdrängt durch die Vereinbarung besitzloser Mobiliarsicherheiten, mag es sich nun um einen Eigentumsvorbehalt oder eine Sicherungsübereignung handeln oder um die Vereinbarung eines beschränkten Sicherungsrechts ohne Besitzaufgabe, was insbesondere nach auslän-

---

Possessory Security Interests Created Abroad in Private International Law, in: General Reports to the 10th International Congress of Comparative Law (Verlag der Ungarischen Akademie der Wissenschaften 1981) 289−310; dazu die Länderberichte von Bogdan (Schweden) NordTiR 1978, 14−29; Buure-Hägglund (Finnland), NordTiR 1978, 30−35; Cabrillac (Frankreich) Rev crit dr i p 1979, 487−505; Drobnig/Kronke (BRD), in: Deutsche zivil-, kollisions- und wirtschaftsrechtliche Beiträge zum X. Internationalen Kongreß für Rechtsvergleichung = Materialien zum ausländischen und internationalen Privatrecht, Bd 29 (1978) 91−110; van Hecke (Belgien), in: Rapports belges au Xe Congrès international de droit comparé (1978) 161−164; Juenger (USA) AmJCompL (Suppl: Law of the United States in the Bicentennial Era) 1978, 145−169; Klein (Schweiz) Rev crit dr i p 1979, 507−536; Lando (Dänemark) NordTiR 1978, 3−13; Mazzoni, in: Rapports nationaux italiens au Xe Congrès international de droit comparé (1978) 245−279; Strohbach (DDR), in: Berichte zum X. Internationalen Kongreß für Rechtsvergleichung (1978) 77−82; Verheul (Niederlande), in: Netherlands Reports to the Tenth International Congress of Comparative Law (1978) 123−129. S ferner die Referate zu dem in Wien im Mai 1985 von der Kommission für Europarecht, ausländisches und internationales Privatrecht der Österreichischen Akademie der Wissenschaften sowie dem Institut für Rechtsvergleichung der Universität Wien veranstalteten Symposien, veröffentlicht von Schwind im Quartalsheft der Girozentrale Wien IV/86, 21. Jg: Sonnenberger, Das internationale Privatrecht der Mobiliarsicherheiten in Deutschland 9−24; Hedinger, Die Mobiliarsicherheiten nach schweizerischem Recht 31−51; Hoyer, Mobiliarsicherheiten und Grenzübertritt des Sicherungsgutes im österreichischen Recht 53−68; Gabrielli, Mobiliarsicherheiten und Grenzüber-

tritt des Sicherungsgutes nach italienischem Recht 69−81; Mádl, Sicherung von Forderungen im ungarischen Recht mit rechtsvergleichenden Aspekten 83−95; Witz, Das französische materielle Recht der Mobiliarsicherheiten 97−111; ders, Das französische internationale Privatrecht der Mobiliarsicherheiten 113−122. S ferner: Helen Ahrens, Mobiliarsicherheiten nach den nationalen und internationalen Privatrechten der Länder des Cono Sur und ihre Bedeutung für den Rechtsverkehr mit Deutschland (Diss Kiel 1993); Allan/Drobnig, Secured Credit in Commercial Insolvencies. A Comparative Analysis, RabelsZ 1980, 615−648; Altorfer, Die Mobiliarhypothek. Ein Beitrag zur Reform des Fahrnispfandrechts = Zürcher Studien zum Privatrecht, Heft 12 (1981); Bouza Vidal, Los Garantíos mobiliares en el commercio internacional (Madrid 1991); Coing, Probleme der Anerkennung besitzloser Mobiliarpfandrechte im Raum der EWG, ZfRvgl 1967, 65−82; Collins, Floating Charges, Receivers and Managers and the Conflict of Laws, IntCompLQ 27 (1978) 691−710; Davis, Conditional Sales and Chattel Mortgages in the Conflict of Laws, IntCompLQ 13 (1964) 53−77; Drobnig, Mobiliarsicherheiten im internationalen Wirtschaftsverkehr, RabelsZ 1974, 468−489; Fargeaud, Le gage sans dépossession comme instrument de crédit el le Marché Commun (1963); Pius Fisch, Eigentumserwerb, Eigentumsvorbehalt und Sicherungsübereignung an Fahrnis im internationalen Sachenrecht der Schweiz, der Bundesrepublik Deutschland und Frankreichs (Diss Freiburg i Ü 1985); Verena Fritzemeyer, Internationalprivatrechtliche Anerkennungs- und Substitutionsprobleme bei Mobiliarsicherheiten (Diss Konstanz 1983); Goode/Ziegel, Hire-Purchase and Conditional Sale. A Comparative Survey of Commonwealth and American Law (London 1965); Graue, Recognition and Enforcement of Foreign Security Interests under Domestic Conflict Rules, JbIntR 26 (1983) 125−160; Hanisch,

dischen Rechtsordnungen geschehen kann, sei es mit, sei es bisweilen auch ohne Registrierung. Die Bestellung derartiger Mobiliarsicherheiten mag dem Sicherungsgeber den Vorteil gewähren, daß er die in seinem Besitz verbleibenden Sicherungsobjekte weiterhin wirtschaftlich nutzen kann. In anderen Fällen kann der Gläubiger mit Hilfe jener Rechtsformen sich eine Sicherheit an Sachen vorbehalten, die er aus

Besitzlose Mobiliarsicherheitsrechte im internationalen Rechtsverkehr, insbesondere im Verhältnis zwischen der Schweiz und der Bundesrepublik Deutschland, in: FS Rudolf Moser = Schweizer Studien zum Internationalen Recht, Bd 51 (Zürich 1987) 25–57; ders, Die Wirkung dinglicher Mobiliarsicherungsrechte im grenzüberschreitenden Insolvenzverfahren, in: Etudes des droit international en l'honneur de Pierre Lalive (Basel/Frankfurt 1993) 61–72; HARTWIEG, Die Klassifikation von Mobiliarsicherheiten im grenzüberschreitenden Handel. Zur verfahrensorientierten Qualifikation im Kollisionsrecht, RabelsZ 1993, 607–642; ders, Die Publizität von Mobiliarsicherheiten im deutschen, US-amerikanischen und japanischen Recht, ZIP 1994, 96–114; HÜBNER, Internationalprivatrechtliche Anerkennungs- und Substitutionsprobleme bei besitzlosen Mobiliarsicherheiten, ZIP 1980, 825–832; JAYME, Transposition und Parteiwille bei grenzüberschreitenden Mobiliarsicherheiten, in: FS Rolf Serick (1992) 241–253; JUVET, Des sûretés mobilières conventionnelles en droit international privé (1990); KAISER, Verlängerter Eigentumsvorbehalt und Globalzession im IPR. Rechtsvergleichende Darstellung von Zession und Zessionsstatut im deutschen, österreichischen, schweizerischen, französischen, englischen und US-amerikanischen Recht (1986); HANS-JOACHIM KAY, Möglichkeiten der Vereinheitlichung des deutschen und französischen Zivilrechts auf dem Gebiet der Mobiliarsicherheiten (Diss Tübingen 1969); vKENNE, Das kanadische einheitliche Sicherungsrecht. Eine rechtsvergleichende Studie zur Reform des Mobiliarsicherungsrechts = Schriften zum internationalen Recht, Bd 24 (1981); Kommission der Europäischen Gemeinschaften (Hrsg), Das Sachenrecht in der Europäischen Gemeinschaft (1976), Teil I: Mobiliarsicherheiten in Belgien, Deutschland, Frankreich, Luxemburg, Italien und Niederlanden (Gravenhorst) 5–123; KHAIRALLAH, Les sûretés mobilières en droit international privé (Paris 1984); KIENINGER, Mobiliarsicherheiten im Europäischen Binnenmarkt. Zum Einfluß der Warenverkehrsfreiheit auf das nationale und internationale Sachenrecht der Mitgliedstaaten = Europäisches Privatrecht, Bd 1 (1996); KREUZER, Die Inlandswirksamkeit fremder besitzloser vertraglicher Mobiliarsicherheiten: Die italienische Autohypothek und das US-amerikanische mortgage an Luftfahrzeugen (zu BGH 11. 3. 91 und BGH 7. 10. 1993), IPRax 1993, 157–162; ders, Europäisches Mobiliarsicherungsrecht, oder: Von den Grenzen des Internationalen Privatrechts, in: Mélanges en l'honneur d'Alfred E vOverbeck (Freiburg i Ü 1990) 613–641; MILGER, Mobiliarsicherheiten im deutschen und im US-amerikanischen Recht – Eine rechtsvergleichende Untersuchung = Göttinger Rechtswissenschaftliche Studien, Bd 117 (1982); THOMAS vPLEHWE, Besitzlose Warenkreditsicherheiten im IPR. Eine rechtsvergleichende Untersuchung unter besonderer Berücksichtigung der Rechte der USA, Kanadas, Italiens, der Schweiz und der Bundesrepublik Deutschland (Diss Bonn 1987); RIESENFELD, Dingliche Sicherungsrechte an beweglichem Vermögen nach der Neufassung des Einheitlichen Handelsgesetzbuches für die Vereinigten Staaten, in: FS Ballerstedt (1975) 469–480; Security over Corporeal Moveables [Hrsg SAUVEPLANNE] = Studies in Comparative Law under the Auspices of the Netherlands Association of Comparative Law, Nr 1 (1974); SCHILLING, Some European Decisions on Non-Possessory Security Rights in Private International Law, IntCompLQ 34 (1985) 87–114; ders, Besitzlose Mobiliarsicherheiten im nationalen und internationalen Privatrecht. Versuch einer vergleichenden Darstellung unter Berücksichtigung der Rechte des deutschen und französischen Rechtskreises sowie des Common Law (1985); SERICK/MEZGER/RIESENFELD, Kollisionen zwischen der dinglichen Sicherung von Lieferantenkredit und Bankkredit = Arbeiten zur Rechtsvergleichung, Bd 23 (1964);

der Hand gibt. Besitzlose Mobiliarsicherheiten gefährden jedoch den Kreditverkehr, weil andere Gläubiger des Sicherungsgebers die Belastung der Sache vielfach nicht oder nur schwer zu erkennen vermögen. Die Zulassung besitzloser Mobiliarsicherheiten sowie die Voraussetzungen und Grenzen der Zulassung sind deshalb rechtspolitische Grundfragen, die in den einzelnen Rechtsordnungen verschieden gelöst werden. Die jeweils zugelassenen Formen der besitzlosen Mobiliarsicherung und die Voraussetzungen der Anerkennung variieren von Rechtsordnung zu Rechtsordnung erheblich. Allein schon daraus ergeben sich häufig Rechtskollisionen, wenn immer Sachen, die mit einem besitzlosen Sicherungsrecht belastet sind, im internationalen Verkehr über die Grenze gebracht werden. Die möglichen Kollisionen werden dadurch noch verschärft, daß der abgewogene Ausgleich widerstreitender Interessen, welcher der nationalen Gesetzgebung und Rechtsprechung zu den besitzlosen Mobiliarsicherheiten im ganzen zugrundeliegt, auf inländische Verhältnisse berechnet ist. Der „Import" unbekannter Sicherungsrechte ausländischen Rechts wird deshalb als Störung dieses Interessenausgleichs empfunden, was sich in einschränkenden Regeln über die „Anerkennung" ausländischer Mobiliarsicherheiten niederschlägt.

Zu unterscheiden ist zwischen *Rechtskollisionen bei internationalen Verkehrsgeschäften* (zum Begriff s oben Rn 288) und *Rechtskollisionen nach einem schlichten Statutenwechsel* der belasteten Sache. Internationale Verkehrsgeschäfte, bei welchen eine besitzlose Mobiliarsicherheit vereinbart wird, betreffen regelmäßig den Warenkredit. Der vorleistende Verkäufer, der die Ware ins Ausland zu liefern hat, behält sich das Eigentum an der Ware bis zur vollständigen Zahlung des Kaufpreises vor oder bedingt sich ein vom Recht des Käuferstaates, vielleicht auch nur vom Recht des Verkäuferstaates zugelassenes Sicherungsrecht an der Ware aus. Geldkredit hingegen wird im allgemeinen nur selten „über die Grenze hinweg" gewährt. Soweit solche Kredite dinglich gesichert werden, geschieht dies regelmäßig in den Rechtsformen des Staates, in dem sich das Sicherungsgut befindet und wo es regelmäßig auch verbleiben soll; kollisionsrechtliche Fragen treten hierbei im allgemeinen nicht auf. Innerhalb der Europäischen Union hat allerdings die II. EG-Bankrechts-Richtlinie (Zweite Richtlinie des Rates vom 15. 12. 1989 zur Koordinierung der Rechts- und Verwaltungsvorschriften über die Aufnahme und Ausübung der Tätigkeit der Kreditinstitute und zur Änderung der Richtlinie 77/780/EWG, ABlEG vom 30. 12. 1989, Nr L 386, 1–13, umgesetzt durch Ges über das Kreditwesen und andere Vorschriften über Kreditinstitute vom 21. 12. 1992, BGBl 1992 I 2211) den grenzüberschreitenden Geldkreditverkehr liberalisiert. Die in einem Mitgliedstaat zugelassenen Banken können nach Art 18 der Richtlinie die im Anhang aufgeführten Tätigkeiten, ua auch Ausleihungen wie etwa Konsumentenkredite oder Handelsfinanzierungen, in jedem anderen Mitgliedstaat über eine Zweigstelle oder auch im Wege des Dienstleistungsverkehrs ausüben. Die europäische Öffnung des Kapitalmarktes dürfte indes nichts

Stumpf (Hrsg)/Fichna/Patzak, Eigentumsvorbehalt und Sicherungsübertragung im Ausland. Recht der Mobiliarsicherheiten im Ausland⁵ (1989); Tallon, Réflexions comparatives sur la réserve de propriété et les différents modes de crédit mobilier, in: FS Bärmann (1975) 921–934; Welter, Les sûretés réelles, dans les relations juridiques entre l'Allemagne et la Belgique du point de vue du droit allemand, RevIntComp 1990, 158–185; Witz, Entwicklung und Stand des französischen Rechts der Mobiliarsicherheiten, in: FS Dietrich Schultz (1987) 399–417; Ziegel, Conditional Sales and the Conflict of Laws, CanBRev 45 (1967) 284–334.

daran ändern, daß die kreditgebende Bank, die in einem anderen Mitgliedstaat tätig wird, auch bei Akzeptierung von Mobiliarsicherheiten auf die dort zugelassenen Rechtsformen angewiesen ist und kollisionsrechtliche Fragen sich nur selten stellen (teilweise aA WOLF, Privates Bankvertragsrecht im EG-Binnenmarkt. Auswirkungen der II. EG-Bankrechts-Richtlinie auf privatrechtliche Bankgeschäfte, WM 1990, 1941–1952; s auch SCHNEIDER, Europäische und internationale Harmonisierung des Bankvertragsrechts, NJW 1991, 1985–1993; JAYME IPRax 1992, 348, meint, daß es auf dem Umweg über das private Bankvertragsrecht „zu einiger Bewegung im starren Gefüge des Sachenrechts kommen wird"). Bei den Geschäften des internationalen Warenkreditverkehrs ist hingegen der Statutenwechsel der Sache von den Parteien intendiert und durch den besonderen Zweck des Geschäfts qualifiziert, im Gegensatz zum *schlichten Statutenwechsel*, bei dem eine schon belastete Sache ohne Zusammenhang mit einem grenzüberschreitenden Geschäft durch einen beliebigen Umstand in ein anderes Rechtsgebiet gelangt. Bei einem schlichten Statutenwechsel bleibt gleich, weshalb und auf welche Weise es zur Belastung der Sache mit einem besitzlosen Sicherungsrecht gekommen ist, ob es vor dem Grenzübertritt kraft Gesetzes entstanden oder rechtsgeschäftlich bestellt wurde und welchem wirtschaftlichen Zweck es dient. Auch bei der Bestellung besitzloser Mobiliarsicherheiten sind qualifizierte Statutenwechsel aufgrund eines internationalen Verkehrsgeschäfts und schlichter Statutenwechsel prinzipiell zu unterscheiden, weil sich teilweise verschiedene Rechtsfragen ergeben (zum qualifizierten Statutenwechsel s unten Rn 334–338, zum schlichten Statutenwechsel von Sachen, die mit einem besitzlosen Sicherungsrecht belastet sind, unten Rn 358 ff).

b) Begrenzte Bedeutung internationalprivatrechtlicher Regelungen und Lösungsversuche außerhalb des Kollisionsrechts

320 Der wünschenswerte Schutz besitzloser Mobiliarsicherheiten im grenzüberschreitenden Verkehr kann *nicht allein durch kollisionsrechtliche Regeln und durch internationale Vereinheitlichung dieser Regeln* erreicht werden (vgl KREUZER, in: Vorschläge und Gutachten zur Reform des deutschen internationalen Sachen- und Immaterialgüterrechts = Materialien zum ausländischen und internationalen Privatrecht Bd 33 [Hrsg HENRICH] [1991] 13, 107–109; ders, in Mélanges vOVERBECK, 613, 635). Es gilt ohnehin fast überall in den nationalen Kollisionsrechten, daß dingliche Sicherungsrechte der lex rei sitae unterstehen; soweit solche Rechte geltend gemacht werden, sind nach überwiegender Lehre die damit verbundenen Drittwirkungen nach dem Recht des Staates zu beurteilen, in welchem sich das Sicherungsobjekt gerade befindet (vgl dazu DROBNIG, The Recognition of Non-possessory Security Interests Created Abroad in Private International Law 289, 292 ff; KREUZER, in: Mélanges vOVERBECK 618 f mNachw; VENTURINI, Property, sec 38). Mag auch das Sicherungsrecht nach der Rechtsordnung eines anderen Staates wirksam entstanden sein, so hat doch die Rechtsordnung des Staates, in dem die belastete Sache nach einem Grenzübertritt zur Ruhe kommt, das letzte Wort. Dem Recht des schließlichen Lageortes steht es frei, ein ihm fremdes Sicherungsrecht zu verwerfen. Es wird dies tun, wenn das fremde Sicherungsrecht mit dem materiellen Sachenrecht und der Gläubigerordnung der nunmehr maßgebenden Rechtsordnung unvereinbar ist. Die für die praktische Durchsetzung von Sicherungsrechten vor allem wesentliche Frage, ob das Sicherungsrecht von der jeweiligen lex rei sitae anerkannt wird, betrifft im Grunde gar nicht das IPR, sondern hängt hauptsächlich von der materiellrechtlichen Toleranzbereitschaft des Belegenheitsrechts ab.

321 *Die Effizienz besitzloser Mobiliarsicherheiten* im internationalen Verkehr kann ein-

mal durch staatsvertragliche Vereinbarungen über die Anerkennung fremdrechtlicher Sicherungsrechte gestärkt werden. In dieser Hinsicht sind allerdings bislang
kaum Fortschritte erzielt worden. Naheliegend und geboten sind gemeinschafts-
rechtliche oder staatsvertragliche Regelungen über die gegenseitige Anerkennung
besitzloser Mobiliarsicherheiten insbesondere in der Europäischen Union; denn die
Mißachtung „importierter" Mobiliarsicherheiten, die nach dem Recht des Herkunftsstaates wirksam begründet sind, gefährdet den freien Waren- und Kapitalver-
kehr unter den Mitgliedstaaten der Europäischen Union. BASEDOW (RabelsZ 1995, 1,
41–48; vgl auch KIENINGER, Mobiliarsicherheiten [1996]) nimmt sogar an, Regeln des internationalen Sachenrechts, die zum Untergang „importierter" Sicherungsrechte ausländischer Verkäufer führen, seien Maßnahmen gleicher Wirkung wie mengenmä-
ßige Einfuhrbeschränkungen iS des Art 30 EG-Vertrages. Mit Recht hält SONNEN-
BERGER (ZVgl RW 1996, 27 f) dieser Auffassung freilich entgegen, daß die
kollisionsrechtlich wandelbare Anknüpfung an die Belegenheit und deren Konsequenzen für „importierte" Sicherungsrechte nur Modalitäten des Nebeneinanders
der Eigentumsordnungen der Mitgliedstaaten sind und an deren konstitutiver Funktion für die Gemeinschaftsfreiheiten teilhaben. Immerhin ist BASEDOW zuzugeben,
daß Sinn und Zweck des EG-Vertrages gesetzgeberische Maßnahmen zur Förderung
des freien Waren- und Kapitalverkehrs im Europäischen Binnenmarkt erfordern.
Gleichwohl sind die Bemühungen, durch eine *Richtlinie des Rates* in den Mitgliedstaaten der *Europäischen Union* einheitliche Regeln über die Anerkennung besitzloser Sicherheiten an beweglichen Sachen oder doch wenigstens über die rechtlichen
Folgen eines einfachen Eigentumsvorbehalts zu gewährleisten, bis jetzt vergeblich
geblieben (dazu oben Rn 113). Auch vorbereitende Arbeiten des *Europarates* für ein
internationales Übereinkommen mit entsprechender Zielsetzung vermochten die
Hindernisse für einen internationalen Konsens nicht zu überwinden und wurden in
den 80er Jahren eingestellt (s oben Rn 116). KREUZER hat neuerdings vorgeschlagen,
in der Europäischen Union ein einheitliches dingliches Sicherungsrecht an Fahrnis
einzuführen, das in allen Mitgliedstaaten gleichermaßen anerkannt und geschützt
wird (KREUZER in: Vorschläge und Gutachten zur Reform des deutschen internationalen Sachen-
und Immaterialgüterrechts 107–109 und in Mélanges vOVERBECK 613, 637–641). Es solle den
Parteien *alternativ* neben den weiterbestehenden nationalen Sicherungsrechten zur
Verfügung stehen. Die erforderliche Publizität sei durch ein *zentrales Register* zu
gewährleisten. In vielen Mitgliedstaaten würde jedoch die Einführung einer besitzlosen Mobiliarsicherheit dieser Art auf die Bevorzugung des grenzüberschreitenden
Verkehrs hinauslaufen und die inländische Kredit- und Gläubigerordnung unterlaufen. Eine Verständigung in der Europäischen Union über ein derartiges Nebenein-
ander von europäischem Mobiliarsicherungsrecht kraft Registrierung und national-
rechtlichen Sicherungsformen ist deshalb kaum zu erwarten.

Auch bei den lange andauernden, wechselvollen Verhandlungen über die staatsver-   **322**
tragliche *Vereinheitlichung des Insolvenzrechts* innerhalb der Europäischen Union und
auf der Ebene des Europarates erwiesen sich die Meinungsverschiedenheiten über die
Behandlung der besitzlosen Mobiliarsicherheiten als ein Haupthindernis. Sowohl das
EU-Übereinkommen über Insolvenzverfahren vom 23. 11. 1995 (dazu oben Rn 114) als
auch das Istanbul-Übereinkommen des Europarates über gewisse internationale
Aspekte des Konkurses vom 5. 6. 1990 (dazu oben Rn 117) ändern nichts daran, daß die
Anerkennung dinglicher Rechte an beweglichen und unbeweglichen Sachen der *natio-
nalen lex rei sitae* überlassen bleibt, klammern also das Hauptproblem der Anerken-

nung besitzloser Mobiliarsicherheiten aus. Es wird lediglich die Herrschaft der lex rei sitae über dingliche Rechte abgesichert, insbesondere durch die Vorschrift, daß das dingliche Recht eines Gläubigers oder eines Dritten an Gegenständen des Schuldners, die sich zum Zeitpunkt der Eröffnung des Insolvenzverfahrens in einem Vertragsstaat im Gebiet eines anderen Vertragsstaates befinden, von der Eröffnung des Verfahrens nicht berührt wird (Art 5, 7 Abs 1 des EU-Übereinkommens über Insolvenzverfahren, dazu oben Rn 114). Man wird diese Vorschrift im Wege der Analogie wohl zu einer allseitigen, nicht auf Vertragsstaaten beschränkten Regel des deutschen internationalen Insolvenzrechts erweitern dürfen (der entsprechende § 390 Abs 1 des RegE Insolvenzordnung vom 21. 11. 1991 BT-Drucks 12/2443 ist – offenbar im Hinblick auf die bevorstehende Regelung auf europäischer Ebene – nicht in die neue, am 1. 1. 1999 in Kraft tretende Insolvenzordnung vom 5. 10. 1994, BGBl I 2866, übernommen worden).

323 Auch ohne staatsvertragliche Regelung kann ein gewisser Schutz besitzloser Mobiliarsicherheiten im internationalen Verkehr im übrigen dadurch erreicht werden, daß der Belegenheitsstaat gesetzliche *Sonderregeln* einführt oder richterrechtlich anerkennt, wonach ein im Ausland begründetes Sicherungsrecht an einer ins Inland gelangten Sache jedenfalls binnen bestimmter *Übergangsfristen* im Inland ebenso wirksam ist und ausgeübt werden kann wie im Herkunftsstaat. Auch hierbei handelt es sich im Grund aber nicht um Kollisionsrecht, sondern vielmehr um materielles Recht für bestimmte Auslandssachverhalte. Eine entsprechende Regelung enthält nunmehr insbesondere Art 102 Abs 2 des schweizIPRG wenigstens für den Eigentumsvorbehalt. Ist ein Eigentumsvorbehalt im Ausland gültig begründet worden, der den Anforderungen des schweizerischen Rechts nicht genügt, so bleibt er dennoch in der Schweiz während drei Monate gültig (s näher oben Rn 26). Der Verkäufer erhält auf diese Weise Gelegenheit, binnen jener Frist die öffentliche Registrierung des Eigentumsvorbehalts am Wohnsitz des Erwerbers in der Schweiz herbeizuführen, so daß den Anforderungen des schweizerischen Rechts entsprochen wird. Im Recht der USA sieht Art 9 UCC ebenfalls eine *materiellrechtliche Schonfrist* für den Fall vor, daß eine bewegliche Sache, an der ein „security interest" bereits wirksam begründet worden ist, unter Statutenwechsel in einen amerikanischen Staat gelangt. Es wird dann das „importierte" Sicherungsrecht auch in diesem Staat voll geschützt, sofern es binnen vier Monaten nach den Vorschriften dieses Staates publik gemacht wird durch Registrierung. Offenbar soll diese Regel freilich nur für den schlichten Statutenwechsel gelten, wohingegen bei einem qualifizierten Statutenwechsel im Rahmen einer Lieferung in jenen Staat dessen Publizitätsvorschriften stets zu beachten sind, vorausgesetzt, daß die Sache binnen 30 Tagen nach Begründung des Sicherheitsrechts nicht nur als Transitgut in diesen Staat gelangt (dazu näher unten Rn 332). Eine detaillierte Regelung bestimmter Fristen für die Publizierung eines Sicherungsrechts an einer nach *Quebec* eingeführten Sache enthält nunmehr der neue Code civil von Quebec von 1994 in Buch X, Art 3102–3106 (s oben Rn 38; IPRax 1994, 319 f; zu ähnlichen Vorschriften *anderer kanadischer Provinzen* s VENTURINI, Property, sec 38 Fn 231).

3. Eigentumsvorbehalt im besonderen*

324 Das Interesse des vorleistenden Warenlieferanten, sich an der gelieferten Ware eine

---

* Die **allgemeine Literatur** zu den besitzlosen Mobiliarsicherheiten ist oben vor Rn 318 angeführt, **spezielle Literatur** zur Bedeutung und Tragweite des Eigentumsvorbehalts in einzel-

Sicherheit vorzubehalten, wird in den meisten Rechtsordnungen höher bewertet als das Interesse des Geldkreditgebers an der Einräumung besitzloser Mobiliarsicherheiten; denn der Warenkreditgeber steht der von ihm gelieferten, noch nicht oder nicht vollständig bezahlten Ware wirtschaftlich näher als ein Geldkreditgläubiger beliebigen Sicherungsobjekten des Sicherungsgebers. Gleichwohl weichen die nationalen Rechtsordnungen auch schon bei den zugelassenen Formen einer besitzlosen Mobiliarsicherung des Warenkreditgläubigers vielfach voneinander ab. Nur wenige Rechtsordnungen lassen den einfachen Eigentumsvorbehalt sowie Zusatzklauseln ebenso großzügig zu wie das deutsche Recht. Häufig wird die Wirksamkeit des Eigentumsvorbehalts im Verhältnis zu Dritten eingeschränkt oder von besonderen Voraussetzungen abhängig gemacht, insbesondere von der Erfüllung bestimmter Form- und Publizitätsvorschriften. Dem Verkäufer droht bei Lieferung in ein Rechtsgebiet, wo für besitzlose Mobiliarsicherheiten strengere Vorschriften gelten, die Nichtanerkennung eines Eigentumsvorbehalts oder sonstigen Sicherungsrechtes, mag es auch nach dem Recht des Verkäuferstaates wirksam begründet worden sein. Zur Veranschaulichung der typischen Rechtskonflikte, die hierbei entstehen können, sollen im folgenden einige Angaben mit Schrifttumshinweisen zu dem Recht *solcher Staaten* gegeben werden, die für den *Warenverkehr mit der Bundesrepublik* besonders wichtig sind.

a) Rechtsvergleichende Hinweise

Das **österreichische ABGB** bestimmt zwar (§ 1063), daß das Eigentum an der gekauf- **325** ten Sache auf den Käufer übergeht, wenn ihm der Verkäufer, ohne das Kaufgeld zu erhalten, die Sache übergibt. Diese Vorschrift ist aber nach allgemeiner Ansicht abdingbar und steht deshalb einem Eigentumsvorbehalt nicht entgegen. Dieser bewirkt, daß das Eigentum nur unter der aufschiebenden Bedingung der vollständigen Zahlung des Kaufpreises auf den Käufer übergeht (KLANG/BYDLINSKI, Kommentar zum ABGB² IV, 2 [Wien 1978] § 1063 Anm IV A 1; KOZIOL/WELSER, Grundriß des bürgerlichen Rechts⁹ II [Wien 1991] 149–157; RUMMEL/AICHER, Kommentar zum ABGB² I [Wien 1990] § 1063 Rn 8, 24–116). Die im Gesetz bestimmte Publizität der Verpfändung einer beweglichen Sache (Übergabe oder symbolische Übergabe durch Zeichen, wenn eine

---

nen Rechtsordnungen bei den rechtsvergleichenden Hinweisen in den folgenden Rn 325–333. S im übrigen GRAF vBERNSTORFF, Der Eigentumsvorbehalt in den EG-Staaten, RiW 1993, 365–372; vCAEMMERER, Zum internationalen Sachenrecht. Eine Miszelle, in: FS Zepos (1973) II 25–34; Conseil de l'Europe (Hrsg), Vente à tempérament et à crédit d'objets mobiliers corporels dans les états membres du conseil de l'Europe. Etude de droit comparé preparée par l'Unidroit (1970); DROBNIG, Eigentumsvorbehalte bei Importlieferungen nach Deutschland, RabelsZ 1974, 468–489; KALOMIRIS, Alexander, Verlängerter Eigentumsvorbehalt, Ersatzaussonderung des Weiterverkaufspreises, Sicherungs(global)zession und ihre Kollision im deutsch-französischen Waren-

verkehr, insbesondere im Konkurs des Käufers (Diss München 1992); KEGEL, Der Griff in die Zukunft, JuS 1968, 162–166; KLIMOWSKY, Eigentumsvorbehalt im Außenhandel, RiW/AWD 1980, 389–390; GRAF LAMBSDORFF, Handbuch des Eigentumsvorbehalts im deutschen und ausländischen Recht (1974); LAREM, Die Entwicklung und Regelung des Eigentumsvorbehalts im deutschen, schweizerischen und französischen Recht (Basel 1958); MERTENS, Eigentumsvorbehalt und sonstige Sicherungsmittel des Verkäufers im ausländischen Recht (1964); PENNINGTON, Retention of Title to the Sale of Goods under European Law, IntCompLQ 27 (1978) 277–318; REITHMANN/MARTINY 443–445, 446.

Hans Stoll

körperliche Übergabe nach der Beschaffenheit der Sache nicht tunlich ist, §§ 451, 452 ABGB) wird zwar von der Rechtsprechung auch für die Sicherungsübereignung verlangt, nicht aber für den Eigentumsvorbehalt (KLANG/BYDLINSKI § 1063 Anm IV A 1 Fn 269; KOZIOL/WELSER II 151 Fn 16; RUMMEL/AICHER, § 1063 Rn 27). Sowohl bei Warenlieferungen eines deutschen Verkäufers an einen Käufer in Österreich als auch bei schlichtem Statutenwechsel einer in Deutschland veräußerten, nach Österreich gelangten Kaufsache steht deshalb der Anerkennung eines nach deutschem Recht formlos begründeten Eigentumsvorbehalts nichts im Wege (RUMMEL/SCHWIMANN, Kommentar zum ABGB² II [Wien 1992] § 31 IPRG Rn 7 b). Die österreichische Rechtsprechung war sogar großzügig genug, bei Lieferungen aus der Schweiz einen nach Maßgabe des schweizerischen Rechts vereinbarten Eigentumsvorbehalt in Österreich als wirksam anzusehen, obwohl die vom schweizerischen Recht vorgeschriebene Registrierung des Eigentumsvorbehalts beim Käufer (Art 715 ZGB) naturgemäß unterblieben war (OGH SZ 34/67; ÖBA 1987, 930, 932). Soweit allerdings nunmehr das schweizerische IPRG von 1987 maßgebend ist, kann in solchen Fällen eine Kollision mit dem schweizerischen Recht schon deshalb nicht mehr auftreten, weil nach Art 103 IPRG der Eigentumsvorbehalt an einer zur Ausfuhr bestimmten beweglichen Sache dem Recht des Bestimmungsstaates untersteht, insoweit also auf österreichisches Recht verwiesen wird. Ist einmal die Vorbehaltsware nach Österreich gelangt, werden ohnehin die dinglichen Wirkungen des Eigentumsvorbehalts, einschließlich erweiternder Klauseln, ausschließlich nach österreichischem Recht beurteilt (§ 31 Abs 2 ÖstIPRG, dazu RUMMEL/SCHWIMANN § 31 IPRG Rn 7 b, 8). Dabei ist zu beachten, daß das österreichische Recht bei Zulassung *erweiternder Klauseln* restriktiver ist als das deutsche. Sog *Verarbeitungsklauseln* zugunsten des Verkäufers erkennt nun zwar der ÖstOGH im Anschluß an SPIELBÜCHLER (JBl 1968, 590 f) und BYDLINSKI (KLANG/BYDLINSKI § 1063 Anm IV A 7 e) wenigstens die Wirkung zu, daß verarbeitender Käufer und Vorbehaltsverkäufer als Stoffeigentümer, ebenso wie bei unbefugter Verarbeitung (§ 415 ABGB), Miteigentümer des Produktes werden; die Miteigentumsquoten bestimmen sich hierbei nach den beiderseits geleisteten Wertanteilen zur Zeit der Verarbeitung, soweit nicht etwa eine für den Käufer günstigere Relation vereinbart wird (OGH, verstärkter Senat, SZ 49/138 = JBl 1977, 261 = ÖJZ 1977, 68, dazu BEHR RiW/AWD 1977, 615−618; OGH JBl 1982, 88; KOZIOL/WELSER II 154; RUMMEL/AICHER § 1063 Rn 91, 92). Der gleiche Grundsatz gilt auch bei *Vermengung* der unter Eigentumsvorbehalt gelieferten Ware mit Sachen des Käufers (OGH JBl 1980, 258 = ÖJZ 1980, 243). Dagegen ist es nach österreichischem Recht nicht möglich, dem Vorbehaltsverkäufer durch eine Verarbeitungsklausel das *Alleineigentum* oder auch nur eine den Wertanteil übersteigende Miteigentumsquote zu verschaffen. Hierin wird nämlich eine *Sicherungsübereignung* erblickt, die regelmäßig daran scheitert, daß die Publizitätserfordernisse der §§ 451, 452 ABGB nicht erfüllt sind. Aus dem gleichen Grund wird auch eine Erweiterung des Eigentumsvorbehalts dahin, daß das Eigentum auf den Käufer erst bei Erfüllung weiterer Forderungen außer der Kaufpreisforderung übergeht, für unwirksam erachtet (KLANG/BYDLINSKI § 1063 Anm IV B; KOZIOL/WELSER II 157; RUMMEL/AICHER § 1063 Rn 108−111).

326 Im schweizerischen Recht* ist der Vorbehalt des Eigentums an einer dem Erwerber

---

* Zum schweizerischen Recht vgl BEHR, Eigentumsvorbehalt und verlängerter Eigentumsvorbehatl bei Warenlieferungen in die Schweiz, RiW/AWD 1978, 489−499; ANDREAS BUCHER, La réserve de propriété en droit international privé, Sem judiciaire 1990, 318−328; BÜRGI,

übergebenen Kaufsache nur dann wirksam, wenn er an dessen jeweiligem Wohnort in einem vom Betreibungsbeamten zu führenden öffentlichen Register eingetragen ist (Art 715 ZGB). Bei juristischen Personen und Handelsgesellschaften muß die Eintragung am Ort ihres statutarischen Hauptsitzes vorgenommen werden (BGE 42 II 11), und zwar auch dann, wenn sich die effektive Geschäftstätigkeit an einem anderen Ort abspielt (BGE 106 II 320). Die Eintragung ist nicht nur zur Begründung, sondern auch zum Fortbestand des Eigentumsvorbehalts nötig (BGE 93 III 96 = ZSchweizR 1978, 632 mAnm HEINI). Sie kann auch nach Übergabe der Kaufsache erfolgen – sie wird meist erst dann beantragt, wenn der Käufer nicht pünktlich zahlt (HANISCH, in: FS Heini 163 Fn 16) – , wirkt dann aber erst von dem Zeitpunkt der Eintragung an (BGE 42 III 173). Ein nach Konkurseröffnung oder Pfändung der Kaufsache eingetragener Eigentumsvorbehalt ist indes gegenüber den Gläubigern des Käufers wirkungslos (BGE 93 III 96; 96 II 161; OG Zürich ZürchRspr 1973, 159). Die Eintragung schließt einen *Gutglaubenserwerb* nicht aus und begründet auch keine Vermutung dafür, daß ein Dritterwerber die Eintragung kennt (BGE 42 II 578; 93 III 96). Der Erwerber der Sache muß sich allerdings unter besonderen Umständen, etwa wenn der Kaufpreis ungewöhnlich niedrig ist, davon überzeugen, daß kein Eigentumsvorbehalt registriert ist (BGE 107 II 41). Wechselt der Käufer nach Registrierung des Eigentumsvorbehalts seinen Wohnsitz in der Schweiz, so verliert die Eintragung an seinem bisherigen Wohnsitz ihre Wirkung mit dem Ablauf von 3 Monaten seit der Verlegung des Wohnsitzes ohne Rücksicht darauf, wann der Veräußerer oder sein Rechtsnachfolger hiervon Kenntnis erhält (Art 3 der VO betr die Eintragung der Eigentumsvorbehalte, BGE 96 II 161). Unsicher ist, ob durch eine sog Verarbeitungsklausel dem Vorbehaltsverkäufer das Eigentum an dem vom Käufer hergestellten Produkt verschafft werden kann. Selbst wenn der Eigentumsvorbehalt eingetragen ist, bleibt fraglich, ob die Eintragung auch zugunsten des Produktes wirkt oder für dieses eine neue Eintragung erforderlich ist (OG Zürich ZürchRspr 1969, 371; BEHR 492 f; HANISCH, in: FS Heini 169; OTTRUBAY 9).

Bei **Warenlieferungen in die Schweiz** im Rahmen eines internationalen Verkehrsge- **327** schäftes wird ein Eigentumsvorbehalt in der Schweiz, mag er auch nach ausländischem Recht bereits wirksam begründet sein, nur dann als wirksam anerkannt, wenn den Publizitätsvorschriften des schweizerischen Rechts entsprochen wird. Von dieser in Rspr und Lehre schon vor dem Inkrafttreten des IPRG anerkannten Regel (vgl BGE 36 II 6; 42 III 174; BEHR RiW/AWD 1978, 497; KLEIN Rev crit dr i p 1979, 516–520) geht nunmehr auch das IPRG aus, wenn es in Art 102 Abs 2 eine *„Schonfrist"* für die

Theorie und Praxis des Eigentumsvorbehalts, in: Probleme der Kreditsicherung = Berner Tage für die juristische Praxis 1981 (Bern 1982) 111–146; HANISCH, Besitzlose Mobiliarsicherheitsrechte im internationalen Rechtsverkehr, insbesondere im Verhältnis zwischen der Schweiz und der Bundesrepublik Deutschland, in: FS Rudolf Moser (1987) 25–52; ders, Eigentumsvorbehalt im Normenkonflikt, in: FS Anton Heini (1995) 159–177; OTTRUBAY, Die Eintragung des Eigentumsvorbehalts unter Berücksichtigung des internationalen Rechts und der internationalen Harmonisierungsbestrebungen = Arbeiten aus dem JurSeminar der Universität Freiburg/Schweiz, Bd 50 (1980); SUZETTE SANDOZ, L'inscription du pacte de réserve de propriété: Une solution „générale" diabolique, ZSchweizR 1987, 535–600; SCHERRER, in: HAAB/SIMONIUS/SCHERRER/ZOBL, Züricher Kommentar, Sachenrecht² IV 1 (1977) 690 ff; SIEHR, Eigentumsvorbehalt im deutsch-schweizerischen Rechtsverkehr, IPRax 1982, 207–210.

Nachholung der erforderlichen Publizität einräumt (s oben Rn 26). Der nach ausländischem Recht gültig begründete Eigentumsvorbehalt bleibt in der Schweiz noch während 3 Monaten wirksam, auch wenn den Anforderungen des schweizerischen Rechts nicht entsprochen ist. Ein nach deutschem Recht formlos vereinbarter Eigentumsvorbehalt muß in diesem Sinne als „gültig begründet" angesehen werden, auch wenn die in die Schweiz gelieferte Ware erst dort in den Besitz des Käufers gelangt und jedenfalls nach deutschem Recht jene Vereinbarung nun erst wirken kann (oben Rn 26; HANISCH, in: FS Heini 171, der großzügig einen „abgeschlossenen Tatbestand" annimmt). Auch für einen schlichten Statutenwechsel gelten keine weitergehenden Erleichterungen, vielmehr ist Art 102 Abs 2 IPRG selbst dann anzuwenden, wenn der Eigentumsvorbehalt in Deutschland bei einem Kauf unter Deutschen begründet worden ist und danach die Vorbehaltsware in die Schweiz verbracht wird (so schon die frühere Rechtsprechung s BernAppellationshof ZBernJV 50 [1914] 560; BGE 93 III 96 = ZSchweizR 1968, 632 mAnm HEINI; 96 II 161 = AWD 1972, 140; 106 II 197 = IPRax 1982, 199 und dazu SIEHR IPRax 1982, 207−210). Der generelle Geltungsanspruch des schweizerischen Rechts sollte indes mindestens dann dem Respekt vor wohlerworbenen Rechten weichen, wenn die Vorbehaltsware nur vorübergehend in den Bereich des schweizerischen Rechts gelangt (HANISCH, in: FS Heini 173; HEINI, in: HEINI/KELLER/SIEHR/VISCHER/VOLKEN, IPRG-Kommentar [Zürich 1993] Art 102 Rn 13, 14).

328 Nach **französischem Recht*** stand es den Kaufvertragsparteien schon immer frei, in Abweichung von Art 1138 Abs 2, 1583 cc zu vereinbaren, daß das Eigentum an der Ware erst mit vollständiger Zahlung des Kaufpreises auf den Käufer übergeht. Nach der früheren Rechtsprechung war jedoch ein solcher Eigentumsvorbehalt im Kon-

---

* Zum Eigentumsvorbehalt nach französischem Recht ARNOLD, Das französische Gesetz über den Eigentumsvorbehalt, BB 1981, 268−273; BÖCKENHOFF, Reform des französischen Insolvenzrechts, RiW 1994, 1053−1055; BRÖDERMANN, Der Eigentumsvorbehalt in Frankreich und Deutschland, ZVglRW 83 (1984) 178−221; CABRILLAC/MOULY, Droit des sûretés² (Paris 1993) 547−555; CABRILLAC/PEBEL, Juin 1994, le printemps des sûretés réelles?, DS 1994 chr 243−249; DEPSER, Der neue französische Eigentumsvorbehalt, RiW/AWD 1984, 176−180; GHESTIN, Réflexions d'un civiliste sur la clause de réserve de propriété, DS 1981 chr 1−16; HANISCH, Deutscher Eigentumsvorbehalt in französischen Insolvenzverfahren, IPRax 1992, 187−191; KLEIN, Schutzwirkung des Eigentumsvorbehalts im französischen Insolvenzverfahren, RiW 1991, 809−812; LITAUDON, Der Eigentumsvorbehalt und die neuen Zielsetzungen des Insolvenzrechts in Frankreich, RiW 1987, 348−353; LOUSSOUARN, Les conflits de lois en matière de clause de réserve de propriété, Etudes Houin (1985), 275−295; LUTZ, Die französischen Mobiliarsicherheiten, in: Französisches Vertragsrecht für deutsche Exporteure (Hrsg WITZ/POPP) (1989) 28−31; MAYER, Les conflits de lois en matière de réserve de propriété après la lois du 12 mai 1980, JCP 1981 I no 3019; MEZGER, Das französische Gesetz v 12.5.1980 über den Eigentumsvorbehalt, ZIP 1980, 406−410; ORTSCHEIDT, Possession et clause de réserve de propriété en droit français et droit allemand, RevIntComp 1983, 767−868; PEDAMON, Considérations comparatives sur la loi du 12 mai 1980, in: Etudes offertes à René Rodière (1981) 209−219; PÉROCHON, Réserve de propriété, DS 1991 somm 41−48; dies, La revendication favorisée (loi no 94−475 du 10 juin 1994), DS 1994 chr 251−254; SEELIGER, Konkursfestigkeit dinglicher Mobiliarsicherheiten im deutsch-französischen Warenverkehr (1985); SPELLENBERG, Eigentumsvorbehalt in Frankreich, ZfRvgl 1994, 105−118; WITZ, Der neue französische Eigentumsvorbehalt im deutsch-französischen Handel, NJW 1982, 1897−1902.

kurs des Käufers nur dann wirksam, wenn der Verkäufer noch vor Konkurseröffnung durch Klageerhebung oder durch eine sonstige förmliche und unmißverständliche Handlung seinen Willen bekundet hatte, von der Vorbehaltsklausel Gebrauch zu machen (vgl Cass com Bull civ 1975 IV n 313, 260 = D 1976, somm 22; Cass com DS 1980 IR 19). Die Rechtslage wurde jedoch durch das französische Gesetz n 80−335 v 12. 5. 1980 über die Wirkungen von Eigentumsvorbehaltsklauseln bei Kaufverträgen (JO 13. 5. 1980, 1202) wesentlich geändert. Nach diesem Gesetz und den entsprechenden neuen Vorschriften des französischen Insolvenzrechts (dazu oben Rn 34) hat ein von den Kaufvertragsparteien vereinbarter Eigentumsvorbehalt auch insolvenzrechtliche Wirkungen und gestattet dem Verkäufer grundsätzlich die Aussonderung der Vorbehaltsware im Insolvenzverfahren des Käufers, wenn die Klausel in einem Schriftstück enthalten ist, das spätestens im Zeitpunkt der Lieferung errichtet wird (Art 121 Abs 2 des Ges n 85−98 v 25. 1. 1985 idF durch Art 59 des Ges no 94−475 v 10. 6. 1994, JO 11. 6. 1994, 8440). Ein einseitig erklärter Eigentumsvorbehalt genügt nicht. Der in einem Schriftstück niedergelegte Eigentumsvorbehalt muß nämlich „*vereinbart*" sein. Nach hL ist hierfür die *mindestens stillschweigende Zustimmung* des Käufers notwendig, die „*certaine*" sein muß. Das wird vor allem dann verneint, wenn die Klausel in den AGB des Verkäufers oder dem sonstigen „Schriftstück" nicht deutlich herausgestellt wird (vgl Cass com D 1985, IR 1 = GazPal 1984 I 64). Nach der Neufassung von Art 121 Abs 2 des französischen Insolvenzgesetzes n 85−98 sur le redressement et la liquidation judiciaires durch das Gesetz no 94−475 v 10. 6. 1994 (Art 59) braucht bei einem „ensemble d'opérations commerciales" die Vorbehaltsklausel nur in dem Rahmenvertrag vereinbart zu werden. Der Eigentumsvorbehalt muß binnen 3 Monaten nach Veröffentlichung der gerichtlichen Entscheidung über die Eröffnung eines Insolvenzverfahrens geltend gemacht werden (Art 115 Abs 1 Insolvenzgesetz). Der Insolvenzverwalter kann dem Herausgabeverlangen des Vorbehaltsverkäufers mit Zustimmung des Schuldners stattgeben, ohne den Richter anrufen zu müssen (Art 121−1 Insolvenzgesetz). Ein Recht auf Herausgabe hat der Vorbehaltsverkäufer freilich nur dann, wenn die Vorbehaltsware beim Käufer noch „*en nature*" vorhanden ist. Das setzt voraus, daß keine grundlegende Veränderung stattgefunden hat und die Vorbehaltsware deshalb noch zu identifizieren ist (CassCom DS 1991 somm 46 note Pérochon; Versailles DS 1991 somm 46; Cass com 1993 somm 291 note Pérochon). Eine *Verarbeitungsklausel* zugunsten des Verkäufers vermag daran nichts zu ändern und ist jedenfalls insolvenzrechtlich wirkungslos. Dem Herausgabeanspruch des Vorbehaltsverkäufers steht jedoch nicht entgegen, daß die Vorbehaltsware in eine andere bewegliche Sache eingefügt worden ist, sofern eine Herauslösung ohne Beschädigung der eingefügten Sache und der Hauptsache möglich ist (Art 121 Abs 3 Insolvenzgesetz idF durch Art 59 des Ges n 94−475 v 10. 6. 1994). Das zuletzt genannte Gesetz hat die Rechtsstellung des Vorbehaltsverkäufers weiterhin dadurch verstärkt, daß beim Gattungskauf der aussondernde Verkäufer des Identitätsbeweises enthoben ist, solange Ware gleicher Art und Güte beim Käufer vorhanden ist (das kann freilich nicht gelten, wenn ein Dritter beweist, daß er Eigentümer dieser Ware ist, Pérochon DS 1994 chr 253 f). Nach wie vor *ausgeschlossen* ist indes die *Erweiterung* des Eigentumsvorbehalts durch Einbeziehung anderer Forderungen in die Klausel; denn nach dem Insolvenzgesetz kann der Eigentumsübergang nur von dem „paiement intégral du prix" abhängig gemacht werden (Art 121 Abs 2 Insolvenzgesetz; Mezger 410). Grundsätzlich geht der Eigentumsvorbehalt auch bei *Weiterveräußerung* der Vorbehaltsware unter. Dem Vorbehaltsverkäufer verbleibt in diesem Falle nur das *Ersatzrecht*, eine zur Zeit der Eröffnung des Insolvenzverfahrens noch ausstehende Forderung des Vorbehaltskäufers gegen den Dritterwerber gegen diesen geltend zu machen (Art 122 Insolvenzgesetz idF durch Art 61 des Ges n 94−475).

329 Im *französischen IPR* wird die Begründung eines Eigentumsvorbehalts nach dem Vertragsstatut beurteilt, das die Parteien wählen können. Ist eine Rechtswahl nicht getroffen, wird vermutet, daß die Parteien das Recht des Staates gewählt haben, in dem sich die Sache im Zeitpunkt des Vertragsschlusses befunden hat (HANISCH IPRax 1992, 188 mNachw). Die sachenrechtlichen Wirkungen des Eigentumsvorbehalts werden hingegen der jeweiligen *lex rei sitae* unterstellt, bei internationalen Verkehrsgeschäften also dem Recht des *Bestimmungslandes*, sobald die Ware dort eingetroffen ist (BATIFFOL/LAGARDE, DIP II[7] n 520 Fn 2, 525; FOUCHARD, in: D, Encyclopédie, Rép dr int, sv „Biens" n 98; MAYER JCP 1981 I 3109 n 12). Bei Lieferungen nach Frankreich wird zudem, wenn über das Vermögen des französischen Käufers ein Insolvenzverfahren eröffnet ist, das Sachstatut durch das französische Insolvenzstatut überlagert, wobei dessen Bestimmungen auch bei Lieferungen aus dem Ausland unbedingte Geltung beanspruchen (Cass civ DS 1991 j 276 f note RÉMÉRY, dazu HANISCH IPRax 1992, 187−191; KLEIN RiW 1991, 809−812). Der ausländische Vorbehaltsverkäufer kann folglich nur dann mit der Anerkennung eines Eigentumsvorbehalts rechnen, wenn die geschilderten Vorschriften des französischen Rechts über die schriftliche Vereinbarung des Eigentumsvorbehalts eingehalten sind und die Vorbehaltsware noch „en nature" vorhanden ist. Bei schlichtem Statutenwechsel der Vorbehaltsware dürfte ein im Ausland begründeter Eigentumsvorbehalt in Frankreich kaum großzügiger behandelt werden. Immerhin hat der französische Kassationshof die Einhaltung der nach französischem Recht für einen Leasing-Vertrag (crédit-bail) vorgeschriebenen Publizität für entbehrlich gehalten, wenn ein deutscher Leasingnehmer das Leasinggut, das er von einem deutschen Leasinggeber erhalten hat, einem französischen Mieter übergibt; denn zwischen den Parteien habe kein Leasing-Vertrag iS des französischen Gesetzes bestanden, das jene Publizität vorschreibt (Cass com Rev crit dr i p 1983 450 note KHAIRALLAH = DS 1983, j 271). Diese Entscheidung könnte sinngemäß auf einen im Ausland unter Ausländern formlos begründeten Eigentumsvorbehalt übertragen werden.

330 Nach **italienischem Recht*** kann ein Eigentumsvorbehalt grundsätzlich formlos vereinbart werden, was freilich nur im Kaufvertrag selbst geschehen kann. Das Gesetz

---

* Zum italienischen Recht vgl italienischer Kassationshof RiW/AWD 1977, 110 und 724; 1979, 214 und 426; LG Frankfurt IPRspr 1958−59 Nr 109; BGHZ 45, 95 = IPRspr 1966−67 Nr 54 = NJW 1966, 879 = LM Nr 29 zu Art 7 ff EGBGB (Deutsches IPR); BONOMI, Der Eigentumsvorbehalt in Österreich und Italien unter Berücksichtigung anderer europäischer Rechtssysteme = Schriften zum Internationalen Recht, Bd 63 (1993); GASSNER/WOLFF, Die Kreditsicherung durch das bewegliche Vermögen des Schuldners im italienischen Recht, Betrieb Beil Nr 10/1969; KINDLER, Einführung in das italienische Recht (1993) 222−224;

MAZZONI, La reconnaissance des sûretés mobilières sans dépossession créées à l'étranger en droit international privé, in: Rapports nationaux italiens au Xe Congrès international de droit comparé de Budapest 1978 (Milano 1978) 245−279; MÜHL, Sicherungsübereignung, Sicherungsabtretung und Eigentumsvorbehalt im italienischen Recht (1980); SIEHR, Der Eigentumsvorbehalt an beweglichen Sachen im IPR, insbesondere im deutsch-italienischen Rechtsverkehr, AWD 1971, 10−21; WUNNER, Der Eigentumsvorbehalt im italienischen Recht, NJW 1960, 1846 f.

sieht zwar den Eigentumsvorbehalt nur für den Abzahlungskauf vor (Art 1523 cc). Der Eigentumsvorbehalt wird jedoch bei jedem Warenkauf zugelassen, falls der Verkäufer vorleistet (KINDLER 222; LUZZATO, La compravendita [1961] 515–548). Allerdings wirkt ein Eigentumsvorbehalt gegenüber den Gläubigern des Käufers nur dann, wenn er sich aus einer Urkunde mit „sicherem Datum" ergibt, das vor der Pfändung – der die Konkurseröffnung gleichsteht (KINDLER 223) – liegen muß. Nach Art 2704 cc gilt das Datum im allgemeinen nur dann als sicher, wenn es aus einer öffentlich beglaubigten Urkunde hervorgeht oder bei der Behörde für Registersteuern registriert worden ist. Eine solche Registrierung schließt indessen nicht aus, daß der Käufer die Vorbehaltsware an einen gutgläubigen Erwerber nach den allgemeinen Vorschriften (Art 1147, 1153–1157 cc) wirksam veräußert. Einen weitergehenden Schutz gewährt jedoch Art 1524 Abs 2 cc bei der Lieferung von Maschinen zum Kaufpreis von mehr als 30.000 Lire unter Eigentumsvorbehalt sowie das Ges Nr 1329 v 28. 11. 1965 (Gazz uff v 14. 12. 1965, 6255) für Werkzeug- und Produktionsmaschinen mit einem Kaufpreis von mehr als 500.000 Lire, sofern der Eigentumsvorbehalt an solchen Maschinen bei dem Landgericht öffentlich registriert worden ist, in dessen Bezirk die Maschine aufgestellt ist: Ein Gutglaubenserwerb ist dann ausgeschlossen. Entsprechendes gilt für die nach Art 2683 cc öffentlich registrierten Schiffe, Flugzeuge und Kraftfahrzeuge, wenn der Eigentumsvorbehalt in das für sie maßgebende Register eingetragen ist (Art 1524 Abs 3 cc). Rechtsprechung und überwiegende Lehre halten eine Verarbeitungsklausel zugunsten des Vorbehaltsverkäufers für unvereinbar mit dem Eigentumsvorbehalt, weshalb eine solche Klausel den Eigentumsvorbehalt unwirksam macht und folglich das Eigentum an der Ware sofort mit Vertragsschluß auf den Käufer übergeht (kritisch hierzu jedoch BONOMI 77–94). Die italienische Rechtsprechung und Lehre unterstellen kollisionsrechtlich die dinglichen Wirkungen eines Eigentumsvorbehalts der lex rei sitae (s nunmehr Art 51 Abs 1 des IPR-Gesetzes v 31. 5. 1995, s oben Rn 43, das keine besonderen Vorschriften über den Eigentumsvorbehalt enthält) und folgern daraus, daß bei Warenlieferungen nach Italien ein nach ausländischem Recht vereinbarter Eigentumsvorbehalt nur unter den Voraussetzungen und nach Maßgabe der Art 1524, 2704 cc Drittwirkungen hat, sobald die Ware italienisches Gebiet erreicht (App Napoli, Foro It 1956 I 101; App Milano, Foro It 1957 I 1856, berichtet auch von JAYME RabelsZ 1967, 485; BONOMI, Riv dir int priv proc 1992, 777, 785; KINDLER 224; VENTURINI, Enciclopedia Giuridica [1989] sv Diritti Reali 7).

Nach englischem (und schottischem) Recht[*] geht das Eigentum an dem verkauften **331**

---

[*] **Schrifttum** zum englischen und schottischen Recht: BAUMGARTE, Eigentumsvorbehalt in Großbritannien, RiW/AWD 1981, 733–738; BENJAMIN's Sale of Goods[4] (1992) 237–255; BRADGATE, Retention of Title in the House of Lords: Unanswered Questions, ModLRev 54 (1991) 726–735; GOODE, The Secured Creditor and Insolvency under English Law, RabelsZ 1980, 674–712; HEYNE, Deutscher Eigentumsvorbehalt vor schottischen Gerichten, IPRax 1988, 318–320; KESSEL, Eigentumsvorbehalt und Rezession in Großbritannien, RiW 1991, 812–818; KLÖTZEL, Der Eigentumsvorbehalt

und seine Verlängerungs- und Erweiterungsformen in England, RiW/AWD 1985, 460–465; LACY, Reservation of Title and Charges on Company Book Debts: The Death of Romalpa, ModLRev 54 (1991) 736–738; LANGE, Kreditsicherheiten in der Unternehmenssanierung nach englischem Recht, WM 1990, 701–710; MAGNUS, Die neue englische Rechtsprechung zum Eigentumsvorbehalt und seinen Erstreckungsformen, RiW/AWD 1985, 769–777; F A MANN, Zur Wirkung des Eigentumsvorbehalts in England und Schottland, NJW 1991, 608; ROLOFF, Armour v Thyssen Edelstahlwerke

Stückgut oder der konkretisierten Gattungsware zu dem von den Parteien bestimmten Zeitpunkt auf den Käufer über (Sale of Goods Act 1979 [c 54] sec 17). Der selbst formlosen Vereinbarung eines Eigentumsvorbehalts bis zur vollständigen Zahlung des Kaufpreises steht deshalb nichts im Wege. Sec 19 (subsec 1) Sale of Goods Act sieht ausdrücklich vor, daß der Verkäufer „may reserve the right of disposal of the goods", bis gewisse Bedingungen erfüllt sind. Der Eigentumsvorbehalt ist allerdings im innerenglischen Warenverkehr wenig gebräuchlich (PENNINGTON, IntCompLQ 27 [1978] 279). Hier wird meist ein Mietkauf (hire-purchase) abgeschlossen, wenn der Käufer den Kaufpreis nicht bar bezahlen kann und der Verkäufer sich zu sichern wünscht. Das Rechtsinstitut des Eigentumsvorbehalts wurde gerade in jüngster Zeit durch Entscheidungen ausgeformt und fortentwickelt, die ausschließlich Warenlieferungen aus dem Ausland betrafen. Vor allem aufgrund des Urteils des englischen Court of Appeal *Clough Mill Ltd* v *Martin* [1985] 1 WLR 111, und der Revisionsentscheidung des Oberhauses in dem schottischen *Fall Armour* v *Thyssen Edelstahlwerke AG* [1991] 2 AC 339 = [1990] 3 WLR 810 (dazu RiW 1991, 70–73 mAnm GRAUPNER; ROLOFF IPRax 1991, 274–276; JAYME, in: FS Rolf Serick [1992] 241, 247–251; HARTWIEG RabelsZ 1993, 607, 629–634) dürfte nunmehr feststehen, daß selbst eine erweiternde Klausel, wonach das Eigentum erst nach Befriedigung aller ausstehenden Forderungen des Verkäufers auf den Käufer übergeht, nach englischem und schottischem Recht wirksam vereinbart werden kann. Im Falle *Armour* v *Thyssen Edelstahlwerke AG* enthielten die Geschäftsbedingungen der deutschen Verkäuferin sogar einen sog Konzern-Vorbehalt. Über seine Gültigkeit wurde nicht entschieden, immerhin aber auch nicht seinetwegen der gesamte Eigentumsvorbehalt für unwirksam erklärt. Bei Verarbeitungsklauseln, durch die sich der Verkäufer das Eigentum an dem vom Vorbehaltskäufer hergestellten Produkt zusichern läßt, muß allerdings damit gerechnet werden, daß englische und schottische Gerichte darin die Vereinbarung einer „charge" sehen, die registriert werden muß (bei Gesellschaften als Käufer nach sec 395, 396 Companies Act 1985 [c 6], bei Einzelpersonen nach den Bills of Sale Acts von 1878 und 1882, s BENJAMIN's Sale of Goods 253; vgl auch *Zahnradfabrik Passau GmbH* v *Terex Ltd* 1896 SLT 84). Sehr umstritten ist hingegen die Anerkennung eines verlängerten Eigentumsvorbehalts, wonach der Verkäufer Rechte an den Forderungen aus der Weiterveräußerung von Vorbehaltsware beansprucht (s dazu näher Rn 351). Soweit der Eigentumsvorbehalt anerkannt wird, kann der Vorbehaltsverkäufer die Vorbehaltsware als sein Eigentum von dem Konkursverwalter des Käufers (die für den Verkäufer früher gefährliche „reputed ownership clause" in sec 38 Bankruptcy Act von 1914 [c 59] ist entfallen; der Insolvency Act von 1986 [c 45] enthält keine solche Klausel mehr, s BENJAMIN's Sale of Goods 253 Fn 19) oder dem bei Insolvenz einer Gesellschaft eingesetzten „receiver" herausverlangen (vgl Insolvency Act 1986 [c 45]

AG – Die Wirksamkeit eines deutschen Eigentumsvorbehalts in Schottland, IPRax 1991, 222–224; ROTTNAUER, Die Mobiliarkreditsicherheiten unter besonderer Berücksichtigung der besitzlosen Pfandrechte im deutschen und englischen Recht. Eine rechtsvergleichende Untersuchung vor dem Hintergrund der geplanten Insolvenzrechtsreform = Tübinger Schriften zum internationalen und europäischen Recht Bd 26 (1992); SCHILLING, Some European De-

cisions on Non-Possessory Security Rights in Private International Law, IntCompLQ 34 (1985) 87–114; KARSTEN SCHMIDT, Eigentumsvorbehalt nach englischem Recht, RiW 1990, 144 f; VORPEIL, Neuere Entwicklungen im englischen Handels- und Wirtschaftsrecht, RiW 1993, 944, 947 f; WATTENBERG, Der Eigentumsvorbehalt und seine Erweiterungsformen im schottischen Recht, RiW 1988, 98–102.

sec 283). Kollisionsrechtliche Fragen treten in der Rechtsprechung in den Hintergrund, weil die Kläger vielfach davon absehen, ausländische Rechtssätze zu behaupten und zu beweisen. Im Schrifttum neigt man dazu, die Wirksamkeit eines Eigentumsvorbehalts als „proprietary matter" anzusehen, für die das Recht des Lageortes der Sache zur Zeit der Begründung des Eigentumsvorbehalts maßgebend sei (DICEY/MORRIS II 1333–1335). Die Gültigkeit und Wirkung erweiternder und verlängernder Klauseln wird aber, sobald die Ware nach England (Schottland) gelangt ist, stets nach englischem (schottischem) Recht beurteilt (vgl *Borden [UK] Ltd v Scottish Timber Products Ltd* [1979] 3 AllER 961 [CA]; *In re Peachdart Ltd* [1983] 3 WLR 878; *Zahnradfabrik Passau GmbH v Terex Ltd*, 1986 SLT 84; *Pfeiffer Weinkellerei-Weineinkauf GmbH & Co v Arbuthnot Factors Ltd* [1988] 1 WLR 150; *Tatung [UK] Ltd v Galex Telesure Ltd & Ors* [1989] 5 BCC 325; *Re Weldtech Equipment Ltd* [1991] BCC 16).

In den **Vereinigten Staaten** wurde das einzelstaatlich stark zersplitterte Recht der **332** Mobiliarsicherheiten durch Art 9 des Uniform Commercial Code (UCC) vereinheitlicht. Der Code ist ein Modellgesetz, das 1952 erstmals veröffentlicht und danach mehrfach neu gefaßt wurde. Es ist inzwischen von allen Staaten der USA, mit Ausnahme von Louisiana, angenommen worden, freilich mit gewissen Modifikationen in Einzelfragen (zum Recht von Louisiana s oben Rn 54). Art 9 regelt das **„security interest"** an einer beweglichen Sache als einheitliche Rechtsfigur, die an die Stelle der verschiedenen, bisher bekannten Rechtstypen des amerikanischen Rechts (pledge, conditional sale, trust receipt, chattel mortgage etc) tritt (vgl BERNSTEIN, Personal Property Security Interests under the Revised UCC [1977]; DIELMANN, Recht der Kreditsicherheiten in den Vereinigten Staaten. Teil 1: Kreditsicherheiten an beweglichen Sachen nach Art 9 UCC [1983]; JUENGER, Non-Possessory Security Interests in American Conflicts Law, AmJCompL 26 [1978] Suppl: Law in the United States in the Bicentennial Era 145–169; MILGER, Mobiliarsicherheiten im deutschen und im US-amerikanischen Recht – eine rechtsvergleichende Untersuchung = Göttinger rechtswissenschaftliche Studien Bd 117 [1982]; RIESENFELD, in: FS Ballerstedt [1975] 469–480). So wird insbesondere auch der Vorbehalt des Eigentums (retention or reservation of the title) in seiner Wirkung auf den Vorbehalt eines security interest beschränkt (§ 2 401, rule 1). Ein security interest an einer Sache, die sich nicht im Besitz des Gläubigers befindet, ist im allgemeinen nur dann Dritten gegenüber wirksam, wenn die Bestellung des Sicherungsrechts bei der zuständigen Behörde durch Einreichung eines „financing statement" angemeldet worden ist, so daß die Registrierung erfolgen kann (§ 9-302) (vgl hierzu auch HARTWIEG, Die Publizität von Mobiliarsicherheiten im deutschen, US-amerikanischen und japanischen Recht, ZIP 1994, 96–114). Art 9 UCC – in der in den meisten Staaten geltenden Fassung von 1972 – enthält auch eine Kollisionsregel (sec 103), die freilich in erster Linie den interlokalen Anwendungsbereich jener Vorschriften innerhalb der Staaten der USA abstecken soll (vgl COOGAN, The New UCC Article 9, HarvLRev 86 [1973] 477–566; JUENGER aaO; SCOLES/HAY 770–787; SHOOK-WIERCIMOK, Eigentumsvorbehalt nebst Verlängerungs- und Erweiterungsformen im deutsch-amerikanischen Rechtsverkehr, RiW/AWD 1986, 954–960). Bemerkenswert ist vor allem die großzügige Anerkennung eines „importierten" security interest in Fällen des *schlichten Statutenwechsels*. Wird eine Sache, an der ein security interest voll wirksam begründet worden ist, später in einen amerikanischen Staat gebracht, in dem der UCC gilt, so ist das security interest auch in diesem Staat voll geschützt, sofern es innerhalb von vier Monaten nach den Vorschriften dieses Staates registriert worden ist, vgl § 9-103 subsec 1 d (GILMORE, Security Interest in Personal Property I [1965] 629 f hebt hervor, daß hierbei ausschließlich an den schlichten Statutenwechsel gedacht ist). Erfolgt innerhalb der vier

Monate die Registrierung in dem Staat, in dem sich die Sache nunmehr befindet, so wirkt sie auf den Zeitpunkt des Grenzübertritts der Sache zurück. Bei Registrierung am neuen Lageort nach Ablauf jener Frist ist das Sicherungsrecht von der Registrierung an auch Dritten gegenüber wirksam (Scoles/Hay 776). Der qualifizierte Statutenwechsel wird hingegen durch § 9-103 subsec 1 c UCC erfaßt. Hiernach richtet sich die Gültigkeit eines security interest an einer beweglichen Sache nach der Rechtsordnung des amerikanischen Einzelstaates, in dem die Sache nach dem bei Kaufabschluß zum Ausdruck gekommenen Parteiwillen schließlich zur Ruhe kommen soll („would be kept"), sofern die Sache binnen 30 Tagen nach Entstehung des security interest in diesen Staat nicht nur als Transitgut tatsächlich verbracht wird. Diese Bestimmung verweist somit bei grenzüberschreitenden Verkehrsgeschäften auf das *Recht des Bestimmungslandes.* Dem vorleistenden Verkäufer, der ein security interest an der gelieferten Sache in Anspruch nimmt, wird grundsätzlich zugemutet, die Publizitätsvorschriften des Bestimmungslandes zu beachten, insbesondere dort ein „financing statement" gegenüber der zuständigen Behörde abzugeben, wenn das security interest gutgläubigen Dritten gegenüber wirken soll (vgl § 9-302 und 401 UCC, s dazu auch Krohn, Forderungssicherungen bei Lieferungen nach den USA, AWD 1964, 165–171). Die geschilderten Bestimmungen gelten auch im internationalen Warenverkehr mit den Vereinigten Staaten, wenngleich die Rechtsprechung hierzu spärlich ist (Hartwieg RabelsZ 1993, 634; zur Anwendung von § 9-103 UCC im internationalen Verkehr s auch Scoles/Hay 784–787). *Auch bei Warenlieferungen aus Deutschland in die USA* hat sich der Verkäufer, falls er sich das Eigentum vorbehält, auf die Anwendungen der erläuterten Bestimmungen des UCC einzurichten; die erwähnte Viermonats-Frist, die nur für den schlichten Statutenwechsel gilt, kommt ihm nicht zustatten (vgl *In re Duplan Corporation*, 455 F Suppl 926 [New York 1978] bezüglich einer Warenlieferung einer englischen Verkäuferin unter Eigentumsvorbehalt nach englischem Recht; s dazu Hartwieg RabelsZ 1993, 634–638).

333 Von den charakteristischen Lösungen anderer Rechtsordnungen* sei insbesondere

---

* **Schrifttum**: Vgl außer dem im Text bezeichneten Schrifttum zum skandinavischen Recht Helen Ahrens, Kreditsicherheiten in Südamerika: Mobiliarsicherheiten nach den nationalen und internationalen Privatrechten der Länder des Cono Sur und ihre Bedeutung für den Rechtsverkehr mit Deutschland (Diss Kiel 1993); Graf vBernstorff, Der Eigentumsvorbehalt in den EG-Staaten, RiW 1993, 365–372; Coester-Waltjen, Deutscher Eigentumsvorbehalt vor irischen Gerichten, IPRax 1983, 315–317; Fröhlingsdorf/Cremades, Der Eigentumsvorbehalt in Spanien, RiW/AWD 1983, 812–818; Gotzen, Eigentumsübertragung, Eigentumsvorbehalt und Sicherungsübereignung bei beweglichen Sachen in den Niederlanden und in der Bundesrepublik Deutschland. Eine rechtsvergleichende Darstellung unter Einschluß der kollisionsrechtlichen Fragen = Schriftenreihe der deutsch-niederländischen Handelskammer. Recht und Steuern Bd 2 (1971); ders, Kreditsicherungsprobleme in den Niederlanden. Zugleich eine Besprechung der neuen höchstrichterlichen Rechtsprechung, RiW/AWD 1983, 731–736; vKenne, Das kanadische einheitliche Sicherungsrecht. Eine rechtsvergleichende Studie zur Reform des Mobiliarsicherungsrechts = Schriften zum internationalen Recht Bd 24 (1981); Kieninger, Der Eigentumsvorbehalt im Wirtschaftsverkehr mit Spanien nach der Novellierung des spanischen Abzahlungsgesetzes, RiW 1994, 287–292; Kühnel/Klimowsky, Eigentumsvorbehalt und Sicherungsübertragung in Israel, AWD 1974, 465 f; Graf Lambsdorff, Handbuch des Eigentumsvorbehalts im deutschen und ausländischen Recht (1974); Lode, Der Eigentumsvorbehalt im kanadischen Recht, RiW/AWD 1978,

noch die Haltung der **skandinavischen Rechte** erwähnt. Sie lassen den Eigentumsvorbehalt im allgemeinen – von Sondervorschriften über Abzahlungsgeschäfte und Konsumentenkredite abgesehen – ohne besondere Formalitäten zu und messen ihm auch Wirkung gegenüber Dritten bei, sofern nicht dem Vorbehaltskäufer gestattet ist, die Vorbehaltsware weiterzuveräußern, zu verarbeiten oder zu verbrauchen. Ein Eigentumsvorbehalt an Ware, die zur Veräußerung, zur Verarbeitung oder zum Verbrauch bestimmt ist, bleibt von Anfang an ohne Wirkung gegenüber Dritten (zum dänischen Recht LANDO, The Application by Danish Courts of Foreign Rules on Non-Possessory Security Interests, NordTIR 1978, 3, 5 f; zum finnischen Recht BUURE-HÄGGLUND, The Recognition in Finland of Non-Possessory Security Interests Created Abroad, NordTIR 1978, 30, 31; zum schwedischen Recht BOGDAN, Application of Foreign Rules on Non-Possessory Security Interests in Swedish Private International Law, NordTIR 1978, 14, 15 f; FISCHLER/VOGEL, Schwedisches Handels- und Wirtschaftsrecht[3] [1978] 195 f; s ferner GUTSCHKE, Der Eigentumsvorbehalt in den nordischen Ländern, RiW/AWD 1968, 10–14). Mit diesen Regeln ist auch bei internationalen Verkehrsgeschäften mit Warenlieferungen nach *Schweden* zu rechnen, mag auch der Eigentumsvorbehalt schon vor Grenzübertritt der Ware nach dem Recht des Exportstaates wirksam begründet worden sein. Der schwedische OGH hat sich in seiner Entscheidung v 31. 10. 1978 (berichtet von FISCHLER, Grundsatzentscheidung zum Eigentumsvorbehalt bei Warenlieferungen nach Schweden, RiW/AWD 1978, 819 f) in diesem Sinne ausgesprochen und dem deutschen Exporteur von Teppichen, die zur Weiterveräußerung bestimmt waren, im Konkurs des Käufers die Aussonderung versagt. FISCHLER bemerkt hierzu, die Entscheidung lasse offen, welche Wirkungen ein schlichter Statutenwechsel habe. Ein Recht zur Aussonderung von Vorbehaltsware, die zur Veräußerung bestimmt ist, dürfe nicht ohne weiteres ausgeschlossen werden, wenn der Eigentumsvorbehalt im Ausland durch Lieferung an einen ausländischen Käufer wirksam begründet worden ist und dann der Käufer die Vorbehaltsware nach Schweden verbringt (FISCHLER 820). Bemerkenswert ist ferner, daß die dänischen Gerichte selbst bei internationalen Verkehrsgeschäften einen Eigentumsvorbehalt an der von Deutschland nach Dänemark gelieferten Ware anerkannt haben, weil die Anwendung deutschen Rechts dem Parteiwillen entspreche (Oberstes Gericht UfR 1977, A-507, und Berufungsgericht für den westlichen Gerichtsbezirk UfR 1966, A-475, berichtet von LANDO 7, 8 f). BOGDAN bezeichnet allerdings diese Rechtsprechung als unhaltbar (BOGDAN 18 Fn 17).

b) Kollisionsrechtliche Behandlung nach deutschem Recht (hL)
Der Eigentumsvorbehalt hat regelmäßig eine *schuldrechtliche Grundlage*, da er **334**

83–88; MATSOUKAS, Der Eigentumsvorbehalt beim Verkauf industrieller Güter in Griechenland, RiW/AWD 1976, 456 f; MERTENS, Eigentumsvorbehalt und sonstige Sicherungsmittel des Verkäufers im ausländischen Recht (1964); NOWAK/STUMPF, Eigentumsvorbehalt im polnischen Recht, RiW 1992, 275 f; STÜTTGEN, Eigentumsvorbehalt und Abzahlungsgeschäfte im portugiesischen Recht, RiW/AWD 1982, 403–410; STUMPF (Hrsg)/FICHNA/PATZACK, Eigentumsvorbehalt und Sicherungsübereignung im Ausland. Recht der Mobiliarsicherheiten im Ausland[5] (1989); SUGISHITA, Der Eigentumsvorbehalt im japanischen Recht = Heidelberger Rechtsvergleichende und Wirtschaftsrechtliche Studien Bd 17 (1988); WERTH, Warenkreditsicherung im deutsch-spanischen Wirtschaftsverkehr = Untersuchungen über das Spar-, Giro- und Kreditwesen, Abt B: Rechtswissenschaft (Hrsg HADDING/Uwe H SCHNEIDER) Bd 30 (1981); WIESBAUER, Die Anerkennung des Eigentumsvorbehalts in Westeuropa, ZIP 1981, 1063–1071. Weiteres Schrifttum bei Münch-Komm/KREUZER Rn 82 Fn 345.

meist im Kaufvertrag vereinbart wird und dessen Abwicklung in einer Weise regelt, die dem vorleistenden Verkäufer Sicherheit gegen die Nichtzahlung des Kaufpreises verschaffen soll. Die schuldrechtlichen Voraussetzungen und Wirkungen des Eigentumsvorbehalts unterliegen dem nach den allgemeinen Regeln zu bestimmenden *Statut des Kaufvertrages*. Hingegen beurteilt die hL die *sachenrechtlichen Wirkungen* des Eigentumsvorbehalts, insbesondere gegenüber den Gläubigern des Käufers, nach dem *Recht des jeweiligen Ortes, an dem sich die Sache befindet*. Bei grenzüberschreitender Veränderung des Lageortes wird nicht unterschieden zwischen dem Normalfall, daß die unter Eigentumsvorbehalt stehende Sache durch *qualifizierten Statutenwechsel* im Rahmen eines internationalen Verkehrsgeschäfts (zum Begriff oben Rn 288) in ein anderes Rechtsgebiet gelangt, und einem *schlichten Statutenwechsel* der Sache ohne Zusammenhang mit einem solchen Geschäft (OLG Hamburg IPRspr 1964−65 Nr 73 = RabelsZ 1968, 535; BGHZ 45, 95 = IPRspr 1966−67 Nr 54 = NJW 1966, 879 = LM Nr 29 zu Art 7 ff EGBGB [Deutsches internationales Privatrecht] und dazu KEGEL, Der Griff in die Zukunft, JuS 1968, 162−168; BGH IPRspr 1970 Nr 43 = AWD 1971, 40; LG Hamburg IPRspr 1978 Nr 42; OLG Koblenz IPRspr 1988 Nr 35 = RiW 1989, 384; OLG Hamm RiW 1991, 155; OLG Koblenz IPRspr 1992 Nr 72 = RiW 1992, 1019 = IPRax 1994, 46 und dazu SCHURIG IPRax 1994, 27−33; vBAR, IPR II 551; DROBNIG RabelsZ 1968, 450−472; ERMAN/HOHLOCH Rn 27, 28; KEGEL 576; KREUZER, in: Vorschläge und Gutachten zur Reform des deutschen internationalen Sachen- und Immaterialgüterrechts, vorgelegt von HENRICH [1991] 84 f; LÜDERITZ, in: Vorschläge und Gutachten zur Reform des deutschen internationalen Personen- und Sachenrechts, vorgelegt von LAUTERBACH [1972] 200−206; MERTENS, Eigentumsvorbehalt und sonstige Sicherungsmittel des Verkäufers im ausländischen Recht [1964]; MünchKomm/KREUZER Rn 91, 92; SAILER 105−116; SIEHR AWD 1971, 10−22; SONNENBERGER, Quartalshefte der Girozentrale Wien IV/86, 20−23). Folglich wird bei einem *internationalen Verkehrsgeschäft* der einheitliche Vorgang der Lieferung unter Eigentumsvorbehalt sachenrechtlich gespalten: Tatbestandsteile, die sich im Herkunftsland ereignet haben, unterliegen sachenrechtlich dem dort geltenden Recht, Tatbestände nach Grenzübertritt hingegen dem Recht des Bestimmungslandes.

335 Aus der Konkurrenz der nach hL berufenen Sachenrechtsordnungen ergeben sich *Überleitungprobleme* und mancherlei Abgrenzungsfragen. Unzweifelhaft richtet sich zwar das sachenrechtliche Schicksal der Sache nach dem Recht des Bestimmungslandes, sobald die Ware dort angelangt und zur Ruhe gekommen ist. Es ist aber nicht sicher, ob in die sachenrechtliche Bewertung auch diejenigen Tatbestandsteile einbezogen werden dürfen, die sich vor Grenzübertritt der Ware ereignet haben. Der Referentenentwurf eines Gesetzes zur Ergänzung des internationalen Privatrechts vom 1. 12. 1993 (oben Rn 19) bestimmt in Art 43 Abs 3 klarstellend, daß eine solche Einbeziehung nach deutschem Recht gerechtfertigt ist, sofern nicht ein dingliches Recht an einer ins Inland gelangten Sache „schon vorher erworben worden" ist. Diese Sonderregel paßt jedoch schlecht, wenn der vorleistende Verkäufer das Eigentum an der Ware aufgrund des Vorbehalts nach dem Recht des Herkunftslandes behalten hat, es also für ihn dinglich nichts zu „erwerben" gibt (vgl SCHURIG IPRax 1994, 28). Ebensowenig wird jene Regel dem umgekehrten Fall gerecht, daß das Eigentum trotz des Vorbehalts nach den zwingenden Vorschriften des Herkunftslandes schon mit Kaufabschluß auf den Käufer übergegangen ist, dieser also − nicht etwa der Sicherung suchende Verkäufer − schon vor Grenzübertritt der Ware ein dingliches Recht erlangt hat (vgl SONNENBERGER 21). Auch kann man zweifeln, ob eine Sonderregel der fraglichen Art überhaupt angemessen und notwendig ist. Sie betrifft im

Grunde ein materiellrechtliches Anpassungsproblem, das besser der Rechtsprechung überlassen bleibt. Unklar bleibt auch, inwieweit ungeachtet jener Sonderregel
bei grenzüberschreitender Lieferung unter Eigentumsvorbehalt eine auch für das
Bestimmungsland verbindliche Prägung der sachenrechtlichen Verhältnisse durch
das Recht des Herkunftslandes angenommen werden darf, sofern sich bereits dort
ein „abgeschlossener Tatbestand" verwirklicht hat.

Für einen *„gestreckten"*, dh bis zum Gebietswechsel noch nicht abgeschlossenen Tat- **336**
bestand haben sich bei grenzüberschreitenden Warenlieferungen unter Eigentumsvorbehalt etwa ausgesprochen vBAR (IPR II 551), MERTENS (15) und das OLG Hamburg (IPRspr 1964−65 Nr 73 = RabelsZ 1968, 535, bei Lieferung von Ware aus England nach
Deutschland, obwohl gerade das englische Recht die „reservation of the right of disposal" schon aufgrund formloser Vereinbarung zuläßt). LÜDERITZ (202) will den im Herkunftsland verwirk-
lichten Tatbestand nur dann als nicht abgeschlossen anerkennen, falls er (nur) für den
Fall des Eintritts der Ware in das Bestimmungsland vereinbart wurde. Hingegen
nimmt die Rspr bisweilen einen abgeschlossenen Tatbestand an, wenn das Eigentum
an der Vorbehaltsware schon im Herkunftsland auf den Käufer übergegangen ist (vgl
LG Frankfurt IPRspr 1958−59 Nr 109 = AWD 1958, 190: Eigentumsvorbehalt bei Warenlieferung
von Italien nach Deutschland scheitert, weil in Italien ein Eigentumsübergang eingetreten sei). In
anderen Fällen eines nach Deutschland „importierten" Eigentumsvorbehalts haben
die deutschen Gerichte indes ganz unbefangen deutsches Recht angewandt (s etwa OLG
Hamm NJW-RR 1990, 488 = RiW 1991, 155; OLG Koblenz IPRspr 1992 Nr 72 = RiW 1992, 1019 =
IPRax 1994, 46). Zur Vermeidung von Überleitungsproblemen hat es viel für sich, jede
Form der dinglichen Sicherung des vorleistenden Warenverkäufers ohne Rücksicht
auf die Konstruktion und Behandlung nach dem jeweiligen nationalen Recht als einen
sich über die beteiligten Rechtsordnungen erstreckenden Vorgang zu beurteilen, der
sachenrechtlich allein dem Recht des Bestimmungslandes unterliegt (so Art 103
schweizIPRG, freilich nur für den Eigentumsvorbehalt an zur Ausfuhr bestimmten
beweglichen Sachen; vgl auch vPLEHWE 330). Eine starre Anknüpfung in diesem Sinne
würde allerdings nicht dem Falle Rechnung tragen, daß die dingliche Sicherung des
Vorbehaltsverkäufers bereits im Herkunftsland nach dem dort geltenden Recht per-
fekt geworden ist und das Recht des Bestimmungslandes auch durchaus bereit ist, das
anzuerkennen, dh den „importierten Eigentumsvorbehalt" nach Maßgabe des Rechts
des Herkunftslandes zu übernehmen (wie etwa das dänische Recht nach der Rechtsprechung zum Eigentumsvorbehalt eines deutschen Exporteurs, s oben Rn 332; vgl auch
OLG Braunschweig SeuffA 55 [1900] Nr 4). Im Hinblick auf solche Eventualitäten möchte
DROBNIG (RabelsZ 1968, 469) die Herrschaft des Bestimmungslandes über das definitive
Schicksal des Eigentumsvorbehalts nur dann gelten lassen, wenn „der Eigentumsvorbehalt vor Grenzübertritt vereinbart und nach dem damals maßgebenden Lagerecht
unwirksam war oder geringere Wirkungen hatte". Eine ähnlich vermittelnde Regel
empfiehlt SIEHR (20): Wenn der schuldrechtlich gültig vereinbarte Eigentumsvorbehalt mit all seinen sachenrechtlichen Wirkungen im Herkunftsland noch nicht entstanden sei, entstehe er „spätestens dann, wenn die Sache, an welcher der Verkäufer sich
das Eigentum vorbehalten will, in den Bereich einer Rechtsordnung gelangt ist, die
den Parteiwillen auch sachenrechtlich honoriert".

c)   **Eigene Auffassung: Anerkennung einer Rechtswahl bei internationalen
     Verkehrsgeschäften**

Einen Ausweg aus den geschilderten Unklarheiten und Zweifelsfragen, zu denen **337** die hL führt, ermöglicht nach der hier vertretenen Auffassung die Anerkennung einer parteiautonomen *Wahl des Sachstatuts* auch mit Wirkung für die dingliche Sicherung des vorleistenden Warenverkäufers *bei internationalen Verkehrsgeschäften* (auch JAYME, in: FS Serick [1992] 241, 253, bezeichnet es als wahrscheinlich, daß sich der Parteiwille bei grenzüberschreitenden Mobiliarsicherheiten immer mehr durchsetzen wird; kritisch jedoch KREUZER, in: Vorschläge und Gutachten zur Reform des deutschen internationalen Sachen- und Immaterialgüterrechts 102 f). Beim Statutenwechsel einer Sache, an der ein Eigentumsvorbehalt oder sonstige dingliche Sicherung wirksam begründet ist, ohne Zusammenhang mit einem internationalen Verkehrsgeschäft verbleibt es dagegen bei den allgemeinen Regeln über den „schlichten" Statutenwechsel (dazu unten Rn 352 ff). Wie auch sonst bei internationalen Verkehrsgeschäften (dazu oben Rn 292–294) sollte den Kaufvertragsparteien gestattet werden, bei einem solchen Geschäft für den Eigentumsübergang und die dingliche Sicherung des Verkäufers als allein maßgebendes Sachstatut eine der räumlich beteiligten Rechtsordnungen zu wählen, nämlich das Statut des Kaufvertrages, das Recht des Herkunftslandes oder das Recht des Bestimmungslandes. Dadurch könnten die in diesen Rechtsordnungen anerkannten Sicherungsformen genutzt werden, mag es sich nun um den Eigentumsvorbehalt, ein beschränktes „security interest" oder ein sonstiges Sicherungsrecht handeln. Die Rechtswahl kann auch stillschweigend erfolgen. Nicht selten enthalten die AGB des Verkäufers einen Eigentumsvorbehalt, der nach den im Exportland geltenden Rechtsanschauungen formuliert ist. Darin kann ein hinreichender Ausdruck des Willens gefunden werden, für den Eigentumsvorbehalt das Recht des Exportlandes gelten zu lassen, besonders wenn dieses Recht auch den Kaufvertrag beherrscht. In dieser Hinsicht ist jedoch Vorsicht geboten, weil dann der Verkäufer das „Veto" des Importlandes riskiert, falls dieses den Eigentumsvorbehalt nicht kennt oder die von der Rechtsordnung dieses Landes geforderte Publizität nicht gewahrt ist (vgl LG Köln IPRspr 1962–63 Nr 225 = KTS 1965, 48; s ferner Bezirksgericht Oslo Clunet 1963, 804: Lieferung aus Deutschland nach Norwegen; formularmäßiger Eigentumsvorbehalt nicht anerkannt). Im Zweifel ist anzunehmen, daß die Parteien diejenige der beteiligten Rechtsordnungen wählen wollen, nach denen der vereinbarte Eigentumsvorbehalt oder das sonstige Sicherungsrecht rechtlichen Bestand hat. Dabei ist auch zu bedenken, daß die dingliche Sicherung vor allem im Bestimmungsland wirken und dort gegen Dritte durchgesetzt werden soll. Liefert etwa ein italienischer Käufer Ware unter Eigentumsvorbehalt an einen deutschen Käufer, so ist im Zweifel anzunehmen, daß kraft kollisionsrechtlicher Rechtswahl deutsches Recht gelten soll (so im Ergebnis OLG Hamm NJW-RR 1990, 488 = RiW 1991, 155). Der Konstruktion einer von den Parteien angeblich gewollten Rückübertragung der Ware auf den italienischen Verkäufer nach deutschem Recht – die auch erst nach Besitzergreifung durch den Käufer wirken kann – bedarf es nicht (anders BGHZ 45, 95 und dazu KEGEL JuS 1968, 162–166: „Griff in die Zukunft"). Die Anwendung des im Bestimmungsland geltenden Rechts kann auch dann dem stillschweigenden Parteiwillen entsprechen, wenn die Vorbehaltsware schon im Exportland dem Käufer übergeben wird, jedoch beide Parteien davon ausgehen, daß sie für ein anderes Land bestimmt ist und dort verbleiben soll (vgl § 9-103 subsec 1 c UCC, s oben Rn 332).

338 Wird die Ware dem Käufer aus einem dritten Land geliefert, so können die Parteien als Sachstatut auch die Rechtsordnung des dritten Staates wählen. Ein Beispiel bietet die Entscheidung des OLG Hamburg IPRspr 1964–65 Nr 73 = RabelsZ 1968, 535:

Eine Schweizer Firma verkaufte einer Hamburger Werft Schiffsbauteile, die sie aus England bezog und von dort nach Hamburg verschiffte. Der Kaufvertrag wurde „unter Zugrundelegung der Lieferbedingungen unserer englischen Werke" geschlossen. Zu Unrecht beurteilte das OLG die Vereinbarung des Eigentumsvorbehalts nach deutschem Recht. Die Parteien hatten das englische Recht gewählt. War nach diesem Recht der Eigentumsvorbehalt gültig, so war er auch mit den sich aus dem englischen Recht ergebenden Wirkungen in Deutschland anzuerkennen: Die deutsche Sachenrechtsordnung ist nicht gestört.

d) Schuldrechtliche Fragen beim Eigentumsvorbehalt

Die schuldrechtlichen Voraussetzungen und Wirkungen des Eigentumsvorbehalts **339** richten sich nach dem Vertragsstatut, das den Kaufvertrag beherrscht (s oben Rn 334; MünchKomm/KREUZER Rn 91. SONNENBERGER 22, bemängelt mit Recht, daß die schuldrechtlichen Aspekte des Eigentumsvorbehalts im deutschen IPR „ziemlich stiefmütterlich" behandelt werden. In den Rechtsordnungen, die die Übereignung nicht vom Kausalgeschäft separieren, ist das naturgemäß anders, vgl etwa die eingehende Differenzierung der „contractual and proprietary questions" betreffend den Eigentumsvorbehalt bei DICEY/MORRIS[12] II 1333–1335). Das Vertragsstatut bestimmt, welche Befugnisse der Vorbehaltskäufer hinsichtlich der Vorbehaltsware hat, inwieweit er sie benutzen, verarbeiten und veräußern darf, er sie andererseits vor Einwirkungen zu schützen hat, ob der Vorbehaltsverkäufer bei Zahlungsverzug des Käufers zum Rücktritt, zur Erhebung der Auflösungsklage oder zur eigenmächtigen Rücknahme der Ware berechtigt ist. Sobald aber derartige Befugnisse Dritten gegenüber geltend gemacht werden, etwa nach Pfändung der Ware beim Käufer, sind Voraussetzungen und Wirkungen des Eigentumsvorbehalts wie auch sonst bei Drittwirkungen ausschließlich nach dem Sachstatut zu beurteilen. Gestattet das Vertragsstatut die jederzeitige Rücknahme der Ware bei Zahlungsverzug des Käufers auch ohne Rücktritt des Verkäufers vom Vertrag (anders das deutsche Recht, BGHZ 54, 214 = NJW 1970, 1733: Warenlieferung von Deutschland nach Belgien), wird man auch annehmen müssen, daß bei einem internationalen Verkehrsgeschäft diese Befugnis nur ausgeübt werden darf, wenn zugleich nach der lex rei sitae das Besitzrecht des Käufers schon wegen des Zahlungsverzugs entfällt. Es handelt sich hierbei um ein Anpassungsproblem beim Auseinanderfallen von Vertrags- und Sachstatut. Die Verwurzelung des Eigentumsvorbehalts im Kaufvertrag schließt es generell aus, den Eigentumsvorbehalt sachenrechtlich losgelöst vom Kaufvertrag zu beurteilen, mag auch das Sachstatut eine „abstrakte" Übereignung zulassen. Der Eigentumsvorbehalt kann sachenrechtlich immer nur dann wirken, wenn er nach dem Vertragsstatut gültig zustandegekommen ist. Andererseits hat das Sachstatut darüber zu befinden, welche Wirkungen es für den Eigentumsvorbehalt hat, falls nach dem Vertragsstatut der Kaufvertrag hinfällig wird oder die Kaufpreisforderung verjährt (SONNENBERGER 23).

e) Einschaltung eines Finanzierungsinstituts

Häufig schaltet der Vorbehaltsverkäufer ein Kreditinstitut zur Finanzierung des **340** Kaufpreises ein, der dann meist unmittelbar an den Verkäufer für Rechnung des Käufers ausbezahlt wird. Dadurch kommt ein Darlehensvertrag zwischen dem Kreditinstitut und dem Käufer zustande, wobei dem Kreditinstitut eine dingliche Sicherheit an der dem Käufer ausgehändigten Ware eingeräumt wird. Die rechtlichen Formen, in denen hierbei die dingliche Absicherung des Kreditinstituts erreicht wird, sind in den einzelnen Rechtsordnungen verschieden. Nach deutschem Recht

Hans Stoll

bedarf es einer Sicherungsübereignung der zunächst auf den Käufer übergegangenen Ware an das Kreditinstitut gemäß § 930 BGB, während in anderen Rechtsordnungen das Kreditinstitut gegen Zahlung des Kapitals in die Kaufpreisforderung subrogiert (vgl Art 1250, 1251 franzcc) oder diese an das Institut abgetreten wird und damit auch die von dem Verkäufer ausbedungene Sicherheit auf das Kreditinstitut übergeht. Ohne Rücksicht auf die jeweilige Konstruktion sollten Art und Weg der dinglichen Absicherung des Kreditinstitus derselben Rechtsordnung unterstellt werden wie der einfache Eigentumsvorbehalt, sofern es sich um eine grenzüberschreitende Transaktion handelt. Maßgebend ist hiernach in erster Linie *das von den Parteien des Kaufvertrages als Sachstatut gewählte Recht* (s oben Rn 337–338), wobei davon auszugehen ist, daß das Kreditinstitut, das mit dem Verkäufer in Geschäftsverbindung steht, diese Rechtswahl akzeptiert. Mangels ausdrücklicher Rechtswahl ist diejenige Rechtsordnung als stillschweigend gewählt anzusehen, nach welcher die beabsichtigte Sicherung wirksam ist. Selbst wenn die Sicherung nicht den materiellrechtlichen Anforderungen des Käuferlandes genügt, besteht doch noch immer die Chance, daß im Käuferland eine nach ausländischem Recht vereinbarte und nach diesem Recht wirksame Sicherheit anerkannt wird (vgl die Entscheidung des dänischen Berufungsgerichts für den westlichen Gerichtsbezirk UfR 1966, A-475, oben Rn 333: Eine deutsche Firma verkaufte an einen dänischen Käufer eine Dreschmaschine „frei dänische Grenze" unter Eigentumsvorbehalt, wobei der Kauf von einer deutschen Bank finanziert und dabei eine Sicherungsübereignung zugunsten des Kreditinstituts vereinbart wurde. Obwohl der Eigentumsvorbehalt nach dänischem Recht mangels der vorgeschriebenen Mindestanzahlung des Käufers unwirksam war, erkannte das dänische Recht das Sicherungsrecht der Bank nach Maßgabe des deutschen Rechts an. Auf diese Weise wurde dem wirtschaftlichen Sinn des Geschäfts Rechnung getragen, ungeachtet des gewählten rechtstechnischen Weges, der für das dänische Recht nicht paßte; vgl dazu LANDO, The Application by Danish Courts of Foreign Rules on Non-Possessory Security Interests, NordTIR 1978, 3, 8 f).

f)   Erweiterungsformen

341 Viele ausländische Rechtsordnungen stehen den in Deutschland gebräuchlichen *Erweiterungsformen des Eigentumsvorbehalts* ablehnend gegenüber, mag es sich nun um die *Einbeziehung anderer Forderungen des Verkäufers* (vgl dazu etwa die enge Haltung des österreichischen und des französischen Rechts oben Rn 325, 328), einen sog Konzern-Vorbehalt oder um Verarbeitungsklauseln handeln, durch welche sich der Vorbehaltsverkäufer das Eigentum an dem mit der Vorbehaltsware hergestellten Produkt ausbedingt. Die dingliche Wirkung derartiger Klauseln ist stets nach dem Recht des Staates zu beurteilen, in dem die Vorbehaltsware ihren Standort hat. Das gilt auch für internationale Verkehrsgeschäfte. Hier unterliegt – nach der hier vertretenen Auffassung – nur der dingliche Transfer der Parteidisposition. Alle über den Transfer hinausgehenden Verfügungen unterliegen zwingend dem Recht des Bestimmungslandes, wo die Sache zur Ruhe kommt. Diese Rechtsordnung hat auch darüber zu entscheiden, wann eine über den Transfer hinausgehende Verfügung über die Ware im Bestimmungsland vorliegt, etwa bei einem Konzern-Vorbehalt, der wirtschaftlich einer Sicherungsübereignung nach geschehenem Transfer gleichgestellt werden mag. Besonderer Betrachtung bedarf der verlängerte Eigentumsvorbehalt, bei dem Forderungen aus der Weiterveräußerung der Vorbehaltsware im voraus an den Verkäufer sicherungshalber abgetreten werden. Hierauf ist im Zusammenhang mit dem Rechtsinstitut der Sicherungsabtretung einzugehen (dazu unten Rn 349–351). Es liegt auf der Hand, daß eine solche „Verlängerung" des Eigentumsvorbehalts von der

dinglichen Übertragung der Ware auf den Käufer und dem Sachstatut der Ware getrennt werden muß.

g) Schutzvorschriften bei Verbrauchergeschäften

Der Kauf unter Eigentumsvorbehalt ist häufig zugleich *Konsumentenkauf* iS des **342** Art 29 EGBGB. Es sind dann im Rahmen des Vertragsstatuts die *zwingenden Schutzvorschriften* des Rechts des Staates, in dem der Verbraucher seinen gewöhnlichen Aufenthalt hat, unter den Voraussetzungen des Art 29 Abs 1 EGBGB anzuwenden. Mangels einer Rechtswahl ist jene Rechtsordnung Vertragsstatut (Art 29 Abs 2 EGBGB). Die relevanten Schutzvorschriften des Staates, in dem der Verbraucher seinen gewöhnlichen Aufenthalt hat, werden nur selten in die dinglichen Rechtsverhältnisse eingreifen, etwa indem sie zum Schutz des Verbrauchers einen Eigentumsvorbehalt untersagen oder in seiner Wirkung beschränken. Soweit aber dingliche Schutzvorschriften dieser Art in Betracht kommen, ist Art 29 EGBGB im internationalen Sachenrecht analog anzuwenden. Folglich läßt bei einem internationalen Verkehrsgeschäft, das zugleich Verbrauchergeschäft iS des Art 29 Abs 1 EGBGB ist, die Wahl des Sachstatuts durch die Parteien sachenrechtliche Schutzvorschriften des Staates unberührt, in dem der Verbraucher seinen gewöhnlichen Aufenthalt hat (vgl dazu auch *English v Donnelly & Anor* [1959] ScotsLTR 2: Eine in Schottland domizilierte Person kaufte von einer englischen Firma ein Auto auf Abzahlung. Obwohl die Parteien den Vertrag dem englischen Recht unterstellt hatten, wurde nicht der englische Hire Purchase Act von 1931, sondern der Hire Purchase and Small Debts [Scotland] Act von 1932 angewandt). Mangels einer Rechtswahl sind zwingende Schutzbestimmungen jenes Staates stets anzuwenden, auch soweit sie sachenrechtlicher Natur sind.

4. Sicherungsübereignung im besonderen

a) Rechtskollisionen im internationalen Verkehr

Die Sicherungsübereignung beweglicher Sachen ist eine Sicherungsform des Geld- **343** kredits. Meist handelt es sich um ein *typisches Inlandsgeschäft*, so daß bei der Begründung von Sicherungseigentum Kollisionen mit ausländischem Recht gewöhnlich nicht auftreten. Nach der europäischen Öffnung des Kapitalmarktes (dazu oben Rn 319) mag es zwar häufiger geschehen, daß ein Kreditinstitut eines Mitgliedstaates der Europäischen Union in einem anderen Mitgliedstaat eine Ausleihung vornimmt und es sich zur Absicherung der Kreditforderungen in diesem Staat eine Sicherungsübereignung gewähren läßt. Dies geschieht dann aber nach Maßgabe des Belegenheitsrechts. Zur Kollision der Sicherungsübereignung mit fremdem Recht kann es regelmäßig erst dann kommen, wenn später das Sicherungsgut ohne Zusammenhang mit dem Sicherungsgeschäft in ein anderes Rechtsgebiet gelangt, das eine Sicherungsübereignung nicht zuläßt oder für sie eine Publizität verlangt, die nicht gewahrt ist. Anders als beim Eigentumsvorbehalt, bei dem internationale Verkehrsgeschäfte zu den für diese Sicherungsform typischen Rechtskonflikten führen, entstehen bei der Sicherungsübereignung Kollisionen mit ausländischem Recht fast ausschließlich durch *schlichten Statutenwechsel*. Dabei treffen allerdings gegensätzliche Rechtsauffassungen oftmals umso härter aufeinander, als viele Rechtsordnungen die Sicherungsübereignung ohne Übergabe der Sache an den Gläubiger als eine den Kreditverkehr gefährdende Umgehung pfandrechtlicher Vorschriften bewerten, selbst wenn sich beim Eigentumsvorbehalt ein für diese Sicherungsform günstigerer Standpunkt durchgesetzt hat. So verlangt etwa das *österreichische Recht*, wiewohl es den Eigentumsvorbehalt formlos zuläßt, für die Sicherungsübereignung einer beweglichen Sache deren Übergabe an den Gläubiger oder doch jedenfalls die symbolische Übergabe, wenn eine körperliche Übergabe nach der Beschaffenheit der Sache nicht tunlich ist (§§ 451, 427 ABGB, dazu oben Rn 325 mNachw). Das schweizerische ZGB wendet sich ausdrücklich dagegen, daß die Vorschriften über das Faustpfand durch eine Eigentumsübertragung umgangen werden, bei welcher die Sache infolge eines Rechtsverhältnisses beim Veräußerer bleibt: Eine solche Eigentumsübertragung ist Dritten gegenüber unwirksam (Art 717 ZGB). Das *französische Recht* erkennt zwar neuerdings einen schriftlich vereinbarten Eigentumsvorbehalt an (dazu näher oben Rn 328), steht aber der Sicherungsübereignung gänzlich ablehnend gegenüber, weil darin ein nach Art 2078 cc verbotener „pacte commissoire" gesehen wird (vgl dazu Cass civ 1re JCP 1990 II 16182 note GAUDEMET-TALLON = Clunet 1970, 916 note DERRUPÉ = Rev crit dr i p 1971, 75 note FOUCHARD = AWD 1969 454, dazu vCAEMMERER, Zum internationalen Sachenrecht. Eine Miszelle, in: FS Zepos [1973] II 25, 31; PADIS AWD 1970, 227–229 und PATZEL Betrieb 1970, 577 f; cass civ 1re Clunet 1975, 74 note FOUCHARD = Rev crit dr i p 1974, 100 note MEZGER; s ferner FERID/SONNENBERGER, Das französische Zivilrecht^2 II [1986] 520, 684 Fn 21; HÜBNER JuS 1974, 151–156). Auch das italienische Recht verlangt für die Verpfändung einer Sache deren Übergabe (Art 2786 Abs 1 cc) und bestimmt ausdrücklich, daß vorzugsweise Befriedigung aus der Sache nicht gesucht werden kann, wenn die Sache nicht im Besitz des Gläubigers verblieben ist (Art 2787 Abs 2 cc); auch ist bei einer gesicherten Forderung von mehr als 5000 Lire die vorzugsweise Befriedigung ausgeschlossen, wenn das Pfandrecht nicht aus einer Urkunde mit „sicherem Datum" hervorgeht (Art 2787 Abs 3, 2704 cc). Eine Sicherungsübereignung ist nach hL ausgeschlossen (GABRIELLI, Quartalshefte der Girozentrale Wien IV/86, 74 f; LIPARI, Il negozio fiduciario [1964] 212; MÜHL, Sicherungsübereignung, Sicherungsabtretung und Eigentumsvorbehalt im italienischen Recht. Eine rechtsvergleichende Untersuchung [1980] 148 f), und der italienische Kassationshof nimmt auch gegenüber den Versuchen, die Pfandrechtsvorschriften durch einen „Sicherungsverkauf" zu umgehen, eine strenge Haltung ein (Cass n 83/3800, GiurIt 1984 I, 1, 1648; n 83/7271, GiurIt 1984 I, 1, 1698; dazu GRUNSKY, RiW 1985, 332; KIENINGER, Mobiliarsicherheiten im Europäischen Binnenmarkt 103; zum spanischen Recht s GRUBE, Sicherungsübereignung in Spanien, RiW 1992, 887–893). In den Niederlanden hatte die Rspr unter dem Einfluß des deutschen Rechts ohne gesetzliche Grundlage die formlose Sicherungsübereignung entwickelt unter Verzicht auf das Erfordernis der Übergabe der Sache (vgl KREUZER IPRax 1993, 158 Fn 16). Das neue niederländische bürgerliche Gesetzbuch verbietet jedoch die Sicherungsübereignung und ersetzt sie durch ein besitzloses Pfandrecht, das der notariellen Beurkundung bedarf (HARTKAMP, RabelsZ 1993, 676 f). Man wird annehmen müssen, daß auch im Ausland erworbenes Sicherungseigentum nach diesen Vorschriften beurteilt wird, wenn die Sache in die Niederlande gelangt (vgl Art 83 des niederländischen Entwurfs für ein allgemeines Gesetz über das IPR von 1992, dazu unten Rn 346).

b)   Anwendbares Sachstatut bei der Begründung von Sicherungseigentum

344   Ebenso wie die Verpfändung einer beweglichen Sache (dazu oben Rn 315) unterliegt auch die Sicherungsübereignung dem Recht des Staates, in dem sich der Gegenstand der dinglichen Sicherheit befindet und wo das Sicherungsgut treuhänderisch gehalten werden soll; auf die Staatsangehörigkeit oder den Niederlassungsort der Parteien kommt es ebensowenig an wie auf das Statut der gesicherten Forderung (ERMAN/ HOHLOCH Rn 15, 24; MünchKomm/KREUZER 69 Fn 287; RABEL, Conflict of Laws IV 62 f). Eine Rechtswahl ist grundsätzlich ausgeschlossen, und die lex rei sitae findet Anwendung,

auch wenn die Parteien von einer anderen Rechtsordnung ausgehen (vgl BGHZ 50, 45, 47 = IPRspr 1968–69 Nr 59; ÖstOGH SZ 10/26 [1928]: Deutscher übereignet in Österreich lagerndes Holz durch einen in Deutschland geschlossenen Vertrag an einen anderen Deutschen; Übereignung ungültig, weil die österreichischen Vorschriften über die Pfandbestellung nicht eingehalten worden sind; s auch ÖstOGH SZ 38/190 [1967]: Übereignung einer in Österreich befindlichen Fräsmaschine, österreichisches Recht angewandt; schweizBGE 36 II 1: Deutsche schließen in München zu Sicherungszwecken einen Kaufvertrag mit Rückkaufklausel über das zu einem Hotel in Graubünden gehörige Mobiliar; Graubündner Recht angewandt; BGE 94 II 297 = AWD 1970, 81; Cass req Rev crit dr i p 1934, 142 = DH 1933, 378 = Clunet 1935, 381: Niederländische Gesellschaft gewährt französischer Gesellschaft ein RM-Darlehen; in dem nach deutschem Recht formulierten und diesem unterstellten Darlehensvertrag übereignet die Schuldnerin fünf in Frankreich befindliche Kraftwagen sicherungshalber durch Besitzkonstitut an die Gläubigerin; die Übereignung wird wegen Verstoßes gegen Art 2078 cc als unwirksam angesehen; kritisch hierzu vCAEMMERER, in: FS Zepos II 31). Gehen die Parteien ausnahmsweise davon aus, daß das Sicherungsgut in einem anderen Staat als demjenigen, in welchem die Übereignung erfolgt, als Sicherheit gehalten und gegebenenfalls verwertet werden soll, so ist nach den *Regeln über internationale Verkehrsgeschäfte* (zum Begriff oben Rn 288) eine *begrenzte Rechtswahl* zuzulassen; entsprechend wie bei einer Pfandbestellung, die unter solchen Umständen erfolgt (s oben Rn 315), ist dann die Rechtsordnung des Staates, wo das Sicherungsgut treuhänderisch gehalten werden soll, als stillschweigend vereinbartes Sachstatut anzusehen.

c) Schuldrechtliche Fragen bei der Sicherungsübereignung

Von der *gesicherten Forderung*, die ohnehin ihrem eigenen Statut folgt, ist wiederum **345** der *schuldrechtliche Sicherungsvertrag* zu unterscheiden. Er schafft den Rechtsgrund für die Sicherungsübereignung und regelt deren Modalitäten, namentlich das Recht und die Pflicht zur Verwaltung des Sicherungsgutes, die Pflicht zu dessen Herausgabe an den Gläubiger sowie die Art und Weise der Verwertung bei Fälligkeit der gesicherten Forderung. Das Statut des Sicherungsvertrages ist nach den allgemeinen Regeln über das auf Schuldverträge anwendbare Recht (Art 27 ff EGBGB) zu bestimmen. Es fällt nicht notwendig mit dem Sachstatut zusammen. Man wird aber annehmen dürfen, daß der das Sicherungsgut verwaltende Sicherungsgeber die *charakteristische Vertragsleistung* iS des Art 28 Abs 2 EGBGB erbringt.

d) Anerkennung des Sicherungseigentums bei schlichtem Statutenwechsel

Sicherungseigentum, das nach dem Belegenheitsrecht ohne Besitzübertragung wirk- **346** sam begründet worden ist, kann nicht mit Anerkennung rechnen, wenn die Sache durch schlichten Statutenwechsel in einen anderen Staat gelangt, dessen Sachenrecht die Einhaltung der für die Verpfändung einer beweglichen Sache vorgeschriebenen Form des inländischen Rechts verlangt. Diese Regel hat lange Tradition, und beruht, wie bei den allgemeinen Lehren zum schlichten Statutenwechsel noch zu zeigen sein wird (s unten Rn 357, 360), auf dem Kerngedanken eines umfassenden Schutzes der inländischen Gläubigerordnung gegen Störungen durch „importierte" Sicherungsrechte, die in gleicher Weise nicht im Inland hätten begründet werden können. Ausschlaggebend ist letztlich die mangelnde Toleranz des nach dem Statutenwechsel herrschenden Sachenrechts, die sich nicht so leicht mit kollisionsrechtlichen Argumenten überspielen läßt. Das zeigt deutlich die Diskussion um eine neue Entscheidung des ÖstOGH, der einer in Deutschland nach § 930 BGB vollzogenen Sicherungsübereignung die Anerkennung versagte, nachdem der Schuldner die übereignete Sache nach Österreich verbracht hatte (OGH SZ 56/188 = JBl 1984, 550 = IPRax 1985, 165, und dazu MARTINY IPRax 1985, 168–171 sowie RAUSCHER JBl 1985, 321–328 = RiW/AWD 1985, 265–269). Die Entscheidung ist kritisiert worden (vgl RAUSCHER und HOYER JBl 1984, 543–545 und in Quartalshefte der Girozentrale Wien IV/86 61–64); SCHWIND (in: FS Kegel II [1987] 599–604) spricht geradezu von einem „juristischen Alptraum", weil sich im österreichisch-deutschen Rechtsverkehr „hinkendes" Eigentum abzeichne. In der Tat ist die Entscheidung ein Stolperstein für grenzüberschreitende Kreditbeziehungen und auch mit dem neuen östIPRG von 1978 nicht ohne weiteres zu vereinbaren; denn dieses verlangt in § 7 ausdrücklich die Respektierung der beim Statutenwechsel „vollendeten Tatbestände" und überläßt in § 31 Abs 2 IPRG nur den Inhalt, aber nicht den Bestand der nach Abs 1 begründeten Sachenrechte der jeweiligen lex rei sitae (vgl auch MARTINY 170: „lückenhaft formuliert"). Gleichwohl ist die Entscheidung im Hinblick auf den Schutzzweck der österreichischen Regeln über die Publizität von Mobiliarsicherheiten sachlich gerechtfertigt, und sie wird auch von der hL gebilligt (RUMMEL/SCHWIMANN, Kommentar zum ABGB[2] II [1992] § 31 IPRG Rn 7 b mNachw; s auch vBAR, IPR II 550). Auch im schweizerischen Recht ist die Unterstellung des aus Deutschland importierten, im Besitz des Schuldners befindlichen Sicherungseigentums unter die Pfandrechtsvorschriften des schweizerischen Rechts unbestritten, obwohl auch Art 100 Abs 2 schweizIPRG nur Inhalt und Ausübung der dinglichen Rechte an beweglichen Sachen der jeweiligen lex rei sitae zuweist (dazu HEINI, in: HEINI/KELLER/SIEHR/VISCHER/VOLKEN, IPRG-Kommentar [Zürich 1993] Art 100 Rn 43 mNachw; MARTINY 169 Fn 8). Art 83 des niederländischen Entwurfs eines IPR-Gesetzes (s oben Rn 39) sieht nunmehr gleichfalls vor, daß eine nach ausländischem Recht vollzogene Sicherungsübereignung einer in den Niederlanden befindlichen Sache Dritten nicht entgegengehalten werden kann. Die Vorschrift bezieht sich offensichtlich auf einen schlichten Statutenwechsel nach den Niederlanden, weil die Sicherungsübereignung einer Sache, die dort unverändert ihren Standort hat, ohnehin dem niederländischen Recht untersteht (Art 78). Das französische Recht macht bei der Ablehnung der Sicherungsübereignung beweglicher Sachen ebenfalls keinen Unterschied zwischen der Begründung von Sicherungseigentum an im Inland belegenen Sachen und dem im Ausland begründeten Sicherungseigentum an einer beweglichen Sache, die dann ins Inland gelangt (vgl die oben Rn 343 angeführten Entscheidungen des französischen Kassationshofs sowie Trib civ Strasbourg Rev crit dr i p 1959, 99 note SCHULZE; CABRILLAC Rev crit dr i p 1979, 497). Zweifelhaft ist, ob die schon berichtete Entscheidung des französischen Kassationshofs über die Anerkennung eines im Ausland formlos begründeten Leasing-Verhältnisses an einer Sache, die dann nach Frankreich verbracht wurde (oben Rn 329), eine großzügigere Haltung auch gegenüber importierten Mobiliarsicherheiten ankündigt.

5. Sicherungsabtretung

a) Kollisionsrechtliche Interessenwertung

347 Die Sicherungsabtretung eines Rechts, insbesondere einer Forderung, ist zwar, ebenso wie die Sicherungsübereignung, der äußeren Form nach Vollrechtsübertragung, dient aber dem beschränkten Zweck der Absicherung einer Forderung, die dem Zessionar gegen den Zedenten oder gegenüber einem Dritten zusteht. Der Gläubiger der gesicherten Forderung soll sich aus dem abgetretenen Recht befriedigen dürfen, sobald die gesicherte Forderung fällig geworden ist. Einzelheiten werden von den Parteien in dem schuldrechtlichen Sicherungsvertrag geregelt, der der Siche-

rungsabtretung zugrundeliegt. Die hierbei getroffenen Abmachungen, insbesondere über die Modalitäten der Abtretung, berühren im allgemeinen nicht die Interessen des Drittschuldners, weshalb die Parteien des Sicherungsvertrages das für ihn maßgebende Recht frei und ohne Mitwirkung des Drittschuldners bestimmen können. Andererseits muß der Schuldner einer sicherungshalber abgetretenen Forderung wissen, wann, an wen und unter welchen Umständen er mit befreiender Wirkung leisten kann. Er muß sich hierbei auf die Rechtsordnung verlassen können, unter der er „angetreten" ist. Der Schuldnerschutz gebietet deshalb die Anwendung des Forderungsstatuts auf diese Fragen, unabhängig von der Rechtswahl, welche die Parteien des Abtretungsvertrages getroffen haben mögen (OLG Köln IPRax 1987, 239, und dazu SONNENBERGER IPRax 1987, 221–225; vBAR RabelsZ 1989, 468; vgl auch Art 145 Abs 1 S 2 schweizIPRG, wonach eine von den Parteien bei Abtretung einer Forderung getroffene Rechtswahl gegenüber dem Schuldner ohne dessen Zustimmung unwirksam ist). Die Zulassung einer Sicherungsabtretung berührt aber auch die Interessen anderer Gläubiger des Zedenten, besonders wenn die Kreditwürdigkeit des Zedenten durch formlose Sicherungsabtretungen, vollends gar künftiger Forderungen, in einer nicht erkennbaren Weise vermindert und verschleiert wird. Manche Rechtsordnungen erfordern deshalb mit Rücksicht auf die Interessen anderer Gläubiger des Zedenten und die vollstreckungsrechtliche Gläubigerordnung, die bei Zugriff auf dessen Vermögen vorgesehen ist, besondere Publizitätsakte für die Sicherungsabtretung einer Forderung wie etwa das österreichische Recht (vgl § 452 iV mit § 427 ABGB; OGH ZfRvgl 1985, 62 mAnm HOYER; KOZIOL/WELSER, Grundriß des Bürgerlichen Rechts[9] II [1991] 124, 147–149; SCHWIMANN AWD 1984, 854–856; WERNER/REINEWITZ RiW/ AWD 1984, 357–360) oder das US-amerikanische Recht (die Sicherungszession von Kundenforderungen ist eine „secured transaction" iS von § 9-103 subsec 3 b UCC und bedarf daher der Kundbarmachung [perfection]). Andere Rechtsordnungen schließen etwa die Vorausabtretung künftiger Forderungen gänzlich aus wie zB das niederländische Recht (JOUSTRA IPRax 1994, 395–397). Schließlich unterwerfen manche Rechtsordnungen jedenfalls die Globalzession von Forderungen zum Schutz der Gläubigerordnung besonderen Vorschriften, etwa einer Registrierungspflicht (so das englische Recht die general assignment of book debts, Insolvency Act 1986 [c 45] sec 344).

b) Statut des Sicherungsvertrages und Forderungsstatut

Nach der Rechtsprechung und ganz überwiegender Lehre unterliegt die *Sicherungs-* **348** *abtretung* einer Forderung den allgemeinen kollisionsrechtlichen Regeln über die Zession, nunmehr also der Vorschrift des Art 33 EGBGB (BGHZ 111, 376 = IPRax 1991, 248 und dazu STOLL IPRax 1991, 223–227 = NJW 1991, 637 = RiW 1990, 670; vBAR, IPR II 415 Fn 758; ERMAN/HOHLOCH Art 33 Rn 5; KAISER, Verlängerter Eigentumsvorbehalt und Globalzession im IPR [1986] 102–105; MünchKomm/MARTINY Art 33 Rn 14, 15; PAUL, Die Sicherungsabtretung im deutschen und amerikanischen Recht unter besonderer Berücksichtigung des Forderungskonfliktes zwischen Geld- und Warenkreditgeber [1988]; REITHMANN/MARTINY 234 f). Das auf den *Sicherungsvertrag* und die ihm entspringenden Verpflichtungen anzuwendende Recht ist hiernach, wie Art 33 Abs 1 EGBGB klarstellt, nach den allgemeinen Regeln über das Schuldvertragsstatut (Art 27 ff EGBGB) zu bestimmen. Die den Art 12 Abs 2 des Römischen EWG-Übereinkommens über das auf vertragliche Schuldverhältnisse anzuwendende Recht vom 19. 6. 1980 übernehmende Vorschrift des Art 33 Abs 2 EGBGB ist indes für das deutsche Recht insofern neuartig, als nicht einfach „das Zessionsstatut" bestimmt wird durch Verweisung auf das Schuldstatut der abgetretenen Forderung, wie es dem früheren Recht entspräche, sondern vielmehr einzelne, das typische Interesse des Schuldners berührende Rechtsfragen dem *Forderungsstatut* zugewiesen werden. Gleichwohl beruhigt man sich vielfach mit der Feststellung, daß alles beim alten geblieben sei (vgl BGHZ 111, 379 f: Art 33 Abs 2 schreibe lediglich den bisherigen Rechtszustand fest; BGH IPRax 1992, 43, 44 und dazu vBar, IPRax 1993, 20–23; LG Stuttgart IPRax 1993, 330, und dazu vHoffmann/Höpping IPRax 1993, 302–305; vBar, IPR II 411; Ferid 6–120: entspricht dem bisherigen Rechtszustand und ist auch klar; Kegel 564). Dem ist insofern zu widersprechen, als Anknüpfungsgegenstand in Art 33 EGBGB offensichtlich der *kausale Abtretungsvertrag* mitsamt seiner Verfügungswirkung ist. Das entspricht dem in den meisten Staaten der Europäischen Union geltenden Prinzip der *kausalen Forderungszession* (vgl Einsele ZVglRW 90 [1991] 1–24; vHoffmann/Höpping IPRax 1993, 302–305; Hubertus Keller, Zessionsstatut im Lichte des Übereinkommens über das auf vertragliche Schuldverhältnisse anzuwendende Recht vom 19. Juni 1980 [Diss München 1985] 142–162). Vor allem die Bestimmung in Art 33 Abs 2 EGBGB, wonach die Voraussetzungen, unter denen die Übertragung dem Schuldner entgegengehalten werden kann, dem Forderungsstatut zu entnehmen sind, ist nur dann sinnvoll, wenn unter „Übertragung" ein die causa einschließender Abtretungsvertrag zu verstehen ist, nicht aber die bloße Einigung über die Abtretung als solche. Art 33 Abs 2 EGBGB ist insofern lückenhaft, als es den abstrakten Zessionsvertrag nicht berücksichtigt und nur von der Verfügungswirkung einer kausalen Zession handelt. Man muß aber Art 33 Abs 2 EGBGB nach seinem Zweck so interpretieren, daß alle Vorschriften und Regeln zum Schutz des Schuldners allein und in vollem Umfang dem Forderungsstatut zu entnehmen sind. Deshalb ist für das Zustandekommen und die Wirksamkeit einer Abtretung eine Einigung über die Abtretung als solche – evtl noch mit zusätzlichen Tatbestandselementen – erforderlich, aber auch ausreichend, wenn das Forderungsstatut die Zession abstrakt gestaltet; denn das Abstraktionsprinzip bei der Abtretung dient vornehmlich dem Schuldnerschutz (vgl Erman/Hohloch Art 33 Rn 6; Kegel 564; Kropholler 424 Fn 110; MünchKomm/Kreuzer Art 33 Rn 7). Somit kann zB die Abtretung einer dem deutschen Recht unterliegenden Forderung gültig sein, selbst wenn es nach dem Statut des Grundgeschäfts der Abtretung an einer gültigen causa fehlt (BGH IPRax 1992, 43 und dazu vBar IPRax 1992, 20–23 = NJW 1991, 1414).

c) **Schutz der Gläubigerordnung; verlängerter Eigentumsvorbehalt und Globalzession**

349 Eine Forderung gehört zum Aktivvermögen des Forderungsinhabers, das dem Zugriff seiner Gläubiger offensteht. Bei der Sicherungsabtretung tritt der gesicherte Gläubiger in Konkurrenz zu anderen Gläubigern des Zedenten, deren Interessen der Staat, in dem der Zedent niedergelassen ist oder wo er seinen gewöhnlichen Aufenthalt hat, oftmals durch besondere Vorschriften gegen beliebige Sicherungsabtretungen zu sichern sucht. Der Staat der Niederlassung oder des gewöhnlichen Aufenthaltes des Forderungsinhabers ist auch international zuständig, im Insolvenzfall eine bestimmte *Gläubigerordnung* zu verwirklichen. Das berechtigte Anliegen dieses Staates an der Wahrung und Durchsetzung seiner Gläubigerordnung sollte auch internationalprivatrechtlich anerkannt werden. Deshalb sind Sondervorschriften der geschilderten Art, mögen sie nun den Rahmen möglicher Sicherungsabtretungen beschränken oder solche Abtretungen einer bestimmten Publizität unterwerfen, in jedem Fall anzuwenden, auch wenn der Sicherungsvertrag und die abgetretene Forderung anderen Rechtsordnungen unterstehen. Zur Veranschaulichung sei ein vom österreichischen OGH entschiedener Fall angeführt (OGH JBl 1992, 189 mAnm SCHWIMANN = IPRax 1992, 47 und dazu POSCH IPRax 1992, 51–55). Ein deutscher Lieferant hatte einem österreichischen Zwischenhändler Ölmühlenprodukte unter verlängertem Eigentumsvorbehalt geliefert. In den AGB des Lieferanten war die Geltung deutschen Rechts vorgesehen. Der Zwischenhändler veräußerte die Ware an einen österreichischen Kunden weiter, wobei ebenfalls die Geltung deutschen Rechts vereinbart wurde. Die aus diesem Geschäft ausstehende Kaufpreisforderung des Händlers wurde von ihm nachträglich im Rahmen einer Globalzession an seine österreichische Hausbank abgetreten, wobei der nach österreichischem Recht für eine Sicherungszession vorgeschriebene Publizitätsakt (Vermerk auf der Rechnung und Verständigung des Schuldners) erfolgt war. Diese Abtretung trat in Konkurrenz zu dem zeitlich vorangehenden verlängerten Eigentumsvorbehalt des deutschen Lieferanten. Unter Berufung auf deutsches Recht als dem Statut der abgetretenen Forderung gab der OGH dem verlängerten Eigentumsvorbehalt des deutschen Lieferanten den Vorrang. SCHWIMANN wandte ein, die Weiterveräußerung an den österreichischen Kunden sei ein reines Inlandsgeschäft gewesen, das keinen Raum für die Vereinbarung deutschen Rechts lasse. Forderungsstatut sei somit österreichisches, nicht aber deutsches Recht. Hierauf kann es aber nicht ankommen. Selbst wenn Forderungsstatut kraft Rechtswahl deutsches Recht war, konnte der österreichischen Bank schwerlich versagt werden, sich auf das am österreichischen Niederlassungsort ihres Schuldners geltende Recht zu berufen, soweit dieses für Sicherungszessionen zum Schutz anderer Gläubiger eine bestimmte Publizität verlangt. Diese Publizität war bei der Sicherungsabtretung zugunsten der österreichischen Bank, nicht aber bei der Vorausabtretung kraft verlängerten Eigentumsvorbehalts des deutschen Lieferanten gewahrt worden. Irgendwelche Interessen des Drittschuldners, denen allein die Anwendung des Forderungsstatuts auf zessionsrechtliche Fragen dient, standen überhaupt nicht auf dem Spiel: Der Drittschuldner hatte die geschuldete Summe gerichtlich hinterlegt. Die Regeln des Forderungsstatuts bleiben indes anwendbar, soweit es der Schutz des Drittschuldners erfordert. Insbesondere kann sich der Drittschuldner stets, ungeachtet des im übrigen für die Zession maßgebenden Rechts, auf das Forderungsstatut berufen, soweit es um seine Befreiung von der Schuld geht (Art 33 Abs 2 EGBGB).

Die hier für Sicherungszessionen vertretene *Sonderanknüpfung gläubigerschützen-* **350** *der Vorschriften* an den Niederlassungsort des Zedenten bei Sicherungszessionen wird in der deutschen Rechtsprechung und Lehre noch überwiegend abgelehnt (befürwortend insbes die gründliche Dissertation von ERHARD KAISER, Verlängerter Eigentumsvorbehalt und Globalzession im IPR [Diss Freiburg 1985] 201 ff; s ferner LG Hamburg IPRspr 1980 Nr 53; MünchKomm/KREUZER Rn 93 [für verlängerten Eigentumsvorbehalt]; ablehnend dagegen insbes BGHZ 111, 376, 381 f, auch vBAR, IPR II 418 f; KROPHOLLER 424; MünchKomm/MARTINY Art 33 Rn 15; REITHMANN/MARTINY 234 f; SONNENBERGER, Quartalshefte der Girozentrale Wien IV/86, 9, 22)). Einmal werden Bedenken geäußert, ob jene Auffassung mit dem nicht differenzierenden Wortlaut des Art 33 Abs 2 EGBGB vereinbar ist (vBAR, KROPHOLLER aaO). Diese Vorschrift begründet indes keinen umfassenden Herrschaftsanspruch des Forderungsstatuts, sondern läßt eine einschränkende Auslegung zu. Es werden nämlich nach dieser Vorschrift nur gewisse, den Schuldnerschutz betreffende Fragen dem Forderungsstatut zugewiesen. Die in Frage stehenden Normen zur Durchsetzung der Gläubigerordnung betreffen aber gerade nicht den Schutz des Drittschuldners. KAISER (215–223) weist mit Recht darauf hin, daß Art 33 EGBGB lückenhaft ist, insbesondere weil über die Wirksamkeit der Zession im Verhältnis zu Dritten, wie Gläubigern, konkurrierenden Zessionaren oder einem Konkursverwalter gegenüber, keine kollisionsrechtliche Bestimmung getroffen wird (KAISER 223). Es läßt sich zudem vertreten, daß Normen zur Sicherung einer bestimmten Gläubigerordnung als sachen- und vollstreckungsrechtlich zu qualifizieren sind, im Grunde aber nicht das internationale Schuldvertragsrecht betreffen, das allein Gegenstand des römischen Schuldvertragsübereinkommens und damit auch der Regelung des Art 33 EGBGB ist. Gegen die hier vertretene Lösung wird ferner eingewandt, daß sie zu einer „Aufsplitterung" des auf eine bestimmte Forderung anzuwendenden Rechts führe (BGHZ 111, 381) und auch nicht recht ersichtlich sei, was im einzelnen abgespalten werde (REITHMANN/MARTINY 235). Nun entspricht es einer allgemeinen Erfahrung, daß in Fällen mit Auslandsberührung Einheitslösungen, die einen Komplex von Rechtsfragen demselben nationalen Recht zuweisen, notwendig Grenzen haben, wo die kollisionsrechtliche Interessenwertung Differenzierungen verlangt. Beispielsweise ist es auch im Vertragsrecht unumgänglich, gewisse „Teilfragen" vom allgemeinen Vertragsstatut abzuspalten. Allerdings nötigt die Frage, was im einzelnen zum Zwecke der Sonderanknüpfung „abgespalten" wird, zu einer Qualifikation, die, wie auch sonst bei der qualifizierenden Zuordnung im IPR, bisweilen zweifelhaft sein kann. Es mag etwa nicht ohne weiteres einsichtig sein, ob Vorschriften über die Benachrichtigung des debitor cessus den Schuldnerschutz iS des Art 33 Abs 2 EGBGB bezwecken (so gewiß Art 1690 frz cc) oder vielmehr die Offenlegung der Zession im Interesse der Gläubiger des Zedenten erreichen wollen. Meistens aber ist die richtige Zuordnung problemlos. So haben die in der deutschen Rechtsprechung entwickelten Regeln über den Widerstreit von verlängertem Eigentumsvorbehalt und Globalzession sicherlich nichts mit dem Schuldnerschutz zu tun. Sie betreffen vielmehr die Gläubigerordnung. In dem vom BGH entschiedenen Fall BGHZ 111, 376, hatte der ausländische Schuldner an denjenigen Gläubiger des Zedenten geleistet, der ihm zuerst die Zession angezeigt hatte, und war deshalb nach englischem Recht als dem hierfür maßgebenden Forderungsstatut befreit worden (Art 33 Abs 2 EGBGB). Der Gläubigerstreit unter den deutschen Parteien berührte die Interessen des Drittschuldners überhaupt nicht, sondern betraf allein die deutsche Gläubigerordnung; er war nach deutschem Recht zu entscheiden. Andererseits ist etwa der Konflikt zwischen dem verlängerten Eigentumsvorbehalt eines deutschen Weinexporteurs und der Forderungszession des die Ware weiterveräußernden englischen Importeurs zugunsten eines englischen Factors (*Pfeiffer Weinkellerei-Weineinkauf GmbH & Co v Arbuthnot Factors* [1988] 1 WLR 150) gewiß allein nach englischem Recht zu lösen.

351 Nach der hL ist beim *verlängerten Eigentumsvorbehalt* und der *Globalzession* die Wirksamkeit jeder einzelnen Abtretung nach dem auf die jeweilige Forderung anwendbaren Recht zu bestimmen (IPG 1965–66 Nr 6; IPG 1967–68 Nr 15; IPG 1987–88 Nr 24; vBAR, IPR II 418 f; MünchKomm/MARTINY Art 33 Rn 15; REITHMANN/MARTINY 234 f). Diese Lösung ist nicht nur, wie dargelegt, theoretisch anfechtbar, sondern auch wenig praktikabel. Bei Vereinbarung eines verlängerten Eigentumsvorbehalts oder einer Globalzession steht nämlich meist noch gar nicht fest, an welche Kunden der Vorbehaltskäufer das Vorbehaltsgut weiterveräußern wird und auf welche „Forderungsstatute" sich der Vorbehaltsverkäufer oder die eine Globalzession in Anspruch nehmende Bank nach hL einzustellen haben. Auch ist damit zu rechnen, daß ausländische Rechtsordnungen die Abtretung eines Kreises künftiger, noch nicht konkretisierter Forderungen als Belastung eines Unternehmens oder eines Teils des

Unternehmens in seinem wechselnden Bestand betrachten und hierfür eine Registrierung fordern. So hat der englische Court of Appeal im Falle *Aluminium Industrie Vaassen BV* v *Romalpa Aluminium Ltd* (1976) 1 WLR 676 = (1976) 2 All ER 552 = RiW/AWD 1976, 595 (dazu BAUMGARTE 736 f; GOODE RabelsZ 1980, 678 f; GRAUPNER RiW/AWD 1976, 258–261; F A MANN, NJW 1976, 1013 f) zwar die Annahme einer solchen Belastung der englischen Käuferin vermieden, indem er zwischen der niederländischen Vorbehaltsverkäuferin und der Käuferin ein Treuhandverhältnis konstruierte. Die Verkäuferin hatte sich nämlich ausbedungen, daß die Käuferin die Vorbehaltsware getrennt zu lagern habe und nur für Rechnung der Verkäuferin als deren agent weiterveräußern dürfe. Die Entscheidung ist aber vereinzelt geblieben. Ähnlich formulierte Klauseln wurden in der nachfolgenden englischen Rechtsprechung durchweg als Vereinbarung einer „charge" aufgefaßt, die, wenn Käufer eine englische Company ist, der Registrierung bedarf (Companies Act 1985 [c 6] sec 395, 396; aus der Rspr: *In re Bond Worth Ltd* [1979] 3 WLR 629; *Borden [UK] Ltd* v *Scottish Timber Products Ltd* [1981] Ch 25 = [1979] 3 WLR 672; *In re Peachdart* [1983] 3 WLR 878; *In re Weldtech Equipment Ltd* [1991] BCC 16; *Modelboard Ltd* v *Outer Box* Ltd [1992] BCC 945; dazu KLÖTZEL RiW 1983, 822–825; MAGNUS RiW 1985, 769–777; MOSCHINSKY LQRev 108 [1992] 591–625). Es sprechen somit auch praktische Gründe dafür, die *Sicherungsabtretung künftiger, noch nicht feststehender Forderungen* im Rahmen eines *verlängerten Eigentumsvorbehalts* oder einer *Globalzession* als eine Frage der Gläubigerordnung zu behandeln, die dem am Niederlassungsort oder gewöhnlichen Aufenthaltsort des Zedenten geltenden Recht anheimfällt. Diese Rechtsordnung bestimmt, ob und unter welchen Voraussetzungen eine Vorausabtretung möglich ist und wie sie wirkt. Hingegen richtet sich nach dem Forderungsstatut, ob die im voraus abgetretene Forderung überhaupt abtretbar und nicht etwa dem Rechtsverkehr entzogen ist (vgl hierzu §§ 399 BGB, 354 a HGB). Gläubigerschützende Sondervorschriften des am Niederlassungsort oder gewöhnlichen Aufenthaltsort des Zedenten geltenden Rechts haben nämlich den Sinn, die Verkehrsfähigkeit einer an sich disponiblen Forderung im Interesse der Gläubiger des Zedenten zu beschränken. Sofern aber eine Forderung generell dem Verkehr entzogen wird, geschieht es aus Gründen des Schuldnerschutzes, wofür das *Forderungsstatut* maßgebend ist, Art 33 Abs 2 EGBGB (so auch MünchKomm/KREUZER Rn 93 Fn 412).

V.   Schlichter Statutenwechsel

1.   Begriff

Die Lehre vom Statutenwechsel einer beweglichen Sache (dem „conflit mobile", vgl **352** RIGAUX, Le conflit mobile en droit international privé, Rec des Cours 117 [1966-I] 329–444) hat es mit dem Schicksal der an der Sache bestehenden dinglichen Rechtsverhältnisse zu tun, wenn die Sache in ein anderes Rechtsgebiet gelangt und damit der dort geltenden Sachenrechtsordnung unterworfen wird. Für die dabei entstehende Problematik ist es unerheblich, weshalb der Gebietswechsel erfolgt und auf welche Weise er zustande kommt (FRANKENSTEIN II 42); denn es geht allein um die rechtlichen Konsequenzen dessen, daß überhaupt eine neue Sachenrechtsordnung zur Herrschaft gelangt, nicht um die Anknüpfung einer mit dem Gebietswechsel verbundenen Rechtshandlung an die eine oder andere Rechtsordnung. Für eine *Rechtswahl* der Parteien ist in solchen Fällen *kein Raum*. Zur Klarstellung sollte man, wenn nur jene Überleitungsproblematik gemeint ist, von einem *„schlichten" Statutenwechsel* sprechen im Gegensatz zu einem *qualifizierten Statutenwechsel*, der im Rahmen eines internationalen Verkehrsgeschäfts (zum Begriff s oben Rn 288) von den Parteien erstrebt wird. Die sachenrechtliche Problematik der internationalen Verkehrsgeschäfte liegt wesentlich anders. Sie betrifft hauptsächlich die richtige Anknüpfung eines grenzüberschreitenden, der Güterbewegung dienenden Geschäfts an eine der beteiligten Sachrechtsordnungen, wobei der Parteiwille den Ausschlag geben sollte (s oben Rn 288–294, 304–306).

2. Bewertung nicht abgeschlossener Tatbestände

353 Bei einem schlichten Statutenwechsel ist zunächst allein das alte Statut, später allein das neue Statut sachenrechtlich berufen. Diese Kompetenzverteilung bedeutet, daß die unter dem alten Statut begonnenen, aber nicht abgeschlossenen Tatbestände nach dem Statutenwechsel nur insofern wirksam werden können, als es das neue Statut zuläßt. Dabei ist zweierlei denkbar: Das neue Statut mag tolerieren, daß sich nach dem Statutenwechsel der von dem alten Statut beherrschte Vorgang vollendet und gemäß dem alten Statut Rechtswirkungen entfaltet, oder es mag das neue Statut selbst eine Rechtsänderung vorschreiben, indem es Tatbestandteile, die sich vor Beginn seiner Herrschaft außerhalb seines Geltungsbereichs ereignet haben (etwa Ablauf der Ersitzungs- oder Verjährungsfrist unter dem früheren Statut, s oben Rn 273), als Auslandssachverhalt in die sachenrechtliche Bewertung miteinbezieht, den Vorgang also so bewertet, als habe sich der gesamte Sachverhalt unter der Herrschaft des neuen Statuts zugetragen. Im Zweifel ist letzteres anzunehmen (IPG 1972 Nr 11; ERMAN/HOHLOCH Rn 22; FERID 7–69; MünchKomm/KREUZER Rn 60 Fn 237; SOERGEL/ KEGEL Vor Art 7 Rn 565). Das neue Statut ist indes völlig frei, den einen oder anderen Weg zu nehmen. Auch die erstgenannte Möglichkeit – Hinnahme der Wirkung des alten Statuts – darf nicht etwa generell ausgeschlossen werden. Beispielsweise sollte sich der Eigentumserwerb eines Finders nach dem am Fundort geltenden Recht vollenden, selbst wenn die Sache vor Ablauf der von dieser Rechtsordnung vorgeschriebenen Wartefrist in ein anderes Rechtsgebiet gelangt, das den Eigentumserwerb von engeren Voraussetzungen abhängig macht (oben Rn 270).

3. Überleitung abgeschlossener Tatbestände

a) Prägung der sachenrechtlichen Verhältnisse durch das früher herrschende Statut

354 Bei einem schlichen Statutenwechsel übernimmt das neue Statut die an der Sache bestehenden dinglichen Rechtsverhältnisse grundsätzlich so, wie sie durch das bis dahin herrschende Sachstatut *geprägt* worden sind (die Rspr hat diese von LEWALD, 184, stammende Formulierung übernommen, vgl BGHZ 39, 173, 175; 45, 95, 97; 100, 321, 326; OLG Schleswig NJW 1989, 3105; BGH IPRspr 1991 Nr 70 = NJW 1991, 1415, 1416 = IPRax 1993, 176, 177, und dazu KREUZER IPRax 1993, 157–162 = LM § 936 BGB Nr 1 = RiW 1991, 516, 517; s ferner vBAR, IPR II 553; vCAEMMERER in: FS Zepos [1979] II 30; KROPHOLLER 464; MünchKomm/KREUZER Rn 62 Fn 247). Das bedeutet einmal, daß die unter dem alten Statut *abgeschlossenen Tatbestände* allein nach dem Sachenrecht dieses Statuts zu bewerten sind. Versagen die sachenrechtlichen Normen des alten Statuts dem Tatbestand die Rechtswirkung, so verbleibt es auch nach dem Statutenwechsel dabei (vgl RAAPE 596: Das Nein des alten Statuts bleibt Nein; vgl ferner ERMAN/HOHLOCH 23; FRANKENSTEIN II 44 f; KROPHOLLER 464 Fn 12; LEWALD 178; MünchKomm/KREUZER Rn 61; SOERGEL/KEGEL Vor Art 7 Rn 565; WOLFF 176; IPG 1973 Nr 17). Das neue Statut kann allerdings den Vorgang als nicht abgeschlossen betrachten, worüber es frei entscheidet (MünchKomm/KREUZER Rn 60 Fn 236). Jene Ausgangsregel bedeutet aber auch, daß die sachenrechtlichen Wirkungen, die das früher herrschende Statut mit einem abgeschlossenen Tatbestand verbindet, von dem neuen Statut grundsätzlich hingenommen werden. Die Übernahme der bestehenden Sachenrechtsverhältnisse kann zwar nicht auf den Schutz „wohlerworbener Rechte" zurückgeführt werden (auf diesen Rechtsgedanken nehmen jedoch Bezug vCAEMMERER in: FS Zepos II 30 und FERID 7–59; krit dagegen mit Recht NEUHAUS, Die Grundbegriffe des internationalen Privatrechts[2] [1976] 170–174; NUSSBAUM 78–80; auch LALIVE, The Transfer of Chattels in the Conflict of Laws [1955] 145, hält die Lehre von den wohlerworbenen Rechten im IPR für „somewhat discredited"); denn dem neuen Statut steht es frei, die unter dem früheren Statut entstandenen Rechte zu verwerfen, umzuformen oder ihre Ausübung zu untersagen. Im Zweifel ist jedoch davon auszugehen, daß das neue Statut mit den bestehenden Sachenrechtsverhältnissen schonend verfährt und in sie nur aus plausiblen Gründen eingreift. Bei der für solche Eingriffe maßgebenden Interessenabwägung spricht für den *grundsätzlichen Fortbestand* jener Rechtsverhältnisse der wichtige Gesichtspunkt des *Vertrauensschutzes* (NUSSBAUM 174; ders 80 meint, der für das IPR entbehrliche Begriff der wohlerworbenen Rechte könnte ohne Schaden verwendet werden, um dem Gedanken eines „Trägheitsgesetzes" Ausdruck zu geben; vgl auch oben Rn 121).

b) Einwirkung des neuen Sachstatuts auf bestehende Rechtsverhältnisse

Das neue Sachstatut kann einmal in die an der Sache bestehenden Rechtsverhält- **355** nisse in der Weise eingreifen, daß es gewissen Rechtssätzen des früher herrschenden Statuts über Bestand oder Inhalt eines dinglichen Rechts wegen Verstoßes gegen den inländischen ordre public (vgl Art 6 EGBGB) die Anwendung versagt. Daraus ergibt sich indes nur eine begrenzte Einwirkungsmöglichkeit in extremen Fällen eines Widerspruchs zu wesentlichen Grundsätzen der inländischen Rechtsordnung (vgl dazu BGHZ 39, 176 f). Die meisten Rechtsordnungen nehmen für sich die weitergehende Kompetenz in Anspruch, die unter ausländischem Recht begründeten dinglichen Rechte danach zu messen, ob sie sich in die inländische Sachenrechtsordnung einfügen lassen und, soweit dies bejaht werden kann, sie dieser Rechtsordnung anzupassen, andernfalls zu verwerfen. Eine solche *„Eingangskontrolle"* überschreitet deutlich die mit der allgemeinen Vorbehaltsklausel verbundenen Einwirkungsmöglichkeiten. Sie stützt sich auf die *sachenrechtliche Herrschaft des Belegenheitsrecht* (aA MünchKomm/KREUZER Rn 63). In deren Rahmen werden materiellrechtliche Normen für den Auslandssachverhalt der „importierten" Sachenrechte entwickelt mit dem Ziel, diese mit der inländischen Sachenrechtsordnung in Einklang zu bringen. Die strikteste Form einer solchen Anpassung kraft materiellen Rechts ist die von der **herrschenden Transpositionslehre** geforderte Überleitung aller ausländischen Sachenrechte in äquivalente Rechtstypen des inländischen Rechts. LEWALD (IPR 184 und Règles générales 131) behauptet geradezu, das Schicksal der beim Statutenwechsel bestehenden jura in re sei weniger ein kollisionsrechtliches Problem als ein solches der Rechtsvergleichung (vgl im übrigen zur Transpositionslehre BGH IPRspr 1991 Nr 70 = NJW 1991, 1415; vBAR, IPR II 554 f; vCAEMMERER, in: FS Zepos II 30; FRANKENSTEIN II 24, 88; KREUZER IPRax 1993, 157–160; MünchKomm/KREUZER Rn 62; NUSSBAUM 307; RABEL, Conflict of Laws IV 72; SOERGEL/KEGEL Vor Art 7 Rn 568; WOLFF 178 f; krit JAYME, in: FS Serick [1992] 241–253). Weiche hingegen das importierte Sachenrecht so stark von den inländischen Rechtstypen ab, daß eine äquivalente Umsetzung scheitere, dann sei das Recht im Inland als inexistent zu behandeln (MünchKomm/KREUZER Rn 63). Manche

Autoren legen dem Verdikt des Belegenheitsrechts über ein nicht „übersetzbares" Sachenrecht sogar *rechtsvernichtende Wirkung* bei iS eines *„Reinigungseffekts"*, so daß das Recht auch dann erloschen bleibt, wenn die Sache den Geltungsbereich jener Rechtsordnug wieder verläßt (KEGEL 576; RABEL, Conflict of Laws IV 91; SOERGEL/ KEGEL Vor Art 7 Rn 568). Kollisionsrechtliche Vorschriften, wonach sich der Inhalt von Rechten an beweglichen Sachen nach der jeweiligen lex rei sitae richten, wie insbesondere Art 100 Abs 2 schweizIPRG und § 31 Abs 2 östIPRG, werden iS der herrschenden Transpositionslehre zu verstehen sein (HEINI, in: HEINI/KELLER/SIEHR/ VISCHER/VOLKEN, IPRG-Kommentar [1993] Art 100 Rn 35; RUMMEL/SCHWIMANN, Kommentar zum ABGB[2] II [1992] § 31 IPRG Rn 8).

356 Der **Transpositionslehre** ist einmal entgegenzuhalten, daß das neue Statut keinen Anlaß hat, in die beim Statutenwechsel bestehenden Sachenrechte einzugreifen, solange sie unter dem neuen Statut nicht ausgeübt werden. Die Transposition fremder Sachenrechte ist nicht nötig, um die inländische Rechtsordnung vor Störungen durch solche Rechte zu bewahren. Störungen werden vermieden, solange die Rechtsausübung mit dem inländischen Recht vereinbar ist. Dementsprechend bestimmt Art 43 Abs 2 des Referentenentwurfs eines Gesetzes zur Ergänzung des internationalen Privatrechts vom 1. 12. 1993 (oben Rn 19), daß die an einer Sache begründeten Rechte in einem anderen Staat nicht im Widerspruch zu der Rechtsordnung dieses Staates ausgeübt werden können. MünchKomm/KREUZER (Rn 62) meint, diese Formulierung enthebe den Richter im Streitfalle nicht der Zuordnung des „Fremdrechts" zu einem deutschen Sachenrechtstyp. Aber selbst wenn das richtig wäre – es ist zu bezweifeln, weil ein generalisierender Vergleich genügt – läge darin noch keine „Transposition". Selbst diejenigen Rechte, deren Ausübung mit dem neuen Statut unvereinbar sind, bleiben nach überwiegender Meinung bestehen (es tritt also kein „Reinigungseffekt" ein, wie manche Autoren meinen, s oben Rn 355). Sie leben nach einem weiteren Statutenwechsel wieder auf, soweit die nunmehr maßgebende Rechtsordnung die Rechtsausübung zuläßt (vCAEMMERER, in: FS Zepos II 33 f; FRANKENSTEIN II 47; vHOFFMANN/FIRSCHING 438 f; KROPHOLLER 466; LÜDERITZ in: Vorschläge und Gutachten zur Reform des deutschen internationalen Personen- und Sachenrechts [1972] 211 Fn 87; MünchKomm/KREUZER Rn 63 Fn 257; RAAPE 597, 609 f; ZITELMANN I 155, II 342). Mit der Transpositionslehre ist diese – richtige – Auffassung nicht zu vereinbaren. Im übrigen kann die Transposition dazu führen, daß das fremde Recht zu einem inländischen „aufgestockt" wird, der Berechtigte also in unangemessener Weise mehr Rechtsmacht erhält als ihm nach dem Ursprungsstatut des Rechtes zusteht (hierzu JAYME, in: FS Serick 245). So hat der BGH eine in Italien bestellte besitzlose Hypothek an einem Pkw, der dann nach Deutschland verbracht wurde, in Sicherungseigentum nach Maßgabe des deutschen Rechts umgedeutet. Folglich sei die gesicherte Gläubigerin berechtigt, das Fahrzeug vom Besitzer herauszuverlangen, um es nach den für das Sicherungseigentum geltenden Regeln zu verwerten (BGH IPRspr 1991 Nr 70 = NJW 1991, 1415). Nach italienischem Recht hätte aber die Gläubigerin keinen solchen Herausgabeanspruch gehabt, weil ein gerichtliches Verwertungsverfahren vorgeschrieben ist (JAYME, in: FS Serick 245; vgl dazu auch KREUZER IPRax 1993, 157, 160). Auch dem deutschen Recht ist ein solches Verfahren zur Befriedigung eines gesicherten Gläubigers durchaus nicht fremd: Der Pfandgläubiger ist jederzeit in der Lage, einen dinglichen Duldungstitel zu erstreiten, mit dessen Hilfe die Pfandverwertung nach den Vorschriften über die Zwangsvollstreckung betrieben werden kann (§ 1233 Abs 2 BGB). Es ist nicht einzusehen, weshalb die italienische Gläubigerin nicht auf dieses Verfahren verwiesen, sondern ihr die weitergehenden Rechte einer Sicherungseigentümerin zuerkannt wurden; nur die ganz unnötige Transposition der Autohypothek in Sicherungseigentum konnte dazu führen, daß die italienische Gläubigerin vom Statutenwechsel profitierte und mehr Rechte erhielt, als ihr nach italienischem Recht zusteht (KREUZER IPRax 1993, 160, beruhigt sich dabei, daß diese Lösung der hM entspreche). Andererseits hat das OLG Frankfurt (IPRspr 1993 Nr 50) mit Recht entschieden, daß die nach schweizerischem Recht bestehende Möglichkeit eines freihändigen Pfandverkaufs fortbesteht, wenn das Pfandrecht nach Deutschland verbracht worden ist; eine solche Rechtsausübung ist mit dem deutschen Recht vereinbar (vgl nur §§ 1221, 1235 Abs 2 BGB).

Im übrigen kann nicht allein durch Typenvergleichung ermittelt werden, ob das neue **357** Statut die Ausübung eines fremden Sachenrechts duldet. Das neue Statut mag selbst der Ausübung eines typengleichen oder ähnlichen Sachenrechts an einer importierten Sache widersprechen, etwa weil derartige Rechte den inländischen Kreditverkehr unangemessen belasten (vgl unten Rn 360, 361). Es kann insbesondere, wie namentlich ZITELMANN (IPR II 339) gezeigt hat, eine Entstehungs- oder Erwerbsvoraussetzung zur **Dauervoraussetzung** erheben, so daß ein unter dem alten Statut entstandenes Recht nur ausgeübt werden kann, solange die Dauervoraussetzung erfüllt ist. Beispielsweise ist die Registrierung eines Eigentumsvorbehalts am Wohnsitz des Käufers nach schweizerischem Recht eine Dauervoraussetzung für die Geltendmachung des Eigentumsvorbehalts (Art 102 Abs 2 IPRG, s dazu oben Rn 327). Andererseits wird die Ausübung typenfremder Rechte möglicherweise toleriert, obwohl das neue Sachstatut intern den Kreis der zugelassenen Sachenrechte zwingend beschränkt; denn es ist nicht selbstverständlich und bedarf stets genauer Prüfung, ob der internrechtliche Grundsatz der beschränkten Zahl der dinglichen Rechte auch gegenüber dem Auslandssachverhalt importierter Fremdrechte Geltung haben soll (NEUHAUS, Die Grundbegriffe des internationalen Privatrechts[2] [1976] 297; SCHRÖDER, Die Anpassung von Kollisions- und Sachnormen [1961] 123 f; STOLL RabelsZ 1974, 450, 459). Somit ist nach dem Gesamtinhalt einer Sachenrechtsordnung in vernünftiger Interessenabwägung zu entscheiden, ob und inwieweit nach einem Statutenwechsel das neue Statut die Ausübung fremder Sachenrechte gestattet oder ihr widerspricht. Zu einer *Transposition* fremder Sachenrechte kommt es nach einem Statutenwechsel grundsätzlich erst dann, wenn unter dem neuen Statut *über die Sache verfügt* wird. Dies kann nämlich nur in den Rechtsformen des neuen Statuts geschehen.

c)   Haltung des deutschen Rechts gegenüber im Ausland begründeten Sachenrechten

Das deutsche Sachenrecht *beschränkt die Zahl der dinglichen Rechte* auf die gesetz- **358** lich vorgesehenen Typen, eine Regel, die freilich in erster Linie die *Begründung* dinglicher Rechte *durch Inlandsgeschäft* betrifft. Deshalb kann ihr nicht ohne weiteres entnommen werden, daß sie auch die Zahl der Sachenrechte ausländischen Ursprungs im Inland in der gleichen Weise beschränkt (DROBNIG/KRONKE, Die Anerkennung ausländischer Mobiliarsicherheiten nach deutschem internationalen Privatrecht 105 Fn 49; aA FERID 7–65; MünchKomm/KREUZER Rn 62; WENCKSTERN RabelsZ 1992, 657 f). Für eine großzügigere Zulassung fremder Rechtstypen an Sachen, die ins Inland gelangen, spricht vielmehr, daß auch schon bei Überleitung der landesrechtlichen Sachenrechte in die Rechtsformen des BGB nach dessen Inkrafttreten der Numerus clausus der im Gesetz vorgesehenen Sachenrechte intertemporal durchbrochen wurde (Art

179–196 EGBGB, s dazu Neuhaus, Schröder und Stoll vorige Rn). Immerhin wird man in Analogie zu Art 180, 181 EGBGB annehmen müssen, daß die deutschen Vorschriften über Eigentum und Besitz auch international zwingend sind, dh auch dann respektiert werden müssen, wenn eine auslandsrechtlich geprägte Sache ins Inland gelangt (Erman/Hohloch Rn 23). Das Eigentum als umfassendes Herrschafts- und Fundamentalrecht, aus dem alle anderen dinglichen Rechte abgeleitet werden, bildet den unverzichtbaren Grundstock der Sachenrechtsordnung; die Dominanz der Besitzvorschriften folgt daraus, daß sie eine Friedensordnung sichern sollen und deshalb auch dem öffentlichen Interesse dienen (Wolff/Raiser, Sachenrecht[10] [1957] 52 f). Soweit allerdings das deutsche IPR einem ausländischen Vermögensstatut sachenrechtliche Kompetenz zuerkennt, kann sich aus ihm ergeben, daß gewisse, vom deutschen Recht abweichende Formen gemeinschaftlichen Eigentums anzuerkennen sind (s oben Rn 187).

359 Die möglichen Konflikte zwischen importierten Sachenrechten und der inländischen Sachenrechtsordnung beschränken sich somit auf den Fall, daß an einer ins Inland gelangten Sache ein *beschränktes dingliches Recht ausländischen Ursprungs* besteht. Kritisch ist hierbei vor allem der „Import" besitzloser Mobiliarsicherheiten. Im älteren Schrifttum wurde vielfach versucht, die Überleitung solcher Rechte mit Hilfe *formaler Kriterien* abzuwehren. So lehrten Wächter, Savigny und Windscheid, daß sich das inländische Recht der Überleitung besitzloser Mobiliarsicherheiten widersetzt, soweit es für die Verpfändung einer beweglichen Sache deren Übergabe an den Gläubiger verlangt (Wächter AcP 25 [1842] 389; Savigny, System 196–198; Windscheid/Kipp, Lehrbuch des Pandektenrechts[9] I [1906, Neudruck 1963] 145 Fn 3). Hierbei setzte man sich darüber hinweg, daß nicht der Rechtstyp, sondern nur die Entstehungsvoraussetzungen dem neuen Statut zuwiderlaufen, für diese aber das alte Statut maßgibt. Savigny meinte gar, das besitzlose Pfandrecht sei „ein ganz anderes Rechtsinstitut als das, welches nur durch Übergabe begründet werden kann, und beide haben nur den Namen und den allgemeinen Zweck miteinander gemein". (Savigny, System 197). Nach einer anderen Lehre ist der *Besitz des Pfandgläubigers* an dem Pfandstück eine *Dauervoraussetzung*, die auch bei ausländischen Pfandrechten an einer ins Inland gelangten Sache zu beachten ist (vgl etwa Frankenstein II 87 f; Nussbaum 308; Vischer, Internationales Vertragsrecht [1962] 186 f; Zitelmann I 156, II 339). Eine solche Regel paßt freilich schlecht für Pfandrechte, die im Ausland ohne Übergabe entstanden sind (Drobnig RabelsZ 1974, 483; Wolff 176 Fn 3; BGHZ 39, 173, 178). Entgegen den Bedenken des älteren Schrifttums und der früher restriktiven Rechtsprechung (vgl etwa OAG Jena SeuffA 16 [1863] Nr 1; OT Berlin SeuffA 31 [1876] Nr 194; RG JW 1893, 207) behandeln nunmehr die deutschen Gerichte *besitzlose Mobiliarsicherungsrechte* an ins Inland gelangten Sachen *mit großer Toleranz*. So hat der BGH entschieden, daß ein nach französischem Recht begründetes Registerpfandrecht an einem Lkw mit dem deutschen Sachenrecht durchaus verträglich ist und deshalb in Deutschland anerkannt werden muß (BGHZ 39, 173 = IPRspr 1962–63 Nr 60 = NJW 1963, 1200 = LM Nr 20 zu Art 7 ff EGBGB [Deutsches Internationales Privatrecht]; s hierzu auch vCaemmerer, in: FS Zepos II 32; Coing ZfRvgl 1967, 66 f; Drobnig RabelsZ 1974, 483). Ein nach italienischem Recht nur inter partes wirkender Eigentumsvorbehalt an einigen nach Deutschland gelieferten Strickmaschinen wurde mit Hilfe einer materiellrechtlichen Konstruktion wohlwollend in einen vollgültigen Eigentumsvorbehalt nach deutschem Recht transformiert (BGHZ 45, 95 = IPRspr 1966–67 Nr 54 = NJW 1966, 879 = LM Nr 29 zu Art 7 ff EGBGB [Deutsches Internationales Privatrecht], dazu Kegel, Der Griff in die

Zukunft, JuS 1968, 162–166; SIEHR AWD 1971, 15 ff). Auch eine besitzlose Auto-Hypothek kraft italienischen Rechts konnte in Deutschland durchgesetzt werden (BGH IPRspr 1991 Nr 70 = IPRax 1993, 176, und dazu KREUZER IPRax 1993, 157–162 = NJW 1991, 1415 = LM § 936 BGB Nr 1). Das Schrifttum stimmt überwiegend zu (DROBNIG/KRONKE, Die Anerkennung ausländischer Immobiliarsicherungsrechte nach deutschem internationalen Privatrecht 105 f; ERMAN/HOHLOCH Rn 24; vHOFFMANN/FIRSCHING 435 f; KREUZER IPRax 1993, 158 f; KROPHOLLER 464 f; MünchKomm/KREUZER Rn 86, 87, 95–98). Die *anerkennungsfreundliche Haltung* gegenüber fremdrechtlichen Mobiliarsicherheiten wird hauptsächlich damit begründet, daß auch im inländischen Rechtsverkehr besitzlose Mobiliarsicherheiten in Form des Eigentumsvorbehalts und der Sicherungsübereignung großzügig zugelassen werden. Im grenzüberschreitenden Verkehr dürfe man nicht strenger sein. Dabei wird freilich nicht beachtet, daß die Zulassung besitzloser Mobiliarsicherheiten durch die Rechtsprechung zu Inlandsfällen im Kontext der gesamten für den inländischen Verkehr berechneten Vorschriften über das Kreditwesen und die Schuldenhaftung gesehen werden muß. Es bedarf daher einer weitergehenden Interessenanalyse, um beurteilen zu können, inwiefern die Duldung ausländischer Mobiliarsicherheiten mit dieser Gesamtordnung zu vereinbaren ist.

Der Hauptgrund für die in der älteren Judikatur und Lehre, weithin aber auch im **360** ausländischen Recht verbreitete Abwehrhaltung gegenüber besitzlosen Mobiliarsicherheiten fremden Rechts liegt darin, daß in jeder Rechtsordnung ein enger, wohlabgewogener Zusammenhang zwischen den zugelassenen Sicherungsformen des materiellen Rechts, prozessualen Vorzugsrechten und der insolvenzrechtlichen Rangfolge der Gläubiger besteht (STOLL RabelsZ 1974, 463–467). Man kann von einer **Gläubigerordnung** sprechen, um die Gesamtheit der aufeinander abgestimmten Vorschriften solcher Art zu charakterisieren. Im deutschen Recht etwa ist die weite Zulassung der Sicherungsübereignung nur dann voll verständlich, wenn man sich vergegenwärtigt, daß es kein Pfandrecht an einem Unternehmen oder an einem wechselnden Bestand von Sachen oder Rechten gibt. Eine Rolle spielt wohl auch die rechtspolitische Erwägung, daß der Gläubiger möglichst nicht im Wege der Einzelzwangsvollstreckung gegen einen Unternehmer vorgehen soll, solange dieser seine Verbindlichkeiten im allgemeinen bedient. Der Gläubiger, dessen Pfändung von einem Sicherungseigentümer abgewehrt worden ist (§ 771 ZPO), mag Konkursantrag gegen den Schuldner stellen und Befriedigung im Konkursverfahren suchen. Im französischen Recht ist die generelle Ablehnung der Sicherungsübereignung sicherlich dadurch mitbedingt, daß einerseits in den wichtigsten Fällen sondergesetzlich geregelte Registerpfandrechte – einschließlich des Unternehmenspfandrechts – zur Verfügung stehen, andererseits die unbeschränkte Zulassung besitzloser Sicherungsrechte neben dem umfangreichen System prozessualer Vorzugsrechte die nicht privilegierten Gläubiger im Konkursverfahren vollends entrechten würde. In jedem Fall ist die Zulassung besitzloser Sicherungsrechte Ausdruck eines Interessenausgleichs, bei welchem das Kreditbedürfnis der Wirtschaft oder bestimmter Wirtschaftskreise gegen die Befriedigungschancen nicht privilegierter Gläubiger im Rahmen einer bestimmten Rechtsordnung abgewogen werden. Alle Rechtsordnungen reagieren deshalb empfindlich auf Störungen der Gläubigerordnung durch „importierte" Sicherungsrechte.

Im deutschen Recht ist die Frage, ob die Zulassung besitzloser Mobiliarsicherheiten **361** ausländischen Ursprungs sich mit der inländischen Gläubigerordnung verträgt, *dif-*

ferenziert zu beantworten. Sicherungsrechte des Warenverkäufers sind aus der Sicht des deutschen Rechts unbedenklich, weil das deutsche Recht das Sicherungsinteresse des vorleistenden Verkäufers höher bewertet als das Interesse des Kreditverkehrs an der Offenkundigkeit der Eigentumsverhältnisse. Eine entsprechende Wertung ist auch dann angebracht, wenn es um das Sicherungsinteresse eines die Anschaffung der Ware finanzierenden Kreditinstituts geht; denn dieses tritt hinsichtlich der Kreditierung und Sicherung, wirtschaftlich gesehen, an die Stelle des Verkäufers. Schon aufgrund dieser Überlegungen ist der erwähnten Entscheidung BGHZ 39, 173 (Anerkennung eines nach französischem Recht bestellten Registerpfandrechts an einem Lkw) zuzustimmen: Das Pfandrecht diente der Sicherung der Kreditforderung eines französischen Kreditinstituts, das die Anschaffung des Lkw finanziert hatte. Entsprechendes gilt auch für die Zulassung einer nach italienischem Recht bestellten besitzlosen Auto-Hypothek (BGH IPRspr 1991 Nr 70 = IPRax 1993, 176 = NJW 1991, 1415): Auch sie diente der Sicherung eines Kredits zum Erwerb des Wagens. Eine grundsätzlich andere Beurteilung ist aber geboten, wenn zur Sicherung eines *Geldkredits* eine Sache im Ausland nach dem dort geltenden Recht mit einem besitzlosen Sicherungsrecht belastet worden ist und die Sache dann nach Deutschland gelangt. Im inländischen Kreditverkehr wird zwar mit Rücksicht auf die Kreditbedürfnisse inländischer Schuldner, namentlich inländischer Unternehmen, die Umgehung des gesetzlichen Faustpfandprinzips durch eine nach § 930 BGB vorgenommene Sicherungsübereignung geduldet, weil zureichende andere Formen der Absicherung von Krediten durch Mobilien – etwa Register- oder Unternehmenspfandrechte – fehlen. Die mit der Sicherungsübereignung verbundene Gefährdung anderer Gläubiger des Kreditnehmers wird in Kauf genommen. Diese Interessenwertung kann grundsätzlich nicht auf den Import ausländischer Sicherungsrechte übertragen werden, die für andere Gläubiger nicht erkennbar sind. Schließlich standen dem Schuldner im Ausland regelmäßig auch andere Formen der Absicherung eines Geldkredits zur Verfügung, oder es mag die besitzlose Mobiliarsicherheit im Ausland registriert worden sein, was aber den inländischen Kreditverkehr nicht hinreichend schützt. Besitzlose Mobiliarsicherheiten, die im Ausland zur Absicherung eines Geldkredits bestellt worden sind, können daher im Inland regelmäßig nicht mit Anerkennung rechnen. Bei solchen Mobiliarsicherheiten besteht im allgemeinen auch kein Bedürfnis für internationale Verkehrsfähigkeit. Die inländische Gläubigerordnung wird indes nur am Rande berührt, und es ist Toleranz geboten, wenn eine Sache, die ihren gewöhnlichen Aufenthalt im Ausland hat, nur vorübergehend ins Inland gelangt. Auch diese Erwägung stützt die Entscheidung, die der BGH im Falle des mit einem französischen Registerpfandrecht belasteten Lkw getroffen hat (BGHZ 39, 173); offensichtlich hatte der Lkw seinen gewöhnlichen Standort in Frankreich und wurde nur vorübergehend auch in Deutschland eingesetzt. Dieselbe Beurteilung ist angezeigt, wenn bewegliche Sachen, die als Zubehör nach dem am Lageort eines Grundstücks geltenden Recht für ein Grundpfandrecht mithaften, vorübergehend nach Deutschland gelangen und dort gepfändet werden (s oben Rn 144, 244, 258).

4. Wechsel des Sachstatuts und Nebenschuldverhältnisse

362 Manche Rechtsordnungen gewähren dem Eigentümer als solchem im Verhältnis zum Besitzer neben der Befugnis, das dingliche Recht durchzusetzen, gewisse, sich auf die Ausübung des Besitzes beziehende Ansprüche (vgl §§ 987–1003 BGB). Derartige Nebenansprüche, insbesondere auf *Herausgabe von Nutzungen oder Schadens-ersatz* wegen Verschlechterung oder Untergangs der Sache sowie der *Gegenanspruch des Besitzers auf Verwendungsersatz*, sind als schuldrechtlich zu qualifizieren und unterstehen somit dem für sie maßgebenden *Schuldstatut.* Dieses fällt aber tatsächlich fast immer mit dem Sachstatut zusammen (vgl GUTZWILLER, IPR 1595 f; RAAPE 600 f; RABEL, Conflict of Laws IV 53, 55; WOLFF 179; ZITELMANN II 235 ff, 306, 365). Ansprüche auf Herausgabe von Nutzungen sind der Sache nach Kondiktion wegen Eingriffs in das dingliche Recht und unterliegen somit der Rechtsordnung, welche für den Zuwei-sungsgehalt des Eigentums maßgibt, somit dem Recht des Lageortes (vgl oben Rn 150). Ansprüche auf Schadensersatz wegen Verschlechterung oder Untergangs der Sache beruhen auf Delikt und bemessen sich deshalb nach dem Recht des Tat-ortes. Dieser deckt sich aber regelmäßig mit dem Lageort der Sache (vgl BGH IPRspr 1970 Nr 43 = AWD 1971, 40; BGHZ 108, 353, 355). Gegenansprüche des Besitzers auf Ersatz von Verwendungen sind in derselben Weise anzuknüpfen wie allgemeine Ansprüche aus Geschäftsführung ohne Auftrag, dh an den Ort der Geschäftsfüh-rung. Dieser liegt aber stets im jeweiligen Staat des Lageortes, so daß letzlich doch wieder das dort geltende Recht trotz der schuldrechtlichen Qualifikation jener Ansprüche zur Herrschaft berufen ist (GUTZWILLER, RABEL und WOLFF aaO; ZITELMANN II 252; IPG 1973 Nr 17).

Wird die Sache in ein anderes Rechtsgebiet gebracht, so wechselt nach den darge- **363** legten Grundsätzen regelmäßig auch das für die schuldrechtlichen Nebenpflichten von Eigentümer und Besitzer maßgebende Statut (RAAPE 600 f; SOERGEL/KEGEL Vor Art 7 Rn 557; ZITELMANN II 240, 365). Das jene Pflichten auslösende Besitzerverhalten (Sach-nutzung, widerrechtliche Einwirkung auf die Sache und Verwendungen auf sie) ist, soweit es unter die Herrschaft des alten Statuts fällt, regelmäßig abgrenzbar gegen das spätere Verhalten und deshalb als ein abgeschlossener Tatbestand zu werten. Ist eine solche Abgrenzung ausnahmsweise nicht möglich, etwa bei mehrfachem raschem Wechsel des Lageortes, wird man das gesamte Nebenschuldverhältnis an die Rechtsordnung desjenigen Staates anzuknüpfen haben, in dem das rechtserheb-liche Verhalten des Besitzers seinen Schwerpunkt hat (anders RAAPE 601, der notfalls einfach das deutsche Recht anwenden will: „Not kennt kein Gebot"). Ein Zurückbehaltungs-recht, das der Besitzer unter dem alten Statut erworben hat, bleibt mit dem ihm von diesem Statut beigegebenen Wirkungen grundsätzlich auch nach dem Statutenwech-sel bestehen (s oben Rn 281). Zwar hat das neue Statut die Macht, sein „Veto" gegen das Zurückbehaltungsrecht einzulegen. Doch ist das im Zweifel nicht anzunehmen, vollends nicht seitens des deutschen Rechts. Eine andere Frage ist, ob der Besitzer ein vom neuen Statut vorgesehenes Zurückbehaltungsrecht auch wegen solcher Ver-wendungen ausüben kann, die unter der Herrschaft des alten Statuts gemacht worden sind und für die nur nach diesem Statut Ersatz gefordert werden kann. Diese Frage ist nicht kollisionsrechtlicher Natur, sondern betrifft die Bewertung eines Aus-landssachverhaltes durch die Sachnormen des neuen Statuts.

5.   Handeln unter dem alten Statut nach dem Statutenwechsel

Bisweilen verfügen die Parteien über eine Sache, ohne zu wissen, daß es zu einem **364** Statutenwechsel gekommen ist und sich die Sache in einem anderen Rechtsgebiet als angenommen befindet. Dazu kann es insbesondere dann kommen, wenn ein in Deutschland gestohlenes Kraftfahrzeug vom Eigentümer an den ihn entschädigenden deutschen Versicherer durch Vindikationszession (§ 931 BGB) übereignet wird und sich hinterher herausstellt, daß der Wagen sich schon im Zeitpunkt der Übereignung im Ausland befand. Die niederländischen Gerichte hatten sich öfters damit zu befassen, daß ein in Deutschland gestohlenes Kraftfahrzeug in die Niederlande verbracht worden war und dann dort der deutsche Versicherer unter Berufung auf eine solche Übereignung auf Herausgabe klagte. Bei Anwendung deutschen Sachenrechts war an der Gültigkeit der Übereignung nicht zu zweifeln (§ 931 BGB). Die in den Niederlanden hL verlangt jedoch für die Übereignung einer beweglichen Sache stets deren *Übergabe* an den Erwerber (vgl KOLLEWEJN Clunet 1964, 615 f). Demgemäß nahmen einige niederländische Gerichte an, der gestohlene Kraftwagen sei nicht wirksam an den Versicherer übereignet worden und dieser deshalb nicht sachlegitimiert (ARNHEM NedJ 1956 n 231 = Clunet 1959, 500 f; Rb Leeuwarden NedJ 1961 n 330 = Clunet 1964, 632). Andere Gerichte hatten hingegen keine Bedenken gegen eine gültige Übereignung nach deutschem Sachenrecht (Den Haag NedJ 1965 n 248 und s'-Hertogenbosch NedJ 1966 n 186, dazu CZAPSKI RabelsZ 1970, 114 f; Rb Zwolle WPNR 1976, 103 und WPNR 1979, 617, berichtet von SUMAMPOUW NTIR 28 [1981] 195; Rb Alkmaar NIPR 1983 n 227. Bemerkenswert ist insbesondere die Entscheidung des Hofs Den Haag. Nach Ansicht des Gerichts hatte der Fall so viele Beziehungen zur deutschen Rechtssphäre, daß das gesamte Rechtsverhältnis dieser Rechtssphäre zugerechnet werden müsse. Der Umstand allein, daß sich der Kraftwagen im Zeitpunkt der Veräußerung in den Niederlanden befand, könne demgegenüber nicht ins Gewicht fallen). Offensichtlich im Hinblick auf die Unsicherheit der Rechtsprechung sieht nunmehr der niederländische Entwurf für ein allgemeines Gesetz über das IPR von 1992 die singuläre Regel vor, daß die Übereignung einer abhanden gekommenen Sache an den Versicherer dem vom IPR des Staates, in dem sich die Sache ursprünglich befand, bezeichneten Recht unterliegt (Art 80, s dazu oben Rn 39). Eine entsprechende Problematik stellt sich auch im *Verhältnis zu Österreich*, weil das österreichische Recht zur Übereignung einer beweglichen Sache regelmäßig die Übergabe erfordert. Sie kann nur durch Besitzanweisung an einen Besitzmittler ersetzt werden, nicht aber durch bloße Vindikationszession (RUMMEL/SPIELBÜCHLER, Kommentar zum ABGB² I [1990] § 425 Rn 6 und § 428 Rn 4; KOZIOL/WELSER, Grundriß des bürgerlichen Rechts¹⁰ II [1996] 29). Der österreichische OGH hat indes kurzerhand nach deutschem Recht entschieden, ob das Eigentum an dem nach Österreich verbrachten Kraftwagen durch Vindikationszession auf den deutschen Versicherer übergegangen ist (OGH ZfRvgl 1972, 202 mit kritAnm MÄNHARDT). *Die Anwendung deutschen Rechts* in solchen Fällen ist *gewiß zu billigen*. Die Rechtslage ist nicht anders zu beurteilen, als wenn die Parteien in Kenntnis des Statutenwechsels für die Übereignung deutsches Recht gewählt hätten: Die Wahl des Rechts, in dem das Geschäft eindeutig seinen Schwerpunkt hat, wäre anzuerkennen, nicht zuletzt auch wegen völligen Desinteresses der zufälligen lex rei sitae (vgl oben Rn 286; wie hier MünchKomm/KREUZER Rn 69). Das empfinden richtig die neuere niederländische Rechtsprechung wie auch der österreichische OGH. Ungeschickt ist freilich die Verweisung auf das IPR des Ursprungsstaates in Art 80 des niederländischen Entwurfs eines allgemeinen IPR-Gesetzes (oben Rn 39): Die niederländischen Gerichte könnten damit konfrontiert werden, daß der Ursprungsstaat wegen der Situs-Regel selbst nicht recht weiß, ob sein Recht kollisionsrechtlich berufen ist.

E. Sachen ohne festen Lageort

I. Res in transitu*

1. Der Begriff der res in transitu und Gründe der Sonderbehandlung

Die Anknüpfung an den Lageort der Sache ist nur sinnvoll bei solchen sachenrecht- **365** lichen Vorgängen, die in Zusammenhang stehen mit der Anwesenheit der Sache in einem bestimmten Rechtsgebiet und die folglich dem dortigen Rechtsverkehr zugeordnet werden können. Die erforderliche Beziehung zum Rechtsverkehr an einem bestimmten Ort ist auch schon dann gegeben, wenn auf eine Sache, die sich dort nur vorübergehend befindet, in einer sachenrechtlich relevanten Weise eingewirkt wird, welche die Anwesenheit der Sache an Ort und Stelle voraussetzt. Es wird etwa Transitgut in einem Transitstaat gepfändet oder dort entwendet und weiterveräußert. Die Herrschaft der lex rei sitae über solche **inlandsbezogenen (lageortsbezogenen) Vorgänge** ist unzweifelhaft (DENNINGER 27 f; FERID 7–84; vHOFFMANN/FIRSCHING 471; KASSAYE 168 f; KEGEL 577; KROPHOLLER 468; MARKIANOS 23; MünchKomm/KREUZER Rn 130; RAAPE 618 f; SOERGEL/KEGEL Vor Art 7 Rn 571). Ebenso ist der Schutz der am Transitgut bestehenden dinglichen Rechte sowie des Besitzes gegen örtliche Einwirkungen eine Angelegenheit der lex rei sitae. Andererseits besteht kein Anlaß, die Vindikation auf dem Transport befindlicher Sachen zu einem kollisionsrechtlichen Problem zu stilisieren (aA KONDRING IPRax 1993, 371–376). Bis zur Realisierung des Herausgabeverlangens wird der Transport längst beendet sein. Im übrigen ist dem Berechtigten zu gestatten, den Herausgabeanspruch gegen den Besitzer an dessen Wohnsitz nach dem dort geltenden Recht zu verfolgen (s oben Rn 155). Wird hingegen während eines internationalen Transports über rollende, schwimmende und fliegende Ware verfügt, so begründet dieser Vorgang weder äußerlich noch nach seiner Zweckrichtung einen

---

* **Schrifttum:** DENNINGER, Die Traditionsfunktion des Seekonnossements im IPR = Arbeiten zur Rechtsvergleichung Bd 6 (1959); PIUS FISCH, Eigentumserwerb, Eigentumsvorbehalt und Sicherungsübereignung an Fahrnis im internationalen Sachenrecht der Schweiz, der Bundesrepublik Deutschland und Frankreichs (Diss Freiburg i Ü 1984) 153–161; HELLENDALL, The Res in Transitu and Similar Problems in the Conflict of Laws, CanBRev 17 (1939) 7–36, 105–125; ALEM-B KASSAYE, Neuere Entwicklungen im internationalen Immobiliarsachenrecht (Diss Hamburg 1983) 161–206; FRITZ KLIPPERT, Die Veräußerung und Verpfändung von Waren, die mit der Eisenbahn durch mehrere Länder transportiert werden. Zu beurteilen nach dem in Deutschland geltenden IPR (Diss Erlangen 1933); KONDRING, Die internationalprivatrechtliche Behandlung der rei vindicatio bei Sachen auf dem Transport, IPRax 1993, 371–376; LALIVE, The

Transfer of Chattels in the Conflict of Laws (1955) 186–193; MARKIANOS, Die res in transitu im deutschen IPR, RabelsZ 1958, 21–43; PRIVAT, Der Einfluß der Rechtswahl auf die rechtsgeschäftliche Mobiliarübereignung im IPR (1964) 71–88; HEINZ RAUPACH, Res in transitu im deutschen IPR (Diss Erlangen 1935); SAILER, Gefahrübergang, Eigentumsübergang, Verfolgungs- und Zurückbehaltungsrecht beim Kauf beweglicher Sachen im IPR = Neue Kölner Rechtswiss Abhandlungen, Heft 45 (1966) 72–79; TOMMASI DI VIGNANO, Le „res in transitu" nel diritto internazionale privato italiano (1964) = Rassegna di diritto pubblico. Anno 19; HILDE WEIL, Die kollisionsrechtliche Beurteilung von Tatbeständen des Sachenrechts in Beziehung auf „res in transitu" (Diss Berlin 1933); ZAPHIRIOU, The Transfer of Chattels in Private International Law. A Comparative Study (1956) 192–215.

Zusammenhang mit der jeweils passierten Sachenrechtsordnung. Es wäre offensichtlich willkürlich, das Recht des Staates, in dem sich die Ware bei Abschluß des Geschäfts gerade befindet, zur Anwendung zu bringen. Die lex rei sitae ist aber wiederum dann allein angesprochen, wenn zum Zwecke der Verfügung über die Ware der Transport in einem Transitstaat abgebrochen und dort das Transportgut an den Erwerber ausgeliefert wird. In diesem Falle wird nämlich die Ware gar nicht als rollendes Gut veräußert, sondern in dem fraglichen Staat durch gewöhnliches Inlandsgeschäft in den Verkehr gebracht.

366 Die internationalprivatrechtliche Problematik der „res in transitu" beschränkt sich somit auf die Bestimmung des Sachstatuts für solche Vorgänge, durch die während eines Transports auf das Transportgut eingewirkt wird, ohne daß der Vorgang dem Rechtsverkehr in einem der räumlich berührten Staaten zugerechnet werden könnte. Kollisionsrechtliche Zweifel können sich freilich nur dann erheben, wenn der Transport ein *internationaler* ist, dh wenn die Ware auf dem Transport mindestens *zwei verschiedene Rechtsgebiete* passiert. Es ist nicht einzusehen, weshalb es erforderlich sein sollte, daß die Ware auf dem Weg vom Absendeland zum Bestimmungsland mindestens ein Durchgangsland durchqueren oder auf hoher See befördert werden müßte (Fisch 154; Kassaye 169; Kropholler 468; MünchKomm/Kreuzer Rn 126 Fn 533; aA Denninger 27; Lalive 187; Lüderitz, in: Vorschläge und Gutachten zur Reform des deutschen internationalen Personen- und Sachenrechts 207; Sailer 73; Soergel/Kegel Vor Art 7 Rn 570). Dieses Erfordernis wird meist nur deswegen aufgestellt, weil die internationalen Versendungskäufe aus dem Problembereich der res in transitu ausgeschieden werden sollen. Das ist in der Tat berechtigt und notwendig, soweit es um die Bestimmung des für den Eigentumsübergang auf den Käufer anwendbaren Rechts geht: Insoweit sind auf Versendungskäufe die besonderen Regeln über internationale Verkehrsgeschäfte anzuwenden (s oben Rn 288–294). Dagegen gelten für Verfügungen, die während des Transports über die versandte Ware zugunsten eines Dritten getroffen werden, keinerlei Besonderheiten, verglichen mit Verfügungen über sonstige res in transitu. Für solche Verfügungen macht es keinen Unterschied, weshalb eine Sache unterwegs ist, wieviele Staaten sie auf dem Transport passiert und wo dieser enden soll. Auch *Sachen an Bord eines Schiffes oder Luftfahrzeugs* gehören zu den res in transitu iS des internationalen Sachenrechts (MünchKomm/Kreuzer Rn 129 Fn 550; vgl auch das Urteil des niederländischen Hoge Raad vom 17. 3. 1989 – berichtet von Drobnig, BerGesVR 31 [1990] 42 Fn 42 –, wo die Übereignung von Bunkeröl in den Schiffstanks dem Flaggenrecht des Schiffs unterstellt wurde), soweit es sich nicht um Vorgänge handelt, die zu der räumlichen Ordnung auf dem Schiff oder Luftfahrzeug oder des Staates in Beziehung stehen, in dessen Hoheitsbereich das Schiff oder Luftfahrzeug gelangt ist (s oben Rn 266). Es fehlt allerdings auch nicht an Stimmen, die eine Sonderbehandlung der res in transitu im internationalen Sachenrecht ablehnen (vgl etwa Nussbaum 311 f; Zitelmann II 354). Auch der Referentenentwurf eines Gesetzes zur Ergänzung des internationalen Privatrechts vom 1. 12. 1993 (oben Rn 19) verzichtet auf eine besondere Vorschrift.

367 Von den auf dem Transport befindlichen Gütern als den eigentlichen oder „echten" res in transitu (vgl Denninger 28 ff; Markianos 25; Raape 615 ff) sind ferner zu trennen die im internationalen Verkehr eingesetzten *Transportmittel* (Schiffe, Luftfahrzeuge und Eisenbahnen). Bei diesen Sachen stellen sich zwar wegen ihrer internationalen Mobilität vielfach ähnliche Fragen wie bei den eigentlichen res in transitu, weshalb man von res in transitu „im weiteren Sinne" sprechen mag. Ein wesentlicher Unterschied liegt aber darin, daß internationale Transportmittel doch immerhin einen regelmäßigen Standort in einem bestimmten Land haben, von wo aus sie eingesetzt werden. Hierdurch ergibt sich eine charakteristische Beziehung zu diesem Land. Sie wird vielfach noch dadurch verstärkt, daß die Transportmittel dort öffentlich registriert sind. Eine entsprechende Verbindung zu einem bestimmten Rechtsgebiet fehlt dagegen bei den eigentlichen res in transitu. Die internationalen Transportmittel sollen nach den eigentlichen res in transitu behandelt werden (unten Rn 373 ff).

2. Sachstatut für Verfügungen über res in transitu

a) Sonderanknüpfung

Die Bestimmung des Sachstatuts für eine Verfügung, die über rollende, schwim- **368** mende oder fliegende Ware während eines internationalen Transports getroffen wird, ist umstritten. Eine ältere, auf SAVIGNY zurückreichende Lehre, die aber auch in einigen Gesetzen Niederschlag gefunden hat (wie zB in Art 11 des argentinischen cc von 1869 und in Art 8 § 1 des Einführungsgesetzes zum brasilianischen cc von 1942, s oben Rn 81, 82), stellt auf den Wohnsitz des Eigentümers ab. Bisweilen wird auch die *Anknüpfung an den Absendeort* befürwortet (vgl HELLENDALL 35; VENTURINI, Property sec 11 [de lege ferenda]; s ferner insbes Art 6 des Haager Abkommens über die Eigentumsübertragung bei internationalen Warenkäufen von 1956, oben Rn 105). Meist soll diese Anknüpfung freilich nur subsidiär eingreifen, wenn Versender und Empfänger sich nicht über die Belegenheit am Bestimmungsort geeinigt haben (so Art 10 Nr 1 Abs 3 des Einleitungstitels zum spanischen cc von 1974, oben Rn 46) oder falls die Parteien keine anderweitige Rechtswahl getroffen haben (Art 53 des rumänischen IPRG von 1992, oben Rn 75; WOLFF 174 hält die letzte feste Lage, die die Sachen vor dem Transport hatten, für entscheidend, sofern sich nicht aus dem wirklichen oder hypothetischen Parteiwillen die Maßgeblichkeit des Absende- oder Bestimmungsortes oder des Durchgangsortes ergibt). Im Schrifttum herrscht die Ansicht vor, daß das *Recht des Bestimmungsortes* sachenrechtlich berufen ist (ERMAN/HOHLOCH Rn 30: Soweit keine Rechtswahl erfolgt; FERID 7–83; LEWALD 190 f; MARKIANOS 38, 43; NEUHAUS, Grundbegriffe 246 Fn 684; MünchKomm/KREUZER Rn 127; PALANDT/HELDRICH Rn 10; SAILER 78 f). Dieser Lösung folgen vielfach auch neuere Gesetze (vgl Art 46 Abs 2 des portugiesischen cc, oben Rn 50; § 23 Abs 2 der ungarischen GesetzesVO Nr 13/1979, oben Rn 78; Art 23 Abs 2 des türkischen Ges über das internationale Privat- und Zivilverfahrensrecht von 1982, oben Rn 31; Art 2089 Abs 1 des peruanischen cc von 1984, soweit nicht die Parteien das Recht des Absendeortes oder des Kausalgeschäftes wählen, Abs 2, s oben Rn 89; Art 101 schweizIPRG von 1987, oben Rn 26; Art 3097 Abs 2 cc von Quebec, oben Rn 38; Art 52 des italIPRG von 1995, oben Rn 43). Es wird aber auch die *alternative Anwendung des Rechts des Absende- oder des Bestimmungslandes* vertreten (LÜDERITZ 146) oder Parteiwahl zwischen ihnen (RAAPE 616 f: sogar unter Einbeziehung eines Transitrechtes, wenn feststeht, daß die Sache sich in dem entscheidenden Augenblick gerade in seinem Gebiet befand). Neuerdings findet aber auch, wie schon aus den bisherigen Ausführungen ersichtlich, die *Anerkennung einer Rechtswahl der Parteien* verbreitete Zustimmung, wobei allerdings der Rahmen, der einer solchen Rechtswahl zugestanden wird, verschieden ist. Manche Autoren lassen eine Wahl des Sachstatuts nur mittelbar, über die Bestimmung des Schuldvertragsstatuts, zu, indem sie dieses auch für die sachenrechtliche Verfügung über res in transitu für maßgeblich erklären (PRIVAT 79 f; SOVILLA 11, 72 f). Andere lassen nur eine Wahl zwischen dem Recht des Absende- oder

Bestimmungslandes zu (Drobnig RabelsZ 1968, 461; Kropholler 469; Lüderitz 146; so
auch im Ergebnis Art 10 § 1 Abs 3 des Einleitungstitels zum spanischen cc von 1974,
oben Rn 46), bisweilen unter Einbeziehung des Rechts eines Durchgangsortes (Wolff
174) oder des Schuldvertragsstatuts (Art 2089 Abs 1 des peruanischen cc von 1984,
oben Rn 89, sowie Art 81 des niederländischen Entwurfs eines allgemeinen IPRG mit
dem Anfügen, daß die Rechtswahl nicht gegenüber Dritten wirkt, oben Rn 39). Ohne
Beschränkung wird eine parteiautonome Wahl des Sachstatuts bei res in transitu
zugelassen von Art 53 des rumänischen IPRG von 1992 (oben Rn 75; so wohl auch
Erman/Hohloch Rn 30).

369 Die *Zulassung einer sachenrechtlichen Rechtswahl* bei res in transitu ist grundsätzlich
zu billigen, weil sie zutreffend den Parteiinteressen den Vorrang gibt. Wenn schon
bei internationalen Verkehrsgeschäften, welche eine grenzüberschreitende Warenlieferung bezwecken, das Sachstatut gewählt werden kann (s oben Rn 282–285,
292–294), muß dies erst recht in gleicher Weise und in gleichem Umfang auch bei
Verfügungen über res in transitu gelten; solche Verfügungen sind nur eine Sonder-
form des internationalen Verkehrsgeschäfts. Ein Verkehrsinteresse, sie dem Recht
des jeweiligen Lageortes zu unterstellen, fehlt schlechthin. Die Anknüpfung an den
Absendeort empfiehlt sich nicht, weil die Verbindung zum Absendestaat schon
gelockert ist; gegen die Anknüpfung an den Bestimmungsort läßt sich einwenden,
daß die Verfügung über rollende, schwimmende oder fliegende Ware häufig gerade
zur Umleitung in ein anderes Land führt (vgl OLG München LZ 1925, 1281, wo es allerdings
nur um die Bestimmung des Schuldstatuts bei Veräußerung rollender Ware ging; s auch OLG München NJW 1957, 1801). Entsprechend den allgemeinen Regeln für internationale Verkehrsgeschäfte können die Parteien das Vertragsstatut, das Recht des Abgangslandes oder des Bestimmungslandes ausdrücklich oder stillschweigend als Sachstatut
wählen. Eine stillschweigende Rechtswahl wird etwa dann in Betracht kommen,
wenn die Parteien im gleichen Staat ansässig sind, vielleicht auch noch ihm angehö-
ren, und die Verfügung sich auf Ware bezieht, die sich auf dem Transport mit einem
Ziel in diesem Staat befindet (so lag der vom RG entschiedene „Edelstein"-Fall RG BayZ
1912, 45 = Recht 1911 Nr 3475, 3476, 3497: Übereignung von Edelsteinen, die ein deutscher Kaufmann in Brasilien für einen anderen, in Deutschland ansässigen Kaufmann erwarb und an diesen
absandte. Das RG gibt die Hilfsbegründung, daß die schon abgesandte Ware aufgrund des Schrift-
wechsels der Parteien gemäß § 931 BGB an die Klägerin übereignet worden sei. Es unterliege
keinem Bedenken, die Übereignung der „wenn nicht schon in Deutschland, so doch auf der Fahrt
nach Deutschland befindlichen Ware" nach deutschem Recht zu beurteilen). Im Zweifel ist die
Anwendung des Vertragsstatuts auf das gesamte Geschäft stillschweigend gewollt.
Liegt es dagegen im beiderseitigen Parteiinteresse, die Verfügungswirkung bald eintreten zu lassen, wie insbesondere bei Übereignung bezahlter Ware, so ist kraft
stillschweigenden Parteiwillens auf diejenige Rechtsordnung abzustellen, die jene
Wirkung am ehesten eintreten läßt (vgl oben Rn 292). Es ist kaum vorstellbar, daß die
Anwendung der hiernach maßgebenden Sachrechtsordnung auf das „Veto" eines
Transitstaates oder selbst des Staates stößt, in dem der Transport endet; gegebenenfalls ist aber ein solches Veto zu beachten, solange sich die Sache in diesem Staat
befindet (vgl oben Rn 294).

b)   Besonderheiten bei Verwendung von Warenpapieren
370 Auf die Bestimmung des für versandte Ware maßgebenden Sachstatuts ist es grundsätzlich ohne Einfluß, ob für die Ware, wie dies gerade im internationalen Handel

häufig geschieht, Warenpapiere wie Konnossement, Ladeschein, Seefrachtbrief (vgl dazu Prüssmann/Rabe, Seehandelsrecht[3] [1992] Vor § 642 HGB II C) oder ähnliche Papiere (vgl dazu Zaphiriou 199–210) ausgestellt worden sind (vgl OLG Hamm IPRspr 1985 Nr 143). *Der Käufer* erwirbt auch in diesen Fällen das Eigentum an den an ihn versandten Waren nach derjenigen Rechtsordnung, die nach den allgemeinen Regeln über internationale Verkehrsgeschäfte (s oben Rn 288–294) sachenrechtlich maßgibt. Dieser Rechtsordnung ist auch zu entnehmen, ob die Übergabe des Warenpapiers der Übergabe der Ware gleichsteht (vgl § 650 HGB) oder die Übereignung des Papiers auch das Eigentum an der Ware übergehen läßt. Entsprechende gilt, wenn über die Ware während des Transports mittels eines Warenpapiers *zugunsten eines Dritten* verfügt wird. Das für die dingliche Wirkung der Verfügung maßgebende Sachstatut (das Warensachstatut) ist auch hier nach den allgemeinen Regeln zu bestimmen und aufgrund dieses Statuts zu entscheiden, welche Funktion das Papier für den Erwerb des Eigentums an der Ware hat und ob etwa über die Ware auch ohne Begebung des Papiers verfügt werden kann (RGZ 119, 215 = IPRspr 1928 Nr 46 = JW 1928, 227; Frankenstein II 58; Kassaye 199–206; MünchKomm/Kreuzer Rn 129; Nussbaum 313; Privat 86; Reithmann/Martiny 442; Venturini, Property sec 11). Das bedeutet nach der hier vertretenen Auffassung (vgl vorige Rn), daß die Parteien die Verfügung über transportierte Ware dem Schuldvertragsstatut, dem Recht des Abgangs- oder des Bestimmungsortes unterstellen können (für Anwendung des Rechts des Grundvertrages auch Wolfgang Karl vNayhauss Cormons, Die Warenwertpapiere im IPR der Schweiz, insbesondere beim Lagervertrag [Diss Zürich 1977] 80 f). Vielfach wird allerdings auch empfohlen, der Rechtsordnung, welche den in dem Dokument verbrieften Herausgabeanspruch beherrscht (**Konnossementsstatut oder sonstiges Dokumentenstatut**), die Ware auch in sachenrechtlicher Hinsicht zu unterstellen (Denninger 94–96; Ferid 7–95; Kegel 578; Wolff RvglHWB IV [1933] s v Internationales Sachenrecht 393; so nunmehr auch Art 106 Abs 2 schweizIPRG für den Fall, daß nach den in dem Wertpapier bezeichneten Recht das Papier die Ware vertritt). Gegen diesen Lösungsansatz spricht einmal, daß schon die Bestimmung des *Dokumentenstatuts* zweifelhaft genug ist. Die hL knüpft an den *Bestimmungsort bzw Bestimmungshafen* an (BGHZ 6, 127 = IPRspr 1952–53 Nr 42 = NJW 1952, 1134; Nussbaum 283; Prüssmann/Rabe Anm VI A Vor § 556 HGB; Raape 479 f; Schaps/Abraham, Das Seerecht in der Bundesrepublik Deutschland[4] I 1 [1978] § 642 HGB Rn 31; Wolff 174). Die Fortgeltung dieser Regel wird indes in Frage gestellt durch Art 28 Abs 4 EGBGB. Hiernach wird bei Güterbeförderungsverträgen vermutet, daß die engste Verbindung zu dem Staat besteht, in dem der Beförderer im Zeitpunkt des Vertragsschlusses seine Hauptniederlassung hat, sofern sich in diesem Staat auch der Verladeort oder der Entladeort oder die Hauptniederlassung des Absenders befindet. Die Artt 27–36 EGBGB sollen allerdings nach Art 37 Nr 1 EGBGB wiederum nicht für Verpflichtungen gelten aus Inhaber- oder Orderpapieren gelten, worunter die meisten Warenpapiere fallen (zu dem sich aus dieser Bereichsausnahme ergebenden Fragen Basedow IPRax 1987, 338–341; Mankowski, Seerechtliche Vertragsverhältnisse im IPR [1995] 145 ff; Prüssmann/Rabe Vor § 556 HGB Anm VI B 2 und VI F 1–3). Denninger (94–96) und ihm folgend Kegel (578) knüpfen das Konnossementsstatut an den Geschäftssitz des Verfrachters an (so nun auch Art 106 Abs 1 S 2 schweizIPRG), wohingegen etwa Mankowski (175–181) und Prüssmann/Rabe (Vor § 556 HGB Anm VI D 4 und § 642 HGB Anm J 1, 3b) weiterhin das Recht des Bestimmungsortes mangels Rechtswahl für berufen halten. Im übrigen ist zu bedenken, daß auf die beförderte Ware jederzeit auch ohne Verwendung der Dokumente dinglich eingewirkt werden kann, etwa durch Veräußerung an Ort und Stelle ohne Übergabe der Dokumente oder durch die

Vollstreckung in die Ware. Es ist bemerkenswert, daß auch das schweizIPRG sich in diesem Fall für den Vorrang des „auf die Ware selbst anwendbaren Rechts", also des Warensachstatuts, entscheidet. Sachenrechtlich kann sich eben niemand auf das Dokumentenstatut verlassen: Es sollte bei der Bestimmung des Sachstatuts außer Betracht bleiben (zust KASSAYE 203–205; MünchKomm/KREUZER Rn 129 Fn 557). Vollends ist die Ansicht zu mißbilligen, die sachenrechtlichen Verhältnisse der Ware unterständen der *lex cartae sitae* (so aber VISCHER, Internationales Vertragsrecht 185 f; ZAPHIRIOU 203). Der Lageort der Dokumente hängt oftmals erst recht vom Zufall ab.

371 Aus dem Warensachstatut folgt, welche sachenrechtlichen Wirkungen die Übergabe oder Indossierung eines Warenpapiers für die Ware hat, auf die sich das Papier bezieht. Die sog Traditionswirkung nach Maßgabe des § 650 HGB kann deshalb nur dann eintreten, wenn über die Ware im Rahmen des deutschen Rechts verfügt wird (DENNINGER 39 ff; FRANKENSTEIN II 58; NUSSBAUM 313; SCHAPS/ABRAHAM [vorige Rn] § 650 HGB Rn 22). Es bleibt gleich, ob das Dokument nach dem Dokumentenstatut oder der lex cartae sitae ein Traditionspapier ist, sofern es nur nach deutschem Sachrecht als ein solches zu qualifizieren ist (aA RAAPE 595). Dem Dokumentenstatut ist hingegen zu entnehmen, ob das Dokument etwa ein Orderpapier ist, das durch Indossament übertragen werden kann, oder was sonst zur Übertragung der Rechte aus dem Papier geschehen muß. Das Dokumentenstatut regelt insbesondere auch das Recht, die Ware von dem Beförderer herauszuverlangen und über diesen Anspruch zu disponieren, und ist folglich auch maßgebend dafür, ob und unter welchen Voraussetzungen die durch das Papier legitimierte Person ein Verfolgungsrecht bei Konkurs oder Zahlungsunfähigkeit des Empfängers der Ware hat. Auch hier gilt freilich die Einschränkung, daß nach dem Eintreffen der Ware am Bestimmungsort ein Verfolgungsrecht gegenüber den Gläubigern des Empfängers nur nach Maßgabe des am Bestimmungsort geltenden Rechts durchgesetzt werden kann (vgl oben Rn 312). Die Übereignung der Dokumente selbst richtet sich nach ihrem eigenen Statut, das nach den allgemeinen Regeln über das auf die Übereignung einer beweglichen Sache anwendbare Recht zu bestimmen ist; regelmäßig ist danach die lex cartae sitae anzuwenden (FERID 7–95; FRANKENSTEIN II 58 f; MARKIANOS 30; NUSSBAUM 313; WOLFF 174).

372 Für den Erwerb eines *gesetzlichen Sicherungsrechts* (Pfandrechts oder Zurückbehaltungsrechts) an res in transitu durch einen die Ware befördernden Frachtführer, Verfrachter oder Spediteur ist entsprechend den allgemeinen Regeln für solche Sicherungsrechte (s oben Rn 277, 281) die Rechtsordnung maßgebend, welche den Fracht- oder Speditionsvertrag als *Schuldstatut* beherrscht (MARKIANOS 31 f; RAUPACH 39 f; WEIL 44; für Anwendung des jeweiligen Situs-Rechts de lege lata jedoch MünchKomm/KREUZER Rn 105 Fn 456, ebenso § 31 Abs 2 östIPRG). Ein „Veto" der Rechtsordnung eines Durchgangslandes gegen die Entstehung oder den Fortbestand des Sicherungsrechts kann freilich in Betracht kommen, wenn das Sicherungsrecht in einem Durchgangsland geltend gemacht werden soll, etwa im Fall der Pfändung der Ware durch einen anderen Gläubiger (vgl oben Rn 277, 281).

II. Schiffe*

1. Bedürfnis für eine Sonderanknüpfung

Schiffe sind nach der Verkehrsauffassung schwimmfähige Hohlkörper, die dazu be- **373** stimmt sind, auf oder unter Wasser Personen oder Sachen zu befördern (vgl die Definition bei SCHAPS/ABRAHAM I 1 Vor § 476 HGB Rn 1). Schiffe sind in erhöhtem Maße verkehrsfähig und können deshalb die territorialen Grenzen eines Staates leicht überwinden. Ein Bedürfnis für eine internationalsachenrechtliche Sonderanknüpfung besteht bei Schiffen schon deshalb, weil die Anwesenheit des Schiffes an einem bestimmten Ort

---

* **Schrifttum:** ABRAHAM, Die Schiffshypothek im deutschen IPR, Hansa 1949, 838−840; ders, Die Schiffshypothek im deutschen und ausländischen Recht = Überseestudien zum Handels-, Schiffahrts- und Versicherungsrecht, Heft 20 (1950); ders, Die Reform des deutschen Seehandelsrechts durch das Seerechtsänderungsgesetz v 21. 6. 1972 (1973); ders, Das Seerecht[4] (1974); BARDEWYK, Sicherungsbeschlagnahme von Seeschiffen nach deutschem Recht, dem Bundesrecht der USA und dem Recht des Staates New York (1976); BASEDOW, Billigflaggen, Zweitregister und Kollisionsrecht in der deutschen Schiffahrtspolitik, in: DROBNIG/BASEDOW/WOLFRUM (Hrsg) Recht der Flagge und „billige Flaggen" − Neuere Entwicklungen im IPR und Völkerrecht = BerGesVR Heft 31 (1990) 75−120; BONASSIES, Les hypothèques et privilèges maritimes en droit anglais et en droit américain, DMF 1965, 592−607, 651−658; DIENA, Principes du droit international privé maritime, Rec des Cours 51 (1935-I) 409−482; DROBNIG, Billige Flaggen im IPR, in: DROBNIG/BASEDOW/WOLFRUM (Hrsg) Recht der Flagge und „billige Flaggen". − Neuere Entwicklungen im IPR und Völkerrecht = BerGesVR Heft 31 (1990) 31−73; ders, Vorschlag einer besonderen sachenrechtlichen Kollisionsnorm für Transportmittel, in: Vorschläge und Gutachten zur Reform des deutschen internationalen Sachen- und Immaterialgüterrecht, vorgelegt von HENRICH = Materialien zum ausländischen und internationalen Privatrecht Bd 33 (1991) 13−36; FAMULA, Shipowner's Limitation of Liability in Canada and the United States: Problematic Aspects Under Private International Law, McGillLJ 27 (1981/82) 372−380; PIUS FISCH, Eigentumserwerb, Eigentumsvor-

behalt und Sicherungsübereignung an Fahrnis im internationalen Sachenrecht der Schweiz, der Bundesrepublik Deutschland und Frankreichs (Diss Freiburg i Ü 1985) 162−196; GILMORE/BLACK, The Law of Admiralty[2] (1975); ALEM-B KASSAYE, Neuere Entwicklungen im internationalen Mobiliarsachenrecht (Diss Hamburg 1983) 207−232; LOOKS, Die Arrestierung eines ausländischen Seeschiffes, TransportR 1989, 345−350; NUÑEZ-MÜLLER, Die Staatszugehörigkeit von Handelsschiffen im Völkerrecht. Voraussetzungen und Rechtsfolgen der Flaggenverleihung unter besonderer Berücksichtigung der sog Billigflaggen = Schriften zum Völkerrecht Bd 113 (1994); OPPIKOFER, Probleme des internationalen Rechts der Binnenschiffahrt, MittGesVölkR 1930, 152−167; PHILIP, The Brussels Convention and Arrest of Ships, in: Etudes de droit international en l'honneur de Pierre Lalive (Basel/Frankfurt 1993) 151−153; PRAUSE, Das Recht des Schiffskredits[3] (1979); PRAUSE/WEICHERT, Schiffssachenrecht und Schiffsregisterrecht (1974); PRÜSSMANN/RABE, Seehandelsrecht[3] (1992); RODIÈRE, Droit maritime[9] (1982); SCHAPS/ABRAHAM, Das Seerecht in der Bundesrepublik Deutschland[4] I, 1 und 2 (1978); SCHLEGELBERGER/LIESECKE, Seehandelsrecht[2] (1964); SEBBA, Das internationale Privatrecht der Binnenschiffahrt, MittGesVölkR 1930, 107−152; SIEHR, Billige Flaggen in teuren Häfen, in: FS Vischer (Zürich 1983) 303−320; WÜSTENDÖRFER, Neuzeitliches Seehandelsrecht mit besonderer Berücksichtigung des anglo-amerikanischen und des internationalen Rechts[2] (1950); BRUNO ZANGE, Ein Beitrag zur Behandlung dinglicher Rechte an Seeschiffen im deutschen IPR (Diss Hamburg 1947).

gewöhnlich keine besondere Beziehung oder Nähe zu der dort geltenden Sachenrechtsordnung schafft, vielmehr eine engere Verbindung zu dem Recht des Ortes besteht, von wo aus das Schiff eingesetzt wird und wohin es regelmäßig wieder zurückkehrt. Man kann diesen Ort als Heimatort oder Herkunftsort des Schiffes bezeichnen. Er empfiehlt sich vorrangig für die Anknüpfung der sachenrechtlichen Verhältnisse (vgl Art 45 Abs 1 Nr 2 des Referentenentwurfs eines Gesetzes zur Ergänzung des internationalen Privatrechts vom 1. 12. 1993 [oben Rn 19], wonach bei Wasserfahrzeugen der Staat der Registereintragung, sonst des Heimathafens oder Heimatortes als Herkunftsstaat gilt, dem Rechte an dem Fahrzeug unterliegen). Die Anknüpfung des Sachstatuts an den Heimatort als regelmäßigen Standort des Schiffes hat den Vorteil, daß das Überwechseln des Schiffes von einem staatlichen Hoheitsbereich in einen anderen sowie der Aufenthalt auf Hoher See grundsätzlich ohne Einfluß auf die sachenrechtlichen Verhältnisse ist. Die Dauerhaftigkeit dieser Verhältnisse entspricht auch einem praktischen Bedürfnis; denn Schiffe sind regelmäßig Gegenstände des Anlagevermögens, und die Möglichkeit ihrer Belastung ist für die Kreditbeschaffung von erheblicher Bedeutung. Indessen paßt die Lokalisierung der sachenrechtlichen Verhältnisse am Heimatort nur für Schiffe von nicht ganz unbedeutender Art und Größe. Bei *Kleinfahrzeugen* wie Kanus, Nachen, Ruder- oder Tretbooten, kleinen Motor- oder Segelbooten besteht dagegen kein Anlaß, die sachenrechtlichen Verhältnisse anders festzumachen als bei sonstigen beweglichen Sachen, nämlich am jeweiligen Lageort der Sache: Die Situs-Regel des internationalen Sachenrechts bleibt für solche Kleinfahrzeuge unverändert gültig. Nicht zu den Schiffen gehören ferner die *Schiffsbauwerke*, bis sie nach Fertigstellung in den internationalen Verkehr gebracht und damit Schiffe iS des Kollisionsrechts werden (MünchKomm/Kreuzer Rn 161). Die Veräußerung eines im Bau befindlichen Schiffes kann allerdings auf Lieferung ins Ausland gerichtet sein, so daß die Regeln über internationale Verkehrsgeschäfte anwendbar sind. Die Parteien können hiernach die Übereignung und Belastung dem Vertragsstatut, dem Recht des Herstellungs- oder des Bestimmungsortes unterstellen (vgl oben Rn 282–285, 292–294; s dazu OGHZ 2, 226 = IPRspr 1945–94 Nr 9 = NJW 1949, 784 mAnm Abraham 944: Eine niederländische Firma baute in den Niederlanden ein Schiff für einen deutschen Besteller; das Schiff wurde nach Deutschland geliefert und erhielt Hamburg als Heimathafen. Nach Ansicht des OGH werden die im IPR der Parteiautonomie gesetzten Grenzen nicht überschritten, wenn die Parteien zwischen zwei Sachenrechtsordnungen bestimmen, welche für die Eigentumsübertragung und die vorgesehenen Pfandrechte gelten sollen).

374 Der umschriebene Begriff des Schiffes iS des Kollisionsrechts ist umfassender Natur und schließt sowohl *Binnen- und Seeschiffe, registrierte* und *nicht-registrierte Schiffe*, Handelsschiffe und auch solche Schiffe ein, die nicht des Erwerbes wegen gehalten werden, insbesondere zu Sportzwecken, wie *Motor- oder Segelyachten* (zum rechtlichen Status solcher Yachten vgl LG Hamburg IPRspr 1960–61 Nr 55; BGHZ 112, 4; BGH JZ 1995, 784 mAnm Stoll; Butz, Das Recht der Seefahrt mit Yachten in rechtsvergleichender Darstellung [Bern 1969]).

2.   Heimatstatut des Schiffes

a)   Flagge des Schiffes, Ort der Registrierung und Heimathafen

375 International weit verbreitet ist die Unterstellung der sachenrechtlichen Verhältnisse eines Schiffes unter das *Recht der Flagge*, die das Schiff führt (s hierzu Drobnig, Billige Flaggen im IPR 40–46; Giuliano Riv dir int priv proc 1965, 415–436; Lewald 192 f; Nussbaum

81 f; vgl aus neueren Gesetzen Art 6 des ital Codice della Navigazione v 30. 3. 1942, RabelsZ 1949/1950, 132–136; § 23 Abs 1 der ungarischen GesetzesVO, oben Rn 78; Art 55 des rumänischen IPRG von 1992, oben Rn 75). Das Anknüpfungsmoment der Flagge ist leicht feststellbar und relativ eindeutig, weil nach Völkerrecht ein Schiff nur eine einzige Flagge führen darf (Drobnig 43 Fn 44). Die Bezugnahme auf das Recht der Flagge versagt aber dann, wenn das für die Aufnahme sachenrechtlicher Eintragungen bestimmte Register in einem anderen Staat geführt wird, was insbesondere in Fällen der „Ausflaggung" des Schiffes aus der Flotte des Registerstaates vorkommen kann (dazu näher Drobnig 44–46; s ferner unten Rn 377). Auch ist zu bedenken, daß Binnenschiffe zwar registerpflichtig, meist aber nicht flaggenführungspflichtig sind (so nach deutschem Recht, s Drobnig, Vorschlag einer besonderen sachenrechtlichen Kollisionsnorm für Transportmittel 33). Somit hat die Anknüpfung des Sachstatuts der Schiffe an den *Ort der Registrierung* die besseren Gründe für sich (vgl Art 46 Abs 3 des portugiesischen cc von 1967, oben Rn 50; § 33 Abs 1 des östIPRG von 1978, oben Rn 22; Art 106 des niederländischen Entwurfs eines allgemeinen IPRG von 1992, oben Rn 39; Art 45 Abs 1 Nr 2 Referentenentwurf eines Gesetzes zur Ergänzung des internationalen Privatrechts vom 1. 12. 1993, oben Rn 373). Der Registerstaat ist ohnehin fast immer identisch mit dem Staat, dessen Flagge das Schiff führt. Die *Registrierung* der Seeschiffe setzt nämlich das *Recht zur Flaggenführung* voraus und bescheinigt zugleich die Staatszugehörigkeit des Schiffes iS des Völkerrechts. Im deutschen Recht ist das **Recht des Registerortes** als Heimatstatut der Schiffe *gesetzlich festgelegt*. Nach § 1 Abs 2 des Gesetzes über Rechte an eingetragenen Schiffen und Schiffsbauwerken v 15. 11. 1940 (SchiffsRG, RGBl I 1499) bestimmt sich der Erwerb und Verlust des Eigentums an einem Schiff, das im Schiffsregister eines deutschen Gerichtes eingetragen ist, nach den deutschen Gesetzen. Die Vorschrift gilt gleichermaßen für Seeschiffe wie auch für *Binnenschiffe*. Diese einseitige Kollisionsnorm ist nach allgemeiner Meinung zu einer allseitigen zu erweitern und sinngemäß bei allen *rechtsgeschäftlichen Verfügungen* über registrierte Schiffe anzuwenden, insbesondere auch bei Belastungen des Schiffseigentums mit einer *Schiffshypothek* oder einem *Nießbrauch* (LG Hamburg IPRspr 1960–61 Nr 55; LG Hamburg IPRspr 1972 Nr 38; BGH JZ 1995, 784 mAnm Stoll; Abraham, Die Schiffshypothek im deutschen und ausländischen Recht 303 f; Drobnig, Billige Flaggen im IPR 50–53; ders, Vorschlag einer besonderen sachenrechtlichen Kollisionsnorm für Transportmittel 31–34; Ferid 7–86; MünchKomm/Kreuzer Rn 138, 139, 143; Neuhaus, Die Grundbegriffe des IPR² [1976] 249; Rabel, Conflict of Laws IV 102–113; Sonnenberger AWD 1971, 253, 254; Wolff 174; Zange 21–26). Sachenrechtlich ohne Bedeutung ist die Eintragung eines Schiffes in das 1989 in der Bundesrepublik eingeführte *„internationale Schiffsregister"* (Ges zur Einführung eines zusätzlichen Registers für Seeschiffe unter Bundesflagge im internationalen Verkehr [Internationales Seeschiffahrtsregister-ISR] v 23. 3. 1989, BGBl I 550. Die Eintragung eines Schiffes in das ISR hat hauptsächlich Bedeutung für Arbeitsverträge mit ausländischen Seeleuten ohne Wohnsitz oder ständigen Aufenthalt in der Bundesrepublik, vgl den durch jenes Gesetz in das FlaggenrechtsG eingefügten § 21 Abs 4 (dazu EuGH IPRax 1994, 199 und Magnus IPRax 1994, 178–180, ferner BVerfG NJW 1995, 2339), jedoch keine sachenrechtliche Relevanz. Die Eintragung in das ISR hat *öffentlichrechtlichen Charakter*. Sie setzt das Recht zur Führung der Bundesflagge und damit auch die Eintragung des Schiffes im deutschen Seeschiffsregister voraus (Drobnig, Billige Flaggen im IPR 45).

Bisweilen wird anstelle der Flagge oder des Registerortes auch die Anknüpfung an **376** den *Heimathafen* des Schiffes empfohlen, dh an den Ort, von dem aus die Seefahrt

mit dem Schiff betrieben wird (vgl § 480 HGB) (Kegel 579; Palandt/Heldrich Anh II zu
Art 38 Rn 3; Soergel/Kegel Vor Art 7 Rn 578; dazu auch Drobnig, Billige Flaggen im IPR 46).
Der Registerort wird fast immer zugleich der Heimathafen des Schiffes (vgl § 480
HGB) oder der Heimatort des Binnenschiffes (vgl § 6 des Ges betr die privatrechtlichen Verhältnisse der Binnenschiffahrt v 15. 6. 1895, RGBl 301) sein. Wenn aber
ausnahmsweise Registerort und Heimathafen oder Heimatort des Schiffes in ver-
schiedenen Staaten liegen, verdient die Anknüpfung an den Registerort den Vorzug.
Zum Auseinanderfallen von Registerort und Heimathafen kann es etwa dann kom-
men, wenn ein ausländischer Ausrüster ein in Deutschland registriertes Seeschiff von
einem ausländischen Hafen aus einsetzt (Beispiel: BAG RdA 1963, 353 = AWD 1964, 29;
Drobnig, Billige Flaggen im IPR 39) oder ein deutscher Reeder, der im Ausland seinen
Geschäftssitz hat, von dort aus ein in Deutschland registriertes, unter deutscher
Flagge fahrendes Seeschiff einsetzt (vgl § 2 Abs 1 FlaggenrechtsG idF v 26. 10. 1994,
BGBl I 3140; s auch vLaun, Registerhafen und Heimathafen, ZHR 1952, 1–14). Es kann auch
vorkommen, daß das Schiff überhaupt keinen Heimathafen hat, weil der Schiffsun-
ternehmer das Schiff selbst führt und an Land keine gewerbliche Niederlassung
unterhält (zB BGHZ 58, 170 = NJW 1972, 762 = Hansa 1972, 1475). Es ist dann der Registerort ohnehin der einzige in Betracht kommende Anknüpfungspunkt (Drobnig,
Vorschlag einer besonderen sachenrechtlichen Kollisionsnorm für Transportmittel 33).

377 Bei registrierten Schiffen ist das *Recht des Registerortes* auch dann sachenrechtlich
maßgebendes Heimatstatut, wenn ausnahmsweise das Schiff die Flagge eines anderen Staates führt. Es kann etwa einem ausländischen Ausrüster, dem ein in Deutschland registriertes Seeschiff auf mindestens ein Jahr zur Bereederung in eigenem
Namen überlassen wird, auf Antrag des Eigentümers für bestimmte Zeit gestattet
werden, daß das Schiff anstelle der Bundesflagge eine andere Nationalflagge führt
(§ 7 FlaggenrechtsG). Bei einer solchen *„Ausflaggung"* (dazu Drobnig, Billigflaggen im
IPR 39 f; Prause/Weichert 39 f) ist nur die Funktion der Eintragung im öffentlichrechtlichen Teil des Schiffsregisters ausgesetzt, während für die privatrechtlichen Eintragungen weiterhin allein das deutsche Schiffsregister zuständig ist und offensteht
(Drobnig 45; vgl auch Art 16 a der noch nicht in Kraft getretenen International Convention on Maritime Liens and Mortgages von 1993: Die Bestimmung stellt klar, daß
bei vorübergehender Ausflaggung Registerstaat derjenige ist, in dessen Register das
Schiff und die auf dieses bezogenen privatrechtlichen Verhältnisse unmittelbar vor
dem Flaggenwechsel eingetragen sind, s Czerwenka TransportR 1994, 213, 215). Umgekehrt kann auch einem inländischen Ausrüster eines im Ausland registrierten
Seeschiffes die Befugnis zur Führung der Bundesflagge verliehen werden (§ 11 FlaggenrechtsG). Solche *„eingeflaggten"* Schiffe werden im Inland in einem *Flaggenregi-
ster* geführt (§ 21 FlaggenrechtsVO v 4. 7. 1990, BGBl I 1389 iV mit § 3 b FlaggenrechtsG). Dieses hat jedoch nur öffentlichrechtliche Bedeutung. Das ausländische
Register behält seine internationalprivatrechtliche Funktion: Der sachenrechtlich
maßgebende Registerort liegt im Ausland, wiewohl das Schiff die Bundesflagge
führt. Zweifelhaft ist die Bestimmung des Sachstatuts, wenn ein Schiff in *verschiedenen Staaten registriert* ist und die konkurrierenden Register gleichermaßen dazu
bestimmt sind, privatrechtliche Eintragungen aufzunehmen (das in § 14 Schiffsregi-
sterordnung vorgesehene Verfahren soll das tunlichst verhindern, soweit es um
Eintragungen in Deutschland geht). Es dürfte dann im allgemeinen diejenige
Rechtsordnung anzuwenden sein, in deren Bereich das Schiff *zuerst* registriert wurde
(LG Hamburg IPRspr 1972 Nr 38; Drobnig, Billige Flaggen im IPR 52 Fn 85; Fisch 167 f; Man-

KOWSKI TransportR 1990, 213, 216; **aA** noch STAUDINGER/STOLL[12] Rn 320 und MünchKomm/
KREUZER Rn 138 Fn 589: Es gelte das Recht des tatsächlichen Heimathafens). Doch ist bei Verfügungen, die im Vertrauen auf Eintragungen im deutschen Schiffsregister erfolgen,
analog § 16 SchiffsRG Gutgläubigsschutz zu gewähren (DROBNIG 53; ZANGE 72; vgl auch
zu dieser Vorschrift BGHZ 112, 4).

b)   Nicht-registrierte Schiffe

Für nicht-registrierte Schiffe wird, was das anwendbare Sachenrecht anlangt, im   **378**
Schrifttum auf das *Recht des Heimathafens* verwiesen (so insbes MünchKomm/KREUZER
Rn 138; ferner KASSAYE 295 Fn 6). KREUZER bezeichnet diese Auffassung als herrschend
(Rn 138 Fn 592). Die von ihm angeführten Autoren behandeln aber das Heimatstatut
der Schiffe im allgemeinen, ohne zwischen registrierten und nicht-registrierten Schif-
fen zu unterscheiden. Immerhin ist der BGH in einer neueren Entscheidung der
Auffassung von KREUZER für den Fall gefolgt, daß eine in der Adria eingesetzte
Hochseeyacht bei Übereignung nirgendwo registriert ist (BGH JZ 1995, 784 mAnm
STOLL). Vorrangig ist in einem solchen Fall jedoch nach einer Anknüpfung zu suchen,
die derjenigen an den Registerort *äquivalent* ist. Möglicherweise war in jenem Fall
der Eigentümer, der von der Bundesrepublik aus ein Charterunternehmen betrieb,
als deutscher Staatsangehöriger zur Eintragung des Schiffs in Deutschland berechtigt, aber nicht verpflichtet, weil die Yacht nicht die vorgeschriebene Mindestlänge
des Rumpfes erreichte (STOLL aaO). Unberührt bleibt hiervon die Pflicht eines deutschen Schiffseigentümers mit Wohnsitz im Bundesgebiet, für das Schiff die Bundesflagge zu führen (§ 1 Abs 1 FlaggenrechtsG). Unter diesen Voraussetzungen steht
der *Ort der Registerzuständigkeit* dem Ort der Registereintragung gleich. Die Registerzuständigkeit kann regelmäßig aus der Flagge abgeleitet werden, die ein nicht-
registriertes Schiff führt (für die Flagge als Ausweichsanknüpfungspunkt für die Sachenrechtsverhältnisse eines nicht-registrierten Schiffes MANKOWSKI TransportR 1990, 213, 226). Im übrigen
ist, wenn eine klare Registerzuständigkeit fehlt, bei Bestimmung des Heimatstatuts
eines nicht-registrierten Schiffes danach zu fragen, an welchem Ort die sich auf den
Betrieb des Schiffes beziehenden Verhältnisse und Handlungen ihren *Schwerpunkt*
haben. Dieser liegt nicht notwendig dort, wo sich der Liegeplatz des Schiffes befindet, und es braucht sich auch nicht um einen Hafen zu handeln. Auch ein Ort im
Binnenland kann als *Herkunftsort des Schiffes* in Betracht kommen, etwa wenn der
Eigentümer von dort aus ein Unternehmen mit Schiffen betreibt, die in internationalen Gewässern verkehren und in einem ausländischen Hafen stationiert sind.

3.   Wechsel des Heimatstatuts

Die Veräußerung eines Schiffes führt zu einem *Statutenwechsel*, sobald das Schiff in   **379**
einem anderen Staat registriert ist (FISCH 169 f; KASSAYE 215–217; MünchKomm/KREUZER
Rn 138). Die Anerkennung der unter dem alten Statut begründeten Rechte hängt
dann von dem nunmehr maßgeblichen Statut ab. Meist erfolgt die Anerkennung,
sofern gewisse Formalitäten erfüllt sind; doch kann von einem allgemeinen Grundsatz der Anerkennung nicht gesprochen werden (SCHAPS/ABRAHAM, Das deutsche Seerecht[3] I [1959] 414 Fn 120 mit rechtsvergleichenden Hinweisen). Bei Veräußerung eines
Schiffes nach Deutschland werden die unter dem alten Statut begründeten Rechte
grundsätzlich anerkannt, ohne daß es einer Transposition in die Rechtsformen des
deutschen Rechts bedürfte (**aA** MünchKomm/KREUZER Rn 146: Ausländische Schiffshypotheken seien zwecks Ausübung in deutsche Schiffshypotheken überzuleiten). Allerdings muß ein

unter dem früheren Statut erworbenes Recht an dem Schiff mit dem deutschen Recht vereinbar sein. Dabei ist jedoch Großzügigkeit geboten und Unvereinbarkeit nicht schon dann anzunehmen, wenn es sich um ein nicht-registriertes Recht an dem Schiff handelt (vgl dazu unten Rn 383). Die Eintragung der Rechte in das deutsche Schiffsregister ist freilich notwendig, wenn verhindert werden soll, daß ein Dritter kraft guten Glaubens das Eigentum lastenfrei erwirbt oder für ein später bestelltes Recht den Vorrang erlangt (vgl § 16 SchiffsRG; RGZ 77, 1 = LZ 1911, 845; KASSAYE 216; MünchKomm/KREUZER Rn 146). Wird umgekehrt ein deutsches Seeschiff an einen Ausländer veräußert, so verliert das Schiff das Recht, die deutsche Flagge zu führen (§§ 1, 2 FlaggenrechtsG), und es ist deshalb im deutschen Schiffsregister zu löschen (§§ 17 Abs 4, 20 Abs 1 SchiffsRegO). Die Löschung darf jedoch erst dann erfolgen, wenn die Schiffshypothekengläubiger eingewilligt haben (§ 20 Abs 3 SchiffsRegO). Willigen diese nicht ein, so ist im Register der Verlust des Rechts zur Führung der Bundesflagge einzutragen (§ 20 Abs 4 SchiffsRegO). Diese Eintragung wirkt wie eine Löschung für die Zukunft: Neue Rechte können nach deutschem Recht nicht mehr begründet werden, während für die alten Rechte das Register geöffnet bleibt (SCHAPS/ABRAHAM, Das deutsche Seerecht[3] I [1959] 260, 517 f). Eine entsprechende Regelung gilt für deutsche Binnenschiffe bei Verlust ihres inländischen Heimatortes (§ 20 Abs 2 und Abs 4 SchiffsRegO).

4. Anwendungsbereich des Heimatstatuts

380 Das Heimatstatut bestimmt Art und Inhalt der an dem Schiff bestehenden Sachenrechte. Dem Heimatstatut unterfallen alle rechtsgeschäftlichen Verfügungen über das Schiff einschließlich der Dereliktion (vgl § 7 Abs 1 SchiffsRG), gleichviel ob sich das Schiff zur Zeit der Verfügung in den Gewässern des Heimatstaates, auf hoher See oder in den Gewässern eines fremden Staates befindet. Ein etwaiges Veto des Belegenheitsstaates gegen die Verfügung ist in anderen Staaten nicht zu beachten. Deshalb kann ein deutsches Seeschiff durch *formlose Einigung* übereignet werden (§ 2 Abs 1 SchiffsRG), selbst wenn es in einem *ausländischen Hafen* liegt und die lex rei sitae strengere Anforderungen stellt (HAUDEK JW 1932, 2635; LEWALD 193; MünchKomm/KREUZER Rn 139; RAAPE 620). Auch die Übertragung oder Belastung einer *Schiffspart* ist dem Heimatstatut des Schiffes zu unterstellen, obwohl hier strenggenommen über ein Recht verfügt wird, nicht über eine Sache (vgl § 502 HGB, dazu ABRAHAM, Das Seerecht 88 f; RGZ 14, 14; MünchKomm/KREUZER Rn 139).

5. Anwendungsbereich des Ortsstatuts

381 Wenngleich Schiffe sachenrechtlich grundsätzlich dem Heimatstatut unterliegen, verschafft doch die Anwesenheit des Schiffes in den Territorialgewässern oder in dem Hafen eines Staates auch dem dort geltenden Recht eine Einwirkungsmöglichkeit, die im internationalen Sachenrecht nicht völlig außer Betracht bleiben kann. In gewissem Umfang wird somit das Heimatstatut durch andere Rechtsordnungen kraft ihrer räumlichen Herrschaft über das Schiff überlagert. Wegen der Mobilität des Schiffes, die der Vorstellung eines „Lageortes" oder der „Belegenheit" widerspricht, wird das räumlich herrschende Recht am besten als „*Ortsstatut*" bezeichnet. Seiner Anwendung in sachenrechtlichen Fragen sind freilich enge Grenzen gesetzt, wobei Einzelheiten noch nicht hinreichend geklärt sind.

a) Vollstreckungszugriff und Arrestierung

Vollstreckungsmaßnahmen, die nach Ortsrecht gegen das Schiff ergriffen werden, **382** sind auch in anderen Staaten, insbes auch im Heimatstaat des Schiffes, grundsätzlich *anzuerkennen* (RG JW 1899, 325; DROBNIG, Vorschlag einer besonderen sachenrechtlichen Kollisionsnorm für Transportmittel 26–29; ERMAN/HOHLOCH Rn 31; FERID 7–85; FRANKENSTEIN II 491; KASSAYE 221; KEGEL 578 f; LEWALD 193; MünchKomm/KREUZER Rn 155 Fn 641; NUSSBAUM 316; RAAPE 623; SOERGEL/KEGEL Vor Art 7 Rn 579). Nach deutschem Recht ist die Anordnung der Zwangsversteigerung eines Schiffes im Wege der Zwangsvollstreckung sowie die Vollziehung eines Arrestes in das Schiff allerdings nicht zulässig, wenn sich das Schiff auf der Reise befindet und nicht in einem Hafen liegt (§ 482 HGB; vgl ferner zur Zwangsversteigerung eines ausländischen Schiffes § 171 ZVG). Bei einer *Sicherungsbeschlagnahme (Arrestierung)* ist im übrigen das von der Bundesrepublik ratifizierte **Internationale Übereinkommen zur Vereinheitlichung von Regeln über den Arrest von Seeschiffen v 10. 5. 1952** (BGBl 1972 II 655) zu beachten, sofern das zu beschlagnahmende Schiff die Flagge eines Vertragsstaates führt (vgl hierzu BARDEWYK; MünchKomm/KREUZER Rn 154; PHILIP 151–153. Die Revision der Konvention wird vorbereitet, vgl den Entwurf TransportR 1985, 363 und dazu ALBRECHT/LOOKS TransportR 1985, 321–323). Das Übereinkommen will die Möglichkeit der Sicherungsbeschlagnahme von Seeschiffen in bestimmten Grenzen halten, betrifft indes nicht die Zwangsvollstreckung in ein Schiff aufgrund und zur Befriedigung eines vollstreckbaren Titels (Art 1 Abs 2). Die Sicherungsbeschlagnahme ist grundsätzlich nur wegen bestimmter Forderungen aus dem Schiffahrtsbetrieb (sog Seeforderungen, vgl Art 1 Abs 1) zulässig.

Bei der *Zwangsvollstreckung in das Schiff* nach Maßgabe des Ortsrechts sind die **383** sachenrechtlichen Verhältnisse an dem Schiff, so wie sie durch das Heimatstatut geprägt werden, grundsätzlich anzuerkennen. Das Ortsrecht greift nur insoweit in die bestehenden Rechte ein, als diese mit der Sachenrechtsordnung des Ortsstatuts unvereinbar sind. Von praktischer Bedeutung ist vor allem die Frage, ob eine nach dem Heimatstatut wirksam bestellte *Schiffshypothek*, die *nicht den Publizitätsanforderungen des Gerichtsstaats* und damit des Ortsrechts entspricht, im Versteigerungsverfahren anzuerkennen ist. Für das deutsche Recht ist das zu *bejahen* (OAG Oldenburg SeuffA 17 [1864] Nr 111; ROHGE 6, 80 = SeuffA 28 [1873] Nr 2). Das RG hat allerdings in einer älteren Entscheidung (RGZ 80, 129) einer nach dem russischen Heimatstatut ohne Registrierung begründeten, nur in dem Flaggenattest vermerkten Schiffshypothek die Anerkennung versagt. Diese Entscheidung ist jedoch schon im älteren Schrifttum allgemein mißbilligt worden (vgl ABRAHAM, Die Schiffshypothek im deutschen und ausländischen Recht 313 f; FRANKENSTEIN I 220 Fn 176 und II 487 Fn 72; RAAPE 623; STAUDINGER/RAAPE⁹ VI 2 [1931] Anm C III 3 zu Art 30 EGBGB; STOLL RabelsZ 1974, 464, 466), und nun hat sich auch der BGH ausdrücklich von ihr distanziert (BGH IPRspr 1991 Nr 1 b = IPRax 1992, 324 und dazu KRONKE IPRax 1992, 303–305 = NJW 1991, 1418). Der BGH hält zu Recht selbst ein Schiffspfandrecht, das nach dem maßgeblichen Auslandsrecht formlos bestellt wird und zudem keinen bestimmten Rang hat, nicht für unvereinbar mit dem deutschen Recht. Es bedarf *keiner Transposition* der fremdrechtlichen Belastung in das deutsche Ortsrecht. Die ausländischen Rechte bleiben, was sie sind, weshalb auch nach dem für die Entstehung einer ausländischen Schiffshypothek maßgebenden Recht zu entscheiden ist, ob sich etwa die *Hypothek* auf die *Forderungen aus einem Versicherungsvertrag* erstreckt (LG Düsseldorf IPRspr 1991 Nr 62 und OLG Düsseldorf IPRspr 1992 Nr 68). Dagegen ist die Anerkennung einer bestimmten *Rangfolge* unter mehreren an dem Schiff bestellten Rechten so eng mit dem vollstreckungsrechtlichen Verteilungsverfahren verknüpft, daß die Rangfolge der Rechte allein nach der *lex fori* bestimmt werden kann, selbst wenn die Rechte ausländischem Recht unterstehen (BGH aaO, näher dazu unten Rn 392). Auch die Wirkungen einer Zwangsversteigerung des Schiffes, insbesondere das Erlöschen der an ihm bestehenden dinglichen Rechte, richten sich ebenso wie die Verteilung des Erlöses ausschließlich nach der lex fori (DROBNIG, Vorschlag einer besonderen sachenrechtlichen Kollisionsnorm für Transportmittel 27 f; LEWALD 195; MünchKomm/KREUZER Rn 156–158; s im übrigen unten Rn 392). Unberührt bleibt jedoch ein *Bereicherungsausgleich* nach Maßgabe des Heimatstatuts, wenn nach diesem der Erlös dem Vollstreckungsgläubiger nicht gebührt oder unter den Beteiligten anders hätte verteilt werden müssen (s oben Rn 151; MünchKomm/KREUZER Rn 159; REITHMANN/MARTINY 265; SOERGEL/KEGEL Vor Art 7 Rn 546 Fn 8 und Rn 579 Fn 3).

b) Gesetzliche Sicherungsrechte bei Ortsgeschäften

384 Werden in einem Hafen an Ort und Stelle Arbeiten an einem ausländischen Schiff ausgeführt oder Verwendungen auf das Schiff gemacht, so entscheidet das örtliche Recht, ob der Unternehmer, der die Arbeiten geleistet hat, wegen seines vertraglichen Anspruchs auf das Entgelt oder der sonstige Gläubiger wegen eines Anspruchs auf Aufwendungsersatz ein gesetzliches Sicherungsrecht (vgl § 648 Abs 2 BGB) oder Zurückbehaltungsrecht an dem Schiff erwirbt. Die allgemeinen Regeln über *gesetzliche Sicherungsrechte an beweglichen Sachen* bei Inlandsgeschäften (s oben Rn 276, 281) gelten sinngemäß. Ebenso wie bei diesen sollte es gleichgültig sein, ob auch das Forderungsstatut das Sicherungsrecht gewährt, und auch auf das Heimatstatut des Schiffes kommt es nicht an; maßgeblich ist vielmehr das *Ortsstatut* (ebenso § 33 Abs 2 iV mit § 31 Abs 1 östIPRG, oben Rn 22). Der Referentenentwurf eines Gesetzes zur Ergänzung des internationalen Privatrechts v 1. 12. 1993 (oben Rn 19) unterstellt allerdings gesetzliche Sicherungsrechte an Wasserfahrzeugen und sonstigen Transportmitteln generell, ohne zwischen Ortsgeschäften und anderen Geschäften zu unterscheiden, dem Recht, das auf die zu *sichernde Forderung* anzuwenden ist (Art 45 Abs 2). Lex causae des Ortsgeschäftes, dem die gesicherte Forderung entspringt, wird indes fast immer eben das örtliche Recht sein. Man wird den Parteien aber auch gestatten müssen, für das Ortsgeschäft die Geltung des Heimatstatuts des Schiffes ausdrücklich oder stillschweigend zu vereinbaren mit der Wirkung, daß die gesetzlichen Sicherungen des Heimatstatuts eingreifen. Eine weitergehende Rechtswahl mit sachenrechtlicher Wirkung ist jedoch abzulehnen, weil durch sie die Gläubigerordnung, die das Heimatstatut beim Zugriff auf das Schiff vorsieht, nach Belieben durchkreuzt werden könnte. Auch soweit es um Zurückbehaltungsrechte wegen Forderungen aus örtlichen Geschäften geht, ist regelmäßig das Ortsrecht anzuwenden. So haben ausländische Schiffe in einem österreichischen Hafen es hinzunehmen, wenn der Hafenunternehmer wegen der ihm zustehenden Hafengebühren nach § 34 SchiffahrtsanlagenG (BGBl 1973/12) ein Zurückbehaltungsrecht an dem Schiff ausübt (dazu RUMMEL/SCHWIMANN, Kommentar zum ABGB² II [1992] § 33 IPRG Rn 3). Die Interessenlage ist dieselbe wie bei Schiffsgläubigerrechten, die aufgrund von Platzgeschäften geltend gemacht werden (dazu unten Rn 391).

c) Verfügungen nach Ortsrecht

385 Es besteht jedoch kein Bedürfnis, rechtsgeschäftliche Verfügungen über ein Schiff auch nach Maßgabe des Ortsrechts zuzulassen (DROBNIG, Vorschlag einer besonderen sachenrechtlichen Kollisionsnorm für Transportmittel 17 f; KASSAYE 218 f). Aus der allseitig zu verstehenden Kollisionsnorm des § 1 Abs 2 SchiffsRG folgt, daß über ein im Ausland registriertes Schiff nur nach Maßgabe des Heimatstatuts verfügt werden kann (LG Hamburg IPRspr 1972 Nr 38; MünchKomm/KREUZER Rn 139; WENGLER, IPR II § 25 Anm 35; aA RAAPE 621: Ein in St Goar im Hafen liegendes, in das holländische Register eingetragenes Schiff könne nach § 930 BGB wirksam übereignet werden; KEGEL 580 und SOERGEL/KEGEL Vor Art 7 Rn 580: Es könne ein ausländisches Schiff an Ort und Stelle nach Ortsrecht übereignet werden). Andererseits widersetzt sich das deutsche Recht nach Maßgabe der erwähnten Kollisionsnorm rechtsgeschäftlichen Verfügungen, die im Ausland nach Ortsrecht über ein in Deutschland registriertes Schiff getroffen werden. Deshalb ist zB eine „unregistered mortgage", mit der ein solches Schiff im Ausland belastet worden ist, nach deutschem Recht unwirksam (ABRAHAM, Die Schiffshypothek im deutschen und ausländischen Recht 308; MünchKomm/KREUZER Rn 139 Fn 595; SCHAPS/ABRAHAM I 1 Vor § 467 HGB Rn 47). Auch schließt § 16 SchiffsRG den Gutglaubenserwerb eines deutschen Schiffes nach ausländischem Ortsrecht aus, wenn der Berechtigte im deutschen Schiffsregister eingetragen ist (DROBNIG 17). In diesem Falle ist auch ein Gutglaubenserwerb nach §§ 932 ff BGB, 366 HGB nicht möglich, selbst wenn das Schiff, wiewohl es ein Binnenschiff ist, zu Unrecht im deutschen Seeschiffsregister eingetragen ist (BGHZ 112, 4). Es verbleibt die Möglichkeit, daß über ein Schiff mit ausländischem Heimatstatut in einem anderen ausländischen Staat nach Maßgabe des dort geltenden Rechts verfügt wird. Auch solche Verfügungen sind in Deutschland nur anzuerkennen, wenn das Heimatstatut sie gelten läßt (Fall der Weiterverweisung).

6. Schiffsgläubigerrechte*

a) Allgemeine Fragen und Anknüpfungsvorschläge
Das schwierigste und praktisch wichtigste Problem des internationalen Schiffssa- **386**

* **Schrifttum:** ABRAHAM, Das Seerecht[4] (1974) 70; ASSER, Maritime Liens and Mortgages in the Conflict of Laws (Göteborg 1963); DIETRICH BAHLS, Schiffsgläubigerrechte nach deutschem und amerikanischem Recht (Diss Kiel 1970); BONASSIES, Les hypothèques et privilèges maritimes en droit anglais et en droit américain, DMF 1965, 592–658; CZERWENKA, Internationales Übereinkommen von 1993 über Schiffsgläubigerrechte und Schiffshypotheken, TransportR 1994, 213–227; GILMORE/BLACK, The Law of Admiralty[2] (1975) 777–780; HARLEY/BATRA, The Security of a Maritime Lien (1979); KASSAYE 223–230; EVELYN KOUKAKIS, Schiffsgläubigerrechte im deutschen und griechischen internationalen Privatrecht (Diss Bonn 1988); KRONKE, Beweisrechtliche Havarie – Internationalsachenrechtliche gute Reise: Venezolanische Schiffspfandrechte vor deutschen Gerichten, IPRax 1992, 303–305; MANKOWSKI, Das Statut der Schiffsgläubigerrechte, TransportR 1990, 213–228; HERBERT PALMBERGER, Gesetzliche Pfandrechte im IPR (Diss Bonn 1975) 144–149; PRÜSSMANN/RABE, Seehandelsrecht[3] (1992) Vorbem II Vor § 754 HGB; RABEL, Conflict of Laws IV 113–122; MICHAEL REGEL, Schiffsgläubigerrechte im deutschen, englischen und kanadischen IPR. Zugleich eine Darstellung des englischen und kanadischen materiellen Rechts des „maritime lien" (Diss Bonn 1983); RICHTER, Zum Entwurf des Comité Maritime International für die Revision des Übereinkommens von 1967 zur Vereinheitlichung von Regeln über Schiffsgläubigerrechte und Schiffshypotheken, TransportR 1985, 324–327; SANDSTRÖM, The Changing International Concept of the Maritime Lien as a Security Right, TulLRev 47 (1973) 681–690; SCHAPS/ABRAHAM, Seehandelsrecht[4] I, 2 (1978) Vor § 754 HGB Rn 25–35; SCHLEGELBERGER/LIESECKE, Seehandelsrecht[2] (1964) § 754 HGB Anm 1; STEINMEYER, Die Schiffsgläubigerrech-

chenrechts betrifft die kollisionsrechtliche Behandlung der Schiffsgläubigerrechte. Ein Schiffsgläubiger hat ein gesetzliches Pfandrecht an dem Schiff zur Sicherung gewisser aus der Verwendung des Schiffes entstehender Forderungen. Das Pfandrecht entsteht ohne Registrierung unmittelbar kraft Gesetzes und setzt keinen Besitz an dem belasteten Schiff voraus. Im einzelnen weichen die Rechtsordnungen der am Seehandel beteiligten Staaten erheblich voneinander ab, besonders hinsichtlich der Art der bevorrechtigten Forderungen sowie des Rangs der Schiffsgläubigerrechte. Nach deutschem Recht kann das Schiffsgläubigerrecht gegen jeden Besitzer des Schiffes verfolgt werden, ohne Rücksicht darauf, ob der Besitzer in Ansehung des Pfandrechts gut- oder bösgläubig ist (§§ 755 Abs 1 HGB, 103 Abs 2 BinSchG). Die Pfandrechte der Schiffsgläubiger gehen im deutschen Recht wie auch in vielen ausländischen Rechtsordnungen allen anderen Pfandrechten, namentlich den Schiffshypotheken, im Range vor, mögen diese auch früher entstanden sein (§ 761 HGB; teilw abw § 109 BinSchG). Andererseits haben die Pfandrechte der Schiffsgläubiger nur die Funktion einer vorübergehenden Sicherung. Deshalb sieht das Gesetz kurze Ausschluß- bzw Verjährungsfristen vor (§§ 759 HGB, 117 BinSchiffG). Im deutschen Recht wurde der Katalog der an Seeschiffen möglichen Schiffsgläubigerrechte durch das **1. SeerechtsänderungsG v 21. 6. 1972** (BGBl I 966), welches die §§ 754–764 HGB neu gefaßt hat, erheblich verkürzt. Dabei wurden die einschlägigen Bestimmungen des Brüsseler Übereinkommens zur Vereinheitlichung von Regeln über Schiffsgläubigerrechte und Schiffshypotheken v 27. 5. 1967 (s oben Rn 107) im wesentlichen übernommen und in das innerstaatliche Recht übertragen, nachdem die Bundesrepublik das Übereinkommen zwar gezeichnet, aber nicht ratifiziert hatte. Bei der Reform wurde auch das für die Bundesrepublik verbindliche **Internationale Übereinkommen über die Beschränkung der Haftung der Eigentümer von Seeschiffen v 10. 10. 1957** (BGBl 1972 II 653) in das HGB eingearbeitet. Hiernach haftet der Reeder nicht mehr im allgemeinen nur, wie nach bisherigem Seerecht (§ 486 HGB aF), mit Schiff und Fracht, sondern auch persönlich, wenngleich meist summenmäßig beschränkbar durch Eröffnung eines Verteilungsverfahrens, bei dem der Reeder die gesetzlich vorgeschriebene Haftungssumme einzuzahlen hat. Das Internationale Übereinkommen v 10. 10. 1957 ist inzwischen durch das **Londoner Übereinkommen über die Beschränkung der Haftung für Seeforderungen v 19. 11. 1967** (BGBl 1986 II 786) ersetzt worden, das in der Bundesrepublik unmittelbare Geltung hat. Das **2. SeerechtsänderungsG v 25. 7. 1986** (BGBl I 1120) hat das HGB dem Londoner Übereinkommen angepaßt (vgl insbesondere die neugefaßten §§ 486–487 e, wobei in § 486 Abs 1 HGB nF unmittelbar auf das Londoner Übereinkommen verwiesen wird). Die Vorschriften des HGB über *Schiffsgläubigerrechte* (§§ 754–764) blieben bei der erneuten Gesetzesreform unberührt (vgl LG Bremen RiW 1995, 326, 328). Das geltende

---

te im südafrikanischen nationalen und internationalen Privatrecht. Eine rechtsvergleichende Darstellung unter Einbeziehung des englischen und deutschen internationalen Privatrechts und unter besonderer Berücksichtigung des ordre public = Schriften zum Staats- und Völkerrecht Bd 18 (1985); Tetley, Maritime Liens and Claims (1985); Thomas, Maritime Liens = British Shipping Laws Vol 14 (1980) 307–330; Trappe, Das Recht der Schiffsgläubiger im nationalen und internationalen Recht, Hansa 1960, 942–947; Varian, Rank and Priority of Maritime Liens, TulLRev 47 (1973) 751–766; Würdinger/Sotiropoulos, Schiffsgläubigerrechte und Schiffshypothek. Eine rechtspolitische Untersuchung (1961); Wüstendörfer, Neuzeitliches Seehandelsrecht[2] (1959) 34 f; Zweigert/Drobnig, Das Statut der Schiffsgläubigerrechte, VersR 1971, 581–591, und dazu Neuhaus RabelsZ 1971, 771–773.

Seerecht kennt somit noch fünf Gruppen von Forderungen, welche ein Schiffsgläubigerrecht gewähren. Hiervon sind die Heuerforderungen des Kapitäns und der übrigen Personen der Schiffsbesatzung, Schadensersatzforderungen wegen Personenschadens und deliktischen Sachschadens sowie Forderungen der Sozialversicherungsträger die praktisch wichtigsten (§ 754 Abs 1 Nr 1, 3 und 5 HGB).

Nicht ganz klar ist, inwiefern ein Schiffsgläubigerrecht auch dann in Anspruch **387** genommen werden kann, wenn die gesicherte Forderung zugleich eine „*Seeforderung*" ist, für welche das Londoner Haftungsbeschränkungsübereinkommen eine **summenmäßige Beschränkung der Reederhaftung** gewährt. Man wird annehmen müssen, daß die Geltendmachung eines Schiffsgläubigerrechts jedenfalls dann ausgeschlossen ist, wenn der Schuldner einen Haftungsfonds nach Art 11 des Londoner Übereinkommens errichtet hat und eine *gegenständliche Beschränkung der Haftung* auf diesen Fonds eingetreten ist, weil der Gläubiger den Fonds in Anspruch nimmt (Art 13 Haftungsbeschränkungsübereinkommen; dazu MünchKomm/KREUZER Rn 153; PRÜSSMANN/RABE, LondonerÜ 1976 Art 10 Anm A 3 a und Art 13 Anm A 1, 2; vgl auch BASEDOW, Kollisionsrechtliche Aspekte der Seerechtsreform von 1986, IPRax 1987, 333, 337). In den meisten Fällen werden jedoch die Schiffsgläubigerrechte von der Reform der Reederhaftung durch das Londoner Übereinkommen schon deswegen nicht berührt, weil die gesicherte Forderung keine aus der Verwendung oder Bergung des Schiffes hervorgehende Ersatzforderung („Seeforderung") ist, für welche nach Art 2 des Londoner Übereinkommens eine Beschränkung der Reederhaftung in Betracht kommt (vgl § 486 Abs 1 HGB). Die Seerechtsreform ist bislang noch am **Binnenschiffahrtsrecht** vorübergegangen. Auch dort soll allerdings das bislang noch geltende „Exekutionssystem", wonach für die beim Betrieb des Schiffes begründeten Verbindlichkeiten nur mit Schiff und Fracht gehaftet wird, durch das moderne System der Summenhaftung abgelöst werden. Das Straßburger Übereinkommen über die Haftung in der Binnenschiffahrt (CLNI) vom 4. 11. 1988 (TransportR 1989, 36–40), das eine Summenhaftung einführen soll, ist zwar von der Bundesrepublik Deutschland und den anderen Vertragsstaaten der Revidierten Rheinschiffahrtsakte vom 17. 10. 1868 und dem Großherzogtum Luxemburg gezeichnet wurden, aber noch nicht in Kraft getreten (zur Vorgeschichte s KORIOTH, Die Neuregelung der Haftungsbeschränkung in der Binnenschiffahrt – unter besonderer Berücksichtigung des Verteilungsverfahrens [1984] 326–342). Nach Art 13 CLNI hätte die Errichtung des vorgeschriebenen Haftungsfonds zur Folge, daß ein Gläubiger, der aus dem Fonds zu befriedigen ist und Ansprüche gegen den Fonds geltend macht, von der Inanspruchnahme des sonstigen Schuldnervermögens ausgeschlossen ist.

Die kollisionsrechtliche Behandlung der Schiffsgläubigerrechte wird dadurch **388** erschwert, daß die gesicherten Forderungen verschiedenartigen Vorgängen entstammen, deren internationale Verknüpfungen schlecht auf einen Nenner zu bringen sind. Das Rechtsverhältnis, dem die gesicherte Forderung entspringt, mag in einer dauernden räumlichen Beziehung zu dem Schiff stehen, wie etwa das Arbeitsverhältnis des Kapitäns oder einer Person der Schiffsbesatzung. Es tritt dann die Beziehung zu den auf der Schiffsreise berührten Staaten in den Hintergrund. Die Beziehung zu einem auf der Reise erreichten Staat kann aber auch bestimmend sein, etwa wenn das Schiff in einem fremden Hafen mit Treibstoff oder Proviant versorgt wird. Eine wiederum andere Verknüpfung mit dem Geltungsbereich ausländischen Rechts kommt zustande, wenn das Schiff in fremden Territorialgewässern oder auf hoher

See ein anderes Schiff schädigt. Je nach Lage des Falles kann die Anwendung des Heimatstatuts des Schiffs oder des Vertragsstatuts des anspruchsbegründenden Geschäfts plausibel erscheinen oder die Anknüpfung an den Ort der Schädigung bzw die Flagge des geschädigten Schiffes naheliegen. Zudem ist zu berücksichtigen, daß das Schiffsgläubigerrecht eine wichtige prozessuale Funktion hat. Es hat sich vor allem bei der Zwangsvollstreckung in das Schiff zu bewähren, indem es dem Gläubiger bei der Zwangsverwertung des Schiffes bevorzugte Befriedigung aus dem Erlös in einer bestimmten Rangklasse sichert. Deshalb wird zB im englischen Recht das „maritime lien" als ein überwiegend *prozessualer Rechtsbehelf* verstanden, welcher der lex fori unterliegt (THOMAS 307−330; vgl auch die Entscheidung des Privy Council in *Bankers Trust International Ltd v Todd Shipyards Corporation* [1981] AC 221 = [1980] 3 WLR 400).

389 In der deutschen Rechtsprechung wurde früher überwiegend der auch im Schrifttum vertretenen Ansicht gefolgt, daß das *Statut der gesicherten Forderung (lex causae)* und die *lex rei sitae* gemeinsam berufen sind, dh das Schiffsgläubigerrecht müsse von der lex causae gewährt und von der lex rei sitae akzeptiert werden. In den meisten der in der Praxis mit dieser Maßgabe entschiedenen Fälle war das Forderungsstatut zugleich lex rei sitae, so daß es gar nicht darauf ankam, ob allein an das eine oder andere Statut anzuknüpfen oder beide gemeinsam berufen waren. Regelmäßig ging es darum, daß der Kapitän eines Schiffs in einem ausländischen Hafen einen dem Ortsrecht unterstehenden Liefervertrag geschlossen hatte, der nach dem Ortsrecht ein Schiffsgläubigerrecht gewährte. Es wurde dann das Ortsrecht angewandt (RGZ 81, 283; RG GRUCHOT 57, 1937 = LZ 1913, 687; OLG Stettin IPRspr 1932 Nr 55 = JW 1932, 2635 Anm HAUDEK = HansRGZ 1932 B 195; LG Hamburg IPRspr 1962−63 Nr 50; IPRspr 1964−65 Nr 64; vBAR, Theorie und Praxis[2] I [1989] 619 f; NEUHAUS RabelsZ 1971, 771−773; NUSSBAUM 315 Fn 2; WÜSTENDÖRFER 34). Vor allem im Schrifttum wird vielfach auch allein auf die lex rei sitae abgestellt (ABRAHAM Seerecht 70; RAAPE 622 f; REGEL 148−151; SCHAPS/ABRAHAM I 2 Vor § 754 HGB Rn 27; SCHLEGELBERGER/LIESECKE § 754 Anm 1; SOERGEL/KEGEL Vor Art 7 Rn 579; TRAPPE 492 f; WÜSTENDÖRFER/SOTIROPOULOS 20; dieser Lösung folgt nun auch § 33 Abs 2 iV mit § 31 Abs 1 östIPRG, oben Rn 22). Die Anknüpfung an den jeweiligen Aufenthaltsort des Schiffes erweist sich freilich dann als unzulänglich, wenn sich das Schiff zur Zeit des das Gläubigerrecht erzeugenden Vorgangs auf hoher See befand oder wenn es sich etwa um die Heuerforderung eines Angehörigen der Schiffsbesatzung handelt (vgl OLG Hamburg IPRspr 1966−67 Nr 47 = VersR 1967, 1173; HAUDEK JW 1932, 2636; PRÜSSMANN/RABE Vor § 754 Anm II B 3, c, d; ZWEIGERT/DROBNIG VersR 1971, 584, 589). Bisweilen wird auch allgemein oder wenigstens für die Fälle, in denen der das Schiffsgläubigerrecht erzeugende Vorgang sich nicht eindeutig lokalisieren läßt, die Anknüpfung an die *Flagge des Schiffes* empfohlen (vgl etwa LG Bremen IPRspr 1960−61 Nr 50; FRANKENSTEIN II 489; HAUDEK JW 1932, 2635 f; KOUKAKIS 104−107, 117; dieser Lösung folgen auch zahlreiche Länder des romanischen Rechtskreises, ZWEIGERT/DROBNIG 587). Vor allem in Anschluß an den 1971 erschienenen Aufsatz von ZWEIGERT und DROBNIG dringt aber neuerdings die Auffassung vor, maßgebend sei allein das jeweilige Forderungsstatut (OLG Hamburg IPRspr 1975 Nr 27 = VersR 1975, 826; IPRspr 1979 Nr 33 = VersR 1979, 835; IPRax 1990, 400 und dazu MANKOWSKI/KERFACK IPRax 1990, 372−378 = RiW 1990, 225 = TransportR 1989, 374; LG Bremen RiW 1995, 326; FERID 7−86; KASSAYE 227−230; Münch-Komm/KREUZER Rn 150; PALANDT/HELDRICH Anh II zu Art 38 Rn 3; PRÜSSMANN/RABE Vor § 754 HGB Anm II B 3; ZWEIGERT/DROBNIG 581−591). Für diesen Lösungsansatz hat sich auch der Referentenentwurf eines Gesetzes zur Ergänzung des internationalen Privatrechts vom 1. 12. 1993 entschieden (Art 45 Abs 2, s oben Rn 19). Gegen diese Auffassung hat sich jedoch neuerdings wieder MANKOWSKI mit ausführlicher Begründung gewandt; er befürwortet die Anwendung der *lex libri siti, dh des am Registerort geltenden Rechts* (MANKOWSKI 213–228).

b) Heimatstatut des Schiffes als Ausgangspunkt

Der zuletzt von MANKOWSKI vertretenen Anknüpfung der Schiffsgläubigerrechte an **390** den Registerort ist grundsätzlich zuzustimmen, jedenfalls iS des richtigen Ausgangspunktes. Er ist freilich wegen der Verschiedenartigkeit der zur Entstehung eines Schiffsgläubigerrechts führenden Sachverhalte nicht in allen Fällen durchzuhalten und bedarf mit Rücksicht auf die Gläubigerinteressen der Einschränkung bei „Platzgeschäften" (s unten Rn 391). Die Anknüpfung an den Registerort bedeutet, daß grundsätzlich das Heimatstatut des Schiffes in dem dargelegten Sinne (s oben Rn 375–378) berufen ist, über Erwerb und Inhalt der Gläubigerrechte zu entscheiden. Allein das Heimatstatut, das allgemein zuständig ist für die sachenrechtlichen Verhältnisse des Schiffs, gewährleistet eine dauerhafte Gläubigerordnung beim Zugriff auf das Schiff. Die Konstanz der Gläubigerordnung ist für die Sicherheit des Schiffskredits ausschlaggebend. Namentlich wird der Wert einer eingetragenen Schiffshypothek wesentlich dadurch beeinflußt, mit welchen der Hypothek vorgehenden Schiffsgläubigerrechten der Hypothekar möglicherweise rechnen muß. Der Hypothekar kann und muß sich grundsätzlich auf die Gläubigerordnung verlassen können, die das Heimatrecht des Schiffes aufstellt. Es ist deshalb grundsätzlich Sache des Heimatstatuts, die Gruppen von Gläubigerrechten festzulegen, die beim Zugriff auf das Schiff privilegiert sind. Angeblich soll ein entscheidender Vorteil der lex causae darin liegen, daß jeder Gläubiger anhand des zugrundeliegenden Rechtsgeschäfts oder eines sonstigen Haftungstatbestandes jederzeit leicht feststellen kann, ob ihm ein Schiffsgläubigerrecht zusteht (PRÜSSMANN/RABE Vor § 754 HGB Anm II B 3 c, dd). Die Feststellung des Forderungsstatuts ist aber mit den Unsicherheiten des IPR belastet, wohingegen das faktische Anknüpfungsmoment des Registerortes ohne rechtliche Komplikationen leicht feststellbar ist, zumal das Schiff fast immer auch die Flagge des Registerstaates führt.

c) Anwendung des Ortsrechts bei „Platzgeschäften"

Die Anwendung des Forderungsstatuts auf die Schiffsgläubigerrechte hat indes inso- **391** fern einen richtigen Kern, als bei den typischen Liefergeschäften oder Dienstleistungsverträgen, die der Reeder oder eine für ihn vertretungsbefugte Person in einem fremden Hafen an Ort und Stelle zugunsten des Schiffes schließt, eine *sehr starke Beziehung zum Ortsrecht* besteht, dieses in aller Regel auch Vertragsstatut ist und natürlich auch der Gläubiger darauf vertraut, daß ein vom Ortsrecht gewährtes Schiffsgläubigerrecht ohne Rücksicht auf das Heimatstatut überall anerkannt werden wird. Dieses Vertrauen sollte auch geschützt werden: Platzgeschäfte der geschilderten Art gewähren dem Gläubiger ein Schiffsgläubigerrecht nach Maßgabe des Ortsrechts, und dieses Sicherungsrecht ist unabhängig vom Heimatstatut auch in anderen Staaten anzuerkennen. Dadurch werden die Schiffshypothekare nicht unbillig beschwert; denn die vertraglich vereinbarten Leistungen zugunsten des Schiffes kommen mittelbar auch ihnen zugute. Es bestehen aber auch keine Bedenken dagegen, daß der Gläubiger bei einem Platzgeschäft die Geltung des Heimatstatuts des Schiffes vereinbart und dann in den Genuß eines vielleicht nur vom Heimatrecht des Schiffes vorgesehenen Sicherungsrechtes kommt (vgl dazu oben Rn 384). Hierin liegt keine Beeinträchtigung der Gläubigerordnung, auf die vor allem die Schiffshypothekare vertrauen; anders verhält es sich mit der Wahl einer beliebigen anderen Rechtsordnung als Vertragsstatut. Eine solche Rechtswahl hat jedenfalls keine sachenrechtliche Wirkung, läßt vielmehr die Anwendung des Ortsrechts auf etwaige Schiffsgläubigerrechte unberührt (vgl hierzu die amerikanische Entscheidung *Gulf Trading & Transportation Co* v *Vessel Hoegh Shield*, 658 F 2 d 363 [5th Cir 1981]: Ein norwegisches Schiff wurde in der Panama-Kanalzone von der amerikanischen Lieferantin mit Treibstoff versorgt. Der Liefervertrag war im wesentlichen in Großbritannien ausgehandelt und dort abgeschlossen worden. Nach Ansicht des Gerichts unterstand der Vertrag möglicherweise englischem Recht [s § 188 Restatement 2nd, Conflict of Laws 1971]. Der Klägerin wurde gleichwohl ein maritime lien nach Maßgabe des amerikanischen Rechts [46 USCA § 971] zugesprochen. Mit Rücksicht auf „predictability and protection of justified expectations" müsse bezüglich des maritime lien amerikanisches Recht zur Anwendung kommen, wenn eine amerikanische Lieferantin in einem amerikanischen Hafen ein ausländisches Schiff mit „necessaries" versorgt).

d) Anwendung der lex fori bei Zwangsvollstreckung in das Schiff

392 Beim Vollstreckungszugriff auf das Schiff, insbesondere durch Zwangsversteigerung, sollte die *Gläubigerordnung des Heimatstatuts* verwirklicht werden, gleichviel, wo der Vollstreckungszugriff oder die Versteigerung stattfinden. Das ist am ehesten dann gewährleistet, wenn entsprechend der hier vertretenen Auffassung im Gerichtsstaat der Erwerb von Schiffsgläubigerrechten und Schiffshypotheken grundsätzlich nach dem Heimatstatut des Schiffes beurteilt werden. Zu einer Divergenz zwischen dem Heimatstatut des Schiffes und dem Statut eines Schiffsgläubigerrechtes kann es freilich dann kommen, wenn es sich um eine Forderung aus einem Platzgeschäft handelt (oben Rn 391), und zwar das Ortsrecht, nicht aber das Heimatrecht des Schiffes dem Gläubiger der Forderung ein Schiffsgläubigerrecht gewährt, oder wenn die konkurrierenden Statute eine jeweils verschiedene Rangordnung vorsehen. Mit Rücksicht auf solche Schwierigkeiten wie überhaupt die umstrittene Rechtslage bei der Anerkennung und Einstufung ausländischer Schiffsgläubigerrechte hat sich die ständige Praxis durchgesetzt, daß bei Zwangsversteigerung eines in- oder ausländischen Schiffes nicht nur das Versteigerungsverfahren nach dem Recht des Versteigerungsortes durchgeführt, sondern auch der Erlös nach Maßgabe der lex fori verteilt und dabei auch der *Rang aller Schiffsgläubigerrechte* nach eben diesem Recht bestimmt wird (RGZ 45, 276; 81, 283; LZ 1913, 687 = WarnR 1913 Nr 254; IPRspr 1930 Nr 50 = HRR 1930 Nr 1448; OLG Hamburg IPRspr 1933 Nr 28; LG Bremen IPRspr 1960–61 Nr 50; OLG Oldenburg VersR 1975, 271; BGH IPRspr 1991 Nr 1 b = IPRax 1992, 324 und dazu KRONKE IPRax 1992, 303–305 = NJW 1991, 1418 = RiW 1991, 514; ABRAHAM, Das Seerecht 70; KASSAYE 221; LEWALD 194; MünchKomm/KREUZER Rn 146, 152; NUSSBAUM 316; PALANDT/ HELDRICH Anh II zu Art 38 Rn 3; PRÜSSMANN/RABE Vor § 754 II B 4 b, bb; SCHAPS/ABRAHAM I 2 Vor § 754 HGB Rn 32–35). Das ist freilich eine *Verlegenheitslösung*, und es ist deshalb erwägenswert, die Rangverhältnisse anstatt nach der lex fori nach einem ausländischen Recht zu bestimmen, wenn sämtliche an dem Schiff bestehenden Sicherungsrechte (Schiffsgläubigerrechte und gegebenenfalls auch Schiffshypotheken) dieser Rechtsordnung folgen (hierfür etwa PRÜSSMANN/RABE Vor § 754 HGBGB Anm II B 4 b, aa; REGEL 38, 174; SCHAPS/ABRAHAM I 2 Vor § 754 HGB Rn 34). Die besseren Gründe sprechen jedoch dafür, von einer solchen Ausnahmeregel abzusehen, weil sonst oft schwierige Nachforschungen nach ausländischem Recht erforderlich werden, vor allem aber die Konkordanz der beteiligten Rechtsordnungen ein zufälliger Umstand ist, dem rechtlich keine Bedeutung beigemessen werden sollte (ebenso RG NiemZ 1891, 365; MünchKomm/KREUZER Rn 152 Fn 628).

Bei Zwangsversteigerung eines Schiffes in Deutschland sind die nach ausländischem **393** Recht entstandenen Schiffsgläubigerrechte unter Berücksichtigung ihres wesentlichen Inhalts in die fünf Kategorien des § 754 HGB einzuordnen. Dabei können *unerhebliche Abweichungen* vernachlässigt werden (RG LZ 1913, 687 = WarnR 1913 Nr 254; OLG Oldenburg VersR 1975, 271; LEWALD 194; PRÜSSMANN/RABE Vor § 754 II B 4 b, bb; SCHAPS/ABRAHAM I 2 Vor § 754 Rn 34; WÜRDINGER/SOTIROPOULOS 20). Scheitert die Einordnung, so ist das ausländische Schiffsgläubigerrecht nicht etwa unwirksam, sondern geht allen anderen Schiffsgläubigerrechten sowie den Schiffshypotheken im Range nach – § 761 HGB gilt also nicht – (OLG Oldenburg aaO; MünchKomm/KREUZER Rn 152 Fn 630; PRÜSSMANN/RABE Vor § 754 HGB Anm II B 4 b, bb), hat aber doch Vorrang vor einem später begründeten Pfändungspfandrecht (BGH IPRspr 1991 Nr 1 b = IPRax 1992, 324). Im übrigen kann bei Zwangsversteigerung eines Schiffes in Deutschland einem nach ausländischem Recht begründeten Schiffsgläubigerrecht kein weiterreichender Inhalt beigelegt werden als es nach den deutschen Gesetzen gerechtfertigt ist. Deshalb erstreckt sich das Gläubigerrecht zwar auf das Zubehör des Schiffes (§ 756 HGB), nicht aber auf die Frachtforderung (anders früher § 756 HGB aF).

Bei Versteigerung eines deutschen Schiffes im Ausland richtet sich das Erlöschen der **394** Schiffshypotheken und der Schiffsgläubigerrechte nach der *lex fori* (vgl oben Rn 383; BGHZ 35, 267; LG Aurich IPRspr 1966−67 Nr 45; DROBNIG, Vorschlag einer besonderen sachenrechtlichen Kollisionsnorm für Transportmittel 27; MünchKomm/KREUZER Rn 158). Wird indes der Erlös nach Maßgabe der ausländischen lex fori unter Vernachlässigung oder Zurücksetzung der nach deutschem Recht begründeten Schiffsgläubigerrechte verteilt, steht den benachteiligten Gläubigern gegenüber den begünstigten Berechtigten nach deutschem Recht ein Anspruch auf *Bereicherungsausgleich* zu (vgl oben Rn 151).

Es ist gewiß unbefriedigend, daß die Verteilung des Versteigerungserlöses und damit **395** die Befriedigung der Schiffsgläubiger von dem oft zufälligen Umstand abhängt, in welchem Land es zur Zwangsversteigerung des Schiffes kommt. Eine wesentliche Verbesserung könnte schon mit Mitteln des IPR erreicht werden, wenn grundsätzlich, wie hier vorgeschlagen, die Gläubigerordnung des Heimatstatuts des Schiffes als maßgebend angesehen würde. Es verbleibt dann freilich immer noch das Problem der „Platzgeschäfte", bei welchen es von dem jeweiligen Ortsstatut abhängt, ob der Gläubiger ein Schiffsgläubigerrecht erwirbt. Im übrigen kann von einer gefestigten oder gar einheitlichen Rechtsanschauung bei der Anknüpfung der Schiffsgläubigerrechte nicht die Rede sein, wie schon der Streitstand im deutschen Recht zeigt. Wirksame Abhilfe ist wohl nur von einer *internationalen Vereinheitlichung der in Betracht kommenden Sachnormen* zu erwarten, woraus sich von selbst die Anerkennung der nach diesen Normen erworbenen Schiffsgläubigerrechte in den Staaten ergeben würde, in denen gleiches Recht gilt. Die internationale Vereinheitlichung der Regeln über Schiffsgläubigerrechte und Schiffshypotheken ist aber, trotz intensiver Bemühungen des Comité Maritime International, bislang nicht recht vorangekommen (dazu näher oben Rn 107). Der letzte, auf der Genfer Konferenz von 1993 verabschiedete Entwurf eines internationalen Übereinkommens bedarf noch der Übernahme durch die interessierten Seestaaten, und es ist ungewiß, ob es hierzu kommen wird. Immerhin hat die Bundesrepublik die wesentlichen Bestimmungen des nicht in Kraft getretenen Brüsseler Übereinkommens zur Vereinheitlichung von Regeln über Schiffsgläubigerrechte und Schiffshypotheken v 27. 5. 1967 bei der

Reform des Seerechts durch das 1. Seerechtsänderungsgesetz vom 21. 6. 1972 in das HGB eingearbeitet (oben Rn 107, 386).

7. Luftkissenfahrzeuge, Bohrinseln und ähnliche Anlagen

a) Luftkissenfahrzeuge

396 *Luftkissenfahrzeuge* (aéroglisseurs, air cushion vehicles, hovercraft) bewegen sich dicht über dem Erdboden oder der Wasseroberfläche auf einem durch Druck erzeugten Luftkissen. Ihre Zuordnung zu den Wasser- oder Luftfahrzeugen ist materiellrechtlich in den nationalen Rechtsordnungen umstritten (vgl GIEMULLA/SCHMID, Luftverkehrsgesetz [Erg Lfg 1989] § 33 Anm 7; franz CE DS 1980, 318 note RODIÈRE; RODIÈRE, Le statut des aéroglisseurs, DS 1969 chr 83–86). Im deutschen Recht wird ihre Gleichstellung mit Schiffen abgelehnt, weil Luftkissenfahrzeuge nur gelegentlich das Wasser als Fortbewegungselement nutzen (SCHAPS/ABRAHAM I 1 Vor § 476 HGB Rn 7). Die internationalen Übereinkommen des Seerechts schließen sie von der Anwendung aus (vgl Art 15 Abs a Londoner Haftungsbeschränkungsübereinkommen von 1976 und dazu PRÜSSMANN/RABE Anm 4 a). Solche Fahrzeuge werden aber im allgemeinen auch nicht den Luftfahrzeugen zugerechnet, weil sie nicht über unebene Flächen verkehren können (SCHWENK, Handbuch des Luftverkehrsrechts² [1996] 236). Wegen dieser Besonderheit werden sie meist auch nur im Verkehr über Wasser eingesetzt, so daß es jedenfalls für Zwecke des internationalen Sachenrechts unbedenklich ist, auf sie die für Schiffe geltenden Regeln entsprechend anzuwenden. Maßgebend für die sachenrechtlichen Verhältnisse bei Luftkissenfahrzeugen ist somit das *Recht des Registerortes* und, wenn es an einer Registrierung fehlt, das Recht des *gewöhnlichen Standorts*, von dem aus das Fahrzeug eingesetzt wird.

b) Bohrinseln und ähnliche Anlagen

397 Die kollisionsrechtliche Gleichstellung mit Schiffen bietet sich nicht in der gleichen Weise an bei Bohrinseln, Hubinseln oder Off-shore-Anlagen; denn sie dienen nicht vorwiegend dem Verkehr, sondern der örtlichen Ermittlung und Gewinnung von Bodenstoffen (Erdöl ua; vgl GREBNER, Die Rechtsstellung der Bohrinseln, AWD 1974, 75–82; REMOND/GOUILLOUD, Quelques remarques sur le statut des installations petrolières en mer, DMF 1977, 675 ff, 738 ff). Eben deshalb sind sie auch während des gewöhnlichen Einsatzes, dh auf Arbeitsstation, örtlich festgemacht. Erfolgt ein solcher Einsatz in den Territorialgewässern eines Staates, dann ist die Beziehung zu diesem Staat am engsten, und es sollten sachenrechtlich relevante Handlungen und Verfügungen über die Bohrinsel dem Recht dieses Staates unterstellt werden (KASSAYE 213 f; MünchKomm/KREUZER Rn 172 Fn 661; das rumänische IPRG von 1992 [oben Rn 75] bestimmt nunmehr sogar, daß Plattformen und andere dauerhafte Einrichtungen zur Ausbeutung von Unterwasserressourcen auf dem Festlandsockel als unbewegliche Sachen iS des internationalen Sachenrechts zu gelten haben, s RabelsZ 1994, 534, 545). Wird dagegen die Bohrinsel auf hoher See fortbewegt oder außerhalb der Küstengewässer eingesetzt, so sind sachenrechtlich relevante Handlungen und Verfügungen an den Registerort anzuknüpfen. Fehlt es an einer Registrierung, so ist auf das Recht des Staates abzustellen, wo eine Registrierung zu erfolgen hätte, weil von dort aus die Anlage eingesetzt wird. Im Zweifel ist hiernach *das Recht der Flagge* berufen, sofern die Bohrinsel oder Anlage eine Flagge führt (KASSAYE 231; MünchKomm/KREUZER Rn 162 Fn 660). Kollisionsrechtlich ist wiederum nicht ausschlaggebend, welchen Status die Bohrinsel nach den in Betracht kommenden nationalen Rechtsordnungen hat. Rechtsvergleichendes Material hierzu enthal-

ten insbesondere die auf dem X. Internationalen Kongreß für Rechtsvergleichung in
Budapest erstatteten Referate zu dem Thema (Section III A Nr 1): „Le statut des
engins opérant en mer autres que les navires" (vgl dazu den Generalbericht von RODIÈRE in:
General Reports to the 10th International Congres of Comparative Law [1981] 497–505; Deutscher
Landesbericht von PUTTFARKEN, in: Deutsche zivil-, kollisions- und wirtschaftsrechtliche Beiträge
zum X. Internationalen Kongreß für Rechtsvergleichung in Budapest 1978 [Hrsg Max-Planck-Institut für Ausländisches und Internationales Privatrecht Hamburg] 253–262). Im deutschen materiellen Recht wird die Gleichstellung mit den Schiffen meist bejaht (PUTTFARKEN aaO;
SCHAPS/ABRAHAM I 1 Vor § 476 HGB Rn 3 und I, 2 Vor § 734 HGB Rn 3; aA GREBNER aaO. Das
Londoner Haftungsbeschränkungsübereinkommen von 1976 schließt indes schwimmende Plattformen zur Erforschung oder Ausbeutung von Naturschätzen und
Bodenstoffen von der Anwendung aus, Art 15 Abs 5 b). Das LG Kiel (VersR 1969,
236) hat freilich entschieden, daß eine Hubinsel, die in Bewegung mit einem Schiff
kollidiert, als Schiff iS der haftungsrechtlichen Bestimmungen über Schiffszusam-
menstöße (§§ 734–739 HGB) anzusehen ist.

III. Luftfahrzeuge*

1. Internationale Vereinheitlichung des Sachstatuts

**a) Genfer Abkommen über die internationale Anerkennung von Rechten
an Luftfahrzeugen**

Bei Luftfahrzeugen besteht ein besonderes Bedürfnis nach internationaler Aner- 398

---

* **Schrifttum:** BAYITCH, Aircraft Mortgage in
the Americas. A Study in Comparative Avi-
ation Law With Documents (Coral Gottes
1960); BENTIVOGLIO, Conflicts Problems in Air
law, Rec des Cours 119 (1966-III) 69–182;
BÖLLING, Das Gesetz über Rechte an Luftfahrzeugen, ZLR 1959, 215–221; DROBNIG, Vorschlag einer besonderen sachenrechtlichen Kollisionsnorm für Transportmittel, in: Vorschläge
und Gutachten zur Reform des deutschen internationalen Sachen- und Immaterialgüterrechts,
vorgelegt von HENRICH = Materialien zum ausländischen und internationalen Privatrecht Bd
33 (1991) 13–36; PIUS FISCH, Eigentumserwerb, Eigentumsvorbehalt und Sicherungsübereignung an Fahrnis im internationalen Sachenrecht der Schweiz, der Bundesrepublik
Deutschland und Frankreichs (Diss Freiburg i
Ü 1985); KLAUS GROTH, Das Registerpfandrecht nach dem Gesetz über Rechte an Luftfahrzeugen (Diss Frankfurt/M 1965); GULDI-
MANN, Dingliche Rechte, besonders Pfandrechte, an Flugzeugen, SchwJZ 1948, 372–377;
ders, Luftfahrzeughypothek und Flugzeugwech-
selteile, in: FS Alex Meyer (1954) 59–72;

HEINZ, Die Sicherungsbeschlagnahme von
Luftfahrzeugen, TransportR 1988, 1–6; Ho-
NIG, The Legal Status of Aircraft (Den Haag
1956); ALEM-B KASSAYE, Neuere Entwicklungen im internationalen Mobiliarsachenrecht
(Diss Hamburg 1983) 232–240; vKISTOWSKY,
Kreditsicherung durch das Registerpfandrecht
an Luftfahrzeugen, ZLW 1989, 215–219;
KNAUTH, Mortgages of Aircraft and Ships of
Foreign Registry, in: FS Alex Meyer (1954)
73–76; KREUZER, Gutachtliche Stellungnahme
zum Referentenentwurf eines Gesetzes zur Ergänzung des internationalen Privatrechts (außervertragliche Schuldverhältnisse und Sachen). Sachenrechtliche Bestimmungen, in:
Vorschläge und Gutachten zur Reform des
deutschen internationalen Sachen- und Immaterialgüterrechts, vorgelegt von HENRICH, 37,
112–114; ders, Die Inlandswirksamkeit fremder besitzloser vertraglicher Mobiliarsicherheiten: Die italienische Autohypothek und das
US-amerikanische mortgage an Luftfahrzeugen, IPRax 1993, 157–162; REEMTS, Deutschland und das Genfer Pfandrechtsabkommen,
in: FS Alex Meyer (1954) 110–116; RIESE,

kennung der an dem Luftfahrzeug bestehenden dinglichen Rechte. Die Anschaffung eines Luftfahrzeugs erfordert meist erhebliche Mittel, die auf dem Kreditwege beschafft werden müssen. Ein dem Kreditgeber eingeräumtes dingliches Sicherungsrecht an dem Luftfahrzeug vermag aber nur dann seinen Zweck zu erfüllen, wenn der Kreditgeber das dingliche Sicherungsrecht auch außerhalb des Staates durchsetzen kann, nach dessen Recht es begründet wurde. **Das Genfer Abkommen v 19. 6. 1948 über die internationale Anerkennung von Rechten an Luftfahrzeugen** (s Jayme/Hausmann [Hrsg], Internationales Privat- und Verfahrensrecht[8] (1996) 170–176) soll den internationalen Schutz der an einem Luftfahrzeug bestehenden Sachenrechte fördern, wobei hauptsächlich an den Schutz der Sicherungsrechte gedacht ist. Die Vertragsstaaten verpflichten sich insbesondere, das Eigentum an Luftfahrzeugen und bestimmte, in Art I Abs 1 b-d genannte beschränkte dingliche Rechte an Luftfahrzeugen unter der Voraussetzung anzuerkennen, daß diese Rechte nach dem Recht des Vertragsstaates, in dem das Luftfahrzeug zur Zeit ihrer Begründung (als staatszugehörig) eingetragen war, gültig entstanden und in einem öffentlichen Buch des Vertragsstaates, in welchem das Luftfahrzeug eingetragen ist, ordnungsgemäß eingetragen sind. Die *Bundesrepublik* ist dem Abkommen 1959 beigetreten (Gesetz über den Beitritt v 26. 2. 1959, BGBl II S 129; das Abkommen ist für die Bundesrepublik am 5. 10. 1959 in Kraft getreten, Bekanntmachung v 22. 4. 1960, BGBl II 1506); sie hat ihre Verpflichtungen aus dem Abkommen durch Erlaß des Gesetzes über Rechte an Luftfahrzeugen v 26. 2. 1959 (LuftfzRG, BGBl I 57) erfüllt. Nach der Ansicht von Thode (Anm zu BGH 7. 10. 1991, WuB IV A § 439 BGB 1.92, 308) hat der Beitritt der Bundesrepublik zum Genfer Abkommen nur eine völkerrechtliche Bindung an das Abkommen begründet; das Abkommen sei innerstaatlich nicht anwendbar. Kreuzer (IPRax 1993, 160) meint hingegen, es hätte eines ausdrücklichen Nichtanwendungsbefehls im Beitrittsgesetz bedurft, um die unmittelbare Anwendbarkeit auszuschließen. Indessen kann ein internationales Übereinkommen nur dann unmittelbar angewandt werden, wenn es nach seinem Wortlaut und Sinn „self-executing" ist. So gesehen ist das Genfer Abkommen eher so zu verstehen, daß den Vertragsstaaten die *Verpflichtung* auferlegt wird, bestimmte Mindestregelungen in ihr nationales Recht einzuführen und nach ihrem Ermessen zu ergänzen bzw zu erweitern (vgl Art I: „Die Vertragsstaaten verpflichten sich, anzuerkennen"; Art VI: Bei Zwangsvollstreckung in ein Luftfahrzeug sind die „Vertragsstaaten nicht verpflichtet", zum Nachteil des betreibenden Gläubigers gewisse Rechte anzuerkennen). Die Frage ist aber ohne praktische Bedeutung, weil die Bundesrepublik das Genfer Abkommen durch das Gesetz v 26. 2. 1959 vollinhaltlich nachvollzogen hat. Die §§ 103–106 LuftfzRG unterstellen ausländische Luftfahrzeuge in jeder Hinsicht den in dem Genfer Abkommen vorgesehenen Kollisionsregeln über die Anwendung dinglicher Rechte an Luftfahrzeugen und die Sicherungsbeschlagnahme sowie den Vollstreckungszugriff auf ein Luftfahr-

---

Luftrecht (1949); ders, Internationalprivatrechtliche Probleme auf dem Gebiet des Luftrechts, ZLR 1958, 291–297; Schleicher/Reymann/Abraham, Das Recht der Luftfahrt[3] I (1960), II (1966); Horst Schlegel, Eigentumserwerb und rechtsgeschäftliche Belastung von Luftfahrzeugen im IPR (Diss Königsberg 1937); Schwenk, Handbuch des Luftverkehrsrechts[2] (1996); ders, Die Kreditsicherung bei der Beleihung von Luftfahrzeugen, BB 1966, 477–480; Shawcross/Beaumont, On Air Law[4] (London 1993); De Visscher, Les conflits de lois en matière de droit aérien, Rec des Cours 48 (1934-II) 285–385; Wendt, Dingliche Rechte an Luftfahrzeugen, MDR 1963, 448–452; Wilberforce, The International Recognition of Rights in Aircraft, IntLQRev 1948, 421–458.

zeug. Die erwähnten Vorschriften (§ 103–106 LuftfzRG) gehen über das Genfer Abkommen insofern sogar noch hinaus, als sie auf *alle ausländischen Luftfahrzeuge* anzuwenden sind (BÖLLING 221), nicht nur solche, die in einem Vertragsstaat als staatszugehörig registriert sind (nur insoweit besteht eine Anerkennungspflicht nach Maßgabe des Genfer Abkommens, Art I Abs 1). Vertragsstaaten des Genfer Abkommens sind außer der BRD gegenwärtig Ägypten, Äthiopien, Algerien, Argentinien, Bangladesch, Brasilien, Chile, Dänemark, Ecuador, Elfenbeinküste, El Salvador, Estland, Frankreich, Gabun, Grenada, Griechenland, Guatemala, Guinea, Haiti, Irak, Island, Italien, Jugoslawien, Kamerun, Kongo, Kuba, Kuwait, Laos, Libanon, Libyen, Luxemburg, Madagaskar, Mali, Marokko, Mauretanien, Mauritius, Mexiko, Niederlande, Niger, Norwegen, Oman, Pakistan, Paraguay, Philippinen, Portugal, Ruanda, Schweden, Schweiz, Seychellen, Simbabwe, Thailand, Tschad, Togo, Tunesien, Turkmenistan, Ungarn, Uruguay, Vereinigte Staaten, Zentralafrikanische Republik (s SCHWENK, Handbuch 40).

Bei den Vorarbeiten zum Genfer Abkommen war umstritten, ob die Verweisung auf **399** das Recht des Registerstaates als *Sachnormen-* oder *Gesamtverweisung* zu verstehen ist; gleichwohl unterblieb eine Klarstellung im endgültigen Text (WERNER BAUER, Renvoi im internationalen Schuld- und Sachenrecht [Diss Freiburg 1984] 274 mNachw). Entgegen der Ansicht von KREUZER (MünchKomm/KREUZER Rn 163 Fn 670) sprechen die besseren Gründe für die Annahme einer Gesamtverweisung (BAUER aaO; WILBERFORCE 439). Eine Weiterverweisung des Staates, in dem das Luftfahrzeug öffentlichrechtlich als staatszugehörig registriert und in dem auch ein dingliches Recht ordnungsgemäß eingetragen ist (Art I Abs 1), wird wohl nur in dem Fall in Betracht kommen, daß das Flugzeug ohne Mannschaft an einen Unternehmer in einem anderen Staat verchartert worden ist. Das Register des Eigentümerstaates mag dann für die Eintragung von Rechten offenstehen, die nach dem Recht des Staates begründet werden, von dem aus der Charterer sein Unternehmen betreibt. Es würde nur zur Verwirrung führen, wenn solche Eintragungen nicht anerkannt werden (nach dem Bericht von MAKAROV RabelsZ 1965, 454 f, fügte das Institut de droit international in seine Brüsseler Resolution über „Conflits de lois en matière de droit aérien" [AnnInstDrint 1963 II 365–368] eine Bestimmung ein [Art 2 Abs 2], wonach bei einer solchen Vercharterung für deren Dauer als Heimatrecht des Luftfahrzeugs das Recht des Staates gilt, dem der Charterer angehört. Der Bestimmung wurde aber auf Antrag von BATTIFOL die Einschränkung hinzugefügt, daß dies nicht für die dinglichen Rechte gelte; insoweit soll es also bei der allgemeinen Regel verbleiben, dh Anwendung des Rechts des Registerstaates als Heimatrecht; vgl auch NEUHAUS, Grundbegriffe² 249 Fn 691).

b)   Umsetzung des Genfer Abkommens im deutschen Recht
Die in § 103 LuftfzRG aufgeführten Rechte an einem ausländischen Luftfahrzeug **400** werden nach deutschem Recht anerkannt, und es wird ihnen Vorrang vor allen anderen Rechten an dem Luftfahrzeug eingeräumt, wenn sie nach dem Recht des Staates, in dem das Luftfahrzeug zur Zeit der Begründung des Rechtes als staatszugehörig eingetragen war, gültig entstanden und in einem öffentlichen Register dieses Staates eingetragen sind. Unter diesen Voraussetzungen sind nach § 103 LuftfzRG privilegiert: (1) Ein Recht des Besitzers des Luftfahrzeugs, Eigentum durch Kauf zu erwerben, (2) ein Recht zum Besitz des Luftfahrzeugs aufgrund eines für einen Zeitraum von sechs oder mehr Monaten geschlossenen Mietvertrages oder (3) ein besitzloses Pfandrecht, eine Hypothek oder ein ähnliches Recht, das vertraglich zur Sicherung einer Forderung bestellt ist (zur Anerkennung einer „mortgage" an einem in Okla-

homa City registrierten Privatflugzeug BGH IPRspr 1991 Nr 72 = IPRax 1993, 178 und dazu
KREUZER IPRax 1993, 157, 160–162 = NJW 1992, 362 = RiW 1992, 315 = WuB IV A § 439 BGB
1.92 mAnm THODE). Der Katalog der nach § 103 LuftfzRG anzuerkennenden Rechte,
der mit Art I Abs 1 des Genfer Abkommens übereinstimmt, spiegelt den starken
Einfluß des anglo-amerikanischen Rechts wider: Das Genfer Abkommen berücksichtigt hauptsächlich solche Formen dinglicher Berechtigung, welche sich in der
amerikanischen Finanzierungspraxis herausgebildet haben (RIESE, Luftrecht 272–274,
277, 283 f; WILBERFORCE 435 f, 437 f). Als Recht des Besitzers, Eigentum durch Kauf zu
erwerben, kommt hauptsächlich ein „conditional sale" oder ein „equipment trust" in
Betracht (dazu RIESE, WILBERFORCE aaO). Unter § 103 Nr 2 LuftfzRG fallen nur dingliche wirkende Mietrechte wie die „lease" des anglo-amerikanischen Rechts, unabhängig von der Besitzüberlassung (RIESE, Luftrecht 284), unter § 103 Nr 3 zB die
Mobiliarhypothek des französischen und italienischen Rechts, die anglo-amerikanische mortgage, die Sicherungsrechte an der gesamten Luftflotte für eine variable
oder feststehende Forderung (floating charges bzw fleet-mortgages) nach anglo-
amerikanischem Recht und die Verpfändung des fonds de commerce nach französischem Recht (BT-Drucks III/426 s 26; s MünchKomm/KREUZER Rn 168).

401 Erstreckt sich ein nach § 103 LuftfzRG mit Vorrang anzuerkennendes Sicherungsrecht nach dem ausländischen Heimatrecht des Luftfahrzeugs auf Ersatzteile, die an
einer bestimmten Stelle lagern, so ist auch diese Ausdehnung anzuerkennen, wenn
bestimmte Publizitätserfordernisse gewahrt sind (§ 105 LuftfzRG). Dabei bleibt
gleich, ob sich das Ersatzteillager in der BRD, im Heimatstaat des Luftfahrzeugs
oder im Bereich eines dritten Staates befindet, sofern nur das Heimatrecht des Luftfahrzeugs jenen Geltungsanspruch erhebt (RIESE, Luftrecht 303). In § 68 LuftfzRG, der
für deutsche Luftfahrzeuge die Möglichkeit einer entsprechenden Erweiterung des
Registerpfandrechts vorsieht, wird ausdrücklich hervorgehoben, daß die Ersatzteile
auch im Ausland lagern können.

402 Der Vorrang der in § 103 LuftfzRG genannten Rechte wird durchbrochen durch
gesetzliche Sicherungsrechte zugunsten von Ansprüchen wegen Entschädigung für
die Bergung des Luftfahrzeugs oder wegen außerordentlicher, zur Erhaltung des
Luftfahrzeugs erforderlicher Aufwendungen (§ 104 LuftfzRG iV m Art IV des Genfer Abkommens v 19. 6. 1948). Solche Sicherungsrechte haben Vorrang vor allen
anderen Rechten an dem Luftfahrzeug, auch solchen nach § 103 LuftfzRG. Nach
dem Genfer Abkommen – auf welches § 104 verweist – besteht freilich eine Pflicht
zur Anerkennung nur dann, wenn die Bergungs- oder Erhaltungsmaßnahmen in
einem Vertragsstaat zum Abschluß gekommen sind und das Recht dieses Staates das
Sicherungsrecht gewährt (mag auch das Luftfahrzeug einem Nichtvertragsstaat ange-
hören). Maßgebend ist insoweit also das Ortsrecht (vgl dazu unten Rn 407). Sein
Geltungsanspruch wird unter den gleichen Voraussetzungen auch dann respektiert,
wenn sich die Maßnahmen auf ein deutsches Luftfahrzeug beziehen, §§ 75–77 LuftfzRG.

2. Heimatstatut des Luftfahrzeugs

403 Dem LuftfzRG läßt sich der allgemeine Grundsatz entnehmen, daß die dinglichen
Rechtsverhältnisse an einem Luftfahrzeug der Rechtsordnung des Landes unterstehen, in dem das Luftfahrzeug **als staatszugehörig registriert** ist (sog *Heimatstatut*).

Hierfür sprechen nicht nur die unvollständigen, analog zu erweiternden Kollisions-regeln der §§ 103–105 LuftfzRG, sondern vor allem auch die dem Gesetz zugrunde-liegende Unterscheidung zwischen dinglichen Rechten an einem deutschen Luftfahr-zeug (Erster Teil: Vorschriften für Luftfahrzeuge, die in die Luftfahrzeugrolle eingetragen sind, §§ 1-102) und den Vorschriften über ausländische Luftfahrzeuge (Zweiter Teil: Vorschriften für ausländische Luftfahrzeuge, §§ 103–106). Maßgeb-licher Anknüpfungspunkt ist somit die Eintragung des Luftfahrzeugs in das für die Luftfahrzeuge eines bestimmten Staates vorgesehene öffentlich-rechtliche Register (Matrikel, Luftfahrzeugrolle) und damit die Staatsangehörigkeit des Luftfahrzeugs; denn diese richtet sich nach der Eintragung in ein solches Register (Art 17 des *Chi-cagoer Abkommens über die internationale Zivilluftfahrt* v 7. 12. 1944; Honig 56 f; Makarov, Zur Frage der Staatsangehörigkeit von Luftfahrzeugen, in: FS Herbert Kraus [1964] 215–223; MünchKomm/Kreuzer Rn 163; Schleicher/Reymann/Abraham I 42). Jenes öffent-liche Register darf nicht mit dem von manchen Staaten (so der BRD, vgl §§ 78–97 LuftfzRG) besonders eingerichteten privatrechtlichen Register verwechselt werden, das dazu bestimmt ist, dingliche Rechte an Luftfahrzeugen zu verzeichnen. Die Anknüpfung des sachenrechtlichen Statuts eines Luftfahrzeugs an den **Ort der öffent-lich-rechtlichen Registrierung** und damit an die Nationalität oder Flagge des Luftfahr-zeugs entspricht allgemeiner Auffassung (BGH IPRspr 1991 Nr 72 = IPRax 1993, 178 und dazu Kreuzer IPRax 1993, 157, 160–162 = NJW 1992, 362 = RiW 1992, 315 = WuB IV A § 439 BGB 1.92 mAnm Thode; vBar, IPR II 557; Batiffol/Lagarde DIP⁷ II 164–166; Bentivoglio 175–180; Drobnig, Vorschlag einer besonderen sachenrechtlichen Kollisionsnorm für Transport-mittel 18 f; Erman/Hohloch Rn 3; Ferid 7–89; Kassaye 233; Kegel 581 f; Lewald 192; MünchKomm/Kreuzer Rn 163; Riese, Luftrecht 266, 279 f; Wolff 174 f). Auch der Referen-tenentwurf eines Gesetzes zur Ergänzung des internationalen Privatrechts vom 1. 12. 1993 (oben Rn 19) sieht nunmehr vor (Art 45 Abs 1 Nr 1), daß bei Luftfahrzeu-gen der Staat ihrer Staatsangehörigkeit als Herkunftsstaat anzusehen ist, dem grundsätzlich die dinglichen Rechte an einem Fahrzeug unterliegen (vgl ferner Art 2 Abs 1 der *Brüsseler Resolution des Institut de droit international* v 11. 9. 1963, AnnInst-Drint 1963, 365 f: Verweisung auf die „loi nationale" des Luftfahrzeugs; ferner Art 6 des auch für Luftfahrzeuge geltenden italienischen Codice della Navigazione v 20. 3. 1942, RabelsZ 1949/50, 132, 134; Art 2 Abs 2 des schweizBG über das Luftfahrzeugbuch v 7. 10. 1959, AS 1960, 1245 dazu Fisch 185).

Das *Recht des Registerstaates* ist auch dann sachenrechtlich maßgebendes Heimatsta- **404** tut, wenn das Luftfahrzeug tatsächlich von einem anderen Staat aus eingesetzt wird, etwa weil das Flugzeug an ein auswärtiges Unternehmen verchartert ist, dort aber nicht registriert wird. Dies mag darauf beruhen, daß in diesem anderen Staat keine Luftfahrzeugrolle geführt wird (vgl das Beispiel von Makarov, in: FS Herbert Kraus 218; Kassaye 235 f; s auch IPG 1970 Nr 5). Es ist freilich auch denkbar, daß in diesem Falle der Registerstaat bezüglich der Entstehung und des Inhalts der registrierten Rechte auf das Recht des Einsatzstaates weiterverweist; einem solchen renvoi ist zu folgen (s oben Rn 399). Eine *Unteranknüpfung* wird notwendig, wenn der Staat, in dem das Luftfahrzeug registriert ist, mehrere Teilrechtsgebiete umfaßt. Es dürfte dann die Rechtsordnung desjenigen Teilrechtsgebietes berufen sein, in dem das Luftfahrzeug privatrechtlich registriert ist (Riese, Luftrecht 279 Fn 16) oder, mangels einer solchen Registrierung, in dem das Luftfahrtunternehmen seinen Geschäftssitz hat.

Möglicherweise ist das Luftfahrzeug in dem Zeitpunkt, in dem es übereignet oder **405** belastet werden soll, noch nicht registriert. Das kann insbesondere dann vorkommen, wenn ein in dem Staate A gebautes Luftfahrzeug an eine Luftverkehrsgesellschaft des Staates B verkauft wird und im Staate B eingesetzt werden soll. Richtiger Ansicht nach sind dann die allgemeinen Kollisionsregeln für Verfügungen über bewegliche Sachen anzuwenden (BENTIVOGLIO 180; KASSAYE 236; SCHLEGEL 39; WILBERFORCE 440; für Anwendung der Situs-Regel MünchKomm/KREUZER Rn 163 Fn 669; s auch oben Rn 373. Hierher gehören wohl auch die Fälle LG München IPRspr 1956–57 Nr 97 und IPG 1970 Nr 5).

406 Nach Maßgabe des Heimatrechtes anzuerkennen sind nicht nur die in §§ 103–105 LuftfzRG genannten Rechte an ausländischen Luftfahrzeugen, sondern ebenso *alle dinglichen Rechte*, die nach dem Heimatrecht wirksam begründet worden sind (KEGEL 582; MünchKomm/KREUZER Rn 168). Dabei haben freilich die in §§ 104, 1043 LuftfzRG genannten Rechte den sich aus dem Gesetz ergebenden Vorrang vor allen anderen Rechten. Ferner ist eine Einschränkung zu machen bei allen ausländischen Luftfahrzeugen, die in einem Vertragsstaat des Genfer Abkommens registriert sind. An solchen Luftfahrzeugen können, sofern der Eigentümer als solcher in das öffentliche Register des Vertragsstaates eingetragen ist, überhaupt keine anderen dinglichen Rechte als die nach §§ 103–105 LuftfzRG privilegierten Rechte bestehen. Das ergibt sich aus Art I Abs 1 a des Genfer Abkommens, wonach auch das Eigentum zu den dinglichen Rechten zählt, das unter den allgemeinen Voraussetzungen Vorrang vor allen Rechten hat. Jedes beschränkte dingliche Recht würde aber im Falle seiner Anerkennung notwendig dem Eigentum gegenüber vorrangig sein, was dem Genfer Abkommen zuwiderlaufen würde (WILBERFORCE 429, 441). Nach dem Heimatstatut des Luftfahrzeugs richtet sich, ob dort eine Eintragung in das Luftfahrtregister *Vermutungswirkung* hat und bei einer Verfügung über das Luftfahrzeug zugunsten eines gutgläubigen Dritten als richtig gilt. Der BGH (IPRspr 1991 Nr 72 = IPRax 1993, 178) hat zwar schlechthin angenommen, daß für die Eintragung einer „mortgage" im amerikanischen Luftfahrtregister eine tatsächliche Vermutung der Richtigkeit spricht. Dieser Verallgemeinerung ohne Rücksicht auf das anwendbare Recht haben THODE und KREUZER mit Recht widersprochen (THODE WuB IV A § 439 BGB 1.92, 309; KREUZER IPRax 1993, 161). Die Bestimmung des Art III Abs 2 S 2 des Genfer Abkommens, auf die sich der BGH beruft, begründet nur die Vermutung, daß Abschriften oder Auszüge den Inhalt des Luftfahrtregisters richtig wiedergeben. In dem vom BGH entschiedenen Fall war übrigens die Anerkennung der in den USA registrierten mortgage nur eine Vorfrage im Rahmen des materiell-schuldrechtlichen Auslegungsproblems, ob die mortgage einem nach deutschem Recht begründeten Registerpfandrecht iS des § 439 Abs 2 BGB iV mit § 98 Abs 2 LuftfzRG gleichzuerachten ist (KREUZER 161 f). Das Heimatstatut des Luftfahrzeugs ist ferner maßgebend für Inhalt, Rang (soweit nicht durch §§ 103, 104 LuftfzRG festgelegt), Übertragung, Belastung und Erlöschen aller nach ihm begründeten Rechte (MünchKomm/KREUZER Rn 166). Das Heimatstatut bestimmt auch darüber, ob sich ein dingliches Recht auf einen *eingebauten Bestandteil* – etwa ein unter Eigentumsvorbehalt geliefertes Triebwerk – oder auf *Zubehörstücke* erstreckt (RIESE, Luftrecht 283) und ob das dingliche Recht an einem aus dem Luftfahrzeug ausgebauten Bestandteil fortbesteht. Dabei muß freilich beachtet werden, daß ein ausgebauter Bestandteil eine selbständige bewegliche Sache wird, welche der lex rei sitae unterliegt. Deshalb kann ein solcher Bestandteil nach Maßgabe der lex rei sitae lastenfrei an einen Gutgläubigen veräußert werden.

3.   Anwendungsbereich des Ortsrechts

Die Anerkennung der in §§ 75–77, 104 LuftfzRG genannten Sicherungsrechte ist **407** eine Konzession an die lex rei sitae. Zweifelhaft ist, ob im übrigen nach *Maßgabe des Ortsrechts* auf ein Luftfahrzeug, das in einem anderen Staat registriert ist, sachenrechtlich eingewirkt werden kann (wenn freilich der andere Staat dem Genfer Abkommen vom 19. 6. 1948 beigetreten ist und in diesem Staat das Eigentum an dem Luftfahrzeug registriert ist, scheidet eine Verfügung über das Luftfahrzeug nach Ortsrecht notwendig aus, s vorige Rn). Die Frage wird etwa bejaht von SCHLEICHER/ REYMANN/ABRAHAM (II 571). In diese Richtung weist auch die zweifelhafte Vorschrift Art 2 Abs 2 des schweizBG über das Luftfahrzeugbuch v 7. 10. 1959, AS 1960, 1245, wonach die Bestimmungen des ZGB über Fahrnis zum Schutz des gutgläubigen Rechtserwerbs anwendbar sind, falls sich das Luftfahrzeug zur Zeit der Begründung des Rechts in der Schweiz befand. FISCH (185) meint, darin liege keine Durchbrechung der Geltung der lex libri siti zugunsten des Ortsrechts. Die Norm sei vielmehr dahin zu verstehen, daß das schweizerische Recht „im Falle eines Erwerbs von einem Nichtberechtigten dem gutgläubigen Erwerber seine Schutznormen zur Verfügung stellt". Diese Erläuterung ist aber nur dann schlüssig, wenn die lex libri siti auf das schweizerische Ortsrecht weiterverweist. Der Anwendungsbereich des Ortsrechts ist bei Luftfahrzeugen nicht anders zu bemessen als bei Schiffen (s oben Rn 384, 385, 391). Zuzulassen ist nur der *Erwerb gesetzlicher Sicherungsrechte nach Ortsrecht* bei Platzgeschäften, soweit nicht das Genfer Abkommen entgegensteht (MünchKomm/KREUZER Rn 167). Auch der Referentenentwurf eines Gesetzes zur Ergänzung des internationalen Privatrechts v 1. 12. 1993 (oben Rn 19) läßt im Rahmen einer Sonderregel (Art 45 Abs 2) sowohl bei Wasser- und Schienenfahrzeugen als auch bei Luftfahrzeugen den Erwerb gesetzlicher Sicherungsrechte an den Fahrzeugen unabhängig vom Heimatstatut zu, allerdings nach Maßgabe des Forderungsstatuts (dagegen stellt das österreichische Recht auf die lex rei sitae ab, § 33 Abs 2 iV m § 31 Abs 1 östIPRG, oben Rn 22). Das Forderungsstatut wird sich aber fast immer mit dem Ortsrecht decken (vgl oben Rn 384). Dagegen steht das deutsche Sachenrecht für rechtsgeschäftliche Verfügungen über ausländische Luftfahrzeuge nicht zur Verfügung. Nach deutschem Recht sind solche Verfügungen, soweit sie im Ausland nach Ortsrecht vorgenommen werden, nicht anzuerkennen (es sei denn, das Heimatstatut des Luftfahrzeugs nehme sie hin).

Die *Zwangsvollstreckung* in ein Luftfahrzeug geschieht nach Maßgabe der lex fori **408** (Art VII des Genfer Abkommens v 19. 6. 1948; § 106 LuftfzRG, §§ 171 a - 171 n ZVG; KASSAYE 239 f; MünchKomm/KREUZER Rn 164, 174). Es ist ferner das Gesetz über die Unzulässigkeit der Sicherungsbeschlagnahme von Luftfahrzeugen v 17. 3. 1935 (RGBl I 385) zu beachten (dazu WENDT 451 f; s auch MünchKomm/KREUZER Rn 174). Es dient der Durchführung des 2. Abkommens zur Vereinheitlichung des Luftprivatrechts v 29. 5. 1933 (RGBl 1935 II 301), dem das Deutsche Reich beigetreten ist.

4.   Wechsel des Heimatstatuts

Ein *Statutenwechsel* tritt ein, wenn ein Luftfahrzeug in dem Register des bisherigen **409** Heimatstaates gelöscht und in einem anderen Staat in das öffentlich-rechtliche Register für Luftfahrzeuge eingetragen wird. Es hängt dann die Anerkennung der an dem Luftfahrzeug bestehenden Rechte von dem neuen Heimatstatut ab. Das Institut de droit international postuliert zwar in seiner Brüsseler Resolution v 11. 9. 1963 (oben Rn 403) in Art 2 Abs 3: „Le changement de nationalité de l'aéronef n'atteint pas l'existence des droits déjà acquis". Von der internationalen Anerkennung einer solchen Regel kann jedoch nicht die Rede sein. Vielmehr ist damit zu rechnen, daß das neue Heimatstatut die bestehenden Rechte nach Gutdünken transformiert oder verwirft. Deshalb bestimmt Art IX des Genfer Abkommens v 19. 6. 1948, daß ein Luftfahrzeug aus dem Register oder dem öffentlichen Buch eines Vertragsstaates in das entsprechende Register oder öffentliche Buch eines anderen Vertragsstaates nur dann überschrieben werden kann, wenn die Inhaber der eingetragenen Rechte vorher befriedigt worden sind oder zugestimmt haben (zu der damit verbundenen Problematik eingehend RIESE, Luftrecht 287–292; ferner KASSAYE 236–238; WILBERFORCE 427 f, 453). In das deutsche Register für Pfandrechte an Luftfahrzeugen können Sicherungsrechte, die vor der Umschreibung des Luftfahrzeugs in die Luftfahrzeugrolle nach ausländischem Recht begründet worden sind, nicht eingetragen werden. Solche Pfandrechte erlöschen, sobald das Fahrzeug in das Register für Pfandrechte an Luftfahrzeugen eingetragen wird, § 107 Abs 1 LuftfzRG (GROTH 259–261 nimmt weitergehend an, daß alle Rechte, mit denen ein ausländisches Luftfahrzeug belastet ist, schon mit Umschreibung des Luftfahrzeugs in die deutsche Luftfahrzeugrolle untergehen). Der Inhaber des Pfandrechts kann jedoch verlangen, daß der Eigentümer ihm für die Forderung, für die das Pfandrecht besteht, ein Registerpfandrecht im Range vor anderen Registerpfandrechten bestellt (§ 107 Abs 1 S 1 LuftfzRG). Es handelt sich hierbei um eine vollständige Neubegründung des Rechts in Erfüllung eines gesetzlichen Anspruchs des Inhabers des Altrechts (MünchKomm/KREUZER Rn 172 spricht von „Novation").

IV. Eisenbahn und Kraftfahrzeuge*

1. Schienenfahrzeuge

410 Bei Schienenfahrzeugen besteht ein Bedürfnis für eine von der Situs-Regel abweichende Sonderanknüpfung der dinglichen Rechtsverhältnisse, soweit die Fahrzeuge im grenzüberschreitenden Verkehr eingesetzt sind. Dabei ist insbesondere an Transportmittel des Eisenbahnverkehrs (Lokomotiven, Personen- und Güterwagen, Kühl-

---

* **Schrifttum:** DROBNIG, Entwicklungstendenzen des deutschen internationalen Sachenrechts, in: FS Kegel (1977) 141–151; ders, Vorschlag einer besonderen sachenrechtlichen Kollisionsnorm für Transportmittel, in: Vorschläge und Gutachten zur Reform des deutschen internationalen Sachen- und Immaterialgüterrechts, vorgelegt von HENRICH = Materialien zum ausländischen und internationalen Privatrecht Bd 33 (1991) 13–36; PIUS FISCH, Eigentumserwerb, Eigentumsvorbehalt und Sicherungsübereignung jj Fahrnis im internationalen Sachenrecht der Schweiz, der Bundesrepublik Deutschland und Frankreichs (Freiburg i Ü 1985); INGOLD, La situation juridique des wagons de particuliers en droit suisse et RIP,

ZfIntEisenbahnverkehr 1982, 92–100; ALEM-B KASSAYE, Neuere Entwicklungen im internationalen Mobiliarsachenrecht (Diss Hamburg 1983) 240–254; KREUZER, Gutachtliche Stellungnahme zum Referentenentwurf eines Gesetzes zur Ergänzung des internationalen Privatrechts, in: Vorschläge und Gutachten zur Reform des deutschen internationalen Sachen- und Immaterialgüterrechts, vorgelegt von HENRICH 37–170; KLAUS MÜLLER, Kollisionsrechtliche Behandlung von Reisegepäck und individuellem Verkehrsmittel auf der Auslandsreise, RiW 1982, 461–470; SONNENBERGER, „Lex rei sitae" und internationales Transportwesen, AWD 1971, 253–257.

wagen, Tankwagen) zu denken. Die Anknüpfung an einen festen „Ruhepunkt", mit dem das Fahrzeug trotz seiner Mobilität eng verbunden ist, gewährleistet die Dauerhaftigkeit der bestehenden Sachenrechtsverhältnisse und läßt es zu, daß nach Maßgabe der auf diese Weise bestimmten Rechtsordnung über das Fahrzeug auch dann verfügt werden kann, wenn es sich auf Reise durch andere Rechtsgebiete befindet. Die wohl überwiegende Meinung im deutschen Schrifttum unterstellt Eisenbahnmaterial sachenrechtlich dem Recht des Staates, von dem aus das Transportmittel eingesetzt wird (*Herkunftsstaat* oder *Heimatstaat*) (vgl DROBNIG, Vorschlag einer besonderen sachenrechtlichen Kollisionsnorm für Transportmittel 21, 29 f; ERMAN/HOHLOCH Rn 31; KASSAYE 252−254; KEGEL 579; KREUZER, Gutachtliche Stellungnahme zum Referentenentwurf eines Gesetzes zur Ergänzung des internationalen Privatrechts 119; MünchKomm/KREUZER Rn 137 Fn 579; RAAPE 619; SOERGEL/KEGEL Vor Art 7 Rn 574). So sehr man sich über die Grundidee einig ist, bereitet doch die Präzisierung des Herkunfts- oder Heimatortes gewisse Schwierigkeiten. In einigen ausländischen Gesetzen wird auf den Ort der Registrierung verwiesen, sei es ausdrücklich auch für Schienenfahrzeuge (Art 10 Nr 2 Einleitungstitel zum spanischen cc, oben Rn 46), sei es generell für Transportmittel (Art 46 Abs 3 portugiesischer cc, oben Rn 50, und Art 2092 peruanischer cc, oben Rn 89). Nach § 33 Abs 1 östIPRG (oben Rn 22) ist für dingliche Rechte an Eisenbahnfahrzeugen das Recht des Staates maßgebend, in dem das Eisenbahnunternehmen, in dessen Betrieb die Fahrzeuge eingesetzt sind, den tatsächlichen Sitz seiner Hauptverwaltung hat. Das neue rumänische IPRG von 1992 verweist bezüglich der Rechte an einem Transportfahrzeug aus dem Bestand eines Transportunternehmens auf das Recht, das für das Organisationsstatut des Unternehmens maßgebend ist (Art 55, s oben Rn 75). Bemerkenswert ist auch die staatsvertragliche Zuständigkeitsnorm des Art 18 § 3 der „Convention relative aux transports internationaux ferroviaires" v 9. 5. 1980 (COTIF) (BGBl 1985 II 133), wonach rollendes Material einer Eisenbahn sowie die der Beförderung dienenden bahneigenen Gegenstände aller Art, wie Container, Ladegeräte und Decken, in einem anderen Mitgliedsstaat als demjenigen, dem die Eisenbahn angehört, nur aufgrund einer Entscheidung der Gerichte dieses Staates mit Arrest belegt oder gepfändet werden kann (Abs 1). Bei einem Privatwagen sowie den darin befindlichen, der Beförderung dienenden und dem Wageneigentümer gehörenden Gegenstände bedarf es hierzu entsprechend einer Entscheidung der Gerichte des Mitgliedsstaates, in dem der Wageneigentümer seinen Sitz hat (Abs 2) (vgl MünchKomm/KREUZER Rn 136). Der Referentenentwurf eines Gesetzes zur Ergänzung des internationalen Privatrechts v 1. 12. 1993 definiert nun im Anschluß an KREUZER (Gutachtliche Stellungnahme zum Referentenentwurf eines Gesetzes zur Ergänzung des internationalen Privatrechts 132 f, 168; MünchKomm/KREUZER Rn 137) als Herkunftsstaat bei Schienenfahrzeugen den Staat der Zulassung. Dabei wird freilich vorausgesetzt, daß es allenthalben ein staatliches Verfahren der Zulassung oder Registrierung von Eisenbahnmaterial gibt, was zu bezweifeln ist. Auch mag ein schienengebundenes Fahrzeug ohne die vorgeschriebene Zulassung eingesetzt werden. Deshalb dürfte die allgemeine Umschreibung vorzuziehen sein, daß als Herkunftsstaat eines im internationalen Verkehr eingesetzten Schienenfahrzeugs *derjenige Staat* anzusehen ist, *in dem der Unternehmer, der die Verantwortung für diesen Einsatz trägt, seinen Sitz hat*. Es bleibt gleich, ob der Eigentümer des Fahrzeugs – etwa der Privateigentümer eines Eisenbahngüterwagens – ebenfalls dort ansässig ist. Unberührt bleibt im übrigen die Anwendung des Ortsrechts bei Maßnahmen der Zwangsvollstreckung oder Arrestierung oder beim Erwerb eines gesetzlichen Sicherungsrechtes aufgrund eines Platzgeschäftes. Insoweit sind die dargestellten Regeln für Schiffe und Luftfahrzeuge (oben Rn 382–385, 391, 407, 408) entsprechend anzuwenden (MünchKomm/KREUZER Rn 137). Auch gilt die Situs-Regel uneingeschränkt für Schienenfahrzeuge, die nicht unter der Verantwortung eines Unternehmers im grenzüberschreitenden Verkehr eingesetzt sind.

2. Kraftfahrzeuge

411 Es liegt nahe, jedenfalls diejenigen Kraftfahrzeuge, die auf Dauer dem Personen- oder Güterverkehr mit dem Ausland gewidmet sind, nicht anders zu behandeln als etwa Schienenfahrzeuge und sie somit internationalsachenrechtlich dem Recht des regelmäßigen Standorts zu unterstellen (so früher STAUDINGER/STOLL[12] Rn 346; s ferner KEGEL 578; LEWALD 192; SOERGEL/KEGEL Vor Art 7 Rn 574; SONNENBERGER AWD 1971, 257). Manche wollen auch bei Kraftfahrzeugen schlechthin das Recht des regelmäßigen Standorts (die lex stabuli) als Sachstatut anwenden (DROBNIG, Entwicklungstendenzen des deutschen internationalen Sachenrechts, in: FS Kegel [1977] 141, 144 f; ders, Vorschlag einer besonderen sachenrechtlichen Kollisionsnorm für Transportmittel 19–21; FERID 7–90; KASSAYE 242–244, 251). Vor allem KREUZER hat sich indes überzeugend *gegen einen internationalsachenrechtlichen Sonderstatus* der Kraftfahrzeuge gewandt: Mit der Situs-Regel sei bei ihnen auszukommen (KREUZER, Gutachtliche Stellungnahme zum Referentenentwurf eines Gesetzes zur Ergänzung des internationalen Privatrechts 125–128; ebenso vBAR, IPR II 257; ERMAN/HOHLOCH Rn 31; MünchKomm/KREUZER Rn 134; NUSSBAUM 317). Einmal entspricht es der Verkehrsauffassung, daß Kraftfahrzeuge, mögen sie auch für den internationalen Verkehr bestimmt sein, jederzeit an Ort und Stelle nach Ortsrecht veräußert werden können. Sodann wird sich kein Käufer bereit finden, ein auf Auslandsfahrt befindliches Kraftfahrzeug im Standortstaat ohne Besichtigung und Übergabe zu erwerben. Wenn aber aus anderen Gründen über ein solches Fahrzeug verfügt werden soll, etwa durch Sicherungsübereignung an eine Bank oder durch Übereignung an einen Diebstahlsversicherer, sind die Parteien keineswegs auf das Recht des jeweiligen – vielleicht unbekannten – Aufenthaltorts des Fahrzeugs angewiesen. Sie können vielmehr nach der hier vertretenen Auffassung das Heimatrecht des Fahrzeugs sachenrechtlich wählen, weil das gesamte Geschäft am regelmäßigen Standort des Fahrzeugs seinen Schwerpunkt hat und der jeweilige Aufenthaltsort zufällig ist (zur Veräußerung eines gestohlenen Kraftfahrzeugs an den Versicherer vgl oben Rn 286, 364). Entsprechend den Empfehlungen des Deutschen Rates für IPR sieht nunmehr auch der Referentenentwurf eines Gesetzes zur Ergänzung des internationalen Privatrechts v 1.12.1993 davon ab, Kraftfahrzeuge in die Sonderregel für das Sachstatut internationaler Transportmittel (Art 45) einzubeziehen. Kraftfahrzeuge unterliegen somit den allgemeinen Regeln des internationalen Mobiliarsachenrechts (so ausdrücklich auch Art 10 Nr 2 S 2 Einleitungstitel zum spanischen cc – oben Rn 46 –, wohingegen in S 1 Schiffe, Flugzeuge und Schienenverkehrsmittel dem Recht ihrer Flagge, Eintragung oder Registrierung unterworfen werden. vHOFFMANN/ORTIZ-ARCE RabelsZ 1975, 680 bemerken hierzu: „Für ein Ferienland wie Spanien, das allsommerlich von ausländischen Kraftfahrzeugen überzogen wird, ist verständlich, daß der Schutz des inländischen Rechtsverkehrs Vorrang hat"). Damit stimmt auch die bisherige deutsche Rechtsprechung überein, die Kraftfahrzeuge stets diesen Regeln unterstellt hat (vgl LG Ravensburg IPRspr 1954–55 Nr 75; OLG Celle IPRspr 1978 Nr 41 = JZ 1979, 608; BGH IPRspr 1991 Nr 70 = IPRax 1993, 176 und dazu KREUZER IPRax 1993, 157–162 = LM § 936 BGB Nr 1 = NJW 1991, 1415 = RiW 1991, 516; vgl auch IPG 1970 Nr 12).

F.　Wertpapiere*

I.　Wertpapiersachstatut und Statut des verbrieften Rechts

Bei Wertpapieren ist zu unterscheiden zwischen dem Wertpapiersachstatut, welches **412** das Papier in sachenrechtlicher Hinsicht beherrscht, und dem Statut des verbrieften Rechts (Wertpapierrechtsstatut, Hauptstatut; vgl BGHZ 108, 353, 356 = IPRax 1991, 338

---

* **Schrifttum:** vBar, Wertpapiere im deutschen internationalen Privatrecht, in: FS Werner Lorenz (1991) 273–295; Bogdan, Traveller's Cheques and Credit Cards in Private International Law, ScandStudL 21 (1977) 23–61; Brink, Rechtsbeziehungen und Rechtsübertragung im internationalen Effektengiroverkehr (1976); Clark, Conflicts of Law and Forum Problems in International Securities Issues, IntBusLawyer 1970, 157–168; Cohnitz, Die internationalen Rechtsbeziehungen hinsichtlich abhandengekommener Inhaberpapiere (1920); Denninger, Die Traditionsfunktion des Seekonnossementes im IPR (1959); Drobnig, Vergleichende und kollisionsrechtliche Probleme der Girosammelverwahrung von Wertpapieren im Verhältnis Deutschland-Frankreich, in: FS Zweigert (1981) 73–92; Duden, Der Rechtserwerb vom Nichtberechtigten an beweglichen Sachen und Inhaberpapieren im deutschen IPR = Beiträge zum ausländischen und internationalen Privatrecht Heft 8 (1934); Einsele, Wertpapierrecht als Schuldrecht. Funktionsverlust von Effektenurkunden im internationalen Rechtsverkehr (1995); Grathwohl, Die eigentumsrechtliche Organisation der Girosammelverwahrung im deutschen, französischen und schweizerischen Recht = Bankrechtliche Sonderveröffentlichungen des Instituts für Bankwirtschaft und Bankrecht an der Universität zu Köln Bd 20 (1976); Herber, Das Europarats-Übereinkommen über eine internationale Opposition bei international gehandelten Inhaber-Wertpapieren, WM 1971, Sonderbeilage Nr 3/1971 zu Nr 16 v 17. 4. 1971; Hopt, Emission, Prospekthaftung und Anleihetreuhand im internationalen Recht, in: FS Werner Lorenz (1991) 413–433; Horn, Das Recht der internationalen Anleihen (1972); Alem-B Kassaye, Neuere Entwicklungen im internationalen Mobiliarsachenrecht (Diss Hamburg 1983) 255–265; Kreuzer (Hrsg), Abschied vom Wertpapier?, Dokumentelose Wertbewegungen im Effekten-, Gütertransport- und Zahlungsverkehr. Arbeitssitzung der Fachgruppe für vergleichendes Handels- und Wirtschaftsrecht anläßlich der gemeinsamen Tagung der Deutschen und Österreichischen Gesellschaft für Rechtsvergleichung in Innsbruck vom 16.–19. 9. 1987 = Arbeiten zur Rechtsvergleichung Bd 137 (1988); Lochner, Darlehen und Anleihe im IPR (1954); Meier-Hayoz, Abschied vom Wertpapier? ZBernJV 122 (1986) 385–401; Pleyer, Eigentumsrechtliche Probleme beim grenzüberschreitenden Effektengiroverkehr = Bankrechtliche Sonderveröffentlichungen des Instituts für Bankwirtschaft und Bankrecht an der Universität zu Köln Bd 35 (1985); Rosentreter, Rechtsverhältnisse bei verlorengegangenen Inhaberpapieren, französisches, deutsches und internationales Recht, französischer Entwurf eines internationalen Übereinkommens, BankArch 1926/27, 293–297; Schindelwick, Die Rechtsverhältnisse bei Abhandenkommen von Inhaberpapieren. Eine rechtsvergleichende Darstellung, WM 1960, Sonderbeilage Nr 5/1960 zu Teil IV B Nr 19 v 7. 5. 1960; Schinnerer, Einige Fragen der Rechtsanwendung im Zusammenhang mit dem Entwurf zu einer Konvention für internationale gezogene Wechsel und internationale Eigenwechsel, in: FS Schwind (1978) 237–270; Werner Schmigelsky, Das Inhaberpapier im IPR (Diss Freiburg 1932); Schnitzer, Handbuch des internationalen Handels-, Wechsel- und Checkrechts (Zürich/Leipzig 1938); Wolff, Die Übertragung von Forderungen aus Rektapapieren, RabelsZ 1933, 791–796; Klaus-Rüdiger Ziganke, Der Rechtsschutz bei Verlust von Wertpapieren im deutschen und französischen Recht (Diss Köln 1964).

und dazu Kronke/Berger IPRax 1991, 316–320 = NJW 1990, 242 = WM 1989, 1756; Einsele 397–400; Kassaye 255–258; Kegel 573; MünchKomm/Kreuzer Rn 117, 119, 120; Soergel/ Kegel Vor Art 7 Rn 559). Das *Wertpapierrechtsstatut* ist nach den für das verbriefte Recht geltenden Regeln *selbständig* zu bestimmen; es hängt von dem Wertpapier-sachstatut nur insoweit ab, als es sich ihm unterwirft, was insbesondere bei Inhaber-papieren von Bedeutung ist (dazu unten Rn 417). Nach dem Statut des verbrieften Rechts geschieht regelmäßig und im Zweifel auch der wertpapierrechtliche *Akt der Verbriefung* (über eine Ausnahme s unten Rn 416), aus dem sich ergibt, ob überhaupt ein Wertpapier vorliegt und welchen Charakter es hat, insbesondere, ob es sich um ein Inhaber-, Order- oder Rektapapier handelt (vBar, Wertpapiere im deutschen IPR 273; Einsele 398; Kassaye 258 Fn 5). Somit gibt es keine „internationalen" Wertpapiere und keinen besonderen kollisionsrechtlichen Begriff des Wertpapiers (vBar, Wertpapiere im deutschen IPR 273 f; aA aber MünchKomm/Kreuzer Rn 118; Keller/Girsberger, in: Heini/ Keller/Siehr/Vischer/Volken, IPRG-Kommentar [Zürich 1993] Art 145 Rn 8; ähnlich auch Duden 81–86, der einen besonderen Inhaberpapierbegriff des deutschen IPR zu entwickeln ver-sucht); vielmehr ist jedes Wertpapier Geschöpf einer nationalen Rechtsordnung und wird durch diese charakterisiert.

1. Wertpapiersachstatut

413 Für die Bestimmung des Wertpapiersachstatuts sind die *allgemeinen Regeln* des internationalen Mobiliarsachenrechts maßgebend. Regelmäßig untersteht das Wert-papier sachenrechtlich dem Recht des Lageortes (der *lex cartae sitae*). Das ist für Inhaber- und Orderpapiere allgemein anerkannt (BGHZ 108, 353, 356; OLG Koblenz IPRspr 1976 Nr 20; vBar, Wertpapiere im deutschen IPR 294; Bogdan 52 f; Einsele 399; Kassaye 257; MünchKomm/Kreuzer Rn 119). Soweit allerdings ein Orderpapier durch Indossa-ment übertragen wird, entscheidet das Wertpapierrechtsstatut, ob das Indossament dem Erwerber das Eigentum an dem Papier verschafft (vgl §§ 93 WG, 63 ScheckG, dazu vBar aaO). Bei *Namenspapieren* (Rektapapieren) soll hingegen nach einer ver-breiteten Meinung das *Statut des verbrieften Rechts* nicht nur für dieses, sondern schlechthin auch für das sachenrechtliche Schicksal der Wertpapierurkunde bestim-mend sein (vBar, Wertpapiere im deutschen IPR 294; Ferid 7–93; MünchKomm/Kreuzer Rn 118, 125). Es ist jedoch nicht einzusehen, weshalb nicht auch bei einem Namens-papier wenigstens hinsichtlich des Erwerbs der Wertpapierurkunde ein Verkehrs-schutz nach Maßgabe der lex cartae sitae stattfinden sollte (es wird etwa ein veruntreutes deutsches Sparkassenbuch im Ausland an einen Gutgläubigen veräu-ßert), wenn das Belegenheitsrecht den Gutglaubenserwerb vorsieht (Duden 90 f; Raape 625). Über das Schicksal des verbrieften Rechts entscheidet freilich allein das Wertpapierrechtsstatut. Auch mag die lex cartae sitae bezüglich des Eigentums an der Urkunde auf das Wertpapierrechtsstatut weiterverweisen, so daß unter dieser Voraussetzung in dem gegebenen Beispiel § 952 BGB zur Anwendung käme. Eine solche Verweisung wäre zu beachten (Wolff 796).

2. Sammelverwahrung und Effektengiroverkehr

414 Bedeutung und Tragweite des durch den Lageort der Wertpapierurkunde bestimm-ten Wertpapiersachstatuts werden allerdings zweifelhaft, wenn nicht durch Über-gabe oder Übergabesurrogat über bestimmte Wertpapierstücke verfügt, sondern im sog Effektengiroverkehr durch *Gutschrift* ein Anteil an einem Sammelbestand von

Wertpapieren übertragen wird. Im modernen Bankgeschäft geschieht dergleichen häufig (dazu EINSELE, ferner KREUZER [Hrsg] mit rechtsvergleichenden Referaten). Voraussetzung ist, daß es sich um vertretbare Wertpapiere handelt, die von der Depotbank in Sammelverwahrung gegeben worden sind, wodurch die Papiere praktisch „entkörpert werden" (vgl § 5 DepotG idF durch Ges v 17. 7. 1985, BGBl I 1507). Der Effektengiroverkehr kann die Grenzen des Staates überschreiten, in dem die an dem Verkehr beteiligten Personen und Banken ihren gewöhnlichen Aufenthalt bzw Sitz haben (vgl dazu EINSELE 392 ff; ferner DROBNIG, PLEYER). Kollisionsrechtlich einfach liegt der mehr theoretische Ausgangsfall, daß ein inländischer Kunde unmittelbar von einer ausländischen Wertpapiersammelbank eine Gutschrift über ausländische oder inländische Wertpapiere erhält, die von dieser Bank in einem Sammelbestand verwahrt werden. Die Wirkungen der Gutschrift, auch in sachenrechtlicher Hinsicht, bestimmen sich dann nach dem *Recht, dem die Wertpapiersammelbank untersteht.* Hieran ändert sich grundsätzlich auch dann nichts, wenn die Rechte aus der Gutschrift von einer inländischen Depotbank des Kunden verwaltet werden. Häufiger wird es vorkommen, daß eine inländische Wertpapiersammelbank dem ausländischen Verwahrer im Rahmen einer gegenseitigen Kontoverbindung Wertpapiere zur Sammelverwahrung anvertraut hat (§ 5 Abs 4 DepotG, dazu EINSELE 406–409) und nun im inländischen Effektengiroverkehr über Anteile an diesem Sammelbestand durch Gutschrift zugunsten eines Kunden verfügt wird. Auch hier dürfte sich ausschließlich nach dem Recht der ausländischen Sammelbank richten, welche Rechte eine an dem ausländischen Sammelbestand beteiligte Person aufgrund der Beteiligung erlangt. Indessen überläßt es die ausländische Wertpapiersammelbank ihrer inländischen Korrespondenzbank, mit der sie in Kontoverbindung steht, und dem für diese maßgebenden Recht, darüber zu entscheiden, ob, unter welchen Voraussetzungen und in welchem Umfang jene Rechte durch eine Gutschrift seitens der inländischen Depotbank des Kunden auf diesen übergehen. Es kommt auf diese Weise zu einem *Zusammenwirken zwischen dem Recht der ausländischen Wertpapiersammelbank* und dem *Recht der inländischen Depotbank.*

3. Wertpapierrechtsstatut

Das *Statut des verbrieften Rechts (das Wertpapierrechtsstatut)* ist nach den allgemeinen Regeln des IPR über das auf Rechtsverhältnisse der verbrieften Art anwendbare Recht zu bestimmen. Rechte aus Aktien oder anderen Wertpapieren, welche ein Mitgliedschaftsrecht an einer Handelsgesellschaft verbriefen, richten sich somit nach dem *Personalstatut der Gesellschaft* (RG IPRspr 1933 Nr 20; IPRspr 1934 Nr 11 = SeuffA 88 [1934] Nr 96; vBAR, Wertpapiere im deutschen IPR 281; EINSELE 398; KASSAYE 258; MünchKomm/ KREUZER Rn 120; NUSSBAUM 330; SOERGEL/KEGEL Vor Art 7 Rn 236; STAUDINGER/GROSSFELD [1993] Internationales Gesellschaftsrecht Rn 319). Handelt es sich etwa um *Inhaberaktien*, so richtet sich zwar der Erwerb des Mitgliedschaftsrechts nach dem Wertpapiersachstatut (unten Rn 417, 418), die Ausgestaltung jenes Rechts hingegen nach dem Gesellschaftsstatut. Dabei kann es zu Abgrenzungsschwierigkeiten kommen. Der deutsche Eigenbesitzer ausländischer Inhaberaktien kann sich auf § 1006 Abs 1 S 1 BGB berufen, sofern er zu beweisen hat, daß er Alleineigentümer der Aktie und damit auch Aktionär ist (BGH IPRax 1995, 173 und dazu kritisch EINSELE IPRax 1995, 163–166 = NJW 1994, 939 = LM Art 7 ff EGBGB [Deutsches internationales Privatrecht] Nr 62; vgl auch zur Veräußerung ausländischer, im Depot einer ausländischen Bank befindliche Aktien OLG Köln ZIP 1994, 1459, und dazu oben Rn 286). Andererseits hat jeder Aktionär, wo auch immer und

415

Hans Stoll

nach welchem Recht er die Inhaberaktie erworben hat, sich eine Bestimmung des Gesellschaftsstatuts gefallen zu lassen, wonach er sein Recht erst nach Eintragung im Aktienbuch geltend machen kann. Das Gesellschaftsstatut kann aber nicht – weitergehend – vorschreiben, daß der Aktionär erst in diesem Zeitpunkt Eigentümer der Inhaberaktie wird (VISCHER, in: HEINI/KELLER/SIEHR/VISCHER/VOLKEN, IPRG-Kommentar [Zürich 1993] Art 155 Rn 25). Bei Verbriefung von Rechten an einer Sache ist Wertpapierrechtsstatut die Rechtsordnung des Staates, in dem die Sache belegen ist. Die sog *Warenpapiere* (zum Begriff oben Rn 370) verbriefen indes einen Anspruch auf Herausgabe von Ware, nicht aber das Eigentum an ihr. Dieses richtet sich nach den allgemeinen Regeln des Sachstatuts, das auch darüber bestimmt, ob das Warenpapier ein Traditionspapier ist (s oben Rn 370). Über eine Briefhypothek oder Briefgrundschuld an einem deutschen Grundstück kann, auch wenn der Brief im Ausland übergeben wird, nur nach Maßgabe des deutschen Rechts und der von diesem vorgeschriebenen Form (Art 11 Abs 5 EGBGB) verfügt werden (vgl BernAppHof ZBernJV 73 [1937] 620).

416 Bei *Wertpapieren schuldrechtlichen Inhalts* können die Parteien das Recht aus dem Papier einer von ihnen gewählten Rechtsordnung unterstellen. Das ergibt sich allerdings nicht, soweit es sich um Inhaber- oder Orderpapiere handelt, aus Art 27 EGBGB, weil diese Vorschrift nach Art 37 Nr 1 EGBGB nicht auf Verpflichtungen aufgrund der Handelbarkeit solcher Papiere anzuwenden ist (zur Rechtswahl in den Bedingungen eines Orderkonnossements BGHZ 99, 207 = IPRax 1988, 26 und dazu BASEDOW IPRax 1988, 15 f = NJW 1987, 1145 = RiW 1987, 215; zur Rechtswahl bezüglich der Verpflichtung aus einem Wechselakzept BGHZ 104, 145 = IPRax 1989, 170 und dazu SCHLECHTRIEM IPRax 1989, 155 f = NJW 1988, 1979). Vielmehr folgt die Zulässigkeit der Rechtswahl aus allgemeinen Grundsätzen des internationalen Schuldvertragsrechts. Bei einer internationalen Anleihe muß die Rechtswahl aus den dem Wertpapiergläubiger erkennbaren Umständen hervorgehen (EINSELE 398; zur Frage, ob eine Rechtswahl genügt, die zwar nicht in den Teilschuldverschreibungen selbst, aber in dem Treuhandvertrag zwischen Anleiheschuldner und dem für die Gläubiger bestellten Treuhänder enthalten ist REITHMANN/MARTINY 545; nach SCHMIGELSKY 53 darf nur der Text der Urkunde zur Auslegung verwendet werden). Der Umstand, daß die Bedingungen einer internationalen Anleihe auf den Kapitalmarkt eines bestimmten Landes zugeschnitten sind, spricht für die Unterwerfung unter die dort geltende Rechtsordnung (vgl RABEL, Conflict of Laws III 14: „The main emphasis... always rests on the market on which the issue principally relies"; REITHMANN/MARTINY 546). Im Zweifel ist Schuldstatut bei Inhaberpapieren das *Recht des Ausstellungsortes*, wo in aller Regel sich auch die geschäftliche Niederlassung des Emittenten befindet (EINSELE 398; HOPT 414 f mNachw; MünchKomm/MARTINY Art 28 Rn 137; NUSSBAUM 330; REITHMANN/MARTINY 546; SCHMIGELSKY 53). Es ist aber auch kollisionsrechtlich zulässig, in einem Inhaberpapier, das nach dem Recht des Staates A dort emittiert wird, eine Forderung zu verbriefen, für die nach den Anleihebedingungen das Recht des Staates B gilt (vgl RGZ 126, 196 = IPRspr 1930 Nr 34 = JW 1930, 1855).

II. Inhaberpapiere

1. Verbrieftes Recht und Recht am Papier

417 Bei den Inhaberpapieren ist der Bezug zum Wertpapiersachstatut eng. Das verbriefte Recht kann nur durch Verfügung über das Papier nach Maßgabe des Wertpa-

piersachstatuts übertragen werden, wobei außer den allgemeinen Sachnormen des Mobiliarsachrechts bisweilen noch besondere Vorschriften eingreifen (vgl etwa § 935 Abs 2 BGB). Somit weist das Statut des verbrieften Rechts dieses demjenigen zu, der nach dem jeweiligen Wertpapiersachstatut Eigentümer des Papiers geworden ist. Das Sachstatut ist somit, was die Verschaffung jener Berechtigung anlangt, nur kraft der Verweisung des Hauptstatuts berufen, lebt insoweit also von der „Gnade" des Hauptstatuts. Dieses hat folglich jederzeit auch die Macht, die Verknüpfung des Rechts aus dem Papier mit dem Recht wieder zu lösen (vBar, Theorie und Praxis des IPR² II [1889] 135; Einsele 399 f; Ferid 7–96; Frankenstein II 112; Kassaye 261 f; MünchKomm/ Kreuzer Rn 121, 122; Nussbaum 330; grundsätzlich anders Duden 73 ff).

2. Verfügungsgeschäfte

Die Veräußerung des Inhaberpapiers, namentlich auch der Gutglaubenserwerb vom **418** Nichtberechtigten, folgt den allgemeinen, für bewegliche Sachen geltenden Vorschriften der *lex cartae sitae*. Bei internationalen Verkehrsgeschäften, die gerade bei Inhaberpapieren häufig sind, sollte freilich das Sachstatut durch Anerkennung einer begrenzten Rechtswahlmöglichkeit aufgelockert werden (s oben Rn 288–294). Entsprechendes gilt für die Bestellung eines beschränkten dinglichen Rechts an dem Papier, insbesondere die *Verpfändung* (vgl RG JW 1895, 302; RG IPRspr 1933 Nr 20; IPRspr 1934 Nr 11 = SeuffA 88 [1934] Nr 96; RG HRR 1935 Nr 1608; LG Hamburg IPRspr 1972 Nr 27 = AWD 1973, 633; BernAppHof ZBernJV 62 [1926] 474; schweizBGE 80 II 53; 84 III 141; Duden 70 ff; Einsele 399 f; MünchKomm/Kreuzer Rn 122; Nussbaum 332; Ziganke 41–44). Nach den Regeln des Wertpapiersachstatuts findet selbst dann ein Gutglaubenserwerb eines Inhaberpapiers statt, wenn er nach dem Statut des verbrieften Rechts unter den gleichen Voraussetzungen nicht möglich wäre (schweizBG NiemZ 1900, 316 = ZBernJV 36 [1900] 255; MünchKomm/Kreuzer Rn 120 Fn 510). Wenn andererseits die lex cartae sitae strengere Anforderungen an einen Gutglaubenserwerb vom Nichtberechtigten stellt als das Hauptstatut, so kann nicht auf die dem Erwerb günstigeren Regeln dieses Statuts zurückgegriffen werden. Beispielsweise ist es hinzunehmen, wenn ein in England ohne Zinsschein veräußertes Stück einer deutschen Anleihe nicht kraft guten Glaubens erworben werden kann, weil ein Inhaberpapier ohne Zinsschein nach dem „custom of the mercantile world in England" nicht „negotiable" ist, vgl *Picker* v *London and County Banking Co* (1887) 18 QBD 515 (CA; s dazu Dicey/Moris II 1420–1422; Duden 88 f; Einsele 400 f; Ferid 7–97; Raape 625; Schmigelsky 36 f). Dem deutschen Recht ist eine solche Regel fremd. Deshalb steht dem Gutglaubenserwerb eines in Deutschland ohne Zinsschein veräußerten englischen Inhaberpapiers seitens des deutschen (materiellen) Rechts nichts im Wege. Es läßt sich freilich einwenden, daß nach der hierin maßgebenden Auffassung des englischen Wertpapierrechtsstatuts ein Inhaberpapier ohne Zinsschein überhaupt kein Inhaberpapier ist. Man wird jedoch jene Norm des englischen Rechts als eine solche des Sachenrechts zu qualifizieren haben, die den Erwerb vom Nichtberechtigten wegen mangelnder Schutzwürdigkeit des Erwerbers ausschließt (Raape 625). Somit gilt die Norm nur, wenn englisches Sachenrecht maßgibt.

3. Mängel der Verbriefung und Aufhebung der Verbriefung

Nach dem *Wertpapierrechtsstatut* richtet sich der wertpapierrechtliche Akt der *Ver-* **419** *briefung* eines Rechts (oben Rn 412). Deshalb ist auch nach diesem Statut zu entscheiden, ob Mängel des Begebungsvertrages (vgl § 794 BGB) dadurch geheilt werden – das verbriefte Recht also nachträglich dadurch zur Entstehung gelangt –, daß das Papier von einem Gutgläubigen erworben wird. Ob dann der Gutglaubenserwerb sich im Inland nach inländischem Recht oder in einem anderen Staat nach dem dort geltenden Sachenrecht vollzieht, bleibt gleich (DUDEN 128 ff; MünchKomm/KREUZER Rn 121). Das Inhaberpapier kann auch ohne Rücksicht auf die jeweilige lex cartae sitae nach den Vorschriften des für das verbriefte Recht maßgebenden Statuts *außer Kurs gesetzt* und auf sonstige Weise *„entkörpert"* werden derart, daß die Verbriefung aufgehoben und die Urkunde zu einem wertlosen Stück Papier wird (RGZ 4, 138: Außerkurssetzung durch Privatvermerk; DUDEN 120 f; EINSELE 402; MünchKomm/KREUZER Rn 121; NUSSBAUM 332; SCHMIGELSKY 79 ff; SCHNITZER 350). Wenn schon die Verbriefung sogar durch außergerichtlichen Akt aufgehoben werden kann, falls es das Wertpapierrechtsstatut so will, müssen erst recht die Gerichte des Staates, dem das verbriefte Recht materiell untersteht, als international zuständig angesehen werden, das Papier für kraftlos zu erklären oder eine Zahlungssperre zu verhängen (Gedanken des „Gleichlaufs" von anwendbarem Recht und internationaler Zuständigkeit). Solche gerichtlichen Verfügungen sind folglich, wenn sie von einem Gericht jenes Staates getroffen werden, überall anzuerkennen. Der deutsche Gesetzgeber ging bei Regelung der Zuständigkeit für ein gerichtliches Aufgebotsverfahren zwecks Kraftloserklärung einer Urkunde in § 1005 ZPO offenbar davon aus, daß unter den dort genannten Voraussetzungen das verbriefte Recht dem deutschen Recht unterliegt. Ein gerichtliches Aufgebotsverfahren sollte indes auch dann im Inland durchgeführt werden können, wenn zwar das verbriefte Recht dem deutschen Recht untersteht, ausnahmsweise aber die weitgespannten Zuständigkeitsvoraussetzungen des § 1005 ZPO nicht erfüllt sind: Es wird etwa in der Urkunde ein ausländischer Zahlungsort genannt und der Aussteller hat auch nicht seinen allgemeinen Gerichtsstand im Inland. Es ist dann eine inländische Ersatzzuständigkeit nach Maßgabe der engsten Verbindung der Streitsache zu einem deutschen Gerichtsbezirk anzunehmen (OLG Stuttgart NJW 1955, 1154; aA NUSSBAUM 332: Es liege hier eine Überlassung der Gerichtsbarkeit an das Ausland vor; ebenso EINSELE 403). Andererseits erweitert § 1005 ZPO die internationale Zuständigkeit der deutschen Gerichte, weil unter den Voraussetzungen dieser Vorschrift die deutschen Gerichte selbst dann zur Kraftloserklärung befugt sind, wenn ausnahmsweise das verbriefte Recht von einer ausländischen Rechtsordnung beherrscht wird. Ebenso ist aber auch ausländischen Gerichten eine internationale Zuständigkeit unter analogen („spiegelbildlichen") Voraussetzungen zuzugestehen, ein Aufgebotsverfahren durchzuführen oder eine Zahlungssperre zu verhängen, obwohl das in der Urkunde verbriefte Recht einer fremden Rechtsordnung untersteht.

420 Die internationale Zuständigkeit zur *Kraftloserklärung eines Wertpapiers* im Zuge einer sog *Wertpapierbereinigung*, dh zur Sicherung und Bereinigung unklarer Rechtsverhältnisse, ist entsprechend zu beurteilen. Es muß genügen, daß der Aussteller in dem Staat, dessen Behörden oder Gerichte das Bereinigungsverfahren durchführen, seinen Sitz hat. Tatsächlich hat der deutsche Gesetzgeber nach dem Zweiten Weltkrieg für sich das Recht in Anspruch genommen, alle Wertpapiere inländischer Aussteller einem Bereinigungsverfahren zu unterwerfen, ohne Rücksicht darauf, ob das verbriefte Recht ausnahmsweise einer ausländischen Rechtsordnung unterstand (was insbesondere bei Auslandsbonds nicht selten der Fall war), vgl § 1 Abs 1 WertpapierbereinigungsG des Vereinigten Wirtschaftsgebiets v 19. 8. 1949 sowie die entsprechenden Gesetze anderer deutscher Länder (s Eichhorn, Handbuch für die Wertpapierbereinigung [1949] 31 ff; § 1 des BereinigungsG für deutsche Auslandsbonds v 25. 8. 1952 BGBl I S 553). Entsprechendes gilt etwa auch für die Wertpapierbereinigung in Österreich (§ 1 Abs 2 WertpapierbereinigungsG, BGBl 1954/188, s dazu östOGH ZfRvgl 1986, 44 mAnm Seidl-Hohenveldern). Rechtsgestaltende Verfügungen im Rahmen der Wertpapierbereinigung sind nicht als enteignende Maßnahmen zu bewerten, solange der Zweck des Schutzes und der Wiederherstellung privater Rechte überwiegt (vgl schweizBGE 80 II 53; Cass civ 25. 1. 1966, Rev crit dr i p 1966, 238 = D 1966, 390 = Clunet 1966, 631).

4. Oppositionsgesetze

Der internationale Wertpapierhandel wird gestört durch die Gesetze einiger Länder, **421** wonach die von einer privaten Person erhobene Opposition gegen die Weiterveräußerung eines angeblich abhandengekommenen Inhaberpapiers dessen Gutgläubenserwerb ausschließt. Vorbild für diese Gesetze war das französische Oppositionsgesetz v 15. 6. 1872, das inzwischen durch das im wesentlichen inhaltsgleiche Dekret n 56−27 v 11. 1. 1956 (D 1956 L 41) ersetzt worden ist (vgl dazu eingehend Duden 92 ff; Ferid/Sonnenberger, Das Französische Zivilrecht[2] II [1986] 417 Fn 27, 567 f; Ripert/Roblot, Traité de droit commercial[14] II [1994] 29−32; Schindelwick 13 ff; Ziganke 18−40). Diese Sonderregel betrifft allerdings nur die auf den Inhaber lautenden Anlagepapiere, nicht dagegen typische Umlaufpapiere des Handels (effets de commerce), Inhaberpapiere über rein bürgerlich- rechtliche Forderungen und staatliche Papiere (Art 38, dazu Ferid/Sonnenberger 567 f). Die Opposition muß, sofern sie zulässig ist, bei der Wertpapiersammelbank Sicovam (= Societé Interprofessionelle pour la Compensation des Valeurs Mobilières) (s Ripert/Roblot 30 f) und beim Aussteller eingelegt werden; sie ist auch im Bulletin officiel des oppositions zu veröffentlichen (Ferid/Sonnenberger 568). Entgegen einer in der älteren Rechtsprechung und Lehre verbreiteten Ansicht (RG JW 1895, 302; Frankenstein II 115; ähnlich Schmigelsky 86 f; vgl auch Einsele 403 f) führt die ordnungsgemäß eingelegte und veröffentlichte Opposition zwar nicht zur Verselbständigung des verbrieften Rechts. Sie wirkt aber als Umlaufsperre („met . . .obstacle à la négociation et à la transmission", Art 1 no 1 Dekret no 56−27). Die französische Praxis gibt der nach dem französischen Recht erhobenen Opposition den denkbar größten Anwendungsbereich: Die Opposition ist bei allen in Frankreich gehandelten − also auch bei ausländischen − Papieren zulässig, mögen diese nun in Frankreich oder im Ausland abhanden gekommen sein. Insbesondere aber wird der in Frankreich erhobenen Opposition sogar extraterritoriale Wirkung beigelegt, dh ein Gutgläubenserwerb, der sich im Ausland nach Veröffentlichung der Opposition vollzogen hat, wird jedenfalls dann nicht anerkannt, wenn das Papier nach Frankreich gelangt (vgl Boesebeck BankArch 1920/21, 298−300; Duden 96 ff; Loussouarn/Bredin, Droit du commerce international [1969] 419 Fn 1; Rosentrteter 294 f; Schmigelsky 89).

Gegen die Beachtung einer im Ausland nach Maßgabe eines ausländischen Gesetzes **422** eingelegten Opposition bei Veräußerung des Inhaberpapiers im Inland ist eingewandt worden, daß hierdurch der *vom (inländischen) Wertpapiersachstatut gewährte Gutgläubensschutz* ausgehöhlt wird (Duden 110; Raape 626 f). Dem Erwerber sei nicht zuzumuten, ausländische Publikationsorgane daraufhin zu überprüfen, ob gegen den Handel mit dem Papier im Ausland Opposition eingelegt worden ist (Duden 111; Raape 627). Man sollte jedoch eine nach ausländischem Recht bewirkte Umlauf-

sperre kraft Opposition kollisionsrechtlich nicht anders behandeln als eine gericht-
liche Kraftloserklärung (dazu oben Rn 419), weil sie ebenso wirkt wie diese. Für die
Beachtung der Opposition in anderen Staaten muß es deshalb genügen, daß die
Opposition in einem Staat eingelegt worden ist, dessen Rechtsordnung das verbriefte
Recht beherrscht oder in dem die verbriefte Schuld zu erfüllen ist (EINSELE 403 f;
MünchKomm/KREUZER Rn 121; so im Ergebnis auch die Praxis, vgl ROHGE 16, 22; RGZ 30, 154;
JW 1895, 302; RGZ 109, 295; vgl ferner die Nachw bei DUDEN 94 ff). Der inländische Erwerber
des Papiers kann das verbriefte Recht ohnehin nicht im Staate des Erfüllungsortes
durchsetzen, wenn dort Opposition eingelegt wurde und die Gerichte dieses Staates
sich danach richten. Die von den Oppositionsgesetzen einzelner Länder ausgehen-
den Störungen des internationalen Handels können nur durch eine internationale
Rechtsvereinheitlichung beseitigt oder wenigstens gemildert werden. Einen Beitrag
hierzu leistet das vom Europarat verabschiedete Übereinkommen über eine internationale Opposition bei international gehandelten Inhaberpapieren v 28. 5. 1970 (frz
Text Rev crit dr i pr 1979, 461). Das Übereinkommen ist am 11. 2. 1979 in Kraft getreten
(RIPERT/ROBLOT 30), aber von der Bundesrepublik nicht ratifiziert, wenngleich
gezeichnet worden (EINSELE 139). Das Übereinkommen läßt allerdings neben der
internationalen, dh in allen Mitgliedstaaten wirksamen Opposition die nationale
Opposition grundsätzlich unberührt (Art 20 Abs 1; s HERBER 6). Immerhin hat nach
Art 20 Abs 2 des Übereinkommens die zuständige Stelle jedes Mitgliedstaates auch
nationale Oppositionen, Aufgebote und Kraftloserklärungen zur Veröffentlichung
in der internationalen Liste anzumelden (HERBER 6; vgl zu dem Abkommen auch GÖRDEL,
Das Abkommen über die Opposition bei international gehandelten Inhaberwertpapieren, JZ 1991,
217 f).

III. Orderpapiere

423 Über ein Orderpapier kann *ohne Indossament* nach den allgemeinen, für bewegliche
Sachen geltenden Vorschriften der lex cartae sitae verfügt werden (BGHZ 108, 353 =
IPRax 1991, 338 und dazu KRONKE/BERGER IPRax 1991, 316–320 = NJW 1990, 242 = WM 1989,
1756; EINSELE 399; KASSAYE 261; MünchKomm/KREUZER Rn 124). Es bestimmt dann freilich
das Wertpapierrechtsstatut, ob und in welcher Weise aufgrund des Eigentums an der
Urkunde das verbriefte Recht geltend gemacht werden kann (MünchKomm/KREUZER
aaO). Bei Übertragung des verbrieften Rechts *durch Indossament* entscheidet wie-
derum das Wertpapierrechtsstatut, ob das Indossament dem Erwerber zugleich das
Eigentum an dem Papier verschafft (s oben Rn 413). Blanko indossierte Orderpapiere
unterliegen in jeder Hinsicht den für Inhaberpapiere geltenden Rechtsregeln: Das
Recht aus dem Papier folgt hier dem Recht am Papier (EINSELE 400; MünchKomm/
KREUZER Rn 124 Fn 526). Zu den *Warenpapieren* s oben Rn 415 und Rn 370.

IV. Rektapapiere

424 Die Ausstellung eines Rektapapiers, welches stets auf den Namen des Berechtigten
lautet, befähigt diesen nicht, durch Verfügung über die Urkunde das verbriefte
Recht zu übertragen. Vielmehr wird das verbriefte Recht nach den allgemeinen, für
dieses Recht geltenden Vorschriften übertragen, eine verbriefte Forderung also
durch Zession. Das Statut des verbrieften Rechts ist maßgebend dafür, was zur Zession erforderlich ist, bestimmt also insbesondere auch, ob die Rechtsübertragung
außer dem Übertragungsvertrag weitere konstitutiven Akte erfordert wie etwa die

Übergabe des Papiers, die Anzeige an den Schuldner oder die Umschreibung des Papiers in einem Schuld- oder Aktienbuch. Solche konstitutive Akte sind zu unterscheiden von bloßen Formerfordernissen, für welche das in Art 11 EGBGB bestimmte Formstatut maßgebend ist (vgl RG IPRspr 1933 Nr 20 = JW 1933, 2582 = SeuffA 87 [1933] Nr 87, besprochen von WOLFF 791−796; s ferner FERID 7−91 bis 7−93; KASSAYE 260 f; MünchKomm/KREUZER Rn 125; RAAPE 624 f). Zu der umstrittenen Frage, ob bei einem Rektapapier für das sachenrechtliche Schicksal des Papiers das Wertpapierrechtsstatut auch dann maßgebend ist, wenn sich das Papier in einem anderen Staat befindet als demjenigen, nach dessen Recht sich jenes Statut richtet s oben Rn 413.

V.   Enteignung von Wertpapieren

Die ältere Lehre neigte dazu, das in einem Inhaber- oder Orderpapier verbriefte **425** Recht enteignungsrechtlich dort zu lokalisieren, wo sich das Papier befindet (RG SeuffA 49 [1894] Nr 112; RGZ 58, 8; 107, 44; KG IPRspr 1956−57 Nr 65 = WM 1956, 896; NUSS-BAUM 85 Fn 3; RAAPE 683). Das würde bedeuten, daß das in einem Inhaber- oder Orderpapier verbriefte Recht von dem Staat, in dem das Papier belegen ist, wirksam enteignet werden kann (so auch eine verbreitete Rechtspr, vgl die Nachw bei SOERGEL/KEGEL Vor Art 7 Rn 858 Fn 6). Im Ergebnis würde damit dem enteignenden Staat eine Eingriffskompetenz zugestanden, die er in anderen Staaten, in denen das verbriefte Recht zum Vermögenserwerb berechtigt oder dem Recht Vermögenswerte zugeordnet sind, vielfach gar nicht durchsetzen kann. Dem Territorialitätsprinzip (dazu oben Rn 198−205) entspricht es indes, daß der enteignende Staat, wenn er das verbriefte Recht enteignen will, nur auf die im Inland belegenen Vermögenswerte zugreifen kann, auf die sich das verbriefte Recht bezieht (vgl LG Mainz IPRspr 1956−57 Nr 77 = WM 1957, 38; KG IPRspr 1960−61 Nr 79 = NJW 1961, 1214; EINSELE RabelsZ 1987, 603, 614−616; FLUME, in: FS F A Mann [1977] 143, 166 f mit dem berechtigten Hinweis, daß die Enteignung von der Exekution in das Inhaberpapier aufgrund eines besonderen Rechtstitels unterschieden werden müsse; für eine solche Exekution sei allerdings die örtliche Belegenheit des Papiers maßgebend, vorbehaltlich des ordre public; KEGEL 863 f; MünchKomm/KREUZER Nach Art 38 Anh III Rn 73; SEIDL-HOHENVELDERN, Internationales Konfiskations- und Enteignungsrecht [1952] 127 ff; kritisch hingegen F A MANN RabelsZ 1962/63, 45−53). Der Zugriff auf das im enteignenden Staat belegene Wertpapier verschafft dem Staat nur das Eigentum an dem Papier, nicht aber das verbriefte Recht (EINSELE 450 f; SOERGEL/KEGEL Vor Art 7 Rn 858 Fn 7; STAUDINGER/GROSSFELD [1993] IntGesR Rn 882 mNachw). In anderen Staaten mag dann die Wertpapierurkunde für kraftlos erklärt und eine neue Urkunde ausgestellt werden (SOERGEL/KEGEL Vor Art 7 Rn 858 Fn 9; STAUDINGER/GROSSFELD [1993] IntGesR Rn 882).

J. von Staudingers
Kommentar zum Bürgerlichen Gesetzbuch
mit Einführungsgesetz und Nebengesetzen

Übersicht Nr 33/15. November 1996

Die Übersicht informiert über die Erscheinungsjahre der Kommentierungen in der 12. Auflage und in der 13. Bearbeitung (= Gesamtwerk Staudinger). *Kursiv* geschrieben sind diejenigen Teile, die zur Komplettierung der 12. Auflage noch ausstehen.

	12. Auflage	13. Bearbeitung
Erstes Buch. Allgemeiner Teil		
Einl BGB; §§ 1 - 12; VerschG	1978/1979	1995
§§ 21 - 103	1980	1995
§§ 104 - 133	1980	
§§ 134 - 163	1980	1996
§§ 164 - 240	1980	1995
Zweites Buch. Recht der Schuldverhältnisse		
§§ 241 - 243	1981/1983	1995
AGBG	1980	
§§ 244 - 254	1980/1983	
§§ 255 - 292	1978/1979	1995
§§ 293 - 327	1978/1979	1995
§§ 328 - 361	1983/1985	1995
§§ 362 - 396	1985/1987	1995
§§ 397 - 432	1987/1990/1992/1994	
§§ 433 - 534	1978	1995
Wiener UN-Kaufrecht (CISG)		1994
§§ 535 - 563 (Mietrecht 1)	1978/1981 (2. Bearb.)	1995
§§ 564 - 580 a; 2. WKSchG (Mietrecht 2)	1978/1981 (2. Bearb.)	
§§ 581 - 606	1982	1996
§§ 607 - 610	1988/1989	
§§ 611 - 619	1989/1993	
§§ 620 - 630	1979	1995
§§ 631 - 651	1990	1994
§§ 651 a - 651 k	1983	
§§ 652 - 704	1980/1988	1995
§§ 705 - 740	1980	
§§ 741 - 811	1982/1985	
§§ 812 - 822	1979	1994
§§ 823 - 832	1985/1986	
§§ 833 - 853	1986	
Drittes Buch. Sachenrecht		
§§ 854 - 882	1982/1983	1995
§§ 883 - 902	1985/1986/1987	1996
§§ 903 - 924; Umwelthaftungsrecht	1982/1987/1989	1996
§§ 925 - 984	1979/1983/1987/1989	1995
§§ 985 - 1011	1980/1982	1993
ErbbVO; §§ 1018 - 1112	1979	1994
§§ 1113 - 1296	1981	
WEG		
Viertes Buch. Familienrecht		
§§ 1297 - 1302; EheG u.a.; §§ 1353 - 1362	1990/1993	
§§ 1363 - 1563	1979/1985	1994
§§ 1564 - 1568	1994	
§§ 1-27 HausratsVO		
§§ 1569 - 1586 b		

Nachbezug der 12. Auflage

Abonnenten der 13. Bearbeitung haben die Möglichkeit, die 12. Auflage komplett oder in Teilen zum Vorzugspreis zu beziehen (so lange der Vorrat reicht). Hierdurch verfügen sie schon zu Beginn ihres Abonnements über das Gesamtwerk Staudinger.

Dr. Arthur L. Sellier & Co. - Walter de Gruyter & Co., Berlin